大学语文

黄立平等　主编

湘潭大学出版社

图书在版编目(CIP)数据

大学语文 / 黄立平等主编. — 湘潭：湘潭大学出版社，2014.8

ISBN 978-7-81128-747-9

Ⅰ.①大… Ⅱ.①黄… Ⅲ.①大学语文课—高等学校—教材 Ⅳ.①H19

中国版本图书馆 CIP 数据核字 (2014) 第178676号

责任编辑：王正杰
封面设计：孙艺哲
出版发行：湘潭大学出版社
社　　址：湖南省湘潭市 湘潭大学出版大楼
电话(传真)：0731-58298966 0731-58298960
邮　　编：411105
网　　址：http://press.xtu.edu.cn/
印　　刷：长沙鸿发印务实业有限公司
经　　销：湖南省新华书店
开　　本：787×1092 1/16
印　　张：31.25
字　　数：660 千字
版　　次：2014 年 8 月第 1 版 2020 年 8 月第 6 次印刷
书　　号：ISBN 978-7-81128-747-9
定　　价：68.00 元

《大学语文》教材编委名单

主　　编：黄立平　李夫泽　张　峰　王向阳　刘道锋

副 主 编：唐祖敏　刘红梅　颜清清

编委成员：（以姓氏笔画为序）

马　藜　王向阳　王国锋　叶　红　刘道锋

刘红梅　刘英姿　纪忠璇　李夫泽　张　峰

吴　东　易宋江　罗明镜　段湘怀　姜　琳

唐祖敏　黄立平　彭隆健　彭　玲　曾子毅（娄底卫校）

鄢明定　颜清清

目　录

第一编　文学欣赏

第二编　应用文写作

第一编　文学欣赏

第一章　诗　歌

一、诗歌的含义

诗歌是世界上最古老、最基本的文学形式，是一种阐述心灵的文学体裁，是诗人按照一定的音节、声调和韵律的要求，用凝练的语言、充沛的情感以及丰富的意象来高度集中地表现社会生活和人类精神世界的文学精品。孔子认为，诗具有兴、观、群、怨四种作用。陆机则认为："诗缘情而绮靡。"在中国古代，不合乐的称为诗，合乐的称为歌，后世将两者统称为诗歌。诗歌的语言凝练而形象性强，具有鲜明的节奏、和谐的音韵，富于音乐美，语句一般分行排列，注重结构形式的美。我国现代诗人、文学评论家何其芳曾说："诗是一种最集中地反映社会生活的文学样式，它饱含着丰富的想象和感情，常常以直接抒情的方式来表现，而且在精炼与和谐的程度上，特别是在节奏的鲜明上，它的语言有别于散文的语言。"

二、诗歌的基本特征

诗歌的特征十分鲜明，概括地说，有以下三点：

（一）情感丰富

诗人臧克家说："诗歌在文艺领域上独树一帜，旗帜上高标两个大字：抒情。叙事诗也不能忽视这个特点。"诗人艾青则说："'抒情'在诗里存在，将有如'情感'之在人类中存在——是永久。"诗歌的情感应当达到如下要求：

首先，应当真情实意。有人说："诗是跳出来的心，心是藏起来的诗。"诗不能藏假，"为赋新词强说愁"只能坏了诗人的声誉和读者的胃口。艾青说："并不是每一首诗都在写自己。但是，每一首诗都由自己去写——就是通过自己的心去写。""没有兴奋而要装出兴奋，必然会撒谎。自己没有感动的事，不可能去感动别人。"诗人所写的，应该是自己的感受、情绪，每一首诗里，都应该有"真我"。蒙古族诗人巴·布林贝赫说："脱离生活的创作是玄虚的。回避心灵的诗歌是苍白的。"

其次，情感应当健康向上。诗的情感应是经过提炼、升华的情感。同一个人，炼不炼情，诗歌的趣味和格调就大不相同。诗歌作者抒写的“小我”情感，须经过提炼走向了人类“大我”的境界，诗歌才能得以流传。正如英国艺术史家约翰·洛斯金所说，一个少女可以歌唱她所失去的爱情，但一个守财奴却不能歌唱他所失去的钱财。

最后，情感应当与时代潮流合拍。优秀的诗篇、出色的诗人，总是使自我与时代、与人民息息相通，绝不见风使舵，随波逐流，绝不吟唱与时代、人民相悖的声音。屈原的“长太息以掩涕兮，哀民生之多艰”，杜甫的“安得广厦千万间，大庇天下寒士俱欢颜”，都唱出了时代的最强音。这样的诗歌才具有强大永恒的生命力和感染力。

（二）想象神奇

诗被称作“想象的语言”，可以说没有想象就没有诗。想象的源泉在于生活，只有生活视野开阔，才能对生活的理解深刻，也才有可能透视现实，洞悉本真，从而引发丰富的想象。

（三）语言优美

诗人艾青说：“诗是艺术的语言——最高的语言，最纯粹的语言。”

首先，诗歌的语言应当精炼。别林斯基说：“在诗的作品里，每个字都应该求其尽力发掘为包含作品思想所需要的全部意义，以至在同一语言中没有其他任何的字可以代替它。”

其次，诗歌的语言应当有节奏。节奏是语音、语调的有规律的搭配所造成的抑扬顿挫、轻重缓急间歇变化。节奏是诗歌跳动的脉搏，没有节奏便不是诗。

最后，诗歌的语言应当有韵律美。我国古代的格律诗对押韵要求很严。现代诗歌对韵律的要求没有那么严格，但一般也要求押大致相近的韵。这样可以使诗歌朗朗上口，便于吟诵和记忆。

三、诗歌的基本类型

（一）中国诗歌

1. 中国古代诗歌

诗歌是中国最古老的文学样式，它产生于文字发明之前，其源头是原始歌谣，但因没有文字记录，只在口头传唱，加上年代久远，因此原始歌谣大多失传了。

《诗经》和《楚辞》分别代表了先秦时期北方中原文化和南方楚文化的辉煌成就，是我国古典诗歌的两大典范，两面旗帜。《诗经》是中国第一部诗歌总集，共收存西周初年至春秋中叶的入乐诗歌305篇，先秦通称《诗》或《诗三百》，汉代被儒家奉为经典，始称《诗经》。这些诗歌按乐曲特点的不同，分为风、雅、颂三大类，采用赋、比、兴的表现手法，反映现实矛盾，揭露社会弊端，干预政治，关怀民生，以"饥者歌其食，劳者歌其事"的写实精神，开创了中国诗歌的现实主义传统，对后世的诗歌创作产生了深远的影响。《楚辞》是继《诗经》之后产生于战国中后期以屈原的《离骚》为代表的一种新的诗歌样式，其句式长短不拘，参差错落，多以六、七言为主，采用神话、比兴、象征等表现手法，长于抒情，想象丰富，辞采铺张，风格绚丽，极富浪漫色彩。后世的诗人，一般说来，或者主要接受了《诗经》的影响，或者主要接受了《楚辞》的影响，从而使我国的古典诗歌创作沿着《诗经》、《楚辞》所开创的道路不断前进，形成了两种不同的优良传统，即现实主义传统和浪漫主义传统，后人称之为"诗骚"或"风骚"传统。

汉乐府民歌和无名氏文人五言诗《古诗十九首》是汉代诗歌的代表。以叙事为主的汉乐府民歌直接继承了《诗经》开创的现实主义传统，以"感于哀乐，缘事而发"的写实精神，运用典型化的艺术表现手段，深刻地反映了当时的社会生活和人民的思想感情，是继《诗经》、《楚辞》之后，我国诗歌发展史上又一个重要阶段，对后世的诗歌创作影响深远。产生于东汉末年以抒情为主的文人五言诗《古诗十九首》，或写游子思妇的离情别绪，或写下层文人的落魄失意，带有浓厚的伤感情调，从一个侧面曲折地反映了东汉末年黑暗动荡的社会现实。

汉末建安诗歌以"三曹"、"建安七子"为代表，继承汉乐府民歌的现实主义传统，普遍采用五言形式，第一次掀起了文人诗的创作高潮。作品或反映现实，或抒写理想，风格慷慨悲凉、雄健深沉。曹魏正始时期，由于世风变易，诗歌创作呈现出与建安时代不同的风貌。体现这一时代风貌的诗歌创作，以阮籍、嵇康为代表，他们继承建安文学的优秀传统，采用象征、比喻等表现手法，委婉地反映社会矛盾，抒发自我情感，诗风隐晦含蓄、曲折幽深。

西晋诗坛，诗风繁缛的形式主义诗歌占据诗坛统治地位，唯左思、刘琨等少数诗人大胆写实抒怀，骨力遒劲，与建安风骨一脉相承。东晋时期，"理过其辞，淡乎寡味"的玄言诗风弥漫诗坛，唯陶渊明田园诗以平淡自然的醇美境界在诗坛上独树一帜。

从南朝宋代的谢灵运开始，文人诗风发生重大转变。谢灵运第一个大力创作山水诗，成为中国山水诗的开山鼻祖。其山水诗形式绮丽，声色并妙，在题材、内容、诗歌语言以及表现手法上别开生面，开拓了诗歌的新境界。紧随其后的谢朓在继承谢灵运山水诗的基础上，融汇自己的个性、经历和时代精神，极大地发展了山水诗，表现出与大谢(谢灵运)不同的且更为成熟的艺术风格，对后来的山水诗创作产生了深远影响。南朝齐代永明年间由谢朓、沈约等诗人所创制的讲究对偶、声律的“永明体”新诗的出现则标志着我国古典诗歌开始从比较自由的古体诗向格律严谨的近体诗转变,使中国古典诗歌在完善艺术形式美的进程中向前迈进了一大步,为唐代格律诗的形成和发展在形式上奠定了基础。

唐代是中国古典诗歌创作高度成熟的黄金时代。第一,诗人群体壮大。从帝王到高级官僚,从大量中下级官僚到普通士人,从和尚、道士到歌妓、妓女等,各种身份的、有一定文化修养的人,都热情地从事诗歌创作,这是过去历史上未曾有过的。第二,作家作品多,题材广泛。山水诗、田园诗、边塞诗、政治诗、讽喻诗、咏史诗、闺怨诗、送别诗、咏物诗等众多题材的优秀作品,无论数量或质量都是其他时代无法比拟的。第三,诗歌作品反映的社会生活层面得到扩展。唐代诗人队伍群体壮大,他们来自社会各个阶层,不少诗人来自社会中下层,他们对社会各方面的情况较之前代诗人有更为深刻的了解和体验,他们自身的经历也更为曲折和丰富,从而极大地拓宽了唐代诗歌所反映的社会生活层面。诗人对各种社会现象、社会问题的观察与思考,以及诗人自身不同的人生观念与人生理想,都在诗歌中得到充分表现,从而形成了唐诗丰富多彩的精神面貌。第四,诗歌艺术风格和流派多样化。诗歌的审美特征在魏晋南北朝时期备受重视,文学语言注重对称美、辞采美、韵律美。唐代诗歌在继承前代诗歌审美特征的基础上,于华丽中掺杂了险怪、粗犷、诡谲等诸多因素,显示出唐代诗人对美的理解比前代诗人更为宽广,从而使得唐代诗歌流派纷呈、风格多样。第五,诗歌体裁丰富,众体皆备。从诗歌的创作形式来讲,既有古体诗,也有近体诗,尤其是近体诗走向成熟与繁荣。这一时期的诗歌体裁丰富,众体皆备,诸如骚体、歌行体、乐府、古风、五绝、七绝、五律、七律、排律等各种诗体都留下了数量庞大的名篇佳作。

今存唐诗五万余首,全面反映了唐代三百年的历史面貌和文人士子的精神风貌。“初唐四杰”突破宫廷诗歌题材,高扬时代精神,以大量的创作实践,为五言律诗和七言歌行体的发展做出了有益的探索和贡献,并以迥异于宫廷诗的“骨气”和“兴寄”,开启盛唐之音。盛唐诗歌以王维、高适、李白、杜甫等为代表,“文质取半,风骚两挟”,内容丰富,题材多样;感情饱满,情调高亢;形式完美,众体皆备;语言清丽,音律和谐;风格明朗,技巧精纯,诗歌洋溢着昂扬进取积极振奋的时代气息,回荡着热烈奔放乐观欢快的青春旋律。中唐时期,以元稹、白居易为代表的元白诗派远承《诗经》、汉乐府的写实传统,近取陈子昂、杜甫、元结、顾况诗歌的写实精神,重写实、尚通俗,与崇尚雄奇怪异之美的韩孟诗派截然不同。这一时期另外两位重要的代表诗人柳宗元、刘禹锡,一生长期遭贬于荒远偏僻之地,其诗在抒写内心的苦闷哀怨中表现出身处逆境而宁死不屈的执着与坚定。晚唐诗歌由于国势衰危而普遍表现出伤感哀怨的情调,有“小李杜”之誉的李商隐、杜牧,其诗或咏史怀古,或抒情写景,风格深情绵邈,绮丽婉曲,代表了晚唐诗歌的最高成就。

宋代诗歌流派纷呈，风格各异。北宋初期诗歌延续中、晚唐诗风，缺少独创精神，先后出现了白体、晚唐体、西昆体三个不同的创作流派，即“宋初三体”。北宋中期的著名诗人欧阳修、梅尧臣、苏舜钦大力矫正西昆体诗歌的弊端，扩大诗歌题材范围，由模仿而转变为独创，以古淡平易取代典丽浓艳，从而开创了宋诗的新局面。之后出现的两大诗人王安石、苏轼，进一步巩固和发展了诗文运动的革新成果，使宋诗更加成熟，更加完美。他们的诗歌题材丰富，风格多样，代表了宋诗的最高成就。活跃在北宋后期诗坛的，主要是追随苏轼和受苏轼影响的一些作家，其中黄庭坚、陈师道成就较高。从北宋后期到南宋初期的江西诗派是两宋之交最为流行、影响最大的一个诗歌流派。南宋中期的诗坛再度出现繁荣的局面，涌现出“中兴四大诗人”陆游、杨万里、范成大、尤袤，形成了宋诗创作的又一个高峰。南宋后期的诗歌创作发生了比较大的变化：一是南宋中期诗坛盛行的爱国诗歌潮流被“四灵诗派”与“江湖诗派”所取代，他们再次打起了复归晚唐诗风的旗帜，对现实采取逃避的态度，在艺术技巧上刻意求工；二是由于蒙古族入侵，国破家亡的惨痛现实再度激发了诗人们的爱国情感，诗坛上再次响起了壮怀激烈的战歌和沉痛哀婉的悲歌，爱国情感又一度成为诗歌内容的主旋律。

词作为一种文体，产生、成熟于唐代，繁荣于宋代，衰落于元明，中兴于清代。北宋前期最有影响的两位词人是晏殊、欧阳修，他俩一方面承袭晚唐以来的婉约词风，写男女恋情、闲情逸趣，风格绮丽，另一方面在抒情深度和表现手法上有所发展。范仲淹、王安石的词意境高远、气象阔大、感慨深沉、骨力遒劲、风格悲壮，为宋词开拓了新的境界，开苏辛豪放派之先声。柳永是北宋第一个专力写词的作家，也是真正开启宋词天地的重要词人，他的词作变雅为俗，改变了词调声情、审美趣味和词的题材取向，从而使宋词发展至柳永时发生了重大变化。北宋中后期的词名家辈出、风格多样。秦观、贺铸、晏几道是婉约词风的重要代表。秦观的词或写男女恋情，或写遭贬之痛，情感深挚，意境凄婉，语言淡雅，音律和谐；贺铸的词或抒怀言志，或咏史悼亡，风格上婉约和豪放并存，但以秾丽精致的婉约风格为主；晏几道的词写男女悲欢离合之情，并融入自身哀怨之感，在继承花间词派表现手法的基础上，于抒情深度、语言精度两方面把小令艺术推向极致。苏轼“以诗为词”，泯灭诗词界限，既写男女恋情、离合悲欢之类的传统内容，又突破晚唐五代以来词为“艳科”的狭隘范围，将通常只在诗中出现的田园风情、山水景物、人生志趣、怀古感今以及咏物记事等内容移入词中，从而扩大了词的创作视野，开拓了词的境界，于柔媚婉约之外，另创恢宏雄迈的豪放词风，使宋词至此产生了又一次重大转变。北宋后期最为重要的词人周邦彦是与苏轼前后相继的词坛领袖，其词作重法度，讲格律，语言精工、格律精严、音韵谐美，对宋词艺术形式的成熟与完美，做出了重要贡献。他既是北宋婉约词派的集大成者，又是南宋格律词派的先驱，在两宋词史上具有继往开来的重要地位，是连接两宋词坛的重要纽带。

北宋灭亡,宋室南渡,民族灾难深重,词这种纯艺术形式自然而然地承担起了表现民族苦难、激发抗战斗志的社会政治功能,从而使词成为现实功利性文体。至此,宋代词发生了第三次重大变化。李清照是南、北宋之交最为杰出的词人,其词或借景抒情,或托物寓意,委婉而深沉地抒发她的故土之恋、家国之恨,把个人的遭遇和时代的不幸交织在一起,风格沉郁凄怆、悲凉哀婉,把婉约词的创作推向高峰。由于前代词作发生的三次重大变化,宋词迎来了南宋中后期的创作高潮、高峰。南宋中期,伟大词人辛弃疾完成了爱国豪放词思想与艺术的双重开拓和完美结合,成功地实现了词史审美视界的转换,开创了婉约词与豪放词分镳并驰、长期共存的新格局,他与陈亮、刘过一道,形成了蔚为壮观的爱国词派,亦即"辛派"词。与辛弃疾双峰并峙的另一词坛领袖姜夔,则是南宋格律词派的一代宗主,他在豪放词风独盛的南宋中叶独树一帜,并在婉约、豪放之外别立一宗,开创了格律词派,对南宋后期词人影响深远。南宋后期的词坛基本上是沿着辛弃疾和姜夔所开辟的道路继续前进,形成了以刘克庄、刘辰翁、文天祥等为代表的辛派词人和以吴文英、张炎、王沂孙等为代表的格律派词人两大创作阵营。

与唐诗宋词的高度繁荣相比,元代的诗歌创作呈现出急遽衰落的趋势,不仅作家不多,而且艺术上也缺少个性和感染力。比较有成就的诗人,有深受元好问影响的刘因,深受李贺影响的杨维桢,深受晚唐温庭筠、李商隐影响的萨都剌,以及勇于揭露现实的王冕等少量诗人。

明代诗歌数量很多,但缺少杰出的作家和作品。明初最有成就的诗人是高启。在经历了元末明初的动乱之后,他以诗歌形式表现民生痛苦和治乱兴亡之感,语言朴素通俗,风格明快健劲。高启之后,粉饰现实、平庸乏味的"台阁体"诗风盛行诗坛,只有于谦等少数诗人能以大量反映人民疾苦、表达忧国忧民情怀的诗歌作品,在诗坛上独树一帜。明中叶以后,以李梦阳、何景明为首的"前七子"和以李攀龙、王世贞为首的"后七子",为反对弥漫一时的"台阁体"诗风,在提出"诗必盛唐"主张的同时,又完全否定了唐宋以来文学发展的成就,从而出现了片面尊古、一味模拟甚至剽窃的严重弊端。至明末,由于阶级矛盾尖锐、民族危机深重,以陈子龙、夏完淳等为代表的爱国诗人积极投身于现实斗争,创作了不少慷慨激昂、情真意切的诗歌作品,为晚明诗坛增添了光辉。

清代诗歌是我国古代诗歌的光辉总结,出现了许多诗人和诗歌流派,他们能够融会贯通前代唐宋诗的长处,兼收并蓄,扬长避短,推陈出新,从而形成不同的风格、流派。这一时期的诗歌总体成就超过了元、明,并追踪两宋,在诗史上占有重要地位。清初诗歌最富有时代精神的是以顾炎武、王夫之、屈大均、钱谦益、吴伟业等为代表的遗民诗人,他们的诗歌反映国家民族兴亡大事,寄托自己的故国之思,内容丰富,风格沉雄。之后有"南施北宋"(施闰章、宋琬)、"南朱北王"(朱彝尊、王士禛),其中影响最大的是王士禛。清代中叶诗坛拟古诗风盛行,只有郑燮、袁枚等少数诗人能以清新流畅的诗风在诗词坛上别树一帜。至晚清道光、咸丰年间，由于统治者腐朽无能，民族危机严重，以龚自珍、魏源为代表的爱国诗人，冲破诗坛的沉闷局面，把诗歌作品作为战斗武器，抨击时政，揭批黑暗，抒写爱国情怀，表现出对光明和自由的热烈追求，在近代文学史上占有重要地位。

2. 中国现代诗歌

中国现代新诗诞生于五四文学革命之中。胡适是新诗最早的开拓者，其《尝试集》是中国现代文学史上第一部白话新诗集。而刘半农、刘大白、康白情、俞平伯是现代新诗开辟过程中的创作主力，他们的新诗以白话入行为基本共性，没有固定格律，不拘泥于音韵，不尚典雅而只求质朴。郭沫若的《女神》则以自由体形式，带着狂飙突进的五四精神，以不同于其他白话诗的鲜明的艺术特色，为现代新诗奠定了浪漫主义基础，把新诗运动的“诗体解放”推向了一个新的发展阶段。闻一多是继郭沫若之后又一位对新诗的发展与成熟做出了重大贡献的诗人，其诗贯穿了深厚的爱国主义情感，体现出五四时期积极向上、奋斗进取、不懈追求的精神风貌。与古体诗比较，新诗的形式更加灵活自由，内容更加丰富多彩，真正冲破了旧有的种种禁锢束缚，走进了一个崭新的时代。文学研究会的诗歌创作以朱自清和冰心最具代表性，其诗以抒情为主，表现积极进取的精神，以及觉醒后的小资产阶级知识分子的追求与苦闷。湖畔派诗社的诗歌创作中，最为引人注目的当推爱情诗，汪静之、应修人、潘漠华和冯雪峰是其中的主力。新月派诗人的重要代表是徐志摩，其诗表达对光明的追求、对理想的希冀、对现实的不满，诗风清爽明净、柔婉轻盈。与新月派几乎同时的象征派诗歌，则采用不同于常态的联想、隐喻、幻觉、暗示等手段制造朦胧、神秘的色彩。李金发、王独清、穆木天和冯乃超是这一诗派的重要代表诗人。新月派之后，以描写现代人在现代生活中的现代情绪为主要内容的现代诗派兴起，戴望舒是这一诗派的主要诗人，他因发表《雨巷》一诗而获得“雨巷诗人”的美誉。抗战后诗坛上最为重要的诗派是七月诗派，代表诗人有胡风、艾青、田间等，他们的诗歌饱含爱国主义激情，渗透抗敌斗志，注重以炽热的爱国情怀和战斗激情去撞击人们的心灵，诗风质朴、粗犷、奔放。

新中国成立之后，诗歌创作随之进入新的发展阶段，出现了新的题材、新的主题、新的形式，邵燕祥的《歌唱北京城》、《到远方去》，傅仇的《伐木者》，严阵的《老张的手》，未央的《祖国，我回来了》，公刘的《边城短歌》、《黎明的城》，顾工的《喜马拉雅山下》等，是这一阶段优秀的诗歌代表。20 世纪 60 年代出现了以郭小川、贺敬之为代表的政治抒情诗人。随后，以舒婷、北岛、顾城等为代表诗人的“朦胧诗”在 20 世纪 70 年代末、80 年代初迅速崛起，并以其独特的“朦胧”诗风强烈地冲击当时的文坛。80 年代中后期，朦胧诗潮又逐渐受到“新生代”诗的冲击。90 年代以来，以互联网为传播媒介的大量网络诗作，以其强大的生命力在诗坛独领风骚。

（二）外国诗歌

古希腊是西方文明的摇篮，荷马史诗代表了古希腊文学的最高成就，它由《伊利亚特》和《奥德赛》两部长篇史诗组成，表现了人文主义思想，肯定了人的尊严、价值和力量。史诗语言简练，情节生动，形象鲜明，结构严谨，集古希腊口述文学之大成，是古希腊最伟大的作品，也是西方第一部重要的文学作品。

处于西方中世纪和近代历史交接点上的意大利诗人但丁，是西方中世纪最伟大的诗人，也是文艺复兴时代的先驱。“封建的中世纪的终结和现代资本主义纪元的开端，是以一位大人物为标志的，这位人物就是意大利人但丁，他是中世纪的最后一位诗人，同时又是新时代的最初一位诗人。”（恩格斯语）但丁的《神曲》以意大利语写成，诗歌采用中世纪文学梦幻游历形式，通过作者与地狱、炼狱及天堂中各种著名人物的对话，抨击了旧世纪人物的种种恶行，歌颂了灵魂的美好与光明的引导，表达了执着地追求真理的思想，对欧洲后世的诗歌创作有极其深远的影响。它既是中世纪文化的艺术性总结，又是新时代人文主义文学的萌芽。

西方文艺复兴时代，文学的主流是人文主义文学。意大利的彼特拉克是人文主义的鼻祖，被誉为“人文主义之父”，创作了许多优美的诗篇，代表作是抒情十四行诗诗集《歌集》。他的重要贡献在于对十四行诗体进行了再创造，使十四行诗从内容到形式达到了完美的统一，并为后来的抒情诗歌开辟了新的道路。而莎士比亚则运用这一诗体创作了大量语汇丰富、用词洗练、比喻新颖、结构巧妙、音调铿锵的优秀抒情诗，或歌颂爱情，或赞美友情，从而成为英国乃至世界十四行诗体中的一座高峰。

17 世纪，西方文学进入古典主义时期。这一时期，重要的代表诗人有英国的弥尔顿和法国的伏尔泰。弥尔顿的诗歌代表作《失乐园》表现出人的奋争和救赎，反映了资产阶级的革命精神，是诗人对人类最深层的道德、精神和信仰的探索，折射出诗人对人和人性的反思、对人类不幸根源的探究和对人如何才能得到拯救等一系列人性问题的深沉思考，在艺术上体现了从文艺复兴到新古典主义过渡时期的文学特征。伏尔泰被称为“法兰西最优秀的诗人”，其哲理诗说理透彻，讽刺诗机智冷峻。他的诗歌代表作《亨利亚德》，是一部以法国 16 世纪宗教战争为题材，写波旁王朝亨利四世这位开明君主在内战中取得胜利后登基为王，并颁布南特赦令以保障新教徒信仰自由的史诗。

18 世纪的启蒙运动是一场欧洲资产阶级反对封建主义思想的文化运动。在这一场轰轰烈烈的文化运动中，启蒙作家大胆破除古典主义的清规戒律，创造了多种多样的文学样式。德国诗人歌德是这一时期诗歌创作的优秀代表，他的代表作是长篇诗剧《浮士德》。这部不朽的诗剧，以德国民间传说为题材，以文艺复兴以来的德国和欧洲社会为背景，展现了主人公浮士德所经历的书斋生活、爱情生活、政治生活、追求古典美和建功立业五个阶段的生活，这五个阶段的生活高度浓缩了从文艺复兴到19世纪初期几百年间德国乃至欧洲资产阶级探索和奋斗的精神历程。这是一部现实主义和浪漫主义完美结合的杰出诗剧。

19世纪，伴随着浪漫主义诗潮的涌现，诗坛群星璀璨，俊采风流，出现了俄国伟大的浪漫主义诗人普希金，匈牙利著名的爱国诗人裴多菲，法国被誉为"法兰西的莎士比亚"的杰出诗人雨果，英国第一代浪漫主义诗人代表即湖畔诗人华兹华斯和柯勒律治，以及英国第二代浪漫主义诗人拜伦、雪莱、济慈等等。

20世纪，西方诗歌以现代主义诗歌为主流。这一时期，浪漫主义诗潮已经衰退，代之而起的是以波特莱尔为代表的象征主义诗歌、以庞德为代表的意象派诗歌、以王尔德为代表的唯美主义诗歌等等，各种风格的诗层出不穷，流风所及，以至于今。

四、经典诗歌导读

【《诗经》简介】

《诗经》是我国第一部诗歌总集，收集了自西周初年至春秋中叶五百多年的诗歌305篇。先秦称为《诗》或《诗三百》。据说春秋时流传下来的诗，有三千首之多，后来只剩下三百一十一首（其中有六首笙诗：南陔、白华、华黍、由庚、崇丘、由仪），后来为方便，就称作"诗三百"。西汉时被尊为儒家经典，才称为《诗经》，并沿用至今。

汉代传授《诗经》的有齐、鲁、韩、毛四家。东汉以后，齐、鲁、韩三家先后亡失，仅存《韩诗外传》。毛诗盛行于东汉以后，并流传至今。重要的注本有唐孔颖达的《毛诗正义》、宋朱熹的《诗集传》、清马瑞辰的《毛诗传笺通释》、清陈奂的《诗毛氏传疏》、今人程俊英的《诗经译注》、今人余冠英的《诗经选译》等等。

黍 离

彼黍离离[1]，彼稷之苗。行迈靡靡，中心摇摇[2]。知我者谓我心忧，不知我者谓我何求[3]。悠悠苍天，此何人哉！[4]

彼黍离离，彼稷之穗。行迈靡靡，中心如醉[5]。知我者谓我心忧，不知我者谓我何求。悠悠苍天，此何人哉！

彼黍离离，彼稷之实。行迈靡靡，中心如噎[6]。知我者谓我心忧，不知我者谓我何求。悠悠苍天，此何人哉！

【注释】

[1]选自朱东润《中国历代文学作品选》,上海古籍出版社,1979年版。彼:那,指西周宗庙宫室所在地。黍:谷物名,去皮后叫小米、黄米。离离:繁茂的样子,一说果实累累的样子。稷:谷物名,高粱,一说小米。

[2]行迈:行走。靡靡:步行缓慢的样子。中心:即心中。摇摇:"愮愮"的假借字,心忧不安的样子。

[3]知我者:了解我的人。谓我何求:以为我眷恋不肯离去似乎还有所寻求。

[4]悠悠:高远。此何人哉:这种局面到底是何人造成的?

[5]醉:忧愁不振如醉酒一样。

[6]噎(yē):喉咙被食物堵塞,此指忧闷之至而气塞,无法喘息。

【阅读提示】

此诗出自《诗经·王风》,是东周大夫悲悼宗周覆亡之作。平王东迁,周室衰微,无力驾驭诸侯,其地位等同诸侯。《诗序》云:"《黍离》,闵宗周也。周大夫行役,至于宗周(西周首都镐京)。过故宗庙宫室,尽为禾黍。闵周室之颠覆,彷徨不忍去,而作是诗也。"故后世有人认为这是一首抒发忧愤的诗作,今人或以为是抒写怀乡之情的作品。诗以复沓章法,反复咏叹,把激愤抑郁之情抒写得淋漓尽致。

【思考与练习】

1. 你认为诗人之忧是什么?

2. 谈谈你对"中心如醉"的理解。

蒹　葭

蒹葭苍苍[1],白露为霜。所谓伊人,在水一方[2]。溯洄从之,道阻且长[3]。溯游从之,宛在水中央[4]。

蒹葭凄凄,白露未晞[5]。所谓伊人,在水之湄[6]。溯洄从之,道阻且跻[7]。溯游从之,宛在水中坻[8]。

蒹葭采采,白露未已[9]。所谓伊人,在水之涘[10]。溯洄从之,道阻且右[11]。溯游从之,宛在水中沚[12]。

【注释】

[1]该诗选自朱东润《中国历代文学作品选》,上海古籍出版社,1979年版。蒹葭(jiān jiā):荻芦,芦苇一类的植物,生长于水边。苍苍:茂盛的样子,一说,老青色。

[2]伊人:那个人,即主人公所怀恋、仰慕的对象。在水一方:在水的那一方,比喻所在极远。

[3]溯洄:逆流而上。从:追寻,接近。阻:阻碍。言道路艰阻难行。

[4]游:顺流而下。宛:宛如,好像,仿佛。

[5]凄凄:今作萋萋,茂盛貌,一说,淡青色。晞:干,晒干。

[6]湄:水边高地,沙洲。

[7]跻(jī):上升,攀登,此指地势高。

[8]坻(chí):水中小块高地,小沙洲。

[9]采:茂盛的样子,一说,润泽鲜亮的样子。已:止,尽,干。

[10]涘(sì):水边,岸边。

[11]右:弯曲,迂回。

[12]沚(zhǐ):同上章"坻"。

【阅读提示】

此诗出自《诗经·秦风》。这是一首怀人诗,诗歌表现主人公追求失败的苦闷惆怅,但所追求、仰慕的对象"伊人"为谁,迄今尚无定论,今人一般认为是诗人的恋人。诗歌景中含情,有力地烘托了主人公凄婉惆怅的心境,在艺术上达到了情景交融的境界。

【思考与练习】

1."蒹葭"是什么季节的植物?

2."在水一方"有何深刻含义?

【《楚辞》简介】

《楚辞》是中国文学史上第一部浪漫主义诗歌总集。"楚辞"的名称,西汉初期已有之,至刘向乃编辑成集。东汉王逸作章句。原收战国楚人屈原、宋玉及汉代淮南小山、东方朔、王褒、刘向等人辞赋共十六篇。后王逸增入己作《九思》,成十七篇。

全书以屈原作品为主,其余各篇也是承袭屈赋的形式。以其运用楚地的文学样式、方言声韵和风土物产等,具有浓厚的地方色彩,故名《楚辞》。

作为继《诗经》以后,对中国文学最具有深远影响的一部诗歌总集,《楚辞》对整个中国文化传统有不同寻常的意义,特别是文学方面,它开创了中国浪漫主义文学的先河。

山　鬼

屈原

若有人兮山之阿，被薜荔兮带女萝[1]。既含睇兮又宜笑，子慕予兮善窈窕[2]。乘赤豹兮从文狸，辛夷车兮结桂旗[3]。被石兰兮带杜衡，折芳馨兮遗所思[4]。

余处幽篁兮终不见天，路险难兮独后来[5]。表独立兮山之上，云容容兮而在下[6]。杳冥冥兮羌昼晦，东风飘兮神灵雨[7]。留灵修兮憺忘归，岁既晏兮孰华予[8]？

采三秀兮于山间，石磊磊兮葛蔓蔓[9]。怨公子兮怅忘归，君思我兮不得闲[10]。山中人兮芳杜若，饮石泉兮荫松柏[11]，君思我兮然疑作[12]。雷填填兮雨冥冥，猿啾啾兮狖夜鸣[13]。风飒飒兮木萧萧，思公子兮徒离忧[14]。

【注释】

[1]选自朱东润《中国历代文学作品选》，上海古籍出版社，1979年版。若：仿佛。人：指山鬼。山之阿（ē）：山坳。阿：弯曲之处。被：同“披”。薜荔（bì lì）：香草名。女萝：蔓生植物。带女萝：以女萝为带。

[2]含睇（dì）：含情微视。宜笑：宜于笑，善笑，笑得迷人。子：你，指山鬼的恋人。与下文的“灵修”、“公子”、“君”都是山鬼所称其恋人。慕：爱慕。窈窕（yǎo tiǎo）：美好。

[3]乘：驾。赤豹：毛赤而纹黑的豹。从：使之跟从。文：花纹。狸：野猫。辛夷：香木。结：编扎。桂旗：以桂枝为旗。

[4]被：同“披”。石兰：香草名，又名山兰。芳馨：泛指芳草香花。遗（wèi）：赠送。所思：所思念的人。

[5]余：我，山鬼自称。处：居。幽：幽深。篁（huáng）：竹林。终：始终。险难：险阻艰难。后来：迟来，迟到。

[6]表：特出貌。表独立：卓然独立。容容：通“溶溶”，本指水动的样子，此借指云气浮动翻涌。在下：在山之下。

[7]杳：深远，深沉。羌：楚方言，发语词。晦：阴暗。昼晦：白天昏暗不明。飘：风速迅疾，风势回旋。雨：动词，降雨。

[8]留：滞留，等。灵修：指山鬼的恋人。留灵修：为灵修而滞留。憺（dàn）：安乐，安心。岁：年龄。晏：晚，迟。孰华予：谁能使我像花一样美丽。华，同“花”。王逸：“年岁晚暮，将欲罢老，谁复当令我荣华也。”

[9]三秀:灵芝草。灵芝每年开花三次,故称三秀。磊磊(lěi):乱石堆积的样子。葛:一种藤本蔓生植物,长数丈。蔓蔓:缠绕而延伸貌。

[10]公子:指山鬼苦苦思恋等待的恋人。怅:怅惘,惆怅。君:指山鬼的恋人。君思我:是山鬼的想象和希望。闲:空闲。

[11]山中人:山鬼自称。芳杜若:像杜若一样芬芳。杜若:香草名。石泉:山泉,山石间流出的清泉。荫松柏:以松柏为荫,即居住于松柏之下。荫:荫庇。

[12]然:肯定,诚然,相信。疑:疑虑,不相信。作:兴起,产生。前言"君思我兮不得闲",猜测公子不来可能是因为没有空闲时间;此句写山鬼产生将信将疑之心。

[13]填填:雷声。雨冥冥:形容雷雨时天色昏暗。啾啾(jiū):猿的鸣叫声。狖(yòu):黑色长尾猿。

[14]飒飒(sà):风声。萧萧:风吹树叶发出的声音。徒:徒然,白白地。离:通"罹(lí)",遭受。

【阅读提示】

此诗出自《楚辞·九歌》。山鬼,即山神,古代鬼、神义同。旧注多以为山鬼为鬼怪,但作品所描写的山鬼是一位美丽多情的女性,故后人一般认为"山鬼"很可能是某座山的山神,而非鬼怪。郭沫若认为山鬼当指神话中的巫山女神。作品以抒情独白的方式,抒写山鬼苦苦等待恋人不来而惆怅痛苦最后独自归去的情景,刻画了一位美丽善良、坚贞纯洁的女神形象。

【思考与练习】

1. 山鬼穿戴如何?
2. "三秀"是什么植物?

【汉乐府简介】

乐府,原为秦、汉时音乐官署之名,至六朝时衍变为诗体名称。汉代乐府诗包括文人乐府和民歌乐府。汉乐府民歌继承《诗经》开创的写实传统,"感于哀乐,缘事而发",或揭露统治阶级的残暴腐朽,或揭露战争徭役带给人民的深重灾难,或反映青年男女对爱情的渴望与追求,或反映妇女的悲惨命运,控诉封建礼教的罪恶。这些民歌内容丰富,情感真挚,思想深刻,极富艺术特色。

妇病行

妇病连年累岁,传呼丈人前[1],一言当言[2],未及得言,不知泪下一何翩翩[3]。“属累君两三孤子[4],莫我儿饥且寒[5],有过慎莫笪笞[6],行当折摇[7],思复念之[8]。”

乱曰[9]:抱时无衣,襦复无里[10]。闭门塞牖[11],舍孤儿到市[12]。道逢亲交[13],泣坐不能起。从乞求与孤儿买饵[14]。对交啼泣[15],泪不可止。“我欲不伤悲不能已[16]。”探怀中钱持授交[17]。入门见孤儿,啼索其母抱[18]。徘徊空舍中[19],“行复尔耳[20]! 弃置勿复道[21]”。

【注释】

[1]选自朱东润《中国历代文学作品选》,上海古籍出版社,1979 年版。丈人:男子的尊称,此指病妇的丈夫。前:面前,指把丈夫喊到病床前。

[2]一言当言:即有一句话要说。前一个“言”是名词。后一个是动词。

[3]翩翩:鸟翻飞貌,此指病妇泪流不止。

[4]属:通“嘱”,嘱托。累:拖累。

[5]莫我儿:莫让我儿。

[6]过:过失。慎莫:切莫,千万不要。笪、笞:竹棍。这里用作动词,即用竹棍打。

[7]行当折摇:是说自己将要死了。折摇:同“折夭”。一说,病妇预料这些孩子也难以久活。

[8]思复念之:你常常想想我这番话吧。之:代临终嘱咐。

[9]乱曰:表示乐章的最后一章,篇终结句。以下描写的是病妇死了以后的事。

[10]“抱时”两句:是说孩子身上没有长衣,只有短袄,短袄也衣里破碎,如同单衣。襦:短袄。

[11]闭门塞牖(yǒu):关紧屋门,堵住窗户。牖:窗户。

[12]舍:弃下。市:集市。

[13]亲交:亲近的朋友。

[14]从:就。乞求:恳求。与:替。饵:食物。因惦记家中儿女,便请朋友代为购买食物。

[15]对交:面对亲交。

[16]此句为父亲语,是回答亲交的话,说自己想不悲伤哭泣但是做不到。

[17]探:伸手取之。持授交:拿来交给朋友。

[18]啼索其母抱:因为饥寒交迫,孩子哭喊着要母亲抱。

[19]空:空荡荡,有两层含义,一指失去妻室,一指家无余物。

[20]行:将。复:又。尔耳:这样。

[21]弃置:抛开。勿复道:不再说,不再想。此为父亲无可奈何的哀叹。

【阅读提示】

此诗为汉乐府民歌。这首诗选取典型感人的生活场景展现一位病妇的家庭悲剧,反映了汉代劳动人民在统治阶级残酷的剥削压迫下挣扎于死亡边缘的生活惨相。

【思考与练习】

1. 你如何评价诗中的“病妇”?

2. 诗中的“乱”是什么意思?

【《古诗十九首》简介】

《古诗十九首》,组诗名,是乐府古诗文人化的显著标志。为南朝萧统从传世无名氏《古诗》中选录十九首编入《昭明文选》而成。《古诗十九首》深刻地再现了文人在汉末社会思想大转变时期,追求的幻灭与沉沦,心灵的觉醒与痛苦。艺术上,语言朴素自然,描写生动真切,具有天然浑成的艺术风格。同时,《古诗十九首》所抒发的,是人生最基本、最普遍的几种情感和思绪,令古往今来的读者常读常新。

行行重行行

行行重行行[1],与君生别离[2]。相去万余里,各在天一涯[3]。道路阻且长[4],会面安可知?胡马依北风[5],越鸟巢南枝[6]。相去日已远[7],衣带日已缓[8]。浮云蔽白日[9],游子不顾反[10]。思君令人老,岁月忽已晚[11]。弃捐勿复道[12],努力加餐饭[13]。

【注释】

[1]该作品选自朱东润《中国历代文学作品选》,上海古籍出版社,1979年版。重:又,再。重行行:即行而不止,含有越走越远之意。

[2]生别离:活生生地分离。此句化用《楚辞·九歌·少司命》诗句“悲莫悲兮生别离”之意。

[3]天一涯:天的一边。

[4]阻:险阻。长:遥远。语出《诗经·蒹葭》:“溯洄从之,道阻且长。”

[5]胡马:北方所产的马。依:依恋。这句的意思是,胡马南来后对北风尚有依恋之情。

[6]越鸟:生活在南方的鸟。巢:筑巢。这句的意思是,南鸟北飞后它仍然在朝南的树枝上筑巢栖息。以上两句以鸟兽不忘故土隐喻游子思家。

[7]已:同“以”,作助词。下句同。日已远:一天比一天久远。

[8]缓:宽松。指人因相思而日渐消瘦,因消瘦而使原来的衣带显得宽松。

[9]浮云蔽白日:用比喻,隐喻游子在外另有新欢,被新欢迷惑。这是女主人公内心的疑虑、隐忧。

[10]顾:念,思。反:同“返”。

[11]忽已晚:很快又是年终岁末。

[12]弃捐:抛开。勿复道:不用再说了。这句的意思是,抛开丈夫这一切不提,不考虑。

[13]努力加餐饭:汉魏时慰勉别人的惯用语,此当指思妇自我劝勉,意为尽力多吃点饭以保重身体。以上两句是思妇无可奈何之下的自我宽慰。

【阅读提示】

此诗为《古诗十九首》第一篇。本篇以女主人公的口吻,委婉真切地抒发了对远离家乡的丈夫的思念之情,通篇“情真,景真,事真,意真”(元陈绎曾《诗谱》),表现出女主人公对丈夫的忠诚与坚贞。诗歌以质朴的语言、形象的比喻,谱写了一曲哀怨动人的离别相思曲。

【思考与练习】

1. 你认为“胡马”和“越鸟”有何比喻意义?
2. 古人为何对“生别离”如此伤感。

【作者简介】

曹丕(187—226),字子桓,三国时期著名的政治家、文学家,曹魏的开国皇帝。沛国谯(今安徽省亳州市)人。

曹丕自幼好文学,于诗、赋、文学皆有成就,尤擅长于五言诗,与其父曹操和弟曹植,并称三曹,今存《魏文帝集》二卷。另外,曹丕著有《典论》,当中的《论文》是中国文学史上第一部系统的文学批评专论作品。

燕歌行

曹丕

秋风萧瑟天气凉，草木摇落露为霜，群燕辞归雁南翔[1]。念君客游思断肠[2]，慊慊思归恋故乡[3]，君何淹留寄他方[4]？贱妾茕茕守空房[5]，忧来思君不敢忘，不觉泪下沾衣裳。援琴鸣弦发清商[6]，短歌微吟不能长。明月皎皎照我床，星汉西流夜未央[7]。牵牛织女遥相望，尔独何辜限河梁[8]？

【注释】

[1]该作品选自朱东润《中国历代文学作品选》，上海古籍出版社，1979年版。雁：一作“鹄”。

[2]思断肠：一作“多思肠”。

[3]慊慊（qiàn）：空虚、惆怅之意。

[4]君何：一作“何为”。淹留：久留。

[5]茕茕（qióng）：形单影只的样子，孤独、寂寞。

[6]援：拿、取。清商：曲调名。吴淇说：“（清商）其节极短促，其音极纤微。长讴曼咏，不能逐焉。故云（‘不能长’）。”（《六朝选诗定论》卷五）

[7]星汉西流：银河向西流转，表示夜已很深。未央：未尽。

[8]尔：指银河两边的牵牛星、织女星。辜：罪。限：为……所阻隔。河梁：河上的桥。

【阅读提示】

《燕歌行》为乐府旧题，题中的“燕”是古代北方边地，征戍不绝，所以《燕歌行》一题大多用以写征夫思妇的离别之情。曹丕《燕歌行》共两首，这是第一首，是现存文人作品中最早的完整的七言诗。作品写主人公思念客游远方的丈夫，从一个侧面反映了灾难的社会带给人民的苦难。诗歌情景交融，抒情细腻，音节和谐，句句押韵，一韵到底，被后世誉为“七言之祖”。

【思考与练习】

1. 诗歌反映的是什么季节？

2. 为何秋季总让人伤感？

【作者简介】

阮籍(210—263),三国时期魏诗人。字嗣宗。陈留(今河南省开封市陈留县治)尉氏人。竹林七贤之一,是建安七子之一阮瑀的儿子。曾任步兵校尉,世称阮步兵。崇奉老庄之学,政治上则采取谨慎避祸的态度。

阮籍是“正始之音”的代表,著有《咏怀》、《大人先生传》等,其著作收录在《阮籍集》中。

咏怀诗(其一)

阮籍

夜中不能寐,起坐弹鸣琴。薄帷鉴明月[1],清风吹我襟。孤鸿号外野[2],翔鸟鸣北林[3]。徘徊将何见,忧思独伤心。

【注释】

[1]该诗选自朱东润《中国历代文学作品选》,上海古籍出版社,1979年版。帷:帐幔。鉴:照。此句意为月光照在薄帷之上。

[2]号:鸣叫。

[3]翔鸟:盘旋而飞的鸟。

【阅读提示】

魏晋易代之际,仕途险恶。阮籍有济世之志,因不愿与司马氏同流合污,又恐遭遇谤祸,故崇尚老庄之学,处世极为谨慎,常纵酒佯狂,以求远祸全身。其诗歌代表作五言《咏怀诗》(82首)采用比兴、象征手法,或抨击当时虚伪的礼法,或抒写有志难酬的苦闷,内容丰富,诗风隐晦。本篇为组诗第一首,写夜深人静时诗人不平静的心情,隐晦曲折地表现了黑暗时代中诗人内心的彷徨与苦闷。

【思考与练习】

1.“清风吹我襟。孤鸿号外野”有何深刻含义?

2.诗人生活在怎样的一个时代?

【作者简介】

陶渊明(365—427),一名潜,字元亮,自号五柳先生,晋宋之际浔阳柴桑(今江西九江市西南)人。其诗今存120余首,多描写田园风光及农村日常生活,抒发自己安贫乐道、崇尚自然的情怀。其诗感情纯洁深挚,诗风平淡自然,艺术成就极高,对后世影响深远。

饮酒(其五)

陶渊明

结庐在人境[1],而无车马喧。问君何能尔[2],心远地自偏[3]。采菊东篱下,悠然见南山[4]。山气日夕佳[5],飞鸟相与还[6]。此中有真意,欲辩已忘言[7]。

【注释】

[1]该作品选自朱东润《中国历代文学作品选》,上海古籍出版社,1979年版。结庐:建造住房。人境:人们聚居之地。

[2]尔:如此。

[3]心远句:意为心既远离了尘俗,自然便觉得住所僻静了。偏:偏僻、僻静。

[4]南山:指庐山。

[5]日夕:近黄昏之时,傍晚。

[6]相与还:结伴归巢。

[7]“此中”二句:《庄子·齐物论》曰:“辩也者,有不辩也,夫大道不称,大辩不言。”《庄子·外物》曰:“言者所以在意也,得意而忘言。”这两句大意为,这些景象蕴含了“真意”,我已领悟到了其中的“真意”,但它无法用言语表达,也不需要用言语表达,所谓“得意而忘言”。

【阅读提示】

《饮酒》组诗共20首,借饮酒为题,抒写情怀,寄托遥深。本篇为组诗第五首,写田园风光,抒隐居情怀,事真、景真、情真、意真,表现出诗人恬静闲适、悠然自得的情怀以及崇尚自然的人生态度。

【思考与练习】

1. 你认为“得意而忘言”有何深刻含义?

2. 菊是什么季节的植物,在诗中象征了什么?

【作者简介】

谢朓(464—499),字玄晖,南齐陈郡阳夏(今河南太康)人。曾出任宣城太守、中书郎、尚书吏部郎等职。他和谢灵运并称“大小谢”,是南朝齐梁“永明体”诗歌的代表人物,其诗涤去玄言色彩,讲究声律,诗风清丽,对山水诗的发展有重大贡献,对后世影响深远。钟嵘称其诗为:“奇章秀句,往往警遒。足使叔源失步,明远变色。”(《诗品》)李白曾说:“蓬莱文章建安骨,中间小谢又清发。”

晚登三山还望京邑

谢朓

灞涘望长安[1],河阳视京县[2]。白日丽飞甍[3],参差皆可见[4]。余霞散成绮[5],澄江静如练[6]。喧鸟覆春洲[7],杂英满芳甸[8]。去矣方滞淫[9],怀哉罢欢宴。佳期怅何许[10],泪下如流霰[11]。有情知望乡,谁能鬒不变[12]?

【注释】

[1]该作品选自朱东润《中国历代文学作品选》,上海古籍出版社,1979年版。灞涘句:灞,水名,在陕西省境内,出陕西蓝田,流经长安。涘:水边。汉文帝陵园在长安东,名灞陵。汉末王粲因避乱离开长安时曾有诗句曰:“南登灞陵岸,回首望长安。”(《七哀诗》)

[2]河阳句:西晋潘岳在河阳做官时曾有诗句云:“引领望京室,南路在伐柯。”(《河阳县诗》)诗歌首两句是以古人的望京邑比自己的望京邑。

[3]丽:此处用作动词,附着,引申为照射,指日光照耀京城,色彩绚烂。甍(méng):屋脊。飞甍:形容屋脊两檐如飞翼。

[4]参差:高低不齐。

[5]绮:有花纹的丝织品。

[6]澄江:清澈的江水。练:白色绸子。

[7]覆:覆盖,形容鸟之多。

[8]英:花。杂英:即各种花。芳甸:芳香的郊野。

[9]滞淫:淹留。这句说,要离开这里了,但还是依恋不舍,姑且稍作停留。

[10]佳期:指还乡国(京师)之期。怅:恨。何许:何时。

[11]霰(xiàn):小冰粒,俗称雪沙子。

[12]鬒(zhěn):黑头发。变:指变白。这句是说,谁能使黑发不变白呢?

【阅读提示】

《晚登三山还望京邑》作于齐明帝建武二年(495 年)谢朓赴任宣城太守途中。三山,在今南京市西南长江南岸,上有三峰,南北相连,故曰“三山”。“京邑”指金陵。诗人的艺术构思围绕登、望二字,但着重突出“望”字,写登三山“望”中所见春江日暮美景以及由此引发的乡国之思。

【思考与练习】

1. 你认为诗中最好的比喻是什么?

2. “望”、“视”、“见”三个动词有何区别?

【作者简介】

此诗作者尚无定论。徐陵《玉台新咏》最早收录此诗,题为江淹作。宋人郭茂倩《乐府诗集》将本篇收入“杂曲歌辞”类,题为“古辞”。清代沈德潜《古诗源》题为梁武帝萧衍作。后人多以为此诗是经过了文人加工润色的南朝民歌,为南朝乐府民歌之绝唱。

西洲曲

忆梅下西洲[1],折梅寄江北[2]。单衫杏子红,双鬓鸦雏色[3]。西洲在何处,两桨桥头渡。日暮伯劳飞[4],风吹乌臼树[5]。树下即门前,门中露翠钿[6]。开门郎不至,出门采红莲。采莲南塘秋,莲花过人头。低头弄莲子,莲子青如水[7]。置莲怀袖中,莲心彻底红[8]。忆郎郎不至,仰首望飞鸿[9]。鸿飞满西洲,望郎上青楼[10]。楼高望不见,尽日栏杆头[11]。栏杆十二曲,垂手明如玉。卷帘天自高,海水摇空绿[12]。海水梦悠悠,君愁我亦愁。南风知我意,吹梦到西洲[13]。

【注释】

[1]该作品选自朱东润《中国历代文学作品选》,上海古籍出版社,1979 年版。下:往,或解为落。西洲:在女子住处附近。

[2]江北:当指“郎”所在的地方。

[3]鸦雏色:像小乌鸦羽毛一样的颜色,乌黑发亮。

[4]伯劳:鸟名,仲夏始鸣啼,性喜独栖。这里一方面暗示仲夏的季节,另一方面也暗喻女子孤单的处境。

[5]乌臼树:亦作乌桕,落叶乔木,高约二丈。夏日开花,种子可榨油,亦可制

肥皂及蜡烛。

[6]翠钿:用翠玉装饰的首饰。

[7]莲子:双关,谐音"怜子",即爱你。青如水:隐喻爱情的纯洁。

[8]莲心:双关,谐音"怜心",即爱怜之心。彻底红:隐喻怜爱之深切,暗指火红的爱情。

[9]望飞鸿:双关,盼望书信的意思。因古代有鸿雁传书之说。

[10]青楼:以青色涂饰之楼,为古代女子居处的通称。

[11]尽日:终日。

[12]卷帘两句:这两句承上两句,意为怀郎不至,则登楼而望,然楼虽高却望而不见,卷帘所见,唯有碧天空自高远,海水空自摇绿而已。

[13]海水四句:终日栏杆独凭,唯见海水之悠悠,一如梦之悠悠,于是由我之愁推想对方之愁亦如我之愁,故而祈望南风把梦中的对方吹向西洲,使我能在梦中与对方于西洲会面。

【阅读提示】

该诗通过描绘四季景物的转换,抒发女主人公对江北情郎的无限思念。诗歌运用顶真、双关、比喻等修辞手法,语言清新自然、精工雅丽,呈现出成熟的艺术技巧。

【思考与练习】

1."莲"是什么季节的植物?

2."莲"有何象征意义?

【作者简介】

王勃(649—675),唐代诗人,字子安,绛州龙门(今山西河津)人。与杨炯、卢照邻、骆宾王以诗文齐名,并称"王杨卢骆",亦称"初唐四杰"。王勃才华早露,未成年即被司刑太常伯刘祥道赞为神童,向朝廷表荐,对策高第,授朝散郎。乾封初(666)为沛王李贤征为王府侍读,两年后因戏为《檄英王鸡》文,被高宗怒逐出府。上元二年(675)或三年(676),王勃南下探亲,渡海溺水,惊悸而死。

王勃的文学主张崇尚实用,他创作了"壮而不虚,刚而能润,雕而不碎,按而弥坚"的诗文。其诗今存80多首,赋和序、表、碑、颂等文,今存90多篇。有明崇祯中张燮搜辑汇编的《王子安集》16卷;清同治甲戌蒋清翊著《王子安集笺注》20卷等。

送杜少府之任蜀川

王勃

城阙[1]辅[2]三秦[3]，风烟望五津[4]。与君离别意，同是宦游人。海内存知己，天涯若比邻。无为在歧路，儿女共沾巾。

【注释】

[1]该作品选自朱东润《中国历代文学作品选》，上海古籍出版社，1979年版。城阙：指唐代都城长安。

[2]辅：护卫。

[3]三秦：现在陕西省一带；辅三秦即以三秦为辅。

[4]五津：四川境内长江的五个渡口。

【阅读提示】

此是送别的名作。诗意慰勉勿在离别之时悲哀。全诗开合顿挫，气脉流通，意境旷达。一洗古送别诗中的悲凉凄怆之气，音调爽朗，清新高远，独树碑石，是长期以来脍炙人口的诗篇，特别是"海内存知己，天涯若比邻"两句，至今还常被人们引用。这首诗写得乐观开朗，没有一般赠别诗常有的那种哀伤和悱恻，它的情调和唐朝前期经济文化走向繁荣、封建社会上升发展的时代精神是一致的。

【思考与练习】

1. "天涯若比邻"有何深刻含义？

2. 你如何理解"无为在歧路，儿女共沾巾"？

【作者简介】

张若虚，唐代诗人。扬州（今属江苏）人。曾任兖州兵曹。生卒年、字号均不详。中宗神龙（705—707）中，与贺知章、张旭、包融并称"吴中四士"。玄宗开元时尚在世。张若虚的诗仅存二首于《全唐诗》中。其中《春江花月夜》是一篇脍炙人口的名作。

春江花月夜

张若虚

春江潮水连海平，海上明月共潮生。滟滟[1]随波千万里，何处春江无月明！江流宛转绕芳甸[2]，月照花林皆似霰[3]；空里流霜[4]不觉飞，汀[5]上白沙看不见。江天一色无纤尘[6]，皎皎空中孤月轮[7]。江畔何人初见月？江月何年初照人？人生代代无穷已[8]，江月年年只相似。不知江月待何人，但见[9]长江送流水。白云一片去悠悠[10]，青枫浦上[11]不胜愁。谁家今夜扁舟[12]子？何处相思明月楼[13]？可怜楼上月徘徊[14]，应照离人[15]妆镜台[16]。玉户[17]帘中卷不去，捣衣砧[18]上拂还来。此时相望不相闻[19]，愿逐[20]月华[21]流照君。鸿雁长飞光不度，鱼龙潜跃水成文[22]。昨夜闲潭[23]梦落花，可怜春半不还家。江水流春去欲尽，江潭落月复西斜。斜月沉沉藏海雾，碣石潇湘[24]无限路[25]。不知乘月[26]几人归，落月摇情[27]满江树。

【注释】

[1]该作品选自朱东润《中国历代文学作品选》，上海古籍出版社，1979 年版。滟(yàn)滟：波光闪动。

[2]芳甸(diàn)：遍生花草的原野。

[3]霰(xiàn)：雪珠，小冰粒。

[4]流霜：古人以为霜和雪一样，是从空中落下来的，所以叫流霜。这里比喻月光皎洁，月色朦胧、流荡，觉得有霜霰飞扬。

[5]汀(tīng)：沙滩。

[6]纤尘：微细的灰尘。

[7]月轮：指月亮，因月圆时像车轮，故称月轮。

[8]已：穷尽。

[9]但见：只见，仅见。

[10]悠悠：渺茫、深远。

[11]青枫浦上：青枫浦，地名，今湖南浏阳县境内有青枫浦。这里泛指游子所在的地方。浦上：水边。

[12]扁舟：孤舟，小船。

[13]明月楼：月夜下的闺楼。这里指闺中思妇。

[14]月徘徊：指月光移动。

[15]离人：此处指思妇。

[16]妆镜台:梳妆台。

[17]玉户:形容楼阁华丽,以玉石镶嵌。

[18]捣衣砧(zhēn):捣衣石、捶布石。

[19]相闻:互通音信。

[20]逐:跟从、跟随。

[21]月华:月光。

[22]文:同"纹"。

[23]闲潭:安静的水潭。

[24]潇湘:潇水与湘江。

[25]无限路:言离人相去很远。

[26]乘月:趁着月光。

[27]摇情:激荡情思,犹言牵情。

【阅读提示】

《春江花月夜》是一篇脍炙人口的名作。它沿用陈隋乐府旧题来抒写真挚感人的离别情绪和富有哲理意味的人生感慨,语言清新优美,韵律婉转悠扬,完全洗去了宫体诗的浓脂艳粉,给人以澄澈空明、清丽自然的感觉。后人评价称"张若虚《春江花月夜》用《西洲》格调,孤篇横绝,竟为大家。李贺、商隐,挹其鲜润;宋词、元诗,尽其支流",足见其非同凡响的崇高地位和悠悠不尽之深远影响。

【思考与练习】

1. 你如何理解"不知乘月几人归,落月摇情满江树"?

2. 请你用简短的语言概括全诗的情感基调。

【作者简介】

王维(701—761),字摩诘,盛唐时期的著名诗人,原籍祁县(今山西祁县)人,后迁至蒲州(今山西永济)。他是唐代山水田园诗派的代表。开元进士科第一(即状元)。任过大乐丞、右拾遗等官,安禄山叛乱时,曾被迫出任伪职,后两京收复,降职为太子中允,复累迁至给事中,终尚书右丞。晚年居于蓝田辋川别墅,无心仕途,专诚奉佛,故后世人称其为"诗佛"。其诗、画成就都很高,苏东坡称赞,"味摩诘之诗,诗中有画;观摩诘之画,画中有诗"。尤以山水诗成就最高,与孟浩然合称"王孟"。著有《王右丞集》,现存诗约400首。

山居秋暝[1]

王维

空山新雨后,天气晚来秋。明月松间照,清泉石上流。竹喧归浣女[2],莲动下渔舟。随意[3]春芳歇[4],王孙[5]自可留[6]。

【注释】

[1]该作品选自朱东润《中国历代文学作品选》,上海古籍出版社,1979年版。暝:日暮,傍晚。

[2]浣女:洗衣服的姑娘。

[3]随意:任凭。

[4]春芳歇:春天的芳花凋谢了。春芳:春草。歇:凋谢。

[5]王孙:原指贵族子弟,后来也泛指隐居的人,此处指诗人自己。

[6]留:居。

【阅读提示】

《山居秋暝》是王维的代表作之一。此诗描绘了秋雨初晴后傍晚时分山村的旖旎风光和山居村民的淳朴风尚,表现了诗人寄情山水田园并对隐居生活怡然自得的满足心情,以自然美来表现人格美和社会美。

全诗将空山雨后的秋凉、松间明月的光照、石上清泉的声音以及浣女归来竹林中的喧笑声、渔船穿过荷花的动态,和谐完美地融合在一起,给人一种丰富新鲜的感受。它像一幅清新秀丽的山水画,又像一支恬静优美的抒情乐曲,体现了诗中有画的创作特点,于诗情画意中寄托诗人的高洁情怀和对理想的追求。

【思考与练习】

1. 请你找出诗中的对偶句。

2. “空山新雨后,天气晚来秋”,你怎样理解句中的“空”?

【作者简介】

高适(700? —765),字达夫、仲武,汉族,沧州(今河北省景县)人,少孤贫,爱交游,有游侠之风,并以建功立业自期。早年曾游历长安,后到过蓟门、卢龙一带,寻求进身之路,都没有成功。与李白、杜甫结交。天宝八载(749),经睢阳太守张九皋推荐,应举中第,授封丘尉。安史之乱后,曾任淮南节度使、彭州刺史、蜀州刺史、剑南节度使等职,官至左散骑常侍,封渤海县侯。世称“高常侍”。其诗直抒胸臆,不尚雕饰,以七言歌行最富特色,大多写边塞生活。笔力雄健,气势奔放,洋溢着盛唐时期所特有的奋发进取、蓬勃向上的时代精神,与唐代著名的边塞诗人岑参并称“高岑”。

燕歌行[1](并序)

高适

开元二十六年,客有从御史大夫张公[2]出塞而还者,作燕歌行以示适。感征戍之事,因而和焉。

汉家烟尘在东北,汉将辞家破残贼。男儿本自重横行,天子非常赐颜色。[3]纵金伐鼓下榆关,旌旆逶迤碣石间。[4]校尉羽书飞瀚海,单于猎火照狼山。[5]山川萧条极边土,胡骑凭陵[6]杂风雨。战士军前半死生,美人帐下犹歌舞。大漠穷秋塞草腓,[7]孤城落日斗兵稀。身当恩遇常轻敌,力尽关山未解围。[8]铁衣远戍辛勤久,玉箸应啼别离后。[9]少妇城南欲断肠,征人蓟北空回首。[10]边庭飘飖那可度?绝域苍茫更何有?[11]杀气三时作阵云,寒声一夜传刁斗。[12]相看白刃血纷纷,死节[13]从来岂顾勋。君不见沙场征战苦?至今犹忆李将军[14]。

【注释】

[1]该作品选自朱东润《中国历代文学作品选》,上海古籍出版社,1979年版。《燕歌行》:乐府《相和歌辞·平调曲》旧题,前人曹丕、萧绎、庾信所作,多为思妇怀念征夫之意。

[2]御史大夫张公:此指幽州节度使张守珪。开元二十三年(735)张因与契丹作战有功,拜辅国大将军兼御史大夫。遂恃功骄纵,不恤士卒,开元二十六年(738),其部将败于契丹,张却隐瞒败绩,虚报战功,并贿赂奉命前去调查的牛仙童。高适从“客”处得悉实情,乃作此诗以“感征戍之事”。

[3]“汉家”四句:开元十八年(730)五月,契丹及奚族叛唐,此后唐与契、奚之间战事不断(参《通鉴》213卷)。汉将:指张守珪将领。“非常赐颜色”:破格赐予荣耀。

[4]摐金伐鼓:军中鸣金击鼓。榆关:山海关。逶迤:连绵不断。碣石:山名,在今河北昌黎县北。此借指东北沿海一带。

[5]羽书:插有羽毛的紧急军事文书。瀚海:大沙漠。猎火:狩猎时所举之火。狼山:阴山山脉西段,在今内蒙古自治区中部。此外借瀚海、狼山泛指当时战场。

[6]凭陵:逼压。

[7]穷秋:深秋。腓(一作衰):变黄。隋虞世基《陇头吟》:"穷秋塞草腓,塞外胡尘飞。"

[8]"身当"二句:一写主帅受皇恩而轻敌;一写战士拼死苦战也未能冲破敌人的包围。

[9]铁衣:借指将士。《木兰辞》:"寒光照铁衣。"玉箸:白色的筷子,比喻思妇的泪水如注。

[10]城南:长安城南,当时是百姓居住区。蓟北:唐蓟州治所在渔阳(今天津蓟县)。此泛指东北战场。

[11]边风飘飖:一作边庭飘飖,形容边塞战场动荡不宁。绝域:更遥远的边陲。更何有:更加荒凉。

[12]三时:早、午、晚。阵云:战云。刁斗:军中夜里巡更敲击报时用的铜器。

[13]死节:为节义而死,此指为国捐躯。

[14]李将军:指汉将军李广,能征善战,在战场上常身先士卒,又体恤将士,被后世视为好将军的典范。事见《史记·李将军列传》。

【阅读提示】

《燕歌行》是一首叙事诗,叙述了唐朝军队的一次远征救援行动的全过程,歌颂了前线战士勇敢杀敌报效朝廷的英雄精神,批判了骄横自大不恤士卒的将领,全面地揭示了造成惨败的内外原因。揭露批判很有深度和力度。无怪乎后人称《燕歌行》为高适第一大作,也可以说它是盛唐边塞诗的扛鼎之作。

【思考与练习】

1. 你认为这是一首什么题材的诗歌?

2. "汉家烟尘在东北, 汉将辞家破残贼",明明是唐代之事,诗人为何称"汉"?

【作者简介】

岑参(cén shēn)(约715—770),唐代诗人,原籍南阳(今属河南新野),迁居江陵(今属湖北)。汉族,荆州江陵(湖北江陵)人。岑参出身于官僚家庭,曾祖父、伯祖父、伯父都官至宰相。父亲也两任州刺史。但父亲早死,家道衰落。他自幼从兄受书,遍读经史。二十岁至长安,献书求仕。以后曾北游河朔。三十岁举进士,授兵曹参军。安史之乱后,至德二载才回朝。前后两次在边塞共六年。他回朝后,由杜甫等推荐任右补阙,以后转起居舍人等官职,大历元年官至嘉州刺史。高适是唐代著名的边塞诗人,其诗歌富有浪漫主义的特色,气势雄伟,想象丰富,色彩瑰丽,热情奔放,尤其擅长七言歌行。

白雪歌送武判官归京

岑参

北风卷地白草[1]折,胡天[2]八月即飞雪。忽如一夜春风来,千树万树梨花开。散入珠帘湿罗幕,狐裘不暖锦衾薄。将军角弓不得控,都护铁衣冷犹著。瀚海阑干百丈冰,愁云惨淡万里凝。中军置酒饮归客,胡琴琵琶与羌笛。纷纷暮雪下辕门[3],风掣红旗冻不翻。轮台东门送君去,去时雪满天山路。山回路转不见君,雪上空留马行处。

【注释】

[1]该作品选自朱东润《中国历代文学作品选》,上海古籍出版社,1979年版。白草:西域牧草名,秋天变白色。

[2]胡天:指西域的气候。

[3]辕门:古代军营前以两车之辕相向交接,成一半圆形门,后遂称营门为辕门。

【阅读提示】

这是咏边地雪景,寄寓送别之情的作品,全诗句句咏雪,勾出天山奇寒。

开篇先写野外雪景,把边地冬景比作是南国春景,可谓妙手回春。再从帐外写到帐内,通过人的感受,写天之奇寒。然后再移境帐外,勾画壮丽的塞外雪景,安排了送别的特定环境。最后写送出军门,正是黄昏大雪纷飞之时,大雪封山,山回路转,不见踪影,隐含离情别意。全诗连用四个"雪"字,写出别前、饯别、临别、别后四个不同画面的雪景,景致多样,色彩绚丽,十分动人。"忽如一夜春风来,千树万树梨花开",意境清新诱人,读之无不叫绝。

【思考与练习】

1. 你如何理解"忽如一夜春风来,千树万树梨花开"?

2. 关于雪的比喻,你最熟悉的有哪些?

【作者简介】

李白(701—762),唐代伟大的浪漫主义诗人,被后人誉为“诗仙”;字太白,号青莲居士。汉族,祖籍陇西成记(今甘肃天水)。一说出生于碎叶城(当时属唐朝领土,今属吉尔吉斯斯坦。一说即今新疆库尔勒)。李白存世诗文千余篇,有《李太白集》传世。

李白生活在盛唐时期,二十五岁时只身出蜀,开始了广泛漫游生活,南到洞庭湘江,东至越州(会稽郡),寓居在安陆、应山。直到天宝元年(742),李白被召至长安,供奉翰林,后因不能见容于权贵,在京仅两年半,就赐金放还而去,然后由高天师如贵道士授录济南(今山东省济南市)的道观紫极宫,成为一个真正的道士,过着飘荡四方的漫游生活。

后世将李白和唐代诗人杜甫并称“李杜”。他的诗歌总体风格清新俊逸,既反映了时代的繁荣景象,也揭露了统治阶级的荒淫和腐败,表现出蔑视权贵,反抗传统束缚,追求自由和理想的积极精神。

黄鹤楼[1]送孟浩然[2]之[3]广陵[4]

李白

故人[5]西辞黄鹤楼,烟花[6]三月下扬州。孤帆远影碧空尽[7],唯见[8]长江天际[9]流。

【注释】

[1]该作品选自朱东润《中国历代文学作品选》,上海古籍出版社,1979年版。黄鹤楼:故址在今湖北武汉市武昌蛇山的黄鹄矶上,传说有神仙在此乘黄鹤而去,故称黄鹤楼。

[2]孟浩然:李白的朋友。

[3]之:往。

[4]广陵:即扬州。

[5]故人:老朋友,这里指孟浩然。

[6]烟花:指艳丽的春景。

[7]尽:消失。

[8]唯见:只见。

[9]天际:天边。

【阅读提示】

这是送别诗,寓离情于写景。首句点出送别的地点:一代名胜黄鹤楼;二句写送别的时间与去向:“烟花三月”的春季和东南形胜的“扬州”;三、四句,写送别的场景:目送孤帆远去,只留一江春水。诗以绚丽斑驳的烟花春色和浩瀚无边的长江为背景,极尽渲染之能事,绘出了一幅意境开阔、情丝不绝、色彩明快、风流倜傥的诗人送别画。“烟花三月下扬州”,蘅塘退士评曰:“千古丽句”。

【思考与练习】

1. “烟花三月下扬州”,诗中的“烟花”是什么意思?

2. 你如何理解“孤帆远影碧空尽,唯见长江天际流”?

将进酒[1]

李白

君不见,黄河之水天上来,奔流到海不复回。[2]君不见,高堂明镜悲白发,朝如青丝暮成雪![3]人生得意[4]须尽欢,莫使金樽空对月。天生我材必有用,千金散尽还复来。烹羊宰牛且为乐,会须[5]一饮三百杯。岑夫子,丹丘生,[6]将进酒,杯莫停[7]。与君[8]歌一曲,请君为我倾耳听[9]。钟鼓[10]馔玉不足贵,但愿长醉不复醒[11]。古来圣贤皆寂寞,惟有饮者留其名。陈王昔时宴平乐,斗酒十千恣欢谑。[12]主人何为言少钱[13],径须沽取对君酌。[14]五花马[15]、千金裘,呼儿将出换美酒,与尔同销万古愁![16]

【注释】

[1]该作品选自朱东润《中国历代文学作品选》,上海古籍出版社,1979年版。将进酒:属汉乐府旧题。将(qiāng):请。这首大约作于天宝十一年(752)。距诗人被唐玄宗“赐金放还”已达八年之久。当时,他跟岑勋曾多次应邀到嵩山(在今河南登封市境内)元丹丘家里做客。

[2]君不见:乐府中常用的一种夸语。天上来:黄河发源于青海,因那里地势极高,故称。

[3]高堂:指的是父母。青丝:黑发。此句意为年迈的父母在明镜中看到了自己的白发而悲伤。

[4]得意:适意高兴的时候。

[5]会须:应当。会,须,皆有应当的意思。

[6]岑夫子:指岑(cén)勋。丹丘生:元丹丘。二人均为李白的好友。

[7]杯莫停:一作"君莫停"。

[8]与君:给你们,为你们。君:指岑、元二人。

[9]倾耳听:一作"侧耳听"。

[10]钟鼓:富贵人家宴会中奏乐使用的乐器。馔(zhuàn)玉:美好的食物。形容食物如玉一样精美。馔,吃喝。玉,像玉一般美好。

[11]不复醒:也有版本为"不用醒"或"不愿醒"。(现高中教材之人民教育出版社的《普通高中课程标准实验教科书》中"中国古代诗歌散文欣赏"中是"但愿长醉不愿醒"。)

[12]陈王:指陈思王曹植。平乐:观名。在洛阳西门外,为汉代富豪显贵的娱乐场所。恣(zì):放纵,无拘无束。谑(xuè):玩笑。

[13]言少钱:一作"言钱少"。

[14]径须:干脆,只管。沽(gū):通"酤",买或卖,这里指买。

[15]五花马:指名贵的马。一说毛色作五花纹,一说颈上长毛修剪成五瓣。

[16]尔:你。销:同"消"。

【阅读提示】

《将进酒》属汉乐府《鼓吹曲·铙歌》旧题,内容多写宴饮游乐。诗中表达了对怀才不遇的感叹,又抱着乐观、通达的情怀,也流露了人生几何当及时行乐的消极情绪。但全诗洋溢着豪情逸兴,取得了出色的艺术成就。

【思考与练习】

1. 你认为"人生得意须尽欢,莫使金樽空对月"表达的思想是消极的还是积极的?

2. "天生我材必有用,千金散尽还复来"体现了诗人怎样的性格特点?

【作者简介】

杜甫(712—770),汉族,字子美,世称杜少陵、杜工部、杜拾遗等,自号少陵野老,生于河南巩县,我国唐代最伟大的现实主义诗人,与李白并称"大李杜",人称"诗圣"。一生写诗一千四百多首。远祖为晋代功名显赫的杜预,其祖为初唐诗人杜审言,其父杜闲。

杜甫三十五岁以前读书与游历。天宝年间到长安,仕进无门,困顿了十年,才获得右卫率府胄曹参军的小职。安史之乱开始,他流亡颠沛,竟为叛军所俘;脱险后,授官左拾遗。乾元二年(759),他弃官西行,最后到四川,定居成都,一度在剑南节度使严武幕中任检校工部员外郎,故又有杜工部之称。晚年举家东迁,途中留滞夔州二年,出峡。漂泊鄂、湘一带,贫病而卒。

登　高[1]

杜甫

风急天高猿啸哀[2],渚清沙白鸟飞回。[3]无边落木萧萧下,[4]不尽长江滚滚来。万里悲秋常作客,[5]百年[6]多病独登台。艰难苦恨繁霜鬓,[7]潦倒新停浊酒杯。[8]

【注释】

[1]该作品选自朱东润《中国历代文学作品选》,上海古籍出版社,1979年版。诗题一作《九日登高》。古代农历九月九日有登高习俗。选自《杜诗详注》。作于唐代宗大历二年(767)秋天的重阳节。

[2]啸哀:指猿的叫声凄厉。

[3]渚(zhǔ):水中的小块陆地。鸟飞回:鸟在急风中飞舞盘旋。回:回旋。

[4]落木:指秋天飘落的树叶。萧萧:模拟草木飘落的声音。

[5]万里:指远离故乡。常作客:长期漂泊他乡。

[6]百年:这里借指晚年。

[7]艰难:兼指国运和自身命运。苦恨:极其遗憾。苦:极。繁霜鬓:形容白发多,如鬓边着霜雪。繁:这里作动词,增多。

[8]潦倒:犹言困顿,衰颓,失意。这里指衰老多病,志不得伸。新停:刚刚停止。杜甫晚年因病戒酒,所以说"新停"。

【阅读提示】

杜甫的这首《登高》作于公元767年(唐代宗大历二年)秋。当时安史之乱已经结束四年了,但地方军阀又乘时而起,相互争夺地盘。杜甫本入严武幕府,依托严武。不久严武病逝,杜甫失去依靠,只好离开经营了五六年的成都草堂,买舟南下。本想直达夔门,却因病魔缠身,在云安待了几个月后才到夔州。如不是当地都督的照顾,他也不可能在此一住就是三个年头。而就在这三年里,他的生活依然很困苦,身体也非常不好。这首诗就是五十六岁的老诗人在这极端困窘的情况下写成的。那一天,他独自登上夔州白帝城外的高台,登高临眺,百感交集。望中所见,激起意中所触;萧瑟的秋江景色,引发了他身世飘零的感慨,渗入了他老病孤愁的悲哀。于是,就有了这首被誉为"古今七言律第一"的旷世之作。

【思考与练习】

1. 请你找出诗中的对偶句。

2. 请你用简短的语言概括全诗的情感基调。

兵车行

杜甫

车辚辚，马萧萧，行人弓箭各在腰，爷娘妻子[1]走相送，尘埃不见咸阳桥。牵衣顿足拦道哭，哭声直上干[2]云霄。道旁过者问行人，行人但云点行频[3]。或从十五北防河，便至四十西营田。去时里正[4]与裹头[5]，归来头白还戍边。边亭流血成海水，武皇[6]开边意未已。君不闻，汉家山东[7]二百州[8]，千村万落生荆杞。纵有健妇把锄犁，禾生陇亩无东西。况复秦兵耐苦战，被驱不异犬与鸡。长者虽有问，役夫敢申恨？且如今年冬，未休关西卒。县官[9]急索租，租税从何出。信知生男恶，反是生女好。生女犹得嫁比邻，生男埋没随百草。君不见，青海头，古来白骨无人收。新鬼烦冤旧鬼哭，天阴雨湿声啾啾。

【注释】

[1]该作品选自朱东润《中国历代文学作品选》，上海古籍出版社，1979年版。妻子：妻和子女。

[2]干：犯，冲。

[3]点行频：一再按丁口册上的行次点名征发。

[4]里正：即里长。唐制：百户为一里，里有里正，管户口、赋役等事。

[5]与裹头：古以皂罗三尺裹头作头巾。因应征时年龄还小，故由里正替他裹头，充作成年。

[6]武皇：汉武帝，他在历史上以开疆拓土著称。这里暗喻唐玄宗。

[7]山东：指华山以东，义同“关东”。

[8]二百州：唐代潼关以东设七道，共二百十一州。这里举其整数。

[9]县官：指官府。

【阅读提示】

这首是讽世伤时之作，也是杜诗中的名篇，为历代所推崇。诗旨在讽刺唐玄宗穷兵黩武给人民带来莫大的灾难，充满非战色彩。

诗的开头七句为第一段，写军人家属送别儿子、丈夫出征的悲惨情景，描绘了一幅震人心弦的送别图。“道旁”十五句为第二段，通过设问，役人直诉从军后妇女代耕、农村萧条零落的境况。“长者”十五句为第三段，写征夫久不得息，连年征兵，百姓唯恐生男的社会反常心理和青海战场尸骨遍野、令人不寒而栗的情况。全诗把唐王朝穷兵黩武的罪恶揭露得淋漓尽致。

诗寓情于叙事之中，在叙述中张翕变化有序，前后呼应，严谨缜密。诗的字数杂言互见，韵脚平仄互换，声调抑扬顿挫，情意低昂起伏。既井井有条，又曲折多变，真可谓“新乐府”诗的典范。

【思考与练习】

1. 诗人写作此诗的时代背景是什么？

2. “生女犹得嫁比邻，生男埋没随百草”表达了作者怎样的思想感情？

【作者简介】

白居易(772—846)，字乐天，号香山居士，又号醉吟先生，祖籍山西太原，其曾祖父迁居下邽(音 guī)(今陕西渭南北)，其祖父白湟又迁居河南新郑。是唐代伟大的现实主义诗人，唐代三大诗人之一。白居易与元稹共同倡导新乐府运动，世称“元白”，与刘禹锡并称"刘白"。

白居易的诗歌题材广泛，形式多样，语言平易通俗，有“诗魔”和“诗王”之称。官至翰林学士、左赞善大夫。有《白氏长庆集》传世，代表诗作有《长恨歌》、《卖炭翁》、《琵琶行》等。

长恨歌

白居易

汉皇[1]重色思倾国，御宇[2]多年求不得。杨家有女初长成，养在深闺人未识。天生丽质难自弃，一朝选在君王侧。回眸一笑百媚生，六宫粉黛无颜色。春寒赐浴华清池，温泉水滑洗凝脂。侍儿扶起娇无力，始是新承恩泽时。云鬓花颜金步摇，芙蓉帐暖度春宵。春宵苦短日高起，从此君王不早朝。承欢侍宴无闲暇，春从春游夜专夜。后宫佳丽三千人，三千宠爱在一身。金屋妆成娇侍夜，玉楼宴罢醉和春。姊妹弟兄皆列土，可怜光彩生门户。[3]遂令天下父母心，不重生男重生女。

骊宫高处入青云，仙乐风飘处处闻。缓歌慢舞凝丝竹，尽日君王看不足。渔阳鼙鼓[4]动地来，惊破霓裳羽衣曲。九重城阙烟尘生，千乘万骑西南行。翠华摇摇行复止，西出都门百余里。六军不发无奈何，宛转蛾眉马前死。花钿委地无人收，翠翘金雀玉搔头。君王掩面救不得，回看血泪相和流。黄埃散漫风萧索，云栈萦纡登剑阁。峨嵋山下少人行，旌旗无光日色薄[5]。蜀江水碧蜀山青，圣主朝朝暮暮情。行宫见月伤心色，夜雨闻铃肠断声。天旋日转回龙驭，到此踌躇不能去。马嵬坡下泥土中，不见玉颜空死处。君臣相顾尽沾衣，东望都门信[6]马归。归来池苑皆依旧，太液芙蓉未央柳。芙蓉如面柳如眉，对此如何不泪垂。春风桃李花开日，秋雨梧桐叶落时。西宫南内多秋草，落叶满阶红不扫。梨园弟子白发新，椒房阿监青娥老。夕殿萤飞思悄然，孤灯挑尽未成眠。迟迟钟鼓初长夜，耿耿星河欲曙天。鸳鸯瓦冷霜华重，翡翠衾寒谁与共。悠悠生死别经年，魂魄不曾来入梦。

临邛道士鸿都客，能以精诚致魂魄。为感君王辗转思，遂教方士殷勤觅。排空驭气奔如电，升天入地求之遍。上穷碧落[7]下黄泉，两处茫茫皆不见。忽闻海上有仙山，山在虚无缥渺间。楼阁玲珑五云起，其中绰约多仙子。中有一人字太真，雪肤花貌参差是。金阙西厢叩玉扃[8]，转教小玉报双成。闻道汉家天子使，九华帐里梦魂惊。揽衣推枕起徘徊，珠箔银屏迤逦开[9]。云鬓半偏新睡觉，花冠不整下堂来。风吹仙袂飘摇举，犹似霓裳羽衣舞。玉容寂寞泪阑干[10]，梨花一枝春带雨。含情凝睇谢君王，一别音容两渺茫。昭阳殿里恩爱绝，蓬莱宫中日月长。回头下望人寰处，不见长安见尘雾。唯将旧物表深情，钿合金钗寄将去。钗留一股合一扇，钗擘黄金合分钿。但教心似金钿坚，天上人间会相见。临别殷勤重寄词，词中有誓两心知。七月七日长生殿，夜半无人私语时。在天愿作比翼鸟，在地愿为连理枝。天长地久有时尽，此恨绵绵无绝期。

【注释】

[1]该作品选自朱东润《中国历代文学作品选》，上海古籍出版社，1979年版。汉皇：此处借指唐明皇。

[2]御宇：治理天下。

[3]姊妹句：杨贵妃受宠后，其姊妹三人皆封夫人。

[4]渔阳鼙鼓：指安禄山在渔阳起兵叛乱。

[5]薄：临近、靠近。

[6]信：任凭。

[7]碧落：道家称天空为碧落。

[8]玉扃：门闩。

[9]迤逦开：一路敞开。

[10]阑干：纵横。

【阅读提示】

《长恨歌》是诗人的名篇，作于元和元年(806)。全诗形象地叙述了唐玄宗与杨贵妃的爱情悲剧。诗人借历史人物和传说，创造了一个回旋宛转的动人故事，并通过塑造的艺术形象，再现了现实生活的真实，感染了千百年来的读者。

诗的主题是"长恨"。从"汉皇重色思倾国"起第一部分，叙述安史之乱前，玄宗如何好色、求色，终于得到了杨氏。而杨氏由于得宠，鸡犬升天。并反复渲染玄宗之纵欲，沉于酒色，不理朝政，因而酿成了"渔阳鼙鼓动地来"的安史之乱。这是悲剧的基础，也是"长恨"的内因。

"六军不发无奈何"起为第二部分，具体描述了安史之乱后，玄宗仓皇出逃西蜀，引起了"六军"驻马要求除去祸国殃民的贵妃，"宛转娥眉马前死"是悲剧的形成。这是故事的关键情节。杨氏归阴后，造成玄宗寂寞悲伤和缠绵悱恻的相思。诗以凄恻动人的语调，描绘了玄宗这一"长恨"的心情，催人泪下。

"临邛道士鸿都客"起为第三部分，写玄宗借道士帮助于虚无缥渺的蓬莱仙山中寻到了杨氏的踪影。在仙景中再现了杨氏"梨花带雨"的姿容，含情脉脉，托物寄词，重申前誓，表示愿作"比翼鸟"、"连理枝"，进一步渲染了"长恨"的主题。结局又以"天长地久有时尽，此恨绵绵无绝期"深化了主题，加重了"长恨"的分量。全诗写情缠绵悱恻，书恨杳杳无穷。文字哀艳动人，声调悠扬宛转。

今人丁毅、方超在《(长恨歌)评价管窥》一文中认为，此诗是白居易借对历史人物的咏叹，寄托自己的心情之作。文章说，诗人年轻时与出身普通人家的姑娘湘灵相爱，但由于门第观念和风尚阻碍，没能正式结婚。分手时，诗人写了"不得哭，潜别离；不得语，暗相思；两心之外无人知……彼此甘心无后期"的沉痛诗句。文章指出，《长恨歌》作于诗人婚前几个月，诗人为失去与湘灵相会之可能而痛苦。为此，丁、方二人认为，《长恨歌》并不是对历史的记录与评价。"在天愿作比翼鸟，在地愿为连理枝。天长地久有时尽，此恨绵绵无绝期"，正是诗人借前代帝妃的悲剧，抒发自己的痛苦与深情。

从"诗言志"、"诗传情"上说，丁、方二人之说不无道理。但就作品所反映的历史真实和社会意义以及千百年来的影响而言，不能不说它是历史的记录和对历史事件的评价。至于白氏自身有爱情悲剧的经历，无疑有助于他对李杨爱情悲剧的体察和分析，才使其诗写得肌理细腻，情真意切，赋予无穷的艺术魅力。

【思考与练习】

1. 你如何评价"后宫佳丽三千人，三千宠爱在一身"？

2. "玉容寂寞泪阑干，梨花一枝春带雨"描写的对象是谁？

【作者简介】

李商隐(813—858),字义山,号玉谿生,又号樊南生,汉族,唐朝怀州河内(今河南省沁阳市)人,是唐朝著名诗人。他擅长诗歌写作,骈文成就也很高,是晚唐最出色的诗人之一,和杜牧合称"小李杜",与温庭筠合称为"温李",因诗文与同时期的段成式、温庭筠风格相近,且三人都在家族里排行第十六,故并称为"三十六体"。其诗构思新奇,风格秾丽,尤其是一些爱情诗和无题诗写得缠绵悱恻,优美动人,广为传诵。但部分诗歌过于隐晦迷离,难于索解。因处于牛李党争的夹缝之中,一生很不得志。

无题(相见时难别亦难)

李商隐

相见时难别亦难,东风[1]无力百花残。春蚕到死丝[2]方尽,蜡炬成灰泪始干。晓镜但愁云鬓改,夜吟应觉[3]月光寒[4]。蓬山[5]此去无多路,青鸟殷勤为探看。

【注释】

[1]该作品选自朱东润《中国历代文学作品选》,上海古籍出版社,1979年版。东风句:指相别时为暮春时节。

[2]丝:与"思"谐音。

[3]应觉:也是设想之词。

[4]月光寒:指夜渐深。

[5]蓬莱:蓬莱山,指仙境。

【阅读提示】

就诗而论,这是一首表示两情至死不渝的爱情诗。然而历来颇多人认为或许有人事关系上的隐托。起句两个"难"字,点出了聚首不易、别离更难之情,感情绵邈,语言多姿,落笔非凡。颔联以春蚕吐丝作比,十分精彩,既缠绵沉痛,又坚贞不渝。接着颈联写晓妆对镜,抚鬓自伤,是自我抒怀;良夜苦吟,月光披寒,是替人抒怀。相劝自我珍重,善加护惜,却又苦情密意,体贴入微,可谓千回百转,神情燕婉。尾联写希望信使频传佳音,意致婉曲,柳暗花明,真是绝境逢生,别有洞天。春蚕两句,千秋佳绝。

【思考与练习】

1. 你认为诗的主题是什么？

2. 你如何理解“蓬山此去无多路，青鸟殷勤为探看”？

【作者简介】

柳永（约987—1053），北宋著名词人，婉约派创始人物。汉族，崇安（今福建武夷山）人，原名三变，字景庄，后改名永，字耆卿，排行第七，又称柳七。宋仁宗朝进士，官至屯田员外郎，故世称柳屯田。他自称“奉旨填词柳三变”，以毕生精力作词，并以“白衣卿相”自诩。其词多描绘城市风光和歌妓生活，尤长于抒写羁旅行役之情，创作慢词独多。铺叙刻画，情景交融，语言通俗，音律谐婉，在当时流传极其广泛，人称“凡有井水饮处，皆能歌柳词”。婉约派最具代表性的人物之一，对宋词的发展有重大影响，代表作《雨霖铃》、《八声甘州》、《凤栖梧》等。

雨霖铃[1]（寒蝉凄切）

柳永

寒蝉凄切，对长亭晚，骤雨[2]初歇。都门帐饮无绪，[3]留恋处[4]，兰舟[5]催发。执手相看泪眼，竟无语凝噎[6]。念去去[7]千里烟波，暮霭沈沈楚天阔。[8]

多情自古伤离别，更那堪冷落清秋节。今宵酒醒何处，杨柳岸、晓风残月。此去经年[9]，应是良辰好景虚设。便纵有千种风情[10]，更与何人说。

【注释】

[1]该词选自朱东润《中国历代文学作品选》，上海古籍出版社，1979年版。此调原为唐教坊曲。相传唐玄宗避安禄山乱入蜀，时霖雨连日，栈道中听到铃声。为悼念杨贵妃，便采作此曲，后柳永用为词调。又名《雨霖铃慢》。上下阕，一百零三字，仄韵。

[2]骤雨：阵雨。

[3]都门帐饮：在京都郊外搭起帐幕设宴饯行。无绪：没有情绪，无精打采。

[4]留恋处：一作“方留恋处”。

[5]兰舟：据《述异记》载，鲁班曾刻木兰树为舟。后用作船的美称。

[6]凝噎：悲痛气塞，说不出话来。一作“凝咽”。

[7]去去：重复言之，表示行程之远。

[8]暮霭：傍晚的云气。沈沈：深厚的样子。楚天：南天。古时长江下游地区属楚国，故称。

[9]经年：一年又一年。

[10]风情：男女恋情。

【阅读提示】

柳永多作慢词，长于铺叙。此词表现作者离京南下时长亭送别的情景。上片纪别，从日暮雨歇，送别都门，设帐饯行，到兰舟催发，泪眼相对，执手告别，依次层层描述离别的场面和双方惜别的情态，犹如一首带有故事性的剧曲，展示了令人伤心惨目的一幕。

下片述怀，承"念"字而来，设想别后情景。"多情自古伤离别，更那堪冷落清秋节。今宵酒醒何处，杨柳岸、晓风残月。"上两句点出离别冷落，"今宵"二句，遥接上片"帐饮"，足见虽然"无绪"却仍借酒浇愁以致沉醉；"杨柳岸、晓风残月"，则集中了一系列极易触动离愁的意象，创造出一个凄清冷落的怀人境界。"此去"以下，以情会景，放笔直写，不嫌重拙，由"今宵"想到"经年"，由"千里烟波"想到"千种风情"，由"无语凝噎"想到"更与何人说"，回环往复又一气贯注地抒写了"相见时难别亦难"的不尽愁思。

【思考与练习】

1. 你认为词表达的主题思想是什么？

2. 古代人为何会"多情自古伤离别"？

【作者简介】

苏轼（1037—1101），字子瞻，又字和仲，号东坡居士，宋代重要的文学家。汉族，北宋眉州眉山（今属四川省眉山市）人。嘉祐（宋仁宗年号，1056—1063）进士。曾上书力言王安石新法之弊，后因作诗讽刺新法而下御史狱，贬黄州。宋哲宗时任翰林学士，曾出知杭州、颍州，官至礼部尚书。后又贬谪惠州、儋州。多惠政。卒谥文忠。学识渊博，喜奖励后进。与父苏洵、弟苏辙合称"三苏"。其文纵横恣肆，为"唐宋八大家"之一，与欧阳修并称"欧苏"。其诗题材广阔，清新豪健，善用夸张比喻，独具风格，与黄庭坚并称"苏黄"。词开豪放一派，与辛弃疾并称"苏辛"。又工书画。有《东坡文集》、《东坡易传》、《东坡乐府》等。

水调歌头(明月几时有)

苏轼

明月几时有?把酒[1]问青天。不知天上宫阙[2],今夕是何年[3]。我欲乘风归去[4],又恐琼楼玉宇[5],高处不胜[6]寒。起舞弄清影,何似在人间。[7]

转朱阁[8],低绮户[9],照无眠[10]。不应有恨,何事长向别时圆?人有悲欢离合,月有阴晴圆缺,此事[11]古难全。但愿人长久,千里共婵娟[12]。

【注释】

[1]该词选自朱东润《中国历代文学作品选》,上海古籍出版社,1979年版。把酒:端起酒杯。

[2]宫阙(què):宫殿。

[3]今夕是何年:古代神话传说,天上只三日,世间已千年。古人认为天上神仙世界年月的编排与人间是不相同的。所以作者有此一问。

[4] 乘风归去:驾着风,回到天上去。

[5] 琼楼玉宇:白玉砌成的楼阁,相传月亮上有这样美丽的建筑。

[6] 不胜:忍受不住。胜(shèng):承担、承受。(古代读shēng,现在一般读shèng)。

[7] 弄清影:在月光下起舞,自己的影子也翻动不已,仿佛自己和影子一起嬉戏。弄:赏玩。意思是月光下的身影也跟着做出各种舞姿。何似:哪里像。

[8] 朱阁:朱红色的楼阁。

[9]绮(qǐ)户:刻有纹饰的门窗。

[10]照无眠:照着有心事睡不着的人。

[11]此事:指人的“欢”“合”和月的“晴”“圆”。

[12]婵娟:月里的嫦娥,代指月亮。

【阅读提示】

上片望月,既怀逸兴壮思,高接混茫,而又脚踏实地,自具雅量高致。开头四句接连问月问年,一似屈原《天问》,起得奇逸。唐人称李白为“谪仙”,黄庭坚则称苏轼与李白为“两谪仙”,苏轼自己也设想前生是月中人,因而起“乘风归去”之想。但天上和人间,幻想和现实,出世和入世,两方面同时吸引着他。相比之下,他还是立足现实,热恋人世,觉得有兄弟亲朋的人间生活来得温暖亲切。月下起舞,光影清绝的人生境界胜似月地云阶、广寒清虚的天上宫阙。虽在尘凡而胸次超旷,一片光明。

下片怀人。人生并非没有憾事,悲欢离合即为其一。苏轼兄弟情谊甚笃。他与苏辙熙宁四年(1071)于颍州分别后已有六年不见了。苏轼原任杭州通判,因苏辙在济南掌书记,特地请求北徙。到了密州还是无缘相会。“咫尺不相见,实与千里同,人生无离别,谁知恩爱重”(《颍州初别子由》),但苏轼认为,人有悲欢离合同月有阴晴圆缺一样,两者都是自然常理,无须伤感。终于以理遣情,从共同赏月中互致慰藉,离别这个人生憾事就从友爱的感情中得到了补偿。人生不求长聚,两心相照,明月与共,未尝不是一个美好的境界。

这首词上片执著人生,下片善处人生,表现了苏轼热爱生活、情怀旷达的一面。词中境界高洁,说理通达,情味深厚,并出以潇洒之笔,不假雕琢,舒卷自如,因此九百年来传诵不衰。“中秋词自东坡《水调歌头》一出,余词尽废”(胡仔《苕溪渔隐业话后集》卷三九)。吴潜《霜天晓角》:“且唱东坡《水调》,清露下,满襟雪。”《水浒传》第三十回写八月十五“可唱个中秋对月对景的曲儿”,唱的就是这“一支东坡学士中秋《水调歌》。”可见宋元时传唱之盛。

【思考与练习】

1. 请你找出作品中流传千古的名句?

2. “转朱阁,低绮户,照无眠”,请你说说句中几个动词的深刻内涵。

【作者简介】

秦观(1049—1100),字少游,又字太虚,号邗沟居士、淮海居士,世称淮海先生。汉族,北宋高邮(今江苏高邮)人,官至太学博士(八品),国史馆编修。秦观一生坎坷,所写诗词,高古沉重,寄托身世,感人至深。苏轼过扬州,亲自看望秦观,正巧孙觉、王巩亦在高邮,乃相约游东岳庙,载酒论文,吟诗作赋,一时传为佳话。

踏莎行(雾失楼台)

秦观

雾失楼台,月迷津渡[1],桃源望断无寻处。可堪[2]孤馆闭春寒,杜鹃声里斜阳暮。

驿寄梅花[3],鱼传尺素[4],砌成此恨无重数。郴江幸自[5]绕郴山,为谁[6]流下潇湘去?

【注释】

[1]该作品选自朱东润《中国历代文学作品选》,上海古籍出版社,1979年版。津渡:渡口。

[2]可堪:那堪。

[3]驿寄梅花:陆凯在《赠范晔》中有"折梅逢驿使,寄与陇头人。江南无所有,聊寄一枝春。"

[4]鱼传尺素:《古诗》中有"客从远方来,遗我双鲤鱼。呼儿烹鲤鱼,中有尺素书。"

[5]幸自:本自,本来是。

[6]为谁:为什么。

【阅读提示】

此词为绍圣四年(1097)作者因坐党籍连遭贬谪,于郴州旅店所写。表达了失意人的凄苦和哀怨的心情,流露出对现实政治的不满。

绍圣四年,作者因新旧党争先贬杭州通判,再贬处州酒监税,后又被罗织罪名贬谪郴州,削去所有官爵和俸禄;又贬横州,此词作于离郴前,写客次旅舍的感慨。

元祐六年(1091)七月,苏轼受到贾易的弹劾。秦观从苏轼处得知自己亦附带被劾,便立刻去找有关台谏官员疏通。秦观的失态使得苏轼兄弟的政治操行遭到政敌攻讦,而苏轼与秦观的关系也因此发生了微妙的变化。有人认为,这首《踏莎行》的下阕,很可能是秦观在流放岁月中,通过同为苏门友人的黄庭坚,向苏轼所作的曲折表白。

【思考与练习】

1. 你认为词表达的主题是什么?
2. "鱼传尺素"的典故出自何处?

【作者简介】

李清照(1084—1155),号易安居士,汉族,山东省济南章丘人。宋代(南北宋之交)女词人,婉约词派代表,有"千古第一才女"之称。李清照出身于书香门第,早期生活优裕。其父李格非藏书甚富,小时候就在良好的家庭环境中打下了良好的文学基础。出嫁后与夫赵明诚共同致力于书画金石的搜集整理。金兵入据中原时,流寓南方,境遇孤苦。所作词,前期多写其悠闲生活,后期多悲叹身世,情调感伤。形式上善用白描手法，自辟途径，语言清丽。论词强调协律，崇尚典雅，提出词“别是一家”之说，反对以作诗文之法作词。能诗，留存不多，部分篇章感时咏史，情辞慷慨，与其词风不同。有《易安居士文集》、《易安词》，已散佚。后人有《漱玉词》辑本。今有《李清照集校注》存世。

一剪梅

李清照

红藕香残玉簟秋[1]，轻解罗裳，独上兰舟[2]。云中谁寄锦书来[3]？雁字回时[4]，月满西楼。

花自飘零水自流，一种相思，两处闲愁。此情无计可消除，才下眉头，却上心头。

【注释】

[1]该词选自朱东润《中国历代文学作品选》，上海古籍出版社，1979年版。红藕：红色的荷花。玉簟(diàn)：光滑似玉的精美竹席。

[2]裳(cháng)：古人穿的下衣，也泛指衣服。兰舟：用木兰木造的舟，词中多泛用作舟的美称。

[3]锦书：前秦苏惠曾织锦作《璇玑图诗》，寄其夫窦滔，计八百四十字，纵横反复，皆可诵读，文词凄婉。后人因称妻寄夫书为锦字，或称锦书；亦泛为书信的美称。

[4]雁字：群雁飞时常排成“一”字或“人”字，诗文中因以雁字称群飞的大雁。

【阅读提示】

这首词作于李清照和丈夫赵明诚远离之后，寄寓着作者不忍离别的一腔深情，是一首工巧的别情词作。

【思考与练习】

1. 你觉得“月满西楼”包含了哪些信息？

2. 词的主题是什么？

【作者简介】

陆游(1125—1210)，南宋著名的爱国诗人、词人。字务观，号放翁。汉族，越州山阴(今浙江绍兴)人。少时受家庭爱国思想熏陶,高宗时应礼部试,为秦桧所黜。孝宗时赐进士出身。中年入蜀,投身军旅生活,官至宝章阁待制。晚年退居家乡。其一生笔耕不辍,今存诗、词九千多首,内容极为丰富。与王安石、苏轼、黄庭坚并称"宋代四大诗人",又与杨万里、范成大、尤袤合称"中兴四大诗人"。著有《剑南诗稿》、《渭南文集》、《南唐书》、《老学庵笔记》等。

诉衷情[1]

陆游

当年万里觅封侯[2]。匹马戍梁州[3]。关河[4]梦断[5]何处?尘暗旧貂裘[6]。

胡[7]未灭,鬓先秋[8],泪空流。此生谁料,心在天山[9],身老沧洲[10]。

【注释】

[1]该作品选自朱东润《中国历代文学作品选》,上海古籍出版社,1979年版。选自《放翁词》。

[2]万里觅封侯:奔赴万里外的疆场,寻找建功立业的机会。《后汉书·班超传》载,班超少有大志,尝曰,大丈夫应当"立功异域,以取封侯,安能久事笔砚间乎?"后出使西域,被封为定远侯。

[3]梁州:今陕西南部汉中地区。陆游在48岁时在汉中川陕宣抚使署任职,过了一段军旅生活,积极主张收复长安。

[4]关河:关塞河防,指山川险要处。

[5]梦断:梦醒。

[6]尘暗旧貂裘:貂皮裘上落满灰尘,颜色为之暗淡。这里借用苏秦典故,说自己不受重用,未能施展抱负。据《战国策·秦策》载,苏秦游说秦王"书十上而不行,黑貂之裘敝,黄金百斤尽,资用乏绝,去秦而归。"

[7]胡:本为古代对北方、西方少数民族的泛称,此指金兵。

[8]鬓先秋:鬓发早已斑白,如秋霜。

[9]天山:在今新疆境内,是汉唐时的边疆,这里代指抗金前线。

[10]身老沧洲:陆游晚年退隐在故乡绍兴镜湖边的三山。沧洲:滨水之地,古时隐士所居之处。

【阅读提示】

此词抒发国仇未报、壮志未酬的深切悲愤。虽然这本是作者在许多优秀诗篇里反复抒写的主题,殆难有所翻新。但由于作者注意运用和发挥词体自身的特点,所以在表现上与诗作颇有不同。

此词上片基本上是五七言句式，虽然在时空的交错中，腾挪自如地比照了当年的情豪气雄和今日的落魄潦倒，却未能显出诗词之大别。下片则句式尽变，表现了长短句的某些优长。“胡未灭”，说国仇未报；“鬓先秋”，叹此身已老；“泪空流”，诉壮志难伸；三个三字短句“一吟悲一事”，并以对句形式组成一韵，九个字说尽了一生心事。篇末“心在天山，身老沧洲”两个四言对句，用八个字浑无着力痕迹地概括了同样的意思，使理想与现实、报国立功的热望和投闲置散的冷遇处于尖锐的对立之中，从而揭示了作者悲愤的根由和实质。“心在天山”，又与开头的“当年万里觅封侯”相呼应，表明报国初心始终不渝。“身老沧洲”并非意在叹老，而是愤恨权臣误国，致使自己请缨无路，白首无成，含意都是较深的。像这样的进行今昔对比的词作，在结构上，一般都是上片思昔，下片抚今。此词却打破了这种常用的结构方式，以更有利于情感的跌宕回旋：上片两句思昔，两句抚今；下片句句抚今，而又句句与思昔相关合。这也体现了作者创新的意向。

【思考与练习】

1. 你认为该词的风格属于哪一种？
2. “胡未灭，鬓先秋，泪空流”表达了作者怎样的思想感情？

【作者简介】

辛弃疾（1140—1207），南宋爱国词人。原字坦夫，改字幼安，别号稼轩，汉族，历城（今山东济南）人。出生时，中原已为金兵所占。21 岁参加抗金义军，不久归南宋。历任湖北、江西、湖南、福建、浙东安抚使等职。一生力主抗金。

破阵子[1]

辛弃疾

醉里挑灯[2]看剑，梦回吹角连营。[3]八百里分麾下炙，[4]五十弦翻塞外声。[5]沙场秋点兵。

马作的卢[6]飞快，弓如霹雳[7]弦惊。了却君王天下事，[8]赢得生前身后名。可怜白发生[9]！

【注释】

[1]该词选自朱东润《中国历代文学作品选》，上海古籍出版社，1979 年版。

破阵子:词牌名。题目是《为陈同甫赋壮词以寄之》。

[2]挑(tiǎo)灯:把油灯的芯挑一下,使它明亮。

[3]梦回:梦醒。吹角:军队中吹号角。连营:连接成片的军营。

[4]"八百里"句:指部队驻扎的范围。一说指牛,有一头骏牛,名叫"八百里驳(bò)"。麾(huī)下:帅旗下面,此处泛指兵营。麾:古代指军队的旗帜。炙(zhì):烤熟的肉。

[5]五十弦:古代有一种瑟有五十根弦。词中泛指军乐合奏的各种乐器。翻:演奏。塞外声:反映边塞征战的乐曲。

[6]的(di)卢:一种烈性快马。相传三国时刘备被人追赶,骑"的卢马"一跃三丈过河,脱离险境。

[7]霹雳(pī lì):响声巨大的强烈雷电。

[8]了(liǎo)却:完成。天下事:指收复中原。

[9]可怜白发生:感叹的悲壮语,头发都白了,还没能实现平生的壮志。

【阅读提示】

辛弃疾艺术风格多样,以豪放为主,曾上《美芹十论》与《九议》,条陈战守之策。现存词600多首,其词抒写力图恢复国家统一的爱国热情,倾诉壮志难酬的悲愤,对当时执政者的屈辱求和颇多谴责;也有不少吟咏祖国河山的作品。题材广阔又善化用前人典故入词,风格沉雄豪迈又不乏细腻柔媚之处。由于与当政的主和派政见不合,后被弹劾落职,退隐。公元1207年秋,辛弃疾逝世,年68岁。

这是辛弃疾寄给陈亮(字同甫)的一首词。陈亮是一位爱国志士,一生坚持抗金的主张,他是辛弃疾政治上、学术上的好友。他一生不得志,五十多岁才状元及第,第二年就死了。他俩同是被南宋统治集团所排斥、打击的人物。宋淳熙十五年(1188),陈亮与辛弃疾曾经在江西鹅湖商量恢复大计,但是后来他们的计划全都落空了。这首词可能是这次约会前后的作品。

从全词看,壮烈和悲凉、理想和现实,形成了强烈的对照。作者只能在醉里挑灯看剑,在梦中驰骋杀敌,在醒时发出悲叹。这是个人的悲剧,更是民族的悲剧。而作者的一腔忠愤,无论在醒时还是在醉里、梦中都不能忘怀,是他高昂而深沉的爱国之情、献身之志的生动体现。

【思考与练习】

1. 你认为这是什么题材的词作?

2. 用现代的眼光你如何看待"了却君王天下事,赢得生前身后名"?

【作者简介】

马致远(生卒年不详),字千里,号东篱(一说字致远,晚号“东篱”),汉族,大都(今北京)人,另一说马致远是河北省东光县马祠堂村人,号东篱,以示效陶渊明之志。他的年辈晚于关汉卿、白朴等人,生年当在至元(始于1264)之前,卒年当在至治改元到泰定元年(1321—1324)之间,与关汉卿、郑光祖、白朴并称“元曲四大家”,是我国元代时著名大戏剧家、散曲家。

越调天净沙·秋思

马致远

枯藤老树昏鸦,[1]小桥流水人家[2],古道西风瘦马。[3]夕阳西下,断肠人[4]在天涯[5]。

【注释】

[1]该作品选自朱东润《中国历代文学作品选》,上海古籍出版社,1979年版。枯藤:枯萎的枝蔓。昏鸦:黄昏时归巢的乌鸦。昏:傍晚。

[2]人家:农家。此句写出了对温馨的家庭的渴望。

[3]古道:已经废弃不堪再用的古老驿道(路)或年代久远的驿道。西风:寒冷、萧瑟的秋风。瘦马:骨瘦如柴的马。

[4]断肠人:形容伤心悲痛到极点的人,此指漂泊天涯、极度忧伤的旅人。

[5]天涯:远离家乡的地方。

【阅读提示】

这是马致远著名的小曲,28个字勾画出一幅羁旅荒郊图。通过枯、老、昏、古、西、瘦六个字,将诗人的无限愁思自然地寓于图景中。最后一句,“断肠人在天涯”是点睛之笔。这时在深秋村野图的画面上,出现了一位漂泊天涯的游子,在残阳夕照的荒凉古道上,牵着一匹瘦马,迎着凄苦的秋风,信步漫游,愁肠绞断,却不知自己的归宿在何方,透露了诗人怀才不遇的悲凉情怀,恰当地表现了主题。这首小令是采取寓情于景的手法来渲染气氛,显示主题,完美地表现了漂泊天涯的旅人的愁思。

【思考与练习】

1. 你认为作品的主题思想是什么?

2. 谈谈你对“小桥流水人家”的审美感受。

【作者简介】

杨慎(1488—1559),明代文学家,明代三大才子之首。字用修,号升庵,后因流放滇南,故自称博南山人、金马碧鸡老兵。杨廷和之子,汉族,四川新都(今成都市新都区)人,祖籍庐陵。正德六年(1511)状元,官翰林院修撰,豫修武宗实录。武宗微行出居庸关,上疏抗谏。世宗继位,任经筵讲官。嘉靖三年(1524),因“大礼议”受廷杖,谪戍终老于云南永昌卫。终明一世记诵之博,又能文、词及散曲,论古考证之作范围颇广。著作达百余种。后人辑为《升庵集》。

临江仙

杨慎

滚滚长江东逝水,浪花淘尽[1]英雄。是非成败转头空,青山依旧在,几度夕阳红。

白发渔樵江渚上,[2]惯看秋月春风。一壶浊酒[3]喜相逢,古今多少事,都付笑谈中。

【注释】

[1]该作品选自朱东润《中国历代文学作品选》,上海古籍出版社,1979年版。淘尽:荡涤一空。

[2] 渔樵:渔父和樵夫。渚:水中的小块陆地。

[3]浊:不清澈;不干净。与“清”相对。浊酒:用糯米、黄米等酿制的酒,较混浊。

【阅读提示】

这首词,为杨慎《廿一史弹词》第三段《说秦汉》开场词。该词豪放中有含蓄,高亢中有深沉。在感受苍凉悲壮的同时,又创造了一种淡泊宁静的气氛,词中的高远意境就在这宁静的气氛中反射出来。

【思考与练习】

1. 你认为作品的主题思想是什么?

2. 谈谈你对“是非成败转头空”的理解。

【作者简介】

纳兰性德(1488—1559),字容若,满人,太傅明珠长子。聪敏好学,二十一岁中进士,官至一等侍卫。与当时才子顾贞观、秦松龄、陈维崧等结为挚友。他在清初词坛上,起了联络海内词客的重要作用。三十一岁病逝。其词风格接近李煜,有“清朝李后主”之称。所写词清丽婉约,格高韵远,颇具特色。著有《通志堂集》,词有《饮水集》。

蝶恋花[1]

纳兰性德

辛苦最怜天上月,一昔如环,[2]昔昔都成玦[3]。若似月轮终皎洁,不辞冰雪为卿热。[4]

无那尘缘容易绝,[5]燕子依然,软踏帘钩说。[6]唱罢秋坟[7]愁未歇,春丛认取双栖蝶。[8]

【注释】

[1]该词选自朱东润《中国历代文学作品选》,上海古籍出版社,1979年版。这是一首悼亡词。

[2]一昔:一夜,《左传》:“为一昔之期。”环:圆形玉璧。

[3]玦:玉佩如环而有缺口。

[4]若似二句:这两句是说假如爱情能像月亮一样长在长圆,那么无论付出多大的代价也心甘情愿。不辞冰雪为卿热:刘义庆《世说新语·惑溺》:“荀奉倩与妇至笃,冬月,妇病热,乃出中庭自取冷还,以身熨之。妇亡,奉倩后少时亦卒,以是获讥于世。”

[5]无那:即无奈。尘缘:本佛语,佛教认为色、声、香、味、触、法为六尘,是污染人心、使生嗜欲的根源。这里指人生或人间的情爱。这句是说没想到人生如此短促。

[6]燕子二句:这两句是说人亡室在,双燕归来,依然呢喃于帘钩之上。李贺《贾公闾贵婿曲》:“燕语踏帘钩。”

[7]唱罢秋坟:李贺《秋来》:“秋坟鬼唱鲍家诗,恨血千年土中碧。”这句是说

幽怨至死难消。

[8]春丛：即花丛。梁简文帝诗："花树含春丛。"双栖蝶：古代传说，晋会稽梁山伯与上虞女扮男装的祝英台同学三年。后梁访上虞，始知祝为女，求婚不得，忧疾而死。后祝适马氏，过山伯墓，大号恸，墓忽开，祝身随入，同化为蝴蝶。见《宁波府志·逸事》。

【阅读提示】

这是一首悼亡词。作者在《沁园春》一词的小序中曾写道："丁巳重阳前三日，梦亡妇淡妆素服，执手哽咽，语多不复能记，但临别有云：'衔恨愿为天上月，年年犹得向郎圆。'"

此词即先从"天上月"写起。上片三句借月亮为喻，写爱情的欢乐转瞬即逝，恨多乐少。后两句，写假如爱情能像月亮那样皎洁圆满，付出再大的代价都愿意。"一昔如环，昔昔都成玦"，包蕴了无限的哀伤与怀念，表达了对亡妻的真挚爱恋。

下片写伤逝中的悲痛，用燕子在帘间呢喃，反衬人去楼空，未亡人的孤寂。结语化用"双栖蝶"的典故，表达了他与亡妻的爱情生死不渝，抒发了无穷尽的哀悼，把永恒的爱寄托在化蝶的理想中。

这首词把作者内心对爱妻的悲悼之情尽情表露。不做作，无雕饰，缠绵凄切，感人至深。

【思考与练习】

1. 你认为作品的主题思想是什么？

2. 谈谈你对"无那尘缘容易绝"的理解。

【作者简介】

谭嗣同(1865—1898)，字复生，号壮飞，汉族，湖南浏阳人，是中国近代资产阶级著名的政治家、思想家，维新志士。少时师从欧阳中鹄，后加入维新派。他主张中国要强盛，只有发展民族工商业，学习西方资产阶级的政治制度。公开提出废科举、兴学校、开矿藏、修铁路、办工厂、改官制等变法维新的主张。写文章抨击清政府的卖国投降政策。1898 年参加领导戊戌变法，失败后被杀，年仅三十三岁，为"戊戌六君子"之一。代表作品《仁学》、《寥天一阁文》、《莽苍苍斋诗》、《远遗堂集外文》等。

狱中题壁

谭嗣同

望门投止思张俭[1]，
忍死须臾待杜根[2]。
我自横刀向天笑[3]，
去留肝胆两昆仑[4]。

【注释】

[1]该诗选自朱东润《中国历代文学作品选》，上海古籍出版社，1979年版。张俭(jiǎn)：东汉末期，张俭被反诬为结党营私，在困迫中逃亡，一路上受人保护，其投宿人家多被治罪牵连。谭第一句用此典故，其意思是说，谭不愿亡命，连累亲友。

[2]东汉时，杜根曾上书要求邓太后把政权交给安帝。太后大怒，命人把杜根装入袋中摔死，执法者同情他，让他逃过一劫。太后死后，他又复官。谭这句诗的意思是说，未能上书太后，请其归政光绪，有愧于杜根。

[3]谭这一句诗的意思是：新党既不宜逃，又不宜谏，只有诉诸武力。今所谋既不成功，谭视死如归，亦甘之如饴。

[4]比喻去者和留下的都光明磊落、肝胆相照，像昆仑山一样巍峨高大。

【阅读提示】

该诗是谭嗣同就义前题在狱中壁上的绝命诗。1898年6月11日，光绪皇帝颁布“明定国是”诏书，宣布变法。1898年9月21日，慈禧太后就发动政变，囚禁光绪皇帝并开始大肆搜捕和屠杀维新派人物。谭嗣同当时拒绝了别人请他逃走的劝告(康有为经上海逃往香港，梁启超经天津逃往日本)，决心一死，愿以身殉法来唤醒和警策国人。他说：“各国变法，无不从流血而成，今中国未闻有因变法而流血者，此国之所以不昌也。有之，请自嗣同始。”诗的前两句，表达的恰恰是：一些人“望门投止”地匆忙避难出走，使人想起高风亮节的张俭；一些人“忍死须臾”地自愿留下，并不畏一死，为的是能有更多的人能如高风亮节的杜根那样，出来坚贞不屈地效命于朝廷的兴亡大业。诗的后两句，则意为：而我呢，自赴一死，慷慨激昂；仰笑苍天，凛然刑场！留下的，将是那如莽莽昆仑一样的浩然肝胆之气！

【思考与练习】

1. 你认为作品的主题思想是什么？

2. 谈谈你对“去留肝胆两昆仑”的理解。

【作者简介】

徐志摩(1897—1931),浙江海宁人。现代诗人、散文家。原名章垿,字槱森,留学英国时改名志摩。1915 年毕业于杭州一中,先后就读于上海沪江大学、天津北洋大学和北京大学。1918 年赴美国克拉克大学学习银行学。十个月即告毕业,获学士学位。同年,转入纽约的哥伦比亚大学研究院经济系,1921 年赴英国留学,入剑桥大学当特别生,研究政治经济学。在剑桥两年深受西方教育的熏陶及欧美浪漫主义和唯美派诗人的影响。1924 年任北京大学教授。1926 年任光华大学、大夏大学和南京中央大学教授。1931 年 11 月 19 日因飞机失事罹难。代表作品有《再别康桥》、《翡冷翠的一夜》。

再别康桥

徐志摩

轻轻的我走了,
正如我轻轻的来;
我轻轻的招手,
作别西天的云彩。
那河畔的金柳,
是夕阳中的新娘,
波光里的艳影,
在我的心头荡漾。
软泥上的青荇,
油油的在水底招摇;
在康河的柔波里,
我甘心做一条水草!
那榆荫下的一潭,
不是清泉,是天上虹;
揉碎在浮藻间,
沉淀着彩虹似的梦。
寻梦?撑一支长篙,

向青草更青处漫溯，
满载一船星辉，
在星辉斑斓里放歌。
但我不能放歌，
悄悄是别离的笙箫；
夏虫也为我沉默，
沉默是今晚的康桥！
悄悄的我走了，
正如我悄悄的来；
我挥一挥衣袖，
不带走一片云彩。

【阅读提示】

该诗选自宋园园《大学语文》，上海交通大学出版社，2010年版。《再别康桥》写于1928年。康桥，即英国著名的剑桥大学所在地。1920年10月—1922年8月，诗人曾游学于此。康桥时期是徐志摩一生的转折点。1928年诗人故地重游。11月6日在归途的中国南海上，他吟成了这首传世之作。

作品开头即抒写了久违的学子作别母校时的万千离愁。连用三个“轻轻的”，使我们仿佛感受到诗人踮着足尖，像一股清风一样来了，又悄无声息地离去；而那至深的情丝，竟在招手之间，幻化成了“西天的云彩”。表达了难舍难分的离别之情，给全诗定下淡淡忧伤的离别基调。

紧接着，诗人描写了在康河里泛舟寻梦的浪漫之旅。披着夕照的金柳，软泥上的青荇，树荫下的水潭，一一映入眼底。诗人大胆比喻，引人入胜。将“河畔的金柳”大胆地想象为“夕阳中的新娘”，使无生命的景物，化作了有生命的美人，温润可人；将清澈的潭水比作“天上虹”，被浮藻揉碎之后，竟化作了“彩虹似的梦”。诗人恍如庄周梦蝶，物我两忘，只觉得“波光里的艳影/在我的心头荡漾”，并甘心在康河的柔波里，做一条招摇的水草。诗人借用“寻梦”之行，“满载一船星辉，在星辉斑斓里放歌”，表达了诗人对母校以及自己在母校所度过的美好时光的无限留恋。现实的离别在即，又怎能抑制住内心的忧伤，所以就有了“但我不能放歌”、“夏虫也为我沉默，沉默是今晚的康桥”的吟唱。诗人最后以“悄悄的我走了，正如我悄悄的来；我挥一挥衣袖，不带走一片云彩”作结，首尾呼应，给人以前后连贯、余味无穷的感觉。

【思考与练习】

1.“波光里的艳影，在我的心头荡漾”，你对这句诗作何评价？

2. 你如何理解“悄悄是别离的笙箫”？

【作者简介】

戴望舒(1905—1950)，浙江杭县人，中国现代著名诗人。1925 年入上海震旦大学学习法文，开始受到法国象征派的影响。1928 年后成为水沫社和其后的《现代》杂志的作者之一，创作现代派诗歌。1932 年后留学法国、西班牙。1938 年赴香港，主编《星岛日报》副刊。1941 年底香港沦陷，被日军以抗日罪名下狱，在狱中保持了民族气节，次年春被营救出狱。抗战胜利后回上海教书，1949 年春北上至解放区。诗集有《我的记忆》、《望舒草》、《望舒诗稿》和《灾难的岁月》。

雨巷

戴望舒

撑着油纸伞，独自
彷徨在悠长、悠长
又寂寥的雨巷，
我希望逢着
一个丁香一样的
结着愁怨的姑娘。

她是有
丁香一样的颜色，
丁香一样的芬芳，
丁香一样的忧愁，
在雨中哀怨，
哀怨又彷徨；

她彷徨在这寂寥的雨巷，
撑着油纸伞
像我一样，
像我一样地
默默行着

冷漠、凄清，又惆怅。

她默默地走近，
走近，又投出
太息一般的眼光
她飘过
像梦一般地，
像梦一般地凄婉迷茫。

像梦中飘过
一枝丁香地，
我身旁飘过这个女郎；
她默默地远了，远了，
到了颓圮的篱墙，
走尽这雨巷。

在雨的哀曲里，
消了她的颜色，
散了她的芬芳，
消散了，甚至她的
太息般的眼光
丁香般的惆怅。

撑着油纸伞，独自
彷徨在悠长、悠长
又寂寥的雨巷，
我希望飘过
一个丁香一样的
结着愁怨的姑娘。

【阅读提示】

该诗选自宋园园《大学语文》，上海交通大学出版社，2010 年版。《雨巷》是戴望舒早期的成名作和代表作。诗歌发表后产生了较大影响，诗人也因此被人称为“雨巷诗人”。诗歌描绘了一幅梅雨时节江南小巷的阴沉图景，借此构成了一个富有浓重象征色彩的抒情意境。在这里，诗人把当时黑暗阴沉的社会现实暗喻为悠长狭窄而寂寥的“雨巷”，没有阳光，也没有生机和活气。而抒情主人公“我”就是在这样的雨巷中孤独地彳亍着的彷徨者。“我”在孤寂中仍怀着对美好理想和希望的憧憬与追求。诗中“丁香一样的姑娘”就是这种美好理想的象征。但是，这种美好的理想又是渺茫的、难以实现的。这种心态，正是大革命失败后一部分有所追求的青年知识分子在政治高压下因找不到出路而陷于惶惑迷惘心境的真实反映。在艺术上，本诗也鲜明地体现了戴望舒早期诗歌的创作特色。它既采用了象征派重暗示、重象征的手法，又有格律派对于音乐美的追求。诗中的“我”、“雨巷”、“姑娘”并非是对生活的具体写照，而是充满了象征意味的抒情形象。全诗还回荡着一种流畅的节奏和旋律。旋律感主要来自诗韵，除每节大体在第3、6行押韵外，每节的诗行中选用了许多与韵脚呼应的音组。诗中重叠反复手法的运用也强化了音乐效果。正如叶圣陶所说，《雨巷》是“替新诗的音节开了一个新的纪元”。

【思考与练习】

1.“一个丁香一样的，结着愁怨的姑娘”有何象征意义？

2.“在雨的哀曲里，消了她的颜色，散了她的芬芳”，“雨”为何是“哀曲”？

【作者简介】

艾青(1910—1996)，中国现代著名诗人。浙江金华人。原名蒋正涵，号海澄，笔名莪伽、克阿、林壁等，被称为“中国诗坛泰斗”。成名作《大堰河——我的保姆》发表于1933年，这首诗奠定了他诗歌的基本艺术特征和他在现代文学史上的重要地位。此外，还著有诗集《北方》、《他死在第二次》、《黎明的通知》、《走向胜利》、《启明星》、《向太阳》等。其作品被译成几十种文字。

大堰河——我的保姆

艾青

大堰河，是我的保姆。
她的名字就是生她的村庄的名字，
她是童养媳，
大堰河，是我的保姆。

我是地主的儿子；

也是吃了大堰河的奶而长大了的
大堰河的儿子。
大堰河以养育我而养育她的家，
而我，是吃了你的奶而被养育了的，
大堰河啊，我的保姆。

大堰河，今天我看到雪使我想起了你：
你的被雪压着的草盖的坟墓，
你的关闭了的故居檐头的枯死的瓦菲，
你的被典押了的一丈平方的园地，
你的门前的长了青苔的石椅，
大堰河，今天我看到雪使我想起了你。
你用你厚大的手掌把我抱在怀里，抚摸我；
在你搭好了灶火之后，
在你拍去了围裙上的炭灰之后，
在你尝到饭已煮熟了之后，
在你把乌黑的酱碗放到乌黑的桌子上之后，
在你补好了儿子们的为山腰的荆棘扯破的衣服之后，
在你把小儿被柴刀砍伤了的手包好之后，
在你把夫儿们的衬衣上的虱子一颗颗地掐死之后，
在你拿起了今天的第一颗鸡蛋之后，
你用你厚大的手掌把我抱在怀里，抚摸我。

我是地主的儿子，
在我吃光了你大堰河的奶之后，
我被生我的父母领回到自己的家里。
啊，大堰河，你为什么要哭？

我做了生我的父母家里的新客了！
我摸着红漆雕花的家具，
我摸着父母的睡床上金色的花纹，
我呆呆地看着檐头的我不认得的“天伦叙乐”的匾，
我摸着新换上的衣服的丝的和贝壳的纽扣，
我看着母亲怀里的不熟识的妹妹，
我坐着油漆过的安了火钵的炕凳，

我吃着碾了三番的白米的饭，
但，我是这般忸怩不安！因为我
我做了生我的父母家里的新客了。

大堰河，为了生活，
在她流尽了她的乳汁之后，
她就开始用抱过我的两臂劳动了；
她含着笑，洗着我们的衣服，
她含着笑，提着菜篮到村边的结冰的池塘去，
她含着笑，切着冰屑悉索的萝卜，
她含着笑，用手掏着猪吃的麦糟，
她含着笑，扇着炖肉的炉子的火，
她含着笑，背了团箕到广场上去，
晒好那些大豆和小麦，
大堰河，为了生活，
在她流尽了她的乳液之后，
她就用抱过我的两臂，劳动了。

大堰河，深爱着她的乳儿；
在年节里，为了他，忙着切那冬米的糖，
为了他，常悄悄地走到村边的她的家里去，
为了他，走到她的身边叫一声“妈”，
大堰河，把他画的大红大绿的关云长
贴在灶边的墙上，
大堰河，会对她的邻居夸口赞美她的乳儿；
大堰河曾做了一个不能对人说的梦：
在梦里，她吃着她的乳儿的婚酒，
坐在辉煌的结彩的堂上，
而她的娇美的媳妇亲切地叫她“婆婆”
……
大堰河，深爱着她的乳儿！
大堰河，在她的梦没有做醒的时候已死了。
她死时，乳儿不在她的旁侧，
她死时，平时打骂她的丈夫也为她流泪，
五个儿子，个个哭得很悲，

她死时,轻轻地呼着她的乳儿的名字,
大堰河,已死了,
她死时,乳儿不在她的旁侧。

大堰河,含泪地去了!
同着四十几年的人世生活的凌侮,
同着数不尽的奴隶的凄苦,
同着四块钱的棺材和几束稻草,
同着几尺长方的埋棺材的土地,
同着一手把的纸钱的灰,
大堰河,她含泪地去了。

这是大堰河所不知道的:
她的醉酒的丈夫已死去,
大儿做了土匪,
第二个死在炮火的烟里,
第三,第四,第五
在师傅和地主的叱骂声里过着日子。
而我,我是在写着给予这不公道的世界的咒语。
当我经了长长的漂泊回到故土时,
在山腰里,田野上,
兄弟们碰见时,是比六七年前更要亲密!
这,这是为你,静静地睡着的大堰河
所不知道的啊!

大堰河,今天,你的乳儿是在狱里,
写着一首呈给你的赞美诗,
呈给你黄土下紫色的灵魂,
呈给你拥抱过我的直伸着的手,
呈给你吻过我的唇,
呈给你泥黑的温柔的脸颜,
呈给你养育了我的乳房,
呈给你的儿子们,我的兄弟们,
呈给大地上一切的,
我的大堰河般的保姆和她们的儿子,

呈给爱我如爱她自己的儿子般的大堰河。

大堰河，
我是吃了你的奶而长大了的
你的儿子，
我敬你
爱你！

一九三三年一月十四日，雪

【阅读提示】

该诗选自谢卫平《大学语文》，机械工业出版社，2005年版。艾青出生时难产，一位算命先生说他的命是“克父母的”，因此被送到一位贫苦农民家里抚养。他的养母就是大堰河，一位没有自己名字的童养媳。艾青5岁被领回家中开始读书，但依然受到冷落，不准称自己的父亲母亲为爸爸、妈妈，只能叫叔叔婶婶。正如他自己所说：“他是在被冷落、被歧视的环境中成长的。”相比之下，他的养母大堰河却给了他温暖的母爱。

这首诗写于1933年的冬日。当时的诗人因参加“左翼美术家联盟”被国民党逮捕，被关押在看守所中。据诗人自述，写这首诗时是在一个早晨，一个狭小的看守所窗口、一片茫茫的雪景触发了诗人对保姆的怀念，诗人激情澎湃地挥笔写下了这首赞颂劳动人民、诅咒黑暗世界的诗篇。诗几经辗转，于1934年发表。诗人第一次使用了“艾青”这个笔名，并且一跃成为中国诗坛上的明星。

大堰河善良、勤劳、坚强，是旧中国农村妇女的典型。她饱受了“四十几年的人世生活的凌侮”，得到的是“数不尽的奴隶的凄苦”，但她心地善良，勤劳朴实，性格坚强。清早，搭好灶火，操劳饭食；深夜，缝补儿子们被荆棘扯破的衣服。有时还要包好“小儿被柴刀砍伤了的手”，掐死“夫儿们的衬衣上的虱子”。尽管要做的事很多，但仍要用“厚大的手掌把我抱在怀里，抚摸我”。她充满着对生活的希望和理想，“她含着笑”洗衣、涤菜，“她含着笑”喂猪、晒豆、晒麦，不畏艰难困苦，辛勤劳动，表现了她的坚强性格。她的形象，代表着劳动人民的形象。她的品质，代表着劳动人民的伟大品质。

【思考与练习】

1.“大堰河”是人名还是地名？

2.“大堰河曾做了一个不能对人说的梦”是什么样的梦？

【作者简介】

舒婷(1952—),原名龚佩瑜,祖籍福建泉州。朦胧诗派的代表作家之一,与北岛、顾城齐名。1969年下乡插队,1972年返城当工人。1979年开始发表诗歌作品。1980年到福建省文联工作,从事专业写作。著有诗集《双桅船》、《会唱歌的鸢尾花》、《始祖鸟》,散文集《心烟》、《秋天的情绪》、《硬骨凌霄》、《露珠里的“诗想”》、《舒婷文集》、《真水无香》等。

祖国啊,我亲爱的祖国

舒婷

我是你河边上破旧的老水车,
数百年来纺着疲惫的歌;
我是你额上熏黑的矿灯,
照你在历史的隧洞里蜗行摸索;
我是干瘪的稻穗,是失修的路基;
是淤滩上的驳船,
把纤绳深深
勒进你的肩膀
——祖国啊!
我是贫困,
我是悲哀。
我是你祖祖辈辈
痛苦的希望啊,
是“飞天”袖间
千百年未落到地面的花朵,
——祖国啊!
我是你簇新的理想,
刚从神话的蛛网里挣脱;
我是你雪被下古莲的胚芽;
我是你挂着眼泪的笑涡;
我是新刷出的雪白的起跑线;
是绯红的黎明
正在喷薄;

——祖国啊！
我是你的十亿分之一，
是你九百六十万平方的总和；
你以伤痕累累的乳房
喂养了
迷惘的我、深思的我、沸腾的我；
那就从我的血肉之躯上
去取得
你的富饶，你的荣光，你的自由；
——祖国啊，
我亲爱的祖国！

【阅读提示】

该诗选自徐中玉《大学语文》，华东师范大学出版社，2006年版。《祖国啊，我亲爱的祖国》是舒婷的代表作之一，旨在表达诗人对祖国的一种深情。与以往同类的诗作相比，它具有鲜明的时代特征与个性特色——既有当代青年那迷惘的痛苦与欢欣的希望，又有女儿对祖国母亲艾艾的不满与献身的真情。全诗立意新颖，感情真挚，一反过去某些诗的浮泛与“神话”式的歌颂，从一个别致的角度来吟唱祖国。诗人以赤子的目光，扫瞄着祖国的贫穷与落后，以拳拳的女儿之心，表达着哀怨的深情：“我是贫困，/我是悲哀。/我是你祖祖辈辈/痛苦的希望啊，/是‘飞天’袖间/千百年未落到地面的花朵”，“飞天”是宗教传说中的能在天空飞舞的神，象征着普通百姓在贫穷的境遇里始终保持着祈愿和希望。在沉迷的痛苦之后，又表达出希望的欢欣：“我是你簇新的理想”，“我是你挂着眼泪的笑涡”，“是绯红的黎明/正在喷薄”。为实现这美好的希望，诗人表达了一种献身的愿望：“那就从我的血肉之躯上/去取得/你的富饶，你的荣光，你的自由。”

为表达这种赤子的深情，诗人采用了由低沉缓慢走向高亢迅疾的节奏。低沉缓慢方能如泣如诉、似哀似怨；高亢迅疾才可热烈奔放、一往无前。全诗运用了主体与客体交错换用、相互交融的手法。主体是诗人“我”，客体是“祖国”，而在全诗的进展中，让其合二而一——我即是祖国，祖国也就是我。祖国是我的痛苦，我是祖国的悲哀；祖国是我的迷惘，我是祖国的希望；我是祖国的眼泪和笑涡，而祖国正在我的血肉之躯与心灵上起飞和奔跑。

【思考与练习】

1. 如何理解“我是你的十亿分之一，是你九百六十万平方的总和”的意义？

2. 诗中用了多少种修辞手法？

【作者简介】

海子(1964—1989),原名查海生,安徽人。1979 年,他年仅 15 岁就考入了北京大学法学院。1983 年分配至中国政法大学工作。1989 年在山海关卧轨自杀,年仅 25 岁。海子 1982 年开始诗歌创作,后来被称为"北大三诗人"之一。1984 年创作成名作《亚洲铜》和《阿尔的太阳》,第一次使用"海子"作为笔名。从 1982 年至 1989 年不到 7 年的时间里,海子用超乎寻常的热情和勤奋,创作了近 200 万字的作品,结集出版了《土地》、《海子、骆一禾作品集》、《海子的诗》、《海子诗全编》等。

面朝大海,春暖花开

海子

从明天起,做一个幸福的人
喂马,劈柴,周游世界
从明天起,关心粮食和蔬菜
我有一所房子,面朝大海,春暖花开
从明天起,和每一个亲人通信
告诉他们我的幸福
那幸福的闪电告诉我的
我将告诉每一个人
给每一条河每一座山取一个温暖的名字
陌生人,我也为你祝福
愿你有一个灿烂的前程
愿你有情人终成眷属
愿你在尘世获得幸福
我只愿面朝大海,春暖花开

【阅读提示】

该诗选自王步高《大学语文》,南京大学出版社,2008 年版。《面朝大海,春暖花开》写于海子卧轨自杀前两个月。大海是海子诗中的核心意象,它广阔浩荡、神秘安详而又生机勃勃,是安魂之乡,是搏斗之乡,也是理想之乡,是海子作为"海之子"的精神归宿。这首诗以坦诚明朗而又隽永清纯的语言,唱出一个诗人的真诚善良。抒情主人公想要做"一个幸福的人",愿意把"幸福的闪电"告诉每一个人,即使是陌生人他都会真诚地祝愿他“在尘世获得幸福”。诗人想象中的尘世,一切都那样新鲜可爱,充满生机与活力,字里行间透出积极、昂扬的情感。整首诗表面上看来是以淳朴、欢快的方式发出对世人的真诚祝愿,但细心的读者不难发现,坦诚的语气中隐含着忧伤。

诗人首先描绘了他所想象中的尘世生活:“喂马,劈柴,周游世界”,“关心粮食和蔬菜”,“ 我有一所房子,面朝大海,春暖花开”。这是一种充满诗意的田园牧歌式的尘世生活:自由而闲适,清苦却不乏浪漫。如果单纯只看这些意象,抒情主人公似乎可以称得上“一个幸福的人”了。但是这一切憧憬却被“从明天起”限制住了,“从明天起,做一个幸福的人”意味着“今天”的不如意、不幸福,今天的注定孤独、暗淡,注定无法融入尘世的幸福生活。

诗人无比善良,把最真挚的祝愿送给陌生的世人:“愿你有一个灿烂的前程/愿你有情人终成眷属/愿你在尘世获得幸福”,却以一句“我只愿面朝大海,春暖花开”,最终把自己隔绝到了尘世生活之外。“只愿”两字犹言幸福是“你们”的,“我”情愿独面大海,远离世俗。他把幸福的祝福给了别人,自己却难于在尘世找到幸福生活。所以这首诗初读起来给人以清新欢快的感觉,但是仔细品味,却会发现有种说不出的苦涩渗透漫延于心间。

【思考与练习】

1.“大海”有何象征意义?

2.为什么说诗人心地善良?

【作者简介】

余光中(1928—),祖籍福建永春,生于江苏南京,1947 年入金陵大学外语系,随后转入厦门大学,1948 年随父母迁香港,次年赴台,就读于台湾大学外文系。1952 年毕业。1953 年,与覃子豪、钟鼎文等共创“蓝星”诗社。后赴美进修,获爱荷华大学艺术硕士学位。返台后历任师大、政大、台大及香港中文大学教授。

乡 愁

余光中

小时候,
乡愁是一枚小小的邮票,

我在这头，
母亲在那头。

长大后，
乡愁是一张窄窄的船票，
我在这头，
新娘在那头。

后来啊，
乡愁是一方矮矮的坟墓，
我在外头，
母亲在里头。

而现在，
乡愁是一湾浅浅的海峡，
我在这头，
大陆在那头。

【阅读提示】

该诗选自王步高《大学语文》，南京大学出版社，2008 年版。这首诗借邮票、船票、坟墓、海峡这些具体的实物，把抽象的乡愁具体化了，变成具体可感的东西，表达作者渴望与亲人团聚，渴望祖国统一的强烈愿望。

作者把无形的乡愁比喻化为四种事物，可见作者愁思之重。小时候，作者将乡愁寄托在给家人的书信里，所以将乡愁比喻为邮票；长大后，作者和家人分居两地，很难与家人相见，于是将乡愁寄托在回家的船上，所以把乡愁比喻为船票；后来，母亲去世，作者与母亲再也不能见面，于是作者就将乡愁比喻为坟墓；现在，由于人为的原因，海峡两岸的同胞不能团聚，作者将自己的乡愁比喻为台湾海峡，表达了他期盼祖国统一的强烈愿望。

本诗分四个小节，前三个小节为最后一个小节做铺垫。作者按照时间顺序将乡愁依次比喻为邮票、船票、坟墓和海峡，结构严谨，很好地表达了诗人魂牵梦绕的“中国情结”。

【思考与练习】

1. 为什么说“小时候，乡愁是一枚小小的邮票”？

2. 你如何理解“而现在，乡愁是一湾浅浅的海峡，我在这头，大陆在那头。”

【作者简介】

顾城(1956—1993),祖籍上海,生于北京。12 岁时辍学养猪。“文革”前即开始写诗。1973 年开始学画,次年回京在厂桥街道做木工。1977 年重新开始写作,并成为朦胧诗派的主要代表诗人。1980 年初所在单位解体,失去工作,从此过漂游生活。后辞职隐居激流岛。1992 年重访欧美并创作。1993 年 10 月 8 日在其新西兰寓所自杀。留下大量诗、文、书法、绘画等作品。著作主要有《黑眼睛》、《英子》、《灵台独语》、《顾城诗集》、《顾城童话寓言诗选》、《城》、《走了一万一千里路——顾城旧体诗、寓言诗手稿集》等,部分作品被译为英、德、法等多国文字。

生命幻想曲

顾城

把我的幻影和梦
放在狭长的贝壳里
柳枝编成的船篷
还旋绕着夏蝉的长鸣
拉紧桅绳
风吹起晨雾的帆
我开航了

没有目的
在蓝天中荡漾
让阳光的瀑布
洗黑我的皮肤

太阳是我的纤夫
它拉着我
用强光的绳索
一步步
走完十二小时的路途
我被风推着
向东向西

太阳消失在暮色里
黑夜来了
我驶进银河的港湾
几千个星星对我看着
我抛下了
新月——黄金的锚
天微明
海洋挤满阴云的冰山
碰击着
“轰隆隆”——雷鸣电闪
我到哪里去呵
宇宙是这样的无边

用金黄的麦秸
织成摇篮
把我的灵感和心
放在里边
装好钮扣的车轮
让时间拖着
去问候世界

车轮滚过
百里香和野菊的草间
蟋蟀欢迎我
抖动着琴弦
我把希望溶进花香
黑夜像山谷
白昼像峰巅
睡吧 合上双眼
世界就与我无关

时间的马
累倒了
黄尾的太平鸟
在我的车中做窝

我仍然要徒步走遍世界——
沙漠、森林和偏僻的角落

太阳烘着地球
像烤一块面包
我行走着
赤着双脚
我把我的足迹
像图章印遍大地
世界也就溶进了
我的生命

我要唱
一支人类的歌曲
千百年后
在宇宙中共鸣

【阅读提示】

该诗选自王步高《大学语文》,南京大学出版社,2008 年版。《生命幻想曲》是顾城十二岁那年随同全家下放到临近渤海边的一个荒原上,用手指写下的一首童话色彩很浓,又有超验性质的诗。当时他跟父亲一起在河滩上放猪,突然被寂寥无边而又瑰丽神奇的大自然所震撼,灵感与想象力猝然迸发,在靠近水波的沙地上写下了这首诗。它真切地传达了动乱年代里,一个被社会无辜遗弃的少年人的凄凉惶惑,以及善良人对于生存,对于美与光明的本能渴求,因而深深打动了一代人的心弦。

诗人为现实境遇所驱迫,也为生存的真理所吸引,开始了他在宇宙中的航行。由于尘世现实背离了人道,美好的生存愿望才成了"幻影和梦"。"幻影和梦"隐去了诗人不愿道及的狰狞而丑恶的现实社会。但精神的自由可以突破尘世的束缚。"我"可以一无羁绊地"在蓝天中荡漾",任"阳光的瀑布"洗黑自己的皮肤。"太阳"是生命的创造者,但生命又可以把它视为仆役:"太阳是我的纤夫"。这出奇制胜的想象,强调了人的自由本质和存在价值只能在浩渺的宇宙背景中显现。"没有目的"的"荡漾"也是被遗弃被流放的结果,它透露了一个社会弃儿的无所归依的凄凉感。这种凄凉感引发出诗人的迷惑:"我到哪里去呵,宇宙是这样的无边"并且在凄凉中还掺杂了恐惧:"海洋挤满阴云的冰山/碰击着/'轰隆隆'——雷鸣电闪"——到处都存在对幼弱生命的威慑力量啊。

也许现实世界太难于改变了，而生命的长度又太有限了，个人的力量不足以与社会阴暗势力抗衡，所以不如致力于营造一个高于现实的理想境界，它是用人心中的美构筑而成，它不会坍塌，不会消亡。前面的“幻影和梦”，那是外在于自我的对象物，现在要用“灵感和心”，释放出生命自身的质素和能量。它“让时间拖着/去问候世界”，也就是诗人用从生命中流淌出来的艺术去与世界、与人类对话。“我”受到了欢迎，也得到了解脱。“把希望融进花香”，意思是把美好的生活理想灌注到艺术创作中去。“睡吧　合上双眼/世界就与我无关”：诗人有了自我创造的圆莹自足的艺术世界，就可以沉湎其中，可以规避那个可厌的现实世界了。

【思考与练习】

1. 你如何理解“太阳是我的纤夫”？
2. “我要唱/一支人类的歌曲，千百年后/在宇宙中共鸣”有何深刻含义？

【作者简介】

北岛(1949—　)，原名赵振开，生于北京，祖籍浙江湖州。中国当代诗人，为朦胧诗代表人物之一。曾多次获诺贝尔文学奖提名。目前任教于香港中文大学。先后获瑞典笔会文学奖、美国西部笔会中心自由写作奖、古根海姆奖学金等，并被选为美国艺术文学院终身荣誉院士。

回答

北岛

卑鄙是卑鄙者的通行证，
高尚是高尚者的墓志铭。
看吧，在那镀金的天空中，
飘满了死者弯曲的倒影。
冰川纪过去了，
为什么到处都是冰凌？
好望角发现了，
为什么死海里千帆相竞？
我来到这个世界上，
只带着纸、绳索和身影，

为了在审判之前，
宣读那些被判决了的声音：
告诉你吧，世界，
我——不——相——信！
纵使你脚下有一千名挑战者，
那就把我算做第一千零一名。
我不相信天是蓝的，
我不相信雷的回声；
我不相信梦是假的，
我不相信死无报应。
如果海洋注定要决堤，
就让所有的苦水都注入我心中；
如果陆地注定要上升，
就让人类重新选择生存的峰顶。
新的转机和闪闪的星斗，
正在缀满没有遮拦的天空，
那是五千年的象形文字，
那是未来人们凝视的眼睛。

【阅读提示】

该诗选自王步高《大学语文》，南京大学出版社，2008年版。北岛的《回答》标志着朦胧诗时代的开始。诗中展现了悲愤之极的冷峻，以坚定的口吻表达了对暴力世界的怀疑。诗篇揭露了黑白混淆、是非颠倒的现实，对矛盾重重、险恶丛生的社会发出了愤怒的质疑，并庄严地向世界宣告了“我不相信”的回答。诗中既有直接的抒情和充满哲理的警句，又有大量语意曲折的象征、隐喻、比喻等，使诗作既明快、晓畅，又含蕴丰厚，具有强烈的震撼力。

作品开篇以悖论式警句斥责了是非颠倒的荒谬时代，“镀金”揭示虚假，“弯曲的倒影”暗指冤魂，二者形成鲜明的对照。诗中的“冰凌”暗指人们心灵的阴影。“我来到这个世界上，只带着纸、绳索和身影”极力渲染了普罗米修斯式的拯救者形象，诗人以此自居，表现了新时代诗人个体的觉悟和对自身肩负责任的勇敢担当。“纵使你脚下有一千名挑战者，那就把我算做第一千零一名。”表明了自己坚决不屈的决心。而“我——不——相——信！”的呼喊加重了语气，表现了无所畏惧的挑战者形象，一气呵成的排比句表现了诗人果决的怀疑精神。“如果海洋注定要决堤，就让所有的苦水都注入我心中；如果陆地注定要上升，就让人类重新选择生存的峰顶。”表达了诗人对苦难的态度，抒发了勇于承担未来重托的英雄情怀。

而“五千年的象形文字”从历史与未来中捕捉到希望和转机,显示了具有五千年历史的民族的强大的生命力,也饱含了诗人对祖国的热爱与期望。

【思考与练习】

1. 你如何理解“卑鄙是卑鄙者的通行证,高尚是高尚者的墓志铭”?
2. 诗人为什么“不相信天是蓝的”?

【作者简介】

夏尔·皮埃尔·波德莱尔(Charles Pierre Baudelaire,1821—1867),法国19世纪最著名的现代派诗人,象征派诗歌的先驱者。出生于巴黎,幼年丧父,随后母亲改嫁。继父欧皮克将军——法国驻西班牙大使,不理解波德莱尔的诗人气质和复杂心情,波德莱尔也不能接受继父的专制作风和高压手段,于是欧皮克成为波德莱尔最憎恨的人。但波德莱尔对母亲感情深厚。这样的家庭关系,对诗人的创作有着巨大影响。波德莱尔具有叛逆性格,对资产阶级的传统观念和道德价值采取挑战态度,向往着在抒情诗的梦幻世界中求得精神的慰藉。正是在这个意义上,波德莱尔被视为资产阶级的浪子。成年以后,波德莱尔继承了生父的遗产,和巴黎文人艺术家交游,过着波希米亚人式的浪荡生活。他的主要诗篇都是在这种内心矛盾和苦闷的气氛中创作的。

恶之花·凉台

波德莱尔

回忆间的乳娘,情人中的情人,
你啊,我的欢娱,你啊,我的苦差!
有朝一日你会记得爱的抚摸,
记得内室的静和黄昏的绮丽。
回忆间的乳娘,情人中的情人。
黄昏给大城的煤火照得通红;
在凉台上,沉浸玫瑰色烟雾中
你的胸脯是多么温,心灵多么柔,
我们曾低诉那样隽永的话语。
黄昏给大城的煤火照得通红。

炽热黯光里的夕阳绚烂无比;
空间无比深沉,心灵无比健壮,
俯身向你,你,令我心倾的天仙,
我自觉闻嗅到你赤血的芳香,
炽热黯光里的夕阳绚烂无比。
夜色逐渐变浓,凝成一道厚墙,
黯里我的眼光寻索着你的双眸,
渴饮你的气息,啊,甘露,啊,毒汁!
你的脚倦憩在我紧握的手里,
夜色逐渐变浓,凝成一道厚墙。
我有追叙那欢乐时刻的才能,
我的过去蜷伏在你的双膝前。
无需到他处去寻觅你的美质,
它在你的肉体上,也在你的柔情里!
我有追叙那欢乐时刻的才能。
啊,誓言,啊,芳香,啊,无尽的热吻!
它们将从无底的深渊中再生么?
宛若那些在大海底浸浴过的
回春之阳,它们再度飞升晴空……
啊,誓言,啊,芳香,啊,无尽的热吻!

【阅读提示】

该诗选自王步高《大学语文》,南京大学出版社,2008 年版。波德莱尔的代表作是诗集《恶之花》,《凉台》是波德莱尔的诗集《恶之花》第一章《忧郁和理想》中的第一首。波德莱尔一生写过许多歌咏女性的诗作,而《凉台》则是其中较为出色的一首,诗人的笔调波诡云谲,诗人心中的爱情清纯隽美,诗人大胆地呼唤爱情:"你啊,我的欢娱,你啊,我的苦差!"诗人所深爱的女子是一个名叫冉娜·杜瓦尔的小剧场演员,她是一个黑白混血儿,诗人在与她相识后共同生活了 20 年,这 20 年留给诗人无数美好的回忆,诗人因思念之情无法自拔而作了此诗。诗人在满篇中用一种细腻的笔调描写了他对那女子的热爱和迷恋,诗人甜蜜地说:"有朝一日你会记得爱的抚摸。"可是诗人却又清醒地知道这个甜蜜早已经随着时光的流逝而渐行渐远,他清楚地明白这个回忆早已经随着冉娜的远走而化为了灰烬,"回忆间的乳娘,情人中的情人"。诗人缅怀旧爱,希望那份爱能够重新回到他那渴望着爱情的心中。诗人热情地赞颂着女性,赞颂着那个让他深深爱着的完美的女神。"俯身向你,你,令我心倾的天仙,我自觉闻嗅到你赤血的芳香,炽热黯光里的夕阳绚烂无比。”诗人难以自禁地描述着在一个黄昏的傍晚，他们在一个“沉浸玫瑰色烟雾中”的“凉台”上“低诉那样隽永的话语”，而“黄昏给大城的煤火照得通红”。诗人无限留恋那份旧爱，在一个“夜色逐渐变浓”而那远处的“夕阳绚烂无比”的黄昏，他跪在他心中的女神冉娜的面前，缠绵地向她诉说着“隽永的话语”。那些爱的抚摸，诱人的话语，心灵的接触，醉人的双眸，还有那迷人的夜色都在诱惑着诗人那颗渴望爱情的心，在他的心中唯一能激发诗人灵性的就是“令我倾心的天仙”。“天仙”的话恰似“甘露”令人心醉神迷，甜美无比；可是另一方面，“天仙”的话也恰似“毒汁”，饮来让人如饮鸩止渴却不愿放弃。诗人追忆过去，诉说着那令人销魂的爱抚，还有那令人神醉的缠绵，以及那永不停止的爱的呢喃，在那个令人羡慕的爱的港湾中他深深地沉醉。他希望这一切不仅仅只是一个旧梦，更希望它能够于某一天再成现实，“啊，誓言，啊，芳香，啊，无尽的热吻！”诗人抱着那满腔的热情希望这些以前的海誓山盟能够重新春回大地，“它们将从无底的深渊中再生么?”他更希望这段情感能“宛若那些在大海底浸浴过的回春之阳”，如海水洗浴过的太阳一样更为美好，希望那醉人的“芳香”能如蜜如糖一般地长驻于自己心田之中。

【思考与练习】

1.“我们曾低诉那样隽永的话语”的背景是什么?

2.“渴饮你的气息，啊，甘露，啊，毒汁”，“甘露”与“毒汁”是不是自相矛盾?

【作者简介】

裴多菲·山陀尔(Petfi Sdndor,1823—1849)，匈牙利诗人。1842 年开始发表作品，受民歌影响很大。诗人一生创作了多首抒情诗和 8 篇叙事诗。他的政治抒情诗，语言犀利，感召力强，对匈牙利民族解放运动有直接影响。他本人也积极投身于祖国解放战争，1849 年，战死在与俄奥联军搏斗的战场上，年仅 26 岁。他的重要作品有:《诗集》，组诗《云》、《自由与爱情》、《民族之歌》、《老旗手》(1849)，长诗《亚诺什勇士》、《农村的大锤》、《使徒》等。

我愿意是急流

裴多菲

我愿意是急流，
是山里的小河，

在崎岖的路上、
岩石上经过……
只要我的爱人
是一条小鱼，
在我的浪花中
快乐地游来游去。
我愿意是荒林，
在河流的两岸，
对一阵阵的狂风，
勇敢地作战……
只要我的爱人
是一只小鸟，
在我的稠密的
树枝间做窠鸣叫。
我愿意是废墟，
在峻峭的山岩上，
这静默的毁灭
并不使我懊丧……
只要我的爱人
是青青的常春藤，
沿着我荒凉的额，
亲密地攀援上升。
我愿意是草屋，
在深深的山谷底，
草屋的顶上
饱受风雨的打击……
只要我的爱人
是可爱的火焰，
在我的炉子里，
愉快地缓缓闪现。
我愿意是云朵，
是灰色的破旗，
在广漠的空中，
懒懒地飘来荡去，
只要我的爱人

是珊瑚似的夕阳，
傍着我苍白的脸，
显出鲜艳的辉煌。

【阅读提示】

该诗选自徐中玉《大学语文》，华东师范大学出版社，2006 年版。这首诗写在诗人与尤丽娅热恋时期，是一首向自己所爱女子表白爱情的诗。1846 年 9 月，23 岁的裴多菲在舞会上结识了伊尔诺茨伯爵的女儿森德莱·尤丽娅。这位身材修长、有浅蓝色眼睛的美丽姑娘的清纯和率真，使年轻诗人一见倾心。拥有大量土地庄园的伯爵却不肯把女儿嫁给裴多菲这样的穷诗人。面对阻力，裴多菲对尤丽娅的情感仍不可抑制，在半年时间里发出了一首首情诗，如《致尤丽娅》、《我是一个怀有爱情的人》、《你爱的是春天》、《凄凉的秋风在树林中低语》、《一下子给我二十个吻吧》等，其中包括《我愿意是急流》。正是这些抒情诗中的珍品，有力地鼓动了尤丽娅冲破父亲和家庭的桎梏，在一年后同裴多菲走进了婚礼的殿堂。

《我愿意是急流》通篇用"我愿意是……/只要我的爱人……"式结构反复连环，审美意象珠连缀合，其间又含暗喻，诗句一气呵成，给人一种耳目一新的感觉。全诗"我"以"急流"、"荒林"、"废墟"、"草屋"、"云朵"、"破旗"来自喻，这些事物都是朴实的，纯真的；而"爱人"则是"小鱼"、"小鸟"、"常春藤"、"火焰"、"夕阳"的化身，这些事物都是可爱的，柔美的。两者的结合是自然的结合，无可挑剔。这里没有花前月下的浪漫，没有风花雪月的柔情，却有一股清新脱俗之气。

诗人在遣词造句方面也很注重"自然"二字，全诗没有任何华丽的辞藻修饰，却有极其普通的语言点缀，如"崎岖的"、"勇敢地"——这就避免了作品的"繁冗拖沓"，而倍显自然亲切。透过诗人的字里行间，忠贞的爱情观一目了然："我愿意是急流……只要我的爱人是一条小鱼"，"我愿意是荒林……只要我的爱人是一只小鸟"。此外，诗人对自由生活的追求与向往也始终贯穿于全诗，使得纯洁的爱情与自由的生活有机地融入朴实的言语之中，让读者深深地沉浸在情景交融的诗行之中。

【思考与练习】

1. 你如何理解"我愿意是废墟"？

2. 哪些诗句体现了诗人无私的奉献精神？

第二章 散 文

一、散文的含义

像诗歌一样,散文是出现得很早、有着悠久历史的一种文体。不过,散文的"辈分"虽然很老,但散文的"文学身份"却一直不那么明了,在不同的时代有不同的内容和范围。一般而言,散文有广义和狭义之分。广义的散文是与韵文相对而言的,它泛指不押韵、不重排偶的所有散体文章,包括序跋、碑铭、颂奏、札记、游记、传记等等。狭义的散文,是与诗歌、小说、戏剧文学等并列的一种文学样式。这是"五四"以来,我国采用"四分法"划分文学体裁后,才逐渐明确起来的。如果说,广义的散文是一种非审美的划分,那么,狭义的散文就是一种审美的划分。现代审美意义的散文,是指文学意义上的散文。

文学意义上的散文是一种题材广阔,结构灵活,语言精致优美,注重抒写真情实感的文学样式。

二、散文的基本特征

(一)题材广泛多样

散文的题材包罗万象,可以自由选材和自由表现。它可以涉古论今,谈天说地,也可以写人叙事,写景咏物,念亲怀友,访旧思故。上至国际风云,下至花鸟虫鱼,生老病死,风花雪月,无不可写。作者可以写自己的所见所闻,也可以写自己的所思所感。一人一事,一景一情,无论是国际国内的大事,还是社会家庭的细故,都可以移于纸上,贡献给读者。丰子恺眷恋天真烂漫的儿女,写下了《儿女》;王小波怀念插队时喂养过的一头猪,写下了名篇《一只特立独行的猪》;贾平凹感动于父子情深,写下了感人肺腑的《祭父》;叔本华反对读书人读而无思,因作《论读书》。在这方面,其他文学样式则不同。小说需要有完整的生活事件和生动的人物形象,戏剧需要有集中的矛盾冲突和个性化、生活化的台词。散文不需要以某个人物为中心,也不需要完整的故事情节,它也许只摄取生活中的一个小镜头,也许只捕捉人的心灵一刹那间的激情感受,但都能以优美的语言缀连成篇。

(二)结构自由灵活

散文是一切文学样式中最自由活泼的,与小说、诗歌、戏剧等文学样式相比,散文在结构上没有严格的限制和固定的模式。它可以忽此忽彼,时前时后,现实和历史交汇,自然和社会相连,深刻的哲理放在日常生活中表现,浓郁的情感通过个人的想象加以抒发。散文结构十分自由的特点常给读者以"散"的感觉,但散文的"散"并不是杂乱无章,而是要求主旨鲜明,情感基调一致,脉络连贯统一,做到"形散而神不散"。作家李广田曾通过不同体裁的比较来说明散文结构的特点,他说:"诗必须圆,小说必须严,而散文则比较散。若用比喻来说,那就是:诗必须像一颗珍珠那么圆满,那么完整……小说就像一座建筑,无论大小,它必须结构严密,配合紧凑……至于散文,我以为它很像一条河流,它顺了壑谷,避了丘陵,凡可以流到处它都流到,而流来流去却还是归入大海,就像一个人随意散步一样,散步完了,于是回到家里去。"①这段形象生动的比喻,恰到好处地道出了散文"形散而神不散"的真谛。

(三)语言精致优美、质朴自然

散文,一般篇幅不长,精致而优美,少则百十字,几百字,多则两三千字。脍炙人口的《兰亭集序》仅 436 字,冰心的《笑》才 630 字,而周作人的《苦雨》也不过 1854 字。即便洋洋洒洒的长篇散文,比起它所表达的丰富内容来,或与小说等体裁相比,仍然是较短的。散文的语言有点像写意画的笔触,要费墨不多就干净利落地勾勒出事物的形态来。同时,散文的语言又具有质朴自然、随性而谈、娓娓动听的特点。关于散文语言,林语堂曾有"闲谈体"、"娓语体"等说法,要求散文写作"如良朋话旧,私房娓语。此种笔调,笔墨上极轻松,真情易于吐露……"②林语堂先生的这段话,强调的是散文语言的自然和放松。

(四)抒写真情实感

散文写的是真人真事、真景真情,而少有小说的虚构、诗歌的夸张、戏剧的渲染。著名散文家吴伯箫曾说:"说真话,叙事实,写实物实情,这是散文的传统。"③

---

① 李广田:《谈散文》,见俞元桂主编《中国现代作家散文理论》,广西人民出版社 1983 年版,第 148—149 页。

② 林语堂:《论小品文笔调》,见李宁编《小品文艺术谈》,中国广播电视出版社 1990 年版,第 98 页。

③ 吴伯萧:《散文名作欣赏·序》,见贺瑞军、杨成章等编《散文名作欣赏》,青海人民出版社 1981 年版。

真正的散文,在对客观社会生活或自然图景的表现中间,都要以从内心深处迸发出来的真情实感打动读者。有口皆碑的散文佳作,如丰子恺的《儿女》、贾平凹的《祭父》、罗兰的《写给秋天》、蒙田的《要生活得写意》等,抒写的都是真情实感。有没有真情实感,往往是散文成败的重要因素,也是关乎散文生命力和艺术感染力的关键之所在。

三、散文的基本类型

散文的分类方法也是多种多样的。一般根据作品的表现对象和表现方式的不同,分为叙事性散文、抒情性散文和议论性散文。

(一)叙事性散文

叙事性散文侧重于叙述事件和描写人物,但也包含抒情、议论成分。作家的情感含而不露,或通过人物描写,或是通过场景渲染及环境烘托流露出来。如鲁迅的《藤野先生》、朱自清的《背影》、巴金的《怀念萧珊》、杨绛的《干校六记》等。叙事性散文还包括报告文学、传记文学、游记等文学样式。

1. 报告文学

报告文学是文艺通讯、速写、特写等的总称。它是随着报纸、杂志的出现而发展起来的一种新的文学样式。其基本特点是直接取材于现实生活中具有典型意义的真人真事,经过艺术加工,迅速而及时地加以反映。它要求新闻性、纪实性与文学性的统一。所谓"新闻性"是指报告文学应像新闻通讯一样,善于以最快的速度,把生活中刚发生的激动人心的事件及时地传达给读者,或把群众关心的现实情况、热点问题迅速地反映出来。所谓"纪实性"是指报告文学不能虚构人物、事件、情节,而必须描写现实生活中有思想意义或审美价值的真人真事。所谓"文学性"是指报告文学应比一般的新闻通讯具有更浓的文学色彩,要选取富有典型意义的材料,塑造丰满的人物形象,必须有生动的形象化的细节。报告文学只有做到新闻性、纪实性与文学性的有机统一,才能有生命力和艺术感染力。伏契克的《绞刑架下的报告》、夏衍的《包身工》、徐迟的《哥德巴赫猜想》等就是报告文学的典范之作。

2. 传记文学

传记文学是以艺术手法描述真实人物的生平事迹、思想性格的叙事散文。传记文学既要有历史的真实性,又要有文学性,是历史与文学的结合,是文学价值与文献价值的高度统一。传记文学在我国具有悠久的历史。如司马迁的《项羽本纪》、《陈涉世家》、《廉颇蔺相如列传》等,都是不朽的传记文学作品。现代优秀的传记文学有沙汀的《记贺龙》、陶成的《我的一家》等。

3. 游记

游记，是记叙描写旅行见闻的一种叙事散文，其中有关于行程的叙述，有山川景物、名胜古迹、风土人情的描写，也有作者的抒情和议论。柳宗元的《永州八记》、徐宏祖的《徐霞客游记》、朱自清和俞平伯同题的《桨声灯影里的秦淮河》等，都是古今游记的名篇佳作。

（二）抒情性散文

抒情性散文是指侧重于抒发作者对生活的感受和激情的散文。它的突出特点是依事生情，借景抒怀，托物言志。作家往往以情感为结构线索，通过形象思维，展开艺术想象，将生活的片断连缀成一个有机的整体，还常常以象征、隐喻和诗意盎然的艺术境界吸引读者。故有人将这类散文也称为“美文”。如朱自清的《荷塘月色》、冰心的《樱花赞》是抒情性散文的优秀代表作。

（三）议论性散文

议论性散文是以议论为主的一种散文样式。它的突出特点是关注现实，批判和否定现实生活中的不良现象，文笔自由灵活，语调幽默诙谐，它包括杂文和各种小品文。

1. 杂文

杂文，是一种文艺性的政论，或曰政论与诗的结合。它及时反映和评论社会上各种事变或某些思想倾向，揭示其实质，具有鲜明的倾向性和强烈的战斗作用。杂文的主要特点是短小精悍，语言泼辣犀利，形象隽永，常采用比喻、夸张、反语、对比、象征等修辞手法，以及讽刺幽默的笔调，来增强艺术感染力。鲁迅称杂文“必须是匕首，是投枪，能和读者一同杀出一条生存的血路的东西”①。这说明杂文在社会生活中的特殊作用。随着时代的发展，“匕首”、“投枪”式的杂文虽然依然存在，但更多的是针对某些社会不良现象或错误言行的批评和讽刺。

2. 小品文

小品文是一种短小而富有抒情意味的散文。它包括讽刺小品、时事小品、历史小品、科学小品等。古代文学价值较高的序、跋、祭文、书信等，都可算作小品文。鲁迅认为“小品文能给人愉快和休息，然而这并不是小摆设，更不是抚慰和麻痹，它给人的愉快和休息是修养，是劳作和战斗之前的准备”②。这说明小品文既具有审美愉悦作用，又具有强烈的现实意义。

---

① 鲁迅：《南腔北调集·小品散文的危机》，见《鲁迅全集》第4卷，人民文学出版社1987年版，第573页。

② 周作人：《近代散文·序》，见钟叔河编《知堂序跋》，岳麓书社1987年版，第330页。

四、经典散文导读

【《左传》简介】

《左传》，全称《春秋左氏传》，原名《左氏春秋》，是中国古代一部编年体的历史著作，汉朝时又名《春秋左氏》、《左氏》。汉朝以后才多称《左传》。相传是春秋末期的史官左丘明所著。它与《公羊传》、《谷梁传》合称“春秋三传”，是配合《春秋》的编年史。相传作者是战国时鲁国史官左丘明。

《左传》以《春秋》为本，通过记述春秋时期的具体史实来说明《春秋》的纲目。主要记录了周王室的衰微，诸侯争霸的历史，对各类礼仪规范、典章制度、社会风俗、民族关系、道德观念、天文地理、历法时令、古代文献、神话传说、歌谣言语均有记述和评论。《左传》在史学中的地位被评论为继《尚书》、《春秋》之后，开《史记》、《汉书》之先河的重要典籍。

《左传》代表了先秦史学的最高成就，是研究先秦历史和春秋时期历史的重要文献，对后世的史学产生了很大影响，特别是对确立编年体史书的地位起了很大作用。而且由于它具有强烈的儒家思想倾向，强调等级秩序与宗法伦理，重视长幼尊卑之别，同时也表现出“民本”思想，因此也是研究先秦儒家思想的重要历史资料。

它不仅是历史著作，也是一部非常优秀的文学著作，表现在“长于记述战争，故有人称之为‘相砍书’；又善于刻画人物，重视记录辞令”。《左传》的另一个特点是它的辞令十分优美，运笔灵活，变化万千，语言简括，却含义丰富。特别是其中选择性地收录了不少外交官精彩的外交语言，也为它增添了光彩，前人将《左传》这个特点称为“行人辞令之美”（行人：外交特使）。

《左传》受到学界重视是在魏晋时期，先后有郑玄、杜预为其作注解，之后成为研究《春秋》的重要典籍。

子产告范宣子轻币

左丘明

范宣子为政，诸侯之币[1]重。郑人病[2]之。

二月，郑伯如[3]晋。子产寓书[4]于子西[5]以告宣子，曰：“子为晋国，四邻诸侯，不闻令德，而闻重币，侨[6]也惑之。侨闻君子长国家者，非无贿[7]之患，而无令名之[8]难。夫诸侯之贿聚于公室[9]，则诸侯贰。若吾子赖[10]之，则晋国贰。诸侯贰，则晋国坏；晋国贰，则子之家坏。何没没[11]也！将焉用贿？夫令名，德之舆[12]

也;德,国家之基也。有基无坏,无亦是务乎!有德则乐,乐则能久。《诗》云:‘乐只[13]君子,邦家之基。’有令德也夫!‘上帝临女,无贰尔心[14]。’有令名也夫!恕思以明德,则令名载而行之,是以远至迩[15]安。毋宁使人谓子‘子实生我’,而谓子‘浚[16]我以生’乎?象有齿以焚其身[17],贿也。”

宣子说,乃轻币。

选自:《古文观止》卷二(襄公二十四年《左传》)

【注释】

[1]币:贡礼。

[2]病:忧虑。

[3]如:到。

[4]寓:寄托。书:信。

[5]子西:郑大夫。当时随从郑去晋国。

[6]侨:子产的名。

[7]贿:财物。

[8]令名:好的名声。

[9]公室:指晋君。

[10]赖:恃,凭借。

[11]没没:沉溺,贪恋。

[12]舆:车子。

[13]只:语助词。

[14]“无贰尔心”:不要使你发生贰心。

[15]迩:近。

[16]浚:取。

[17]焚身:丧身。

【阅读提示】

子产是春秋时期郑国的一位杰出政治家,在春秋历史上具有重要的地位。在《左传》众多的人物中,子产是作者笔下最为光彩夺目的形象。虽然他只是一个小国的执政者,然而他在治理国家方面的成就突出,可称为春秋时代颇具声望的政治家、思想家和外交家。清人冯李骅说:“《左传》大抵前半出色写一管仲,后半出色写一子产,中间出色写晋文公、悼公、秦穆、楚庄数人而已。”的确,作者对子产倾注了深厚的敬仰之情,因此把他写得尽善尽美,恰如近人王源所言:“《左传》载列国名卿言行多矣,未有详如子产者也。子产乃终春秋第一人,亦左氏心折之第一人。”深邃的思想、超人的智慧、坚定的意志、灵活的方略,成就了子产个人的丰功伟业，成就了郑国几十年的平安康宁，也成就了中国历史中伟大的顺应时代的改革思想。

春秋时期，霸主常向小国勒索贡物，而且贪得无厌，使小国不堪承受。当时的郑国，处在晋、楚争霸的夹缝中，其国内矛盾错综复杂，子产用“国小而偪，族大宠多”八个字极其准确地概括了整个郑国的局势。要使郑国获得独立和发展，面临着巨大的困难和压力。然而作为郑国的执政，子产采取不同的策略处理内外事务，居然取得了卓越的成就，留下了千古美名。子产要求范宣子轻币，并不是为郑国诉苦，而是替晋国和范宣子着想，指出这样做的危险性，使范宣子幡然醒悟。这正是子产高明的地方。

《子产告范宣子轻币》中子产劝晋国国王范宣子需重令德、令名，曰：“夫令名，德之舆也；德，国家之基也。有基无坏，无亦是务乎！有德则乐，乐则能久。《诗》云：‘乐只君子，邦家之基。’有令德也夫！‘上帝临女，无贰尔心。’有令名也夫！恕思以明德，则令名载而行之，是以远至迩安。毋宁使人谓子‘子实生我’，而谓子‘浚我以生’乎？象有齿以焚其身，贿也。”子产重视领导者、管理者自身的德行修养，这和现代管理强调的“自我管理”不谋而合。现代管理者，必须以身作则。只有身体力行、以德为先的管理作风，才能具有说服力，才能增强凝聚力，进而增强企业的竞争力。管理者的品格价值是无声无形的，却又是最具感染力和影响力的。

【思考与练习】

1. 你认为子产的为政与外交，对于今天的国家治理有何借鉴意义？

2. “夫令名，德之舆也；德，国家之基也。”“思以明德，则令名载而行之，是以远至迩安。”谈谈你对这两句话的理解。

3. 子产在郑国执政二十余年，在治理“国小而偪，族大宠多”的郑国的政治实践中，逐渐形成了一套社会和谐思想。子产的社会和谐思想可分为国内政治和谐，国际关系和谐，人自身、人与人、人与自然和谐三个方面。子产的社会和谐思想是中原乃至中国古代优秀思想文化的重要组成部分，对于当今社会主义和谐社会的创建具有一定的借鉴意义。查阅相关资料，谈谈你对子产的社会和谐思想的理解。

【作者简介】

王羲之(321—379)，字逸少，东晋琅玡临沂(今山东临沂县人)。初为秘书郎，庾亮请为征西参军，累迁长史，拜宁远将军，江州刺史。后征为吏部尚书，不就，授护国将军，迁右军将军，会稽内史。世称王右军。晚年称病去官，放情山水，弋钓为乐。卒赠金紫光禄大夫。有诗文集十卷。清人张溥《汉魏六朝百三家集题辞》称其书札有远见卓识，“诚东晋君臣之良药”；赞其“兰亭咏诗，韵胜金谷”。于此可见王羲之的文学成就。又以擅长书法名世，草隶尤精，笔势飘若浮云，矫若游龙，论者评为古今之冠。他所创作和书写的《兰亭集序》，既是书苑珍品，也是文坛杰作，千百年来为人所盛赞和传诵。

王兼善隶、草、楷、行各体，精研体势，心摹手追，广采众长，备精诸体，冶于一炉，摆脱了汉魏笔风，自成一家，影响深远，创造出“天质自然，丰神盖代”的行书，被后人誉为“书圣”，其楷、行、草、隶、八分、飞白、章草俱入神妙之境，成为后世崇拜的名家和学习的楷模。

兰亭集序

王羲之

永和[1]九年，岁在癸丑，暮春之初，会于会稽山阴[2]之兰亭，修禊[3]事也。群贤[4]毕至，少长[5]咸集。此地有崇山峻岭，茂林修竹，又有清流激湍，映带左右。引以为流觞曲水[6]，列坐其次，虽无丝竹管弦之盛，一觞一咏，亦足以畅叙幽情。是日也，天朗气清，惠风和畅。仰观宇宙之大，俯察品类之盛，所以游目骋怀，足以极视听之娱，信可乐也。

夫人之相与，俯仰一世[7]。或取诸怀抱，晤言[8]一室之内；或因寄所托，放浪形骸之外[9]。虽趣舍[10]万殊，静躁不同，当其欣于所遇，暂得于己，快然自足，曾不知老之将至[11]。及其所之既倦，情随事迁，感慨系之矣。向之所欣，俯仰之间，已为陈迹，犹不能不以之兴怀。况修短随化，终期于尽。古人云：“死生亦大矣！”[12]岂不痛哉！

每览昔人兴感之由，若合一契[13]，未尝不临文嗟悼，不能喻之于怀。固知一死生[14]为虚诞，齐彭殇[15]为妄作。后之视今，亦犹今之视昔，悲乎！故列叙时人，录其所述。虽世殊事异，所以兴怀，其致一也。后之览者，亦将有感于斯文。

——选自《四部备要》本《骈体文钞》

【注释】

[1]永和：晋穆帝年号，345—356年。

[2]会(kuài 快)稽：郡名，包括今浙江西部、江苏东南部一带地方。山阴：今浙江绍兴。

[3]修禊(xì 细)：古代习俗，于阴历三月上旬的巳日（魏以后定为三月三日），人们群聚于水滨嬉戏洗濯，以祓除不祥和求福。实际上这是古人的一种游春活动。

[4]群贤：指谢安等三十二位与会的名流。

[5]少长：指王凝之等九位与会的本家子弟，谢安等一些长者。

[6]流觞曲水：用漆制的酒杯盛酒，放入弯曲的水道中任其漂流。杯停在某人面前，某人就引杯饮酒。这是古人一种劝酒取乐的方式。

[7]俯仰一世：很快地过了一生。俯仰：低首抬头之间，形容时间短暂。

[8]晤言：面对面谈话。《晋书·王羲之传》、《全晋文》均作"悟言"，指心领神会的妙悟之言。

[9]放浪形骸之外：行为放纵不羁，形体不受世俗礼法所拘束。

[10]趣舍：同"取舍"。

[11]老之将至：语出《论语·述而》："其为人也，发愤忘食，乐以忘忧，不知老之将至云尔。"

[12]死生亦大矣：语出《庄子·德充符》。

[13]契：符契，古代的一种信物。在符契上刻上字，剖而为二，各执一半，作为凭证。

[14]一死生：把死和生看作一回事。语出《庄子·德充符》："以死生为一条。"又《庄子·大宗师》："孰知生死存亡之一体者，吾与之为友矣。"

[15]齐彭殇：把高寿的彭祖和短命的殇子等量齐观。彭，彭祖，相传为颛顼帝的玄孙，活了八百岁。殇，指短命夭折的人。《庄子·齐物论》："莫寿于殇子，而彭祖为夭。"

【阅读提示】

《兰亭集序》，又名《兰亭序》、《兰亭宴集序》、《临河序》、《禊序》、《禊帖》。晋代书法家王羲之撰写。其书法具有极高的艺术价值，与颜真卿《祭侄季明文稿》、苏轼《寒食帖》并称三大行书书帖。

浙江绍兴西南渚山上的兰亭，周围环境优美，风景宜人。晋穆帝永和九年(353)三月三日，王羲之与当时名士谢安、孙绰以及本家子侄凝之、献之等四十一人宴集于兰亭，饮酒赋诗，各抒怀抱。羲之除赋诗二首外，事后并为诗集写了这篇序。序，文体名，是对书籍和文章举其纲。这篇序文生动而形象地记叙了这次集会的盛况和乐趣，抒发了盛事不常、人生短暂的感慨。在玄学盛行、崇尚清谈的东晋，王羲之能反对"虚谈废务，浮文妨要"(《世说新语·言语》)，可谓独标一帜。本文斥老庄"一死生"、"齐彭殇"为"虚诞"、"妄作"，也在一定程度上表露出不甘虚度岁月的积极进取意向。南朝初期，雕辞琢句的骈文已逐渐风行，这篇序文不追求华丽的辞藻，自辟蹊径，叙事状景，清新自然，抒怀写情，朴实深挚，达到了内容与形式的和谐一致。

《兰亭集序》是文学史、书法史上的重要文献。围绕《兰亭集序》主要有三个方面的论争：一是关于这篇序文是否出自王羲之之手；二是关于参加兰亭集会及写诗的人数；三是关于《兰亭集序》是否为王羲之的书法。

【思考与练习】

1. 认真阅读本文,谈谈你对魏晋风度和生命意识的看法。

2. 翻译:夫人之相与,俯仰一世。或取诸怀抱,晤言一室之内;或因寄所托,放浪形骸之外。虽趣舍万殊,静躁不同,当其欣于所遇,暂得于己,快然自足,曾不知老之将至。及其所之既倦,情随事迁,感慨系之矣。向之所欣,俯仰之间,已为陈迹,犹不能不以之兴怀。况修短随化,终期于尽。古人云:“死生亦大矣!”岂不痛哉!

3. 金圣叹说:“此文一意反复生死之事甚疾,现前好景可念,更不许顺口说有妙理妙悟,真古今第一情种也!”本文由第一段“信可乐也”到第二段“岂不痛哉”,其中作者情绪转变的原因为何?请说说你的看法。

4. 第二段中提及人之相与有静躁之不同,请就你生活经验所及,举例加以说明。

【作者简介】

罗兰(1919—),原名靳佩芬,出生于河北省宁河县,台湾作家。作品除《罗兰小语》外,还包括散文、小说、游记、诗歌、诗论等。2003 年获世界华文作家协会“终身成就奖”。《罗兰小语》曾经是 20 世纪八九十年代青年热衷的“励志书”。由于它充满关爱,充满对人生哲理的思索和概括,因而不仅广受台湾青少年的喜爱,而且经过岁月沉淀之后,又在大陆青少年中掀起一股热潮。由于出生于中国传统的书香世家,她的作品深受中国传统文化的影响,蕴含着深厚的中国文化的底蕴,含蓄、隽永;洋溢着中国式的哲思、睿智、通达;体现着作家对现代社会的深层思考。

写给秋天

罗 兰

尽管这里是亚热带,但我仍从蓝天白云间读到了你的消息。那蓝天的明净高爽,白云的浅淡悠闲,隐约仍有北方那金风乍起、白露初凉的神韵。

一向,我欣仰你的安闲明澈,远胜过春天的浮躁喧腾。自读小学的童年开始,我就深爱暑假过后,校园里野草深深的那份宁静。夏的尾声已近,你就在极度成熟蓊郁的林木间,怡然地拥有了万物。由那澄明万里的长空,到穗实累累的秋禾,就都在你那飘逸的衣襟下安详地找到了归宿。接着,你用那黄菊,红叶,征雁,秋虫,一样一样地把宇宙染上含蓄淡雅的秋色。于是木叶由绿而黄萧萧地飘落,芦花飞白,枫林染赤,小室中枕簟生凉,再加上三日五日潇潇秋雨,那就连疏林野草间,都是秋声了!

想你一定还记得你伴我度过的那些复杂多变的岁月。那两年,我在那寂寞的村学里,打发凄苦无望的时刻,是你带着哲学家的明悟,来了解慰问我深藏在内心的悲凉。你让我领略到寂寞中的宁静,无望时的安闲;于是那许多唐人诗句,都在你澄明的智慧导引之下,一一打入我稚弱善感的心扉。是你教会了我怎样去用寂寞无聊的时刻,发掘出生命的潜能,寻找到迷失的自我。

你一定也还记得,我们为你唱"红叶为他遮烦恼,白云为他掩悲哀"的那两年苍凉的日子。情感上的折磨使我们觉察到人生中有多少幻灭、多少残忍,有多少不忍卒说的悲哀!但是,红叶白云终于为我们冲淡了那胶着沉重的烦恼和忧郁。如今时已过,境早迁,记忆中倒真的只残留着当时和我共患难的那个女孩落寂的素脸。是"白云如粉黛,红叶如胭脂",还是"粉黛如白云,胭脂如红叶"!那感伤落寂的心情如今早已消散无存!原来一切的悲哀,如加以诗情和智慧去涂染,都将成为深沉激动的美丽。你是曾如此有力启迪了我们,而在我逐渐沉稳的中年,始终领悟到你真正的豁达与超然!

你接收了春的绚烂和夏的繁荣,你也接收了春的张狂和夏的任性;你接收了生命们从开始萌生到稳健成熟这期间的种种苦恼、挣扎、失望、焦虑、怨仇和哀伤,你也容纳了它们的欢乐、得意、胜利、收获和颂赞。你告诉我:生命的过程注定是由激越到安详,由绚烂到平淡。一切情绪上的激荡终会过去,一切色彩喧哗终会消隐。如果你爱生命,你该不怕去体尝。因为到了这一天,树高千丈,叶落归根,一切终要回返大地,消溶于那一片渺远深沉的棕土。到了这一天,你将携带着丰收的生命果粒,牢记着它们的苦涩或甘甜,随着飘坠的落叶消隐,沉埋在秋的泥土中,去安享生命最后的胜利,去吟唱生命真实的凯歌!

生命不是虚空,它是如厚重的大地一般的真实而具体。因此,你应在执着的时候执着,沉迷的时候沉迷,清醒的时候清醒。

如今,在这亚热带的蓝天白云间,我仍然读到你智慧的低语。我不但以爱和礼赞的心情来记住生命中的欢乐,也同样以爱和礼赞的心情去纪念那几年——生命中难得出现的那几年中的刻骨的悲酸与伤痛!

而今后,我更要以较为平淡的心情去了解,了解那属于你的冷然的清醒、超逸的豁达、不变的安闲和永恒的宁静!

——选自《文豪精品》,国际文化出版公司,1997 年版

【阅读提示】

《写给秋天》是罗兰捕捉"心情的刹那"写就的一篇富有哲理意味的散文佳构。

作者既安闲明澈，又充满智慧。文章没有着意渲染为人们所常见的秋景，而是托秋寄意，借秋抒情，把秋天作为心灵中某种理念的附属物，抓住秋天里令自己的心灵感动的特殊“神韵”来阐述秋天给予自己的启示和感悟，从中体味生存的哲理。

冬雪夏雨，春花秋月，我们从来不把它们当做冰冷的客观对象，我们总是将自己的人生体验，寄托在那自然现象的变化之中。有必要提及的是，写这篇文章时的罗兰，生活在与大陆隔海相望的台湾。在台湾这个亚热带岛屿上，秋天并没有在苍山丛林间留下太多印痕，所以，她对秋天的描写，也仅仅是对遥远北方的追忆。作为生活于大陆、成长于大陆的我们，四季的轮回已成为生命中的有机组成部分。每年满地的黄叶都会淹没我们的脚跟，亲吻我们的衣衫。正因为这样，所以真正不应该错过和秋天对话的，还应是我们这些秋风秋雨的亲历者、见证人。

是的，我们应该好好体尝这篇文字，也好好体尝自然、体尝生活。“一向，我欣仰你的安闲明澈，远胜过春天的浮躁喧腾。”“生命不是虚空，它是如厚重的大地一般的真实而具体。因此，你应在执着的时候执着，沉迷的时候沉迷，清醒的时候清醒。”“生命的过程注定是由激越到安详，由绚烂到平淡。一切情绪上的激荡终会过去，一切色彩喧哗终会消隐。如果你爱生命，你该不怕去体尝。”品味这些语句，我们会以更为平淡的心情去了解，了解那属于我们的冷然的清醒、超逸的豁达、不变的安闲和永恒的宁静！

读完此文，你那感伤落寂的心情定会消散无存！原来一切的悲哀，如加以诗情和智慧去涂染，将都成为深沉激动的美丽。享有的是真正的豁达与超然！

【思考与练习】

1. 从整篇文章看，表达了作者什么样的情感？
2. 就语言方面，谈谈你读了此文的收获。
3. 文章是具体抓住“秋”的哪几方面来进行描述的？

【阅读链接】

课外阅读：罗兰《秋颂》、刘再复《读沧海》，并从意境、写作方式上加以比较。

【作者简介】

冰心（1900—1999），现当代女作家，儿童文学作家。原名谢婉莹，笔名冰心。原籍福建长乐，生于福州，幼年时代就广泛接触了中国古典小说和译作。1918 年入协和女子大学预科，积极参加五四运动。1919 年开始发表第一篇小说《两个家庭》，此后，相继发表了《斯人独憔悴》、《去国》等探索人生问题的“问题小说”。同时,受到泰戈尔《飞鸟集》的影响,写作无标题的自由体小诗。这些晶莹清丽、轻柔隽逸的小诗,后结集为《繁星》和《春水》出版,被人称为"春水体"。1921 年加入文学研究会。同年起发表散文《笑》和《往事》。1923 年毕业于燕京大学文科,赴美国威尔斯利女子大学学习英国文学。在旅途和留美期间,写有散文集《寄小读者》,她通过描写他小时候的幼稚和欢乐还有天真的泪水,尽情赞颂母爱、童真、大自然和祖国,显示出婉约典雅、轻灵隽丽、凝炼流畅的特点,具有高度的艺术表现力,比小说和诗歌取得更高的成就。这种独特的风格曾被时人称为"冰心体",产生了广泛的影响。

冰心散文集主要分四个部分,1. 生活中的往事;2. 寄小读者;3. 关于女人的事;4. 冰心自传。《寄小读者》是冰心作品中最大方、最自由的作品,所以最能表现出冰心爽快的个性和冰心的纯真童年。她 20 岁时写成的《笑》也是这样完美统一的典范作品。

笑

冰　心

雨声渐渐地住了,窗帘后隐隐地透进清光来。推开窗户一看,呀!凉云散了,树叶上的残滴,映着月儿,好似萤光千点,闪闪烁烁地动着。——真没想到苦雨孤灯之后,会有这么一幅美的图画!

凭窗站了一会儿,微微地觉得凉意侵人。转过身来,忽然眼花缭乱,屋子里的别的东西,都隐在光云里;一片幽辉,只浸着墙上画中的安琪儿。——这白衣的安琪儿,抱着花儿,扬着翅儿,向着我微微地笑。

"这笑容仿佛在哪儿看见过似的,什么时候,我曾……"我不知不觉地便坐在窗口下想,——默默地想。

严闭的心幕,慢慢地拉开了,涌出五年前的一个印象。——一条很长的古道。驴脚下的泥,兀自滑滑的。田沟里的水,潺潺地流着。近村的绿树,都笼在湿烟里。弓儿似的新月,挂在树梢。一边走着,似乎道旁有一个孩子,抱着一堆灿白的东西。驴儿过去了,无意中回头一看。——他抱着花儿,赤着脚儿,向着我微微地笑。

"这笑容又仿佛是哪儿看见过似的!"我仍是想——默默地想。

又现出一重心幕来,也慢慢地拉开了,涌出十年前的一个印象。——茅檐下的雨水,一滴一滴地落到衣上来。土阶边的水泡儿,泛来泛去地乱转。门前的麦垄和葡萄架子,都濯得新黄嫩绿的非常鲜丽。——一会儿好容易雨晴了,连忙走下坡儿去。迎头看见月儿从海面上来了,猛然记得有件东西忘下了,站住了,回过头来。这茅屋里的老妇人——她倚着门儿,抱着花儿,向着我微微地笑。

这同样微妙的神情，好似游丝一般，飘飘漾漾地合了拢来，绾在一起。

这时心下光明澄静，如登仙界，如归故乡。眼前浮现的三个笑容，一时融化在爱的调和里看不分明了。

——选自中等师范学校语文课本《阅读和写作》第三册，人民教育出版社1999年版

【阅读提示】

本篇最初发表于1921年1月《小说月报》第12卷第1号，后收入小说、散文集《超人》。"笑"是一个具有象征意义的标题，也是一个寄予西方人文主义思想的形象。作者用我国传统的审美方式诠释西方的这一思想。在新文学中，冰心的《笑》不愧为中西合璧的美文典范。

冰心这篇散文写于他20岁时的1920年，在此前，她也开始创作小说了，她在中学时代在教会女子学校学习，"中学四年之中……因着基督教义的影响，潜隐地形成了我自己的'爱'的哲学"，冰心"爱的哲学"具体为母爱、童心和自然。《笑》就是这种哲学的图解。冰心先生是"五四"、"新文学运动"中涌现出来的第一批现代作家之一。那时正是新文化运动热潮时期，在思想上和形式上都有别于旧文学，而此时，正在逐渐展现新文学形式的雏形，从时间上看，冰心的文章无疑是有开拓精神的。并且，把西方人文主义思想注入口语白话文形式来表现，在当时具有普遍性，而《笑》正反映了这种时代精神。但是，文章用了一个具体的形象来传达"爱"的思想，塑造美的形象，汲取我国传统的创美方式，并且审美过程中，只有通过传统的方式才能理解其间的韵味。

爱与美，是冰心散文的两大主题。清丽的语言、细腻的笔触、细致的描写是冰心散文的突出特点。《笑》无论在内容，还是在写法上都集中体现了冰心散文的这些特点。该文如诗如画、结构齐整，段与段之间环环相扣，情景相生，流淌着浓浓的爱意。

图画中有三个人物形象："——这白衣的安琪儿，抱着花儿，扬着翅儿，向着我微微地笑。""——他抱着花儿，赤着脚儿，向着我微微地笑。""——她倚着门儿，抱着花儿，向着我微微地笑。"这三幅图画的相似之处有二：一是雨后月夜的背景；二是微笑，温暖友善的微笑。三幅图画的不同之处则是画中人物的形象特点：安琪儿是爱的使者，所以"扬着翅儿"；孩子天真活泼、无拘无束，所以"赤着脚儿"；农家的老妇人，因为年迈，所以"倚着门儿"。记忆中的三幅图画的背景，与作者置身的现实环境的一致性，为该文的情与景铺就了交融的通道：一样静谧清美的雨后月夜，一样纯真柔美的微笑，传递给作者的是一样温暖的爱意。景真情切，交融一片，深深地撼动读者的心灵。最后两段是对全文的收束，三个画面成为一体，"绾在一起"，"融化"在了"爱的调和里"，作品的感情基调也上升到了高峰。"心下光明澄

静，如登仙界，如归故乡”，与课文开头的“苦雨孤灯”形成对照，更显美好而温馨，揭示了爱与美的力量，完成了对爱与美的讴歌。

课文的语言清丽，描写细腻，生动传神。叠词的使用如“渐渐地”、“隐隐地”、“默默地”、“慢慢地”等，描写的是一种温和渐进的状态，与人物自然内敛的微笑和谐一致，体现了语言的分寸感和描绘的准确性；动词的使用如“闪闪烁烁地”、“泛来泛去”、“飘飘漾漾”等，描写细腻、生动、传神；又如：“一片幽辉，只浸着墙上画中的安琪儿……”一个“浸”字，表达出了月光如水的特点；“这同样微妙的神情好似游丝一般……绾在一起”一句中的“绾”字，形象地表现了作者的万千思绪都汇聚在这温暖的微笑里。

【思考与练习】

1. 从三幅图画入手，理解课文从“笑”到“美”再到“爱”的审美体验和情感升华过程。

2. 课文中三幅图画有何相似之处？解读文中三幅微笑的图画隐含的爱与美。

3. 反复朗读课文，理解形容词、动词在文中的表达效果，并做简要赏析。

【阅读链接】

美的极致——《笑》赏析

早在几十年前郁达夫就说过：“冰心女士散文的清丽，文字的典雅，思想的纯洁，在中国好算是独一无二的作家了……”她20岁时写成的《笑》就是这样完美统一的典范作品。下面就这一作品的美学意义作一点分析。

（一）美的意蕴

1. 景色美

现实的情景：雨后的月夜，清新，恬静，幽暗，构成“一幅美的图画”，充满美妙的诗意。“清美”是冰心作品的总体性的审美风格，也是本篇文章写景状物的特定风格。这幅清美的图画，是安琪儿的形象得以浮现的背景，使爱与美恰切地融合在一起。

回忆的情景：五年前的一幕——古道、田沟、流水、绿树、湿烟、新月，十年前的一幕——茅檐、麦垄、葡萄架、海上明月。两幅图画，看似轻描淡写，随意涂抹，细细品味，有形象，有意境，很富于匠心。它们同样是清美风格的图画；也是作者与普通人作心与心的交流的背景，使爱与美恰切地融合在一起。

2. 人情美

作者在苦雨孤灯之后，开窗见到“一幅美的图画”，心头荡漾着美妙的情意；回看屋里墙上，安琪儿抱着花，仿佛才降临人间，“向着我微微地笑”，作者感受到天使的爱，在人与神的交流中，心灵酝酿着升华，这是善的情怀，也是美的情怀；回想五年前和十年前的两个印象,在两幕雨后美景中,小男孩和老妇人都抱着花,“向着我微微地笑”,这是人间的最纯洁最友好的微笑,是美与善调和成的;最后作者领悟到三个微笑具有相同的含义,便感到心灵澄净,仿佛“飘飘乎如遗世独立,羽化而登仙”(苏轼《赤壁赋》),这同样是一种美好的情怀。于此再细味“笑”的含义,除了“爱”之外,又可读出“美好”、“美妙”的意义。

(二)美的形式

1.“率意”而精巧的结体

本文大致可以分为三部分。1~3段为第一部分,写第一个场景;4~7段为第二部分,写第二、第三两个场景;最后一段写点明爱的主题。线索清晰,层次井然。

苦雨孤灯,只身一人,意有所失,情无所寄,粗看像是闲情生活中一丝半缕感想的随意记写。其实细读起来,除了能感受到崇高的爱和纯洁的美外,还能察觉行文结构的“率意”中的精巧。

文章起始“一幅美的图画”,为安琪儿的出现作了铺垫;安琪儿的出现,又为后面两个来自人间生活的印象的出现作了铺垫。三个场景,都出现了“向着我微微地笑”这句话,成为三个场景的粘连标志。两次说“默默地想”,也成为粘连标志。

“笑”是串联全文的主要线索。三次写笑,前一次是神的笑,后两次是人的笑,神与人的笑的内容、意义自然有所不同,但三个笑统一在一篇文章中,又有相似性,都是为了表达爱。本来后两次笑的意义不甚明确,由于安琪儿的笑的意义在先,它们便借安琪儿的笑而获得了自身确定的意义。因此,三次写笑,是一个合乎逻辑的自然发展过程,也正是作者构思既“率意”又精心的体现。

三次笑,代表着作者感情递进升华的三个阶段。第一阶段,作者心绪不宁,回见安琪儿,若有所思,情感微荡;第二阶段,联想后两个笑,作者心里似乎明白了些;第三阶段,作者总缩三个笑,心里豁然开朗,感悟到了贯穿三个笑的爱的主题,感情达到高潮。三层结构的递进升华是以思想意识活动、情感活动作为动力的。可以说,情感是作品的另一条暗线。

2.清新而精美的文辞

冰心早年对新散文的语言有过自觉的追求,曾主张“白话文言化”、“中文西文化”。本文刚一发表,便被竞相选入学校课本,语法学家作了通篇的句式解读。文章写景状物、表情达意显示了很强的驾驭语言文字的功力。上文提到的美好的景物、美妙的情怀,正是通过优美的语言来表现的,辞意双美是本文的一个重要的写作特点。苏轼在评他人画时说:“诗画本一律,天工与清新。”自然天成,无意而工,清新俊逸,历来被认为是诗文创作的最高境界。用“天工与清新”来评价《笑》的语言艺术诚不为过。

首先,景物描写纤巧细腻,意味浓厚。全文写了三个场景,第一个场景是屋内,“转过身来,忽然眼花缭乱,屋子里的别的东西,都隐在光云里;一片幽辉,只浸着墙上画中的安琪儿。”三言两语便是一幅凄清优美的图画，背景朦胧，安琪儿凸现，形象感非常强；两个动词“隐”和“浸”字都极其有韵味。第二个场景是在古道上，“田沟里的水，潺潺地流着。近村的绿树，都笼在湿烟里。弓儿似的新月，挂在树梢。”这组合起来的画面，像电影一样一一闪现；无意而工的齐截的句式，像诗语一样朗朗上口。第三个场景是在海边，作者在雨晴之后赶路，“迎头看见月儿从海面上来了，”确是神来之笔！令人想到“海上生明月”的旧诗。这里的个个字都是最平常的字，却描绘出一幅很能激发读者想象力的洗练、优美的画面。

其次，遣词造句化用古今，兼取文白之长。例如，文章开头写景：“推开窗户一看，呀！凉云散了，树叶上的残滴，映着月儿，好似萤光千点，闪闪烁烁地动着。”这里有地道的口语，也有化用过的文言词句，都天衣无缝地组合在一起。又如写内心感受：“这同样微妙的神情，好似游丝一般，飘飘漾漾地合了拢来，绾在一起。”文言字词嵌在句中，无拼凑痕迹，将抽象的感受写得好像看得见，摸得着。有的文言字词用得“漫不经心”，却对营造意境起着重要作用，如写窗外情景：“真没想到苦雨孤灯之后，会有这么一幅美的图画！”“苦雨孤灯”仿佛是从古诗词中挪移过来的，挪移的不只是词语，更是似曾相识的古远意境，唤醒读者心中渺远迷蒙的感觉。

再有，文章不算长，却用了十来个叠词。“隐隐”、“微微”、“滑滑”、“闪闪烁烁”、“飘飘漾漾”等，或表现分寸感，或表现形象感，或表达微妙的内心感受，都很好地表现了现代散文的语言艺术。[①]

【作者简介】

周作人(1885—1967)，现代散文家、诗人。文学翻译家。原名櫆寿。字星杓，后改名奎绶，自号起孟、启明(又作岂明)、知堂等，笔名仲密、药堂、周遐寿等。浙江绍兴人。鲁迅二弟。1901 年入南京江南水师学堂。1906 年东渡日本留学。1911 年回国后在绍兴任中学英文教员。1917 年任北京大学文科教授。五四时期任新潮社主任编辑，参加《新青年》的编辑工作，参与发起成立文学研究会，发表了《人的文学》、《平民文学》、《思想革命》等重要理论文章，并从事散文、新诗创作和译介外国文学作品。他的理论主张和创作实践在社会上产生了很大影响，成为新文化运动的重要代表人物之一。“五四”以后，周作人作为《语丝》周刊的主编和主要撰稿人之一，写了大量散文，风格平和冲淡，清隽幽雅。在他的影响下，20 世纪 20 年代形成了包括俞平伯、废名等作家在内的散文创作流派，一个被阿英称为“很有权威的流派”(《现代十六家小品·〈俞平伯小品〉序》)。第一次国内革命战争

① 刘真福：《美的极致——〈笑〉赏析》，《中学生读写》(初中刊)2006 年第 7 期。

失败后,思想渐离时代主流,主张“闭户读书”。30年代提倡闲适幽默的小品文,沉溺于“草木虫鱼”的狭小天地。此时直至40年代所写的散文,格调“一变而为枯涩苍老,炉火纯青,归入古雅遒劲的一途”(郁达夫《〈中国新文学大系〉散文二集导言》),影响日益缩小。抗日战争爆发后,居留沦陷后的北平,出任南京国民政府委员、华北政务委员会常务委员兼教育总署督办等伪职。1945年以叛国罪被判刑入狱,1949年出狱,后定居北京,在人民文学出版社从事日本、希腊文学作品的翻译和写作有关回忆鲁迅的著述。主要著作有散文集《自己的园地》、《雨天的书》、《泽泻集》、《谈龙集》、《谈虎集》、《永日集》、《看云集》、《夜读抄》、《苦茶随笔》、《风雨谈》、《瓜豆集》、《秉烛谈》、《苦口甘口》、《过去的工作》、《知堂文集》,诗集《过去的生命》,小说集《孤儿记》,论文集《艺术与生活》、《中国新文学的源流》,论著《欧洲文学史》,文学史料集《鲁迅的故家》、《鲁迅小说里的人物》、《鲁迅的青年时代》,回忆录《知堂回想录》,另有多种译作。

苦　雨

周作人

伏园[1]兄:

北京近日多雨,你在长安道上不知也遇到否,想必能增你旅行的许多佳趣。雨中旅行不一定是很愉快的,我以前在杭沪车上时常遇雨,每感困难,所以我于火车的雨不能感到什么兴味,但卧在乌篷船里,静听打篷的雨声,加上欸乃的橹声以及“靠塘来,靠下去”的呼声,却是一种梦似的诗境。倘若更大胆一点,仰卧在脚划小船内,冒雨夜行,更显出水乡住民的风趣,虽然较为危险,一不小心,拙劣地转一个身,便要使船底朝大。二十多年前往东浦吊先父的保姆之丧,归途遇暴风雨,一叶扁舟在白鹅似的波浪中间滚过大树港,危险极也愉快极了。我大约还有好些“为鱼”时候——至少也是断发文身时候的脾气,对于水颇感到亲近,不过北京的泥塘似的许多“海”实在不很满意,这样的水没有也并不怎么可惜。你往“陕半天”去似乎要走好两天的准沙漠路,在那时候倘若遇见风雨,大约是很舒服的,遥想你胡坐骡车中,在大漠之上,大雨之下,喝着四打之内的汽水,悠然进行,可以算是“不亦快哉”之一。但这只是我的空想,如诗人的理想一样的靠不住,或者你在骡车中遇雨,很感困难,正在叫苦连天也未可知,这须等你回京后问你再说了。

我住在北京,遇见这几天的雨,却叫我十分难过。北京向来少雨,所以不但雨具不很完全,便是家屋构造,于防雨亦欠周密。除了真正富翁以外,很少用实垛砖墙,大抵只用泥墙抹灰敷衍了事。近来天气转变,南方酷寒而北方淫雨,因此两方面的建筑上都露出缺陷。一星期前的雨把后园的西墙淋坍,第二天就有“梁上君子”来摸索北房的铁丝窗，从次日起赶紧邀了七八位匠人，费两天工夫，从头改筑，已经成功十分八九，总算可以高枕而卧，前夜的雨却又将门口的南墙冲倒二三丈之谱。这回受惊的可不是我了，乃是川岛君“佢们”俩，因为“梁上君子”如再见光顾，一定是去躲在“佢们”的窗下窃听的了。为消除“佢们”的不安起见，一等大气晴正，急须大举地修筑，希望日子不至于很久，这几天只好暂时拜托川岛[2]君的老弟费神代为警护罢了。

前天十足下了一夜的雨，使我夜里不知醒了几遍。北京除了偶然有人高兴放几个爆仗以外，夜里总还安静，那样哗喇哗喇的雨声在我的耳朵已经不很听惯，所以时常被它惊醒，就是睡着也仿佛觉得耳边粘着面条似的东西，睡的很不痛快。还有一层，前天晚间据小孩们报告，前面院子里的积水已经离台阶不及一寸，夜里听着雨声，心里胡里胡涂地总是想水已上了台阶，浸入西边的书房里了。好容易到了早上五点钟，赤脚撑伞，跑到西屋一看，果然不出所料，水浸满了全屋，约有一寸深浅，这才叹了一口气，觉得放心了，倘若这样兴高采烈地跑去，一看却没有水，恐怕那时反觉得失望，没有现在那样的满足也说不定。幸而书籍都没有湿，虽然是没有什么价值的东西，但是湿成一饼一饼的纸糕，也很是不愉快。现今水虽已退，还留一种涨过大水后的普通的臭味，固然不能留客坐谈，就是自己也不能在那里写字，所以这封信是在里边炕桌上写的。

这回的大雨，只有两种人最喜欢。第一是小孩们。他们喜欢水，却极不容易得到，现在看见院子里成了河，便成群结队的去“趟河”去。赤了足伸到水里去，实在很有点冷，但是他们不怕，下到水里还不肯上来。大人们见小孩玩的有趣，也一个两个地加入，但是成绩却不甚佳，那一天里滑倒了三个人，其中两个都是大人——其一为我的兄弟[3]，其一是川岛君。第二种喜欢下雨的则为蛤蟆。从前同小孩住高亮桥去钓鱼钓不着，只捉了好些蛤蟆，有绿的，有花条的，拿回来都放在院子里，平常偶叫几声，在这几天里便整日叫唤，或者是荒年之兆，却极有田村的风味。有许多耳朵皮嫩的人，很恶喧嚣，如麻雀蛤蟆或蝉的叫声，凡足以妨碍他们的甜睡者，无一不痛恶而深绝之，大有欲灭此而午睡之意，我觉得大可以不必如此，随便听听都是很有趣味的，不但是这些久成诗料的东西，一切鸣声其实都可以听。蛤蟆在水田里群叫，深夜静听，往往变成一种金属音，很是特别，又有时仿佛是狗叫，古人常称蛙蟆为吠，大约也是从实验而来。我们街里的蛤蟆现在只见花条的一种，它的叫声更不漂亮，只是格格格这个叫法，可以说是革音，平常自一声至三声，不会更多，唯在下雨的早晨，听它一口气叫上十二三声，可见它是实在喜欢极了。

这一场大雨恐怕在乡下的穷朋友是很大的一个不幸，但是我不曾亲见，单靠想象是不中用的，所以我不去虚伪地代为悲叹了，倘若有人说这所记的只是个人的事情，于人生无益，我也承认，我本来只想说个人的私事，此外别无意思。今天太阳已经出来，傍晚可以出外去游嬉，这封信也就不再写下去了。

我本等着看你的秦游记，现在却由我先写给你看，这也可以算是“意表之外”的事罢。

十三年七月十七日在京城书。

——选自《苦雨斋文丛》(周作人卷)，北京鲁迅博物馆编，辽宁人民出版社，2010年版

【注释】

[1]伏园:即孙伏园(1894～1966)，名福源，又名伏园，字养泉，笔名柏生。浙江绍兴人，周作人在浙江省立第1中学任教时的学生，也是鲁迅任山会初级师范学堂监督时的学生。后考入北京大学国文系，于1921年毕业。参加新潮社、语丝社，担任《国民公报》副刊、《晨报副刊》和《京报副刊》编辑，与周作人、鲁迅来往均很密切。《伏园游记》中收有《长安道上》，是长安道上读到周作人的《苦雨》后与周作人的通信，详尽描述了途中见闻，可参看。孙伏园的著作还有《丽芒湖》、《鲁迅先生二三事》等。

[2]川岛:即章廷谦(1901～1981)，字矛尘，“川岛”是他的笔名。浙江上虞人。1919年由山西大学转入北京大学哲学系。1921年开始与周作人、鲁迅交往。时借居在八道湾周家住宅里。《语丝》周刊创办时，他是发起人和长期撰稿人之一。

[3]我的兄弟:即周建人《1889～1984)，原名松寿，改名建人。字乔峰，生物学家，著有《进化与退化》、《科学杂谈》、《鲁迅故家的败落》等书，晚年写有《鲁迅和周作人》(载《新文学生料》1983年第4期)，回忆周氏三兄弟的关系，可参看。

【阅读提示】

这是一篇“借物咏怀”的文章，“苦雨”很能代表当时作者的心境，借着回忆、想象以及叙述，各种各样的“雨”被搬到笔下，写得相当自如，而整篇文章始终笼罩在淡淡的哀愁里。另外值得注意的是，作者使用的是“书信体”，借着这一“私人化”文体，叙述更显得娓娓而谈。《苦雨》，文虽名曰“苦雨”，而实写雨之苦与乐，淡淡的苦与淡淡的乐相伴相随。苦是基调，是底色；乐是从苦中的升华，不停地在苦的底色上跳荡。名为“苦雨”的文章，作者却写得亦苦亦乐、苦乐相随，这归因于中国禅宗的生死观对周作人的深刻影响。亦苦亦乐、苦乐相随是周作人对苦乐人生的理解。

《苦雨》堪称周作人的代表作——“雨”与“风”一起构成了周作人散文的“基本(单位)意象”，以此为文题或书名的就有《雨天的书》、《雨的感想》、《风雨谈》、《风雨后谈》……《苦雨》即是第一篇，而且似乎成了周作人的传世之作。周作人自己也以“苦雨”题名书斋，称号“苦雨翁”，“苦雨”遂与周作人其人其文浑然一体而不可分。文题曰“苦雨”，“雨”是客观景象，“苦”是主观感受，不同的主、客体的组

合,就构成了不同的意象。文章即由此谈起。于是,就有了:“卧在乌篷船里,静听打篷的雨声”的“梦似的诗境”,“一叶扁舟”在“暴风雨”中滚浪行进的“危险极也愉快极”的豪情,以及“胡坐骡车中,在大漠之上,大雨之下……悠然进行”的快感。

以上三种“意象”,我们或许可以用“喜雨”二字概括,正与文题中的“苦雨”形成对比,而且一开始就把读者带入了或悠然或壮阔的诗的境界。但作者却一语点破:“这只是我的空想,如诗人的理想一样的靠不 住”,原来竟是一个浪漫主义的乌托邦的想象(幻象)。“或者你在骡车中遇雨,很感困难,正在叫苦连天也未可知”,这才是真实的现实。在前面一连串的“佳趣”、“风趣”、“愉 快”、“亲近”、“悠然”、“快哉”的“喜”词之后,第一次点出 “苦”字。这才自然地转入据说“叫我十分难过”的“这几天的雨”,“苦”字仍暗含其中。这现实的(非想象中的)“雨”确实已经没有半点浪漫主义的诗情,却给人带来灾难,至少是不便,例如“将门口的南墙冲倒二三丈之谱”,给“梁上君子”以可乘之机之类,也让人心烦,夜里不断为单调的雨声吵醒,“睡的很不痛快”,至于雨后劫余的书籍湿成“一饼一饼的纸糕”之让人“不愉快”,“涨过大水后的普通的臭味”,更是毫无美感可言。周作人平静地叙述着这一切,为人们描摹了一幅幅真实极了,也现实极了的人生图景,语气中略含几分幽默(如说“梁上君子”将去川岛“‘伍们’的窗下窃听”之类),也是对处于日常生活的困境中,有着凡人的苦恼的人自身的一种调侃吧,而那个“苦”字确也更加浓重了。但周作人笔锋一转,却引出有两种人“最是喜欢”的话题来。文章的气氛又由“苦”转向“喜”。哪两种人呢?“第一是小孩们”,“第二种”却是“蛤蟆”,这样的并列已经够有意思,而周作人不仅对小孩子们喜欢嬉水有几乎是感同身受的深切体验与理解(更确切地说是欣赏),而且对于蛤蟆吠声之美,以及“听它一口气叫上十二三声,可见它是实在喜欢极了”的心情的揣度,竟至于如此真切,实在令人惊异。但这正是周作人之为周作人的原因,在他的观念中,人(特别是包括儿童在内的自然形态的人)与生物原是沟通合一的,他所追求的正是物我无间的体验。——在前述无疑是全文最为入神的文字里,他把这种体验外化了。而周作人自己,正是通过这种体验在现实的凡人的苦恼中寻找到了一种贵族式的精神超越的喜悦。

在周作人看来,这不同于本文第一部分所描绘的浪漫主义想象中的、终不免成为虚妄的喜悦,它是真正现实的、真实的、没有任何“代为悲叹”(以及其他一切类型的“代为”)的“虚伪”,它只是(仅仅是)个人的私事——这就落实(归结)到周作人的哲学。唯有人的个体生命才是真正现实与真实的。当然,我们也不会忘记:在周作人这里,个体的同时也是人类的。这样,面对着同一个“雨”的客体,周作人的主体感受,经过“喜”的浪漫主义想象到平凡生活的现实之“苦”,最后“苦中作乐”,升华为“物我无间”的个体(人类)生命体“喜”。——周作人最终自称为“苦雨翁”,这是可以理解的,并不出于“意表之外”。

【思考与练习】

1. 课外阅读周作人的《故乡的野菜》，分析周作人散文的言说方式及情感意蕴。

2. 对“风雅”近似淡漠的追寻，是周作人风物散文惯定的格式。这份淡漠流于形式，成为一种代替“记叙”或者“抒情”的“论文”式书写；流于内容，则将情感与自然隐藏到人文历史性描摹的背后。两者归合出周作人散文“闲适”与“冲淡”的独特审美力。阅读下面的文章，进一步分析体会《苦雨》闲适冲淡的风格。

【阅读链接】

不平中显平和　浓郁处恰冲淡

从《苦雨》看周作人散文的冲淡艺术

一九二三年十一月，周作人在《雨天的书》的序言中写道：“我近来作文极慕平淡自然的景地”，同时又感叹“生在中国这个时代，实在难望能够从容镇静地做出平和冲淡的文章来”。是啊，时代和实际生活并不能给周作人以平和的生活，反而演绎出许多人生的风雨。“叛徒”和“隐士”性格的矛盾和争斗，兄弟失和而来的郁闷，与时代主流的分道扬镳，一系列重大社会事件的发生等等，这些都汇集在周作人敏感的心田，也反映在他的小品文中。一方面羁于现实生活，苦于人生多事，另一方面苦中求乐、涩中忆趣。于是，忧中寓喜，喜中隐忧，趣中见愁，乐中掺苦，就成为周作人平和冲淡小品文的主要特色。如何在生活的波浪中，在情感的起伏不定里求得一种平和冲淡的心境，成为周作人的一大人生主题，也成为他小品文中着力把握的一大问题。写于一九二五年七月十七日的《苦雨》，可谓是周作人“冲淡”艺术的典范作品。分析其“冲淡”艺术，无论对于理解作者的人生态度，还是对于写作中节奏和情绪的调节平衡，都不无裨益。

《苦雨》是以作者偏爱的书信体写来，收信人是朋友孙伏园。因此，徐徐写来，娓娓而谈，有谈心的随意和诚挚，有倾心的朴素和随和，愁中有喜，苦中有乐；且语词平易通晓，亲切生动，又被作者似无意而有意地“着色染彩”，于平淡处见心情，正适于作者“苦雨”时的心境，也便于作者随机调整，随意变化，自然地表现“苦雨”中的平和冲淡。其“冲淡”的艺术于书信体中真是如鱼得水。

《苦雨》中用以“冲淡”的艺术是从多方面多角度地表现出来的，自然而然，灵活多变。具体而言，或以平易而感性的词语逗人心绪，或以生动而个性化的细节撩人意趣；或以人生特有的心态度你入另外天地，或以客观的叙述牵引你的心境；或以激情的想象诱你仰头前瞻，或以现实的情景引你回首细品；或以富有生活体验的议论冲淡氛围，或以不惊不躁的幽默缓解情绪。彼彼此此，错落连缀，使得文章联想自然，叙议贴切，节奏谐和，于平淡中见意趣，波澜处显蕴藉，不平中显平和，浓郁时恰冲淡。

这里不妨分条细析。(一)以生动的细节描写来冲淡。如开篇说到自己在杭沪车上遇雨而兴味索然,紧接着一个“但”字转到乌篷船中听雨的趣味盎然——“卧在乌篷船里,静听打篷的雨声”,并且听着那“欸乃的橹声”和船工那自然随意的呼声,真是“梦似的诗境”。作者以回忆现实生活的细节冲淡了上文不愉快的“雨味”。下文又以“一叶扁舟在白鹅似的波浪中间滚过大树港”的情景细节,冲淡了由“吊先父的保姆之丧”而使人感到的暗淡氛围和感伤气息,“小伏”之后出现“大起”,既以生动的细节突出其趣,又以之达冲淡之效。(二)以富有情绪的想象来冲淡。如第一段中写自己对水颇感亲近,而北京的许多“海”却实在不很满意;文势呈抑势,接着便想象朋友“在大漠之上,大雨之下,喝着四打之内的汽水,悠然进行”的情景,这样蕴涵着浪漫情调的想象,自然冲淡了前文不很满意的心态。(三)以别具特色的词句冲淡。《苦雨》中往往以通俗平易而逗人心绪的词语来冲淡氛围,如“诗境”、“难过”、“叫苦连天”等。在写仰卧小船中冒雨夜行的风趣和暴风雨中扁舟滚过大树港的惊险时,为了不使二者接踵而至达惊喜的极点,中间便以交代事因来冲淡——“吊先父的保姆之丧”。“吊丧”一词本就易撩人黯淡的心绪,何况作者把这一词的两个字拉开,中间嵌入所吊人物的身份,那种由词语的撩逗而来的低调感觉就相对多而长一些,不知不觉中就在两个高潮中起到了缓冲作用,保持了平和冲淡之气。有时,是以幽默用语来冲淡,或喜中见忧,或苦中见趣,如雨水两次把墙冲塌,主人心境岂能安宁?作者却避开自己不写,而把读者的心境引入诙谐和幽默——“这回受惊的可不是我了,乃是川岛君‘佢们’俩,因为‘梁上君子’如再见光顾,一定是去躲在‘佢们’的窗下窃听的了。”由此,雨水塌墙而来的烦恼不安便自然冲淡了。(四)以特有的心态冲淡。周作人往往以他的敏感在散文中别出心裁而又合乎情理地以心态冲淡气氛。如,看到满屋雨水,“这才叹了一口气,觉得放心了;倘若这样兴高采烈地跑去,一看却没有水,恐怕那时反觉得失望,没有现在那样的满足也说不定……”平常人心,若见到雨水浸满全屋,自会懊恼不已,周作人却反弹琵琶,觉得没有那料想中的满屋雨水,反而会有些失望,现在却有些满足了,他从人们的潜意识中挖掘出细微的心态来,匠心独运又合乎情理,真是苦中寻喜,涩中掺趣,细微深切,意趣横生,可谓妙笔,冲淡了上文那一夜的烦忧之情。(五)以别开他面的描述来冲淡。为达冲淡的目的作者也往往以与之有关而又别开他面的描述截住话题,从而引开人的视线,冲淡某种心境。如,第二段刚说北京这几天的雨“却叫我十分难过”,下边便宕开文笔,不叙让自己难过的情景,却叙北京向来的天气和家屋构造等特点,这样,浓郁处恰被冲 淡。(六)以撩人生活体验的议论来冲淡。如为避免蛤蟆喜雨的情景形成高潮,作者插入对“耳朵皮嫩”者的议论,写许多人因为蛤蟆等的噪声,“无一不痛恶而深绝之,大有欲灭此而午睡之意”。这样,不至于使蛤蟆声喧闹成片而达喜趣之极点,失平和之气。

《苦雨》中种种冲淡方式的综合运用,使得文章摇曳多姿,又抑扬有致,节奏谐和地起伏,造成平和冲淡之势。如:刚写友人雨途会有"佳趣",转而便写自己的不愉快旅程,接着就写卧船听雨的"诗境"。使得读者兴致才起,就有愁味,俄顷又听喜声。如此,文不平而势又平和冲淡,实在难得。又如,当畅想朋友于大漠大雨之中的豪情逸志时,忽又联想起朋友或许在骡车中遇雨的困难。这样势不平而气平和,浓淡恰相宜,文章在一种平常、自然而富有韵味的节奏中,淡然、天然、趣然地前行。再如,写雨水退后,屋内臭味浓重,作者不得不退到里边炕桌上写信。这时读者也似乎嗅得臭气,然而作者不待你的厌烦漫上心头,就在下文写喜雨的孩子和蛤蟆,可谓一阵清气便冲散了刚泛上鼻头的臭味。就在蛤蟆之喜中,作者也不忘有所起伏,随机就插入了许多人"很恶喧嚣"的议论;下文便写蛤蟆深夜鸣叫的"金属音",趣意中又写自己院中蛤蟆叫声并不漂亮,且"平常自一声至三声,不会更多","唯在下雨的早晨,听它一口气叫上十二三声,可见它是实在喜欢极了"。一场雨天蛤蟆叫,就写得一波三折,可谓节奏调控,不放过微毫,真是大家手笔。

"现代艺术散文作家都能从自身内在生命的感觉出发把握语言,选择与自己内在生命同构的节奏和韵律的语言,去表现自己对人生的体验和把握,从而形成作家个人的独特的用语风格,形成最能反映作家内在生命律动的独特语言节奏。"(张国俊:《中国艺术散文论稿》,中国社会科学出版社,2004 年 6 月,第 1 版,第 319 页)周作人散文中出色的冲淡艺术形成了其文独特的节奏,与作家生命体验俱来的意蕴在个性化的语势中更突出而蕴藉,别具韵味。如本文倒数第二段开头由上文"蛤蟆喜雨"的扬势而抑———"这一场大雨恐怕在乡下的穷朋友是很大的一个不幸",这难免让人浮想联翩,陷入惆怅和悲叹;下文作者便以"不曾亲见"、"单靠想象"等词语冲淡;接着走向平势,说明本文"只想说个人的私事,此外别无意思",似乎自然而然,文味又有点索然,而无论语势还是内蕴上都为下文天然地铺垫。"今天太阳已经出来了,傍晚可以出外去游嬉,这封信也就不再写下去了。"此景,由阴雨而明媚;此人,由冥想而游嬉;此情,由盘曲而舒展;此意,由平淡而深长。"苦雨"之后的"阳光",自然地照向作者的心田,家庭、事业、社会、情感、思想……其滋味绝难一言以蔽之,但请注意,作者不是在阳光盛照下行走,他可是在"傍晚"出行的,冲淡的韵味别样弥漫,读者的心绪也要随作者时扬时敛了。文中独特的意蕴恰就在这冲淡中酿就。真是平淡里见性灵,闲适中绕余韵,"貌似平凡,实则充满人生甘苦味"(林语堂《论文》)。

分析《苦雨》,不仅可以感知周作人散文的冲淡艺术,而且对我们调控文章的节奏会有很大启示,并且可以深深体悟其淡淡喜悦中掺惆怅,悲凉忧郁里现从容,不平或浓郁处见冲淡的行文风格,从而感受到"周作人并不是真正的田园诗人,他对那种恬淡闲适的心境的追求不过表明了他的惶惑,他的无可奈何,就像一个被乱兵破了宅门的新派秀才,他只好学着去当隐士"(王晓明:《另外一种散文——读周作人的〈乌篷船〉》,见《中华文学评论百年精华》,人民文学出版社,2002 年 4 月,第 1 版,第 647 页)。如果说《乌篷船》"不过标示着作者的一条自救之道"(出处同上),《苦雨》则是作者努力"自救"的心境写真,是羁于现实而又企求挣脱的精神旅途的映照。因此,《苦雨》成为周作人平和冲淡风格的典范之作,无论是从其努力平衡的心境,或是其巧设妙置的艺术方式上看,都是如此。

【作者简介】

丰子恺(1898—1975),原名丰润,又名仁、仍,号子觊,后改为子恺,笔名 TK。中国浙江桐乡石门镇人。中国现代画家、散文家、美术教育家和音乐教育家、翻译家,是一位多方面卓有成就的文艺大师;也是中国新文化运动的启蒙者之一。被国际友人誉为"现代中国最像艺术家的艺术家"。

丰子恺风格独特的漫画作品影响很大,深受人们的喜爱。他的作品内涵深刻,耐人寻味。早在 20 世纪 20 年代他就出版了《艺术概论》、《西洋名画巡礼》等著作。他一生出版的著作达 180 多部。在十年动乱期间,遭受迫害,因而积郁成疾,于 1975 年与世长辞,享年 77 岁。

丰子恺的散文,在我国新文学史上也有较大的影响。主要作品有《缘缘堂随笔》、《缘缘堂再笔》、《随笔二十篇》、《甘美的回忆》、《艺术趣味》、《率真集》、《护生画集》(共 6 部)等。这些作品除一部分艺术评论以外,大都是叙述他自己亲身经历的生活和日常接触的人事。

儿　女[①]

丰子恺

回想四个月以前,我犹似押送囚犯,突然地把小燕子似的一群儿女从上海的租寓中拖出,载上火车,送回乡间,关进低小的平屋中。自己仍回到上海的租界中,独居了四个月。这举动究竟出于什么旨意,本于什么计划,现在回想起来,连自己也不相信。其实旨意与计划,都是虚空的,自骗自扰的,实际于人生有什么利益呢?只赢得世故尘劳,做弄几番欢愁的感情,增加心头的创痕罢了!

当时我独自回到上海,走进空寂的租寓,心中不绝地浮起这两句《楞严》经文:

---

① 丰子恺:《丰子恺文集》文学卷二,浙江文艺出版社、浙江教育出版社,1992 年版。

“十方虚空在汝心中,犹如白云点太清里;况诸世界在虚空耶!”

晚上整理房室,把剩在灶间里的篮钵、器皿、余薪、余米,以及其他三年来寓居中所用的家常零星物件,尽行送给来帮我做短工的、邻近的小店里的儿子。只有四双破旧的小孩子的鞋子(不知为什么缘故),我不送掉,拿来整齐地摆在自己的床下,而且后来看到的时候常常感到一种无名的愉快。直到好几天之后,邻居的友人过来闲谈,说起这床下的小鞋子阴气迫人,我方始悟到自己的痴态,就把它们拿掉了。

朋友们说我关心儿女。我对于儿女的确关心,在独居中更常有悬念的时候。但我自以为这关心与悬念中,除了本能以外似乎尚含有一种更强的加味。所以我往往不顾自己的画技与文笔的拙陋,动辄描摹。因为我的儿女都是孩子们,最年长的不过九岁,所以我对于儿女的关心与悬念中,有一部分是对于孩子们——普天下的孩子们——的关心与悬念。他们成人以后我对他们怎样?现在自己也不能晓得,但可推知其一定与现在不同,因为不复含有那种加味了。

回想过去四个月的悠闲宁静的独居生活,在我也颇觉得可恋,又可感谢。然而一旦回到故乡的平屋里,被围在一群儿女的中间的时候,我又不禁自伤了。因为我那种生活,或枯坐,默想,或钻研,搜求,或敷衍,应酬,比较起他们的天真、健全、活跃的生活来,明明是变态的,病的,残废的。

有一个炎夏的下午,我回到家中了。第二天的傍晚,我领了四个孩子——九岁的阿宝、七岁的软软、五岁的瞻瞻、三岁的阿韦——到小院中的槐荫下,坐在地上吃西瓜。夕暮的紫色中,炎阳的红味渐渐消减,凉夜的青味渐渐加浓起来。微风吹动孩子们的细丝一般的头发,身体上汗气已经全消,百感畅快的时候,孩子们似乎已经充溢着生的欢喜,非发泄不可了。最初是三岁的孩子的音乐的表现,他满足之余,笑嘻嘻摇摆着身子,口中一面嚼西瓜,一面发出一种像花猫偷食时候的“miau-miau”的声音来。这音乐的表现立刻唤起了五岁的瞻瞻的共鸣,他接着发表他的诗:“瞻瞻吃西瓜,宝姐姐吃西瓜,软软吃西瓜,阿韦吃西瓜。”这诗的表现又立刻引起了七岁与九岁的孩子的散文的、数学的兴味:他们立刻把瞻瞻的诗句的意义归纳起来,报告其结果:“四个人吃四块西瓜。”

于是我就做了评判者,在自己心中批判他们的作品。我觉得三岁的阿韦的音乐的表现最为深刻而完全,最能全般表出他的欢喜的感情。五岁的瞻瞻把这欢喜的感情翻译为(他的)诗,已打了一个折扣;然尚带着节奏与旋律的分子,犹有活跃的生命流露着。至于软软与阿宝的散文的、数学的、概念的表现,比较起来更肤浅一层。然而看他们的态度,全部精神投入在吃西瓜的一事中,其明慧的心眼,比大人们所见的完全得多。天地间最健全者的心眼,只是孩子们的所有物,世间事物的真相,只有孩子们能最明确、最完全地见到。我比起他们来,真的心眼已经被世智尘劳所蒙蔽,所斫丧,是一个可怜的残废者了。我实在不敢受他们“父亲”的称呼,倘然“父亲”是尊崇的。

我在平屋的南窗下暂设一张小桌子，上面按照一定的秩序而布置着稿纸、信箧、笔砚、墨水瓶、浆糊瓶、时表和茶盘等，不喜欢别人来任意移动，这是我独居时的惯癖。我——我们大人——平常的举止，总是谨慎，细心，端详，斯文。例如磨墨，放笔，倒茶等，都小心从事，故桌上的布置每日依然，不致破坏或扰乱。因为我的手足的筋觉已经由于屡受物理的教训而深深地养成一种谨惕的惯性了。然而孩子们一爬到我的案上，就捣乱我的秩序，破坏我的桌上的构图，毁损我的器物。他们拿起自来水笔来一挥，洒了一桌子又一衣襟的墨水点；又把笔尖蘸在浆糊瓶里。他们用劲拔开毛笔的铜笔套，手背撞翻茶壶，壶盖打碎在地板上……这在当时实在使我不耐烦，我不免哼喝他们，夺脱他们手里的东西，甚至批他们的小颊。然而我立刻后悔：哼喝之后立刻继之以笑，夺了之后立刻加倍奉还，批颊的手在中途软却，终于变批为抚。因为我立刻自悟其非：我要求孩子们的举止同我自己一样，何其乖谬！我——我们大人——的举止谨惕，是为了身体手足的筋觉已经受了种种现实的压迫而痉挛了的缘故。孩子们尚保有天赋的健全的身手与真朴活跃的元气，岂像我们的穷屈？揖让、进退、规行、矩步等大人们的礼貌，犹如刑具，都是戕贼这天赋的健全的身手的。于是活跃的人逐渐变成了手足麻痹、半身不遂的残废者。残废者要求健全者的举止同他自己一样，何其乖谬！

儿女对我的关系如何？我不曾预备到这世间来做父亲，故心中常是疑惑不明，又觉得非常奇怪。我与他们（现在）完全是异世界的人，他们比我聪明、健全得多；然而他们又是我所生的儿女。这是何等奇妙的关系！世人以膝下有儿女为幸福，希望以儿女永续其自我，我实在不解他们的心理。我以为世间人与人的关系，最自然最合理的莫如朋友。君臣、父子、昆弟、夫妇之情，在十分自然合理的时候都不外乎是一种广义的友谊。所以朋友之情，实在是一切人情的基础。“朋，同类也。”并育于大地上的人，都是同类的朋友，共为大自然的儿女。世间的人，忘却了他们的大父母，而只知有小父母，以为父母能生儿女，儿女为父母所生，故儿女可以永续父母的自我，而使之永存。于是无子者叹天道之无知，子不肖者自伤其天命，而狂进杯中之物，其实天道有何厚薄于其齐生并育的儿女！我真不解他们的心理。

近来我的心为四事所占据了：天上的神明与星辰，人间的艺术与儿童，这小燕子似的一群儿女，是在人世间与我因缘最深的儿童，他们在我心中占有与神明、星辰、艺术同等的地位。

1928 年夏作于石门湾平屋

【阅读提示】

丰子恺生活中的一个细节很值得人们玩味，他请人在自己常用的一只烟嘴的边上用细字刻上了清代僧人八指头陀的一首赞美儿童的诗：“吾爱童子身，莲花不染尘。骂之唯解笑，打亦不生嗔。对境心常定，逢人语自新。可慨年既长，物欲蔽天真。”其实，此诗正可以体现丰子恺的儿童观，也是解读他众多儿童散文的一把钥匙。

作为丰子恺散文的代表作之一，《儿女》集中体现了丰子恺对孩子的眷恋和他的童心与童趣。作品一开头写他自己把四个孩子送回乡间，独自回到上海，然“心中不绝地浮起这两句《楞严》经文：‘十方虚空在汝心中，犹如白云点太清里；况诸世界在虚空耶！’”送走孩子，本欲获得清闲，但实际上却“只赢得世故尘劳，做弄几番欢愁的感情，增加心头的创痕罢了！”独自回到上海的他，送出了往日与孩子同居时的一些生活物品，却舍不得将四双破旧的小鞋子送掉，而是整齐地摆在他自己的床下，从而获取一种无名的愉快——一直到邻居的友人说这床下的小鞋子阴气逼人，他才悟到自己的痴态而把它们拿掉。床下的鞋子是拿掉了，但驱散不了丰子恺的疑云。当他回到乡间，被一群孩子围着的时候，再对照自己在上海独居的生活，他终于自伤，于是他以欣赏者兼批判者的眼光审视眼前所发生的鲜活事例：在一个炎热的下午，回到家中，领着四个孩子，在小院中的槐荫下，坐着吃西瓜。面对孩子们的种种杰作，他不无得意地在心理做了评判：三岁阿韦的音乐表现最为深刻而完全，最能表现出他的欢喜的感情。五岁的孩子把欢喜的感情“翻译”成了诗，略打一点折扣。至于另两个孩子的散文和数学的表现，就比较肤浅一点。但无论是好是坏，他都觉得孩子们“把全部精神投入在吃西瓜的一事中，其明慧的心眼，比大人们所见的完全得多”。所以他感叹：“天地间最健全的心眼，只是孩子们的所有物，世间事物的真相，只有孩子们能最明确、最完全地见到。”

1935年以前的丰子恺热衷于直接诘问人生根本，而儿童最能保持本真，接近人生根本，因此这一时期的丰子恺是直接走进儿童世界之中，对人生本真进行直接写实。在《儿女》篇中丰子恺指出：“并育于大地上的人，都是同类的朋友，共为大自然的儿女。”然而“世间的人，忘却了他们的大父母，而只知有小父母，以为父母能生儿女，儿女为父母所生，故儿女可以永续父母的自我，而使之永存。于是无子者叹天道之无知，子不肖者自伤其天命，而狂进杯中之物”。丰子恺认为天道并不算厚薄其齐生并育的儿女！可以见出丰子恺是从人生根本的高度来认识父母与子女之间的关系，而并不看重生养这层关系。丰子恺对于儿童的讴歌更多是出于文化的自觉，但这并不减其爱的真实和深刻。因为这种爱是从生活基础上升华而为文化上的自觉的。闲暇时，丰子恺总爱和孩子们谈故事、做游戏、吃东西、探讨问题、共读儿童刊物，甚至打理孩子的日常事务如给孩子洗脸、照看孩子睡觉、劝架等，甚至是在给孩子拂拭脸上的落花这类感人的细节中，也浸溢着丰子恺对孩子浓浓的父爱。最要突出一点：丰子恺始终以孩子的天性张扬为第一要义。世间多有爱孩子的父母，但真会爱孩子的父母不多，因为爱与期望有时正好是扼杀他们天性的堂皇借口。张扬孩子天性为第一要义，不让童心承负“爱”之重，是爱的最高境地，丰子恺对儿童天性的重视，在现代作家中恐怕是独一无二的。

【思考与练习】

1. 结合作品分析《儿女》的语言特色。

2. 在吃西瓜的情节中作者为什么认为三岁阿韦的表现最为深刻而完全，而软软与阿宝的表现比较“肤浅”？

3. 丰子恺多次用“占据”一词表述儿童与他的关系。如本文最后一段“近来我的心为四事所占据了：天上的神明与星辰，人间的艺术与儿童……他们在我心中占有与神明、星辰、艺术同等的地位”，分析“占据”一词所蕴含的意义。

【阅读链接】

丰子恺儿童散文《给我的孩子们》、《送阿宝出黄金时代》、《从孩子得到的启示》、《华瞻的日记》等。

【作者简介】

贾平凹（1952—　），男，陕西丹凤人。中国书协会员，当代著名作家。现为中国作家协会主席团委员、陕西省作家协会主席、西安市文联主席、西安建筑科技大学文学院院长、《美文》杂志主编、中国海洋大学以及北京师范大学驻校作家等。贾平凹是我国当代文坛屈指可数的文学大家和文学奇才，是一位当代中国最具叛逆性、最富创造精神和广泛影响的具有世界意义的作家，也是当代中国可以进入中国和世界文学史册的为数不多的著名文学家之一，被誉为“鬼才”，曾多次获文学大奖。代表作有《秦腔》、《高兴》、《心迹》、《爱的踪迹》、《废都》等，曾获多次文学大奖。

祭　父①

贾平凹

父亲贾彦春，一生于乡间教书，退休在丹凤县棣花；年初胃癌复发，七个月后便卧床不起，饥饿疼痛，疼痛饥饿，受罪至第二十六天的傍晚，突然一个微笑而去世了。其时中秋将近，天降大雨，我还远在四百里之外，正预备着翌日赶回。

---

① 贾平凹：《贾平凹散文精选》，陕西人民出版社，1992 年版。

我并没有想到父亲的最后离去竟这么快。以往家里出什么事,我都有感应,就在他来西安检查病的那天,清早起来我的双目无缘无故地红肿,下午他一来,我立即感到有悲苦之灾了。经检查,癌已转移,半月后送走了父亲,天天心揪成一团,却不断地为他卜卦,卜辞颇吉祥,还疑心他会创造出奇迹,所以接到病危电报,以为这是父亲的意思,要与我交待许多事情。一下班车,看见戴着孝帽接我的堂兄,才知道我回来得太晚了,太晚了。父亲安睡在灵床上,双目紧闭,口里衔着一枚铜钱,他再也没有以往听见我的脚步便从内屋走出来喜欢地对母亲喊:"你平回来了!"也没有我递给他一支烟时,他总是摆摆手而拿起水烟锅的样子,父亲永远不与儿子亲热了。

守坐在灵堂的草铺里,陪父亲度过最后一个长夜。小妹告诉我,父亲饲养的那只猫也死了。父亲在水米不进的那天,猫也开始不吃,十一日中午猫悄然毙命,七个小时后父亲也倒了头。我感动着猫的忠诚,我和我的弟妹都在外工作,晚年的父亲清淡寂寞,猫给过他慰藉,猫也随他去到另一个世界。人生的短促和悲苦,大义上我全明白,面对着父亲我却无法超脱。满院的泥泞里人来往作乱,响器班在吹吹打打,透过灯光我呆呆地望着那一棵梨树,还是父亲亲手栽的,往年果实累累,今年竟独独一个梨子在树顶。

父亲的病是两年前做的手术,我一直对他瞒着病情,每次从云南买药寄他,总是撕去药包上癌的字样。术后恢复得极好,他每顿已能吃两碗饭,凌晨要喝一壶茶水,坐不住,喜欢快步走路。常常到一些亲戚朋友家去,撩了衣服说:瞧刀口多平整,不要操心,我现在什么病也没有了。看着父亲的豁达样,我暗自为没告诉他病情而宽慰,但偶尔发现他独坐的时候,神色甚是悲苦,竟有一次我弄来一本算卦的书,兄妹们都嚷着要查各自的前途机遇,父亲走过来却说:"给我查一下,看我还能活多久?"我的心咯噔一下沉起来,父亲多半是知道了他得的什么病,他只是也不说出来罢了。卦辞的结果,意思是该操劳的都操劳了,待到一切都好。父亲叹息了一声:"我没好福。"我们都黯然无语,他就又笑了:"这类书怎能当真?人生谁不是这样呢!"可后来发生的事情,不幸都依这卦辞来了。

先是数年前母亲住院,父亲一个多月在医院伺候,做手术的那天,我和父亲守在手术室外,我紧张得肚子疼,父亲也紧张得肚子疼。母亲病好了,大妹出嫁,小妹高考却不中,原本依父亲的教龄可以将母亲和小妹的户口转为城镇户民,但因前几年一心想为小弟有个工作干,自己硬退休回来,现在小妹就只好窝在乡下了。为了小妹的前途,我写信申请,父亲四处寻人说情,他是干了几十年教师工作,不愿涎着脸给人家说那类话,但事情逼着他得跑动,每次都十分为难。他给我说过,他曾鼓很大勇气去找人,但当得知所找的人不在时,竟如释重载,暗自庆幸,虽然明日还得再找,而今天却免去一次受罪了。整整两年有余,小妹的工作有了着落,父亲喜欢得来人就请喝酒,他感激所有帮过忙的人,不论年龄大小皆视为贾家的恩人。但就在这时候，他患了癌病。担惊受怕的半年过去了，手术后身体一天天好起来，这一年春节父亲一定要我和妻子女儿回老家过年，多买了烟酒，好好欢度一番，没想年前两天，我的大妹夫突然出事故亡去。病后的父亲老泪纵横，以前手颤的旧病又复发，三番五次划火柴点不着烟。大妹带着不满一岁的外甥重又回住到我家，沉重的包袱又一次压在父亲的肩上。为了大妹的生活和出路，父亲又开始了比小妹当年就业更艰难的奔波，一次次的碰壁，一夜夜的辗转不眠。我不忍心看着他的劳累，甚至对他发火，他就再一次赶来给我说情况时，故意做出很轻松的样子，又总要说明他还有别的事才进城的。大妹终于可以吃商品粮了，甚至还去外乡做临时工作，父亲实想领大妹一块去乡政府报到，但癌病复发了，终未去成。父亲之所以在动了手术后延续了两年多的生命，他全是为了儿女要办完最后一件事，当他办完事了竟不肯多活一月就悠然长逝。

俗话讲，人生的光景几节过，前辈子好了后辈子坏，后辈子好了前辈子坏，可父亲的一生中却没有舒心的日月。在他的幼年，家贫如洗，又常常遭土匪的绑票，三个兄弟先后被绑票过三次，每次都是变卖家产赎回，而年仅七岁的他，也竟在一个傍晚被人背走到几百里外。贾家受尽了屈辱，发誓要供养出一个出头的人，便一心要他读书。父亲提起那段生活，总是感激着三个大伯，说他夜里读书，三个大伯从几十里外扛木头回来，为了第二天再扛到二十里外的集市上卖个好价，成半夜在院中用石槌砸木头的大小截面，那种"咣咣"的响声使他不敢懒散，硬是读完了中学，成为贾家第一个有文化的人。此后的四五十年间，他们兄弟四人亲密无间，二十二口的大家庭一直生活到六十年代，后来虽然分家另住，谁家做一顿好吃的，必是叫齐别的兄弟。我记得父亲在邻县的中学任教时期，一直把三个堂兄带在身边上学，他转哪儿，就带在哪儿，堂兄在学生宿舍里搭合铺，一个堂兄尿床，父亲就把尿床的堂兄叫去和他一块睡，一夜几次叫醒小便，但常常堂兄还是尿湿了床，害得父亲这头湿了睡那头，那头暖干了睡这头。我那时和娘住在老家，每年里去父亲那儿一次，我的伯父就用箩筐一头挑着我，一头挑着粮食翻山越岭走两天，我至今记得我在摇摇晃晃的箩筐里看夜空的星星，星星总是在移动，让我无法数清。当我参加了工作第一次领到了工资，三十九元钱先给父亲寄去了十元，父亲买了酒便请了三个伯父痛饮，听母亲说那一次父亲是醉了。那年我回去，特意跑了半个城买了一根特大的铝盒装的雪茄，父亲拆开了闻了闻，却还要叫了三个伯父，点燃了一口一口轮流着吸。大伯年龄大，已经下世十多年了，按常理，父亲应该照看着二伯和三伯走，可谁也没想到，料理父亲丧事的竟是二伯和三伯。在盛殓的那个中午，贾家大小一片哭声，二伯和三伯老泪纵横，瘫坐在椅子上不得起来。

"文化大革命"中，家乡连遭三年大旱，生活极度拮据，父亲却被诬陷为历史反革命关进了牛棚。正月十五的下午，母亲炒了家中仅有的一疙瘩肉盛在缸子里，伯父买了四包香烟，让我给父亲送去。我太阳落山时赶到他任教的学校，父亲已经遭人殴打过，造反派硬不让见，我哭着求情，终于在院子里拐角处见到了父亲，他黑瘦得厉害，才问了家里的一些情况，监管人就在一边催时间了。父亲送我走过拐角，却将缸子交给我，说："肉你拿回去，我把烟留下就是了。"我出了院子的栅栏门，门很高，我只能隔着栅栏缝儿看父亲，我永远忘不了父亲呆呆站在那儿看我的神色。后来，父亲带着一身伤残被开除公职押送回家了，那是个中午，我正在山坡上拔草，听到消息扑回来，父亲已躺在床上，一见我抱了我就说："我害了我娃了！"放声大哭。

父亲是教了半辈子书的人，他胆小，又自尊，他受不了这种打击，回家后半年内不愿出门。但家政从政治上、经济上一下子沉沦下来，我们常常吃了上顿没有下顿，自留地的包谷还是嫩的便掰了回来，包谷棵儿和穗儿一起在碾子上砸了做糊糊吃，麦子不等成熟，就收回用锅炒了上磨。全家唯一指望的是那头猪，但猪总是长一身红绒，眼里出血似地盼它长大了，父亲领着我们兄弟将猪拉到十五里的镇上去交售，但猪瘦不够标准，收购站拒绝收。听说二十里外的邻县一个镇上标准低；我们决定重新去交，天不明起来，特意给猪喂了最好的食料，使猪肚撑得滚圆，我们却饿着，父亲说："今日把猪交了，咱父子俩一定去饭馆美美吃一顿！"这话极大地刺激了我和弟弟，赤脚冒雨将猪拉到了镇上。交售猪的队排得很长，眼看着轮到我们了，收购员却喊了一声："下班了！"关门去吃饭。我们叠声叫苦，没有钱去吃饭，又不能离开，而猪却开始排泄，先是一泡没完没了的尿，再是翘了尾巴要拉，弟弟急了，拿脚直踢猪屁股，但最后还是拉下来，望着那老大的一堆猪粪，我们明白那是多少钱的分量啊。骂猪，又骂收购员，最后就不骂了，因为我和弟弟已经毫无力气了。直等到下午上班，收购员过来在猪的脖子上捏捏，又在猪肚子上踹踹，头不抬地说："不够等级！下一个——"父亲首先急了，忙求着说："按最低等级收了吧。"收购员翻着眼训道："白给我也不收哩！"已经去验下一头猪了。父亲在那里站了好大一会儿，又过来蹲在猪旁边，他再没有说话，手抖着在口袋里掏烟，但没有掏出来，扭头对我们说："回吧。"父子仨默默地拉猪回来，一路上再没有说肚子饥的话。

在那苦难的两年里，父亲耿耿于怀的是他蒙受的冤屈，几乎过三天五天就要我来写一份翻案材料寄出去。他那时手抖得厉害，小油灯下他讲他的历史，我逐字书写，寄出去的材料百分之九十泥牛入海，而父亲总是自信十足。家贫买不起纸，到任何地方一发现纸就眼开，拿回来仔细裁剪，又常常纸色不同，以致后来父子俩谈起翻案材料只说"五色纸"就心照不宣。父亲幼年因家贫害过胃疼，后来愈过，但也在那数年间被野菜和稻糠重新伤了胃，这也便是他恶变胃癌的根因。当父亲终于冤案昭雪后，星期六的下午他总要在口袋里装上学校的午餐，或许是一片烙饼，或是四个小素包子，我和弟弟便会分别拿了躲到某一处吃得最后连手也舔了，末了还要趴在泉里喝水涮口咽下去。我们不知道那是父亲饿着肚子带回来的，最最盼望每个星期六傍晚太阳落山的时候。有一次父亲看着我们吃完，问："香不香？"弟弟说:“香,我将来也要当个教师!”父亲笑了笑,别过脸去。我那时稍大,说现在吃了父亲的馍馍,将来长大了一定买最好吃的东西孝敬父亲。父亲退休以后,孩子们都大了,我和弟弟都开始挣钱,父亲也不愁没有馍馍吃,在他六十四岁的生日我买了一盒寿糕,他却直怨我太浪费了。五月初他病加重,我回去看望,带了许多吃食,他却对什么也没了食欲,临走买了数盒蜂王浆,叮咛他服完后继续买,钱我会寄给他的,但在他去世后第五天,村上一个人和我谈起来,说是父亲服完了那些蜂王浆后曾去商店打问过蜂王浆的价钱,一听说一盒八元多,他手里捏着钱却又回来了。

父亲当然是普通的百姓,清清贫贫的乡间教师,不可能享那些大人物的富贵,但当我在城里每次住医院,看见老干楼上的那些人长期为小病疗养而坐在铺有红地毯的活动室中玩麻将,我就不由得想到我的父亲。

在贾家族里,父亲是文化人,德望很高,以至大家分为小家,小家再分为小家,甚至村里别姓人家,大到红白喜丧之事,小到婆媳兄妹纠纷,都要找父亲去解决。父亲乐意去主持公道,却脾气急躁,往往自己也要生许多闷气。时间长了,他有了一定的权威,多少也有了以“势”来压的味道,他可以说别人不敢说的话,竟还动手打过一个不孝其父的逆子的耳光,这少不得就得罪了一些人。为这事我曾埋怨他,为别人的事何必那么认真,父亲却火了,说道:“我半个眼窝也见不得那些龌龊事!”父亲忠厚而严厉,胆小却嫉恶如仇,他以此建立了他的人品和德行,也以此使他吃了许多苦头,受了许多难处。当他活着的时候,这个家庭和这个村子的百多户人家已经习惯了父亲的好处,似乎并不觉得什么,而听到他去世的消息,猛然间都感到了他存在的重要。我守坐在灵堂里,看着多少人来放声大哭,听着他们哭诉:“你走了,有什么事我给谁说呀?”的话,我欣慰着我的父亲低微却崇高,平凡而伟大。

在我小小的时候,我是害怕父亲的,他对我的严厉使我产生惧怕,和他单独在一起,我说不出一句话,极力想赶快逃脱。我恋爱的那阵,我的意见与父亲不一致,那年月政治的味道特浓,他害怕女方的家庭成分影响了我,他骂我,打我,吼过我“滚”。在他的一生中,我什么都听从他,唯那件事使他伤透了心。但随着时代的变化,家庭出身已不再影响到个人的前途,但我的妻子并未记恨他,像女儿一样孝敬他,他又反过来说我眼光比他准,逢人夸说儿媳的好处,在最后的几年里每年都喜欢来城中我的小家中住一个时期。但我在他面前,似乎一直长不大,直到我的孩子已经上小学了,一次他来城里,见面递给我一支烟来吸,我才知道我成熟了,有什么事可以直接同他商量。父亲是一个普通的乡村教师,又受家庭生计所累,他没有高官显禄的三朋,也没有身缠万贯的四友,对于我成为作家,社会上开始有些虚名后,他曾是得意和自豪过。他交识的同行和相好免不了向他恭贺,当然少不了向他讨酒喝,父亲在这时候是极其慷慨的,身上有多少钱就掏多少钱,喝就喝个酩酊大醉。以致后来,有人在哪里看见我发表了文章,就拿着去见父亲索酒。他的酒量很大,原因一是“文革”中心情不好借酒消愁,二是后来为我的创作以酒得意,喝酒喝上了瘾,在很长的日子里天天都要喝的,但从不一人独喝,总是吆喝许多人聚家痛饮,又一定要母亲尽一切力量弄些好的饭菜招待。母亲曾经抱怨:家里的好吃好喝全让外人享用了!我也为此生过他的气,以我拒绝喝酒而抗议,父亲真有一段时间也不喝酒了。一九八二年的春天,我因一批小说受到报刊的批评,压力很大,但并未透露一丝消息给他。他听人说了,专程赶三十里到县城去翻报纸,熬煎得几个晚上睡不着。我母亲没文化,不懂得写文章的事,父亲给她说的时候,她困得不时打盹,父亲竟生气得骂母亲。第二天搭车到城里见我,我的一些朋友恰在我那儿谈论外界的批评文章,我怕父亲听见,让他在另一间房内休息,等来客一走,他竟过来说:“你不要瞒我,事情我全知道了。没事不要寻事,有了事就不要怕事。你还年轻,要吸取经验教训,路长着哩!”说着又返身去取了他带来的一瓶酒,说:“来,咱父子都喝喝酒。”他先倒了一杯喝了,对我笑笑,就把杯子交给我。他笑得很苦,我忍不住眼睛红了,这一次我们父子都重新开戒,差不多喝了一瓶。

自那以后,父亲又喝开酒了,但他从没有喝过什么名酒。两年半前我用稿费为他买了一瓶茅台,正要托人捎回去,他却来检查病了,竟发现患的是胃癌。手术后,我说:“这酒你不能喝了,我留下来,等你将来病好了再喝。”我心里知道,父亲怕是再也喝不成了,如果到了最后不行的时候,一定让他喝一口。在父亲生命将息的第十天,我妻子陪送老人回老家,我让把酒带上。但当我回去后,父亲已经去世了,酒还原封未动。妻说:父亲回来后,汤水已经不能进,就是让喝酒,一定腹内烧得难受,为了减少没必要的痛苦,才没有给父亲喝。盛殓时,我流着泪把那瓶茅台放在棺内,让我的父亲在另一个世界上再喝吧。如今,我的文章还在不断地发表出版,我再也享受不到那一份特殊的祝贺了。

父亲只活了六十六岁,他把年老体弱的母亲留给我们,他把两个尚未成家的小妹留给我们,他把家庭的重担留给了从未担过重的长子的我。对于父亲的离去,我们悲痛欲绝,对于离去我们,父亲更是不忍。当检查得知癌细胞已广泛转移毫无医治可能的结论时,我为了稳住父亲的情绪,还总是接二连三地请一些医生来给他治疗,事先给医生说好一定要表现出检查认真,多说宽心话。我知道他们所开的药全都是无济于事的,但父亲要服只得让他服,当然是症状不减,且一日不济一日,他说:“平呀,现在咋办呀?”我能有什么办法呀,父亲。眼泪从我肚子里流走了,脸上还得安静,说:“你年纪大了,只要心放宽静养,病会好的。”说罢就不敢看他,赶忙借故别的事走到另一个房间去抹眼泪。后来他预感到了自己不行了,却还是让扶起来将那苦涩的药面一大勺一大勺地吞在口里,强行咽下,但他躺下时已泪流满面,一边用手擦着一边说:“你妈一辈子太苦,为了养活你们,舍不得吃,舍不得穿,到现在还是这样。我只说她要比我先走了,我会把她照看得好好的……往后就靠你们了。还有你两个妹妹……”母亲第一个哭起来,接着全家大哭,这是我们唯有的一次当着父亲的面痛哭。我真担心这一哭会使父亲明白一切而加重他的负担，但父亲反倒劝慰我们，他照常要服药，说他还要等着早已订好的国庆节给小妹结婚的那一天，还叮咛他来城前已给菜地的红萝卜浇了水，菜苗一定长得茂密，需要间一间。就在他去世的前五天，他还要求母亲去抓了两付中草药熬着喝。父亲是极不甘心地离开了我们，他一直是在悲苦和疼痛中挣扎，我那时真希望他是个哲学家或是个基督教徒，能透悟人生，能将死自认为一种解脱，但父亲是位实实在在地为生活所累了一生的平民，他的清醒的痛苦的逝去使我心灵不得安宁。当得知他在最后一刻终于绽出一个微笑，我的心多多少少安妥了一些。可以告慰父亲的是，母亲在悲苦中总算挺了过来，我们兄妹都一下子更加成熟，什么事都处理得很好。小妹的婚事原准备推迟，但为了父亲灵魂的安息，如期举办，且办得十分圆满。这个家庭没有了父亲并没有散落，为了父亲，我们都在努力地活着。

按照乡间风俗，在父亲下葬之后，我们兄妹接连数天的黄昏去坟上烧纸和燃火，名曰："打怕怕"，为的是不让父亲一人在山坡上孤单害怕。冥纸和麦草燃起，灰屑如黑色的蝴蝶满天飞舞，我们给父亲说着话，让他安息，说在这面黄土坡上有我的爷爷奶奶，有我的大伯，有我村更多的长辈，父亲是不会孤单的，也不必感到孤单，这面黄土坡离他修建的那一院房子不远，他还是极容易来家中看看；而我们更是永远忘不了他，会时常来探望他的。

【阅读提示】

这篇散文写于作者父亲去世后的33天，五七未过，贾平凹以真挚的感情、朴素的语言，表达了一个孝子的悲痛之情。类似的话题，很多作家都写过，对亲人辞世的缅怀和祭奠，作为沉痛情感的一种经典表达，笔力深厚者，都能把它写得如泣如诉。贾平凹此文的特别之处，并不在于他的情感抒发比别人沉痛，而恰恰在于他懂得如何节制情感。没有节制，散文就会流于滥情，走向浮浅，而失却文字的真和美。但贾平凹却落笔镇定、朴实："父亲贾彦春，一生于乡间教书，退休在丹凤县棣花；年初胃癌复发，七个月后便卧床不起，饥饿疼痛，疼痛饥饿，受罪至第二十六天的傍晚，突然一个微笑而去世了。其时中秋将近，天降大雨，我还远在四百里之外，正预备着翌日赶回。"这个开头，初看起来，无一字交代作者的处境，他只叙述父亲的生平、疾病、去世的时间与情状，但从他冷静的笔触下面，我们不难发现作者那段波澜壮阔的心事。以隐忍的笔写生命中的至痛，以平静、舒缓的开篇写父亲不平凡的一生，这就奠定了《祭父》一文的情感基调。贾平凹并不急于抒情，而是一点点进入回忆的情景。既是回忆，它真正的主角，必定是父亲真实的人生。所以，接下来，贾平凹所记述的，都是父亲的人生点滴，从病的起因，说到家庭，从家庭，说到父亲的身世，从身世，说到父亲的喜好和悲苦的内心——所有这些，作者坚持用一种克制的方式来讲述，情感的锋芒被悄悄地敛去了，给我们印象最深的，反而是那些场景、细节和事实。情,理,事实,三者交织在一起,通读全篇,我们能够感到贾平凹内心深处深深的悲怆和不忍。

《父亲》读后给人活生生历历在目之感。中国朴实淳厚豁达的农民知识分子形象如同一座雕像惟妙惟肖,屹立在中华儿女之林中。我看到了千百万父辈的影子,父亲的博爱,父亲的责任,父亲的艰辛,父亲的操劳,父亲的豁达,父亲的不屈,父亲的坚韧,父亲的真情于一身……在父亲身上体现了现代人缺少的中华民族传统美德——男人的责任,这个担子他扛了一辈子无怨无悔,值得我们好好学习。

【参考文献】

[1]谢有顺:《以实事照见人生的底色——〈读祭父〉》,《名作欣赏》,2008.12。

【思考与练习】

1. 文章写了父亲哪几件事？表现了父亲的什么品性？

2. 文中第二段“父亲永远不与儿子亲热了”中的“亲热”体现在哪些地方？

3. 试对父亲为人、教子的方式发表一点评论。你在哪些方面深受自己父亲的影响,回忆一下,并与同学交流。

【作者简介】

王小波(1952—1997),男,汉族。当代著名学者、作家。被誉为中国的乔伊斯兼卡夫卡。他的唯一一部电影剧本《东宫西宫》获阿根廷国际电影节最佳编剧奖,并且入围1997年的戛纳国际电影节。王小波的文学创作独特,富于想象力、幻想力之余,却不乏理性精神,特别是他的“时代三部曲”。“时代三部曲”是由三部作品组成,分别是《黄金时代》、《白银时代》和《青铜时代》。20世纪90年代开始思想随笔写作,出版有《思维的乐趣》、《我的精神家园》、《沉默的大多数》等。

一只特立独行的猪

王小波

插队的时候,我喂过猪,也放过牛。假如没有人来管,这两种动物也完全知道该怎样生活。它们会自由自在地闲逛,饥则食渴则饮,春天来临时还要谈谈爱情;这样一来,它们的生活层次很低,完全乏善可陈。人来了以后,给它们的生活做出了安排:每一头牛和每一口猪的生活都有了主题。就它们中的大多数而言,这种生活主题是很悲惨的:前者的主题是干活,后者的主题是长肉。我不认为这有什么可抱怨的,因为我当时的生活也不见得丰富了多少,除了八个样板戏,也没有什么消遣。有极少数的猪和牛,它们的生活另有安排。以猪为例,种猪和母猪除了吃,还有别的事可干。就我所见,它们对这些安排也不大喜欢。种猪的任务是交配,换言之,我们的政策准许它当个花花公子。但是疲惫的种猪往往摆出一种肉猪(肉猪是阉过的)才有的正人君子架势,死活不肯跳到母猪背上去。母猪的任务是生崽儿,但有些母猪却要把猪崽儿吃掉。总的来说,人的安排使猪痛苦不堪。但它们还是接受了:猪总是猪啊。

对生活做种种设置是人特有的品性。不光是设置动物,也设置自己。我们知道,在古希腊有个斯巴达,那里的生活被设置得了无生趣,其目的就是要使男人成为亡命战士,使女人成为生育机器,前者像些斗鸡,后者像些母猪。这两类动物是很特别的,但我以为,它们肯定不喜欢自己的生活。但不喜欢又能怎么样?人也好,动物也罢,都很难改变自己的命运。

以下谈到的一只猪有些与众不同。我喂猪时,它已经有四五岁了,从名分上说,它是肉猪,但长得又黑又瘦,两眼炯炯有光。这家伙像山羊一样敏捷,一米高的猪栏一跳就过;它还能跳上猪圈的房顶,这一点又像是猫——所以它总是到处游逛,根本就不在圈里呆着。所有喂过猪的知青都把它当宠儿来对待,它也是我的宠儿——因为它只对知青好,容许他们走到三米之内,要是别的人,它早就跑了。它是公的,原本该劁掉。不过你去试试看,哪怕你把劁猪刀藏在身后,它也能嗅出来,朝你瞪大眼睛,噢噢地吼起来。我总是用细米糠熬的粥喂它,等它吃够了以后,才把糠对到野草里喂别的猪。其他猪看了嫉妒,一起嚷起来。这时候整个猪场一片鬼哭狼嚎,但我和它都不在乎。吃饱了以后,它就跳上房顶去晒太阳,或者模仿各种声音。它会学汽车响、拖拉机响,学得都很像;有时整天不见踪影,我估计它到附近的村寨里找母猪去了。我们这里也有母猪,都关在圈里,被过度的生育搞得走了形,又脏又臭,它对它们不感兴趣;村寨里的母猪好看一些。它有很多精彩的事迹,但我喂猪的时间短,知道得有限,索性就不写了。总而言之,所有喂过猪的知青都喜欢它,喜欢它特立独行的派头儿,还说它活得潇洒。但老乡们就不这么浪漫,他们说,这猪不正经。领导则痛恨它,这一点以后还要谈到。我对它则不止是喜欢——我尊敬它,常常不顾自己虚长十几岁这一现实,把它叫做“猪兄”。如前所述,这位猪兄会模仿各种声音。我想它也学过人说话,但没有学会——假如学会了,我们就可以做倾心之谈。但这不能怪它。人和猪的音色差得太远了。

后来,猪兄学会了汽笛叫,这个本领给它招来了麻烦。我们那里有座糖厂,中午要鸣一次汽笛,让工人换班。我们队下地干活时,听见这次汽笛响就收工回来。我的猪兄每天上午十点钟总要跳到房上学汽笛,地里的人听见它叫就回来——这可比糖厂鸣笛早了一个半小时。坦白地说,这不能全怪猪兄,它毕竟不是锅炉,叫起来和汽笛还有些区别，但老乡们却硬说听不出来。领导上因此开了一个会，把它定成了破坏春耕的坏分子，要对它采取专政手段——会议的精神我已经知道了，但我不为它担忧——因为假如专政是指绳索和杀猪刀的话，那是一点门都没有的。以前的领导也不是没试过，一百人也逮不住它。狗也没用：猪兄跑起来像颗鱼雷，能把狗撞出一丈开外。谁知这回是动了真格的，指导员带了二十几个人，手拿五四式手枪；副指导员带了十几人，手持看青的火枪，分两路在猪场外的空地上兜捕它。这就使我陷入了内心的矛盾：按我和它的交情，我该舞起两把杀猪刀冲出去，和它并肩战斗，但我又觉得这样做太过惊世骇俗——它毕竟是只猪啊；还有一个理由，我不敢对抗领导，我怀疑这才是问题之所在。总之，我在一边看着。猪兄的镇定使我佩服之极：它很冷静地躲在手枪和火枪的连线之内，任凭人喊狗咬，不离那条线。这样，拿手枪的人开火就会把拿火枪的打死，反之亦然；两头同时开火，两头都会被打死。至于它，因为目标小，多半没事。就这样连兜了几个圈子，它找到了一个空子，一头撞出去了；跑得潇洒之极。以后我在甘蔗地里还见过它一次，它长出了獠牙，还认识我，但已不容我走近了。这种冷淡使我痛心，但我也赞成它对心怀叵测的人保持距离。

我已经四十岁了，除了这只猪，还没见过谁敢于如此无视对生活的设置。相反，我倒见过很多想要设置别人生活的人，还有对被设置的生活安之若素的人。因为这个缘故，我一直怀念这只特立独行的猪。

【阅读提示】

《一只特立独行的猪》收录于杂文集《我的精神家园》，是王小波脍炙人口的名篇。

这篇文章写一只另类的猪，它潇洒随意、自由自在地活着，无视人类对其生活的安排，运用智慧、勇气和力量与命运抗争，并最终取得胜利。

文中的这只猪，可不是一般的猪。它具有以下特点：一、像山羊般敏捷；二、不屈于命运，不向命运低头；三、特立独行；四、对乡下知青好；五、善于斗争，敢于斗争；六、对恶势力有高度的警觉；七、久经磨难使它对人冷漠、不信任。

文中的我，也有独特的个性：一、有良知的知青；二、同情猪的遭遇；三、胆小，不敢和领导对抗；四、对猪的特立独行由衷钦佩。“我”的这种个性，可以说是那个动荡岁月里知识分子心态的真实写照。

从“我”的表现也可以看出那个年代社会的特点：人们的文化生活的单调；政治高压导致的人与人之间的麻木，对追求自由的人的不理解；人的自由、尊严得不到保障而导致的人与人之间的陌生、疏离。因此，在那个特殊年代里，尽管对社会有诸多不满，但都是敢怒不敢言，而那只“特立独行”的猪的个性，则寄托着作者的期望，有着很深的寓意。

纵观全文,作者以诙谐的叙述手法,将一个深刻的问题摆在世人面前:人总是喜欢对生活做出种种设置,不仅安排别人,也安排着自己。设置就是秩序,它是社会存在的必然产物。和这只特立独行的猪相比,人类在相同的境遇下退缩顺从、苟且偷生,被秩序所束缚,不敢反抗,最终束缚了自由的心灵,淹没于芸芸众生之中。文章饱含了作者对人、人性以及人类社会的深思与忧虑。在作者看来,尽管社会秩序必须遵守,但是真理也必须坚持,因此只有跳出不合理的社会秩序,人的心灵才能避免被"屠宰"。

本文的结尾意味深长。人们因为斤斤计较于自己的利害得失而听凭那些不公平、不合理的设置来束缚、戕害自己的自由心灵。难道真能以此作代价换来滋养青春生命的利益吗? 历史上的名人、伟人哪一个没有一副特立独行的派头? 他们的特立独行,同那只特立独行的猪一样,都是离经叛道,都是藐视俗规、藐视不合理的社会的"设置",都是我行我素。若不如此,怎会不被芸芸众生所淹没?

此文语言犀利而有风趣幽默,发人深省。

【思考与练习】

1. 这只特立独行的猪,好像有人的影子,这是什么用意呢?

2. 有人说:"王小波是中国近半世纪的苦难和荒谬所催生的天才,他的作品对我们生活中所有的荒谬和苦难作了最彻底的反讽。"结合本文,谈谈你对这种反讽笔法的理解。

3. 作者在文中写道:"对生活做种种设置是人特有的品性。不光是设置动物,也设置自己。"能够设想一种没有设置的生活吗? 谈谈你对设置的看法。

4. 猪的逃跑和人的鸵鸟政策是否有区别呢?

【作者简介】

蒙田(1533—1592),法国文艺复兴运动的代表人物,著名的散文家和人文主义者。《蒙田随笔》与《培根人生论》、《帕斯卡尔思想录》一起,被人们誉为欧洲近代哲理散文三大经典。蒙田以博学著称,他对随笔体裁运用娴熟,开创了近代法国随笔式散文之先河。随笔的内容包罗万象,散发浓郁的人文主义色彩,映射出一种乐观、积极和充满智慧的人生态度,教给我们一种生活的艺术。他的语言平易通畅,不加雕饰,文章写得亲切活泼,妙趣横生。

法国著名文学评论家圣伯夫认为"我们每个人都能在蒙田身上发现自己的一小部分"。与蒙田对话,给我最深刻的印象就是他太现代了,是16世纪的现代人。人常说:书有书的命运。有的书一出世便寿终正寝了,而蒙田的《随笔集》却跨越

400 多年的漫长岁月仍盛行不衰，并在中国有了全译本和多种节译本。这其中的缘由很简单：因为蒙田是一位真正热爱生活和懂得生活的大师，而生活，是永远不会苍老的。

要生活得写意[①]

蒙　田

跳舞的时候我便跳舞，睡觉的时候我就睡觉。即便我一人在幽美的花园中散步，倘若我的思绪一时转到与散步无关的事物上去，我也会很快将思绪收回，令其想想花园，寻味独处的愉悦，思量一下我自己。天性促使我们为保证自身需要而进行活动，这种活动也就给我们带来愉快。慈母般的天性是顾及这一点的。它推动我们去满足理性与欲望的需要。打破它的规矩就违背情理了。

我知道恺撒与亚历山大就在活动最繁忙的时候，仍然充分享受自然的，也就是必需的、正当的生活乐趣。我想指出，这不是要使精神松懈，而是使之增强，因为要让激烈的活动、艰苦的思索服从于日常生活习惯，那是需要有极大的勇气的。他们认为，享受生活乐趣是自己正常的活动，而战事才是非常的活动。他们持这种看法是明智的。我们倒是些大傻瓜。我们说："他一辈子一事无成。"或者说："我今天什么事也没有做……"怎么！您不是生活过来了吗？这不仅是最基本的活动，而且也是我们的诸活动中最有光彩的。"如果我能够处理重大的事情，我本可以表现出我的才能。"您懂得考虑自己的生活，懂得去安排它吧？那您就做了最重要的事情了。天性的表露与发挥作用，无需异常的境遇。它在各个方面乃至在暗中也都表现出来，无异于在不设幕的舞台上一样。我们的责任是调整我们的生活习惯，而不是去编书；是使我们的举止井然有致，而不是去打仗，去扩张领地。我们最豪迈、最光荣的事业乃是生活得写意，一切其他事情，执政、致富、建造产业，充其量也只不过是这一事业的点缀和从属品。

【阅读提示】

优美流畅、简洁诗意般的语言，充满了作者生活的智慧感受。

他提倡天性，让人们为保证自身需要而活动，要带来愉快；慈母般的天性，推动我们去满足理性与欲望的需要，否则就违背情理了。他的思想，让我们感悟到，写意的生活，就是顺应天性的生活。不能为了活着，而扭曲我们的心灵，而要最大限度地舒展身心；生命之火不能熄灭，而要保持燃烧的常态。

---

① 蒙田：《简单生活大师书系列：要生活得写意》，中国国际广播出版社，2008 年版。

写意，本是中国传统画技之一，即通过简练而放纵的笔触，着重表现对象的意象神韵。它不依傍具体物象的表面形似，不拘泥于细枝末节，而是带着强烈的主观情思，通过立意定位、造境夺人、开掘造化，来体现自然万物的内蕴。这种东方式的精神取向，不但为传统绘画艺术奠定了基础，也昭示了人生深邃的哲理，因此，言之曰：写意人生。

明代徐贲有《写意》诗云：看山看水独坐，听风听雨高眠；客去客来日日，花开花落年年。被视为写意人生的形象写照，表达一种悠然的生活态度，一种潇洒的出尘超脱，一种人生的难得豁达，也道出了人世间不着痕迹的沧桑变化。总之，写意人生，就是自由自在、无所拘束的生活常态。

要写意地生活，就不能让身心被劳役所拘。蒙田引用了古代西方统治者恺撒与亚历山大作为示例，即在世事缠身繁忙之时，仍要充分享受自然，那必需的、正当的生活乐趣。当然，这并不是要使精神松懈，而是使之增强。让激烈的活动、艰苦的思索，服从于日常悠闲的生活习惯，那是需要有极大勇气的。

作为当代人，总是常常被劳役所拘，被现代都市生活节奏所牵引，无法停下自己的脚步，甚至没有时间去感受生活乐趣，因而能够体验写意生活更不容易，需要更大的勇气和智慧。现代社会有太多急功近利，无法循着自己的本性，没有发自内心的是非判断，许多事情总是盲目跟风攀比。在我们的社会中，有几个人能把持住心中那份天性？实在是太少。

早在几个世纪之前，蒙田就给了答案。不要总认为我们的生活一事无成，什么事也没有做；只要懂得考虑自己的生活，懂得去安排它，那您就做了最重要的事情了。懂得生活的人，才能更懂得工作。我们的责任，在于怎样调整自己的生活习惯，使之井然有序。活着，并能按照自己的意愿活着，是很惬意的事情。只要我们做到，就能拥有写意的生活。

要写意地生活，要无所畏惧、洒脱地生活，面对现实和天性的冲突，而有所决断。正如蒙田所说，我们最豪迈、最光荣的事业，就是写意地生活。而功名利禄是什么？在很大程度上，充其量不过是一种生活的点缀和附属品。所以，只有舍去名利的桎梏，不让它们压制天性，我们的生活才会是充满色彩的，舒心的，奔放和快乐的。让这样的追求，成为我们内心的呼唤，而依从它，实践它。

同样，当现代人感受中国古代生活哲学时，能看到类似对于生活的态度。古人的散淡、恬静、辞让，在于他们能留一份寂寞给生命，给生命以开阔。一个人迷失于功名利禄，会忘记人生本身的意义、人的天性；最后得到的，不是保持天性的自我，而是被社会名利异化了的自己。这种背离天性的异化，正是现代人最大的悲哀。

要写意地生活，就要做到人生趣味化、艺术化，把生活从繁琐、忧虑中解脱出来。只有摆脱生活奴才境遇，才能成为自己的主人，享受生活的纯真乐趣。诸葛亮在《戒外甥》一文中所说：忍屈伸，去细碎，广咨问，除嫌吝，虽有淹留，何损于美趣？

也许,这才是人生智慧与境界。

在紧张生活之余,把自己幽闭一处,静静地捧着书本,享受安静的感觉,静得只听到自己的心跳,不知不觉,整个身心都已弥漫在那种墨香气息之中,于是紧张的神经得以深呼吸,心中重新焕发一派坦然。疲于奔波的生活里,为自己多一笔淡淡的写意,哪怕只是一霎的感觉,触响的都是心底最深沉的快乐纯净,坦荡温馨。

或者找个闲暇,回到自己的出生地,让寂寞的空白,弹出无声的追忆。坐在老屋角落里,凝神谛听那故园萧疏之声。过往的一颦一笑重涌上心头,陈旧阳光依稀在眼前晃动。当所有残破片断在天籁中重叠,感觉刹那间豁然开朗,一切曾经令我们苦闷、迷惘的难题,都有了答案。生命之窗,在不经意间打开,也许会看到残垣断壁,抑或柳暗花明,而心中却回想着向来萧瑟处、也无风雨也无晴,让自己过往的一切,静静地在泪水中淌过。

我们如何让生命鲜活充实,从容自如地走完人生之旅?蒙田说要学会写意地生活;而古人也以绘画之技,让我们触类旁通,以意为主,神采为上。画论要诀,也是人生主旨。意高则高,意奇则奇,意远则远。立意的选择,关系着生命的品位。只有牢牢把握住这个立意,才能活得精彩、写意。以达观恢廓的襟怀,除粘解缚,删繁就简;以纯净、敞亮的心灵,体悟生之真谛与韵律。在有限的生命里,尽情享受人生乐趣,该是多么写意。

【思考与练习】

1. 作者认为"他一辈子一事无成","我今天什么事也没做"不仅是最基本的活动,而且也是我们诸活动中最有光彩的,联系实际对作者的看法做一番评析。

2. 结合本文内容,谈谈你对"要生活得写意"的理解。

【作者简介】

亚瑟·叔本华(1788—1860),德国哲学家。他继承了康德对于现象和物自体之间的区分。不同于他同代的费希特、谢林、黑格尔等取消物自体的做法,他坚持物自体,并认为它可以通过直观而被认识,将其确定为意志。意志独立于时间、空间,所有理性、知识都从属于它。人们只有在审美的沉思时逃离其中。叔本华将它著名的极端悲观主义和此学说联系在一起,认为意志的支配最终只能导致虚无和痛苦。他对心灵屈从于器官、欲望和冲动的压抑、扭曲的理解预言了精神分析学和心理学。他文笔流畅,思路清晰,后期的散文式论述对后来哲学著作的诗意化产生了较大影响。

论读书[①]

亚瑟·叔本华

一

富翁阔佬在显露出他的愚昧无知时，常会格外令人鄙视。而穷人终日操劳，没有深思幽想的余闲，显出无知是不足为奇的。我们常常可以见到富裕阶层中的粗俗愚蠢者醉生梦死，恣情享乐，像禽兽一样活着。如果他们善于利用自己的财富和时间的话，本来可以做出一些很有价值的事情。

二

读书时，作者在代我们思想，我们不过在追循着他的思绪，好像一个习字的学生在依着先生的笔迹描画。我们自己的思维在读书时大部分停止了，因此会有轻松的感觉。但就在读书的时候，我们的头脑实际上成了他人思绪驰骋的运动场了。所以读书甚多，或几乎整天在读书的人，虽然可以借此宽松脑筋，却渐渐失去自行思想的能力，就像时常骑马的人渐渐失去步行的能力一样。有许多学者就是这样，读书太多反而变得愚蠢。经常读书，稍有空闲就读书，这种做法比体力劳动更容易令人思维麻痹，因为我们在干体力活时还可以沉湎于自己的遐想，一条弹簧在久受外力的压迫之后会失去弹性，同样，我们的头脑如果经常处在他人的思想影响之下，也会失去自己的活力。又譬如食物能够滋养身体，但吃得过多，反使胃肠受累，损害健康；而我们的精神生活如果向外摄取过多，也是有害无益的。读书越多，使你的头脑就像一块重重叠叠书写的黑板，每一篇读过的东西能够留存的越少。读书而不思考，就不可能心领神会，得到的浅薄印象往往稍纵即逝。就像我们所摄入的食物只有五十分之一能够被身体吸收，精神食粮也只有小部分真正成为大脑的营养。

况且记录在纸上的思想就好像沙上行走者的足迹：我们也许能看到他所走过的路径，但如果要知道他在路上究竟看见了什么，则必须用我们自己的眼睛。

三

作家们各有自己的风格特点，例如雄辩、豪放、华丽、优雅、简洁、纯朴、轻快、诙谐、精辟等等，并非阅读他们的作品就可以学到这些优点。但如果我们生来具有这方面的天赋，也许可因读书而受到启迪。看到别人的榜样而善于学习运用，我们才能获得同样的才干。这样的读书，能引导我们发挥自己的特长，培养写作的能力，但具有这方面的天赋是一个先决条件。否则我们在读书中除了学到一些陈词滥调，别无益处，只能成为浅薄的模仿者而已。

---

① 叔本华：《叔本华散文》，人民文学出版社，2008 年版。

四

如同地层依次保存着古代的生物一样,图书馆的书架上也保存着历代的古书。后者与前者一样,在其当时,都是生气勃勃,大有作为的,现在则成为化石,死气沉沉,只有考古学家还有兴致玩赏。

五

据赫鲁多特斯说,色尔泽克斯在望着自己漫无边际的庞大军队时掉下了眼泪,因为他想到百年之后,这些人将荡然无存。如果想到堆积如山的流行图书在十年之后没有一本被人阅读,不也应该落几滴眼泪吗?

六

文艺界的情况与人世间相同:无论你向社会的哪一个角落望去,都会看到无数愚民像苍蝇似的攒动,追污逐垢,在文艺界中,也有无数坏书,像蓬勃滋生的野草伤害五谷。这些书原是为贪图金钱、企求官职而写作的,却使读者浪费时间、金钱和精力。因此,它们不但无益,而且为害甚大。现在的图书泛滥成灾,十分之九是以骗钱为目的,作者、评论家和出版商同流合污,朋比为奸。

许多文人非常狡猾,不是引导读者追求高尚的趣味和修养,而是引诱他们以读新书为时髦,好在交际场中卖弄学识。诸如斯平德勒、布尔沃、尤金·休等人,都因善于投机而名噪一时。无论何时,都会出现很多这样的通俗作品,却使读者倒了霉,他们把阅读这些庸俗作家的最新著作当做自己的义务,而不去阅读古今中外为数不多的杰作——其中那些每天出版的通俗刊物尤为缺德,偷偷夺去了世人宝贵的光阴,使他们无暇顾及真正有益于修养的作品。

因此,对于善于读书的人,决不滥读是件很重要的事情。即使是时下正享盛名,大受欢迎的书,如一年数版的政治、宗教小册子和小说、诗歌等,也切勿贸然拿来就读。要知道,为愚民而写作的人反而常会大受欢迎,不如把宝贵的时间用来专心一致地阅读古今中外出类拔萃的名著,这些书才使人开卷有益。

坏书是灵魂的毒药,读得越少越好,而好书则多多益善。因为一般人通常只读最新的出版物,而不读各个时代最杰出的作品,所以作家也就拘囿在流行思潮的小范围中,时代也就在自己的泥泞中越陷越深了。

不读坏书,是读好书的一个条件:因为人生短促,时间和精力都是有限的。

七

一般人都喜欢读那些介绍或评论古今大思想家的书,却不去阅读原著,因为他们习惯于阅读新出版的东西,又因为物以类聚,人以群分,他们觉得现今庸人的浅薄平淡的语言比伟人的思想更容易理解。我很幸运,在童年时就读到了施莱格尔美妙的警句,并把它奉为圭臬:

“你要常读古书,读古人的原著,今人对他们的论述没有多大意义。”

平凡的人,好像都是从一个模子里铸出来的,彼此多么相似。他们在同一个时期产生的思想几乎完全一样，而他们的意见又是同样的鄙俗。庸人所写的劣作，只要是新出版的，自会有愚蠢的人们爱读，而宁愿把大思想家的名著束之高阁。

平凡的作品像苍蝇一样每天在繁衍，人们只因为它油墨未干而争先阅读，真是愚不可及的事情。这些无价值的东西在几年之后必然被淘汰，实际上它一出世就应该被遗弃，只能作为后人助谈的笑料。

无论什么时代，都存在着互不相干的两种文艺，一种是真实的，另一种虚有其表。前者是由为科学或文学而生活的人所创造的不朽之作，他们的工作是严肃而深刻的，然而非常缓慢，欧洲在一个世纪中所产生的这样的作品不超过十部。另一种是靠科学或文学而谋生的人编造出来的，他们振笔疾书，在鼓噪颂扬声中每年有无数作品上市。可是数年之后，不免产生疑问：它们显赫的声誉如今安在？它们本身又消失到哪里去了？因此我们可以把前者称为不朽的文艺，而后者是应景之作。

八

买书后又能一丝不苟地阅读，是很好的；然而一般人往往买而不读，读而不精。

要求读书人记住他所读过的一切东西，就像要求一个人把他所吃过的东西都储存在体内是一样的荒谬。人靠进食维持物质生活，又通过阅读过着精神生活。然而身体只吸收能够同化的食物，同样，读者也只能记住他所感兴趣的东西，也就是符合他的思想体系或生活目标的东西。当然，任何人都有自己的生活目标，但只有很少人形成了自己的思想体系。没有思想体系，就不能对事物作出明智的评价，他们读书也必然徒劳无益，毫无主见。

"温习乃研究之母"，任何重要的书都应该立即再读一遍。一方面因为再次阅读能使你更清楚地了解书中发生的各种事情之间的联系，知其结尾，才能更深刻地理解开端；另一方面，第二次阅读时你会有不同的心情，得到不同的印象，就像在不同的照明中观察同一件东西。

作品是作者思想活动的精华，如果作者是一个伟人，那么他的作品能大致体现他的生活，并常常能比实际生活包含更丰富的内容。（二流作家的著作也可能是有益的，因为这也是他思想活动的精华，是他全部思维和研究的成果，我们也不妨阅读一些。）崇高的精神生活使我渐渐达到一种境界，不再从与他人的应酬交往中寻求乐趣，而几乎完全潜心于书本之中。

没有别的事情能比阅读古人的名著给我们带来更多的精神上的乐趣，这样的书即使只读半小时，也会令人愉快、清醒、高尚、刚强，仿佛清澈的泉水沁人心脾。这是由于古代语言的优美，还是因为伟人的品性使其作品经古常新？或者两者兼而有之。

文艺界有两种历史：一种是政治的，另一种是文学和艺术的。前者是意志的历史，其内容是可怕的，无非是恐怖、受难、欺诈和杀戮等等。后者是睿智的历史，其内容是欢愉明快的，即使在描写人类的迷误时也令人神往。哲学是这种文艺的重要分支,又是其基础,它的影响广泛,但又是缓慢地产生作用。

九

我很希望有人来写一部悲剧性的文学史,揭示出许多国家对于自己民族的大文豪和大艺术家虽然无不引以为荣,但在他们活着时,却百般残害虐待他们;揭示出在所有国家和任何时代里,真和善对邪恶进行着不知疲倦的无休止的斗争;他要揭示出在艺术的各个领域里,除了少数幸运者,人类的英华巨擘几乎都得遭灾罹难,他们贫寒困苦,命乖运蹇,而荣华富贵则为庸碌鄙俗者所享有。他们就像《创世纪》中的以扫,以扫外出为父亲打猎时,雅各却穿了以扫的衣服,在家里接受父亲的祝福。然而人类的巨匠大师们不屈不挠,继续奋斗,终能完成其事业,光耀史册。

【阅读提示】

叔本华是“意志哲学”的创造者,他的哲学思想影响了20世纪很多伟大的思想家和文学家。鲁迅先生早年受过尼采的影响,而尼采思想的源头来自叔本华,后人总是把叔本华和尼采并列,认为他们属于同一思想体系。尼采当年买回叔本华的《意志与观念世界》后,似乎是受到某种幽灵的召唤,用14天时间一口气把这皇皇巨著读完,立刻“屈服于他那强力、崇高的天才魔力之下”。

富而无知而又不求知的醉生梦死之徒与禽兽无异,这是叔本华的观点,也是他的价值取向。他不仅精通了英、法等语言,而且对希腊文和拉丁文也有很深的造诣。他推崇并研读古代作家的作品,从那里学习到了思辨和睿智的表述方式。他写得一手好文章,成为独具风格的作家。不止如此,他还兼习医学、物理学、天文学、气象学、生理学、法律学、数学、历史学、音乐等。这固然因为他有极高的天分,但与他的刻苦自励也是分不开的。这些渊博的学识,为他以后的哲学研究打下了坚实的基础。

叔本华最反对死读书、读死书的人。他认为读书必须思考,如果不思考,只一味地读,和经常骑马坐车而步行能力必定减弱一样,人将会失去独立思考的能力。

叔本华并非反对多读书,而是反对读而无思。这些人的脑袋如同一个被动的容器,不加选择地装进了许多乱七八糟的东西,杂乱无序,混沌一团,像一个糊涂的工匠,把工具和不相干的东西装在了一起,那些工具锈蚀了,朽坏了,用时怎么也找不到。读书要思考,要运用,要把书中的知识和思想消化为自己的血肉和细胞,排泄掉那些无用的残余。这是谁都懂的道理。但是,在大多数读书者中,善于思考和运用的人并不是很多,这是读书人有人有成就有出息,而有人一事无成的原因。善于用大脑,且读且思,日积月累,读而致用,这应该是最好的读书原则。

读书要有选择,所谓“开卷有益”,只是对有价值的好书而言。至于充斥社会的以书的形式出现的卑劣的印刷品,叔本华告诫说——

文学的情形和人生毫无不同,不论任何角落,都可看到无数卑贱的人,像苍蝇似的充斥各处,为害社会。在文学中,也有无数的坏书,像蓬勃滋生的野草,伤害五谷,使它们枯死。他们原是为贪图金钱,营求官职而写作,却使读者浪费时间、金钱和精神,使人们不能读好书,做高尚的事情。因此,它们不但无益,而且为害甚大。大抵来说,目前十分之九的书籍是专以骗钱为目的的,为了这种目的,作者、评论家和出版商不惜同流合污,朋比为奸。

叔本华这段话写于19世纪,它和我们今天的现实何其相似!十分之九,在今天,这个比例还要大一些。好多印刷品和出版物,在媒体和报刊上炒得沸沸扬扬的,其背后都隐藏着卑鄙的名利欲望。不要相信这些鬼话,不要为它们浪费时间,冷冷地看它们一眼,扭头走开,这是你明智的选择。那么,读什么呢?怎样选择呢?

我们读书之前应谨记"不要滥读"的原则。不滥读有方法可循,就是不论何时凡为大多数读者所欢迎的书,切勿贸然拿来读。例如正享盛名,或者在一年中发行了数版的书籍都是,不管它属于政治或宗教还是小说和诗歌。你要知道,凡为愚者所写作的人常会受大众欢迎的,不如把宝贵的时间专读伟人已有定评的名著,只有这些书才是开卷有益的。

叔本华力主读古代作家的作品,他认为真正的好书都要立即再读一遍。关于书籍的选择,叔本华还说——作品是作者精神活动的精华,如果作者是一个非常伟大的人物,那么他的作品常比他的生活还有更丰富的内容,或者大体也能代替他的生活,或远超过它。平庸作家的著作,也可能是有益和有趣的,因为那也是他精神生活的精华,是他一切思想和研究的成果……因此,这类作家的作品,我们也不妨一读。何况,高级精神文化,往往会使我们渐渐达到另一种境地,从此可不必再依赖他人以寻求乐趣,书中自有无穷之乐。

德语有谚:"细嚼慢咽,消化一半",叔本华提出读书所得吸收有限(只有二分之一),这总使人感到悲观的森冷。

【参考文献】

[1]周树山:《叔本华论读书》,《书屋》,2013(07)。

【思考与练习】

1. 悲剧之于人之修为,有多大的价值?我们的潜力是在承受压力和遭受不幸时生发的吗?

2. 韧性真如弹簧吗?读一流的书,能够凸显我们的心智和思维的张力吗?

3. 温家宝总理在汶川地震时说"多难兴邦",你认为真的是这样的吗?

第三章　小　说

一、小说的含义

按照经典的表述，小说是一种以塑造人物为中心，通过描述完整的故事情节和具体的生活环境，形象、深刻、多方位地反映社会生活的叙事性文学体裁。其中，人物、情节和环境被称为构成一个完整的小说世界的三个基本要素。根据小说的文体特点，可分为日记体小说、书信体小说、诗体小说、章回体小说等；而根据小说篇幅的长短、容量的大小、人物的多少、情节的繁简，又可分为长篇、中篇、短篇、小小说（微型小说）等类型。

二、小说的审美特点

这里我们谈小说的审美艺术特征是基于传统意义上的小说概念而言的，现代主义的小说观念在很大程度上颠覆了传统小说的一些基本美学追求，它们对通常意义上的小说基本要素的“淡化”，既是对小说美学的一种探索，也必将丰富传统小说的审美特征。当然，这有待我们作出更客观准确的认识。小说的审美特性通常可以归纳为如下四点：

（一）鲜明生动的人物形象

文学是人学。人物在小说中是最基本的构成要素之一，通过多个侧面和多种手法来塑造人物形象也是小说最重要的特征。创造鲜明生动的人物形象，历来是小说的首要任务。虽然戏剧、影视等艺术种类也要刻画人物，但这些艺术门类往往只能通过人物对话和人物行动来实现。相比之下，小说由于运用语言作为媒介，较之其他艺术种类有着更大的自由，它可以吸收各种艺术的表现手法来全方位地刻画人物。小说可以详细描绘人物的外貌、举止，也可以表现人物的对话、行动，还可以通过不同的视角，从其他人物的眼中来观察和表现这个人物，并且可以把笔触伸入人的内心世界，通过深层心理描写来塑造有血有肉的人物形象。细腻深刻的心理描绘,是小说独具的艺术特色,也是其他艺术门类难以企及的境界。特别是小说还可以把人物放在错综复杂的社会生活中来描写,从而塑造出具有较高审美价值的、复杂丰满的圆形人物或典型人物。

当然,小说中的形象是偏重于再现的虚构性形象。这种艺术形象首先要与现实生活形象的形态有着直接的联系。小说形象是对现实人生的一种实体性和过程性的描述,它以这种实体性、过程性的描述来唤起读者的生活体验和审美期待,从而赢得读者的阅读和欣赏。所以,在传统的经典小说中,这种客观描述与诗歌的主观抒情相比,它的艺术形象的审美特征明显地偏重于“再现”。

(二)曲折有致的故事情节

情节是小说另一个基本的构成要素。一般地讲,情节对于所有叙事文学作品都是必不可少的,但在不同种类和体裁的艺术作品中,情节的地位和作用是有所不同的。叙事诗虽有情节,但更注重抒情,因此情节比较单纯;叙事散文也有情节,但往往夹叙夹议,所以情节不需要完整;剧本与电影文学都离不开情节,但由于篇幅与时间的限制,情节的设置必须相对集中,不能够在错综复杂的情节中来刻画人物性格。只有小说不受时间、空间、篇幅、手法的限制,能够把情节安排得曲折有致、跌宕起伏。相比之下,长篇小说的情节具有完整性、复杂性和多样性。如《水浒传》、《西游记》、《堂·吉诃德》、《战争与和平》等长篇小说,都有着错综复杂而曲折生动的情节。即使是短篇小说作家,也能匠心独运,写出生动完整、摇曳多姿的故事情节,如欧·亨利的《麦琪的礼物》、《最后一片叶子》、《警察与赞美诗》等,都是这方面的典范。

波澜起伏的情节不仅可以引人入胜,对读者产生强烈的感染力,还是展现人物性格、拓深作品主题的重要手段。小说情节是一系列展示小说人物性格的大小事件的连贯有序的艺术组合,它是完成小说人物性格具体化、个性化创造的必要条件。精心设计、提炼的情节可以塑造鲜活的富有典型性的小说人物。

生动而深刻的情节,必然地成为小说审美价值的重要组成部分。

(三)具体独特的环境描写

环境同样是小说一个基本的构成要素。环境一般是指文艺作品中人物活动于其中的社会环境和自然环境。任何一部小说,它所描述的情节和刻画的人物,都只能在一定的社会环境和自然环境条件下存在,绝对不可能脱离环境而存在。事件也总是起因于一定的环境,在一定的环境里发生、发展。因此,环境对于塑造人物和展现情节都具有极其重要的意义和作用。比起其他的文艺作品,小说的环境要求更加细致详尽、广阔丰富。在小说里只有具体而鲜明地展示环境,才能真实而深刻地表现出人物和事件的特征,才能揭示出人物行为以及矛盾冲突发生、发展的原因和背景。如《水浒传》里武松过景阳冈打虎一节的文字，就把武松上景阳冈时的环境具体细致地描绘出来了。在这种环境描写中刻画武松既刚愎自用、爱面子又胆大心细等性格特征，强化了打虎行动的悬念，为以后刻画打虎英雄的性格作了很好的铺垫。

从经典的叙事作品角度讲，具体独特的环境就是要求鲜明生动的人物总是生活在典型环境之中，而这个环境的典型性，一是要求它与主要人物的性格相吻合，二是要求构成此一环境的细节必须真实可信。就前一点而言，《死魂灵》中的五个地主就只可能是他们各自的那个庄园里才能生长出来并生存在那里，彼此之间谁也不能交换位置，否则他们就不是原来的那个地主了；而一个虚假的细节会导致整个叙事作品真实性的崩溃，从而导致读者对作品信任感的丧失，这样的例子是够多的了。

（四）丰富多样的写作技巧

随着读者审美趣味的不断变化，小说要想继续吸引读者的眼球，甚至维持自己在文化艺术领域的特殊地位，还必须不断丰富自己的内涵，调整自己的叙述策略；而小说艺术的深入发展，也为这些命题的实现提供了可能。实际上，已有许多新的人物创造方法和小说的表现手段需要我们在小说欣赏实践中去探索、去总结。如现代派小说的成果就值得我们借鉴。实际上，现当代小说哪怕是最传统意义上的现实主义小说也不同程度地多少借鉴了现代派文学的一些技巧，从而呈现出若干与古典现实主义小说不同的审美特性。例如：

诗化的细节与散文化的情节。在一些当代佳作中，那种传统的富有动作性的写人细节被一些诗化的哲理化的细节取代。而当小说文体吸收融合了一些散文文体的养分时，或者说小说作家采用了一些散文的方式来写小说时，小说的形态也被刷新——首先是小说的情节散文化了（本章特地选载了汪曾祺先生的此类风格的名作《受戒》供大家赏读）。

多元性格与多重主题。当代小说中的人物塑造出现了新的趋势，它们从个性化、极致化走向了多元化、立体化。这样，小说人物鉴赏中那种黑白分明的阅读将被涵义深远、启迪丰富的鉴赏情境取代。随着当代小说人物塑造中多元性格和矛盾性格的出现，当代小说的主题也出现了多重和多义的现象。多重多义的小说主题，有效地增扩了小说作品隐含的艺术信息，调动着读者的主观努力和参与意识，使当代小说的鉴赏出现新的境界。

范式变形与语言更新。当代创新型的新潮实验小说正挑战和冲击着传统的小说理论。在小说鉴赏的过程中，我们发现原有小说理论很难规范一些"新体式"的小说作品，一些吸收了各种各样文学的和非文学的养分而发育为一些"四不像"的小说不断涌现。

小说的特点是不断变化的,当代小说正是以从语言到情节到人物主题等内容与形式的所有方面的革新,向读者提供着表现能力更为强大、审美特征更为丰富的文本。

三、小说的鉴赏方法

(一)感受典型形象

对形象的把握可以从以下几方面进行。

——从行动、语言、肖像、心理等描写中感受人物独特而鲜明的个性。例如,《守财奴》描写葛朗台想撬梳妆匣的金板与欧也妮展开争夺时手一摆一推的动作,读者会从这一连串的下意识行为中,感受到葛朗台占有金子的疯狂。《祝福》描写祥林嫂重复叙说"狼吃阿毛"的故事,读者会从中感受到祥林嫂失去爱子的悲痛;祥林嫂的眼神变化更让人感受到她生活境况和精神状态的变化。

——在划分情节结构的基础上,从矛盾发展的角度分析情节的走向,并从中感受人物形象的深刻意义。比如阿Q在"革命"问题上由主动转为被动的矛盾发展,具体表现为宣布革命、幻想革命、静修庵革命和幻想破灭的情节走向,读者就可以从中感受到人物命运的起伏跌宕。

——从典型细节的描写中感受人物形象的生动性。如《荷花淀》中水生嫂在听说水生要到大部队去的消息后,手指的震动,把手指放在嘴里吮一下的细节,读者会感受到水生嫂内心震动与外表镇静的不同心理变化。

——从人物活动的时间、地点、时令、气候、地理风貌等自然环境的描写所制造的气氛中感受人物的情趣、心境;从人物活动、事件发生发展的时代特征、社会风貌等社会环境描写中体会人物心理、性格。如《药》的结尾描写坟场的自然环境,突出了悲凉的气氛,烘托了老妇人失去亲人的悲哀。

塑造典型性格的写作方法,包含直接描写和间接描写。其中用间接描写方法塑造典型性格,是以描写其他人物来衬托、表现主要人物的性格特征。如《药》中夏瑜这个典型人物的性格,就是通过描写华老栓、夏四奶奶等等人物的相关行动、情态、语言,从而间接描写、塑造出来的。当然,塑造典型性格最常见的还是用直接描写方法,即在故事情节发展中正面描写人物的语言、行动、肖像、心理活动,表现人物的性格特征,刻画出栩栩如生的人物形象,产生直接的感染力量。

(二)把握情节线索

塑造人物形象不能脱离故事情节。脱离故事情节描写人物,即使非常细致,也毫无意义。优秀小说即使描写人物独处一室的内心活动,也总是紧紧扣住故事情节。如《狂人日记》多次描写狂人的内心独白,就都紧紧扣住了封建思想、封建礼教对他的迫害。

故事情节又必须服务于典型性格的塑造。故事情节越典型,越能体现人与人之间的关系和矛盾斗争,就越有利于典型性格的塑造。反之,脱离塑造典型性格,故事情节再曲折生动,也同样毫无意义。优秀小说总是以特定的故事情节,服务于特定的典型性格的塑造。《促织》那曲折跌宕的故事情节,就很好地起到了服务于塑造成名这个典型人物的性格的作用。

总之,鉴赏小说的故事情节,要紧紧联系典型性格,着意体会其中体现的矛盾斗争,为鉴赏典型性格作好铺垫。这是鉴赏故事情节的目的,也是鉴赏典型性格的前提条件。

(三)分析环境描写

小说的环境描写,通常包括历史背景、时代气氛、人物关系、人情风俗以及自然景物等方面,概而言之,即自然环境与社会环境两个方面。自然环境对人物的命运有时也有影响,但真正决定人物命运的往往主要是社会环境。如《祝福》中的祥林嫂与《荷花淀》中的水生嫂,其命运与性格截然不同,就是因为其生活在两个截然不同的社会环境之中。

分析环境时,首先应注意,社会环境往往有复合的因素,有几个因素就应分析出几个因素。如契诃夫的《装在套子里的人》描写社会环境时,展开矛盾的两个方面是反动潮流和进步潮流的冲突。而鲁迅的《祝福》在描写社会环境时,展开的更是诸多方面,既有男女不平等问题,又有封建贞操观念等问题;既有封建礼教问题,又有迷信观念问题;既有人心冷漠问题,又有社会事业落后问题。在祥林嫂一生的苦难史上,不同的因素起着不同的作用。

其次,分析社会环境应透过当事人的言行深入挖掘社会历史内涵。社会环境一般由主要人物周围的次要人物组成。那些次要人物,是某种社会力量的某种观念的载体,分析时应通过这些人物的言行,认识其代表的社会势力及其观念。作家总是通过具体的人物体现某种社会势力或观念,分析时必须通过具体人物的言行来认识其社会历史内涵。《祝福》中表现封建贞洁观念,主要是让鲁四老爷作为这种观念的载体。表现迷信观念,主要是让柳妈作为这种观念的载体。因此,在欣赏时,我们就得从鲁四老爷的话语中看到封建礼教,从柳妈的话语中看到迷信观念。只有这样进行透彻的分析,才能从中认识到作品所提出的社会问题。

(四)品味语言特色

小说是语言的艺术,小说中最能体现作者风格的地方之一便是语言。鉴赏小说语言,首先要注意用词、修辞、语法。一般而言,句子中的重点词语在语境中会起到重要的作用,能够帮助读者深入理解句意甚至文意,能表现一个句子乃至一篇文章的主旨,表明作者的写作意图和感情倾向。因此,理解作者用词的巧妙和意图,是鉴赏的关键所在。而修辞方法的使用能使词语、句子的意义和感情色彩发生变化,能更加有力地表现作者某种强烈的思想感情,更丰富多彩地体现语言的灵活性和生动性。语法特征往往表现为句子结构的特殊性和复杂性,抓住了其特殊性和复杂性,在某种程度上就抓住了语句的含义及作者的感情倾向,也就能使含蓄、抽象的语义得到具体的显露。

《药》在介绍康大叔的形象时描写道:“黑的人便抢过灯笼,一把扯下纸罩,裹了馒头,塞与老栓,一手抓过洋钱,捏一捏,转身去了。”作者运用一系列动词“抢”、“扯”、“裹”、“塞”、“抓”、“捏”,把刽子手康大叔粗暴、凶残、贪婪的丑恶面目刻画得淋漓尽致。《装在套子里的人》描绘别里科夫的死因时说:“科瓦连科在他后面一把抓住他的衣领,使劲一推,别里科夫就连同他的雨鞋一齐乒乒乓乓地滚下楼去……不过他滚到楼下却安然无恙……”“安然无恙”一词用得巧妙无比,既达到了讽刺效果,也说明了别里科夫不是摔死的,那他为何而死?原来他滚下楼去时,刚巧被两位女士看到。政府告示上没说教师可以“滚下楼”,而现在他“滚下楼”了又被女士们看见了!这件事说不定会闹出什么乱子啊!别里科夫于是被活活吓死了,文章主旨也就凸显出来了。

当然,鉴赏小说语言,还要琢磨作者落笔行文所散发出来的特殊味道。杰出的小说家多是语言大师,就中国的一些著名作家作品来说,鲁迅的小说语言凝练深刻又不乏幽默情趣,汪曾祺的小说语言清新隽永、韵味悠长……就是金庸的武侠小说也不全是以故事情节取胜,他的小说语言既有传统小说语言的精练传神等特点,又流畅易懂;他还杂用了各地的方言借以刻画人物,如吴语的软绵、川语的佶屈,用来无不曲尽其妙;他还不时杂以诗词韵语,这样就大大增加了小说的文学色彩。

四、经典小说导读

【作者简介】

刘义庆(403—444),彭城(今江苏徐州)人,南朝宋文学家,是刘宋武帝的堂侄,在诸王中颇为出色,且十分被看重。袭封临川王,曾任荆州刺史等官职,在政八年,政绩颇佳。后任江州刺史,到任一年,因同情贬官王义康而触怒文帝,责调回京,改任南兖州刺史、都督加开府仪同三司。不久,以病告退。元嘉二十一年(444)死于建康(今南京)。刘义庆自幼才华出众,爱好文学。除《世说新语》外,还有志怪小说《幽明录》。《世说新语》是由他组织的一批文人编写的。

《世说新语》三则[1]

刘义庆

过江诸人

过江诸人[2],每至美日,辄相邀新亭,藉卉饮宴。周侯中坐而叹曰:“风景不殊,正自有山河之异。”皆相视流泪。唯王丞相愀然变色曰:“当共戮力王室,克复神州,何至作楚囚相对!”

王蓝田性急

王蓝田[3]性急。尝食鸡子,以箸刺之,不得,便大怒,举以掷地。鸡子于地圆转未止,仍下地以屐齿碾之,又不得,瞋甚,复于地取内口中,啮破即吐之。王右军闻而大笑曰:“使安期有此性,犹当无一豪可论,况蓝田邪?”

石崇与王恺争豪

石崇与王恺[4]争豪,并穷绮丽以饰舆服。武帝,恺之甥也,每助恺。尝以一珊瑚树高二尺许赐恺。枝柯扶疏,世罕其比。恺以示崇;崇视讫,以铁如意击之,应手而碎。恺既惋惜,又以为疾己之宝,声色甚厉。崇曰:“不足恨,今还卿。”乃命左右悉取珊瑚树,有三尺、四尺,条干绝世,光彩溢目者六七枚,如恺许比甚众。恺惘然自失。

【注释】

[1]分别选自《世说新语》的《言语》、《忿狷》和《汰侈》篇。《世说新语》是志人小说集,主要记叙东汉后期至晋宋年间一些名士的言行与轶事,较为全面地反映了这一时期士族的放荡生活和清谈风气。所载人物的言行,往往是一些零星片断,但言简意赅,颇能传达人物的个性。其文质朴而意味隽永,在中国小说中自成一体,历来为人们所喜爱。刘义庆,南朝宋宗室,袭封临川王,曾任荆州刺史、江州刺史等职。据《宋书·宗室传》载,刘义庆“爱好文义”,“招聚文学之士,近远必至”。除《世说新语》外,还著有《徐州先贤传赞》、《典叙》、志怪小说《幽明录》等。

[2]过江诸人:指东晋初年南渡的士族大夫。

［3］王蓝田：王述，字怀祖，官至散骑常侍，尚书令，袭爵蓝田县侯，故称王蓝田。

［4］石崇：渤海南皮（今河北省沧州市西南）人，字季伦，西晋文学家，今存诗8首。历任刺史、卫尉等重要官职，在荆州劫掠客商，遂成巨富，以生活豪奢著名，后因反对赵王司马伦的专权，被赵王伦亲信孙秀所杀。王恺：字君夫，东海郡（今山东省东南部及江苏省北部地区）人，官至后军将军。

【阅读提示】

《世说新语》主要是掇拾汉末至东晋的士族阶层人物的逸闻轶事，尤详于东晋。全书按内容分类记事，计有德行、言语、政事、文学等36篇。从其内容的客观意义来说，比较清楚地反映了士族阶级的精神面貌与生活方式。而从艺术价值上讲，《世说新语》是记叙逸闻隽语的笔记小说的先驱，也是后来小品文的典范，它对后世文学有深远的影响。

《过江诸人》一则，表达了一部分爱国士族分子的忧国忧民之情。在当时的士族中，能够对北方国土沦陷发发感慨，并表示恢复的心愿的人，已是很难得的了。这则故事虽短，却构思巧妙。开头提出背景，从容过渡到对一次具体宴饮的描写，一个"每"字、一个"辄"字，就表现出这批南渡士大夫是经常相邀在新亭聚饮的。周侯的感叹应景而生，与开头的"美日"、"藉卉"相照应。"相视流泪"泛写众人的反应，更加映衬、突出了王丞相的神情意态，"愀然变色"四字使其激愤、昂扬之气立现。

言为心声，这篇文章的语言在揭示人物精神风貌方面是颇见力度的。在周侯"风景不殊，正自有山河之异"的感叹中，有着南渡士大夫在国破家亡的情景下发出的亡国之痛和无可奈何的消极颓唐。而"当共戮力王室，克复神州，何至作楚囚相对！"这番激愤的话语则掷地有声，显现王丞相效力朝廷，恢复中原的雄心，具有一种奋发图强的精神。

《王蓝田性急》这篇不足百字的短文，拈出"性急"二字，采用白描手法，通过生动逼真的细节描写，以极精简的笔墨刻画出人物的这一典型性格，读来情态逼真，如在眼前。

本文是一篇刻画人物性格的精品。仅50余字便将人物急躁无比的性格活画了出来，使人过目难忘。选取的虽只是生活中吃鸡蛋的一件小事，但极为典型。吃鸡蛋如此，做其他事可想而知。作者妙用动词"刺、掷、碾、啮、吐"，进行典型的动作描写，用"怒、瞋"作神态刻画，使读者如见其状，如闻其声，如睹其人，而终得其神，留下极其鲜明而深刻的印象。

魏晋时代的豪门贵族巧取豪夺，骄奢淫逸，纵酒行乐，过着花天酒地的生活。《世说新语》对这一时代达官名士的生活作了较为广泛的反映。《石崇与王恺争豪》通过石崇与王恺斗富的故事，反映了西晋富豪穷奢极侈的生活态度，晋武帝以世罕其比的珠宝随手赠予亲信的行为反映了朝政的无道，而石崇随手击碎珊瑚树的行为更表现了他依仗财势、骄横放肆的性格特征；在客观上也反映了作者对这种社会风气和人物行为的不满。

【作者简介】

凌濛初（1580—1644），字玄房，号初成；亦名凌波，一字遐厈；别号即空观主人。乌程（今浙江湖州）人。出身官宦家庭。十二岁入学，十八岁补廪膳生，应举入试，四中副榜，终未能正式考取。由于科场蹭蹬，曾作《绝交举子书》，为归隐计。天启年间入都就选，直至崇祯七年（1634）五十五岁时始授上海县丞，署海防事，并曾代理知县。崇祯十五年（1642）升任徐州通判，分署房村，治理河防。次年，李自成部陈小乙拥兵至房村左近，淮徐兵道何腾蛟率部追至房村，邀凌入幕。凌献《剿寇十策》，颇得赏识，并曾单骑入陈营劝降，获得成功。崇祯十七年（1644），李自成别部又进军徐州，凌终因抵抗不敌，呕血而亡。凌濛初一生致力于小说戏曲创作，作品计有：杂剧九种，传奇三种。戏曲论著存世有：《谭曲杂札》，此外还编有诗文集多种，最为世所称道的还是他的话本小说集《拍案惊奇》和《二刻拍案惊奇》，合称“二拍”。

转运汉遇巧洞庭红　波斯胡指破鼍龙[1]壳①

凌濛初

词云：日日深杯酒满，朝朝小圃花开。自歌自舞自开怀，且喜无拘无碍。

青史几番春梦，红尘多少奇才？不须计较与安排，领取而今见在。

这首词乃宋朱希真[2]所作，词寄《西江月》，单道着人生功名富贵，总有天数，不如图一个见前[3]快活。试看往古来今，一部十七史[4]中，多少英雄豪杰，该富的不得富，该贵的不得贵。能文的倚马千言[5]，用不着时，几张纸盖不完酱瓿[6]；能武的穿杨百步，用不着时，几竿箭煮不熟饭锅。及至那痴呆懵懂、生来有福分的，随他文学低浅，也会发科发甲；随他武艺庸常，也会大请大受[7]。真所谓时也，运也，命也！俗语有两句道得好：“命若穷，掘得黄金化作铜；命若富，拾着白纸变成布。”

① 本篇出自凌濛初《拍案惊奇》（浙江古籍出版社，1994年第1版）卷一。

总来只听掌命司颠之倒之。所以吴彦高又有词云："造化[8]小儿无定据。翻来覆去，倒横直竖，眼见都如许。"僧晦庵亦有词云："谁不愿，黄金屋？谁不愿，千钟粟？算五行[9]不是，这般题目。枉使心机闲计较，儿孙自有儿孙福。"苏东坡亦有词云："蜗角虚名[10]，蝇头微利，算来着甚干忙？事皆前定，谁弱又谁强？"这几位名人说来说去，都是一个意思。总不如古语云："万事已分定，浮生空自忙。"

说话的[11]，依你说来，不须能文善武，懒惰的也只消天掉下前程；不须经商立业，败坏的也只消天挣与家缘。却不把人间向上的心都冷了？看官有所不知，假如人家出了懒惰的人，也就是命中该贱；出了败坏的人，也就是命中该穷：此是常理。却又自有转眼贫富，出人意外，把眼前事分毫算不得准的哩。

且听说一人，乃宋朝汴京人氏，姓金，双名维厚，乃是经纪行中人[12]。少不得朝晨起早，晚夕眠迟，睡醒来，千思想，万算计，拣有便宜的才做。后来家事挣得从容[13]了，他便思想一个久远方法：手头用来用去的，只是那散碎银子，若是上两块头好银，便存着不动，约得百两，便熔成一大锭，把一综红线结成一绦[14]，系在锭腰，放在枕边，夜来摩弄一番，方才睡下。积了一生，整整熔成八锭。以后也就随来随去，再积不成百两，他也罢了。

金老生有四子。一日，是他七十寿旦，四子置酒上寿。金老见了四子跻跻跄跄[15]，心中喜欢，便对四子说道："我靠皇天覆庇，虽则劳碌一生，家事尽可度日。况我平日留心，有熔成八大锭银子永不动用的，在我枕边，见[16]将绒线做对儿结着。今将拣个好日子分与尔等，每人一对，做个镇家之宝。"四子喜谢，尽欢而散。

是夜金老带些酒意，点灯上床。醉眼模糊里望去，八个大锭白晃晃排在枕边，摸了几摸，哈哈的笑了一声，睡下去了。睡未安稳，只听得床前有人行走脚步响，心疑有贼；又细听着，恰像欲前不前相让一般。床前灯火微明，揭帐一看，只见八个大汉身穿白衣，腰系红带，曲躬向前，曰："某等兄弟，天数[17]派定，宜在君家听令。今蒙我翁过爱，抬举成人，不烦役使，珍重多年，冥数将满。待翁归天后，再觅去向。今闻我翁目下将以我等分役诸郎君。我等与诸郎君辈原无前缘，故此前来告别，往某县某村王姓某者役托。后缘未尽，还可一面。"语毕，回身便走。金老不知何事，吃了一惊，翻身下床，不及穿鞋，赤脚赶去。远远见八人出了房门。金老赶得性急，绊了房槛，扑地跌倒。飒然惊醒，乃是南柯一梦[18]。急起挑灯明亮，点照枕边，已不见了八个大锭。细思梦中所言，句句是实。叹了一口气，哽咽了一会，道："不信我苦积一世，却没分与儿子每[19]受用，倒是别人家的？明明说有地方姓名，且慢慢跟寻下落则个[20]。"一夜不睡。

次早起来，与儿子每说知。儿子中也有惊骇的，也有疑惑的。惊骇的道："不该是我们手里东西，眼见得作怪。"疑惑的道："老人家欢喜中说话，失许了我们，回想转来，一时间就不割舍得分散了，造此鬼话，也不见得。"

金老见儿子们疑信不等，急急要验个实话。遂访至某县某村，果有王姓某者。

叩门进去，只见堂前灯烛荧煌，三牲福物[21]，正在那里献神。金老便开口问道：“宅上有何事如此？”家人报知，请主人出来。主人王老见金老，揖坐了，问其来因。金老道：“老汉有一疑事，特造上宅来问消息。今见上宅正在此献神，必有所谓，敢乞明示。”王老道：“老拙偶因寒荆[22]小恙买卜，先生道移床即好。昨寒荆病中，恍惚见八个白衣大汉腰系红束，对寒荆道：‘我等本在金家，今在彼缘尽，来投身宅上。’言毕，俱钻入床下。寒荆惊出了一身冷汗，身体爽快了。及至移床，灰尘中得银八大锭，多用红绒系腰，不知是那里来的。此皆神天福佑，故此买福物酬谢。今我丈来问，莫非晓得些来历么？”金老跌跌脚道：“此老汉一生所积，因前日也做了一梦，就不见了。梦中也道出老丈姓名居址的确，故得访寻到此。可见天数已定，老汉也无怨处。但只求取出一看，也完了老汉心事。”王老道：“容易。”笑嘻嘻地走进去，叫安童[23]四人，托出四个盘来。每盘两锭，多是红绒系束，正是金家之物。金老看了，眼睁睁无计所奈，不觉扑簌簌掉下泪来。抚摩一番道：“老汉直如此命薄，消受不得！”王老虽然叫安童仍旧拿了进去，心里见金老如此，老大不忍，另取三两零银封了，送与金老作别。金老道：“自家的东西尚无福，何须尊惠！”再三谦让，必不肯受。王老强纳在金老袖中，金老欲待摸出来还了，一时摸个不着，面儿通红，又被王老央不过，只得作揖别了。直至家中，对儿子们一一把前事说了，大家叹息了一会。因言王老好处，临行送银三两。满袖摸遍，并不见有，只说路中掉了。却原来金老推逊时，王老往袖里乱塞，落在着外面一层袖中，袖有断线处，在王老家摸时，已在脱线处落在出门槛边了，客去扫门，仍旧是王老拾得。可见一饮一啄，莫非前定[24]。不该是他的东西，不要说八百两，就是三两也推不出。原有的倒无了，原无的倒有了。并不由人计较。

而今说一个人，在实地上行，步步不着，极贫极苦的，却在渺渺茫茫做梦不到的去处，得了一主没头没脑钱财，变成巨富。从来稀有，亘古新闻。有诗为证：

分内功名匣里财，不关[25]聪慧不关呆。
果然命是财官格[26]，海外犹能送宝来。

话说国朝成化年间，苏州府长洲县阊门外有一人，姓文名实，字若虚。生来心思慧巧，做着便能，学着便会。琴棋书画，吹弹歌舞，件件粗通。幼年间，曾有人相他有巨万之富。他亦自恃才能，不十分去营求生产，坐吃山空，将祖上遗下千金家事，看看消下来。以后晓得家业有限，看见别人经商图利的，时常获利几倍，便也思量做些生意，却又百做百不着。

一日，见人说北京扇子好卖，他便合了一个伙计，置办扇子起来。上等金面精巧的，先将礼物求了名人诗画，免不得是沈田石、文衡山、祝枝山拓了几笔[27]，便值上两数银子；中等的，自有一样乔人[28]，一只手学写了这几家字画，也就哄得人过，将假当真的买了，他自家也兀自[29]做得来的；下等的，无金无字画，将就卖几十钱，也有对合利钱[30]，是看得见的。拣个日子[31]装了箱儿，到了北京。岂知北京那年自交夏来日日淋雨不晴，并无一毫暑气，发市甚迟。交秋早凉，虽不见及时，幸喜天色却晴，有妆晃[32]子弟，要买把苏做的扇子，袖中笼着摇摆。来买时，开箱一看，只叫得苦。原来北京历沴[33]却在七八月，更加日前雨湿之气，斗着扇上胶墨之性，弄做了个“合而言之[34]”，揭不开了。用力揭开，东粘一层，西缺一片，但是有字有画值价钱的，一毫无用。止剩下等没字白扇是不坏的，能值几何？将就卖了做盘费回家，本钱一空。

频年做事，大概如此，不但自己折本，但是搭他作伴，连伙计也弄坏了，故此，人起他一个混名，叫做“倒运汉”，不数年，把个家事干圆洁净[35]了，连妻子也不曾娶得。终日间靠着些东涂西抹，东挨西撞，也济不得甚事。但只是嘴头子谄得来，会说会笑，朋友家喜欢他有趣，游耍去处，少他不得，也只好趁口[36]，不是做家[37]的，况且他是大模大样过来的，帮闲行里，又不十分入得队。有怜他的，要荐他坐馆教学，又有诚实人家嫌他是个杂板令。高不凑，低不就。打从帮闲的、处馆的两项人见了他，也就做鬼脸，把“倒运”两字笑他。不在话下。

一日。有几个走海泛货的邻近，做头的无非是张大、李二、赵甲、钱乙一班人，共四十余人，合了伙将行。他晓得了，自家思忖道：“一身落魄，生计皆无。便附了他们航海，看看海外风光，也不枉人生一世。况且他们定是不却我的，省得在家忧柴忧米，也是快活。”正计较间，恰好张大踱将来。原来这个张大，名唤张乘运，专一做海外生意，眼里认得奇珍异宝，又且秉性爽慨，肯扶持好人，所在乡里起他一个混名叫“张识货”。文若虚见了，便把此意一一与他说了。张大道：“好，好！我们在海船里头不耐烦寂寞，若得兄去，在船中说说笑笑，有甚难过的日子？我们众兄弟，料想多是喜欢的。只是一件，我们多有货物将去，兄并无所有，觉得空了一番往返，也可惜了。待我们大家计较，多少凑些出来助你，将就置些东西去也好。”文若虚便道：“多谢厚情，只怕没人如兄肯周全小弟。”张大道：“且说说看。”一竟自去了。

恰遇一个瞽目[38]先生敲着“报君知”[39]走将来，文若虚伸手顺袋里摸了一个钱，扯他一卦，问问财气看。先生道：“此卦非凡，有百十分财气，不是小可。”文若虚自想道：“我只要搭去海外耍耍，混过日子罢了，那里是我做得着的生意？要甚么赍助[40]？就赍助得来，能有多少？便直恁地[41]财爻动[42]？这先生也是混帐。”

只见张大气忿忿走来，说道：“说着钱，便无缘。这些人好笑！说道你去，无不喜欢；说到助银，没一个则声。今我同两个好的弟兄，拼凑得一两银子在此，也办不成甚货，凭你买些果子，船里吃罢。口食[43]之类，是在我们身上。”若虚称谢不尽，接了银子。张大先行，道：“快些收拾，就要开船了。”若虚道：“我没甚收拾，随后就来。”手中拿了银子，看了又笑，笑了又看，道：“置得甚货么？”

信步走去，只见满街上筐篮内盛着卖的：

红如喷火，巨若悬星。皮未皲[44]，尚有余酸；霜未降，未可多得。元殊苏井诸家树，亦非李氏千头奴。较广似曰难兄，比福亦云具体[45]。

乃是太湖中有一洞庭山，地暖地肥，与闽广无异。所以广橘、福橘，播名天下，洞庭有一样橘树绝与他相似，颜色正同，香气亦同，止是初出时，味略稍酸，后来熟了，却也甜美，比福橘之价，十分之一，名曰“洞庭红”。若虚看见了，便思想道：“我一两银子买得百斤有余，在船可以解渴，又可分送一二，答众人助我之意。”买成，装上竹篓，雇一闲的，并行李挑了下船。众人都拍手笑道：“文先生宝货来也！”文若虚羞惭无地，只得吞声上船，再也不敢提起买橘的事。

开得船来，渐渐出了海口，只见：

银涛卷雪，雪浪翻银。湍转则日月似惊，浪动则星河如覆。

三五日间，随风漂去，也不觉过了多少路程。忽至一个地方，舟中望去，人烟凑聚，城郭巍峨，晓得是到了甚么国都了。舟人把船撑入藏风避浪的小港内，钉了桩橛，下了铁锚，缆好了。船中人多上岸，打一看，原来是来过的所在，名曰吉零国。原来这边中国货物拿到那边，一倍就有三倍价。换了那边货物，带到中国也是如此。一往一回，却不便有八九倍利息，所以人都拼死走这条路。众人多是做过交易的，各有熟识经纪、歇家、通事[46]人等，各自上岸找寻发货去了，只留文若虚在船中看船。路径不熟，也无走处。

正闷坐间，猛可[47]想起道：“我那一篓红橘，自从到船中，不曾开看，莫不人气蒸烂了？趁着众人不在，看看则个。”叫那水手在船舱板底下翻将起来，打开了篓看时，面上多是好好的。放心不下，索性搬将出来，都摆在艎板[48]上面。也是合该发迹，时来福凑。摆得满船红焰焰的，远远望来，就是万点火光，一天星斗。岸上走的人，都拢将来问道：“是甚么好东西呀？”文若虚只不答应。看见中间有个把一点头[49]的，拣了出来，掐破就吃。岸上看的一发多了，惊笑道：“原来是吃得的！”就中有个好事的，便来问价：“多少一个？”文若虚不省得[50]他们说话，船上人却晓得，就扯个谎哄他，竖起一个指头，说：“要一钱一颗。”那问的人揭开长衣，露出那兜罗锦红裹肚来，一手摸出银钱一个来道：“买一个尝尝。”文若虚接了银钱，手中等等[51]看，约有两把重，心下想道：“不知这些银子要买多少，也不见秤秤，且先把一个与他看样。”拣个大些的，红得可爱的，递一个上去。只见那个人接上手，攧了一攧道：“好东西呀！”扑地就劈开来，香气扑鼻。连旁边闻着的许多人，大家喝一声采。那买的不知好歹，看见船上吃法，也学他去了皮，却不分囊，一块塞在口里，甘水满咽喉，连核都不吐，吞下去了。哈哈大笑道：“妙哉！妙哉！”又伸手到裹肚里，摸出十个银钱来，说：“我要买十个进奉去。”文若虚喜出望外，拣十个与他去了。那看的人见那人如此买去了，也有买一个的，也有买两个三个的，都是一般银钱。买了的，都千欢万喜去了。

原来彼国以银为钱，上有文采。有等龙凤文的最贵重，其次人物，又次禽兽，又次树木，最下通用的，是水草，却都是银铸的，分两不异。适才买橘的，都是一样水草纹的，他道是把下等钱买了好东西去了，所以欢喜，也只是要小便宜心肠，与中国人一样。

须臾之间，三停[52]里卖了二停。有的不带钱在身边的，老大懊悔，急忙取了钱转来。文若虚已此剩不多了，拿一个班[53]道："而今要留着自家用，不卖了。"其人情愿再增一个钱，四个钱买了二颗，口中哓哓[54]说："晦气！来得迟了。"旁边人见他增了价，就埋怨道："我每还要买个，如何把价钱增长了他的？"买的人道："你不听得他方才说，兀自不卖了？"

正在议论间，只见首先买十个的那一个人，骑了一匹青骢马，飞也似奔到船边，下了马，分开人丛，对船上大喝道："不要零卖！不要零卖！是有的俺多要买。俺家头目要买去进可汗[55]哩。"看的人听见这话，便远远走开，站住了看。文若虚是个伶俐的人，看见来势，已此瞧科[56]在眼里，晓得是个好主顾了，连忙把篓里尽数倾出来，止剩五十余颗。数了一数，又拿起班来说道："适间讲过要留着自用，不得卖了。今肯加些价钱，再让几颗去罢。适间已卖出两个钱一颗了。"其人在马背上拖下一大囊，摸出钱来，另是一样树木纹的，说道："如此钱一个罢了。"文若虚道："不情愿，只照前样罢了。"那人笑了一笑，又把手去摸出一个龙凤纹的来道："这样的一个如何？"文若虚又道："不情愿，只要前样的。"那人又笑道："此钱一个抵百个，料也没得与你，只是与你耍。你不要俺这一个，却要那等的，是个傻子！你那东西，肯都与俺了，俺再加你一个那等的，也不打紧。"文若虚数了一数，有五十二颗，准准的要了他一百五十六个水草银钱。那人连竹篓都要了，又丢了一个钱，把篓拴在马上，笑吟吟地一鞭去了。看的人见没得卖了，一哄而散。

文若虚见人散了，到舱里把一个钱秤一秤，有八钱七分多重。秤过数个都是一般。总数一数，共有一千个差不多。把两个赏了船家，其余收拾在包里了。笑一声道："那盲子好灵卦也！"欢喜不尽，只等同船人来对他说笑则个。

说话的，你说错了。那国里银子这样不值钱，如此做买卖，那久惯漂洋的带去多是绫罗缎匹，何不多卖些银钱回来，一发百倍了？看官有所不知，那国里见了绫罗等物，都是以货交兑。我这里人也只是要他货物，才有利钱。若是卖他银钱时，他都把龙凤、人物的来交易，作了好价钱，分两也只得如此，反不便宜。如今是买吃口东西[57]，他只认作把低钱交易，我却只管分两，所以得利了。说话的，你又说错了。依你说来，那航海的，何不只买吃口东西，只换他低钱，岂不有利？反着重本钱，置他货物怎地？看官，又不是这话。也是此人偶然有此横财，带去着了手。若是有心第二遭再带去，三五日不凑巧，等得稀烂。那文若虚运未通时卖扇子就是榜样。扇子还是放得起的，尚且如此，何况果品？是这样执一论不得的。

闲话休题。且说众人领了经纪主人到船发货，文若虚把上头事[58]说了一遍。众人都惊喜道："造化！造化！我们同来，到是你没本钱的先得了手也！"张大便拍手道："人都道他倒运，而今想是运转了！"便对文若虚道："你这些银钱此间置货，作价不多，除是转发在伙伴中，回[59]他几百两中国货物，上去打换些土产珍奇，带转去有大利钱，也强如虚藏此银钱在身边，无个用处。”文若虚道：“我是倒运的，将本求财，从无一遭不连本送的。今承诸公挈带[60]，做此无本钱主意，偶然侥幸一番，真是天大造化了，如何还要生利钱，妄想甚么？万一如前再做折[61]了，难道再有洞庭红这样好卖不成？”众人多道：“我们用得着的是银子，有的是货物。彼此通融，大家有利，有何不可？”文若虚道：“一年吃蛇咬，三年怕草索。说到货物，我就没胆气了。只是守了这些银钱回去罢。”众人齐拍手道：“放着几倍利钱不取，可惜！可惜！”随同众人一同上去，到了店家交货明白，彼此兑换。约有半月光景，文若虚眼中看过了若干好东好西，他已自志得意满，不放在心上。

众人事体完了，一齐上船，烧了神福，吃了酒，开洋。行了数日，忽然间天变了起来。但见：

乌云蔽日，黑浪掀天。蛇龙戏舞起长空，鱼鳖惊惶潜水底。艨艟泛泛，只如栖不定的数点寒鸦；岛屿浮浮，便似没不煞[62]的几双水鹈。舟中是方扬的米簸，舷外是正熟的饭锅。总因风伯太无情，以致篙师多失色。

那船上人见风起了，扯起半帆，不问东西南北，随风势漂去。隐隐里望见一岛，便带住篷脚，只看着岛边使来。看看渐近，恰是一个无人的空岛。但见：

树木参天，草莱遍地。荒凉径界，无非些兔迹狐踪；坦迤土壤，料不是龙潭虎窟。混茫内，未识应归何国辖；开辟来，不知是否有人登。

船上人把[63]船只抛了铁锚，将桩橛泥犁上岸去钉停当了，对舱里道：“且安心坐一坐，候风势则个。”

那文若虚身边有了银子，恨不得插翅飞到家里，巴不得行路，却如此守风呆坐，心里焦燥。对众人道：“我且上岸，去岛上望望则个。”众人道：“一个荒岛，有何好看？”文若虚道：“总是闲着，何碍？”众人都被风颠得头晕，个个是呵欠连天，不肯同去。文若虚便自一个抖擞精神，跳上岸来，只因此一去，有分交：千年败壳精灵显，一介穷神富贵来。若是说话的同年生，并时长，有个未卜先知的法儿，便双脚走不动，也拄个拐儿随他同去一番，也不枉的。

却说文若虚见众人不去，偏要发个狠，扳藤附葛，直走到岛上绝顶。那岛也苦不甚高，不费甚大力，只是荒草蔓延，无好路径，到得上边，打一看时，四望漫漫，身如一叶，不觉凄然吊下泪来。心里道：“想我如此聪明，一生命蹇[64]。家业消亡，剩得只身，直到海外。虽然侥幸有得千来个银钱在囊内，知他命里是我的不是我的？今在绝岛中间，未到实地，性命也还是与海龙王合着的哩！”正在感怆，只见望去远远草丛中一物突高，移步往前一看，却是床大一个败龟壳。大惊道：“不信天下有如此大龟！世上人那里曾看见？说也不信的，我自到海外一番，不曾置得一件海外物事[65]，今我带了此物去，也是一件希罕的东西，与人看看，省得空口说着，道是苏州人会调谎。又且一件，锯将开来，一盖一板，各置四足，便是两张床，却不奇怪！”

遂脱下两只裹脚[66]接了，穿在龟壳中间，打个扣儿，拖了便走。

走至船边，船里人见他这等模样，都笑道："文先生那里又跎了纤来？"文若虚道："好教列位得知，这就是我海外的货了。"众人抬头一看，却便似一张无柱有底的硬脚床。吃惊道："好大龟壳！你拖来何干？"文若虚道："也是罕见的，带了他去。"众人笑道："好货不置一件，要此何用？"有的道："也有用处。有甚么天大的疑心事，灼他一卦[67]，只没有这样大龟药。"又有的道："医家要煎龟膏，拿去打碎了煎起来，也当得几百个小龟壳。"文若虚道："不管有用没用，只是希罕，又不费本钱便带了回去。"当时叫个船上水手，一抬抬下舱来。初时山下空阔，还只如此；舱中看来，一发大了。若不是海船，也着不得这样狼犺[68]东西。众人大家笑了一回，说道："到家时有人问，只说文先生做了偌大的乌龟买卖来了。"文若虚道："不要笑，我好歹有一个用处，决不是弃物。"随他众人取笑，文若虚只是得意。取些水来内外洗一洗净，抹干了，却把自己钱包行李都塞在龟壳里面，两头把绳一绊，却当了一个大皮箱了。自笑道："兀的不[69]眼前就有用起了？"众人都笑将起来，道："好算计！好算计！文先生到底是个聪明人。"

当夜无词。次日风息了，开船一走。不数日，又到了一个去处，却是福建地方了。才住定了船，就有一伙惯伺候接海客的小经纪牙人[70]，攒[71]将拢来，你说张家好，我说李家好，拉的拉，扯的扯，嚷个不住。船上众人拣一个一向熟识的跟了去，其余的也就住了。

众人到了一个波斯胡大店中坐定。里面主人见说海客到了，连忙先发银子，唤厨户包办酒席几十桌，分付停当，然后踱将出来。这主人是个波斯国里人，姓个古怪姓，是玛瑙的"玛"字，叫名玛宝哈，专一与海客兑换珍宝货物，不知有多少万数本钱。众人走海过的，都是熟主熟客，只是文若虚不曾认得。抬眼看时，原来波斯胡住得在中华久了，衣服言动都与中华不大分别，只是剃眉剪须，深目高鼻，在些古怪，出来见了众人，行宾主礼坐定了。两杯茶罢，站起身来，请到一个大厅上。只见酒筵多完备了，且是摆得济楚[72]。原来旧规，海船一到，主人家先折过这一番款待，然后发货讲价的。

主人家手执一付法浪菊花盘盏，拱一拱手道："请列位货单一看，好定坐席。"看官，你道这是何意？原来波斯胡以利为重，只看货单上有奇珍异宝值得上万者，就送在先席。余者看货轻重，挨次坐去，不论年纪，不论尊卑，一向做下的规矩。船上众人，货物贵的贱的，多的少的，你知我知，各自心照，差不多领了酒杯，各自坐了。单单剩得文若虚一个，呆呆站在那里。主人道："这位老客长不曾会面，想是新出海外的，置货不多了。"众人大家说道："这是我们的好朋友，到海外耍去的。身边有银子，却不曾肯置货。今日没奈何，只得屈他在末席坐了。"文若虚满面羞惭，坐了末位。主人坐在横头。饮酒中间，这一个说道我有猫儿眼[73]多少，那一个说我有祖母绿多少，你夸我逞。文若虚一发嘿嘿无言，自心里也微微有些懊悔道：

"我前日该听他们劝,置些货来的是,今枉有几百银子在囊中,说不得一句说话。"又自叹了口气道:"我原是一些本钱没有的,今已大幸,不可不知足。"自思自忖,无心发兴吃酒。众人却猜拳行令,吃得狼藉。主人是个积年[74],看出文若虚不快活的意思来,不好说破,虚劝了他几杯酒。众人都起身道:"酒勾了,天晚了,趁早上船去。明日发货吧。"别了主人去了。

主人撤了酒席,收拾睡了。明日起个清晨,先走到海岸船边来拜这伙客人。主人登舟,一眼瞅去,那舱里狼狼犺犺这件东西早先看见了,吃了一惊道:"这是那一位客人的宝货?昨日席上并不曾见说起,莫不是不要卖的?"众人都笑指道:"此敝友文兄的宝货。"中有一人衬道:"又是滞货[75]。"主人看了文若虚一看,满面挣得通红,带了怒色,埋怨众人道:"我与诸公相处多年,如何恁地作弄我?教我得罪于新客,把一个末座屈了他,是何道理!"一把扯住文若虚,对众客道:"且慢发货,容我上岸谢过罪着。"众人不知其故,有几个与文若虚相知些的,又有几个喜事的,觉得有些古怪,共十余人,赶了上来,重到店中,看是如何。

只见主人拉了文若虚,把交椅整一整,不管众人好歹,纳他头一位坐下了,道:"适间得罪得罪,且请坐一坐。"文若虚也心中镬铎[76],忖道:"不信此物是宝贝,这等造化不成?"主人走了进去,须臾出来,又拱众人到先前吃酒去处,又早摆下几桌酒,为首一桌,比先理会齐整。把盏向文若虚一揖,就对众人道:"此公正该坐头一席。你每枉自一船的货,也还赶他不来。先前失敬失敬!"众人看见又好笑,又好怪,半信不信的,一带儿坐了。

酒过三杯,主人就开口道:"敢问客长,适间此宝可肯卖否?"文若虚是个乖人,趁口答应道:"只要有好价钱,为甚不卖?"那主人听得肯卖,不觉喜从天降,笑逐颜开,起身道:"果然肯卖,但凭分付价钱,不敢吝惜。"文若虚其实不知值多少,讨少了,怕不在行;讨多了,怕吃笑。忖了一忖,面红耳热,颠倒讨不出价钱来。张大便与文若虚丢个眼色,将手放在椅子背后,竖着三个指头,再把第二个指空中一撇,道:"索性讨他这些。"文若虚摇头,竖一指道:"这些我还讨不出口在这里。"却被主人看见道:"果是多少价钱?"张大捣一个鬼道:"依文先生手势,敢像要一万哩!"主人呵呵大笑道:"这是不要卖,哄我而已。此等宝物,岂止此价钱!"

众人见说,大家目睁口呆,都立起了身来,扯文若虚去商议道:"造化!造化!想是值得多哩。我们实实不知如何定价,文先生不如开个大口,凭他还罢。"文若虚终是碍口识羞,待说又止。众人道:"不要不老气[77]!"主人又催道:"实说说何妨?"文若虚只得讨了五万两。主人还摇头道:"罪过,罪过。没有此话。"扯着张大私问他道:"老客长们海外往来,不是一番了,人都叫你张识货,岂有不知此物就里的?必是无心卖他,奚落小肆[78]罢了。"张大道:"实不瞒你说,这个是我的好朋友,同了海外玩耍的,故此不曾置货。适间此物,乃是避风海岛,偶然得来,不是出价置办的,故此不识得价钱。若果有这五万给他,够他富贵一生,他也心满意足了。”主人道:“如此说,要你做个大大保人,当有重谢,万万不可翻悔!”遂叫店小二取出文房四宝来,主人家将一张供单绵料纸折了一折,拿笔递与张大道:“有烦老客长做主,写个合同文书,好成交易。”张大指着同来一人道:“此位客人褚中颖写得好。”把纸笔让与他。褚客磨得墨浓,展好纸,提起笔来写道:

立合同议单张乘运等。今有苏州客人文实,海外带来大龟壳一个,投至波斯玛宝哈店,愿出银五万两买成。议定立契之后,一家交货,一家交银,各无翻悔。有翻悔者,罚契上加一。合同为照。

一样两纸,后边写了年月日,下写张乘运为头,一连把在坐客人十来个写去。褚中颖因自己执笔,写了落末。年月前边空行中间,将两纸凑着,写了骑缝[79]一行,两边各半,乃是“合同议约”四字,下写“客人文实,主人玛宝哈”,各押了花押[80]。单上有名的,从后头写起,写到张乘运,道:“我们押字钱重些,这买卖才弄得成。”主人笑道:“不敢轻,不敢轻。”

写毕,主人进内,先将银一箱抬出来道:“我先交明白了用钱[81],还有说话。”众人攒将拢来。主人开箱,却是五十两一包,共总二十包,整整一千两。双手交与张乘运道:“凭老客长收明,分与众客罢。”众人初然吃酒写合同,大家撺哄鸟乱,心下还有些不信的意思,如今见他拿出精晃晃白银来做用钱,方知是实。文若虚恰像梦里醉里,话都说不出来,呆呆地看。张大扯他一把道:“这用钱如何分散,也要文兄主张。”文若虚方说一句道:“且完了正事慢处。”

只见主人笑嘻嘻的对文若虚说道:“有一事要与客长商议。价银现在里面阁儿上,都是向来兑过的,一毫不少,只消请客长一两位进去,将一包过一过目,兑一兑为准,其余多不消兑得。却又一说,此银数不少,搬动也不是一时功夫,况且文客是个单身,如何好将下船去?又要泛海回还,有许多不便处。”文若虚想了一想道:“见教得极是。而今却待怎样?”主人道:“依着愚见,文客官目下回去未得。小弟此间有一个段匹铺,有本三千两在内。其前后大小厅屋楼房,共百余间,也是个大所在,价值二千两,离此半里之地。愚见就把本店货物及房屋文契,作[82]了五千两,尽行交与文客官,就留文客官在此住下了,做此生意。其银也做几遭搬了过去,不知不觉。日后文客官要回去,这里可以托心腹伙计看守,便可轻身往来。不然,小店交出不难,文客官收贮却难也。愚意如此。”说了一遍,说得文若虚与张大跌足道:“果然是客纲客纪[83],句句有理。”文若虚道:“我家里原无家小,况且家业已尽了,就带了许多银子回去,没处安顿。依了此说,我就在此处立起个家缘来,有何不可?此番造化,一缘一会,都是上天作成的,只索随缘[84]做去。便是货物房产价钱,未必有五千,总是落得的[85]。”便对主人说:“适间所言,诚是万全之算,小弟无不从命。”

主人便领文若虚进去阁上看,又叫张、褚二人:“一同来看看,其余列位不必了,请略坐一坐。”他四人进去。众人不进去的,个个伸头缩颈,你三我四说道:“有此异事！有此造化！早知这样，懊悔岛边泊船时节，也不去走走，或者还有宝贝也不见得。”有的道：“这是天大的福气，撞将来的，如何强得？”

正欣羡间，文若虚已同张、褚二客出来了。众人都问：“进去如何了？”张大道：“里边高阁是个土库，放银两的所在，都是桶子盛着。适间进去看了，十个大桶，每桶四千，又五个小匣，每个一千，共是四万五千。已将文兄的封皮记号封好了，只等交了货，就是文兄的了。”主人出来道：“房屋文书，缎匹账目，俱已在此，凑足五万之数了。且到船上取货去。”一拥都到海船来。

文若虚于路对众人说：“船上人多，切勿明言！小弟自有厚报。”众人也只怕船上人知道，要分了用钱去，各各心照。文若虚到了船上，先向龟壳中把自己包裹被囊取出了。手摸一摸壳，口里暗道：“侥幸！侥幸！”主人便叫店内后生二人来抬此壳，分付道：“好生抬进去，不要放在外边。”船上人见抬了此壳去，便道：“这个滞货也脱手了，不知卖了多少？”文若虚只不做声，一手提了包裹，往岸上就走。这起初同上来的几个，又赶到岸上，将龟壳从头至尾看了一遍，又向壳内张了一张，捽[86]了一捽，面面相觑道：“好处在那里？”

主人仍拉了这十来个一同上去。到店里，说道：“而今同文客官看了房屋铺面来。”众人与主人一同走到一处，正是闹市中间，一所好大房子。门前正中是个铺子，旁有一弄，走进转个弯，是两扇大石板门，门内大天井，上面一所大厅，厅上有一匾，题曰“来琛堂”。堂旁有两楹侧屋，屋内三面有橱，橱内都是绫罗各色缎匹。以后内房，楼房甚多。文若虚暗道：“得此为住居，王侯之家也不过如此矣。况又有段铺营生，利息无尽，便做了这里客人罢了，还思想家里做甚？”就对主人道：“好却好，只是小弟是个孤身，毕竟还要寻几房使唤的人才住得。”主人道：“这个不难，都在小店身上。”

文若虚满心欢喜，同众人走归本店来。主人讨茶来吃了，说道：“文客官今晚不消船里去，就在铺中住下了。使唤的人铺中现有，逐渐再讨便是。”众客人多道：“交易事已成，不必说了，只是我们毕竟有些疑心，此壳有何好处，值价如此？还要主人见教一个明白。”文若虚道：“正是，正是。”主人笑道：“诸公枉了海上走了多遭，这些也不识得！列位岂不闻说龙有九子乎？内有一种是鼍龙，其皮可以幔鼓，声闻百里，所以谓之鼍鼓。鼍龙万岁，到底蜕下此壳成龙。此壳有二十四肋，按天上二十四气，每肋中间节内有大珠一颗。若是肋未完全时节，成不得龙，蜕不得壳。也有生捉得他来，只好将皮幔鼓，其肋中也未有东西。直待二十四肋肋肋完全，节节珠满，然后蜕了此壳变龙而去。故此是天然蜕下，气候俱到，肋节俱完的，与生擒活捉、寿数未满的不同，所以有如此之大。这个东西，我们肚中虽晓得，知他几时蜕下？又在何处地方守得他着？壳不值钱，其珠皆有夜光，乃无价宝也！今天幸遇巧，得之无心耳。”

众人听罢，似信不信。只见主人走将进去了一会，笑嘻嘻的走出来，袖中取出一西洋布的包来，说道："请诸公看看。"解开来，只见一团绵裹着寸许大一颗夜明珠，光彩夺目。讨个漆黑的盘，放在暗处，其珠滚一个不定，闪闪烁烁，约有尺余亮处。众人看了，惊得目睁口呆，伸了舌头收不进来。主人回身转来，对众逐个致谢道："多蒙列位作成[87]了。只这一颗，拿到咱国中，就值方才的价钱了；其余多是尊惠。"众人个个心惊，却是说过的话又不好翻悔得。主人见众人有些变色，取了珠子，急急走到里边，又叫抬出一个缎箱来。除了文若虚，每人送与段子二端[88]，说道："烦劳了列位，做两件道袍穿穿，也见小肆中薄意。"袖中又摸出细珠十数串，每送一串道："轻鲜[89]，轻鲜，备归途一茶罢了。"文若虚处另是粗些的珠子四串，段子八匹，道是："权且做几件衣服。"文若虚同众人欢喜作谢了。

主人就同众人送了文若虚到段铺中，叫铺里伙计后生们都来相见，说道："今番是此位主人了。"主人自别了去，道："再到小店中去去来。"只见须臾间数十个脚夫扛了好些扛来，把先前文若虚封记的十桶五匣都发来了。文若虚搬在一个深密谨慎的卧房里头去处，出来对众人道："多承列位挈带，有此一套意外富贵，感谢不尽。"走进去把自家包裹内所卖洞庭红的银钱倒将出来，每人送他十个，止有张大与先前出银助他的两三个，分外又是十个，道："聊表谢意。"

此时文若虚把这些银钱看得不在眼里了。众人却是快活，称谢不尽。文若虚又拿出几十个来，对张大说："有烦老兄，将此分与船上同行的人，每位一个，聊当一茶。小弟住在此间，有了头绪，慢慢到本乡来。此时不得同行，就此为别了。"张大道："还有一千两用钱，未曾分得，却是如何？须得文兄分开，方没得说。"文若虚道："我倒忘了。"就与众人商议，将一百两散与船上众人，余九百两，照现在人数，另外添出两股，派了股数，各得一股。张大派为头的，褚中颖执笔的，多分一股。众人千欢万喜，没有说话。内中一人道："只是便宜了这回回。文先生还该起个风，要他些不敷[90]才是。"文若虚道："不要不知足，看我一个倒运汉，做着便折本的，造化到来，平空地有此一主财爻。可见人生分定，不必强求。我们若非这主人识货，也只当得废物罢了，还亏他指点晓得，如何还好昧心争论？"众人都道："文先生说得是。存心忠厚，所以该有此富贵。"大家千恩万谢，各各赍[91]了所得东西，自到船上发货。

从此，文若虚做了闽中一个富商，就在那里取了妻小，立起家业。数年之间，才到苏州走一遭，会会旧相识，依旧去了。至今子孙繁衍，家道殷富不绝。正是：

运退黄金失色，时来顽铁生辉。
莫与痴人说梦，思量海外寻龟。

【注释】

[1]鼍(tuó)龙：即扬子鳄，俗称猪婆龙，爬行动物，体长，背部、尾部有鳞甲，力大，贪睡。

[2]朱希真:南宋词人,名敦儒。其词旷逸俊迈,亦写过不少感怀北方沦陷的作品,有词集《樵歌》存世。

[3]见前:即眼前,现世。

[4]十七史:《旧唐书·经籍志》乙部正史类有《史记》、《汉书》、《后汉书》、《三国志》、《晋书》、《宋书》、《南齐书》、《梁书》、《陈书》、《后魏书》、《北齐书》、《周书》、《隋书》共十三史,宋人加《南史》、《北史》、《新唐书》、《新五代史》,始有十七史之名。

[5]倚马千言:东晋桓温北征时,袁宏倚在马前草拟文告,一挥而就,转眼就写满七张纸。后称文思敏捷为倚马才。

[6]盖不完酱瓿(bù):瓿,书面语,指小瓮、小罐。

[7]大请大受:请领取高薪俸禄。请受,请职官所领的衣粮料钱。

[8]造化:指命运、福气、运气。

[9]五行:指金、木、水、火、土,旧时算命以五行相生相克之说来解释人的祸福,此处五行指命运。

[10]蜗角虚名:指微小的虚名。《庄子》寓言说,蜗牛的左右角上分别有两个国家叫"触氏"和"蛮氏",二国相战,死伤数万。后蜗角常指非常渺小。

[11]说话的:这是作者模拟说书艺人的口气,代读者设问,话本和拟话本中常用此法。

[12]经纪行中人:指旧时市场上撮合买卖的中间人。

[13]从容:宽裕的意思。

[14]绦(tāo):带子。

[15]跻跻跄跄:形容行走有节奏的样子。这里指升堂步阶,行步有节奏。

[16]见:同"现"。

[17]天数:旧时迷信的人把一切不可知的事,不能抗御的灾难都归于上天安排的命运,称为天数。

[18]南柯一梦:事见唐传奇《南柯太守传》。淳于棼做梦到大槐安国做南柯太守,享尽荣华富贵,醒来才知道是大梦一场,大槐安国原来是住在南边大槐树下的蚁穴。后来常用"南柯一梦"泛指一场梦,多比喻一场空欢喜,本文指前者。

[19]每:即"们",元代较流行的借用法。

[20]则个:语气助词,此处用作"吧"、"呀",或"哩"之意。

[21]三牲福物:祭神的礼品。三牲,指牛、羊、猪。福物,指祭神的牲物。

[22]寒荆:对别人称自己妻子的谦词。

[23]安童:年幼的童仆。一说书童。

[24]一饮一啄,莫非前定:一生享受的东西都是前生注定的。一饮一啄,指人的饮食,引申为人一生享受的东西。

[25]关：相关，关系。

[26]财官格：算命术语，指人命中交好运，将要发财。

[27]沈石田、文衡山、祝枝山拓了几笔：沈石田，即沈周，号石田，工书善画；文衡山，即文征明，号衡山，工书画；祝枝山，即祝允明，号枝山，工书能诗。三人皆是明代长洲人。“拓了几笔”，即随便写了几笔或画了几笔的意思。

[28]乔人：即狡诈的人。

[29]兀自：还、尚。

[30]对合利钱：即对本对利，本利相等，指赚了一倍的利钱。

[31]拣个日子：旧时迷信，出门前多翻历书，挑选吉利日子，以求平安顺利达到目的。

[32]妆晃：又作装幌，指喜欢虚荣、爱装门面的子弟。

[33]历沴(lì)：沴，指灾气，恶气。历沴指阴阳反常之气，类似南方梅雨季节中的发霉状态。

[34]合而言之：语出《孟子》，这里指粘连在一起，打不开了。

[35]干圆洁净：俗语，指花得干干净净。

[36]趁口：混口饭吃，顾住嘴。

[37]做家：持家过日子。

[38]瞽目：书面语，指眼睛瞎。

[39]报君知：算命瞎子手中的铁板。

[40]赍助：帮助。

[41]恁地：方言，这样地，这么。

[42]财爻动：指卦象上显示的发财的迹象。爻，卜卦的卦象。

[43]口食：指饭食。

[44]皲(jūn)：书面语，皮肤因寒冷干燥而破裂。

[45]较广似曰难兄，比福亦云具体：比起广橘来和难兄难弟般不相上下，比起福橘来长得也差不多。

[46]通事：翻译。

[47]猛可：猛然，突然。

[48]艎板：即船板。

[49]一点头：橘子要坏的时候，往往上面先出现小白点，叫“一点头”。

[50]省得：懂得。

[51]等等：掂量掂量，估计。

[52]停：总数分成几份，其中一份叫一停。

[53]拿一个班：摆架子，装模作样。

[54]哓哓(xiāo)：乱嚷乱叫，争辩。

[55]可汗:古时北方少数民族对国家首领的称呼。

[56]瞧科:即瞧的意思。科,舞台术语,指动作。这里无具体意义。

[57]吃口东西:指零食。

[58]上头事:上面事,前面事。

[59]回:方言,“匀”的意思。别人多余或人家需要一时买不到,向他照原价分一些。

[60]挈带:携带,带领。

[61]折(shé):亏本,赔本。

[62]没不煞:淹不死的意思。没,沉没。不煞,不死。

[63]把:将。

[64]蹇(jiǎn):书面语,困苦,不顺利。

[65]物事:东西,物件。

[66]裹脚:包脚布。旧时线袜通行以前,男子也用布包脚。

[67]灼他一卦:古时占卜,烧荆枝灼龟甲,视其裂纹而卜吉凶。

[68]狼犺(kàng):巨大而笨重。

[69]兀的不:这不是。兀的,这,那。

[70]牙人:代销货物的人。

[71]攒(cuán):聚拢。

[72]济楚:整齐,整洁。

[73]猫儿眼:宝石,所现光彩如猫眼睛,非常贵重。下文祖母绿亦是宝石名,即绿柱玉。

[74]积年:书面语,多年。此处指有经验,老练。

[75]滞货:指不好出手的滞销货。

[76]镬(huò)铎:方言,糊涂的意思,不明白。

[77]不老气:面嫩,害羞,不老练,拉不下脸皮。

[78]小肆:小铺子。

[79]骑缝:两张纸的交接处,多指单据和存根连接的地方。

[80]花押:旧时公文契约上的草书签名。

[81]用钱:过去买卖时付给中人或保人的佣金。

[82]作:作价。

[83]客纲客纪:久惯出门在外的人处事的方法和经验。纲、纪,治理、处理的方法。客,出门人。

[84]随缘:顺其自然,随其机缘。

[85]落得的:此处指意外得到的。

[86]捞(lāo):同“捞”。

[87]作成：促成。

[88]二端：两匹。

[89]轻鲜：谦词，不成敬意之意。

[90]不敷：不够，不足。

[91]赍：书面语，怀着，抱着。

【阅读提示】

这篇小说是《拍案惊奇》卷之一。小说以商人文若虚为主人公，对于文若虚的传奇式的暴发经历啧啧称羡。本篇作品反映了明代中叶后商人对于开拓海外贸易的企求，以及他们在这过程中所表现出来的冒险精神和勇气。

本篇小说选自明代作家凌濛初的话本小说集《拍案惊奇》。以冯梦龙的"三言"（《喻世明言》、《警世通言》、《醒世恒言》）和凌濛初的"二拍"（《初刻拍案惊奇》、《二刻拍案惊奇》）为代表的明代白话短篇小说具有丰富的时代内容：一、反映了明代社会生活的新特点，主要是市民（特别是商人）的生活和思想感情。如《施润泽滩阙遇友》中小手工业者依靠劳动发家致富，《转运汉遇巧洞庭红，波斯胡指破鼍龙壳》中商人牟利致富的心理。二、爱情婚姻小说中表现出了一些新思想、新观念。这主要有两类。一类从正面表现市民阶层在爱情婚姻问题上的新观念、新追求，如《卖油郎独占花魁》、《蒋兴哥重会珍珠衫》；一类是描写情与礼的矛盾，或以悲剧结局来揭露和控诉封建礼教对妇女的迫害，如《杜十娘怒沉百宝箱》，或以喜剧结局来否定礼而肯定情，如《宿香亭张浩遇莺莺》。三、揭露社会的黑暗和封建统治阶级的罪恶。这也可分为两类。一类直接描写恶霸压迫人民，如《灌园叟晚逢仙女》；一类通过统治阶级的内部斗争揭露其凶残阴险的本性，如《沈小霞相会出师表》等。

《转运汉遇巧洞庭红》是古代话本小说的代表作之一。作品通过文若虚发财经历的叙写，表现了封建社会中商人海外冒险的理想和对金钱财富的追求。这篇小说虽然劝惩、教化意识较浓，但对晚明社会生活和江南经济发展有深刻全面的反映。

【思考与练习】

如何理解文若虚对财富的态度？

【作者简介】

汪曾祺（1920—1997），江苏高邮人，中国现当代著名作家，有《邂逅集》、《羊舍一夕》、《晚饭花集》、《蒲桥集》等短篇小说集和散文小品集，尤以短篇小说享誉文坛。其小说在现代人文精神和艺术品格上对当代文学都具有典范意义。《受戒》、《大淖记事》为其代表作。

受　戒[①]

汪曾祺

明海出家已经四年了。

他是十三岁来的。

这个地方的地名有点怪，叫庵赵庄。赵，是因为庄上大都姓赵。叫做庄，可是人家住得很分散，这里两三家，那里两三家。一出门，远远可以看到，走起来得走一会，因为没有大路，都是弯弯曲曲的田埂。庵，是因为有一个庵。庵叫菩提庵，可是大家叫讹了，叫成荸荠庵。连庵里的和尚也这样叫。“宝刹何处？”——“荸荠庵。”庵本来是住尼姑的。“和尚庙”、“尼姑庵”嘛。可是荸荠庵住的是和尚。也许因为荸荠庵不大，大者为庙，小者为庵。

明海在家叫小明子。他是从小就确定要出家的。他的家乡不叫“出家”，叫“当和尚”。他的家乡出和尚。就像有的地方出劁猪的，有的地方出织席子的，有的地方出箍桶的，有的地方出弹棉花的，有的地方出画匠，有的地方出婊子，他的家乡出和尚。人家弟兄多，就派一个出去当和尚。当和尚也要通过关系，也有帮。这地方的和尚有的走得很远。有到杭州灵隐寺的、上海静安寺的、镇江金山寺的、扬州天宁寺的。一般的就在本县的寺庙。明海家田少，老大、老二、老三，就足够种的了。他是老四。他七岁那年，他当和尚的舅舅回家，他爹、他娘就和舅舅商议，决定叫他当和尚。他当时在旁边，觉得这实在是在情在理，没有理由反对。当和尚有很多好处。一是可以吃现成饭。哪个庙里都是管饭的。二是可以攒钱。只要学会了放瑜伽焰口，拜梁皇忏，可以按例分到辛苦钱。积攒起来，将来还俗娶亲也可以；不想还俗，买几亩田也可以。当和尚也不容易，一要面如朗月，二要声如钟磬，三要聪明记性好。他舅舅给他相了相面，叫他前走几步，后走几步，又叫他喊了一声赶牛打场的号子：“格当嘚——”，说是“明子准能当个好和尚，我包了！”要当和尚，得下点本，——念几年书。哪有不认字的和尚呢！于是明子就开蒙入学，读了《三字经》、《百家姓》、《四言杂字》、《幼学琼林》、《上论、下论》、《上孟、下孟》，每天还写一张仿。村里都夸他字写得好，很黑。

舅舅按照约定的日期又回了家，带了一件他自己穿的和尚领的短衫，叫明子娘

---

① 汪曾祺著：《汪曾祺文集》（小说卷），人民出版社，1998年版。

改小一点，给明子穿上。明子穿了这件和尚短衫，下身还是在家穿的紫花裤子，赤脚穿了一双新布鞋，跟他爹、他娘磕了一个头，就随舅舅走了。

他上学时起了个学名，叫明海。舅舅说，不用改了。于是“明海”就从学名变成了法名。

过了一个湖。好大一个湖！穿过一个县城。县城真热闹：官盐店，税务局，肉铺里挂着成边的猪，一个驴子在磨芝麻，满街都是小磨香油的香味，布店，卖茉莉粉、梳头油的什么斋，卖绒花的，卖丝线的，打把式卖膏药的，吹糖人的，耍蛇的，……他什么都想看看。舅舅一劲地推他：“快走！快走！”

到了一个河边，有一只船在等着他们。船上有一个五十来岁的瘦长瘦长的大伯，船头蹲着一个跟明子差不多大的女孩子，在剥一个莲蓬吃。明子和舅舅坐到舱里，船就开了。

明子听见有人跟他说话，是那个女孩子。

“是你要到荸荠庵当和尚吗？”

明子点点头。

“当和尚要烧戒疤呕！你不怕？”

明子不知道怎么回答，就含含糊糊地摇了摇头。

“你叫什么？”

“明海。”

“在家的时候？”

“叫明子。”

“明子！我叫小英子！我们是邻居。我家挨着荸荠庵。——给你！”

小英子把吃剩的半个莲蓬扔给明海，小明子就剥开莲蓬壳，一颗一颗吃起来。

大伯一桨一桨地划着，只听见船桨拨水的声音：“哗——许！哗——许！”

……

荸荠庵的地势很好，在一片高地上。这一带就数这片地势高，当初建庵的人很会选地方。门前是一条河。门外是一片很大的打谷场。三面都是高大的柳树。山门里是一个穿堂。迎门供着弥勒佛。不知是哪一位名士撰写了一副对联：

大肚能容容天下难容之事

开颜一笑笑世间可笑之人

弥勒佛背后，是韦驮。过穿堂，是一个不小的天井，种着两棵白果树。天井两边各有三间厢房。走过天井，便是大殿，供着三世佛。佛像连龛才四尺来高。大殿东边是方丈，西边是库房。大殿东侧，有一个小小的六角门，白门绿字，刻着一副对联：

一花一世界

三藐三菩提

进门有一个狭长的天井,几块假山石,几盆花,有三间小房。

小和尚的日子清闲得很。一早起来,开山门,扫地。庵里的地铺的都是箩底方砖,好扫得很。给弥勒佛、韦驮烧一炷香,正殿的三世佛面前也烧一炷香,磕三个头,念三声"南无阿弥陀佛",敲三声磬。这庵里的和尚不兴做什么早课、晚课,明子这三声磬就全都代替了。然后,挑水,喂猪。然后,等当家和尚,即明子的舅舅起来,教他念经。

教念经也跟教书一样,师父面前一本经,徒弟面前一本经,师父唱一句,徒弟跟着唱一句。是唱哎。舅舅一边唱,一边还用手在桌上拍板。一板一眼,拍得很响,就跟教唱戏一样。是跟教唱戏一样,完全一样哎。连用的名词都一样。舅舅说,念经:一要板眼准,二要合工尺。说:当一个好和尚,得有条好嗓子。说:民国二十年闹大水,运河倒了堤,最后在清水潭合龙,因为大水淹死的人很多,放了一台大焰口,十三大师——十三个正座和尚,各大庙的方丈都来了,下面的和尚上百。谁当这个首座?推来推去,还是石桥——善因寺的方丈!他往上一坐,就跟地藏王菩萨一样,这就不用说了;那一声"开香赞",围看的上千人立时鸦雀无声。说:嗓子要练,夏练三伏,冬练三九,要练丹田气!说:要吃得苦中苦,方为人上人!说:和尚里也有状元、榜眼、探花!要用心,不要贪玩!舅舅这一番大法要说得明海和尚实在是五体投地,于是就一板一眼地跟着舅舅唱起来:

"炉香乍爇——"

"炉香乍爇——"

"法界蒙薰——"

"法界蒙薰——"

"诸佛现金身……"

"诸佛现金身……"

……

等明海学完了早经,——他晚上临睡前还要学一段,叫做晚经,——荸荠庵的师父们就都陆续起床了。

这庵里人口简单,一共六个人。连明海在内,五个和尚。有一个老和尚,六十几了,是舅舅的师叔,法名普照,但是知道的人很少,因为很少人叫他法名,都称之为老和尚或老师父,明海叫他师爷爷。这是个很枯寂的人,一天关在房里,就是那"一花一世界"里。也看不见他念佛,只是那么一声不响地坐着。他是吃斋的,过年时除外。

下面就是师兄弟三个,仁字排行:仁山、仁海、仁渡。庵里庵外,有的称他们为大师父、二师父;有的称之为山师父、海师父。只有仁渡,没有叫他"渡师父"的,因为听起来不像话,大都直呼之为仁渡。他也只配如此,因为他还年轻,才二十多岁。

仁山,即明子的舅舅,是当家的。不叫"方丈",也不叫"住持",却叫"当家的”，是很有道理的，因为他确确实实干的是当家的职务。他屋里摆的是一张账桌，桌子上放的是账簿和算盘。账簿共有三本。一本是经账，一本是租账，一本是债账。和尚要做法事，做法事要收钱，——要不，当和尚干什么？常做的法事是放焰口。正规的焰口是十个人。一个正座，一个敲鼓的，两边一边四个。人少了，八个，一边三个，也凑合了。荸荠庵只有四个和尚，要放整焰口就得和别的庙里合伙。这样的时候也有过。通常只是放半台焰口。一个正座，一个敲鼓，另外一边一个。一来找别的庙里合伙费事；二来这一带放得起整焰口的人家也不多。有的时候，谁家死了人，就只请两个，甚至一个和尚咕噜咕噜念一通经，敲打几声法器就算完事。很多人家的经钱不是当时就给，往往要等秋后才还。这就得记账。另外，和尚放焰口的辛苦钱不是一样的。就像唱戏一样，有份子。正座第一份。因为他要领唱，而且还要独唱。当中有一大段“叹骷髅”，别的和尚都放下法器休息，只有首座一个人有板有眼地曼声吟唱。第二份是敲鼓的。你以为这容易呀？哼，单是一开头的“发擂”，手上没功夫就敲不出迟疾顿挫！其余的，就一样了。这也得记上：某月某日、谁家焰口半台，谁正座，谁敲鼓……省得到年底结账时赌咒骂娘。……这庵里有几十亩庙产，租给人种，到时候要收租。庵里还放债。租、债一向倒很少亏欠，因为租佃借钱的人怕菩萨不高兴。这三本账就够仁山忙的了。另外香烛、灯火、油盐“福食”，这也得随时记记账呀。除了账簿之外，山师父的方丈的墙上还挂着一块水牌，上漆四个红字：“勤笔免思”。

仁山所说当一个好和尚的三个条件，他自己其实一条也不具备。他的相貌只要用两个字就说清楚了：黄，胖。声音也不像钟磬，倒像母猪。聪明么？难说，打牌老输。他在庵里从不穿袈裟，连海青直裰也免了。经常是披着件短僧衣，袒露着一个黄色的肚子。下面是光脚趿拉着一对僧鞋，——新鞋他也是趿拉着。他一天就是这样不衫不履地这里走走，那里走走，发出母猪一样的声音：“哞——哞——”。

二师父仁海。他是有老婆的。他老婆每年夏秋之间来住几个月，因为庵里凉快。庵里有六个人，其中之一，就是这位和尚的家眷。仁山、仁渡叫她嫂子，明海叫她师娘。这两口子都很爱干净，整天地洗涮。傍晚的时候，坐在天井里乘凉。白天，闷在屋里不出来。

三师父是个很聪明精干的人。有时一笔账大师兄扒了半天算盘也算不清，他眼珠子转两转，早算得一清二楚。他打牌赢的时候多，二三十张牌落地，上下家手里有些什么牌，他就差不多都知道了。他打牌时，总有人爱在他后面看歪头胡。谁家约他打牌，就说“想送两个钱给你”。他不但经忏俱通（小庙的和尚能够拜忏的不多），而且身怀绝技，会“飞铙”。七月间有些地方做盂兰会，在旷地上放大焰口，几十个和尚，穿绣花袈裟，飞铙。飞铙就是把十多斤重的大铙钹飞起来。到了一定的时候，全部法器皆停，只几十副大铙紧张急促地敲起来。忽然起手，大铙向半空中飞去，一面飞，一面旋转。然后，又落下来，接住。接住不是平平常常地接住，有各种架势,“犀牛望月”、“苏秦背剑”……这哪是念经,这是耍杂技。也许是地藏王菩萨爱看这个,但真正因此快乐起来的是人,尤其是妇女和孩子。这是年轻漂亮的和尚出风头的机会。一场大焰口过后,也像一个好戏班子过后一样,会有一个两个大姑娘、小媳妇失踪,——跟和尚跑了。他还会放“花焰口”。有的人家,亲戚中多风流子弟,在不是很哀伤的佛事——如做冥寿时,就会提出放花焰口。所谓“花焰口”就是在正焰口之后,叫和尚唱小调,拉丝弦,吹管笛,敲鼓板,而且可以点唱。仁渡一个人可以唱一夜不重头。仁渡前几年一直在外面,近二年才常住在庵里。据说他有相好的,而且不止一个。他平常可是很规矩,看到姑娘媳妇总是老老实实的,连一句玩笑话都不说,一句小调山歌都不唱。有一回,在打谷场上乘凉的时候,一伙人把他围起来,非叫他唱两个不可。他却情不过,说:“好,唱一个。不唱家乡的。家乡的你们都熟,唱个安徽的。”

姐和小郎打大麦,
一转子讲得听不得。
听不得就听不得,
打完了大麦打小麦。

唱完了,大家还嫌不够,他就又唱了一个:

姐儿生得漂漂的,
两个奶子翘翘的。
有心上去摸一把,
心里有点跳跳的。
……

这个庵里无所谓清规,连这两个字也没人提起。

仁山吃水烟,连出门做法事也带着他的水烟袋。

他们经常打牌。这是个打牌的好地方。把大殿上吃饭的方桌往门口一搭,斜放着,就是牌桌。桌子一放好,仁山就从他的方丈里把筹码拿出来,哗啦一声倒在桌上。斗纸牌的时候多,搓麻将的时候少。牌客除了师兄弟三人,常来的是一个收鸭毛的,一个打兔子兼偷鸡的,都是正经人。收鸭毛的担一副竹筐,串乡串镇,拉长了沙哑的声音喊叫:

“鸭毛卖钱——!”

偷鸡的有一件家什——铜蜻蜓。看准了一只老母鸡,把铜蜻蜓一丢,鸡婆子上去就是一口。这一啄,铜蜻蜓的硬簧绷开,鸡嘴撑住了,叫不出来了。正在这鸡十分纳闷的时候,上去一把薅住。

明子曾经跟这位正经人要过铜蜻蜓看看。他拿到小英子家门前试了一试,果然!小英子的娘知道了,骂明子:“要死了!儿子!你怎么到我家来玩铜蜻蜓了!”小英子跑过来:

“给我！给我！”

她也试了试，真灵，一个黑母鸡一下子就把嘴撑住，傻了眼了！

下雨阴天，这二位就光临荸荠庵，消磨一天。

有时没有外客，就把老师叔也拉出来，打牌的结局，大都是当家和尚气得鼓鼓的：“×妈妈的！又输了！下回不来了！”

他们吃肉不瞒人。年下也杀猪。杀猪就在大殿上。一切都和在家人一样，开水、木桶、尖刀。捆猪的时候，猪也是没命地叫。跟在家人不同的，是多一道仪式，要给即将升天的猪念一道“往生咒”，并且总是老师叔念，神情很庄重：

“……一切胎生、卵生、息生，来从虚空来，还归虚空去。往生再世，皆当欢喜。南无阿弥陀佛！”

三师父仁渡一刀子下去，鲜红的猪血就带着很多沫子喷出来。

……

明子老往小英子家里跑。

小英子的家像一个小岛，三面都是河，西面有一条小路通到荸荠庵。独门独户，岛上只有这一家。岛上有六棵大桑树，夏天都结大桑椹，三棵结白的，三棵结紫的；一个菜园子，瓜豆蔬菜，四时不缺。院墙下半截是砖砌的，上半截是泥夯的。大门是桐油油过的，贴着一副万年红的春联：

向阳门第春常在

积善人家庆有余

门里是一个很宽的院子。院子里一边是牛屋、碓棚；一边是猪圈、鸡窠，还有个关鸭子的栅栏。露天地放着一具石磨。正北面是住房，也是砖基土筑，上面盖的一半是瓦，一半是草。房子翻修了才三年，木料还露着白茬。正中是堂屋，家神菩萨的画像上贴的金还没有发黑。两边是卧房。隔扇窗上各嵌了一块一尺见方的玻璃，明亮亮的，——这在乡下是不多见的。房檐下一边种着一棵石榴树，一边种着一棵栀子花，都齐房檐高了。夏天开了花，一红一白，好看得很。栀子花香得冲鼻子。顺风的时候，在荸荠庵都闻得见。

这家人口不多，他家当然是姓赵。一共四口人：赵大伯、赵大妈，两个女儿，大英子、小英子。老两口没得儿子。因为这些年人不得病，牛不生灾，也没有大旱大水闹蝗虫，日子过得很兴旺。他们家自己有田，本来够吃的了，又租种了庵上的十亩田。自己的田里，一亩种了荸荠，——这一半是小英子的主意，她爱吃荸荠，一亩种了茨菇。家里喂了一大群鸡鸭，单是鸡蛋鸭毛就够一年的油盐了。赵大伯是个能干人。他是一个“全把式”，不但田里场上样样精通，还会罩鱼、洗磨、凿砻、修水车、修船、砌墙、烧砖、箍桶、劈篾、绞麻绳。他不咳嗽，不腰疼，结结实实，像一棵榆树。人很和气，一天不声不响。赵大伯是一棵摇钱树，赵大娘就是个聚宝盆。大娘精神得出奇。五十岁了，两个眼睛还是清亮亮的。不论什么时候，头都是梳得滑溜溜的，身上衣服都是格挣挣的。像老头子一样，她一天不闲着。煮猪食，喂猪，腌咸菜，——她腌的咸萝卜干非常好吃，舂粉子，磨小豆腐，编蓑衣，织芦篚。她还会剪花样子。这里嫁闺女，陪嫁妆，磁坛子、锡罐子，都要用梅红纸剪出吉祥花样，贴在上面，讨个吉利，也才好看："丹凤朝阳"呀、"白头到老"呀、"子孙万代"呀、"福寿绵长"呀。二三十里的人家都来请她："大娘，好日子是十六，你哪天去呀？"——"十五，我一大清早就来！""一定呀！"——"一定！一定！"

两个女儿，长得跟她娘像一个模子里托出来的。眼睛长得尤其像，白眼珠鸭蛋青，黑眼珠棋子黑，定神时如清水，闪动时像星星。浑身上下，头是头，脚是脚。头发滑溜溜的，衣服格挣挣的。——这里的风俗，十五六岁的姑娘就都梳上头了。这两个丫头，这一头的好头发！通红的发根，雪白的簪子！娘女三个去赶集，一集的人都朝她们望。

姐妹俩长得很像，性格不同。大姑娘很文静，话很少，像父亲。小英子比她娘还会说，一天咭咭呱呱地不停。大姐说："你一天到晚咭咭呱呱——"

"像个喜鹊！"

"你自己说的！——吵得人心乱！"

"心乱？"

"心乱！"

"你心乱怪我呀！"

二姑娘话里有话。大英子已经有了人家。小人她偷偷地看过，人很敦厚，也不难看，家道也殷实，她满意。已经下过小定，日子还没有定下来。她这二年，很少出房门，整天赶她的嫁妆。大裁大剪，她都会。挑花绣花，不如娘。她可又嫌娘出的样子太老了。她到城里看过新娘子，说人家现在绣的都是活花活草。这可把娘难住了。最后是喜鹊忽然一拍屁股："我给你保举一个人！"

这人是谁？是明子。明子念"上孟下孟"的时候，不知怎么得了半套《芥子园》，他喜欢得很。到了荸荠庵，他还常翻出来看，有时还把旧账簿子翻过来，照着描。小英子说："他会画！画得跟活的一样！"

小英子把明海请到家里来，给他磨墨铺纸，小和尚画了几张，大英子喜欢得了不得："就是这样！就是这样！这就可以乱孱！"——所谓"乱孱"是绣花的一种针法：绣了第一层，第二层的针脚插进第一层的针缝，这样颜色就可由深到淡，不露痕迹，不像娘那一代绣的花是平针，深浅之间，界限分明，一道一道的。小英子就像个书童，又像个参谋：

"画一朵石榴花！"

"画一朵栀子花！"

她把花掐来，明海就照着画。

到后来,凤仙花、石竹子、水蓼、淡竹叶、天竺果子、腊梅花,他都能画。

大娘看着也喜欢,搂住明海的和尚头:“你真聪明!你给我当一个干儿子吧!”

小英子捺住他的肩膀,说:“快叫!快叫!”

小明子跪在地下磕了一个头,从此就叫小英子的娘做干娘。

大英子绣的三双鞋,三十里方圆都传遍了。很多姑娘都走路坐船来看。看完了,就说:“啧啧啧,真好看!这哪是绣的,这是一朵鲜花!”她们就拿了纸来央大娘求了小和尚来画。有求画帐檐的,有求画门帘飘带的,有求画鞋头花的。每回明子来画花,小英子就给他做点好吃的,煮两个鸡蛋,蒸一碗芋头,煎几个藕团子。

因为照顾姐姐赶嫁妆,田里的零碎生活小英子就全包了。她的帮手,是明子。

这地方的忙活是栽秧、车高田水、薅头遍草,再就是割稻子、打场子。这几荐重活,自己一家是忙不过来的。这地方兴换工。排好了日期,几家顾一家,轮流转。不收工钱,但是吃好的。一天吃六顿,两头见肉,顿顿有酒。干活时,敲着锣鼓,唱着歌,热闹得很。其余的时候,各顾各,不显得紧张。

薅三遍草的时候,秧已经很高了,低下头看不见人。一听见非常脆亮的嗓子在一片浓绿里唱:

栀子哎开花哎六瓣头哎……

姐家哎门前哎一道桥哎……

明海就知道小英子在哪里,三步两步就赶到,赶到就低头薅起草来,傍晚牵牛“打汪”,是明子的事。——水牛怕蚊子。这里的习惯,牛卸了轭,饮了水,就牵到一口和好泥水的“汪”里,由它自己打滚扑腾,弄得全身都是泥浆,这样蚊子就咬不通了。低田上水,只要一挂十四轧的水车,两个人车半天就够了。明子和小英子就伏在车杠上,不紧不慢地踩着车轴上的拐子,轻轻地唱着明海向三师父学来的各处山歌。打场的时候,明子能替赵大伯一会,让他回家吃饭。——赵家自己没有场,每年都在荸荠庵外面的场上打谷子。他一扬鞭子,喊起了打场号子:

“格当嘚——”

这打场号子有音无字,可是九转十三弯,比什么山歌号子都好听。赵大娘在家,听见明子的号子,就侧起耳朵:“这孩子这条嗓子!”

连大英子也停下针线:“真好听!”

小英子非常骄傲地说:“一十三省数第一!”

晚上,他们一起看场。——荸荠庵收来的租稻也晒在场上。他们并肩坐在一个石磙子上,听青蛙打鼓,听寒蛇唱歌,——这个地方以为蝼蛄叫是蚯蚓叫,而且叫蚯蚓叫“寒蛇”,听纺纱婆子不停地纺纱,“吵——”,看萤火虫飞来飞去,看天上的流星。

“呀!我忘了在裤带上打一个结!”小英子说。

这里的人相信,在流星掉下来的时候在裤带上打一个结,心里想什么好事,就能如愿。

……

捋荸荠，这是小英子最爱干的生活。秋天过去了，地净场光，荸荠的叶子枯了，——荸荠的笔直的小葱一样的圆叶子里是一格一格的，用手一捋，哔哔地响，小英子最爱捋着玩，——荸荠藏在烂泥里。赤了脚，在凉浸浸滑滑溜的泥里踩着，——哎，一个硬疙瘩！伸手下去，一个红紫红紫的荸荠。她自己爱干这生活，还拉了明子一起去。她老是故意用自己的光脚去踩明子的脚。

她挎着一篮子荸荠回去了，在柔软的田埂上留了一串脚印。明海看着她的脚印，傻了。五个小小的趾头，脚掌平平的，脚跟细细的，脚弓部分缺了一块。明海身上有一种从来没有过的感觉，他觉得心里痒痒的。这一串美丽的脚印把小和尚的心搞乱了。

……

明子常搭赵家的船进城，给庵里买香烛，买油盐。闲时是赵大伯划船；忙时是小英子去，划船的是明子。

从庵赵庄到县城，当中要经过一片很大的芦花荡子。芦苇长得密密的，当中一条水路，四边不见人。划到这里，明子总是无端端地觉得心里很紧张，他就使劲地划桨。

小英子喊起来：

“明子！明子！你怎么啦？你发疯啦？为什么划得这么快？”……

明海到善因寺去受戒。

“你真的要去烧戒疤呀？”

“真的。”

“好好的头皮上烧十二个洞，那不疼死啦？”

“咬咬牙。舅舅说这是当和尚的一大关，总要过的。”

“不受戒不行吗？”

“不受戒的是野和尚。”

“受了戒有啥好处？”

“受了戒就可以到处云游，逢寺挂褡。”

“什么叫‘挂褡’？”

“就是在庙里住。有斋就吃。”

“不把钱？”

“不把钱。有法事，还得先尽外来的师父。”

“怪不得都说‘远来的和尚会念经’。就凭头上这几个戒疤?”

“还要有一份戒牒。”

“闹半天,受戒就是领一张和尚的合格文凭呀!”

“就是!”

“我划船送你去。”

“好。”

小英子早早就把船划到荸荠庵门前。不知是什么道理,她兴奋得很。她充满了好奇心,想去看看善因寺这座大庙,看看受戒是个啥样子。

善因寺是全县第一大庙,在东门外,面临一条水很深的护城河,三面都是大树,寺在树林子里,远处只能隐隐约约看到一点金碧辉煌的屋顶,不知道有多大。树上到处挂着“谨防恶犬”的牌子。这寺里的狗出名的厉害。平常不大有人进去。放戒期间,任人游看,恶狗都锁起来了。

好大一座庙!庙门的门坎比小英子的肐膝都高。迎门矗着两块大牌,一边一块,一块写着斗大两个大字:“放戒”,一块是:“禁止喧哗”。这庙里果然是气象庄严,到了这里谁也不敢大声咳嗽。明海自去报名办事,小英子就到处看看。好家伙,这哼哈二将、四大天王,有三丈多高,都是簇新的,才装修了不久。天井有二亩地大,铺着青石,种着苍松翠柏。“大雄宝殿”,这才真是个“大殿”!一进去,凉嗖嗖的。到处都是金光耀眼。释迦牟尼佛坐在一个莲花座上,单是莲座,就比小英子还高。抬起头来也看不全他的脸,只看到一个微微闭着的嘴唇和胖墩墩的下巴。两边的两根大红蜡烛,一搂多粗。佛像前的大供桌上供着鲜花、绒花、绢花,还有珊瑚树、玉如意、整根的大象牙。香炉里烧着檀香。小英子出了庙,闻着自己的衣服都是香的。挂了好些幡。这些幡不知是什么缎子的,那么厚重,绣的花真细。这么大一口磬,里头能装五担水!这么大一个木鱼,有一头牛大,漆得通红的。她又去转了转罗汉堂,爬到千佛楼上看了看。真有一千个小佛!她还跟着一些人去看了看藏经楼。藏经楼没有什么看头,都是经书!妈吔!逛了这么一圈,腿都酸了。小英子想起还要给家里打油,替姐姐配丝线,给娘买鞋面布,给自己买两个坠围裙飘带的银蝴蝶,给爹买旱烟,就出庙了。

等把事情办齐,晌午了。她又到庙里看了看,和尚正在吃粥。好大一个“膳堂”,坐得下八百个和尚。吃粥也有这样多讲究:正面法座上摆着两个锡胆瓶,里面插着红绒花,后面盘膝坐着一个穿了大红满金绣袈裟的和尚,手里拿了戒尺。这戒尺是要打人的。哪个和尚吃粥吃出了声音,他下来就是一戒尺。不过他并不真的打人,只是做个样子。真稀奇,那么多的和尚吃粥,竟然不出一点声音!他看见明子也坐在里面,想跟他打个招呼又不好打。想了想,管他禁止不禁止喧哗,就大声喊了一句:“我走啦!”她看见明子目不斜视地微微点了点头,就不管很多人都朝自己看,大摇大摆地走了。

第四天一大清早小英子就去看明子。她知道明子受戒是第三天半夜,——烧戒疤是不许人看的。她知道要请老剃头师傅剃头,要剃得横摸顺摸都摸不出头发茬子,要不然一烧,就会“走”了戒,烧成了一片。她知道是用枣泥子先点在头皮上,然后用香头子点着。她知道烧了戒疤就喝一碗蘑菇汤,让它“发”,还不能躺下,要不停地走动,叫做“散戒”。这些都是明子告诉她的。明子是听舅舅说的。

她一看,和尚真在那里“散戒”,在城墙根底下的荒地里。一个一个,穿了新海青,光光的头皮上都有十二个黑点子。——这黑疤掉了,才会露出白白的、圆圆的“戒疤”。和尚都笑嘻嘻的,好像很高兴。她一眼就看见了明子。隔着一条护城河,就喊他:

“明子!”

“小英子!”

“你受了戒啦?”

“受了。”

“疼吗?”

“疼。”

“现在还疼吗?”

“现在疼过去了。”

“你哪天回去?”

“后天。”

“上午?下午?”

“下午。”

“我来接你!”

“好!”

……

小英子把明海接上船。

小英子这天穿了一件细白夏布上衣,下边是黑洋纱的裤子,赤脚穿了一双龙须草的细草鞋,头上一边插着一朵栀子花,一边插着一朵石榴花。她看见明子穿了新海青,里面露出短褂子的白领子,就说:“把你那外面的一件脱了,你不热呀!”

他们一人一把桨。小英子在中舱,明子扳艄,在船尾。

她一路问了明子很多话,好像一年没有看见了。

她问,烧戒疤的时候,有人哭吗?喊吗?

明子说,没有人哭,只是不住地念佛。有个山东和尚骂人:“俺日你奶奶!俺不烧了!”

她问善因寺的方丈石桥是相貌和声音都很出众吗?

"是的。"

"说他的方丈比小姐的绣房还讲究?"

"讲究。什么东西都是绣花的。"

"他屋里很香?"

"很香。他烧的是伽楠香,贵得很。"

"听说他会做诗,会画画,会写字?"

"会。庙里走廊两头的砖额上,都刻着他写的大字。"

"他是有个小老婆吗?"

"有一个。"

"才十九岁?"

"听说。"

"好看吗?"

"都说好看。"

"你没看见?"

"我怎么会看见?我关在庙里。"

明子告诉她,善因寺一个老和尚告诉他,寺里有意选他当沙弥尾,不过还没有定,要等主事的和尚商议。

"什么叫'沙弥尾'?"

"放一堂戒,要选出一个沙弥头,一个沙弥尾。沙弥头要老成,要会念很多经。沙弥尾要年轻,聪明,相貌好。"

"当了沙弥尾跟别的和尚有什么不同?"

"沙弥头,沙弥尾,将来都能当方丈。现在的方丈退居了,就当。石桥原来就是沙弥尾。"

"你当沙弥尾吗?"

"还不一定哪。"

"你当方丈,管善因寺?管这么大一个庙?"

"还早呐!"

划了一气,小英子说:"你不要当方丈!"

"好,不当。"

"你也不要当沙弥尾!"

"好,不当。"

又划了一气,看见那一片芦花荡子了。

小英子忽然把桨放下,走到船尾,趴在明子的耳朵旁边,小声地说:

"我给你当老婆,你要不要?"

明子眼睛鼓得大大的。

“你说话呀！”

明子说：“嗯。”

“什么叫‘嗯’呀！要不要，要不要？”

明子大声地说：“要！”

“你喊什么！”

明子小小声说：“要——！”

“快点划！”

英子跳到中舱，两只桨飞快地划起来，划进了芦花荡。

芦花才吐新穗。紫灰色的芦穗，发着银光，软软的，滑溜溜的，像一串丝线。有的地方结了蒲棒，通红的，像一枝一枝小蜡烛。青浮萍，紫浮萍。长脚蚊子，水蜘蛛。野菱角开着四瓣的小白花。惊起一只青桩（一种水鸟），擦着芦穗，扑鲁鲁鲁飞远了。

……

一九八〇年八月十二日，写四十三年前的一个梦

【阅读提示】

汪曾祺善于描写富有情趣的地方风习和世态人情，他的很多小说尤其是短篇小说故事性不强，具有一种散文般的洒脱、明净，给人以美的享受。他的小说魅力，在于氛围，在于意象，在于情境，在于韵味。小说《受戒》就是这样一篇经典之作。

本文叙述者意欲向读者叙述的是一种独特的生存环境中奇异的人情风俗及其人群的生活方式。首先，故事的“行为空间”——“这个地方的地名有点怪，叫庵赵庄”。“庵赵庄”这一符码，指称着两重涵义：庄上大都姓赵，庄上有一个庵。庄以族为名，是中国传统社会注重血缘聚居的一种反映；庄以庵名，则可见这座小小的菩提庵对庄上人家的重要性。“出和尚”便是这个地方的一大特色。

和尚象征着佛教，象征着信仰。“出家”当和尚意味着接受某些特定的“禁止”、契约规束。正是这些“禁止”、契约规定了和尚是不同于常人的，是“非常人”。在一般读者的眼里，和尚正是“不同的人”，是异己的“他者”。但本文向读者叙述的明子家乡的和尚则几乎没有“他者化”的特征，和尚的生活几与常人无别。一个人出家当和尚，接受的“禁止”规约还没有获得的“自由”多。当和尚可以有很多好处：一是可以吃现成饭，哪个庙都管饭；一是可以攒钱，由此和尚还俗娶媳妇是很容易的。有许多人出家当和尚好像正是出于这些“现实”的考虑，而没有信仰方面的需求。明子正是这样的。而要当上和尚却不容易，必须得是面如朗月，声如钟磬，还要聪明、记性好。

在这一处地方，和尚与常人最大的不同处，只是和尚必须烧戒，需要做法事，而做法事却是要收钱的。人们对佛教的信仰似乎也就止于放焰口。宗教与信仰已经

充分地融进当地的民俗风情、传统道德伦理资源构成的文化整合体中去了。换句话说，佛教已被本土化、具体化为"当地"的宗教。信仰变成了当地人独特的信仰，和尚也是当地人特有的。在这一层面上看，小说本文表述的深厚内涵正是这种外来的宗教资源在与中国本土文化发生碰撞、对抗以后的一种结果：宗教被接受，但是被消解式地接受，即被"本土化"，被本土文化所扭曲变形、整合吸收。

印度的佛教被本土化以后，形成了中国的佛教。中国佛教又分南、北二宗。北宗恪守教义，谨行教规，主张通过苦行修炼彻悟"佛性"，寻求超脱。南宗教派则认为人人心中皆存佛性，"放下屠刀，立地成佛"，在通向"彻悟"、"佛"的道路上，人人是平等的。这一教派并不苛求形式上的清心禁欲，苦行修炼，而着重于精神灵魂上的启蒙、顿悟。这种教义的盛行，与南方市民经济的普遍繁荣有着必然的联系。经济的发达引导的是生活上的享受需要，引导的是世俗化的生活方式。佛教为了赢得信仰，赢得信众，不得不向这些世俗的需求妥协，甚至刻意迎合这些世俗的需要。在明子的家乡，佛教的"代言人"和尚除了念经、做法事、着僧衣、剃光头受烧戒之外，似乎并无严厉的教义约束。

小英子这一少女代表的是与和尚对立的"俗人"的代码，从她身上可以看到俗人对于宗教皈依的巨大解构力量。小英子保存着最为自然的本性——透明的性情，由这一带清秀山水培养起来的水一般的阴柔性情。她有着本乎自然的欲望，纯真的情爱。在她身上，似乎找不到焦虑或受压抑的阴影。她的焦虑与欲望被掩藏或装饰了起来，恰如那一片密密的芦苇荡子。小英子生存的空间是桃源式的环境。这一片空间里的人，与自然是充分混溶的。他们几乎没有受到任何"忌讳"的约束。小英子初次见到明子，就很自然地把半个莲蓬扔给他吃，以后就熟如一家人，明子也老往小英子家里跑。小英子的母亲斥责明子时，径直叫他"儿子"，后来干脆把他认作了干儿子。明子帮着小英子姐妹画绣花，帮着做田里的农活，一起踩水，一起捋荸荠……"男女授受不亲"的秩序被彻底打破了，少男少女在一种亲密无间的关系里滋养起了一种最自然的相互依恋的情感。明子在善因寺受完戒，小英子驾船去接他。她不让明子将来去当方丈，也不要他当沙弥尾，明子都答应了。小英子接着更是毫无顾忌地提出自己要给他做老婆，已当上和尚的明子眼睛睁得鼓鼓的，答应了。在这里，性爱被表述为一种如水一般流淌的、再自然不过的事情。本文自始至终渲染的这种古朴淳厚的民风得到了升华与深化。"受戒"与"情爱"这两个看似对立的命题在这里奇特地统一起来了。

作者汪曾祺在本文结束后署明：一九八〇年八月十二日，写43年前的一个梦。这一简单的"注脚"实际上为读者提供了一篇"次本文"。"次本文"也可以称为"第二本文"，是与"正式本文"（"正文"）平行存在的、对其进行"解构"说明的另一本文。正如《狂人日记》序言（以文言写成）对于"正文"（以白话写成）是一个"次本文"一样，汪曾祺在"正文"之后的这一说明，实际上"解构"了本文所提供的可能解释或表述。这一“次本文”意味着：本文所表述的可能只是一场梦觉，只是真实作者心目中的一种“理想境界”（一个“理想国”），它或许存在过，但已经永逝不复返了。1980年的作者在“当下”借助语言构筑的这一“话语空间”实际上只是一种情感的操练，试图“复活过去”、“重返旧时光”的一次想象性的努力。“次本文”也可能说明了作者跟当年居住在密西西比河畔的马克·吐温梦想成为一名水手一样，梦想追寻一种理想意境中的人们的生活。然而，梦既无从寻觅，唯有诉诸语言的想象才可能是真实的，于是《受戒》这一文本的产生，其全部用意似乎都在于圆作者的那一个梦。

【思考与练习】

1. 汪曾祺曾说：“我写的是美，是健康的人性。人性是任何时候都需要的。”请说说《受戒》一文中是怎样体现作者的这一主张的？

2. 小说写小和尚和农家少女的感情故事，叙述故事刻画人物的文字不多，却用一半篇幅对生活情景和社会习俗进行描绘，这是为什么？请你结合小说内容加以分析。

【作者简介】

莫言（1955— ），原名管谟业，生于山东高密县，中国当代著名作家。香港公开大学荣誉文学博士，青岛科技大学客座教授。20世纪80年代中以乡土作品崛起，充满着“怀乡”以及“怨乡”的复杂情感，被归类为“寻根文学”作家。作品深受魔幻现实主义影响。莫言在小说中构造独特的主观感觉世界，天马行空的叙述、陌生化的处理，塑造神秘超验的对象世界，带有明显的“先锋”色彩。2011年8月，莫言凭长篇小说《蛙》获第八届茅盾文学奖。2012年10月11日，莫言因其“用魔幻现实主义将民间故事、历史与当代社会融合在一起”获得2012年诺贝尔文学奖。

蛙①

莫言

第一部 前 言

尊敬的杉谷义人先生：

分别近月，但与您在我的故乡朝夕相处的情景，历历如在眼前。您不顾年迈体

① 莫言著：《蛙》，上海文艺出版社，2009年版。

弱，跨海越国，到这落后、偏远的地方来与我和我故乡的文学爱好者畅谈文学，让我们深受感动。大年初二上午，在县招待所礼堂，您为我们做的题为《文学与生命》的长篇报告，已经根据录音整理成文字，如蒙允准，我们想在县文联的内部刊物《蛙鸣》上发表，使那天未能听您演讲的人们，也能领略您的语言风采并从中受到教益。

大年初一上午，我陪同您去拜访了我的当了五十多年妇科医生的姑姑。虽然因为她的语速太快和乡音浓重，使您没有完全听明白她说的话，但相信她一定给您留下了深刻的印象。您在初二上午的演讲中多次以我姑姑为例，来阐发您的文学观念。您说您的脑海里已经有了一个骑着自行车在结了冰的大河上疾驰的女医生形象，一个背着药箱、撑着雨伞、挽着裤脚、与成群结队的青蛙搏斗着前进的女医生的形象，一个手托婴儿、满袖血污、朗声大笑的女医生形象，一个口叼香烟、愁容满面、衣衫不整的女医生形象……您说这些形象时而合为一体，时而又各自分开，仿佛是一个人的一组雕像。您鼓励我们县的文学爱好者们能以我姑姑为素材写出感人的作品：小说、诗歌、戏剧。先生，创作的热情被您鼓动起来了，很多人跃跃欲试。县文化馆一位文友，已经动笔写作一部乡村妇科医生题材的小说。我不愿与他撞车，尽管我对姑姑的事迹了解得远比他多，但我还是把小说让给他写。先生，我想写一部以姑姑的一生为素材的话剧。初二日晚上在我家炕头上促膝倾谈时，您对法国作家萨特的话剧的高度评价和细致入微、眼光独到的分析，使我如醍醐灌顶、茅塞顿开！我要写，写出像《苍蝇》、《脏手》那样的优秀剧本，向伟大剧作家的目标勇猛奋进。我遵循着您的教导：不着急，慢慢来，像青蛙稳坐莲叶等待昆虫那样耐心；想好了下笔，像青蛙跃起捕虫那样迅疾。

在青岛机场，送您上飞机之前，您对我说，希望我用写信的方式，把姑姑的故事告诉您。姑姑的一生，虽然还没结束，但已经可以用“波澜壮阔”、“跌宕起伏”等大词儿来形容了。她的故事太多，我不知道这封信要写多长，那就请您原谅，请您允许，我信笔涂鸦，写到哪里算哪里，能写多长就写多长吧。在电脑时代，用纸、笔写信已经成为一种奢侈，当然也是乐趣，但愿您读我的信时，也能感受到一种古旧的乐趣。

顺便告诉您，我父亲打电话告诉我：正月二十五日那天，我家院子里那株因树形奇特而被您喻为“才华横溢”的老梅，绽放了红色的花朵。好多人都到我家去赏梅，我姑姑也去了。我父亲说那天下着毛茸茸的大雪，梅花的香气弥漫在雪花中，嗅之令人头脑清醒。

您的学生：蝌蚪
二OO二年三月二十一日北京

第一部 第一章

先生,我们那地方,曾有一个古老的风气,生下孩子,好以身体部位和人体器官命名。譬如陈鼻、赵眼、吴大肠、孙肩……这风气因何而生,我没有研究,大约是那种以为“贱名者长生”的心理使然,亦或是母亲认为孩子是自己身上一块肉的心理演变。这风气如今已不流行,年轻的父母们,都不愿意以那样古怪的名字来称谓自己的孩子。我们那地方的孩子,如今也大都拥有了与香港、台湾,甚至与日本、韩国的电视连续剧中人物一样优雅而别致的名字。那些曾以人体器官或身体部位命名的孩子,也大都改成雅名,当然也有没改的,譬如陈耳,譬如陈眉。

陈耳和陈眉之父陈鼻是我的小学同学,也是我少年时的朋友。我们是1960年秋季进入大羊栏小学的。那是饥饿的年代,留在我记忆中最深刻的事件,大都与吃有关。譬如我曾讲过的吃煤的故事。许多人以为是我胡乱编造,我以我姑姑的名义起誓:这不是胡编乱造,而是确凿的事实。

那是一吨龙口煤矿生产的优质煤块,亮晶晶的,断面处能照清人影。我后来再也没见过那么亮的煤。村里的车把式王脚,赶着马车,把煤从县城运回。王脚方头、粗颈、口吃,讲话时,目放精光,脸憋得通红。他儿子王肝,女儿王胆,都是我的同学。王肝与王胆是一卵双胎。王肝身体高大,但王胆却是个永远长不大的袖珍姑娘——说得难听点吧,是个侏儒。大家都说,在娘肚子里时,王肝把营养霸光了,所以王胆长得小。卸煤时正逢下午放学,大家都背着书包,围看热闹。王脚用一柄大铁锹,从车上往下铲煤。煤块落在煤块上,哗哗响。王脚脖子上有汗,解下腰间那块蓝布擦拭。擦汗时看到儿子王肝和女儿王胆,便大声呵斥:回家割草去!王胆转头就跑——她跑起来身体摇摇摆摆,重心不稳,像个初学走路的婴孩,很是可爱——王肝往后缩缩,但不走。王肝为父亲的职业感到荣耀。现在的小学生,即便父亲是开飞机的,也体会不到王肝那时的荣耀。大马车啊,轰轰隆隆,跑起来双轮卷起尘土的大马车啊。驾辕的是匹退役军马,曾在军队里驮过炮弹,据说立过战功,屁股上烫着烙印。拉长套的是匹脾气暴躁的公骡,能飞蹄伤人,好张嘴咬人。这骡子虽然脾气不好,但气力惊人,速度极快。能够驾驭这头疯骡的也只有王脚。村子里有很多人羡慕这职业,但都望骡却步。这骡子已经咬伤过两个儿童:第一个是袁脸的儿子袁腮,第二个是王胆。马车停在她家门前时,她到骡前去玩,被骡子咬着脑袋叼起来。我们都很敬畏王脚。他身高一米九,双肩宽阔,力大如牛,二百斤重的石碌碡,双手抓起,胳膊一挺,便举过头顶。尤其让我们敬佩的,是他的神鞭。疯骡咬破袁腮头颅那次,他拉上车闸,双腿叉开,站在车辕两边,挥舞鞭子,抽打疯骡屁股。那真是一鞭一道血痕,一鞭一声脆响。疯骡起初还尥蹶子,但一会儿工夫便浑身颤抖,前腿跪在地上,脑袋低垂,嘴巴啃着泥土,撅着屁股承揍。后来还是袁腮的爹袁脸说,老王,饶了它吧!王脚才悻悻地罢休。袁脸是党支部书记,村里最大的官。他的话王脚不敢不听。疯骡把王胆咬伤后,我们都期待着再看一场好戏,但王脚一鞭也没打。他从路边石灰堆上抓起一把石灰,掩在王胆头上,把她提回家去。他没打骡子,却抽了老婆一鞭,踢了王肝一脚。我们指指点点地议论着那头棕色的疯骡。它瘦骨伶仃,眼睛上方有两个深得可放进一枚鸡卵的凹陷。它的目光忧伤,似乎随时都会放声大哭。我们无法想象这样一匹瘦骡子怎会爆发出那样大的力量。当我们一边议论一边向那骡子靠近时,王脚便停止铲煤,用凌厉的目光逼视我们,吓得我们连连倒退。堆在学校伙房前的煤堆渐渐高起来,车上的煤渐渐少了。我们不约而同地抽鼻子,因为我们嗅到了一种奇异的香味。仿佛是燃烧松香的味儿,又仿佛是烧烤土豆的味儿。我们的嗅觉把我们的目光吸引到那一堆亮晶晶的煤块上。王脚拢马驱骡,马车离开校园。我们并没像往常那样,去追赶马车,并冒着被鞭子抽头的危险跳上去过瘾。我们目不转睛,慢慢地向煤堆移动。伙夫老王,挑着两桶水,摇摇摆摆地走过来。他的女儿王仁美,也是我们的同学,后来成为我的妻子。她是当时少有的没用器官命名的孩子,因为伙夫老王,是个有文化的人。他原本是公社畜牧站的站长,后因说话不当犯了错误,被开除公职遣返回乡。老王狐疑地看着我们。他以为我们要冲进伙房哄抢食物吧?所以他说,滚,小兔崽子们!这里没有你们吃的,回家吃你们娘的奶头去吧。我们自然听到了他的话,我们甚至也考虑了他的建议,但他的建议无异于骂人。我们都是七八岁孩子,怎么还可能吃奶?即便我们还吃奶,但我们的母亲,都饿得半死,乳房紧贴在肋骨上,哪里有奶可吃?但没人去跟老王理论。我们站在煤堆前,低头弯腰,像地质爱好者发现了奇异矿石;我们抽动鼻子,像从废墟中寻找食物的狗。说到这里,首先要感谢陈鼻,其次要感谢王胆。是陈鼻首先捡起一块煤,放在鼻边嗅,皱着眉,仿佛在思索什么重大问题。他的鼻子又高又大,是我们取笑的对象。思索了一会,他将手中那块煤,猛地砸在一块大煤上。煤块应声而碎,那股香气猛地散发出来。他拣起一小块,王胆也拣起一小块;他用舌头舔舔,品咂着,眼睛转着圈儿,看看我们;她也跟着学样儿;舔煤,看我们。后来,他们俩互相看看,微微笑笑,不约而同地,小心翼翼地,用门牙啃下一点煤,咀嚼着,然后又咬下一块,猛烈地咀嚼着。兴奋的表情,在他们脸上洋溢。陈鼻的大鼻子发红,上边布满汗珠。王胆的小鼻子发黑,上面沾满煤灰。我们痴迷地听着他们咀嚼煤块时发出的声音。我们惊讶地看到他们吞咽。他们竟然把煤咽下去了。他压低声音说:伙计们,好吃!她尖声喊叫:哥呀,快来吃啊!他又抓起一块煤,更猛地咀嚼起来。她用小手拣起一块大煤,递给王肝。我们学着他们的样子,把煤块砸碎,捡起来,用门牙先啃下一点,品尝滋味,虽有些牙碜,但滋味不错。陈鼻大公无私,举起一块煤告诉我们:伙计们,吃这样的,这样的好吃。他指着煤块中那半透明的、浅黄色的,像琥珀一样的东西说,这种带松香的好吃。我们已经上过自然课,知道煤是许多世纪前,埋在地壳中的森林变成的。给我们上自然课的是我们的校长吴金榜。我们不相信校长的话,我们也不相信课本上的话。森林是绿色的,怎么可能变成黑色的煤炭?我们以为校长和课本都是在胡说八道。发现了煤块中的松香,才明白校长没有骗我们,课本也没有骗我们。我们班三十五个学生,除了几个女生不在,其余都在。我们每人攥着一块煤,咯咯崩崩地啃,咯咯嚓嚓地嚼,每个人的脸上,都带着兴奋的、神秘的表情。我们仿佛在进行一场即兴表演,我们仿佛在玩一种古怪游戏。肖下唇拿着一块煤,翻来覆去地看,不吃,脸上带着蔑视的神情。他不吃煤因为他不饿,他不饿因为他爹是公社粮库保管员。伙夫老王惊呆了。他手上沾着面粉跑出来。天哪,他手上沾着面粉!当时在学校伙房就餐的除了我们的校长和我们的教导主任之外,还有两个在乡下驻点的公社干部。老王惊呼:孩子们,你们干什么?你们……吃煤?煤也能吃?王胆用小小的手举着一块大煤,细声细气地说:大叔,太好吃了,给你一块尝尝。老王摇着头,道:王胆,你这小女孩,也跟着这帮野小子胡闹。王胆咬了一口煤,说:真的好吃嘢,大叔。这时已是傍晚,红日西沉。那两个在这里搭伙就餐的公社干部骑着车子来了。他们也被我们吸引住了。老王挥舞着扁担轰赶我们。那个姓严的公社干部——好像是个副主任——制止了老王。他的脸色很难看,挥了一下手,转身钻进了伙房。

第二天我们在课堂上一边听于老师讲课一边吃煤。我们满嘴乌黑,嘴角上沾着煤末子。不但男生吃,那些头天没参加吃煤盛宴的女生在王胆的引导下也跟着吃。伙夫老王的女儿——我的第一任妻子——王仁美吃得最欢。现在想起来她大概患有牙周炎,因为吃煤时她满嘴都是血。于老师在黑板上写了几行字便回头注视我们。她首先质问她的儿子、我们的同学李手:手,你们吃什么?妈,我们吃煤。老师我们吃煤,您要不要尝尝?王胆在前排座位上举煤大喊——她的大喊也像小猫叫唤——于老师走下讲台,从王胆的手里接过那块煤,放在鼻子底下,既像看又像嗅。好久,她一言没发,将煤还给王胆。于老师说:同学们,我们今天上第六课,《乌鸦和狐狸》。乌鸦得到一块肉,非常得意,站在树梢上。狐狸在树下,对乌鸦说,乌鸦太太,您的歌声太美妙了,您一歌唱,全世界的鸟儿都得闭嘴了。乌鸦被狐狸的马屁拍昏了头,一张嘴,哇,肉就落在狐狸口中了。于老师带领我们诵读课文。我们满嘴乌黑,跟着朗读。

我们于老师是有文化的人,竟然也入乡随俗地给她的儿子起名为李手。李手后来以优异成绩考入医学院,毕业后到县医院当了外科大夫。陈鼻铡草时铡断了四根手指,李手给他接活了三根。

第一部 第二章

陈鼻为什么生了一只与众不同的大鼻子呢?这事儿大概只有他母亲能说清楚。

陈鼻的父亲陈额,字天庭,是我们村里唯一拥有两个老婆的人。陈额识字很多,解放前家有良田百亩,开着烧酒作坊,在哈尔滨还有买卖。他的大婆是本村人,为他生了四个女儿。解放前陈额跑了,解放后,大概是1951年,袁脸带着两个民兵,去东北把他押了回来。他逃亡时是单身一个,把大婆和女儿们撇在家里,回来时却带着一个女人。那女人黄头发兰眼珠,看上去有三十出头年纪,姓艾名莲。艾莲怀里,抱着一条浑身生满斑点的狗。因为这女人在解放前就跟陈额结了婚,所以他就合法地拥有了两个老婆。村里有几个赤贫光棍汉,对陈额一人双妻极为不满,曾半是戏说半是认真地要陈额让出一个老婆给他们用。陈额咧着嘴,脸上的表情哭笑难分。陈额的两个老婆起初住在一个院里,后来因为打架,闹得鸡犬不宁,经袁脸同意,将小婆安置在学校旁边的两间厢房里。学校的房子原来是陈额家的烧酒作坊,那两间厢房也是他家的房产。陈额与两个女人达成了协议,两边轮换着住。黄毛女人从哈尔滨抱回来那条狗,被村里的土狗欺负死了。艾莲挺着大肚子葬狗不久后,生了陈鼻,所以有人说陈鼻是那条斑点狗投胎转世。他嗅觉灵敏,也许与此有关吧。那时候我姑姑已经去县城学习了新法接生,成为乡里的专职接生员。那是1953年。

1953年,村民们对新法接生还很抗拒,原因是那些"老娘婆"背后造谣。她们说新法接生出来的孩子会得风症。"老娘婆"为什么造谣?因为一旦新法接生推广开,就断了她们的财路。她们接生一个孩子,可以在产妇家饱餐一顿并能得到两条毛巾、十个鸡蛋的酬劳。提起这些"老娘婆",姑姑就恨得咬牙切齿。姑姑说不知道有多少婴儿、产妇死在这些老妖婆的手里。姑姑的描绘给我们留下恐怖的印象。那些"老娘婆"似乎都留着长长的指甲,眼睛里闪烁着鬼火般的绿光,嘴巴里喷着臭气。姑姑说她们用擀面杖挤压产妇的肚子。她们还用破布堵住产妇的嘴巴,仿佛孩子会从嘴巴里钻出来一样。姑姑说她们一点解剖学知识都没有,根本不了解妇女的生理结构。姑姑说碰上难产她们就会把手伸进产道死拉硬拽,她们甚至把胎儿和子宫一起从产道里拖出来。在很长一段时间里,如果让我选择一批最可恨的人拉出去枪毙,我都会毫不犹豫地说:"老娘婆"。后来,我慢慢地明白了姑姑的偏激。那种野蛮的、愚昧的"老娘婆"肯定是存在的,但有经验的、靠自身经验体悟到了女性身体秘密的"老娘婆"也是肯定存在的。其实我奶奶就是一个"老娘婆"。我奶奶是一个主张无为而治的"老娘婆",她认为瓜熟自落,她认为一个好的"老娘婆"就是多给产妇鼓励,等孩子生下来,用剪刀剪断脐带,敷上生石灰,包扎起来即可。但我奶奶是一个不受欢迎的"老娘婆",人们都说她懒。人们似乎更喜欢那种手忙脚乱、里外乱窜、大喊大叫、与产妇一样汗流浃背的"老娘婆"。

我姑姑是我大爷爷的女儿。我大爷爷是八路军的医生。他先是学中医的,参军后,跟着诺尔曼·白求恩,学会了西医。白求恩牺牲后,大爷爷心中难过,生了一场大病,眼见着不行了,说想家想娘了。组织上批准他回家养病。他回到老家时,我老奶奶还活着。他一进家门就闻到一股熬绿豆汤的香气。老奶奶赶紧涮锅点火熬绿豆汤,儿媳妇想帮忙,被她用拐棒拨拉到一边。我大爷爷坐在门槛上,焦急地等待着。姑姑对我们说那时她已经记事了,让她叫"大"她不叫,躲在娘背后偷着看。姑姑说从小就听娘和奶奶唠叨爹的事,终于见到了,却觉得好陌生。姑姑说大爷爷坐在门槛上,脸色蜡黄,头发长长,虱子在脖子上爬。穿着一件破棉袄,棉絮都露了出来。姑姑说她的奶奶也就是我们的老奶奶一边烧火一边流泪。绿豆汤熬出来了。大爷爷急不可耐,不顾汤热烫嘴,捧着碗急喝。老奶奶叨叨着:儿啊,不用急,锅里还有呢!姑姑说大爷爷双手哆嗦。喝了一碗,又添了一碗。喝完第二碗后他就不哆嗦了。汗水沿着他的鬓角流下来。眼珠渐渐地活泛了,脸上有了血色。姑姑说她听到大爷爷肚子里呼噜呼噜响,好像推磨一样。一个时辰后,姑姑说大爷爷到厕所里去,拉了个唏哩哗啦,似乎连肠子都拉了出来。然后就慢慢地好起来,两个月后就精神健旺生龙活虎了。

我对姑姑说,曾在《儒林外史》上看到过类似的故事。姑姑问我:"儒林外史"是什么?我说是古典文学名著。姑姑瞪我一眼,说,连古典文学名著上都有,你还怀疑什么?!

大爷爷病愈之后,就要回太行山找部队。老奶奶说:儿啊,我没几天活头了,给我送了终你再走。大奶奶自己不好说,就让姑姑说。姑姑说,爹,俺娘说了,你要走也行,但要给俺留下个弟弟再走。

这时,八路军胶东军区的人找上门来,动员大爷爷加入。大爷爷是诺尔曼·白求恩的弟子,名气很大。大爷爷说,我是晋察冀军区的人。胶东军区的人说,都是共产党的人,在哪里干不一样啊?我们这里正缺您这样的人,老万,无论如何我们也要把您留下。许司令说了,用八人大轿抬不来,就用绳子给老子捆来,先兵后礼,老子摆大宴请他!就这样,大爷爷留在了胶东,成了八路军西海地下医院的创始人。

这地下医院真在地下呢,地道连着房间、房间通向地道,有消毒室、治疗间、手术室、休养室,这些遗迹至今保存完好,在莱州市于疃镇祝家村,一个八十八岁的老太太,王秀兰,当年跟大爷爷当过护士,她还健在。有好几间休养室的出口通向水井。当年,一个年轻姑娘去井里打水,水桶莫名其妙地被扯住了,低头往里一看,井壁侧洞里,一个年轻的八路军伤员正对着她扮鬼脸呢。

大爷爷的高超医术很快在胶东传开。许司令肩胛缝里那块弹片就是他取出来的,黎政委爱人难产,也是大爷爷手术,保了母子平安。连平度城里的日军司令杉谷也知道爷爷的大名,他率兵下来扫荡,坐骑大洋马被地雷炸翻。他弃马逃走。大爷爷为这匹马动了手术,治愈后,成了夏团长的坐骑。后来此马恋旧,咬断缰绳逃回平度城。杉谷见宝马复归,惊喜万分,让汉奸秘密探访,得知八路军在他眼皮底下建了一座医院,医院院长就是把死马医活的神医万六府。杉谷司令是学医出身,惺惺相惜,总想把大爷爷招降过去。为此杉谷从《三国演义》里学了诡计,派人秘密潜入吾乡,把我老奶奶、我大奶奶、我姑姑绑架到平度城中,扣作人质,然后派人送信给我大爷爷。

我大爷爷是意志坚定的共产党人,看完杉谷的信,揉巴揉巴就扔了。医院门政委将这信捡起来送到军区。许司令和黎政委联名写信给杉谷,怒斥他是个小人。信中说如果他敢伤万六府三位亲人一根毫毛,胶东军区将集合全部兵力攻打平度城。

姑姑说她与大奶奶老奶奶在平度城里住了三个月,有吃有喝,没受罪。姑姑说那杉谷司令是个白脸青年,戴一副白边眼镜,留着小八字胡,文质彬彬,讲一口流利中文。他称老奶奶为伯母,称大奶奶为嫂夫人,称姑姑为贤侄。姑姑说她对杉谷没有坏印象。当然这是姑姑私下里对我们自家人说的,对外她不这样说。对外她说,她与大奶奶老奶奶受尽了日本人的严刑拷打,威逼利诱,但坚决不动摇。

我大爷爷的故事三天三夜也说不完,咱们得空再聊。但大爷爷牺牲的事必须说说。姑姑说大爷爷是在地道里为伤员做手术时,被敌人的毒瓦斯熏死的。县政协编的文史资料上也是这样说的。但也有人私下里说大爷爷腰里缠着八颗手榴弹、骑着骡子,一人独闯平度城,想以孤胆英雄的方式去营救妻子、女儿与老母,但不幸误踩了赵家沟民兵的连环雷。传播这消息的人姓肖名上唇,曾在西海医院当过担架员。此人阴阳怪气,解放后在公社粮库当保管员,曾因发明了一种特效灭鼠药而名噪一时,名字中的"唇"字,见报时也改为"纯"字。后来被揭露,他的特效鼠药的主要成分是国家已经严禁使用的剧毒农药。此人与姑姑有仇,因此他的话不可信。他对我说,你大爷爷不听组织命令,撇下医院的伤病员,耍个人英雄主义,行前为了壮胆,喝了两斤地瓜烧酒,喝得醉三麻四,结果糊里糊涂踩了自己人的地雷。肖上唇龇着焦黄的大牙,简直是幸灾乐祸地对我说:你大爷爷和那匹骡子都被炸碎了,是用两只筐子抬回来的。筐子里有人胳膊,也有骡蹄子,后来就那么烂七八糟地倒进了一个棺材。棺材倒是不错,是从兰村一个大户人家强征来的。我把他的话向姑姑转述后,姑姑杏眼圆睁,银牙顿挫地说:总有一天,我要亲手劁了这个杂种!

姑姑坚定地对我说:孩子,你什么都可以不相信,但一定要相信,你大爷爷是抗日英雄,革命烈士!英灵山上,有他的陵墓,烈士纪念馆里,展览着他用过的手术刀和他穿过的皮鞋。那是双英国皮鞋,是诺尔曼·白求恩大夫临死前赠送给他的。

第一部 第三章

先生,匆匆忙忙讲述大爷爷的故事,是为了从容不迫地讲述姑姑的故事。

姑姑生于公历1937年6月13日,农历五月初五,乳名端阳,学名万心。她的名字是大爷爷所起,既尊重了本地习俗,又显得寓意深远。大爷爷牺牲之后,老奶奶在平度城里因病去世。胶东军区通过内线大力营救,将大奶奶和姑姑救出牢笼。大奶奶和姑姑被接到解放区,姑姑在那里念抗日小学,大奶奶在被服厂纳鞋底子。

解放后，像姑姑这样的烈士后代，有许多机会可以远走高飞，但大奶奶热土难离，姑姑舍不得离开大奶奶。县里领导问姑姑想干什么，姑姑说要继承父业，于是就进了专区卫生学校。姑姑从卫生学校毕业时才十六岁，在镇卫生所行医。县卫生局开办新法接生培训班，派姑姑去学习。姑姑从此便与这项神圣的工作结下了不解之缘。从1953年四月初四接下第一个孩子，到去年春节，姑姑说她一共接生了一万个孩子，与别人合作的，两个算一个。这话她也亲口对您说过。我估计，一万个孩子，大概是夸张了些，但七八千个孩子总是有的。姑姑带过七个徒弟，其中一个外号“小狮子”的，头发蓬松，塌鼻方口，脸上有粉刺，是姑姑的崇拜者，姑姑让她去杀人，她立马就会持刀前往，根本不问青红皂白。

前面我们说过，1953年春天时，我们那儿的妇女对新法接生颇多抵触。那些“老娘婆”又在私下里造谣诋毁，姑姑那时虽然只有十七岁，但因为从小经历不凡，又加上一个黄金般璀璨的出身，已经成为我们高密东北乡影响巨大、众人仰目而视的重要人物。当然，姑姑的容貌也是出类拔萃的。不说头，不说脸，不说鼻子不说眼，就说牙。我们那地方是高氟区，老老少少，都龇着一嘴黑牙。姑姑小时在胶东解放区生活过很长时间，喝过山里的清泉，并跟着八路军学会了刷牙，也许就是这原因，她的牙齿没受毒害。我姑姑拥有一口令我们、尤其是令姑娘们羡慕的白牙。

姑姑接生的第一个孩子是陈鼻。为此姑姑曾表示过遗憾。她说她接生的第一个孩子本应该是革命的后代，没想到却接生了一个地主的狗崽子。但当时为了打开局面，为了革掉旧法接生的命，姑姑没来得及考虑这个问题。

姑姑得到艾莲即将生产的消息，骑着那时还很罕见的自行车，背着药箱子，飞一般窜回来。从乡卫生所到我们村十里路，姑姑只用了十分钟。当时村支书袁脸的老婆正在胶河边洗衣裳，她亲眼看到姑姑从那座狭窄的小石桥上飞驰而过。一条正在小桥上玩耍的狗惊慌失措，一头栽到河里。

姑姑手提药箱冲进艾莲居住的那两间厢房时，村里的“老娘婆”田桂花已经在那里了。这是个尖嘴缩腮的老女人，当时已经六十多岁，现在早已化为泥土，阿弥陀佛！田桂花属积极干预一派，姑姑进门后，看到她正骑跨在艾莲身上，卖力地挤压艾莲高高隆起的腹部。这老婆子患有慢性气管炎，她咻咻的喘息声与产妇杀猪般的嚎叫声混杂在一起，制造出一种英勇悲壮的氛围。地主陈额，跪在墙角，脑袋像磕头虫般一下一下地碰撞着墙壁，嘴里念叨着一些含混不清的话语。

我多次去过陈鼻的家，熟知他家的结构。那是两间朝西开门的厢房，房檐低矮，房间狭小。一进门就是锅灶，锅灶后是一堵二尺高的间壁墙，墙后就是土炕。姑姑一进门就可看到炕上的情景。姑姑看到了炕上的情景就感到怒不可遏，用她自己的话说叫做“火冒三丈”。她扔下药箱，一个箭步冲上去，左手抓住那老婆子的左臂，右手抓住老婆子的右肩，用力往右后方一别，就把老婆子甩在了炕下。老婆子头碰在尿罐上，尿流满地，屋子里弥漫着臊气。老婆子头破了，流出了暗黑的血。其实她的伤也没有多重,但她尖声嚎叫,十分夸张。一般人听到这样的哭声就会吓晕,但姑姑不怕,姑姑是见过大世面的人。

姑姑站在炕前,戴上橡胶手套,严肃地对艾莲说:你不要哭,也不要嚎,因为哭嚎无济于事。你如果想活,就听我的命令,我让你怎么着,你就怎么着。艾莲被姑姑震住了,她当然知道姑姑的光荣出身和传奇经历。姑姑说:你是高龄产妇,胎位不正。人家的孩子,都是先出头,你这孩子,先伸出一只手,脑袋窝在里边。姑姑后来多次开陈鼻的玩笑,说他头还没出来就先把手伸出去,似乎要向这个世界讨要什么。陈鼻总是回答:讨饭吃呗!

姑姑虽是初次接生,但她头脑冷静。遇事不慌,五分的技艺,能发挥出十分的水平。姑姑是天才的妇产科医生,她干这行儿脑子里有灵感,手上有感觉。见过她接生的女人或被她接生过的女人,都佩服得五体投地。我母亲生前多次对我们说:你姑姑的手跟别人不一样。常人手有时凉,有时热,有时发僵,有时流汗,但你姑姑的手五冬六夏都一样,是软的,凉的,不是那种松垮的软,是那种……怎么说呢……有文化的哥哥说:是不是像绵里藏针、柔中带刚?母亲道:正是。她的手那凉也不是像冰块一样的凉,是那种……有文化的哥哥又替母亲补充:是内热外凉,像丝绸一样的,宝玉样的凉。母亲道:正是正是,只要她的手在病人身上一摸,十分病就去了七分。姑姑差不多被乡里的女人们神化了。

艾莲是个幸运的女人,当然她首先是个聪明的女人。姑姑的手在她肚皮上一摸,她就感受到了一种力量。她后来逢人便说姑姑有大将风度。与姑姑相比,那个趴在尿罐边嚎哭的女人简直是个小丑。在姑姑的科学态度和威严风度的感召和震撼下,产妇艾莲看到了光明,产生了勇气,那撕肝裂肺的疼痛似乎也减轻了许多。她停止了哭泣,听着姑姑命令,配合着姑姑的动作,把这个大鼻子婴儿生了出来。

陈鼻刚出生时没有呼吸,姑姑将他倒提起来,拍打他的后背前胸,终于使他发出了猫叫般的哭声。姑姑说:这个小家伙,鼻子怎么这么大呢?像个美国佬一样呢!姑姑这时心中充满了喜悦,就像一个工匠完成了自己的第一件作品。产妇疲惫的脸上绽开了灿烂的笑容。姑姑是个阶级观念很强的人,但她将婴儿从产道中拖出来那一刻会忘记阶级和阶级斗争,她体会到的喜悦是一种纯洁、纯粹的人的感情。

听说小老婆娩出的是个男婴,陈额从墙角爬起来。他手足无措,在灶台狭窄的空间转着圈儿。两行蜂蜜般的泪水,从他枯干的眼窝里流出来。他心里的狂喜无法用语言形容。许多话他想说但不敢出口,什么香火啦,宗族啦,对他这种人,说出口就是罪过。

姑姑对陈额说,这孩子生了这么个大鼻子,干脆就叫陈鼻吧!

姑姑是一句戏言,但那陈额,竟如领了圣旨一般,点头哈腰地说:感谢心姑赐名!感谢心姑赐名。陈鼻好,就叫陈鼻!

姑姑在陈额的千恩万谢中，在艾莲的婆娑泪珠中，收拾好药箱，准备回去。姑姑看到，田桂花背靠着墙壁，面对着破尿罐，坐在那里，仿佛睡着了一样。姑姑不知道她何时改成了这样的姿态，也记不清她那种令人毛骨悚然的嚎哭是何时停止的。姑姑说还以为她死了呢，但看到她的眼睛在幽暗中像猫眼一样放出绿光后，才知道她活着。姑姑的心中涌起愤怒的波涛。姑姑问：你怎么还不走?！那老婆子竟然说：这活儿我干了一半，你干了一半；按说我只要一条毛巾，五个鸡蛋，但你把我的头打破了，看在你娘的面子上，我不去政府控告你了，但你必须把你那条毛巾给我包扎伤口，把你那五个鸡蛋给我补养身体。姑姑这才想起，这些“老娘婆”是要跟产妇家索要财物的，她心中充满了厌恶。可耻啊，太可耻了！姑姑咬着牙根说：什么这活儿你干了一半？如果让你全干完，现在炕上就是两具尸体！你这个老妖婆子，你以为女人的阴道像老母鸡的屁股一样，用力一挤，鸡蛋就会蹦出来？你这是接生吗？不，你这是杀人！你还想去告我？姑姑飞起一脚踢中了老婆子的下巴。你还要毛巾、鸡蛋！姑姑又是一脚，踢在老婆子屁股上，然后，一手拎着药箱，一手揪着老婆子脑后的发髻，拖拖拉拉，到了院子里。陈额跟出来劝和，姑姑怒斥：滚回去！照顾你老婆去！

姑姑说这是她平生第一次打人。姑姑说想不到我这么会打人。姑姑对准老太婆的屁股又踢了一脚。老太婆翻了一个滚，爬起来，坐在地上双手拍打着地面，呼天抢地：救命啊！打死人了……我被万六府的强盗女儿打死了……

正是傍晚时分，夕阳、晚霞、微风，村里人多半捧着大碗站在街边吃饭，听到这边喧闹，便小跑着汇聚过来。村支书袁脸和大队长吕牙也来了。田桂花是吕牙的远房婶子，沾亲三分向，吕牙就说：万心，你一个年轻姑娘，打一个老人，不感到臊得慌吗?

姑姑对我们说：他吕牙什么东西？打得他老婆满地爬的畜生，竟敢教训我？

姑姑说：什么老人？老妖怪，害人精！你问问她自己，她干了些什么事？多少人死在你的手里，老娘手里有枪，立马儿就崩了你！姑姑伸出右手食指，指着老太太的头。姑姑当时是个十七岁的大姑娘，竟然自称“老娘”，把很多人逗笑了。

吕牙还想为田桂花争理，支书袁脸道：万医生没错，对这种拿着人命开玩笑的巫婆，就该严加惩治！田桂花，别耍死狗了，打你算轻的，应该送你进班房！从今后，家里有生孩子的，都去找万医生！田桂花，你要再敢给人接生，就把你的狗爪子剁了去！

姑姑说，袁脸这人，虽说没文化，但能看清潮流，能主持公道，是个好干部。

第一部 第四章

先生，姑姑接生的第二个孩子是我。

我娘临盆时，奶奶按照她的老规矩，洗手更衣，点了三炷香，插在祖先牌位前，磕了三个头，然后把家里的男人都轰了出去。我娘不是初产，在我前头有两个哥哥，一个姐姐。奶奶对我娘说：你是轻车熟路了，自个儿慢慢生吧。我娘对我奶奶说：娘，我感到很不好，这一次，跟以前不一样。奶奶不以为然，说，有什么不一样的？难道你还能生出个麒麟？

我娘的感觉是正确的。我哥哥姐姐们，都是头先钻出来，我呢，先伸出了一条腿。

看着我那条小腿，奶奶其实是吓呆了。因为乡间有俚语曰：先出腿，讨债鬼。什么叫讨债鬼呢？就是说，这个家庭前世欠了别人的债，那债主就转生为小孩来投胎，让那产妇饱受苦难，他或者与产妇一起死去，或者等长到一定年龄死去，给这个家庭带来巨大的物质损失和精神痛苦。但奶奶还是伪装镇静，说：这孩子，是个跑腿的，长大了给官听差。奶奶说：不要怕，我有办法。奶奶到院子里拿了一个铜盆，提在手里，站在炕前，用擀面棍子敲打着，像敲锣一样，发出"铛铛"的响声。奶奶一边敲一边吆喝：出来吧——出来吧——你的老爷差你去送鸡毛信，再不出来就要挨打了——

我娘感觉到了事情的严重性，她用扫炕条帚敲打着窗户，招呼正在院子里听动静的我姐姐：嫚啊，快去叫你姑姑！

我姐姐非常聪明，她跑到村办公室让袁脸摇通了乡卫生所的电话。那台古老的摇把子电话机现在被我收藏。因为它救了我的命。

那天是六月初六，胶河里发了一场小洪水。桥面被淹没，但根据桥石激起的浪花，大概可以判断出桥面所在。在河边钓鱼的闲人杜脖子亲眼看到我姑姑从对面河堤上飞车而下，自行车轮溅起的浪花有一米多高。水流湍急，如果我姑姑被冲到河里，先生，那就没有我了。

姑姑水淋淋地冲进家门。

我娘说姑姑一进门，她就像吃了一颗定心丸。我娘说姑姑一进门就把奶奶搡到一边，嘲讽道：婶子，你敲锣打鼓，他怎么敢出来？奶奶强词夺理地说：小孩子都喜欢看热闹，听到敲锣打鼓还能不出来看？姑姑后来说，她扯着我的腿，像拔萝卜一样把我拔了出来。我知道这是玩笑。姑姑把陈鼻和我接生出来之后，陈鼻的母亲和我的母亲，成了姑姑的义务宣传员。她们到处现身说法，袁脸的老婆和闲人杜脖子也逢人便说姑姑的飞车绝技，于是姑姑名声大震，那些"老娘婆"，很快就无人问津，成了历史陈迹。

1953 年至 1957 年，是国家生产发展，经济繁荣的好时期，我们那地方也是风调雨顺，连年丰收。人们吃得饱、穿得暖，心情愉快，妇女们争先恐后地怀孕、生产。那几年可把姑姑忙坏了。高密东北乡十八个村庄里，每条街道、每条胡同里都留下了她的自行车辙，大多数人家的院子里，都留下了她的脚印。

1953 年 4 月 4 日至 1957 年 12 月 31 日，姑姑共接生 1612 次，接下婴儿 1645

名，其中死亡婴儿六名，但这六名死婴，五个是死胎，一个是先天性疾病，这成绩相当辉煌，接近完美。

1955年2月17日，姑姑加入中国共产党。那天，也是她接生第1000个婴儿的日子。这个婴儿，就是我们的师弟李手。

姑姑说你们的于老师是最潇洒的产妇。姑姑说她在下边紧着忙活，于老师还在那里举着一本课本备课呢。

姑姑到了晚年，经常怀念那段日子。那是中国的黄金时代，也是姑姑的黄金时代。记不清有多少次了，姑姑双眼发亮，心驰神往地说：那时候，我是活菩萨，我是送子娘娘，我身上散发着百花的香气，成群的蜜蜂跟着我飞，成群的蝴蝶跟着我飞。现在，现在他妈的苍蝇跟着我飞……

我的名字也是姑姑起的：学名万足，乳名小跑。

对不起，先生，我对您解释一下：万足是我的原名，蝌蚪是我的笔名。

《蛙》内容简介

瑞典皇家科学院诺贝尔奖评审委员会宣布，中国作家莫言获得2012年诺贝尔文学奖。委员会表示，莫言“用魔幻现实主义将民间故事、历史与当代社会融合在一起”。

《蛙》是莫言酝酿十多年、笔耕四载、三易其稿、潜心创作的第十一部长篇小说，2009年12月由上海文艺出版社出版。与他的其他重要长篇作品，如《酒国》、《檀香刑》、《生死疲劳》等相比，《蛙》延续了这些作品对小说结构、叙述语言、审美诉求、人物形象塑造、史诗般反映社会变迁等方面的执着探索，在整体上达到了极高艺术水准，也是近几年中国原创长篇小说中最重要的力作之一。

这部小说的主要内容是：以新中国近60年波澜起伏的农村生育史为背景，通过讲述从事妇产科工作50多年的乡村女医生姑姑的人生经历，在形象描述国家为了控制人口剧烈增长、实施计划生育国策所走过的艰巨而复杂的历史过程的同时，成功塑造了一个生动鲜明、感人至深的农村妇科医生形象；并结合计划生育过程中的复杂现象，剖析了以叙述人蝌蚪为代表的知识分子卑微、尴尬、纠结、矛盾的精神世界。

小说结构新颖而缜密，由剧作家蝌蚪写给日本作家杉谷义人的五封信构成。前四封信附有关于当了50多年妇科医生的姑姑的长篇叙事，当中也加入了蝌蚪本人的生活故事；第五封信则附有一部关于姑姑和蝌蚪自己的话剧。因此，这是一部将书信、元小说叙事和话剧巧妙地融合杂揉为一体、拓宽了小说艺术表现空间的作品；是莫言创作中的又一次具有开创意义的艺术尝试。

整个故事叙述的缘起是日本作家杉谷义人到我（蝌蚪）的故乡与当地文学爱好者畅谈文学。在结识了我的姑姑之后，杉谷义人鼓励当地文学爱好者以姑姑为素材写出感人的作品。受杉谷义人启发,我决定向法国作家萨特看齐,以姑姑的一生为素材创作一部话剧。我遵照杉谷义人的嘱咐,先以书信的方式把姑姑的故事写给杉谷义人。

我的故乡有一个古老的风气,生下孩子,好以身体的某个部位或器官起名字,孩子长大后有的会改换雅一点的名字,但也有的不改。姑姑的名字叫万心,她父亲,我的大爷爷是胶东军区八路军地下医院的医生、革命烈士。姑姑因为父亲的关系,曾和她的奶奶、母亲被驻扎在当地的日军司令关押在大牢里。新中国成立后,姑姑继承父业,经过新法接生培训,成为乡里的一名医生。姑姑是天才的妇产科医生,凡是见过她接生或是被她接生过的女人,都对她佩服得五体投地。她的手在孕妇肚皮上一摸,就会让孕妇感受到一种力量,并对她产生信心。从 20 世纪 50 年代初开始,姑姑接生过上万个孩子。姑姑用新法接生的第一个孩子是陈鼻;我(蝌蚪)是姑姑接生的第二个孩子,出生时先出来一条腿,被姑姑拽着腿,像拔萝卜一样拔了出来。50 年代,在国家经济发展繁荣时期,姑姑骑着自行车,风雨无阻地跑遍了高密东北乡十八个村庄的街道和胡同,接生了 1600 多名婴儿;并且在接生第 1000 个婴儿的日子,光荣加入了中国共产党。

年轻时的姑姑谈过一个对象,是一个空军飞行员,一家人曾为此自豪无比。但后来这个空军飞行员驾机叛逃到了台湾,曾经风光一时的姑姑深受打击,并因此差点自杀。到了 60 年代初,刚刚经历过三年大饥荒的农村出现生育高潮,姑姑也忙碌起来,并成为高密东北乡远近闻名的妇婴名医。从 1965 年开始,急剧增长的人口导致了新中国成立后的第一个计划生育高潮。当上公社卫生院妇产科主任的姑姑坚决响应党中央号召,在全公社掀起轰轰烈烈的"男扎"行动。一些村民对政策不理解,到处闹事。一个叫王脚的被"男扎"后,说自己的神经被捅坏了;一个叫肖上唇的说自己的性功能被破坏了。"文革"开始后,姑姑被当成"牛鬼蛇神",受到批斗。有一次批斗大会在滞洪区的冰面上举行。倔强的姑姑因为不驯服,被打趴在批斗台上,一个纠察队员还用一只脚踩住她的背。在批斗县委书记的时候,姑姑被拖起来与县委书记并排站着,脖子上还被女红卫兵挂了一只破鞋子。但姑姑昂着头,不肯屈服。后来,冰面因为承受不住那么多人,发出一声怪响,轰然塌裂,许多人落入了冰水中。

70 年代末,国家迎来了计划生育的第二个高潮,发生在姑姑身上的故事也更加多姿多彩,有感人肺腑的,有惊心动魄的,也有让人感慨万千的。一次为了动员一个生过三个女儿、怀了第四胎的女人去卫生院做人工流产,她被那个女人的丈夫打得头破血流;而那个女人则因为大出血而失去生命。

在部队立了三等功的我喜欢上了长着两条仙鹤般长腿的王仁美。举行婚礼的那天大雨倾盆,但王仁美一直嘻嘻哈哈的,表现出让人怜爱的性格。已经当上县政协常委的姑姑来参加婚礼,王仁美向姑姑要能生双胞胎的灵丹妙药,受到姑姑的严厉批评。姑姑不仅教育王仁美，告诉她计划生育是基本国策，而且提醒我，“你是共产党员，革命军人，一定要起模范带头作用”。两年后，女儿出生。但不甘心只生一胎的王仁美后来又怀上了。我从部队赶回来，发现王仁美之所以又怀上了，是因为她偷偷地找曾是我小学同学的袁腮把原来戴的避孕环给取掉了。王仁美为了逃避做流产，藏在了自己的娘家。姑姑带着阵容庞大的计划生育工作队开进村里。我的岳母骂姑姑是妖魔，村里不理解姑姑行为的人骂姑姑是土匪。但姑姑为了计划生育，还是想法把王仁美逼了出来。我所在部队的计划生育委员会主任也来到我们村，和姑姑一起劝说王仁美理解国家政策。深明大义的王仁美爽快地同意接受流产手术，却不幸因为大出血死在了手术台上；姑姑也因此被蝌蚪的岳母用剪刀刺在大腿上，但姑姑执行计划生育政策的决心丝毫没有动摇。

当时，随着国家市场经济搞活，我的小学同学陈鼻成了村里有名的万元户；他的老婆，小侏儒王胆怀了第二胎。王胆一直躲藏着，直到临产的时候，乘着一张竹筏想逃到外地去生下腹中的胎儿。在经过一番惊心动魄的追逐后，姑姑的计划生育队在河上追上了逃跑的王胆。王胆羊水破裂，姑姑在竹筏上给她接生了一个女婴，但王胆却不幸死去。

王仁美不幸死后，姑姑做媒，我娶了姑姑的助手小狮子，但没再生育。岁月匆匆，时光荏苒。经过20多年的计划生育，国家终于控制住了人口暴增的局面。我和小狮子也退休回到了故乡。这时的故乡正在发生天翻地覆的、走向城市化的巨变，高密东北乡胶河两岸正在进行着前所未有的大开发：花园、大小超市、盲人按摩院、美容院、商场、农贸市场、中美合资妇婴医院等等大城市有的东西，在这里也都涌现出来。我的小学同学袁腮开办了牛蛙养殖场；王胆的哥哥王肝成了泥塑艺人秦河的助手；姑姑也嫁给了另一老实巴交的泥塑艺人郝大手。王肝送给我一套《高密东北乡奇人系列》DVD。通过这张DVD，我了解了姑姑之所以嫁给郝大手的原因。在姑姑被宣布退休的那天晚上，姑姑喝醉了，她摇摇晃晃地往回走，结果走到了一片洼地。在月光下，蛤蟆、青蛙呱呱地叫着。姑姑想逃离那些蛙叫声，但蛙声追逐着她；她一边嚎叫一边奔跑，最后遇上了郝大手。退休之后，姑姑对生命，尤其是对婴儿和胎儿生命的观念也在发生变化。晚年的姑姑对生命生发出了中国传统母亲式的大悲悯，并且表现出一个乡村医生对神秘生命的沉重思考。她把想象中的那些她引流过的婴儿形象描述给丈夫——一个民间泥塑艺人，通过丈夫的手，捏成泥人，祈愿用这种方式来弥补她对那些没能来到人世的婴儿的歉疚。但与此同时，姑姑也用她那双善于接生的手参与着各种各样的接生。

在发生了巨变的故乡，我在一家名为堂吉诃德的餐馆遇到了落魄潦倒的陈鼻。当年英俊的陈鼻，如今头顶光秃，衣着古怪，装扮成了塞万提斯笔下的愁容骑士堂吉诃德，拿着话剧演员的腔调，在餐馆里招徕客人；但是因为有酒瘾和烟瘾，还带着一条寸步不离的癞皮狗，所以并不讨人喜欢。陈鼻的两个性情高洁的女儿——陈耳和陈眉——曾是高密东北乡最美丽的姐妹花,她们到南方一家毛绒玩具厂打工,结果在一场震惊全国的大火中,陈耳被烧成焦炭,陈眉烧毁了面容。种种变故使陈鼻变得有些疯疯癫癫,甚至想带着他的狗扑到车轮下面寻死。

随着人们生活条件的变化和商品经济的突飞猛进,一些超生的方式也"与时俱进",越来越令人惊叹。在高密东北乡,袁腮以牛蛙养殖公司为幌子,组织了一批"代孕女"为那些想要生男孩的人代孕。年逾五旬的小狮子耍花招把我的精液注入一个"代孕女"体内,并使其怀孕;而这个"代孕女"就是王胆在竹筏上给陈鼻生下的那个女儿,在南方那家毛绒玩具厂烧毁面容的陈眉。我一下子陷入前所未有的矛盾纠结中:55 岁的我,糊里糊涂地又要做父亲了;我想找出办法让怀孕数月的陈眉做药物引产,但我年轻时曾因此断送了妻子王仁美的性命,这是我心中最痛的地方,是我永难赎还的罪过;更何况,我和陈眉,这简直是乱伦啊。但是,在跟一位老同学倾诉了这一切,并听了那位老同学的一番劝解后,我在心理上慢慢接受了现实;我甚至把陈眉所怀的孩子想象成王仁美曾经怀的那个在手术台上夭折的婴儿的投胎转世,并以老来得子的喜悦迎来了儿子的诞生。

在叙述从 50 年代到当下这些故事的过程中,作为小有名气的剧作家的我,也为自己以姑姑一生为素材创作的话剧找到了灵感。当下生活中的许多事件和我要创作的剧本中的故事纠缠在一起,使我已经分不清剧本中哪里是纪实,哪里是虚构。而且在与杉谷义人的通信交往中,我内心中的赎罪心理也日渐加重;我甚至把写作当成了一种赎罪的方式。在寄给杉谷义人的剧本中,我把前面的叙述延伸到了如梦如幻的话剧舞台上。这是一部具有荒诞色彩的,融合了诙谐、戏谑、调侃、反讽、嬉闹、灵魂独白、戏中戏等文体风格的话剧。在剧本中,生下孩子的陈眉因为孩子被抱走而精神失常,到处寻找自己的孩子,甚至闯进公安局派出所去诉冤。我一家子给代孕生的孩子"金娃"办满月宴席时,陈眉闯进来抢走"金娃",跑进一个以民国时期县衙大堂为背景的电视戏剧片拍摄现场。经过"县长"一番颇具讽刺意味的断案后,"金娃"回到了小狮子的怀抱。在话剧的最后一幕,姑姑展开了内心的剖白:她经常回想起那些因计划生育而死去的女人和她接生过的孩子。

【阅读提示】

莫言的《蛙》是一部很独特的长篇小说,首先它是以书信的形式来叙述的,全书以剧作家"我"给日本友人杉谷义人通信的方式,讲述发生在"高密东北乡"的有关"姑姑"的故事。此书还有一个特点就是书中的人物的名字都是以人体的器官命名的,这个并不是莫言的独创,其实早在温瑞安的"四大名捕"系列故事里已经使用这种命名法,到底莫言是不是看了温瑞安的小说之后受到启发,那就只有他自己知道了。

全书以"蛙"为名,寓意深刻。首先"蛙"音同"娃",计划生育本身就是要控制

“娃”的出生率，所以说这也是描写有关“娃”的一部小说。其次，“蛙”跟“哇”同音，“哇”是娃娃的哭声，计划生育扼杀了那些娃娃的生命，到处回荡着那凄惨的“哇哇”哭声，也是对那种惨无人道的非法引产的一种有力的控诉。再就是“蛙”跟“娲”同音，女娲是造人的女神，然而计划生育却要扼杀那些所造的人，也是对当时那个时代的严肃拷问。

青蛙是一个变态发育的动物，它是由“蝌蚪”通过变态反应之后才能发育成“幼蛙”，然后再发育成熟，成为“青蛙”。正是蛙有这种特性，作者以“蛙”为书名，也是隐喻计划生育高压政策下，一个时代的变态，以及在这个变态的时代里出现的变态了的人，他们灵魂扭曲，失去了人性，打着“基本国策”的幌子，做出很多伤天害理、惨绝人寰的勾当。一个乡村妇科医生“姑姑”一生中接生了成千上万的婴儿，但也有成千上万的“胎儿”被她引产，更有很多“产妇”死在她的手里，对于她自己的所作所为当时她不但不感到罪恶深重，而且还认为是在“为人民服务”。直到晚年，她才开始意识到自己实在是“罪孽深重”，双手沾满了那么多人的鲜血，有接生婴儿的血，还有被引产扼杀的胎儿的血，还有那些本来不应该引产而被强行引产的“大月孕妇”的血，她们的生命被无情地扼杀了。所以“姑姑”在为自己接生了那么多婴儿的光荣事迹感到自豪的同时也为自己扼杀了那么多的生命感到自责，她对那些亡灵忏悔。但是晚年的“姑姑”已经不是一个正常的女人，她由于深深的愧疚，引起精神失常，她最害怕的也是“青蛙”，因为那些青蛙的叫声就像一个个婴儿“哇哇”的哭声，就像那些被扼杀的幼小的“幽灵”在向她控诉，所以“姑姑”见了青蛙就怕得不得了。

著名剧作家的“我”的笔名也是“蛙”的幼虫“蝌蚪”，也就是青蛙发生变态反应之前的那个状态。“我”虽然没有参与那些变态的工作，但“我”作为一个高级知识分子，在面对那样一个“残酷无情”的社会环境时，却没有作为一个知识分子应该做的去劝止与抗争，而是默默地忍受，甚至消极地接受了那个没有天理的“制度”，并且间接地成为那些变态的人们的“帮凶”。这也更体现出了在一个强权社会里，知识分子的懦弱与卑微。“姑姑”强迫“我”的妻子王仁美引产，“我”为了自己的“前途”，不但没有反抗，而且还多方劝说妻子配合“姑姑”，最后造成自己的妻子死亡。妻子死亡后，“我”不但对那些人格变态的人没有产生仇恨的情绪，而且还在“姑姑”的劝说下，与崇拜“姑姑”的计生人员小狮子结婚，虽然受到了很多人的白眼，但“我”还是无视“世俗的眼光”，把自己的人格隐藏了起来，去顺应那个时代的潮流。

全书最大的一个亮点就是结尾以一个“九幕话剧”《蛙》结束故事，新颖奇特，并且这个“话剧”的内容也是对前面的故事情节的有力补充，通过几个场景来对那个时代的控诉与批判，引人入胜！

【思考与练习】

如何理解“姑姑”这个人物形象?

【作者简介】

杰罗姆·大卫·塞林格(Jerome David Salinger,1919—2010),美国作家,1919年生于纽约一个富裕的犹太商人家庭。从1940年发表处女作,到1951年出版长篇小说《麦田里的守望者》止,十多年中发表短篇小说20多篇。《麦田里的守望者》出版后,塞林格一举成名,该作被认为是20世纪美国文学的经典作品之一。此后他一直隐居,只有3部中篇小说和1个短篇,即中篇集《弗兰妮与卓埃》、《木匠们,把屋梁升高》、《西摩:一个介绍》及短篇《哈普华兹十六,1924》。此外,还出版过一本从20多篇旧作中选出的短篇集《九故事》。

麦田里的守望者①

塞林格

……

21

我这几年来最好的运气,就是在我回家的时候平时那个值夜班开电梯的彼得恰好不在。一个我从未见过的新手在开电梯,所以我揣摩我要是不撞见我父母,或许可以跟老菲苾见一面再溜出去,不至于有人知道我回家来过。这真是个好得了不得的运气。更幸运的是,这个新来的家伙有点儿傻里傻气。我用一种非常随便的声音告诉他说,我要上狄克斯坦家去。狄克斯坦家跟我们住同一层楼。我这时已脱掉那顶猎人帽,不让自己有任何形迹可疑的地方。我装作非常匆忙的样子走进电梯。

他已把电梯的门关上了,准备送我上去,接着他忽然转过身来对我说:“他们不在家。他们在十四层楼参加舞会。”

“没关系。”我说,“我可以等他们会儿。我是他们的侄儿。”

他带着怀疑的、傻里傻气的神气望了我一眼。“你最好到休息室等去,朋友。”他说。

---

① [美]J. D. 塞林格著,施咸荣译:《麦田里的守望者》,译林出版社,2001年版。

"很好——那很好。"我说,"可我的一条腿有毛病。我得让它保持某种固定的姿势。我想我最好还是坐在他们房门口的椅子上等去。"

他不知道我他妈的在说些什么,所以只是"哦"了一声,就送我上楼。那倒挺不错,嘿。而且也挺好笑。你只要说些谁也听不懂的话,他们就会俯首听命,要他们干什么他们就干什么。

我在我们那层楼走出电梯——一瘸一拐地活像个跛子——开始向狄克斯坦家的方向走去。等到我听见电梯的门一关上,我就转身向我们家的方向走去。我干得很不错。我甚至连一点酒意都没有了。接着我取出房门钥匙,悄悄把门开了,轻得一点声音都没有,随后我非常非常小心地走进房间,又把门关了。我真应该去当小偷才是。

门厅里自然黑得要命,我也自然没法开灯。我得非常小心,免得碰着什么东西,发出响声来。我确实知道自己已经到家了。我们的门厅有种奇怪的气味,跟任何别的地方都不一样。我不知道是股他妈的什么气味。既不是花的气味,也不是香水的气味——我真不知道是股他妈的什么气味——可我确实知道自己已经到家了。我脱掉大衣,想挂在门厅的壁橱里,可壁橱里全是衣架,一开橱门就卡嗒卡嗒响个不停,吓得我都不敢往里挂衣服了。接着我就慢慢地向老菲莎的房间走去,走得极慢极慢。我知道那个女佣人听不见我的声音,因为她只有一个耳鼓。她的哥哥在她小时候拿了根稻草一直戳到她耳朵里边,她有一次告诉我说。她简直是个聋子。可是我的父母,尤其是我母亲,耳朵尖得就像只混账猎狗。因此我经过他们房门的时候,走得非常非常轻。我甚至都屏住了呼吸,老天爷。你可以拿把椅子砸在我父亲的脑袋上,他都不会醒来,可我母亲就不一样,你哪怕在西伯利亚咳嗽一声,她都听得见你的声音。她的神经衰弱得要命。整个晚上她有一半时间起来抽烟。

最后,过了那么一个钟头以后,我终于走到了老菲莎的房间。可她不在。我把这事给忘了。我忘了在 D. B. 到好莱坞或者什么别的地方去的时候,菲莎总是睡在他的房间里。她喜欢这房间。因为家里就数这房间最大。还因为房间里有一张疯子用的特大书桌,是 D. B. 向费拉特费亚的某个酒鬼太太买来的,还有那张其大无比的床,总有十英里长十英里宽。我不知道这张床他是从哪里买来的。不管怎样,老菲莎就喜欢趁 D. B. 不在家的时候睡在他的房间里,他也让她睡。你真该瞧瞧她在那张混账书桌上做功课时的情景。那书桌简直就跟那张床一样大。她做功课的时候你简直连看都看不见她。可她就是喜欢这类玩艺儿。她不喜欢自己的房间,因为那房间太小,她说。她说她喜欢铺张。我听了差点儿笑死。老菲莎有什么可铺张的? 什么也没有。

嗯,我就这样轻手轻脚走进 D. B. 的房间,开亮了书桌上的灯。老菲莎甚至都没醒。灯亮后,我还看了她一会儿。她躺在床上睡得挺香,她的脸侧向枕头的一边。她的嘴还张得挺大。说来好笑，那些成年人要是睡着了把嘴张得挺大，那简直难看极了，可孩子就不一样。孩子张大了嘴睡，看上去仍挺不错。他们甚至可以把口水流一枕头，可他们的样儿看上去仍挺不错。

我在房间里绕了一圈，走得极轻极轻，观看房里的一切。我的心情改变了，心里觉得挺舒服。我甚至都不再怕自己会染上肺炎什么的了。我只觉得心里挺好过。老菲苾的衣服搁在紧靠着床的一把椅子上。她是个挺爱干净的孩子。我是说她并不跟别的孩子一样把自己的东西到处乱扔。她不是那种邋遢鬼。她穿的那套黄褐色衣服是我母亲给她在加拿大买的，她就把上装挂在椅背上。她的衬衫什么的全都放在椅子上。她的鞋子和袜子都放在地板上，就在椅子底下，整整齐齐地并排放在一起。这双鞋我过去从未见过，是一双崭新的深褐色鹿皮鞋，就跟我自己穿的这双一样，跟我母亲在加拿大给她买的那套衣服配在一起，真是漂亮极了。我母亲把她打扮得很漂亮，一点不假。我母亲对某些东西很有鉴赏能力。她买冰鞋之类的玩艺儿不成，可是在衣饰方面，她真是个行家。我是说菲苾身上穿的衣服老是能让你吐舌。拿一般的小孩子来说，尽管他们的父母非常有钱，他们身上的衣服却往往难看得没法形容。我真希望你能看见老菲苾穿着我母亲在加拿大给她买的那套衣服时的样子。我不骗你。

我坐在老 D. B. 的书桌上，看了看桌上的那些玩艺儿。它们多半是菲苾的学习用具。极大部分是书。最上面的一本叫做《算术真好玩！》，我打开头一页一看，只见老菲苾在上面写着：

菲苾·威塞菲尔·考尔菲德 4B—1

我见了差点儿笑死。她中间的那个名字本来叫约瑟芬，老天爷，并不是威塞菲尔。可她不喜欢那名字。我每次看见她，总见她给自己找了个新的名字。

算术书下面是地理书，地理书下面是拼法书。她的拼法好极了。她的每门功课都极好，可她的拼法特别好。在拼法书下面是一大堆笔记本。她总有五千本笔记本。你再也没有见过一个小孩子会有那么多笔记本。我把最上面的那本打开一看，只见头一页上写着：

贝妮丝，请你在休息时候来找我，我有一些极重要、极重要的话要跟你说。

那一页上就写着这些。下一页上写着：

阿拉斯加东南部为什么会有那么多罐头厂？

因为那儿有那么多的萨门鱼。

那儿怎么会有宝贵的森林？

因为那儿的气候合适。

为了改善阿拉斯加的爱斯基摩人的生活，

我们政府做了些什么？

好好查一下应付明天的功课！！！

菲苾·威塞菲尔·考尔菲德
菲苾·威塞菲尔·考尔菲德
菲苾·威塞菲尔·考尔菲德
菲苾·威·考尔菲德
菲苾·威塞菲尔·考尔菲德女士
请你传给舍丽!!!
舍丽你说你是人马星座
可是你唯一的金牛星座在你到我家
来的时候给你送冰鞋来了

我就坐在 D. B. 的书桌上把那本笔记本全看完了。我没费多大工夫,再说我也爱看这类玩艺儿——孩子的笔记本,不管是菲苾的还是别的孩子的——我可以整天整夜地看下去。孩子的笔记本我真是百看不厌。随后我又点了一支烟——这是我最后一支烟了。那一天我约莫抽了整整三条烟。最后我把她叫醒了。我是说我不能就在那书桌上坐那么一辈子,再说我也害怕我父母会突然撞进来,我至少要在他们进来之前跟她说声哈罗。因此我把她叫醒了。

她很警醒。我是说你用不着向她大声嚷嚷什么的。你简直只要往她床上一坐,说声:"醒来吧,菲苾。"她就醒来了。

"霍尔顿,"她立刻说,她还用两臂搂住我的脖子。她十分热情。我是说就她那么个年龄的孩子来说,算是热情的了。有时候她简直是太热情了。我吻了她一下,她就说:"你什么时候回家的?"她见了我真是高兴得要命。你看得出来。

"别说得这么响。你好吗?"

"我挺好。你收到了我的信没有?我给你写了封五页的——"

"不错——别这么响。谢谢。"

她给我写了封信。我却来不及回复她。信里谈的全是她要在学校里演戏的事。她叫我别在星期五那天跟人订约会,好让我去看她演出。

"你的戏怎样了?"我问她,"你说那戏叫什么名字来着?"

"《给美国人演出的一场圣诞节好戏》。那剧本真是糟透了,可我演班纳迪克特·阿诺德。我演的简直是最重要的角色。"她说。嘿,她可不是完全清醒了。她跟你谈这类玩艺儿的时候总是十分兴奋。"戏开始的时候,我已经快死了。那鬼魂在圣诞前夕进来问我心里是不是觉得惭愧。你知道。为了我出卖自己的国家什么的。你来不来看?"她都直挺挺地坐在床上了,"我写信给你就是为了这个。你来不来?"

"我当然来。我一定来。"

"爸爸不能来。他要乘飞机到加利福尼亚去,"她说。嘿,她可不是完全清醒了。她只要两秒钟工夫就能完全清醒过来。她坐在——也可以说是跪在——床上,握住了我一只手。“听着。母亲说你要在星期三才回家。”她说,“她说的是星期三。”

“我提前离校了。别说得这么响。你该把每个人都吵醒啦。”

“现在几点钟啦?他们要到很晚才回来,母亲说的。他们到康涅狄格州的诺沃克参加舞会去了,”老菲苾说,“猜猜我今天中午干了什么啦!看了什么电影!猜猜看!”

“我不知道——听着。他们可曾说他们打算在什么时候——”

“《大夫》。”老菲苾说,“这是里斯特基金会放映的特别电影。他们只放映一天——只是今天一天。讲的是肯塔基州的一个大夫,在一个不能走路的瘸子的脸上盖了条毯子什么的。后来他们就把他关进了监牢。那电影真是好极了。”

“听我一秒钟。他们可曾说他们打算在什么时候——”

“他很替那孩子难受,那个大夫。就是为了这个缘故,他才在她脸上盖了条毯子,把她闷死。后来他们把他关进了监牢,判了他无期徒刑,可那个被他闷死的孩子老来看他,为他所做的事向他道谢。他原是出于好心才杀人的。不过他知道自己应该坐牢。因为一个当大夫的没有资格夺走上帝创造的东西。是我同班的一个同学的母亲带我们去看这电影的。她叫爱丽丝·霍尔姆保,是我最要好的朋友。整个班上就她一个人——”

“等一秒钟,好不好?”我说,“我要问你一句话,他们可曾说过他们打算在什么时候回来?”

“没有,不过要在很晚才回来。爸爸把汽车开走了,说这样可以用不着为火车的班次担心。我们这会儿在汽车里装了收音机啦!只是母亲说汽车在路上行驶的时候,谁也没法听收音机。”

我开始放下心来。我是说我终于不再担心他们会在家里撞见我什么的。我已经打定主意。万一真被他们撞见,那就撞见好了。

你真应该看见老菲苾当时的样儿。她穿着那套蓝色睡衣裤,衣领上还绣着红色大象。她是个大象迷。

“那么说来这电影挺不错,是不是?”我说。

“好极了,只是爱丽丝感冒了,她母亲老问她身上好不好过。就在电影演到一半的时候。每次总是演到节骨眼上,她母亲就弯过腰来伏在她身上,问她好过不好过。真让我受不了。”

接着我把那唱片的事告诉了她。“听着。我给你买了张唱片。”我对她说,“只是我在回家的路上把它跌碎了。”我把那些碎片从我的大衣袋里拿出来给她看。“我喝醉啦,”我说。“把碎片给我。”她说,“我在收集碎唱片呢。”她就从我手里接过那些碎片,放进床头柜的抽屉里。她真是讨人喜欢。

"D. B. 回家来过圣诞节吗?"我问她。

"他也许来,也许不来,母亲说。得看当时的情形决定。他也许得待在好莱坞写一个关于安纳波利斯的电影剧本。"

"安纳波利斯,老天爷!"

"定的是个恋爱故事什么的。猜猜看,这个电影将由谁主演? 哪一个电影明星? 猜猜看!"

"我对这不感兴趣。安纳波利斯,老天爷。D. B. 对安纳波利斯知道些什么,老天爷? 那跟他要写的故事又有什么关系?"我说。嘿,那玩艺儿真让我发疯。那个混账好莱坞。"你的胳膊怎么啦?"我问她。我注意到她的一个胳膊肘上贴着一大块胶布。我之所以注意到,是因为她的睡衣没有袖子。

"我班上那个叫寇铁斯·温特劳伯的男孩子在我走下公园楼梯的时候推了我一把。"她说,"你要看看吗?"她开始撕起胳膊上的那块混账胶布来。

"别去撕它。他干吗要推你?"

"我不知道。我揣摩他恨我。"老菲苾说,"我跟另外一个叫西尔玛·阿特伯雷的姑娘在他的皮上衣上涂满了墨水什么的。"

"那可不好。你这是怎么啦——成了个小孩子啦,老天爷?"

"不,可每次我到公园里,我走到哪儿他总是跟到哪儿。他老是跟着我。他真让我受不了。"

"也许他喜欢你。你不能因此就把墨水什么的——"

"我不要他喜欢我,"她说。接着她开始用一种异样的目光瞅着我。"霍尔顿,"她说,"你怎么不等到星期三就回家了?"

"什么?"

嘿,你得时刻留心她。你要是不把她看成机灵鬼,那你准是个疯子。

"你怎么不等到星期三就回家了?"她问我,"你不要是给开除了吧,是不是呢?"

"我刚才已经跟你说啦。学校提前放假。他们让全体——"

"你真的给开除了! 真的!"老菲苾说着,还在我的腿上打了一拳。她只要一时高兴,就会拿拳头打人。"你真的给开除了! 哦,霍尔顿!"她用一只手捂住了嘴。她的感情非常容易激动,我可以对天发誓。

"谁说我给开除了? 谁也没说我——"

"你真的给开除了。真的,"她说。接着又打了我一拳。要是认为这一拳打着不疼,那你准是疯子。"爸爸会要你的命!"她说着,就啪的一下子合扑着躺在床上,还把那个混账枕头盖在头上。她常常爱这样做。有时候,她确确实实是个疯子。

"别闹啦,喂,"我说,"谁也不会要我的命。谁也不会——好啦,菲苾,把那混账玩艺儿打你头上拿掉。谁也不会要我的命。”

可她不肯把枕头拿掉。你没法让她做一件她自己不愿做的事。她只是口口声声说:“爸爸会要你的命。”她头上盖了那么个混账枕头,你简直听不出她说的什么。

“谁也不会要我的命。你好好想想吧。尤其是,我就要走了。我也许先在农场之类的地方找个工作。我认识个家伙,他爷爷在科罗拉多有一个农场。我也许就在那儿找个工作,”我说,“我要是真的走,那我走了以后会跟你们联系的。好啦。把那玩艺儿打你头上拿掉。好啦,嗨,菲苾。劳驾啦。劳驾啦,成不成?”

可她怎么也不肯拿掉。我想把枕头拉掉,可她的劲儿大得要命。你简直没法跟她打架。嘿,她要是想把一个枕头盖在头上,那她死也不肯松手。“菲苾,劳驾啦。好啦,松手吧,”我不住地说,“好啦,嗨……嗨,威塞菲尔。松手吧。”

她怎么也不肯松手。有时候她简直不可理喻。最后,我起身出去到客厅里;从桌上的烟盒里拿了些香烟放进我的衣袋。我的烟一支也不剩了。

22

我回来的时候,她倒是把枕头从头上拿掉了——我知道她会的——可她尽管仰卧着,却依旧不肯拿眼看我。等我走到床边坐下的时候,她竟把她的混账脸儿转到另一边去了。她真跟我他妈的绝交了。就像潘西击剑队那样对待我,在我把所有那些混账圆头剑丢在地铁上以后。

“老海士尔·威塞菲尔怎样啦?”我说,“你写了什么关于她的新故事没有?你上次寄给我的那个就放在我的手提箱里。手提箱寄存在车站里。那故事写得挺不错。”

“爸爸会要你的命。”

嘿,她有了什么念头,真是念念不忘。

“不,他不会的。他至多再痛骂我一顿,然后把我送到那个混账的军事学校里去。他至多这样对付我。可是首先,我甚至都不会在家。我早就到外地去了。我会到——我大概到科罗拉多的农场上去了。”

“别让我笑你了。你连马都不会骑。”

“谁不会?我当然会骑。我确实会骑。他们在约莫两分钟之内就可以把你教会。”我说,“别去揭它了。”她还在搞她胳膊上的胶布。“谁给你理的发?”我问她。我刚注意到她理的头发式样混账极了。短得要命。

“不要你管,”她说。她有时候很能怄人。她的确很能怄人。“我揣摩你又是哪门功课都不及格,”她说——非常怄人。说起来还真有点儿好笑。她有时候说起话来很像个混账教师,而她还只是个很小的孩子哩。

“不,不是的。”我说,“我的英文及格了。”接着,我一时高兴,就用手在她的屁股上戳了一下。她侧身躺着，正好把屁股撅得老高。她的屁股还小得很哩。我戳的并不重，可她想要打我的手，只是没打着。

接着她突然说："哦，你干吗要这样呢？"她是说我怎么又给开除了。她这么一说，又让我心里难过起来。

"哦，天哪，菲苾，别问我了。人人都问我这问题，真让我烦死啦。"我说，"有一百万个原因。这是个最最糟糕的学校，里面全是伪君子。还有卑鄙的家伙。你这一辈子再也没见过那么卑鄙的家伙。比方说，你要是跟几个人在谁的房间里聊天，要是又有别的什么人要进来，而来的又是个傻里傻气的、王八样的家伙，那就谁也不会给他开门。人人都把自己的房门锁起来，不让别人进来。他们还有他妈的那种混账的秘密团体，我自己也是胆子太小，不敢不加入。有个王八样的讨人厌的家伙，名叫罗伯特·阿克莱的，很想加入。他一直想加入，可他们不让。只是因为他像个王八，讨人厌。我甚至都不想谈它。那真是个糟糕透顶的学校。你相信我的话好了。"

老菲苾一声不响。可她在仔细听。我一看她的后脑勺就知道她是在仔细听。只要你跟她说些什么，她总是仔细听着。好笑的是，有一半时间她都懂得你他妈的在说些什么。她的确懂得。

我继续谈老潘西里的事。我不知怎的兴致上来了。

"教职员里虽有那么一两个好教师，可连他们也都是假模假式的伪君子。"我说，"就拿那个老家伙斯宾塞先生说吧。他太太老请你喝热巧克力什么的，他们为人的确挺不错。可他上历史课的时候，只要校长老绥摩进来在教室后面一坐下，你再瞧瞧他的那副模样儿。老绥摩总是在上课的时候进来，在教室后面坐那么半个小时左右。他大概算是微行察访什么的。过了一会儿，他就会坐在那儿打断老斯宾塞的话，说一些粗俗的笑话。老斯宾塞简直连命都不要了，马上露出满面笑容，吃吃地笑个不停，就好像绥摩是个混账王子什么的。"

"别老是咒骂啦。"

"你见了准会呕出来，我发誓你一定会。"我说，"还有，在'返校日'那天。他们有那么个日子，叫'返校日'，那天所有在一七七六年左右打潘西毕业出去的傻瓜蛋全都回到学校来了，在学校里到处走，还带着自己的老婆孩子什么的。可惜你没看见那个约莫五十岁的老家伙。你猜他干了什么，他一径来到我们房间里敲我们的门，问我们是不是能让他用一下浴室。浴室是在走廊的尽头——我真他妈的不知道他干吗要来问我们。你知道他说了些什么？他说他想看看他自己名字的缩写是不是还在一扇厕所门上。他约莫在九十年前把他妈的那个混账傻名字的缩写刻在一扇厕所门上，现在他想看看那缩写是不是还在那儿。因此我跟我的同房间的那位一起陪着他走到浴室里，他就在一扇扇厕所门上找他名字的缩写，我们不得不站在那儿陪着他。在整个时间里他还滔滔不绝地跟我们讲着话，告诉我们说在潘西念书的那段时间怎样是他一辈子中最快乐的日子,他还给我们许许多多有关未来的忠告。嘿,他真让我心里烦极了!我倒不是说他是个坏人——他不是坏人。可是不一定是坏人才能让人心烦——你可以是个好人,却同时让人心烦。要人心烦很容易,你只要在哪扇门上找自己名字的缩写,同时给人许许多多假模假式的忠告——你只要这样做就成。我不知道。说不定他要不是那么呼噜呼噜直喘气,情形也许会好些。他刚走上楼梯,累得呼噜呼噜直喘气,他一边在门上找自己名字的缩写,一边直喘气,鼻孔那么一张一合的十分可笑,一边却还要跟我和斯特拉德莱塔讲话,要我们在潘西学到尽可能多的东西。天哪,菲苾!我解释不清楚。我就是不喜欢在潘西发生的一切。我解释不清楚。"

老菲苾这时说了句什么话,可我听不清。她把一个嘴角整个儿压在枕头上,所以我听不清她说的话。

"什么?"我说,"把你的嘴拿开。你这样把嘴压在被头上,我听不清你说的话。"

"你不喜欢正在发生的任何事情。"

她这么一说,我心里不由得更烦了。

"我喜欢。我喜欢。我当然喜欢。别说这种话。你干吗要说这种话呢?"

"因为你不喜欢。你不喜欢任何学校。你不喜欢千百万样东西。你不喜欢。"

"我喜欢!你错就错在这里——你完完全全错在这里!你他妈的为什么非要说这种话不可?"我说。嘿,她真让我心里烦极了。

"因为你不喜欢。"她说,"说一样东西让我听听。"

"说一样东西?一样我喜欢的东西?"我说,"好吧。"

问题是,我没法集中思想。有时候简直很难集中思想。

"一样我非常喜欢的东西,你是说?"我问她。

可她没回答我。她躺在床的另一边,斜着眼看我。她离开我总有那么一千英里。"喂,回答我。"我说,"是一样我非常喜欢的东西呢,还是光是我喜欢的东西?"

"你非常喜欢的。"

"好吧,"我说。不过问题是,我没法集中思想。我能想起的只是那两个拿着破篮子到处募捐的修女。尤其是戴着铁边眼镜的那个。还有我在爱尔克敦·希尔斯念书时认识的那个学生。爱尔克敦·希尔斯的那个学生名叫詹姆士·凯瑟尔,他说了另外一个十分自高自大的、名叫菲尔·斯戴比尔的学生一句不好听的话,却不肯收回他的话。詹姆士·凯瑟尔说他这人太自高自大,给斯戴比尔的一个混账朋友听见了,就到斯戴比尔跟前去搬弄是非。于是斯戴比尔带了另外六个下流的杂种,走进詹姆士·凯瑟尔的房间,锁上那扇混账房门,想叫他收回他自己所说的话,可他不肯收回。因此他们跟他动起手来。我甚至都不愿告诉你他们怎么对待他的——说出来实在太恶心了——可他依旧不肯收回他的话,那个老詹姆士·凯瑟尔。可惜你没见过他这个人,他长得又瘦又小,十分衰弱,手腕就跟笔管那么细。最后,他不但不肯收回他的话,反而打窗口跳出去了。我正在洗淋浴什么的,连我也听见他摔在外面地上的声音。可我还以为是什么东西掉在窗外了,一架收音机或者一张书桌什么的,没想到是人。接着我听见大伙儿全都涌进走廊奔下楼梯,因此我穿好浴衣也奔下楼去,看见老詹姆士·凯瑟尔直挺挺地躺在石级上面。他已经死了,到处都是牙齿和血,没有一个人甚至敢走近他。他身上还穿着我借给他的那件窄领运动衫。那些到他房间里迫害他的家伙只是给开除出学校。他们甚至没进监牢。

我当时能想到的就是这一些。那两个跟我一块儿吃早饭的修女,还有那个我在爱尔克敦·希尔斯念书时认识的学生詹姆士·凯瑟尔。好笑的是,我跟詹姆士·凯瑟尔甚至都不熟,我老实告诉你说。他是那种极沉默的人。他跟我一起上数学课,可他坐在教室的另一头,平时从来不站起来背书,或者到黑板上去做习题。学校里有些人简直从来不站起来背书或者到黑板上去做习题。我想我跟他唯一的一次谈话,就是他来向我借那件窄领运动衫。他向我开口的时候,我吃惊得差点儿倒在地板上死了。我记得我当时正在盥洗室里刷牙,他过来向我开口了。他说他的堂兄要来找他,开汽车带他出去。我甚至都不知道他知道我有一件窄领运动衫。我只知道点名时候他的名字就在我前面。凯伯尔·罗;凯伯尔·威;凯瑟尔·考尔菲德——我还记得很清楚。我老实跟你说,我当时差点儿没肯把我的运动衫借给他。原因是我跟他不太熟。

"什么?"我跟老菲苾说。她跟我说了些什么,可我没听清楚。

"你连一样东西都想不出来。"

"嗯,我想得出来。嗯,我想得出来。"

"呃,那你说出来。"

"我喜欢艾里。"我说,"我也喜欢我现在所做的事。跟你一起坐在这儿,聊聊天,想着一些玩艺儿——"

"艾里已经死啦——你老这么说的!要是一个人死了,进了天堂,那就很难说——"

"我知道他已经死啦!你以为我连这个也不知道?可我依旧可以喜欢他,对不对?不可能因为一个人死了,你就从此不再喜欢他,老天爷——尤其是那人比你认识的那些活人要好一千倍。"

老菲苾什么话也没说。她要是想不起有什么好说的,就他妈的一句话也不说。

"不管怎样,我喜欢现在这样。"我说,"我是说就像现在这样。跟你坐在一块儿,聊聊天,逗着——"

"这不是什么真正的东西!"

"这是真正的东西!当然是的!他妈的为什么不是?人们就是不把真正的东

西当东西看待。我他妈的为这都腻烦透啦。”

“别咒骂啦。好吧,再说些别的。说说你将来喜欢当个什么。喜欢当一个科学家呢,还是一个律师什么的。”

“我当不了科学家。我不懂科学。”

“呃,当个律师——跟爸爸一样。”

“律师倒是不错,我揣摩——可是不合我的胃口。”我说,“我是说他们要是老出去搭救受冤枉的人的性命,那倒是不错,可你一当了律师,就不干那样的事了。你只是挣许许多多钱,打高尔夫球,打桥牌,买汽车,喝马提尼酒,摆臭架子。再说,即使你真的出去救人性命了,你怎么知道这样做到底是因为你真的要救人性命呢,还是因为你真正的动机是想当一个红律师,只等审判一结束,那些记者什么的就会全向你涌来,人人在法庭上拍你的背,向你道贺,就像那些下流电影里演出的那样?你怎么知道自己不是个伪君子?问题是,你不知道。”

我说的那些话老菲芯到底听懂了没有,我不敢十分肯定。我是说她毕竟还是个小孩子。不过她至少在好好听着。只要对方至少在好好听着,那就不错了。

“爸爸会要你的命。他会要你的命,”她说。

可我没在听她说话。我在想一些别的事——一些异想天开的事。“你知道我将来喜欢当什么吗?”我说,“你知道我将来喜欢当什么吗?我是说将来要是能他妈的让我自由选择的话?”

“什么?别咒骂啦。”

“你可知道那首歌吗,‘你要是在麦田里捉到了我’?我将来喜欢——”

“是‘你要是在麦田里遇到了我’!”老菲芯说,“是一首诗。罗伯特·彭斯写的。”

“我知道那是罗伯特·彭斯写的一首诗。”

她说的对。那的确是“你要是在麦田里遇到了我”。可我当时并不知道。

“我还以为是‘你要是在麦田里捉到了我’呢。”我说,“不管怎样,我老是在想象,有那么一群小孩子在一大块麦田里做游戏。几千几万个小孩子,附近没有一个人——没有一个大人,我是说——除了我。我呢,就站在那混账的悬崖边。我的职务是在那儿守望,要是有哪个孩子往悬崖边奔来,我就把他捉住——我是说孩子们都在狂奔,也不知道自己是在往哪儿跑,我得从什么地方出来,把他们捉住。我整天就干这样的事。我只想当个麦田里的守望者。我知道这有点异想天开,可我真正喜欢干的就是这个。我知道这不像话。”

老菲芯有好一会儿没吭声。后来她开口了,可她只说了句:“爸爸会要你的命。”

“他要我的命就让他要好了,我才他妈的不在乎呢,”我说着,就从床上起来,因为我想打个电话给我的老师安多里尼先生,他是我在爱尔克敦·希尔斯时候的英文教师,现在已经离开了爱尔克敦·希尔斯,住在纽约,在纽约大学教英文。“我要去打个电话,”我对菲苾说,“马上就回来。你可别睡着。”我不愿意她在我去客厅的时候睡着。我知道她不会,可我还是叮嘱了一番,好更放心些。

我正朝着门边走去,忽听得老菲苾喊了声“霍尔顿!”我马上转过身去。

她直挺挺地躺在床上,看去漂亮极了。“我正在跟那个叫菲丽丝·玛格里斯的姑娘学打嗝儿。”她说,“听着。”

我仔细听着,好像听见了什么,可是听不出什么名堂来。“好,”我说。接着我出去到客厅里,打了个电话给我的老师安多里尼先生。

23

我三言两语就把电话打完,因为我很怕电话刚打到一半,我父母就撞了进来。不过他们并没有撞进来。安多里尼先生非常和气。他说我要是高兴,可以马上就去。我揣摩我大概把他和他妻子都吵醒了,因为他们过了好半天才来接电话。他第一句话就问我出了什么事没有,我回答说没有。我说我倒是给潘西开除了。我觉得还是告诉他好。我说后,他只说了声“我的天”。他这人很有幽默感。他跟我说我要是愿意,可以马上就去。

安多里尼先生可以说是我这辈子有过的最好老师。他很年轻,比我哥哥 D. B. 大不了多少,你可以跟他一起开玩笑,却不至于失去对他的尊敬。我前面说过的那个叫詹姆士·凯瑟尔的孩子从窗口跳出来以后,最后就是他把孩子抱起来的。老安多里尼先生摸了摸他的脉搏,随后脱掉自己的大衣盖在詹姆士·凯瑟尔身上,把他一直抱到校医室。他甚至都不在乎自己的大衣上染满了血。

我回到 D. B. 房里的时候,发现老菲苾已经把收音机开了,正播送舞曲。她把声音开得很低,免得被女佣人听见。你真该看见她当时的样子。她直挺挺地坐在床中央,在被褥外面,像印度的修行僧那样盘着双腿。她正在欣赏音乐。我见了真把她爱煞。

“喂。”我说,“你想跳舞吗?”她还是个很小很小的毛孩子的时候,我就教会了她跳舞什么的。她是个了不起的舞蹈家。我是说我只教了她一些基本动作。她主要靠自学。舞要真正跳得好,光靠人教可不成。

“你穿着鞋呢,”她说。

“我可以脱掉。来吧。”

她简直是从床上跳下来的,然后她等着我把鞋子脱掉,我们就一起跳了会儿舞。她的舞跳得真是好极了。我不喜欢人们跟小孩子一块儿跳舞,因为十有九次那样子总是十分难看。我是说,在外面的餐厅里你总看见那个老家伙带着自己的小孩子在舞池里跳舞。他们总是牛头不对马嘴,老攥住孩子背上的衣服一个劲儿往上拉,那孩子呢,简直他妈的不会跳舞,所以那样子真是难看极了,可我从来不带菲苾或别的孩子在公共场所跳舞。我们只是在家里跳着玩儿。不过话说回来,她毕竟与别的孩子不同,因为她会跳舞。不管你怎么跳她都跟得上。我是说你只要把她搂得紧紧的,那样一来不管你的腿比她长多少,也就不碍事了。她会紧跟着你。你可以转身,可以跳些粗俗的花步,甚至还可以跳会儿摇摆舞,她始终紧跟着你。你甚至还可以跳探戈呢,老天爷。

我们跳了约莫四个曲子。在每个曲子的间歇时间,她的样子好笑得要命。她摆好了跳舞的姿势。她甚至连话都不说。你得跟她一起摆好姿势等乐队再一次开始演奏。我见了差点儿笑死。可你还不准笑哩。

嗯,我们跳了约莫四个曲子,随后我把收音机关了。老菲苾一下跳回床上,钻进了被窝。“我进步了些,是不是?”她问我。

“怎么进步的?”我说。我又挨着她在床上坐下了。我有点儿喘不过气来。我抽烟抽得他妈的太凶了,呼吸短得要命。她却连气都没喘一下。

“你摸摸我的额角看,”她突然说。

“干吗?”

“摸摸看。光是摸一摸。”

我摸了一下,却什么也没感觉到。

“是不是烧得厉害?”她说。

“不,你觉得烧吗?”

“是的——是我有意搞出来的。再摸摸看。”

我又摸了一下,仍没感觉到什么,可我说:“这回好了,我觉得有点儿烧了。”我可不愿意她产生他妈的自卑感。

她点点头。“我可以搞得烧到比体温表还高。”

“体温表。谁说的?”

“是爱丽丝·霍尔姆保教我的。你只要夹紧两腿,屏住呼吸,想一些非常非常热的东西。一个电炉什么的。随后你整个脑门就会热得把人的手烧掉。”

我差点儿笑死。我立刻把我的手从她脑门上缩回,像是遇到什么可怕的危险似的。“谢谢你警告了我,”我说。

“哦,我不会把你的手烧掉的。我不等它热得太厉害,就会止住——嘘!”说着,她闪电似的一下子从床上坐了起来。

她这么一来,可吓得我命都没了。“怎么啦?”我说。

“前门!”她用清晰的耳语说,“他们回来啦!”

我一下子跳起来,奔过去把台灯关了。随后我把香烟在鞋底上擦灭,放到衣袋里藏好。随后我一个劲儿扇动空气,想让烟散开——我真不应该抽烟,我的天。随后我抓起自己的鞋子,躲进了壁橱,把门关上。嘿,我的心都快从我嘴里跳出来了。

我听见我母亲走进房来。

“菲苾!”她说,“哟,别来这一套啦。我早看见灯光了,好小姐。”

“哈罗!”我听见菲苾说,“我睡不着。你们玩得痛快吗?”

“痛快极了,”我母亲说,可你听得出她这话是言不由衷。她每次出去,总不能尽兴。“我问你,你怎么还不睡觉?房间里暖和不暖和?”

“暖和倒暖和,我就是睡不着。”

“菲苾,你是不是在房里抽烟了?老实告诉我,劳您驾,好小姐。”

“什么?”老菲苾说。

“要我再说一遍?”

“我只点了一秒钟。我只抽了一口烟。随后把烟从窗口扔出去了。”

“为什么,请问?”

“我睡不着。”

“我不喜欢你这样,菲苾。我一点儿也不喜欢。”我母亲说,“你不再要条毯子吗?”

“不要了,谢谢。祝您晚安!”老菲苾说。她是想尽快把她打发走,你听得出来。

“那电影好看吗?”我母亲说。

“好看极啦。除了爱丽丝的妈妈。她不住地弯过腰来,问她感冒好点儿没有,在整个放映期间简直没有停过。后来我们乘出租汽车回家了。”

“让我来摸摸你的额角看。”

“我没有感染到什么。她根本没病。毛病就在她妈妈身上。”

“呃,快睡吧。晚饭怎么样?”

“糟糕透啦。”

“什么糟糕不糟糕的,你没听见你爸爸怎么教你用文雅的字眼儿吗?有什么地方糟糕?你吃的是极好的羊排。我都把莱克辛登路走遍啦,就是为了——”

“羊排倒挺不错,可查丽娜不管往桌上放什么东西,总是冲着我呼气。她也冲着所有的食物呼气。她冲着一切的一切呼气。”

“呃,快睡吧。吻妈妈一下。你祷告了没有?”

“我是在浴室里祷告的。晚安!”

“晚安。现在快给我睡吧。我的头疼得都快裂开来啦。”我母亲说,她常常头疼。一点不假。

“吃几颗阿斯匹林吧。”老菲苾说,“霍尔顿是在星期三回家,对不对?”

“据我所知是这样。快躺下去。再下去一点儿。”

我听见我母亲走出房间,带上了门。我等了一两分钟。跟着我就出了壁橱。我刚一出来,就跟老菲苾撞了个满怀,因为房里漆黑一团,她已从床上起来,想过来告诉我。“我碰疼你了没有?”我说。现在得悄没声儿说话了,因为他们两个都在家。“我得马上就走，”我说。我摸着黑找到了床沿，一屁股坐了下去，开始穿起鞋子来。我心里很紧张。我承认这一点。

“这会儿别走。”菲苾小声说，“等他们睡着了再说！”

“不。这会儿就走。现在是最好的时刻。”我说，“她正在浴室里，爸爸在收听新闻什么的。现在是最好的时刻。”我连鞋带都系不上了，我真是他妈的紧张得要命。倒不是万一他们发现我在家，就会把我杀了什么的，不过反正是件很不愉快的事。“你他妈的在哪儿呢？”我跟老菲苾说。房间里那么黑，我一点也看不见她。

“在这儿。”她就站在我身边。我却一点也看不见她。

“我的两只混账手提箱还在车站上呢。”我说，“听着。你身边有钱没有，菲苾？我简直成了个穷光蛋啦。”

“只有过圣诞节的钱。买礼物什么的，我可什么也不曾买哩。”

“哦。”我不愿拿她过圣诞节的钱。

“你要用吗？”她问。

“我不想用你过圣诞节的钱。”

“我可以借你一点儿，”她说。接着我听见她向D. B. 的书桌那儿走去，打开了千百万只抽屉，在里面摸索着。房间里黑得要命，真是伸手不见五指。“你要是离家出走，就看不见我演那场戏了，”她说，说的时候，声音有点儿异样。

“不，我看得见。我不会在你演戏之前走的。你以为我会不看你演的戏？”我说，“我大概在安多里尼先生家里住到星期二晚上。随后我就回家。我要是有机会，就打电话给你。”

“钱在这儿，”老菲苾说。她想把钱给我，可是找不到我的手。

“在哪儿？”

她把钱放在我手里了。

“嗨，我不要那么多。”我说，“只要给我两块钱就够了。不跟你开玩笑——拿去。”我想把钱还给他，可她不肯收。

“你全都拿去好了。你以后可以还我。看戏的时候给我带来好了。”

“有多少，老天爷？”

“八块八毛五。六毛五。我花掉了一些。”

一霎时，我哭了起来。我实在是情不自禁。我尽量不哭出声，可我的确哭了。我一哭，可把老菲苾吓坏了，她走过来想劝住我，可你只要一哭开，就没法看在区区一毛钱份上止住。我哭的时候仍坐在床沿上，她伸过一只胳膊来搂住我的脖子，我也伸出一只胳膊搂住她，可我依旧哭了好久，没法止住。我觉得自己哽咽得都快憋死了。嘿，我把可怜的老菲苾吓坏了。那扇混账窗子正开着，我感觉得出她正在哆嗦，因为她身上只穿着一套睡衣裤。我想叫她回到床上去，可她不肯。最后我终于止住了。不过的的确确费了我很大很大工夫。接着我扣好大衣上的钮扣。我告诉她说我会跟她保持联系的。她对我说,要是我愿意的话,可以跟她一起睡,可我说不啦,我还是走的好,安多里尼先生正等着我哩。随后我从大衣袋里掏出我那顶猎人帽送给她。她喜爱这一类混账帽子。她不肯接受,可我让她收下了。我敢打赌她准是戴着这顶帽子睡觉的。她的确喜爱这一类帽子。随后我又告诉她说,我一有机会就打电话给她,说完我就走了出来。

不知什么原因,从屋里出来要比进去他妈的容易多了。主要是,我已经不怕他们发现我了。我真的不怕了。我心想,他们要是发现,就发现吧。说起来,我还真有点儿希望他们发现呢。

我一直走下楼去,没乘电梯。我走的是后楼梯,一路上绊着了总有一千万只垃圾桶,差点儿把我的脖子都摔断了,可我终于走了出来。那个开电梯的连看都没看见我。他也许仍旧以为我在楼上狄克斯坦家里呢。

24

……

25

到了外边,天已蒙蒙亮。天气也冷得要命,可我觉得挺舒服,因为我身上正在拼命出汗哩。

我不知道他妈的往何处去好。我不想再去开旅馆,把菲苾的钱花光。因此末了我往克莱辛敦走去,从那儿乘地铁到中央大车站。我的两只手提箱就存在那儿,那儿的混账候车室里也有的是长椅,我打算就在椅子上睡一觉。我果真这么做了。有那么一会儿我睡得还不坏,因为候车室里人不多,我可以把两只脚搁在椅子上。可我不想细谈这事。这不是什么好事。你千万别去尝试。我说的是真话。它会使你泄气。

我只睡到九点光景,因为那时有千百万人涌进了候车室,我只好把两只脚放下来。两只脚一搁到地板上,我就再也睡不好觉,所以我就坐了起来,我的头痛还没好,而且更厉害了,我只觉得这一辈子从来没这么泄气过。

我心里并不愿意,可我不由自主地想起老安多里尼先生来,我琢磨着安多里尼太太看见我没睡在那儿,要是问起来,不知安多里尼先生会怎么说。不过这问题我并不太担心,因为我知道安多里尼先生为人非常聪明,他可以编造什么话来向她搪塞。他可以告诉她我已经回家了什么的。这问题我并不太担心。真正让我放不下心的,是我不知道自己怎么会醒来发现他轻轻拍着我的头。我是说我在怀疑或许是我自己猜错了,他并不是在那儿跟我搞同性爱。我怀疑他或许有那么个癖好,爱在别人睡着的时候轻轻拍他的头。我是说这一类玩艺儿你怎么能断定呢?你没法断定。我甚至开始琢磨着我应不应该取出我的手提箱回到他家去,就像我答应他的那样，我是说我开始想到即便他是个搞同性爱的，他待我当然非常好。我想到我这么晚打电话给他，他却一点也不见怪，还叫我马上就去，要是我想去的话。我又想到他一点不怕麻烦，给了我忠告，要我找出头脑的尺寸什么的；还有那个我跟你讲起过的詹姆士·凯瑟尔，他死的时候就只有他一个人敢走近他。我心里想着这一切，越想越泄气。我是说我开始想到我或许应该回到他家去。或许他只是随便拍拍我的头。反正我越想这件事，心里就越泄气，精神也越沮丧。更糟糕的是，我的眼睛疼得要命。由于睡眠不足，我的两眼热辣辣的，疼得要命。再说，我还有点儿感冒了，可我身上连一块混账手绢都没有。我的手提箱里倒是有几块，可我并不想把箱子从存物处牢固的铁箱里取出来，在公共场所当众把它打开。

我旁边的长椅上不知谁丢下本杂志在那里，我就拿了看起来，本想借此转移思路，至少暂时不去想安多里尼先生和千百万样其他事情。不过我看了那篇混账文章，心里反倒更不好过了。文章里全是谈的荷尔蒙。它描写如果你身上的荷尔蒙正常，你的脸色应该怎样，眼神应该怎样，可我完全不是那个样儿。我倒是跟文章里所描写的那种荷尔蒙失常的人一模一样。因此我开始为我的荷尔蒙担起心来。接着我看了另外那篇文章，写的是怎样预测自己有没有得癌。它说你嘴里要是有什么溃疡，一时好不了，那可能就是癌的症状。我的嘴唇里面正好有个溃疡，已有两个星期了。因此我怀疑自己已经得了癌。这杂志倒是一服小小的兴奋剂。末了儿我不看杂志了，出去到外面散一会儿步。我揣摩自己大概要在一两个月内死去，因为我得了癌。我真是这样想的。我甚至肯定自己一定会死去。这当然不是太舒服的感觉。

天像是要下雨的样子，可我还是出去散步了。主要是，我觉得我应该吃点儿早饭。我肚子并不饿，可我觉得我至少应该吃点儿什么。我是说至少吃点儿有维生素的东西。于是我信步往东走去，那儿有不少廉价餐馆，因为我不想花很多的钱。

我一路走去，看见有两个家伙在一辆卡车上卸一棵大圣诞树。一个家伙不住地跟另一个说："把这婊子养的抬起来！抬起来，老天爷！"管圣诞树叫婊子养的，确实少见少闻。可是说来可怕，我听在耳朵里，竟还觉得有点儿好笑，所以我不由得笑起来。这实在是我千不该万不该做得最最糟糕的事，因为我刚一笑，就觉得自己要吐。确实是这样。我甚至开始呕吐起来，可是不久也就好了。我不知道这是怎么回事。我是说我不曾吃过任何不卫生的东西，而且我的胃一向很健康。嗯，不管怎样我慢慢好了，我心想要是去吃些东西，说不定还能更好过一些。因此我走进一家外表看去非常便宜的餐馆，要了份油炸饼和咖啡。不过，我没吃那份油炸饼。我实在咽不下去。问题是，你要是为了某种事情心里懊丧得要命，就会食不下咽。那个侍者倒真不错。他把那份油炸饼拿了回去，没要我钱。我光是喝了咖啡。随后我走出餐馆，开始向五马路走去。

今天是星期一，离圣诞节已经很近，所有的铺子也都开门了。因此在五马路上散步倒是挺不错，很有圣诞节气象。所有那些瘦瘦的圣诞老人全都站在角落里摇着铃，还有那班救世军姑娘——脸上不搽脂粉和口红什么的——也在那儿摇铃。我东张西望，寻找昨天吃早饭时候遇见的那两个修女，可我没看见她们。我知道我看不见她们，因为她们告诉我说她们是到纽约来当教师的，可我还是一个劲儿找她们。嗯，不管怎样，一霎时已是一片圣诞节气象。千万个小孩子跟他们的母亲一起来到市中心，在公共汽车里上上下下，在铺子里进进出出。我真希望老菲苾在我身边。她已经不是那种幼稚的孩子，一进儿童玩具部就高兴得命都没有了，不过她倒是喜欢看热闹，逗笑取乐。前年圣诞节我曾带她一起到市中心买东西。我们的确乐了一阵子。我想那次是在百花公司里。我们一起进了鞋部，假装她——老菲苾——要买一双高筒雨靴，那种雨靴总有一百万个穿带子的眼儿。我们简直把那个可怜的售货员折腾死了。老菲苾试了约莫二十双，每试一双，那个可怜的家伙就得把一只鞋子上面的带子全都穿好。这实在是种下流的把戏，可是差点儿把老菲苾笑死了。最后我们买了双鹿皮靴，付了钱。那个售货员倒是十分和气。我想他也知道我们是在逗着玩儿，因为老菲苾老是咯咯地笑个不停。

嗯，我就这样沿着五马路一直往前走，没打领带什么的，接着突然间，一件非常可怕的事发生了。每次我要穿过一条街，我的脚才跨下混账的街沿石，我的心里马上有一种感觉，好像我永远到不了街对面。我觉得自己会永远往下走、走、走，谁也再见不到我了。嘿，我真是吓坏了。你简直没法想象。我又浑身冒起汗来——我的衬衫和内衣都整个儿湿透了。接着我想出了一个主意。每次我要穿过一条街，我就假装跟我的弟弟艾里说话。我这样跟他说：“艾里，别让我失踪。艾里，别让我失踪。艾里，别让我失踪。劳驾啦，艾里。”等到我走到街对面，发现自己并没失踪，我就向他道谢。等我要穿行另一条街的时候，我又从头来一遍。可我一个劲儿往前走着。我大概是怕停下来，我想——我记不太清楚了，说老实话。我知道我一直走到第六十条街才停住脚步，都已经走过了动物园什么的。随后我在一把长椅上坐了下来。我都已喘不过气来了，浑身还在冒汗。我在那儿坐了总有一个钟头，我揣摩。最后，我打定主意，决计远走高飞。我决意不再回家，也不再到另一个混账学校里去念书了。我决定再见老菲苾一面，向她告别，把她过圣诞节的钱还她，随后我一路搭人家的车到西部去。我想先到荷兰隧道不花钱搭一辆车，然后再搭一辆，然后再一辆、再一辆，这样不多几天我就可以到达西部，那儿阳光明媚，景色美丽；那儿没有人认识我，我可以随便找个工作做。我揣摩自己可以在一个加油站里找个工作，给人家的汽车加油什么的。不过我并不在乎找到的是什么样的工作，反正只要人家不认识我、我也不认识人家就成。我又想起了一个主意，打算到了那儿，就装作一个又聋又哑的人。这样我就可以不必跟任何人讲任何混账废话了。要是有人想跟我说什么，他们就得写在纸上递给我。用这种方法交谈，过不多久他们就会腻烦得要命，这样我的下半辈子就再也用不着跟人谈话了。人人都会认为我是个可怜的又聋又哑的杂种,谁都不会来打扰我。他们会让我把汽油灌进他们的混账汽车,他们会给我一份工资,我用自己挣来的钱造一座小屋,终身住在里面。我准备把小屋造在树林旁边,而不是造在树林里面,因为我喜欢屋里一天到晚都有充足的阳光。一日三餐我可以自己做了吃,以后我如果想结婚什么的,可以找一个同我一样又聋又哑的美丽姑娘。我们结婚以后,她就搬来跟我一起住在我的小屋里,她如果想跟我说什么话,也得写在一张混账纸上,像别人一样。我们如果生了孩子,就把他们送到什么地方藏起来。我们可以给他们买许许多多书,亲自教他们读书写字。

我这样想着想着,心里兴奋得要命。我的确兴奋。我知道假装又聋又哑那一节十分荒唐,可我喜欢这样想。不过我倒是真的打定主意要到西部去。我要做的第一件事是向老菲苾告别。因此突然间,我像个疯子似的奔过街心——我险些儿连命都送掉了,我老实告诉你说——到一家文具店里买了支铅笔和一本拍纸簿。我想写张便条给她,叫她到什么地方来会我,以便向她道别,同时把她过圣诞节用的钱还给她。我打算先写好便条,然后拿了它到学校里去,叫校长室里的什么人把条儿送去给她。可我只是把拍纸簿和铅笔塞进衣袋,飞快地向她学校走去——我心里实在太兴奋,没法在文具店里写那张条儿。我走得极快,因为我要她在回家吃午饭之前收到那条儿,但剩下的时间已经不多了。

我知道她学校在什么地方,自然啦,因为我小时候也在那儿上学。我到了那儿以后,却有一种异样的感觉。我本来没有把握,不知道自己是否还记得里面的情景,可是到了那里,才发现自己记得很清楚。里面的一切完全跟我上学的时候一模一样。还是那个大操场,光线老是有点儿暗淡,灯泡外面装有罩子,球打在上面不会破。场地上依旧到处是白圈圈,以便赛球什么的。篮球架上依旧没有网——光是木板和铁圈。

场子上一个人也没有,或许因为休息时间已经过了,吃午饭时间还没到。我只看见一个黑人小孩子,正向厕所走去。他的屁股口袋里插着块木头号牌,那号牌也跟我们过去用的一模一样,用来证明他已经获得上厕所的许可。

我身上还在冒汗,可没像刚才那么厉害了。我走到楼梯边,坐在第一个梯级上。拿出我刚才买的拍纸簿和铅笔。那楼梯有一股气味,也跟我过去上学的时候一模一样。像是刚有人在上面撒了泡尿似的。学校里的楼梯老有那种气味。不管怎样,我坐在那儿写了这么张便条:

亲爱的菲苾:

我没法等到星期三了,所以我也许要今天下午搭人家的车到西部去,你要是办得到,请在十二点一刻到博物馆的艺术馆门边来会我,我可以把你过圣诞节用的钱还给你。我没有花掉多少。

你的亲爱的霍尔顿

她的学校简直就在博物馆旁边，她回家吃午饭时反正要走过，所以我知道她准能前来会我。接着我上楼向校长室走去，想找个人送这张条到她课堂里去。我把便条折了总有十来道，不让人随便拆开偷看。在一个混账学校里，你简直信不过任何人。可我知道他们要是听说我是她哥哥什么的，一定会把便条送给她。

我上楼的时候，突然觉得自己好像又要吐了。只是我没吐出来。我就地坐了一秒钟，觉得好过了一些。可我刚坐下去，就看见一样东西，差点儿都把我气疯了。有人在墙上写了"×你"两个大字。我见了真他妈的差点儿气死。我想到菲苾和别的那些小孩子会看到它，不知他妈的是什么意思，最后总有个下流的孩子会解释给她们听——同时把眼睛那么一斜，自然啦——以后有一两天工夫，她们会老想着这事，甚至或许会嘀咕着这事。我真希望亲手把写这两个字的人杀掉。我揣摩大概是哪个性变态的瘪三在深夜里偷偷溜进了学校，撒了泡尿什么的，随后在墙上写下这两个字。我不住地幻想着自己怎样在他写字的时候捉住他，怎样揪住了他的脑袋往石级上撞，直撞得他头破血流，直挺挺地死在地上。可我也知道自己没勇气干这事。我知道得很清楚。这就使我心里更加泄气。我甚至都没勇气用手把这两个字从墙上擦掉，我老实告诉你说。我生怕哪个教师撞见我在擦，还以为是我写的。可我最后还是把字擦掉了。随后我继续上楼向校长办公室走去。

校长好像不在，只有一个约莫一百岁的老太太坐在一架打字机跟前。我跟她说我是4B－1班菲苾·考尔菲德的哥哥，我请她劳驾把这张便条送去给菲苾。我说这事非常重要，因为我母亲病了，没法给菲苾准备午饭，她得到约定的地方跟我会面，一起到咖啡馆里去吃饭。这位老太太倒是十分客气。她从我手里接过便条，叫来了隔壁办公室里的另一位太太，那太太就给菲苾送去了。接着那个约莫一百岁的老太太就跟我聊起天来。她十分和气，我就告诉她说，我，还有我兄弟，过去也都在这学校里念书。她问我这会儿在哪里上学，我告诉她说在潘西，她说潘西是个非常好的学校。即便我想要纠正她的看法，我怕自己也没这力量。再说，她要是认为潘西是个非常好的学校，就让她那么认为好了。谁都不乐意把新知识灌输给那些约莫一百岁的老人。他们不爱听。过了一会儿后，我就走了。奇怪的是，她竟也向我大声嚷着"运气好！"就跟我离开潘西时老斯宾塞嚷的一模一样。老天，我最恨的就是我离开什么地方的时候有人冲着我嚷"运气好！"我一听心里就烦。

我从另一边楼梯下去，又在墙上看见"×你"两个大字。我又想用手把字擦掉，可这两个字是用刀子什么的刻在上面的，所以怎么擦也擦不掉。嗯，反正这是件没希望的事。哪怕给你一百万年去干这事，世界上那些"×你"的字样你大概连一半都擦不掉。那是不可能的。

我望了望操场上的大钟，还只十一点四十，离跟老菲苾约会的时间还很远，所以我还有不少时间可以消磨。可我只是向博物馆走去。此外我也实在没有其他地方可去。我心想,在我搭车西去之前要是路过公用电话间,或许跟琴·迦拉格通个电话,可我没那心情。主要是,我甚至都不知道她已放假回家了没有。因此我一径走到博物馆,在那儿徘徊。

我正在博物馆里等菲苾,就在大门里边,忽然有两个小孩走过来,问我可知道木乃伊在哪里。那个问我话的小孩裤子全没扣纽扣。我向他指了出来。他就在站着跟我说话的地方把纽扣一一扣上了——他甚至都不找个僻处,像电线杆后面什么的。他真让我笑痛肚皮。只是我没笑出声来,生怕再一次要吐。"木乃伊在哪儿,喂?"那孩子又问了一遍。"你知道吗?"

我逗了他们一会儿。"木乃伊?那是什么东西?"我问那个孩子。

"你知道。木乃伊——死了的人。就是葬在粉里的。"

粉。真笑死人。他说的是坟。

"你们两个怎么不上学?"我说。

"今天不上课。"那孩子说,两个孩子里面就只他一个说话。我十拿九稳他是在撒谎,这个小杂种。在老菲苾来到之前,我实在没事可做,因此我领着他们去找放木乃伊的地方。嘿,我一向知道放木乃伊的场所,一找便着,可我有多年没到博物馆来了。

"你们两个对木乃伊那么感兴趣?"我说。

"不错。"

"你的那个朋友会说话吗?"我说。

"他不是我的朋友。他是我弟弟。"

"他会说话吗?"我望着那个一直没开口的孩子说,"你到底会不会说话?"我问他。

"会。"他说,"我只是不想说话。"

最后我们找到了放木乃伊的场所,我们就走了进去。

"你们知道埃及人是怎样埋葬死人的吗?"我问那个讲话的孩子。

"不知道。"

"呃,你们应该知道。这十分有趣。他们用布把死人的脸包起来,那布都用一种秘密的化学药水浸过。这样他们可以在坟里埋葬几千年,他们的脸一点儿也不会腐烂。除了埃及人谁也不知道怎么搞这玩艺儿。连现代科学也不知道。"

要进入放木乃伊的场所,先得通过一个非常窄的门厅,门厅一壁的石头全都是从法老的坟上拆下来的。门厅里黑漆漆的,十分阴森可怕,你看得出跟我一块儿来的这两个木乃伊爱好者不太欣赏。他们都紧靠着我,那个不讲话的孩子简直拉住我的袖子不放。"咱们走吧。"他对他哥哥说,"我已经看过啦。走吧,嗨。"他转身走了。

“他的胆子咪咪小。”另外那个孩子说，“再见！”他也走了。

于是只剩下我一个人在坟里了。说起来，我倒是有点喜欢这地方。这儿是那么舒服，那么宁静。接着突然间，你绝猜不着我在墙上看见了什么。另外两个大字“×你”。是用红颜色笔之类的玩艺儿写的，就写在石头底下镶玻璃的墙下面。

麻烦就在这里。你永远找不到一个舒服、宁静的地方，因为这样的地方并不存在。你或许以为有这样的地方，可你到了那儿，只要一不注意，就会有人偷偷地溜进来，就在你的鼻子底下写了“×你”字样。你不信可以试试。我甚至都这样想，等我死后，他们会把我葬到墓地里，给我立一个墓碑，上面写着“霍尔顿·考尔菲德”的名字，以及哪年生哪年死，然后就在这下面是“×你”两字。我有十足的把握，说实在的。

我从放木乃伊的场所走出来，就急于上厕所。我好像是泻肚子了，我老实告诉你说。我倒不太在乎自己泻肚子，可是跟着又发生了另外一件事情。我刚从厕所里出来，就一下晕过去了。我的运气还算不错。我是说我要是一头撞在石头地上，很可能摔死的，可我只是侧身倒下去。说来奇怪，我晕过去后醒来。倒是好过了一些，的确这样。我的一只胳膊摔疼了一点儿，可我晕得不像刚才那么厉害了。

已经快到十二点十分了，所以我就出去站在门边，等候菲苾。我心想，这大概是我最后一次跟她见面了。我的意思是说这大概是我最后一次见到我的亲属了。我揣摩我以后大概还会跟我的亲属见面，可总得在好些年以后。我想，我可能在三十五岁左右再回家一次，那也只是家里有什么人生病，在死前想见我一面，要不然我说什么也不会离开我的小屋回家。我甚至开始想象我回家以后会是什么样子。我知道我母亲会歇斯底里发作，哭哭啼啼地求我留在家里，叫我别再回到我的小屋里去，可我还是要走。我会装出若无其事的样子，先让我母亲平静下来，随后走到客厅的另一头，取出烟盒来点一支烟，冷静得要命。我请他们大伙儿有空到我那儿去玩，可我并不强求他们去。我倒是打算这么做，我打算让老菲苾在夏天、圣诞节和复活节到我那里来度假期。D·B.要是想找一个舒服、宁静的地方写作，我也可以让他到我那儿来住，只是他不能在我的小屋里写什么电影剧本，只能写短篇小说和其他著作。我要定出这么个规则，凡是来看我的人，都不准在我家里做任何假模假式的事。谁要是想在我家里作假，就马上请他上路。

突然，我抬头一看衣帽间里的钟，已经十二点三十五了，我开始担起心来，生怕学校里的那个老太太已经偷偷地嘱咐另外那位太太，叫她别给老菲苾送信。我担心她或许叫那位太太把那张便条烧了什么的。这么一想，我心里真是害怕极了。我在上路之前，倒真想见老菲苾一面，我是说我还拿了她过圣诞节的钱哩。

最后，我看见她了。我从门上的玻璃里望见了她。我之所以老远就望见她，是因为她戴着我的那顶混账猎人帽——这顶帽子你在十英里外都望得见。

我走出大门跨下石级迎上前去。叫我不明白的是，她随身还带着一只大手提箱。她正在穿行五马路，一路拖着那只混账大手提箱。她简直连拖都拖不动。等我走近一看，她拿的原来是我的一只旧箱子，是我在胡敦念书的时候用的。我猜不出她拿了它来究竟他妈的是要干什么。"嘿!"她走近我的时候这么嘿了一声，她被那只混账手提箱累得都上气不接下气了。

"我还以为你不来了呢。"我说，"那只箱子里装的什么？我什么也不需要。我就这样动身，连我寄存在车站里的那两只手提箱我都不准备带走。箱子里到底他妈的装了些什么?"

她把手提箱放下了。"我的衣服。"她说，"我要跟你一块儿走。可以吗？成不成?"

"什么?"我说。她一说这话，我差点儿摔倒在地上了。我可以对天发誓我真是这样。我觉得一阵昏眩，心想我大概又要晕过去了。

"我拿着箱子乘后面电梯下来的，所以查丽娜没看见我。箱子不重。我只带了两件衣服，我的鹿皮靴，我的内衣和袜子，还有其他一些零碎东西。你拿着试试。一点不重。你试试看我能……跟你去吗？霍尔顿？我能吗？劳驾啦。"

"不成。给我住嘴。"

我觉得自己马上要晕过去了。我是说我本来不想跟她说住嘴什么的，可我觉得自己又要晕过去了。

"我干吗不可以？劳驾啦，霍尔顿；我决不麻烦你——我只是跟你一块儿走，光是跟你走！我甚至连衣服也不带，要是你不叫我带的话——我只带我的——"

"你什么也不能带。因为你不能去。我只一个人去，所以快给我住嘴。"

"劳驾啦，霍尔额。请让我去吧。我可以十分、十分、十分——你甚至都不会——"

"你不能去。快给我住嘴！把那箱子给我。"我说着，从她手里夺过箱子。我几乎要动手揍她。我真想给她一巴掌。一点不假。

她哭了起来。

"我还以为你要在学校里演戏呢。我还以为你要演班纳迪克特·阿诺德呢。"我说。我说得难听极了。"你这是要干什么？不想演戏啦，老天爷?"她听了哭得更凶了。我倒是很高兴。一霎时，我很希望她把眼珠子都哭出来。我几乎都有点儿恨她了。我想我恨她最厉害的一点是因为她跟我走了以后，就不能演那戏了。

"走吧!"我说。我又跨上石级向博物馆走去。我当时想要做的，是想把她带来的那只混账手提箱存到衣帽间里，等她三点钟放学的时候再来取。我知道她没法拎着箱子去上学。"喂！来吧。"我说。

可她不肯跟我一起走上石级。她不肯跟我一起走。于是我一个人上去，把手提箱送到衣帽间里存好，又走了回来。她依旧站在那儿人行道上，可她一看见我向她走去，就一转身背对着我。她做得出来。她只要想转背，就可以转过背去不理你。“我哪儿也不去了。我已经改变了主意。所以别再哭了。”我说。好笑的是，我说这话的时候她根本不在哭。可我还是这么说了。“喂，走吧。我送你回学校去。喂，走吧。你要迟到啦。”

她不肯搭理我。我想拉她的手，可她不让我拉。她不住地转过身去背对着我。

“你吃了午饭没有？你已经吃了午饭没有？”我问她。

她不肯搭理我。她只是脱下我那顶红色猎人帽——就是我给她的那顶——劈面朝我扔来。接着她又转身背对着我。我差点儿笑痛肚皮，可我没吭声。我只是把帽子拾了起来，塞进我的大衣口袋。

“走吧，嗨。我送你回学校去。”我说。

“我不回学校。”

我听了这话，一时不知怎么说好。我只是在那儿默默站了一两分钟。

“你一定得回学校去。你不是要演戏吗？你不是要演班纳迪克特·阿诺德吗？”

“不。”

“你当然要演，你一定要演。走吧，喂，咱们走吧。”我说，“首先，我哪儿也不去了，我刚才不是说了吗。我要回家去。你一回学校，我也马上回家。我先上车站取我的箱子，随后直接回——”

“我说过我不回学校了。你爱干什么就干什么，可我不回学校。”她说，“所以你给我住嘴。”她叫我住嘴，这还是破题儿第一遭。听起来实在可怕。老天爷，听起来实在可怕。比咒骂还可怕。她依旧不肯看我一眼，而且每次我把手搭在她肩上什么的，她总是不让我。

“听着，你是不是想散一会儿步呢？”我问她，“你是不是想去动物园？要是我今天下午不让你上学去，带你散一会步，你能不能打消你这种混账念头？”

她不肯搭理我，所以我又重复了一遍：“要是我今天下午不让你上学去，带你散一会儿步，你能不能打消你这种混账念头？你明天能不能乖乖儿上学去？”

“我也许去，也许不去。”她说完，就马上奔跑着穿过马路，也不看看有没有车辆。有时候她简直是个疯子。

可我并没跟着她去。我知道她会跟着我，因此我就朝动物园走去，走的是靠公园那边街上。她呢，也朝动物园的方向走去，只是走的是他妈的另一边街上。她不肯抬起头来看我，可我看得出她大概从她的混账眼角里瞟我，看我往哪儿走。嗯，我们就这样一直走到动物园。我唯一觉得不放心的时候是有辆双层公共汽车开过，因为那时我望不见街对面，看不到她在他妈的什么地方。可等到我们到了动物园以后，我就大声向她喊道：“菲苾！我进动物园去了！来吧，喂！”她不肯拿眼看我，可我看得出她听见了我的话。我走下台阶进动物园的时候，回头一望，看见她也穿过马路跟我来了。

由于天气不好，动物园里的人不多，可是在海狮的游泳池旁边倒围着一些人。我迈步继续往前走，可老菲苾停住脚步，似乎要看人喂海狮——有个家伙在朝它们扔鱼——因此我又走了回去。我揣摩这是跟她和解的好机会，所以我就走去站在她背后，把两手搭在她肩上，可她一屈膝，从我手中溜出去了——她只要成心，的确很能怄人。她一直站在那儿看喂海狮，我也就一直站在她背后。我没再把手搭在她肩上什么的，因为我要是再这么做，她当真还会给我难看。孩子们都很可笑。你跟他们打交道的时候可得留神。

我们从海狮那儿走开的时候，她不肯跟我并排走，可离我也不算太远。她靠人行道的一边走，我靠着另一边走。这当然不算太亲热，可跟刚才那么离我一英里相比，总算好多了。我们走上小山看了会儿熊，可那儿没什么可看的。只有一头熊在外面，那头北极熊。另一头棕色的躲在它的混账洞里，不肯出来。你只看得见它的屁股。有个小孩子站在我旁边，戴了顶牛仔帽，几乎把他的耳朵都盖住了，他不住地跟他父亲说："让它出来，爸爸，想法子让它出来。"我望了老菲苾一眼，可她不肯笑。你知道孩子们生你气的时候是什么样子。他们连笑都不肯笑。

我们离开熊以后，就走出动物园，穿过公园里的小马路，又穿过那条小隧道，隧道里老有一股撒过尿的臭味。从这儿往前去是旋转木马转台。老菲苾依旧不肯跟我说话什么的，不过已在我身旁走了。我一时高兴，伸手攥住她大衣后面的带子，可她不肯让我攥。她说："请放手，您要是不介意的话。"她依旧在生我的气，不过已不像刚才那么厉害了。嗯，我们离木马转台越来越近，已听得见那里演奏的狂热音乐了。当时演奏的是《哦，玛丽！》，约莫在五十年前我还很小的时候，演奏的也是这曲子。木马转台就是这一点好，它们奏来奏去总是那几个老曲子。

"我还以为木马转台在冬天不开放呢。"老菲苾说。她跟我说话这还是头一次。她大概忘了在生我的气。

"也许是因为到了圣诞节的缘故。"我说。

她听了我的话并没吭声。她大概记起了在生我的气。

"你要不要进去骑一会儿？"我说。我知道她很可能想骑。她还很小的时候，艾里、D. B. 和我常常带她上公园，她就最喜欢旋转木马转台。你甚至都没法叫她离开。

"我太大啦。"她说。我本来以为她不会搭理我，可她回答了。

"不，你不算太大。去吧。我在这儿等你。去吧。"我说。这时我们已经走到了转台边。里面有不多几个孩子骑在木马上，大都是很小的孩子，有几个孩子的父母在外面等着，坐在长椅上什么的。我于是走到售票窗口，给老菲苾买了一张票。随后我把票给了她。她就站在我身旁。"给。"我说，"等一秒钟——把剩下的钱也拿去。"我说着，就把她借给我的钱所有用剩下来的全都拿出来给她。

"你拿着吧。代我拿着。"她说。接着她马上加了一句——"劳驾啦。"

有人跟你说"劳驾啦"之类的话,听了当然很泄气。我是说像菲苾这样的人。我听了的确非常泄气。不过我又把钱放回了衣袋。

"你骑不骑?"她问我。她望着我,目光有点儿异样。你看得出她已不太生我的气了。

"我也许在下次骑。我先瞧着你骑。"我说,"票子拿好了?"

"唔。"

"那么快去——我就坐在这儿的长椅上。我瞧着你骑。"我过去坐在长椅上,她也过去上了转台。她绕看台走了又走。我是说她绕着转台整整走了一圈。随后她在那只看去很旧的棕色大木马上坐下。接着转台转了起来,我瞧着她转了一圈又一圈。骑在木马上的另外还有五、六个孩子,台上正在演奏的曲子是《烟进了你的眼睛》,调儿完全像爵士音乐,听去很滑稽。所有的孩子都想攥住那只金圈儿,老菲苾也一样,我很怕她会从那只混账马上掉下来,可我什么也没说,什么也没做。孩子们的问题是,如果他们想伸手去攥金圈儿,你就得让他们攥去,最好什么也别说。他们要是摔下来,就让他们摔下来好了,可别说什么话去拦阻他们,那是不好的。

等到转台停止旋转以后,她下了木马向我走来。"这次你也骑一下吧。"她说。

"不,我光是瞧着你骑。我光是想瞧着你骑。"我说着,又给了她一些她自己的钱。"给你。再去买几张票。"

她从我手里接过钱。"我不再生你气了。"她说。

"我知道。快去——马上就要转啦。"

接着她突然吻了我一下。随后她伸出一只手来,说道:"下雨啦。开始下雨啦。"

"我知道。"

接着她干了一件事——真他妈的险些儿要了我的命——她伸手到我大衣袋里拿出了我那顶红色猎人帽,戴在我头上,

"你不要这顶帽子了?"我说。

"你可以先戴一会儿。"

"好吧。可你快去吧,再迟就来不及了,就骑不着你的那匹木马了。"

可她还是待着不走。

"你刚才的话说了算不算数?你真的哪儿也不去了?你真的一会儿就回家?"她问我。

"是的。"我说,我说了也真算数。我并没向她撒谎。过后我也的确回家了。"快去吧。"我说,"马上就要开始啦。"

她奔去买了票,刚好在转台开始转之前入了场。随后她又绕着台走了一圈,找到了她的那匹木马。随后她骑了上去。她向我挥手,我也向她挥手。

嘿,雨开始下大了。是倾盆大雨,我可以对天发誓。所有做父母的、做母亲的和其他人等,全都奔过去躲到转台的屋檐下,免得被雨淋湿,可我依旧在长椅上坐了好一会儿。我身上都湿透了,尤其是我的脖子上和裤子上。我那顶猎人帽在某些部分的确给我挡住了不少雨,可我依旧淋得像只落汤鸡。不过我并不在乎。突然间我变得他妈的那么快乐,眼看着老菲苾那么一圈圈转个不停。我险些儿他妈的大叫大嚷起来,我心里实在快乐极了,我老实告诉你说。我不知道什么缘故。她穿着那么件蓝大衣,老那么转个不停,看去真他妈的好看极了。老天爷,我真希望你当时也在场。

26

我要跟你谈的就是这些。我本来也可以告诉你我回家以后干了些什么,我怎么生了一场病,从这里出去以后下学期他们要我上什么学校,等等,可我实在没那心情。我的确没有。我这会儿对这一类玩艺儿一点也不感兴趣。

许多人,特别是他们请来的那个精神分析家,不住地问我明年九月我回学校念书的时候是不是打算好好用功了。在我看来,这话问得真是傻透了。我是说不到你开始做的时候,你怎么知道自己打算怎样做?回答是,你没法知道。我倒是打算用功来着,可我怎么知道呢?我可以发誓说这话问得很傻。

D.B.倒不像其他人那么混账,可他也不住地问我许多问题。他上星期六开了汽车来看我,还带来一个英国姑娘,是主演他正在写的那个电影剧本的。她非常矫揉造作,可长得十分漂亮。嗯,有一会儿她出去到远在走廊另一头的女盥洗室去了。D.B.就问我对上述这一切有什么看法。我真他妈的不知怎么说好。老实说,我真不知道自己有什么看法。我很抱歉我竟跟这许多人谈起这事。我只知道我很想念我所谈到的每一个人。甚至老斯特拉德莱塔和阿克莱,比方说。我觉得我甚至也想念那个混账毛里斯哩。说来好笑。你千万别跟任何人谈任何事情。你只要一谈起,就会想念起每一个人来。

【阅读提示】

《麦田里的守望者》是美国当代作家塞林格于1951年出版的唯一一部长篇小说,虽然只有十几万字,它却在美国社会上和文学界产生过巨大影响,被称为是当代美国青年的“文学圣经”。1951年,这部小说一问世,立即引起轰动。主人公的经历和思想在青少年中引起强烈共鸣,受到读者,特别是大中学生的热烈欢迎。现在大多数中学和高等学校已把它列为必读的课外读物,在中国,自20世纪80年代初至今,有多种版本并多次印刷,深受我国青年和广大读者的青睐。

本书以主人公霍尔顿自叙的语气讲述自己被学校开除后在纽约城游荡将近一天两夜的经历和心灵感受。它不仅生动细致地描绘了一个不安现状的中产阶级子弟的苦闷彷徨、孤独愤世的精神世界，一个青春期少年矛盾百出的心理特征，也批判了成人社会的虚伪和做作。

小说的主人公霍尔顿出身于纽约一个富裕的中产阶级家庭。学校里的老师和自己的家长强迫他好好读书，为的是出人头地，以便将来买辆凯迪拉克。而在学校里的学生一天到晚干的，就是谈女人、酒和性，他看不惯周围的一切，根本没心思用功读书，因而老是挨罚。到他第四次被开除时，他不敢回家，便只身在美国最繁华的纽约城游荡了一天两夜，住小客店，逛夜总会，滥交女友，在电影院里百无聊赖地消磨时光，糊里糊涂地召了妓女，情不自禁地与虚荣的女友搂搂抱抱。与此同时，他的内心又十分苦闷，企图逃出虚伪的成人世界，去寻找纯洁与真理的经历与感受。这种精神上无法调和的极度矛盾最终令他彻底崩溃，躺倒在精神病院里。

课文节选的部分是小说的重要章节：主人公为了摆脱内心的痛苦，决定追求纯真，但最终他屈从了社会现实。小说通过霍尔顿的形象，揭示了二战后美国青少年一代彷徨、痛苦的精神状态，因而得到了许多人尤其是青少年的普遍认同。一时间，就像模仿少年维特一样，模仿霍尔顿的言语行动和穿着，成了当时的一种时尚。

【参考文献】

[1]刘建军：《塞林格和〈麦田里的守望者〉》，《外国文学》，高等教育出版社，2008 年版。

[2]张欲晓：《悬崖边上的人生困惑——塞林格〈麦田里的守望者〉的社会主题评析》，《沈阳师范大学学报》(社科版)，2003 年第 1 期。

[3]李文星：《纯真情结与隐逸倾向——评〈麦田里的守望者〉的主人公》，《当代外国文学》，2007 年第 1 期。

[4]李侦：《"反英雄"经典形象与现实社会的碰撞——〈麦田里的守望者〉主人公霍尔顿的反叛方式及缘由》，《江西社会科学》，2011 年第 2 期。

[5]曾晓 ：《成长的烦恼——反英雄形象在〈麦田里的守望者〉中的成功塑造》，《山西师范大学学报》(社科版)，2012 年第 5 期。

【思考与练习】

1. 你心目中的霍尔顿是一个坏孩子吗？为什么？
2. 小说中霍尔顿的语言有什么特点？
3. 霍尔顿最后的结局说明了什么？

【作者简介】

多丽丝·莱辛(Doris Lessing，1919—2013)，笔名简·萨默斯，是享誉世界的英国当代女作家，被誉为继伍尔芙之后最伟大的女性作家。一生创作小说、戏剧、散文、诗歌共50多部。她的代表作包括《金色笔记》、《野草在歌唱》、《暴力的孩子们》等。88岁时获诺贝尔文学奖。瑞典文学院在颁奖词中称，莱辛是“女性经验的史诗作者，以其怀疑的态度、激情和远见，对一个分裂的文明作了详尽细致的考察”。

十九号房[1]①

多丽丝·莱辛

他们一家六口，住在瑞契蒙，房子有庭有院，生活幸福愉快，应有尽有，事事按部就班。

然而……

就连这一点，也在预料之中，事情总有平淡无奇之处……

对，没错，那当然，他们有时难免有这样的感觉，有什么样的感觉？

他们的生活似乎像条咬着自己尾巴的蛇。马修努力工作，为的是维持一家的生活——苏珊、小孩、房子、庭园，这么一个大营，需要相当的收入才应付得了。苏珊呢？她为了马修、小孩、房子、庭园绞尽脑汁：这个大组合，要是没有了她，不到一个星期就垮了。

可是这一切究竟是为了什么？两人找不到一个定点，肯定地说：“一切都是为了这个。”而这个究竟是什么？是小孩子？小孩不可能是生命的重心，生存的目的。小孩虽可叫人感到生命愉快、有趣、充实，但小孩不可能是生命的泉源。事实上，也不该如此，马修和苏珊两人都深懂此理。

那么，是马修的工作？笑话。这份工作还相当有意思，但绝不是生命的目标。马修胜任愉快，深感自豪，但叫他以那份报纸为荣，却不太可能。他自己每天所看的报纸，就不是他的那一份。

那么是爱？这个嘛，这个最接近了。要不是爱，那还会是什么？没错，这个与众不同的单元，完全绕着爱这个中心点旋转。与众不同，确实如此。两人有时不免会带着不敢置信的心情，私底下想着他们所创造出来的——婚姻、四个小孩、大房子、花园、女佣、朋友、车子等，这一切，这一整体之所以存在，由无而有，全赖两人彼此相爱，真是与众不同。这就是生活的核心，生命的源泉。

假如有人认为爱不够强烈，不够分量，不足以支付这一切……那又能怪谁呢？谁也怪不了，事情本来就是如此。他们两人十分理智，没有怪罪，也不彼此怪罪。

---

① 多丽丝·莱辛著，范文美译：《一个男人和两个女人的故事》，花城出版社1998年版。

他们反而运用智慧，在这充满痛苦、火爆的社会，保全他们创造出来的。他们举目四望，四周不是濒临破裂瓦解的婚姻，就是充满摩擦（这个更糟）的生活，他们从中汲取教训，告诫自己，不可步人后尘，千万不可。

他们的朋友，许多都陷入险境，他们却避开了。那些朋友为了小孩子在郊区买房子，做丈夫的独自一人留在城里，成了周末丈夫，周末父亲。做太太的尽量不问他在城里公寓（他们戏称为单身汉公寓）的生活情形。罗林夫妇与他们不同，马修是道地的全职丈夫、全职父亲。夜晚，他们躺在宽阔的主卧房里，宽阔的双人床上，外望美丽的河景，肩并肩躺在床上聊天。他告诉她白天所发生的，所做的事，所见的人；她告诉他一天所做的。她的不如他的有意思，但这不是她的错。他们深深了解，一向过惯自己生活的女人，尤其是经济独立的女人，一旦金钱、社交两方面都要依赖丈夫，心里难免感到不满，感到权力被剥夺。

苏珊也没有像其他女人那样，为了表示独立，外出工作，引起各种问题。其实她大有可能如此，她从前工作的公司，极为赏识她的幽默感、稳定的情绪、理智的性格，他们常常邀她回去工作。可是夫妻两人都认为，孩子小的时候需要母亲照料。不过他们同意，等这四个小孩，经过妥善养育成长，到了适当年龄，她就回去上班。女人到了五十，体力智力都达高峰，小孩却已长大，不再需要母亲全神照顾，那时情况会不堪想象，两人对此都十分了解。

于是，这对夫妻，在考验自己的婚姻，小心加以料理，就像驾驶在暴风雨中的一艘小船，满载无助的乘客。当然了，事情本来就是如此……世上外来的暴风雨确实猛烈，但距离不近。这并不是说，他们自私，不管外界：他们信息灵通，且有责任感。而内在的风暴、流沙，他们事先知晓，并加以细心绘图，因此一切平安无事，井井有条，对，无半分差错。

要是他们感到生活枯燥、无味，那又有什么关系？婚姻上出现烦闷忧郁的情形，是他们这类理性特高的人的特殊标志。他们饱读各类书籍——心理学、人类学、社会学，不会无所准备，穷于应付。两人均受过高等教育，能分辨好坏，判断是非，出于自愿而结合，追求幸福，乐于助人——大家随处可见到他们，大家都认识他们，大家甚且都成了那件事的化身，真是可悲，因为表面上似乎拥有一切，事实上，却又少得可怜。但他们两人对此并不感到吃惊，反而彼此更加体贴，更加怜惜对方。生命就是如此，两个人，不论经过如何细心选择，都不可能成为对方的一切。事实上，就连这么说，这么想都过于陈腐，他们耻于如此。

有一天晚上，马修很晚回家，他向苏珊忏悔。他说他去参加宴会，送一个女孩子回家，跟她上床发生了关系。他忏悔，其实也是陈腐得很。苏珊当然原谅了他，其实说不上原谅，理解倒比较合适。如果你了解某件事，你就不会原谅，因为你本身就是这件事。你所原谅的，是你所不了解的。其实马修也不是忏悔，那成什么话？

这件事并没有什么了不起，多年前，他们就曾开玩笑说，他们不可能一辈子忠于对方，这种事本来就不可能。（他们提到"忠实"，真笨，简直笨透了。这种字眼，是那吃人的旧社会的产物。）但两人对这件事都很恼火，说来奇怪，两人都变得脾气暴躁，心情不佳，无法释怀。

那天晚上，他们亲热了一番，美妙无比，双方都觉得，竟然让一个（偶然在宴会上邂逅）名叫玛拉的漂亮女孩影响他们的生活，未免荒唐。他们相爱了十多年，且不打算就此终止，那么，这玛拉什么的，又算什么？

只是，苏珊冒起无名火，她自忖，自己是（是吗？）他的第一个。十年了，这么说来，这十年忠贞不渝的生活就是毫无价值的了，再不然，就是她本身无足轻重（不对，这条思路有问题，绝对有问题）。话又说回来，要是我在他心中毫无重量，那，马修那天下午，第一次和我发生关系这件事，也毫无意义了。那次真叫人回味无穷，那乐趣到如今，仍像落日时的长影，伸出魔杖般修长的手指，抚摸我们（我怎么会说日落呢？）。假如我们那天下午的感觉也算不了什么的话，那还有什么好说的？我们之所以成为罗林先生和夫人，生下四个小孩等等，等等，全都因为那个下午。事实上，这整件事都很荒谬，他告诉我事情的始末，这也很荒谬。我在乎也好，不在乎也好，都很荒谬……这玛拉到底是何许人？怎么，无名小卒罢了。

处理这件事，只有一个办法，这两个理智过人的人就是这么办的：把事情抛诸脑后，一面着意、有计划地迈入婚姻的另一个阶段，彼此感谢，感谢过往的好运。

像马修那样英俊潇洒，长得一头金发，有魅力，有男子气概的男人，而做太太的，为了小孩不能陪他，他独自参加宴会，偶尔禁不住漂亮女孩的诱惑（哦，这是什么话！），偶尔屈服（这个词更叫人吃不消），那是难免。而她，一个漂亮的女人，在瑞契蒙那个打理得整整齐齐的花园里，偶尔被箭所刺，一支似是涂满苦汁从空而降的箭，这也无可避免，只不过那是支暗箭，不是明箭，所引起的痛苦，也不在预料之中。马修的外遇是否影响了他们的婚姻？没有，被打败的反而是那些女人。英俊潇洒的马修·罗林，不论身与心，都属于苏珊·罗林。

那干嘛苏珊会觉得生命像沙漠，一切都无意义，连孩子都不是她的？这种感觉，还好每次都是短短几秒钟而已。

这时，她的理智告诉自己，一切无事。即使马修真的偶尔在下午偷个情，那又怎样？她自己很清楚，除了她偶尔感到枯寂，他们之间实在相处融洽，婚外情其实并不重要。

问题的症结是否在此？由于孩子、屋子要人照料，很自然从前那些奇遇、欢乐与她已无缘。而她却很可能暗地里希望，甚至心里有数，狂放、美丽的外遇他迟早会碰上。可是他娶的是她，她嫁的是他，两人海誓山盟，因此老天爷不能赐予他真正的奇迹。他有了奇遇回来，心中并无充实感，反而忧心忡忡。难道说这也是苏珊的错不成？（事实上，她就是从他那一副不开心的神情，察觉出来他对她的不忠。

她的神情其实也相差无几,总是带着怀疑。她心中想,把自己的快乐抢走的人,你还和他分享什么?)可是这也不能怪他们,谁都没错。(只是自己的感受,难道要怪罪别人不成?)不是,事情好好的,谁也没错,不是哪个主动提出,哪个要接受……一切没问题。只是马修从来没有真正感到快乐,像他想象中那么快乐,而苏珊越来越感空虚。(这种感受,通常是她单独一人在花园工作的时候,最为强烈。她现在尽量避免去花园,除非马修或是孩子们陪伴她。)其实用不着使用那些夸张的字眼,什么"不忠"、"原谅",等等。理智不准她使用这些字眼,理智也不准她吵架、闹别扭、发脾气、冷战、恶言相对、哭闹,尤其是不准她哭。

享有幸福愉快的家庭生活,有了四个健康活泼的小孩、宽敞的白色房子、广阔的花园,那是应付出高价的。

他们正是为此付出高价,而且是心甘情愿,脑筋清清楚楚,一点也不糊涂。他们肩并肩,或面对面躺在宽大高雅的卧室里,窗外对着沉郁的河流。他们常开怀而笑,没有什么特殊理由,但心中明白,他们笑自己——两个小人物,却用理性的爱情来支撑一个这么庞大的家。笑声使他们感到快慰,笑声挽救了他们,到底挽救了些什么?他们则不清楚。

两人都40岁出头,两个大的孩子,男孩10岁,女孩8岁,都已上学。双胞胎6岁,还没上学,苏珊亲自照料他们,没请保姆、女孩子之类的帮手。童年短暂,辛苦一点,她不抱怨。只是幼小的孩子相当烦人,时常烦得她受不了,她也常累得要命。可是她并不后悔生了他们。再过十年,她又可恢复独立自主的身份,不必牵挂。

双胞胎很快也要上学了,从早上9点到下午4点,这段时间,苏珊心想,就可用来开始准备逐步恢复自主的女性生活,不必成天扮演一家的轴心。她已开始计划,在小孩"脱手"后,如何运用那段自由的时间。"脱手"两字,是他们和朋友,用来形容家中最小一个上了学之后的情形。马修——她那聪慧的丈夫,常对她说:"你很快就可脱手了,苏珊,到时你就可以安排自己的时间了。"这些年来,苏珊老觉得灵魂不属于自己,似乎整个附在小孩身上。马修总是给她精神支持,称赞她,安慰她。

这一切,总结起来的结果是,苏珊所看到的是28岁时,还没结婚的自己,再看到的就是将近50岁的情形,由20年前28岁的根部开花。中间那一段,那段最重要的,似乎被切断,给冷藏了。马修有一天晚上对她这么说,她也同意他的看法。可是真正的苏珊又是什么呢?如果自己也不清楚,这话说来有些荒唐。总之,那天晚上彼此相拥入睡前,他们谈了许多。

双胞胎终于上学了。两个又乖又聪明的小孩,有哥哥姐姐在前面给他们开路,上学一点困难也没有。小孩上学之后的日子,家里除了钟点清洁工人之外,苏珊将独自一人,留在大屋里。

现在他们之间发生了些事,这是结婚以来,第一次两人都没料到的。

事情的经过是这样,早上9点半,苏珊开车送双胞胎上学回来,盼望享受7个钟头自由自在、难能可贵的时光，第一天早上回来，她硬是坐立不安，担心两个小家伙。这现象很“自然”，他们第一天上学嘛！她整天烦躁不安，直到他们放学回来，她才放下心来。两个小孩高高兴兴，对学校生活充满兴趣，期待第二天早早来到。第二天苏珊送他们上学回来，心里十分不愿走进那宽敞漂亮的屋子，似乎里面有什么她不愿接触的东西在等她。不过，她到底很理智，把车子停在车库，然后进屋和白太太——钟点工人，交代当日应做的事情，然后上楼。可是一上楼，心中马上有股冲动，促使她下楼到厨房去。白太太正在做蛋糕，不需要她帮忙。她于是走到花园，在一张长椅上坐下来，尽量使自己平静下来。她看看树，看看褐黄的河水，可是她全身紧张，像是惊慌过度，花园里似乎有个敌人在旁窥伺。她责骂自己：这不是很自然的吗？首先，我毕业后做了12年事，自主自立。之后结了婚，从第一次怀孕开始，就像是卖身卖给了别人，卖给小孩，12年来，没有片刻属于自己的时间，现在我得学习自主，恢复自由，就是这么回事。

她于是进屋帮白太太烧菜、清洁、替小孩缝点什么。每天不停找事做，不让自己闲下来。在第一个学期结束的时候，她心里有两种截然不同的感受：一方面，她感到又吃惊又丧气，这几星期来，小孩不在家，可是比起他们在家要这要那的时候还要忙，而她之所以这么忙，是因为她（故意）不让自己闲下来。另一方面，小孩子五个星期的长假，他们整天都在家，她又要失去（独处）的自由，这叫她很不高兴。她现在已开始怀念目前这段日子，独自缝点东西，独自烧菜的时光。她开始盼望放完假之后，有两个月自由自在的时光，大门似乎已敞开，等待着她。自由。可是过去几个星期来，她不正是想尽办法不让自己闲下来，尽量做些琐琐碎碎的事？她向往的自由究竟是什么？她看到自己——在做蛋糕，一次总要花几个小时在房里，而蛋糕，她一向都是买现成的。她单独一人，那倒是真的，可是她并不觉得自己是真正一人独处，譬如说，她总是觉得，白太太时时刻刻都在屋子里，不是在这儿，就是在那儿。花园，她又不喜欢去，在那儿，她的敌人——气愤、不安、空虚之情，管它是什么，反正似乎特别逼近她。双手不停工作，倒使她觉得较为安全。是什么原因，她说不上来。

苏珊没有把感受告诉马修，反正毫无根据，何况这感受不由自主，与她根本无关，她要怎么告诉马修——了解她而又爱她的人？“我走进花园的时候，我是说，要是孩子们不在身边的话，我就觉得好像有一个敌人，在那儿等着要攻击我。”“什么敌人，苏珊？”“哦，我不知道，真的……”“说不定你该去看医生。”

不行，这种对话，不能让它发生。孩子们放假了，苏珊衷心欢迎。四个小孩，个个活泼，体力充沛，聪明可爱，总是要这个要那个的。他们片刻不离，要是她在自己的卧室，他们一定就在隔壁房间，再不然就是等着要她替他们做什么的，再不然就是要吃饭，要茶点，再不就是哪一个需要她带去看牙医。总之，一定有什么事等着她做，而整整五个星期都得如此，谢天谢地！

在放假的第四天，苏珊盼望已久的假日，她向双胞胎又叫又吼，那两个长相漂亮的孩子，手拉手站在那儿吓成一团，可怜兮兮的（做母亲的因此冷静下来），不相信他们的耳朵。一向文静的母亲，对他们如此吼叫，为什么呢？只是他们要她参加玩游戏，没什么意义的游戏。他们彼此看了一眼，靠得很近，然后手拉手走出去。苏珊一手抓紧客厅的窗台，喘气不止，头晕眼花。她进房躺下，告诉两个大的孩子她头痛。她听到大男孩哈利向其他小的说："没事了，妈妈只是头痛而已。"听到没事两字，她心里痛苦不堪。

那天晚上她向丈夫说："我今天骂了两个双胞胎，骂得毫无道理。"说得可怜兮兮的。他很温和地问道："那有什么关系？"

"他们上学，这比我想象中还难适应。"

"可是苏珊，哦，苏珊……"她蹲伏在床上哭了起来。他安慰她道："苏珊，这是怎么回事？你骂了他们，那又有什么关系？你就是一天骂他们五十次也不为过，他们该骂。"她不肯破涕而笑，哭个不停。他于是用自己的身体安慰她。她平静下来。平静，她不懂自己究竟是怎么了？无缘无故骂了孩子一次，只一次，那又有什么关系？干嘛要耿耿于怀？两个小孩早就忘了。他们说，妈妈头痛，没事的。

过后好久，苏珊才明白，原来那天晚上，马修用他健硕的身体安慰她，那是在他们婚姻生活中，套用他们两人共通的话语——两人最后一次融合在一起。其实这也不准确，因为她当时并没把自己真正的恐惧感告诉他。

五个星期的假日过了。苏珊在这段日子里尽量控制自己，态度和蔼可亲。她带着复杂的感情盼望自己的假日来临，既兴奋又害怕，搞不清楚自己盼望些什么。她送两个小的上学，大的不必送。她下定决心，回家之后要面对敌人，不管他在哪儿，在屋里，还是在花园里，还是，哪里？

她又变得烦躁不安，不安的情绪侵袭她。她烧饭、缝东西，像从前一样，一天又一天。白太太忍不住，终于说："罗林太太，你何必动手？你是花钱请我来做这些事情的呀！"

她这么做是不合道理，于是不再自己动手做这些。送小孩回来，车子停进车房之后，她就上楼到自己卧室，坐下来，双手放在膝上，强迫自己平静下来。她听到白太太在屋子里走动的声音，她看到花园的树枝摇摆。她坐着，要打败自己的敌人——不安、空虚。她应该检讨自己的生活，检视自己，（一人独处，不想自己还能做什么？）可是她没这么做，也许是做不到。她一强迫自己的思想去想苏珊这个人，她就想到黄油面包、学校制服之类的事情，再不就想到白太太。她发现自己坐在那儿，倾听钟点工人的脚步声，不论白太太走到哪儿，转到哪儿，她的思想都跟着她，跟着她走进厨房，走进浴室，从桌子走到烤箱，好像是她自己手里拿了一把鸡毛掸子，一块抹布，一个平底锅似的。她听到自己说："不是这样，不要放在那里……"实际上，白太太要怎么做，她才不理会。但苏珊没办法不去注意她，每一分每一秒。对了，问题就在这里，她需要真正独处，谁都不准靠近她。白太太每过十分钟、半个钟头，就会来到楼底下对她大叫："罗林太太，家里没有探银剂了，太太，家里没有面粉了。"这叫她受不了。

于是她走到屋外，在花园里坐下来。树木把她和屋子隔开。她等魔鬼出现，把她带走，可是他没出现。

她把魔鬼挡开了，因为她毕竟还没安排自己就绪。

她想找个白太太不会来打扰她的地方。白太太一下子送杯茶来，一下子来问可不可以用电话，这叫她生气。（她才不管白太太要打多少电话，要打给什么人。）白太太也会和她搭讪两句。对，她需要找个地方，使自己处于这种状况：不需要不断提醒自己做这做那。譬如，再过十分钟，我得打电话给马修……今天得提早3点半去接小孩，因为车子需要清洗；明天10点我得记住……每天7个小时小孩子不在家，本是空闲的时间，她却一点自由都没有，没有一分一秒不受时间追赶。不是要她记住这个，就是要她记住那个。她不能忘记自己，不能真正忘我，这叫她十分恼火。

恼火。她逐渐中了恼火之毒。她检视自己这种情绪，自觉十分荒谬，可是却身受其苦。她是个囚犯。她反省自己这个念头，尽管明知荒唐，却无济于事。她非得告诉马修不可，可是要告诉他什么呢？告诉他自己充满了荒谬可笑的情绪，自己虽感可鄙，但感受却如此强烈，抛不开，甩不掉？

又到了放假的日子，这次长达将近两个月。她刻意控制自己，以求表现得体，却差点把自己搞疯了。她常把自己锁在浴室里，坐在浴缸边沿，深呼吸，使自己情绪平静下来。有时也到顶楼那间没人使用的房间去，没人猜得到她躲在那里。听到孩子们叫"妈、妈"，心里虽过意不去，但她不理会他们。有时她也走到花园的尽端，独自一人，看着褐黄的河水缓缓流动。她瞄了一眼河水，然后闭上眼睛，慢慢深呼吸，吸入体内深处，吸入血管。

然后，她回到家人身边，回去担当母亲，承担做妻子的职务，笑容可掬，尽责尽职。可是这些人——四个可爱的小孩，她丈夫，这些人像一股压力，压在她皮肤表面上，叫人疼痛，像一只手压在她脸上。这次假日，她一次都没发作，可是生活像在坐牢。小孩开学后，她坐在河边白色的石椅上，想道：双胞胎上学还不到一年，脱手不到一年（我用上这个词语时，到底是什么意思？），然而，我却变成另一个人，我完全变了，我不懂。

但她非懂不可。这个架构——白色的大房子，每年还要分期付四百英镑；丈夫，人又好，洞察力又高；四个孩子，个个都长得很好；还有，她现在坐着的花园；清洁工人白太太——这一切，都依赖她一个人，然而她却不明白，为什么要奉献自己。甚至于连自己究竟奉献了些什么，她都不知道。

在卧室里，她告诉马修："我想我一定有什么毛病。"

他说："不会吧？你看来健康得很，你一点都没变，还是和以往一样漂亮。"

她看着她那仪表潇洒的丈夫，一头棕发，清澈的蓝眼，面容英俊聪慧，想道：我干嘛不告诉他？干嘛？于是说道："我需要真正自己独处一下。"

这下，他转过头来，睁着蓝色的眼睛缓缓看着她。她在他的眼神中看到了她害怕见到的东西——怀疑、不信、害怕等等表情。她自己的丈夫，虽然距离这么近，像她自己的呼吸一样近，脸上却出现陌生人那股不信任的眼神。

他说："可是现在小孩都已上学，他们不缠你了。"

她告诉自己，她一定得强迫自己对他说：没错，可是你晓不晓得，我从来没有真正闲过，我没有一刻时间不需提醒自己这个、那个的。我从没真正闲过半个钟头、一个钟头、两个钟头……

可是她只是说："我觉得身体不太舒服。"

他说："你或许该到外头走走，度个假。"

她吓了一跳，说道："你当然会陪我的，对不？"她不敢想象独自一人外出会是什么滋味，可是那正是他原本的意思。看到她吓成那样，他笑出声来，把手臂张开，她投入他怀中，同时想道："是啊，我干嘛不告诉他，可是又怎么开口呢？"

她尽量解释她的情形，说她从来没真正拥有自由。他听了说道："可是苏珊，你究竟想要什么样的自由呢？除了死的自由！难道你还不够自由吗？我有自由吗？我每天上班，十点得抵达办公室，好吧，就算有时10点半吧，我得做这、做那，对不？我得在固定的时间回家——我不是那个意思，你知道我不是那个意思——不过我要是不能6点钟回家，我会打电话给你，我何曾有过像你所说的那种自由？我几时可以对自己说，往后六个小时，我什么都不必理会，我何曾有过这种自由？"

苏珊听了，后悔万分，悔不该告诉他那些。他说的都是实情。这桩美满的婚姻、房子和孩子，依赖他的成分并不亚于她的。他出于自愿来维护这些，可是为什么他不觉得自己给束缚了呢？他为什么不会生气？不会烦躁不安？一定是她有问题，他的反应足以证明她有问题。

"束缚"，她为什么用这个字眼？她从来不觉得结婚、孩子是一种束缚。他也不觉得，要不然结婚12年后，他们不会还相拥而睡，心满意足的。

她的状态(管它是什么)与她美好的生活，以及她的家庭毫不相干，扯不上关系。

她得承认自己是个不讲理的人，而且永远改变不了。有些人双手残废、口吃，有些人耳聋、一辈子都如此，她和他们一样，她的心情由不得她控制，她得这样过一辈子。

不过，由于这次的谈话，在下一次孩子们放假的时候，家里有了新的体制。

屋子顶楼有间空房，门口现在挂上了牌子，写着："私人房间，请勿打扰！"那是孩子们用彩色粉笔画的。夫妻两人经过一番讨论之后，认为这种安排对她心理有益。于是全家小孩、白太太都知道那是“妈妈的房间”，妈妈有权不受打扰。马修和孩子们很郑重地谈了几次，他说大家不能随便要妈妈做这做那，认为那是理所当然的。苏珊听到了他们的第一次谈话——父亲和大儿子哈利之间的谈话——她大为不高兴，但反应如此强烈，自己也吃了一惊。在这大屋子里，她想，她总可以有一间自己的房间休息一下吧？他们何必如此紧张兮兮？大可不必这样郑重其事地讨论。其实她干嘛不可以直截了当地宣布：我要把顶楼的小房间布置一下，我在里面的时候，除非房子起了火，谁也不准吵我。这不就得了吗？他们完全不必这样热烈地讨论。她听到做父亲的和大儿子对双胞胎解释这件事，白太太插口道：“是啊，家里的事有时真叫女人吃不消。”苏珊听到这里，忍不住冲到花园尽头，让胸中愤怒之魔，在血液中尽情舞蹈。

现在她有了自己的房间。随时高兴都可以把自己关进去，可是她却不常使用。在里头所产生的封闭感，比在卧室里更强烈。有一天，白太太没来，她亲自替四个小孩和他们的小朋友们烧了午餐，给他们上了菜之后，她回到小房间休息，独自一人，坐在窗前面对花园。不久，她看到小孩子一个个从厨房出来，站在她的窗底下抬头向上看。窗子拉上了窗帘，他们看不见她。她听到她自己的孩子和他们的朋友，谈论妈妈的房间。几分钟之后，他们不知在玩什么游戏，相互追逐，砰砰跑上楼梯。突然间，全部停下来，骤然间一片寂静，像是都掉到深谷去了。他们猛然记起她在房中休息，因此低下声来，不断发出“嘘嘘”警告之声，相互告诫：“别吵，别吵了她……”然后像一群小偷似的，蹑手蹑脚踮着脚尖下楼去了。后来她下楼去替他们准备茶点时，他们都向她道歉。两个小家伙一前一后抱着她，充满爱心的四肢围成一个人体的笼子笼着她，并且一再保证，以后再也不会吵她。“妈妈，我们忘了，我们刚才完全忘了，我们不该那样吵闹。”结果，妈妈的房间和妈妈不要别人打扰这件事，变成了宝贵的一课，让孩子们学习如何尊重别人的权利。没过多久，这件事就变了质，苏珊之所以继续使用房间，只因为这一课太重要，弃之可惜。之后，苏珊把要做的衣服带到那里，小孩子、白太太进进出出。那个房间变成另一间家人休息的地方。

她叹气，她笑，也只好认命——就这房间来说。她就着这个房间，和马修幽自己一默。她这么做，既出于真心，也出于自重。可是内心深处，却有什么东西在吼叫，吼得极不耐烦，极不高兴。她害怕极了。有一天，她发现自己跪在床边祈祷：“主啊，请别让它接近我，别让他接近我。”她指的是魔鬼；不管这么做，有没有道理，她现在把它看成一种恶魔。她把他，或是它，想成一个年轻人，也许是假装年轻人的中年人，还是带着娃娃脸的中年人，总之，她看到的是一张年轻的脸，近看，嘴角和眼角却有干巴的深纹，瘦巴巴的，个子矮小，皮肤泛红，头发淡赤黄色，就是这么一个人，体力充沛，穿一件淡红色长毛夹克，摸起来很不舒服。

有一天，她真的看到了他。她站在花园尽头，望着河潮退却。她抬起眼，看到了这个人,或是说这个东西,坐在白色的石椅上。他看着她,咧嘴而笑,手上拿着一枝从地上捡来的,或是从树上折下的,长长弯弯的棍子。可能是出于真正无心,也可能是出于厌恶而产生的一股怪异冲动,他用棍子心不在焉地撩拨一只卷成一团的无脚蜥蜴,还是草蛇什么的(也可能是像蛇之类的东西,身体泛白,看起来很恶心,很不舒服)。那蛇卷来卷去,翻过来滚过去,像是在跳舞,抗议那棍子无端撩刺。

苏珊边看边想,这陌生人是谁?他在我们花园干什么?她认出他来了。他就是她恐惧的结晶。就在这时,他消失了。她强迫自己走到他刚才坐过的椅子,在茵绿色的草地上,有一个树枝的影子不停摇曳。她明白为什么刚才会误以为是蛇在摆动、扭曲。她回到屋子里,边走边想,好,我到底亲眼见到了他,我的神经没问题。我身边确有危险,因为我见到了他。他潜伏在花园里,说不定有时还在屋子里,想进入我的身体,想占据我。

她渴想自己有间房间,或有个什么地方,随便哪里,可以让她独自一人坐下来,独自一人,别人谁也找不到她。

有一次,在维多利亚车站附近,她发现自己站在一家报纸广告代理社外面,广告上刊登着一些要出租的房间。她决定要租个房间,谁也不让知道。有时她可从瑞契蒙搭火车前来,独自一人,在房间里坐个一两个小时。然而又怎么可能?租个房间一星期要三四镑,她又没赚钱,怎么开得了口向马修解释这么一笔费用呢?做什么用的?她一时没想到,有关房间的事,她是理所当然不打算告诉马修。

那,要有一个自己的房间,是不可能的了。然而,她知道她非要不可。

有一天,在学期半中间,小孩没人出麻疹,没人生病,一切似乎都很顺利。苏珊一早出门上街,她交代白太太,说是要去见个老同学。她坐火车到维多利亚区,找了半天找到一家宁静的旅馆。她要租房间,只租白天。女经理告诉她,房间不能只租白天。她带着怀疑的眼光看苏珊,苏珊看起来不像是个为不三不四的理由而租房的人。苏珊费了半天口舌解释,说她身体不舒服,每次上街都要躺下来休息好几次。女经理最后答允租一间房间给她,条件是她得付一天全额租金。女经理和一个女工人带她上楼,两人都很关心她的健康状况。她们知道她住在瑞契蒙区,因为她在登记簿上写下了姓名地址。住得这么近,却需要在维多利亚开房休息,可见她健康情况多糟。

那是一间普普通通的房间,没什么特别之处,正合苏珊之意。她在热气炉的煤气表上放了一先令,在一张脏兮兮的扶手椅上坐下来,闭上眼睛,背对着一个肮脏的窗子,她独自一人,独自一人,独自一人。她感觉心中的压力逐渐消失。起初,外面车声很大,后来好像就消失了,她可能还睡着了一会儿。有人敲门,是女经理唐珊小姐,亲自送来一杯茶。苏珊半天没有声音,叫她担心,唯恐她病发。

唐珊小姐是个五十开外的寂寞女人,管理这家旅馆,诚实负责。她从苏珊身上感觉出来，两人可能相互了解，可以交谈，于是待着不走。苏珊发现自己在编织故事，且编得妙极，可是要让故事配合瑞契蒙的大房子、有钱的丈夫、四个小孩，她发现越来越难。反过来说，要是她告诉唐珊小姐实话，不知她的反应会是如何？“唐珊小姐，我到这旅馆来，是因为我想静静度过几个小时，最重要的是我独自一人，不让任何人知道我在这儿。”这些话她是在心中对自己讲的，在心中她看到了唐珊小姐那张老小姐的脸上听了之后必会出现的表情。“唐珊小姐，我丈夫和四个小孩简直要把我搞疯了，你懂吗？从你那极度克制寂寞却并不泰然，而且神经兮兮的眼光所产生的闪光，我看得出来，你认为我拥有一切你所羡慕的，唐珊小姐，可我不要这些东西，你拿去吧。我希望如你一样，百分之百单独一个人，独自在世。我被七个魔鬼包围。唐珊小姐，请让我待在这旅馆里，在这儿魔鬼找不到我。”可是她没这么说，她描述她的贫血症，答应试试唐珊小姐的处方：生肝绞碎夹两片粗面包。而且说，对，她或许是该待在家里，而请朋友代她上街买东西。她付了账回家，完全失败。

回到家，白太太抱怨说苏珊一早9点就离家，直到下午5点才回来，她觉得这样不好，她不喜欢这种安排。她说学校老师打电话来，说小女儿琼牙齿痛，她不知道应怎么回答。此外，罗林太太又没交代要给孩子们准备些什么点心。胡说八道。白太太真正抱怨的是，苏珊没把她的精神放在这屋子上，她把整个大房子的重担丢给她。

苏珊检讨自己一天的“自由”，所获得的是什么？自己变成那个寂寞的唐珊小姐的朋友，惹来白太太一大堆怨言。但她也记得，自己确曾拥有那短短的，难得的一小时，真正一人独处。她决心安排自己的生活，换取独处的机会，不论要付出多大代价她都愿意。她要真正的清静，独自一人，没人知道她的下落，没人理会她。

可是要怎么安排？她想找她从前的老板帮忙：我想骗马修说我在你这儿兼差，希望你帮个忙，替我掩饰。问题是，她也得向他撒个谎，撒什么谎呢？她总不能告诉他：我希望一星期三次，独自一人，坐在租来的房间里。此外，她的老板也认识马修，她不能叫他为了她而说谎，而且他一定会以为她是为了去会情人。

假如她真的去找个兼职的工作，然后很快把工作做完，那她就有剩余的时间。可是找什么工作呢？替人填写信封？检票？

还有白太太，那个寡妇佣人，她知道得清清楚楚，自己该做多少工作。依据本能，她知道女主人什么时候没尽她精神上应尽的义务。白太太这类的女佣，需要有人让她侍候，女主人罗林太太一定得待在家里，随便在楼上，在花园都行，必要时，她随时找得到她。“现在的面包和我小时候的不同；哈利的胃口真大，吃下去的，不晓得都装到哪里去了；说真的，两个双胞胎个子一模一样，这可真幸运，他们可以调换鞋子穿，在艰难的日子里，那还能省一大笔钱呢；瑞士制的樱桃果酱，远不及波兰制的好，价格却贵三倍……”这种话，她每天都得讲上一堆，要人同意她的看法，否则她就干不下去了，自己也不明所以然。

苏珊心中一边转过这些念头，一边像只野猫，在花园长满灌木的树丛中潜行。她走到楼上，接着又下楼，穿过房间，走到花园，沿着褐黄的河流，再回到屋子，上楼又下楼……白太太一点都不觉得奇怪，真是怪事。就她来说，罗林太太高兴怎么做就可怎么做，她就是要头脚倒立，也无所谓。只要她留在家里就行。苏珊在屋里荡来荡去，自言自语。她恨白太太，恨那可怜的唐珊小姐。另一方面，她怀念在那肮脏的旅馆房间，独自一人的那一小时。她万分清楚，自己是疯了，是的，她疯了。

她告诉马修，她一定得度个假，他同意了。这和从前的情形不大相同。他们从前都是躺在床上，枕在对方臂弯里讨论问题。她知道，他终于诊断出来，是她不讲道理。她变成他身外的人，一个他不得不应付的人。他们虽住在同屋檐下，却成为勉强称得上友善的陌生人。

她告诉白太太，事实上是征求她的同意，之后，她出门去威尔斯徒步旅行。她挑了一个她所知道的最偏远地方。每天早上，小孩子在上学前打电话给她，鼓励她、支持她，就像他们从前处理"妈妈的房间"那样。每天晚上她打电话给他们，和小孩一个个聊，然后和马修谈。她准许白太太每天下午用餐时间，打电话问这问那的。有三次，白太太打来的时候，苏珊出去了。她留言要苏珊在某时某刻回她电话，否则事情没有经过罗林太太的祝福，她就会做得很不满意。

苏珊在乡间野外闲荡，电话线却像狗带子那样绑着她，要她履行责任。下一个该打，或该接的电话，简直像是钉子那样把她钉在自己的十字架上。一座座的山，像是都被她的不自由所束缚。在山上，从早到晚，除了羊，和偶尔一两个牧羊人之外，见不到其他任何人。她面对的是自己疯狂的情绪。在最宽阔的山谷里，她仍会受到自己疯狂的情绪所袭，因为山谷仍不够大。在山顶上，可以看到上百个其他的山谷，因此山看起来仍太矮，山谷看来仍太小，天空从头上紧紧压下。她站着观看山丘，山坡长满羊齿、藻类，流水闪闪，可是她除了自己的魔鬼，什么都看不见。那魔鬼不经心地倚在一块岩石上，手上拿着一枝带叶的树枝，一边鞭打自己丑恶的鞋子，一边抬头，用那非人的眼睛看她。她回家了，回到家人身边，脑后托着威尔斯空旷的山野，像是自由的许诺。

她告诉丈夫，她要找个女孩子来当家教，供膳宿，不必付薪水的那一种。

当时是深夜，他们在卧室里，小孩都睡了。他穿着衬衫、拖鞋坐在窗前往外看，她坐着梳头，从镜中看他——闺房中历久不变的一幕。他没说什么，但她却听到他心中的辩驳，他没说出口来，因为每一点都很合理。

"现在找家教，似乎有点怪。小孩白天几乎都在学校，你最需要人帮忙的时候，该是他们日夜都缠着你的时候。要是你不想烧饭，干嘛不叫白太太替你烧？她主动提过呢。你知道，请家庭女教师有各种麻烦，不像白天找个钟点工人那样……"

最后,他小心问道:"你是不是想回去工作?"

"不是。"她说,"倒也不是。"她答得很含糊,真笨。她继续梳头,看着自己,不理会马修那不安的眼神不断地看她。她问道:"你是不是认为我们会付不起?"问得真糊涂,一点也不像那一向精明的她,向来什么东西付得起,付不起,她一清二楚。"不是付不起。"他回答,对着窗外黑暗中的树木,不看她。她则仔细研究她丈夫那张圆脸——坦诚、可爱,眉毛整齐、乌黑,灰色的眼睛清澈明亮,是一张非常理智的脸。她一边梳那又黑又浓,长得极其健康的头发,一边想道:"镜中是个疯狂的女人,多奇怪!要是镜中看着我的是那个头发淡黄的绿眼魔鬼,涎着一张枯瘦干巴的笑脸,倒更有道理……马修为什么不赞成?他还能怎么样?她已毁了她那一方的约,他不能强迫她践约,不能叫她身心都留在屋子里,以使屋里的人能够像植物活在水中那样活在屋子里,以使白太太心满意足地继续她的工作。而为了报答她所付出的,他做个好丈夫,当个尽责的好父亲。但两人早已不尽此责,他尽的一份,只是敷衍而已,她呢,连装都不装。他和其他的丈夫一样,把真正的生活放在工作上,放在公务朋友身上,此外,他可能也有婚外情,而且还相当认真,不是玩玩而已,这一切,都是他的错。"

他终于把厚厚的窗帘拉上,挡住了窗外的树木,回过身来,希望她注意听他讲话。"苏珊,你是不是真的认为我们需要家庭女教师?"她不理会他,一再把头发梳过来,刷过去,梳起一把把云发,发出丝丝的静电。她对着镜子微笑,似乎对梳头所发出的声音,极感兴趣。

"对,我想这样比较好。"她回答,像个狡猾的疯女人,轻轻避开重点。

从镜中,她看到马修仰卧在床上,双手枕在头下,眼睛瞪视上方,脸部僵硬、哀伤,她觉得自己的心(过去的苏珊的心),开始软化,向他呼唤,但她迫使它冷却下来。他说:"苏珊,小孩子呢?"恳求之声几乎打动了她。他躺着举起双臂,手掌向上,朝她张开。她只要跑过去,投入他怀中,趴在他坚实温暖的胸膛上,就可溶化自己,溶化为苏珊,可是她做不到。她不看他高举的手臂,只是含糊地说:"那对他们当然比较好的。我们找个法国还是德国女孩子,那他们就可向她学习外国语。"

黑暗中,她躺在他身边,觉得自己僵硬、陌生,灵魂似乎已离开了躯体。她厌恶自己,如此冷漠无情,身边躺着一个受尽折磨的男人,但她却改变不了自己。

第二天早上,她着手去找,很快便找到了一个从汉堡来,叫苏菲的女孩子,20岁,身体健康,面容带笑,蓝眼,一心想学英语,其实她已讲得不错。她让苏菲住"妈妈的房间",供三餐,苏菲呢,她帮忙烧些简单的菜,必要时陪小孩子们。她脑筋聪明,善解人意。苏珊对她说:"我有时早上要出去,也许去一整天,小孩有时会突然跑回来,或是打电话回来,有时学校老师会打电话来,我应留在家里处理这些事情,还有钟点工人……"苏菲发出德国小姐那种深沉浑厚的笑声,露出洁白的牙齿,深深的酒窝。她说:"你有时需要有人取代你这个家庭主妇的位置,对吗?"

“对，就是这样。”苏珊回答，语气有点生涩，不由自主，但心想，这多容易，虽然暗中有点害怕，但比想象中距离自己的目标近得多。身心健康的苏菲小姐马上了解她的心意，足以证明此点。

这位免费女教师，通情达理，是苏珊特地挑选的（想到这里，她有点胆颤），一下子就和全家相处融洽；孩子们喜欢她，白太太几乎马上就忘了她是德国人，马修也认为家里“多了她，真不错”。他现在对家庭，只求应付，从不深究，早已放弃身为丈夫、身为父亲所该尽的家庭职务。

有一天，苏珊看到苏菲和白太太在厨房谈笑愉快，她告诉她们她要出去，下午三四点回来。她心中有目标，有目的。她搭支线火车到南肯欣顿，转循环线，在派了敦下车。她到处逛，寻找小型旅馆，最后找到了一家。肮脏的玻璃窗上漆着“浮德旅馆”四字，外墙上面淡黄的油漆褪了色，像不健康的人体肤色。走道门口挂着“请敲门”的牌子，苏珊敲了门，浮德本人来开门，他其貌不扬，身体微胖，精神憔悴，身穿条纹西装，品味低下；皱纹满面的脸上，长着两只锐利的小眼睛。他马上答应租一间房间给强太太（她故意杜撰这个诙谐的名字，而且猛瞪住他，叫他无法直视。），强太太要一星期租三次，每次都是早上10点到下午6点，没问题，只是她得每次预先付清租金。苏珊拿出15先令（他没开价），伸手出去，眼睛一眨不眨大胆地带着挑战的表情看他。直到此刻她才知道，自己竟能随意自如，运用此种神情。他默默地看她，用拇指和食指从她掌中拾起那张10先令的钞票，接着铲起另两个2.5先令的银币，跟着摊开自己的手掌，展示所收到的钱，低头凝视。他们站在走道上，头上一盏罩着红色灯罩的灯，脚下光滑的木板，强烈的清洁剂味道非常呛鼻。他猛抬头，微笑着凝视她，手掌仍然摊开，似乎在说：你把我当什么人？苏珊说：“我不会利用这房间来赚钱。”他仍站着不走，她加了5先令，他点头说道：“你付钱，我不多问。”苏珊说：“好。”他从她身边擦过，走到楼梯口，停了一停。门口挂着的街灯刺进苏珊的眼睛，片刻之间，她看不见他。但一下她又看到一个矮小的男人，样子像个传应生，衣着保守，脸色苍白，头发又秃又白，一步步吃力地踩着楼梯上楼。她跟在后面，两人默默上楼，彼此不问问题。这家“浮德”的小旅馆，给客人不受盘问的自由。唐珊小姐那家就不行。楼上的房间丑极了，只有一个窗子，挂着薄薄锦织的绿色帘子，一张三英尺又三分之一的床，罩着一张廉价的绿色缎子床罩，旁边有个煤气热气炉，装上让客人自己放钱的咪表，此外还有一个柜子，一张绿色的柳条扶手椅。

“谢谢！”苏珊对浮德说，她知道他没有带着十分好奇的眼光在看她（谁知道他是不是真叫浮德，也许是浮三、浮四、浮五什么的）。做他这一行的，不可存有好奇心，他是抱着一种带有人生哲理的观点来判断事情是否恰当。他已收了她的钱，带她到房间来，同意她的一切条件，只是对她前来这种地方，显然不以为然，这从他的表情可以看得出来，他认为这种地方与她身份不配。可是她自己知道，她属于这个地方，这个房间等着她前来，等待已久。“请在5点钟叫我一声。”他点点头，下楼去了。

早上12点，她自由了，她坐在扶手椅上，就这么坐着，闭上眼睛，不受外界骚扰。她独自一人，没人知道她的行踪。她听到门上敲门的声音，心里很不高兴，想发顿脾气。

可是敲门的是浮德，5点钟了。他照她的吩咐来通知她。他锐利的小眼瞄了房间一圈，首先是床，完全没碰过；整个房间看起来，几乎完全没使用过。她谢了他，并说后天再来，然后离去。回到家，正好赶上烧晚餐的时间，接着送小孩上床，然后替丈夫和自己另外烧了一顿。苏菲和朋友去看电影，苏珊等她回来。这一切，她都做得心甘情愿，高高兴兴，可是脑子里，一直想着旅馆那个房间，全心全意盼望着下回再去。

一星期三次，每次准10点钟抵达，正面直视浮德，付他20先令，随他上楼，进入房间，温和而坚定地当着他的面把门关上。浮德虽然不大赞成她来这里，但却愿意付出一点友谊，至少建立少许交情，假如她肯的话，可以听听他的劝告。但她总是朝他点点头，表示告别。他手上拿着20先令，倒是满意地走了。

她坐在扶手椅上，闭上眼睛。

她在房里做什么？什么都没做。坐够了，她就从椅子上站起来，走到窗边，伸伸腰，脸上展开微笑往外看，珍惜这种埋名隐姓的生活。她不再是苏珊·罗林，不再是四个孩子的母亲，不再是马修的太太，不再是白太太和苏菲的女主人。她和这些、那些朋友、学校老师、店员都没关系。她不再是那间白色大屋和花园的女主人，那个拥有一大堆参加种种场合的衣服的女主人。她现在是强太太，她单独一人，没有过去，也没有未来。她想：结婚这么多年，生了孩子，负起种种责任，而我完全没变；然而我又常觉得，自己除了当马修·罗林太太之外，什么都不是。现在，假如我再也见不到家人，我仍然是……多奇怪！她靠在窗台上，看马路上走过的男男女女。她很喜欢他们，因为她不认识他们。她看着街道那边挤迫不堪的建筑物；她抬头看天，又湿又脏的天空，偶尔露出一片蓝。她好像是第一次见到建筑物，第一次见到天空。她走回到椅子，空的，脑子也一片空白。她有时候大声对自己讲话，不过也不是说些什么，只不过是惊叹词之类的，没什么意义。不过她也可能随即批评那块薄地毯上的花纹，或是缎子床罩上的缎子。大部分的时间，她是在空想，怎么说呢？沉思、幻想，脑子一片黑暗，空虚之感像血液一般在血管中畅快奔驰。

这间房间，比起她所住的屋子，更像是她的，而且越来越像。有天早上，她发现浮德带她上楼梯时，比平常多走了一阶，她马上停下来，拒绝继续往上走。她说她要平常那间——十九号房。“那你得等半个钟头。”她甘心等。她下楼，在充满消毒水味的走道上，坐下来等，一直等到一男一女下楼离去。那两人飞快瞟了苏珊一眼，冷冷的，然后在门口分手，匆匆离去。她上去那间别人刚使用过的，属于她的房间，窗子虽然大开，女仆仍在铺床，但那仍是她的。

这些日子她孤独惯了，担当母亲和妻子的职责，对她来说，既容易又困难。因为太容易了，容易得好似自己是个假冒的。她觉得自己只是身躯在家移来移去，回答“妈咪”“妈妈”“苏珊”“太太”的叫声。她奇怪，竟然没人揭发她，把她赶出家门。孩子们似乎反而对她更加眷恋，马修和她“相处”愉快。白太太（主要）在苏菲的指示下，工作得也很愉快。夜晚她躺在丈夫身边，他们相好亲热，就像往常一样。可是真正的苏珊，那个别人叫她苏珊，她就应声回答，回答得令人起疑的苏珊，真正的她并不在这儿。她，她在派了顿，浮德的旅馆里，等待那数小时独自一人的愉快时光。

不久她就和浮德以及苏菲做了新的安排，现在是一星期五次，房租一共5镑。她直接问马修要，甚至不担心他会问她要钱做什么。她知道他会如数给她。可是事情演变至此，却也叫人担心。这对亲密的夫妻，这对搭档，曾经彼此完全了解每一分钱的去处。他爽快地答应她，她一分都没多要，只要5镑。他的语气十分冷漠，像是付她钱似的，付钱打发她。她想：没错，就是这样。想到这点，恐惧之感再度袭击她。但她镇定下来，事情早已不可收拾了。现在每个星期天晚上，他给她5镑，给钱时两人避免四眼交会。至于苏菲，在晚上6点以前，她一定留在家里，不是在这儿，就是在那儿。6点之后，她就自由了。她不需烧菜，也不必清扫，她的任务是守在那里。她有时也整理院子，缝点东西。像她这样的人，朋友自然很多，因此常邀些朋友过来。孩子们要是病了，她会照顾他们，要是学校老师打电话来，她会处理得很妥当。每个星期，孩子们上学那五天，她白天都负起家庭女主人的职务。

有一天晚上在卧室，马修说：“苏珊，我不是干涉你，请不要误解，只是你的身体是不是真的没问题？”

她正在对镜梳头，在两边各刷了一下，才回道：“是的，没问题。”他仍是仰卧在床上，长满棕发的大头枕在双手上，手肘半弯，挡住了半张脸，他说：“苏珊，那我得问你，你一定得了解，我不是要给你施压力。”苏珊听到“压力”两字，顿时惊慌起来，这是无可避免的。她当然不能长久这样下去，“事情是否要这样继续下去？”

“这嘛，”她说，用字含糊，避免正面回答，聪明又愚蠢，“这嘛，我觉得没有什么不好。”

他的手肘上下震动，不晓得是生气还是痛苦。她看他，瘦了，几乎骨瘦如柴。记忆中从没见过他这种生气、不安的动作。他说：“你是不是想离婚？”

听到这个，苏珊极力忍住，才没笑出声来。要是不忍的话，一定会发出爽快的大笑声，她在心中听到了自己的笑声。他的意思一定是她有了外遇，才会整天待在伦敦。他已经失去了她，好似她已跑去了另一个大洲。

这时小小的恐惧感再度涌入。她很清楚，他希望她承认，承认自己有情夫，他恳求她这么回答，否则事情就太可怕了。

她一边梳头,一边想通这个道理。乌黑的头发刷在空中,产生一小朵一小朵的电云,发出丝丝的声音。在她背后,房间的另一边,是一面蓝色的墙。她发现自己专心一意,注视着黑色的头发在蓝墙上出现的影子,她答道:"是不是你想离婚?"他说:"那不是问题的重心,对不对?"

"是你提出来的,又不是我。"她说,声音明朗,硬是抑制住自己,不发出毫无意义、银铃似的笑声。

第二天她问浮德:"有没有人来查问我?"

他犹豫不答,她说:"我租你的房间已租了一年,我可没给你找过麻烦。每次都付钱,我有权知道答案。"

"说实话,强太太,的确有个男人来查问你。"

"侦探社的人?"

"这个嘛,可能吧,对不对?"

"是我在问你……算了,你告诉了他些什么?"

"我说有个强太太,每个星期从星期一至星期五,每天十点到下午五点,有时六点,一个人租十九号房。"

"你描述了我样子?"

"强太太,我没办法呀!换了你,你会怎么做?"

"我有权从房租扣除你从那个人所得的报酬。"

他吃惊地抬头看她,她可不是那种爱开玩笑的人。他于是决定笑一笑,讨好她。他布满皱纹苍白的脸上,出现一道粉红色潮湿的裂缝,眼睛带着恳求的眼神,求她展露笑容,否则他就要损失金钱。她仍然满脸严肃,看着他。

他止住笑,说道:"你要不要上楼?"回复不发问的境界,彼此熟识、友善,但不发问。她不能丧失这个(他深明此点。)

她上楼坐在柳条椅上,可是感觉与往常不同。她丈夫已发现了她的行踪,世界已发现了她的行踪,压力压在她身上。他是默许她来这儿,他随时可能出现,出现在这十九号房。她想象侦探社的报告这样写道:一个自称强太太的女人,符合你太太的容貌,等等,整天独自一人留在十九号房里。她坚持租用此房,如已有人占用,她则坚持等待。就房东所知,无人,不论男女,探访过她。诸如此类的报告,马修一定收过。

当然,他没错。事情不能一直拖下去。他不得不派个侦探侦察她,把事情做个了结。她想缩回去,躲在房间的庇护下,像只爬出壳外的蜗牛,想挤回壳内。可是房间宁静的气氛不见了。她努力想恢复那种气氛,恢复那种黑暗所创造出来的半昏迷状态,还是什么的,可是她办不到。虽然她渴望如狂,像上了瘾的人,瘾物突然给夺走那样的不舒服。

她数度回到那房间,寻找自己,但发现的却是无名的不安。心中充满冲动,无法安静下来，神经过敏，不舒服的脑袋中像是装满彩色灯泡，闪烁不停。房间的气氛不再柔和幽暗，房中躲藏着她那些魔鬼，追得她像无头苍蝇乱碰乱撞，口中喃喃咒骂，强迫自己冲来冲去，像只飞蛾冲撞玻璃板，滑落门底，拍着折断的翅膀，然后再撞毁在隐形的障碍物上。不久她就精疲力竭。她告诉浮德，她要去度假，暂时不来。她回到家里，回到河边的大房子。那时是大白天，孩子们上课的日子，没人期待她在家。这时回来，她觉得有点不好意思。她站在屋外人家看不见的地方，从厨房窗子往里望。她看到白太太，穿一件苏珊不要的绣花套头毛衣，弯身把什么放进烤箱。苏菲双手交叉，背靠着碗橱而站。另外有一个苏珊没见过的女孩，皮肤黝黑，是外国人，显然是来探望苏菲的。她不知说了什么笑话，苏菲大笑。扶手椅上坐着茱莉，双胞胎中的女孩。她卷坐在椅子里，吮着手指，看三个大人聊天、做事。她没上学，一定是病了。那孩子无精打采的脸，眼圈，看得苏珊心疼。茱莉在看那三个大人的情形，和她自己隔着窗子观看屋里的人，情况一样：距离遥远，打不进圈子。

苏珊想象自己走进屋里，抱起小女孩坐下来，轻按她可能发烧的小头。就在这时，苏菲就这么做了。她本来是一脚站立，另一只曲膝向后踩在墙上。这时她滑下那只穿着打蝴蝶结红鞋的脚，两脚着地站立，双手在身前身后打拍，唱出一两句德国歌。小女孩抬起沉重的眼皮看她，笑了。苏菲走到（其实是蹦跳到）小女孩身边，把她旋转抱起，跟着坐下，把小孩放在自己膝上。她说："茱莉，乖、乖。"同时轻拍她头上紊乱不齐的黑发。茱莉舒服地伏在她肩上。

唉……苏珊眨眨眼，把道别的泪光逐出眼角，悄悄上楼入房坐下，目光穿过树枝，遥望河水。她心情宁静，对她来说，这是一种崭新的经验。不想动，不想讲话，什么都不想做。无论是在屋里，还是在花园，老是缠身不去的魔鬼，竟然不在。不过她知道，这是因为她的灵魂留在浮德的十九号房。坐在卧室窗前的，并非真正的她本人。听到苏菲浑厚的歌声，唱德国童歌，听白太太在楼下讲话、走动，她知道自己与此完全无关，自己置身其外，这种感觉叫她毛骨悚然。

过了一会儿，她勉为其难，下了楼，告诉她们自己回家了。不对大家说一声，不大应该。她和白太太、苏菲、苏菲的意大利朋友——玛琍亚，还有女儿茱莉，一道吃午餐，自觉像个客人。

几天后，临睡前马修说："这是你这个星期的5镑。"说着把钱推给她。其实他一定知道她这几天一直都待在家里。

她摇头，把钱还给他，解释道："一旦让你发现，就没意思了。"语气中没有指责的味道。

他点头，不看她。她知道他已离开自己，一心在想如何处理这个让他害怕的妻子。

他说："我不是要……我只是担心罢了。"

“我知道。”

“我得承认,我开始怀疑……”

“你以为我有外遇?”

“对,我是这么猜想。”

她知道他希望她有外遇。她坐在那里,考虑怎么开口告诉他:“这一年来,我每天都在一家污秽的旅馆度过,在那儿我很快乐,事实上,没有了那个房间,我的生命也完了。”她听到自己心中这么说,也了解马修听了会多害怕。于是她说:“你猜得相去不远。”

马修也许会以为旅馆老板隐瞒实情,他希望如此。

“是嘛?”他说。她听到他的声音跃起,似乎松了一口气。“既然如此,我得向你承认,我自己也有了婚外情。”

“真的?是谁?”她兴致勃勃地问,事不关己似的。她看到自己这种反应,出乎马修之意料。

“是费儿,韩费儿。”

她早在婚前就认识费儿。她告诉自己,费儿不行,她太神经质,太难搞,什么事都讨不了她的欢心,比苏菲差多了。这个嘛,马修这么理智,他会看得出来。

她心中默默朝这个方向想了一些其他的事情,嘴里却大声说:“我的事,告诉你也没什么意思,你不认识他。”

快,快点捏造一个故事。可记得你那次向唐珊小姐,捏造了多少胡说八道的东西?她慢慢地,小心地说,避免自相矛盾。“他叫麦克,”姓什么?“他叫潘麦克。”——多笨的名字——“他和你有点像,我是说外表。”真的,她无法想象,除了马修之外,自己还能让别人碰她。“他是搞出版的。”(真的,为什么?)“有太太和两个小孩。”

她说出了自己的幻想,有点得意。

马修问:“你们要不要结婚?”

“唉啊,绝对不要!”她冲口而出。

要是马修想和韩费儿结婚的话,那她这语气就太强了,可是显然她答得还得体,因为他像是松了一口气,说道:“很难想象自己再和别人结婚,不是吗?”说着把她拉过来,她的头于是枕在他肩上。她把头埋在他的肌肉里,听到血液从自己耳朵砰砰流过,说道:我独自一人,独自一人,独自一人。

早上,她躺在床上,他在穿衣。

他显然是夜里把事情想通了,他说:“苏珊,我们干嘛不来个四人行?”

当然,她告诉自己,他当然会这么提议。你要是理智的话,你要是讲理的话,你要是从来都不让自己有自私的念头、嫉妒的心理的话,那你自然会说:“我们来个四人行吧。”

“好啊！”她说。

“我们可以一道吃午餐。我是说，你溜到肮脏的旅馆去，我在办公室呆到半夜，大家说谎，太荒唐了。”

我刚才说他叫什么名字？她心慌意乱，然后说：“这很好呀，不过麦克现在不在，等他回来——我想你们一定合得来。”

“他不在，是嘛？所以这阵子……”她丈夫把手放在领结上，做了调情的手势，奇怪，她以前从没想过她丈夫也会调情。他弯身吻她的脸，脸上的表情似乎在说：“你这顽皮的小猫。”而她觉得，回应他那个表情，她自己脸上也出现了顽皮、卖弄风情的神情。

内心深处，她极度厌恶自己和丈夫，憎恶两人虚情假意。

现在她给套上了个情夫，他也有他的情妇！多庸俗！可又多叫人放心，皆大欢喜！他们现在要来个四人行，一同看戏，上馆子。这种花费，罗林家应该能应付得起，想来那潘麦克也付得起。他们四人要以文明人相互容忍的态度，去建立错综复杂的关系，人人沐浴在中年人热情、美丽的余晖之中，不论什么，都阻止不了他们。他们或许也该一道去度假？她知道有人这么做。不过马修也许会不赞成，这未免过分？可是既然他能提出“四人行”的建议，那他怎会反对？

她躺在空荡荡的卧室里，听到马修的车子开走了，上班去了，然后听到孩子们辟哩啪啦，混合着苏菲银铃般快乐的声音，上学去了。她滑进床上被窝下陷之处，寻找庇护，保护自己处身事外。她伸出手，朝她丈夫睡过的陷下之处伸去，但得不到慰藉，他不是她丈夫。她曲身蜷成一团，又小又紧的，藏在衣服下面，她可以整天，整个星期，甚至一辈子躲在这里。

【注释】

[1]作品发表于1963年。

【阅读提示】

《十九号房》是多丽丝·莱辛的一部著名短篇小说，“是英国学生学习当代文学的必读作品”，在我国也备受关注。一直以来，学术界对这部作品的话语表达方式、女性意识、人物塑造艺术等多有研究。不论从哪个角度立论都关涉到研究者对主人公苏珊悲剧的理解这一问题，所以对苏珊悲剧原因的思考是理解这个作品的重点。

这个故事粗略看来就是两个无论长相、知识、工作、能力都很完美的人在恰当的时间恰当的地点相遇了，结合了，买了一套带花园的房子，生了四个完美的孩子，有女佣、有车子，苏珊主内，马修主外，依然非常完美。虽然他们有时候会觉得“他们的生活似乎像条咬着自己尾巴的蛇”，但想到“这一切，这一整体之所以存在，由无到有,全赖彼此相爱,真是与众不同。这就是生活的核心,生命的源泉”。虽然苏珊的全职太太生活不如马修的工作生活丰富多彩,但他们能互相理解,因此“反而彼此更加体贴,更加怜惜对方”。只是后来马修酒后出轨了,尽管苏珊非常理智地理解了他,原谅了他,但她却会不时冒起无名火,她变得烦躁不安,她希望有自己独处的时间、空间,她跟马修的关系不再亲密无间。所以后来她在一个叫做浮德的旅馆租了十九号房间,不时去那里独处,她觉得在那里,她才是她自己。但马修雇佣的私家侦探打破了她的这份宁静,她最终选择了在十九号房开煤气自杀。

关于苏珊这一悲剧结局,研究者看法各异,一般笼统地把之定位为男权社会女性的悲剧:苏珊悲剧的原因是男权社会里爱情和道德的虚伪,精神的空虚和荒唐。苏珊最初渴望独立自主而男权社会不允许,所以后来即使她想要回归家庭的时候,她也已经回不去了。苏珊的故事“典型地表现了当今仍然存在的事实,妇女受压迫和压抑的精神状况:她们被剥夺了经济上的独立,从而必须依赖男性,处于社会的边缘地位,也就没有了说话的权利,在社会中只是个隐形的看不见的‘他者’”,并进一步认定苏珊的悲剧落幕是对男权社会的无声反抗,但这种反抗在作者笔下显得苍白无力。

那苏珊悲剧的原因到底是什么?在短短的故事中作者其实揭示了一种带有普遍性的生存状况,对每一位读者都有深刻的启发意义,大家不妨一起来思考思考。

【思考与练习】

(一)仔细阅读作品,回答下列问题。

1. 作品中括号里的文字有何作用?

2. 马修和苏珊有爱情吗?

3. 苏珊看到的“魔鬼”是什么?

4. 苏珊提前从浮德旅馆回家,听到苏菲唱歌,白太太在楼下讲话、走动,她觉得这一切与自己无关。对于这种感觉,她感到“毛骨悚然”,为什么?

5. 苏珊可不可以不自杀?

6. 苏珊悲剧的原因是什么?

(二)深度讨论:现代社会男女平等吗?如果不平等,那哪一性别的社会地位相对较高,你认为该如何实现性别平等?

第四章 戏 剧

一、戏剧的含义

自古至今,随着戏剧本身的发展和人们对戏剧认识的变化,关于戏剧的定义很多。传统理论侧重对戏剧文学的研究,如亚里士多德、黑格尔。近现代以来,戏剧表演兴盛,形式方法不断丰富创新,戏剧演出成为独立的艺术形式,人们关注的重点转向了戏剧表演。20 世纪后,各种现代后现代戏剧流派在戏剧领域不断探索和创新,提出自己的戏剧定义,名目繁多。不管怎样,无非或把戏剧理解为剧本,或把戏剧理解为演出,所以,与其他文艺形式定义的单一性不同,戏剧可以从两个层面定义:一是一种观赏的戏剧艺术,它以舞台为呈现媒介,以演员的动作和对话为主要表现手段,为观众当场表演情节,显示情境。由于戏剧表演涵盖了文学、舞蹈、音乐等艺术元素,所以是一种综合艺术,剧场性是它的突出特征。二是一种阅读的戏剧文学,它以语言为呈现媒介,通过人物语言,展开戏剧冲突,塑造人物形象。由于它既是可供阅读的文本也是舞台表演的台本,人们俗称为剧本。文学性是它的重要特征。戏剧文学和戏剧表演,二者各自独立又相辅相成,各有特点又关系密切。剧本创作应顾及表演,戏剧表演离不开剧本。这里,我们学习的是与诗歌、散文、小说并列的戏剧,就是戏剧文学。

二、戏剧的基本特点

戏剧文学属于语言艺术的范畴,是一种文学体裁,当然与其他文体具有同质性,但“它不是一种全部由自身内部条件形成的基本文学类型,而是一种特殊的、附带的类型”①。其特殊就是“舞台适应性”,这也是决定戏剧文学特点的主要因素。

---

① ［苏］波斯彼洛夫:《文学原理》,三联书店,1985 年版。

（一）戏剧性

“剧本的首要特性，是它的戏剧性，没有戏剧性，剧本就不能称为剧本。”[①]但对什么是戏剧性，却众说纷纭。台湾黄美序先生的解释通俗实在：“戏剧中的情节（事件的发展）必须使观众（读者）感到超乎意料但合于情理，才能令人激赏……简言之，戏剧性就是在情节的经营上要富有‘山重水复疑无路，柳暗花明又一村’的变化妙趣，并且在时间的节拍（tempo）上能紧扣观众（读者）的心弦。”[②]所以，所谓“戏剧性”，主要表现在两个方面，一在戏剧冲突，二在戏剧结构。

1. 强烈的戏剧冲突

习见的说法，如“没有冲突就没有戏剧 ”，“戏剧冲突是戏剧创作的基本特征”，说明了“冲突”对戏剧的意义。那么，什么是戏剧冲突？戏剧冲突就是戏剧作品中表现出的人与人之间或者人的内心中的激烈的矛盾形式。一般认为，冲突主要有三类：人与命运或环境的冲突，人与人之间的冲突，人与自己的冲突。正如英国戏剧理论家尼柯尔所说：“所有的戏剧基本上都产生于冲突。在悲剧中，总是有形体力量之间的冲突，或精神力量之间的冲突，或二者兼而有之。而在喜剧中，总有人与人之间的冲突，男女之间的冲突，或个人与社会之间的冲突。”[③]要说明的是，在具体剧作中，三种冲突可以同时存在，但往往以其中的一种为中心。另外，不是所有的冲突都有戏剧性，冲突的戏剧价值取决于它的意义力度及表现方式。只有反映了社会生活中的矛盾和人性深度的冲突，只有经剧作家选择、提炼、集中概括和艺术加工的冲突才有“戏”。有了戏，才能刻画性格鲜明的人物，才能表现作家对生活的独特思考。传统戏剧中，冲突无处不在；现代派戏剧可能没有传统戏剧那样鲜明尖锐的戏剧冲突，但并非没有戏剧冲突，只是冲突的形式更丰富多样，更生活化，比如文化冲突、种族冲突、性别冲突等新的冲突，潜意识冲突等隐性冲突。总之，戏剧冲突是戏剧文学的生命，是戏剧文学最本质的特点。

2. 精巧的戏剧结构

如果说，戏剧冲突是戏剧性形成的内在原因，那么，情节结构则是戏剧性的外在表现形式。当然，二者是相互影响的，“结构是舞台的动作在时间、空间中的组织形式，冲突是结构形式发展中内在的基本要素”[④]。因此，与冲突的紧张集中相应，戏剧的结构要求精巧。“精”就是紧凑完整，“巧”就是巧妙曲折。

戏剧结构是对剧本各个部分的比例和相互关系的安排。西方传统戏剧以“幕”、“场”，中国古典戏剧以“折”、“出”体现戏剧的形式结构。至于据此形成的

---

① 谭霈生：《戏剧鉴赏》，高等教育出版社，2004 年版。

② 黄美序：《戏剧的味道》，山东画报出版社，2009 年版。

③ ［英］尼柯尔：《西欧戏剧理论》，中国戏剧出版社，1985 年版。

④ 孙惠柱：《第四堵墙——戏剧的结构与解构》，上海书店出版社，2006 年版。

三段法、四段法、五段法,不过是换了角度看戏剧结构的说法而已。目前,以下关于戏剧结构的分类较好地总结了古今戏剧文学的常见结构形式,有助于我们理解戏剧结构的特点:一是“锁闭式结构”。这种结构的戏剧,往往只写高潮至结局,集中表现戏剧性危机。剧情从临近高潮处开始,有一个发生在过去却严重影响当前的秘密构成悬念,随着悬念的逐步“发现”,剧情实现“突转”并迅速结束,所以最具戏剧效果。《俄狄浦斯王》、《玩偶之家》、《雷雨》是这一结构类型的范本。二是“开放式结构”。它的特点是,剧情按时间顺序展开,少有甚至没有回叙,人物多,时间长,场景富于变化,情节更为丰富曲折。《罗密欧和朱丽叶》、《西厢记》、《牡丹亭》的结构即属此类。三是“史诗式结构”。其特点是,不靠一人一事一地串接整个剧情框架,而用其中的某一个单一因素串联其他的多重因素,形成多样化的排列组合。比如,用一个主人公贯穿全剧,事件地点可以不断变化,形成新的相对独立的剧情。《麦克白》、《人民公敌》、《陈毅市长》采用了这一结构类型。四是“散文式结构”。其特征是横向并列式的一致。中心多,头绪多,平面展示,多头并进。人物多却未必有中心人物,情节多但少有明显的主线。《海鸥》、《底层》、《茶馆》属于这一结构类型。总之,不论哪种结构,剧作家无非是用合适的方式,实现其希望的戏剧效果。如波斯彼洛夫《文学原理》中所说:“将冲突性的情节压缩在一定的空间和时间内,主要通过一些极其关键的时刻来开展情节……这样,剧本的情节就能特别有力地表现出冲突的实质和思想上、心理上的激情。这就是戏剧文学的特征。”

(二)动作性

与其他叙事文学进行比较,动作性最能说明戏剧文学的特点。“戏剧文学与叙事文学不同,没有人来叙述它的人物的内心世界,作者并不出现于舞台,因此,在这里人物自己必须用他们的语言、表情、手势和动作来表现这一切。”①这是说,在小说中,如果对话不能充分表现人物的性格、心理,作者可以直接进行叙述描写;而戏剧只能由作品中的人物用语言和动作表达一切。因此,动作与戏剧形影不离,动作性是戏剧的又一个重要特征。对此,中外戏剧理论家一致认可:“历史无可置辩地表明,戏剧从一开始,无论在什么地方,就极其依靠动作。”②“戏剧必合言语、动作、歌唱,以演绎故事。”③“戏剧的动作性仍是千年不渝的法则。”④

戏剧是动作的艺术。戏剧的动作多种多样,有分成外部动作、内心动作、言语动作三类的;有分为外部形体动作、言语动作、静止动作、音响动作四类的。我们认

① [苏] 波斯彼洛夫:《文学原理》,三联书店,1985 年版。
② [美]乔治·贝克:《戏剧技巧》,中国戏剧出版社,2004 年版。
③ 王国维:《王国维戏曲论文集》,中国戏剧出版社,1984 年版。
④ 董健、马俊山:《戏剧艺术十五讲》,北京大学出版社,2004 年版。

为，就剧本而言，主要是外部形体动作和言语动作。剧作家对形体动作一般不会过多交代，是由演员在舞台表演中再创造的。好的剧本只是通过提示语言和台词暗示或规定形体动作，而给演员表演留下再创造的空间。所以，这里讨论的动作性，主要是戏剧语言的动作性。

戏剧的语言一般分为两类。一是提示语言，用于描绘人物外形内心，交代时代背景和生活环境，说明人物的某些性格和动作，等等。二是角色语言，即剧中人物的语言——台词，包括对话、独白和旁白。对话是角色间的相互对话，为戏剧语言的主干；独白是角色独自说出的台词，直接表达角色的思想情感和心理活动，多带主观抒情性；旁白是直接说给观众听，并假定剧中人听不到的台词，可表现人物心理，可评价剧中人物。在两种语言中，最富动作性的当然是人物语言。

"剧本中的语言负载着极多的东西：不仅表达词句的含义，还要塑造人物，控制节奏，甚至外化大多数的人物行动。与此同时，每一个角色都要有自己独特的话语模式和词汇。在理想状态下，每位角色应该仅凭其语言就能够被辨识出来。"① 这实际上说明了人物语言性格化与动作性的两大特点。比较而言，动作性更重要。戏剧理论家顾仲彝先生在《编剧理论与技巧》中，就把动作性视为戏剧语言的第一个特点。那么，何谓动作性？《戏剧艺术十五讲》认为："所谓动作性，就是指人物的语言要有力地表现其欲望、意志、内心的冲突，并使其内心状态通过语言转化为外部动作，而且要具有一种推动剧情向前发展的张力——往往在第二幕的一句话会引出第三幕的一个大动作。"总之，人物语言的动作性，一是为舞台演出的动作设计创造情境作出暗示，这样，演员就能凭借这些语言，想象出他所扮演的角色的动作、表情和姿态，更好地塑造形象。二是能表现人物的心理活动，推动情节的发展。

三、戏剧的鉴赏方法

戏剧文学和戏剧艺术是两个不同的概念。一般认为，戏剧文学的鉴赏属文学欣赏，戏剧艺术的鉴赏才是戏剧欣赏，但戏剧文学与戏剧表演终究情同手足，即使是文学鉴赏，也必有其独特的方法。

（一）感受戏剧场面

欣赏戏剧文学，一定要建立场面思维。戏剧场面是人物在特定情境内进行活动所构成的相对独立的段落，人物的上下场和时空环境的变化是场面划分的依据。场面是剧本最小的意义单位，是戏剧情节的基本组成单位，也是体现戏剧本质的具

① ［美］帕特森等：《戏剧的快乐》，人民邮电出版社，2013 年版。

体单元。欣赏剧本,要以划分并分析场面为入口,就像从意象入手欣赏诗歌、从镜头入手欣赏电影一样。否则,就像《戏剧艺术十五讲》所说:"不懂戏剧的人,常常因为把剧本当做小说看,而无法领略其美妙之处。有些语文教师也因为不了解剧本的舞台属性和场面特点,而停留在主题思想、人物性格的简单概括之中,艺术分析也跟其他文学类型差不多,终归是不得要领。"

感受戏剧场面,要弄清楚戏剧场面的类型。一般根据其意义和表现方式分为以下几类:以表现主题及主要人物关系和性格、显示情节发展为功能的主要场面和用于介绍基本的戏剧情境、烘托背景和气氛、时空过度为目的的次要场面。剧中有直接描写的明场和不直接出现的暗场,暗场有的是由于时空限制和戏剧性的要求而放到幕后处理的,有的属于发生在幕间场间的幕间戏。

鉴赏戏剧场面,要注意三点:一是场面的选择要恰当。如明场戏和暗场戏的选择要考虑时代的审美原则、剧作家的美学观和作品主题,主要场面和次要场面要详略得当,能展开人物关系,刻画人物性格,揭示人物内心。二是场面的连接转换要自然巧妙,既在情理之中又在意料之外,尤其是推进人物关系的变化,推动戏剧冲突的发展。三是戏剧场面要集中和完整。这能保证剧本在有限的时空内表现其戏剧冲突和戏剧主题。

(二)品味台词魅力

戏剧的魅力就是语言的魅力。就剧本说,语言是其建筑材料,而语言的主体是人物语言——台词,所以说剧本是代言体,代人物立言。读者通过台词认识人物,通过人物感知剧作家想表达的东西。因此,欣赏剧本,要以欣赏台词为重点。

品味人物语言,可以有各种各样的角度,如语言技巧、语言特征、语言作用,等等。我们认为,最实用的是从语言特征去欣赏人物语言。当然关于剧本人物语言的特征又有生动性、口语化、性格化、动作性、诗性等说法。择其要点,品味台词的魅力,应关注以下三点:一是品味个性化的人物语言。所谓个性化,是指受人物的年龄、身份、经历、教养、环境等影响所形成的个性特点。人物台词高度性格化,不仅表现为说什么,而且表现在怎么说上。正如一位美国学者所说;"语汇的选择和句子的长度能告诉读者有关角色的一些信息——例如社会阶层、教育程度和思想复杂度等。同样,一个人物说话的节奏可以暗示其心情或生活方式。"①总之,性格化的语言才能准确表达人物的思想感情,才能让读者通过台词认识剧中人物。二是品味富有动作性的人物语言。动作性的人物语言,不仅要表现自己,还要影响别人。具体说就是台词要展现人物的内心活动,揭示人物的内在冲突,并有力推进情节的发展。三是品味人物语言中蕴涵的丰富的潜台词。"潜台词",并非一种独立

① [美]帕特森等:《戏剧的快乐》,人民邮电出版社,2013 年版。

的戏剧语言,而是说明台词特效的一个术语,有的是语言无法表达而用短暂停顿造成的潜台词,所谓无声胜有声尽在不言中;更多的是言此意彼言外之意中的潜台词。"'潜台词'是戏剧人物表达的语言背后的意思,'有话不说'、'正话反说'、'反话正说'、'言此意彼',都是潜台词的呈现方式。"①人物语言为什么要有丰富的潜台词?因为在舞台上,人物不可能也没有必要把事情的始末、全部思想活动都说出来,那样不利于表现人物复杂的心理和性格,影响作品的戏剧效果,降低甚至取消观众艺术欣赏的能动性。

戏剧文学鉴赏的方法很多,但一切都建立在细读剧本多读剧本的前提之上。

四、经典戏剧导读

【作者简介】

纪君祥,元代戏曲作家。一作纪天祥,生卒年不详。《录鬼簿》记他与郑廷玉、李寿卿为同时人。现代研究者考知李寿卿为至元(元世祖年号)间人,由此可推知纪君祥的活动年代。著有杂剧 6 种,现仅存 1 种:《赵氏孤儿冤报冤》,一作《赵氏孤儿大报仇》,简称《赵氏孤儿》。另《陈文图悟道松阴梦》1 剧,仅存曲词 1 折。

赵氏孤儿·搜孤救孤[1]

纪君祥

(屠岸贾领卒子上,云)兀的[2]不走了赵氏孤儿也!某已曾张挂榜文,限三日之内,不将孤儿出首[3],即将晋国[4]内小儿但是半岁以下、一月以上,都拘刷[5]到我帅府中,尽行诛戮。令人[6],门首觑者,若有首告之人,报复某家知道。(程婴上,云)自家程婴是也。昨日将我的孩儿送与公孙杵臼去了。我今日到屠岸贾跟前首告去来。令人,报复去,道有了赵氏孤儿也。(卒子云)你则在这里,等我报复去。(报科,云)报的元帅得知,有人来报赵氏孤儿有了也。(屠岸贾云)在那里?(卒子云)现在门首哩。(屠岸贾云)着他过来。(卒子云)着过来。(做见科,屠岸贾云)兀那厮[7],你是何人?(程婴云)小人是个草泽医士[8]程婴。(屠岸贾云)赵氏孤儿今在何处?(程婴云)在吕吕太平庄[9]上,公孙杵臼家藏着哩。(屠岸贾云)你怎生知道来?(程婴云)小人与公孙杵臼曾有一面之交。我去探望他,谁想卧房

---

① 戴平主编:《戏剧美学教程》,上海书店出版社,2011 年版。

中锦绷[10]绣褥上,躺着一个小孩儿。我想,公孙杵臼年纪七十,从来没儿没女,这个是那里来的?我说道:“这小的莫非是赵氏孤儿么?”只见他登时变色,不能答应,以此知孤儿在公孙杵臼家里。(屠岸贾云)咄[11]!你这匹夫!你怎瞒的过我。你和公孙杵臼往日无仇,近日无冤,你因何告他藏着赵氏孤儿?你敢是知情么?说的是,万事全休,说的不是,令人,磨的剑快,先杀了这个匹夫者!(程婴云)告元帅暂息雷霆之怒,略罢虎狼之威。听小人诉说一遍咱。我小人与公孙杵臼原无仇隙,只因元帅传下榜文,要将晋国内小儿拘刷到帅府,尽行杀坏[12]。我一来为救晋国内小儿之命,二来小人四旬有五,近生一子,尚未满月。元帅军令,不敢不献出来,可不小人也绝后了?我想,有了赵氏孤儿,便不损坏一国生灵,连小人的孩儿也得无事,所以出首。(诗云)告大人暂停嗔怒,这便是首告缘故,虽然救晋国生灵,其实怕程家绝户。(屠岸贾笑科,云)哦,是了。公孙杵臼原与赵盾一殿之臣,可知有这事来。令人,则今日点就本部下人马,同程婴到太平庄上,拿公孙杵臼走一遭去。(同下)

(正末[13]公孙杵臼上,云)老夫公孙杵臼是也。想昨日与程婴商议,救赵氏孤儿一事,今日他到屠岸贾府中首告去了。这早晚屠岸贾这厮必然来也呵。(唱)

【双调·新水令】我则[14]见荡征尘飞过小溪桥,多管[15]是损忠良贼徒来到。齐臻臻[16]摆[17]着士卒,明晃晃列着枪刀。眼见的我死在今朝,更避甚痛笞掠[18]。

(屠岸贾同程婴领卒子上,云)来到这吕吕太平庄上也。令人,与我围了太平庄者。程婴,那里是公孙杵臼宅院?(程婴云)则这个便是。(屠岸贾云)拿过那老匹夫来!公孙杵臼,你知罪么?(正末云)我不知罪。(屠岸贾云)我知你个老匹夫和赵盾是一殿之臣。你怎敢掩藏着赵氏孤儿?(正末云)老元帅,我有熊心豹胆?怎敢掩藏着赵氏孤儿!(屠岸贾云)不打不招。令人,与我拣大棒子着实打者。(卒子做打科)(正末唱)

【驻马听】想着我罢职辞朝,曾与赵盾名为刎颈交。(云)这事是谁见来?(屠岸贾云)现有程婴首告着你哩。(正末唱)是那个埋情[19]出告,原来这程婴舌是斩身刀。(云)你杀了赵家满门良贱三百余口,则剩下这孩儿,你又要伤他性命。(唱)你正是狂风偏纵扑天雕,严霜故打枯根草。不争[20]把孤儿又杀坏了,可着他三百口冤仇甚人来报?

(屠岸贾云)老匹夫!你把孤儿藏在那里?快招出来,免受刑法!(正末云)我有甚么孤儿藏在那里?谁见来?(屠岸贾云)你不招?令人,与我采[21]下去,着实打者!(做打科,屠岸贾云)这老匹夫赖肉顽皮,不肯招承,可恼,可恼!程婴,这原是你出首的,就着你替我行杖者。(程婴云)元帅,小人是个草泽医士,撮药[22]尚然腕弱[23],怎生行的杖?(屠岸贾云)程婴,你不行杖,敢怕指攀[24]出你么?(程婴云)元帅,小人行杖便了。(做拿杖子科)(屠岸贾云)程婴,我见你把棍子拣了又拣,只拣着那细棍子,敢怕打的他疼了,要指攀下你来?(程婴云)我就拿大棍子打者。(屠岸贾云)住者。你头里只拣着那细棍子打,如今你却拿起大棍子来,三两下打死了呵,你就做的个死无招对。(程婴云)着我拿细棍子又不是,拿大棍子又不是,好着我两下做人难也!(屠岸贾云)程婴,你只拿着那中等棍子打。公孙杵臼老匹夫,你可知道行杖的就是程婴么?

(程婴行杖科,云)快招了者。(三科了)(正末云)哎哟,打了这一日,不似这几棍子打的我疼。是谁打我来?(屠岸贾云)是程婴打你来。(正末云)程婴,刬[25]的。打我那?(程婴云)元帅,打的这老头儿兀的不胡说哩。(正末唱)

【雁儿落】是那一个实丕丕[26]将着粗棍敲?打的来痛杀杀精皮[27]掉。我和你狠程婴有甚的仇?却教我老公孙受这般虐。

(程婴云)快招了者。(正末云)我招,我招。(唱)

【得胜令】打的我无缝可能逃,有口屈成招。莫不是那孤儿他知道,故意的把咱家指定了。(程婴做慌科)(正末唱)我委实的难熬,尚兀自[28]强着牙根儿闹。暗地里偷瞧,只见他早吓的腿挺[29]儿摇。

(程婴云)你快招吧,省得打杀你。(正末云)有、有、有。(唱)

【水仙子】俺二人商议要救这小儿曹[30]。(屠岸贾云)可知道指攀下来也。你说二人,一个是你了,那一个是谁?你实说将出来,我饶你的性命。(正末云)你要我说那一个,我说,我说。(唱)哎!一句话来到我舌尖上却咽了。(屠岸贾云)程婴。这桩事敢[31]有你么?(程婴云)兀那老头儿,你休妄指平人[32]。(正末云)程婴,你慌怎么?(唱)我怎生把你程婴道,似这般有上梢无下梢[33]。(屠岸贾云)你头里说两个,你怎生这一会儿可说无了?(正末唱)只被你打的来不知一个颠倒[34]。(屠岸贾云)你还不说,我就打死你个老匹夫。(正末唱)遮莫[35]便打的我皮都绽,肉尽销,休想我有半个字儿攀着。

(卒子抱俫儿上科,云)元帅爷贺喜,土洞中搜出个赵氏孤儿来了也。(屠岸贾笑科。云)将那小的拿近前来,我亲自下手,剁做三段。兀那老匹夫,你道无有赵氏孤儿,这个是谁?(正末唱)

【川拨棹】你当日演神獒[36],把忠臣来扑咬。逼的他走死荒郊[37],刎死钢刀[38],缢死裙腰[39]。将三百口全家老小,尽行诛剿,并没那半个儿剩落,还不厌[40]你心苗。

(屠岸贾云)我见了这孤儿,就不由我不恼也。(正末唱)

【七弟兄】我只见他左瞧、右瞧,怒咆哮,火不腾[41]改变了狰狞貌,按狮蛮[42]拽札[43]起锦征袍,把龙泉[44]扯离出鲨鱼鞘[45]。

(屠岸贾怒云)我拔出这剑来,一剑,两剑,三剑。(程婴做惊疼科,屠岸贾云)把这一个小业种剁了三剑,兀的不称了我平生所愿也。(正末唱)

【梅花酒】呀!见孩儿卧血泊。那一个哭哭号号,这一个[46]怨怨焦焦,连我也战战摇摇。直恁般[47]歹做作[48],只除是没天道。呀!想孩儿离褥草[49],到今日恰十朝。刀下处怎耽饶[50]？空生长[51]枉劬劳[52]，还说甚要防老！

【收江南】呀！兀的不是家富小儿骄。（程婴掩泪科）（正末唱）见程婴心似热油浇，泪珠儿不敢对人抛。背地里揾了，没来由割合的亲生骨肉吃三刀。

（云）屠岸贾那贼！你试觑者。上有天哩，怎肯饶过的你，我死打甚么不紧[53]！（唱）

【鸳鸯煞】我七旬死后[54]偏何老，这孩儿一岁死后偏知小。俺两个一处身亡，落的个万代名标。我嘱咐你人后死的程婴，休别[55]了横亡的赵朔。畅道是[56]光阴过去的疾，冤仇报复的是。将那厮万剐千刀，切莫要轻轻的素放[57]了。

（正末撞科，云）我撞阶基，觅个死处。（下）（卒子报科，云）公孙杵臼撞阶基身死了也。（屠岸贾笑科，云）那老匹夫既然撞死，可也罢了。（做笑科，云）程婴，这一桩事多亏了你。若不是你呵，如何杀的赵氏孤儿？（程婴云）元帅，小人原与赵氏无仇，一来救晋国内众生；二来小人跟前也有个孩儿，未曾满月，若不搜的那赵氏孤儿出来，我这孩儿也无活的人也。（屠岸贾云）程婴，你是我心腹的人，不如只在我家中做个门客，抬举你那孩儿成人长大。在你跟前习文，送在我跟前演武。我也年近五旬，尚无子嗣，就将你的孩儿与我做个义儿。我偌大年纪了，后来我的官位，也等你的孩儿讨个应袭[58]，你意下如何？（程婴云）多谢元帅抬举。（屠岸贾诗云）则为朝纲中独显赵盾，不由我心中生忿。如今削除了这点萌芽，方才是永无后衅[59]。

【注释】

[1]纪君祥《赵氏孤儿大报仇》第三折，见王季思《全元戏曲》第三卷，人民文学出版社，1999年版。

[2]兀的：这。

[3]出首：告发。

[4]晋国：《元曲选》作“普国”，指全国。

[5]拘刷：拘，执也；刷，清也。拘刷，即拘拿之意。

[6]令人：衙役。

[7]兀那厮：那个家伙，居高临下的轻蔑口吻。

[8]草泽医士：江湖医生。草泽，草野、民间。

[9]吕吕太平庄：公孙杵臼的隐居之地，村名是虚构的，表太平之意。

[10]锦绷：锦制的襁褓。

[11]咄：表示呵斥。

[12]杀坏：杀死。

[13]正末：元杂剧角色名，在剧中主唱，扮演男主角。

[14]则：只。

[15]多管:多半、大概。

[16]齐臻臻:整齐貌。

[17]摆:排列。

[18]笞掠:用杖子拷打。

[19]埋情:昧心。

[20]不争:如果。

[21]采:抓、揪、扯。

[22]撮药:照方配药。

[23]腕弱:手腕上没劲儿。

[24]指攀:招供时攀扯牵连别人。

[25]刬(chàn)的:宋、元口语,在这里是反诘词,怎的,怎么。

[26]实丕丕:亦作"实坯坯"、"实呸呸",实实在在。

[27]精皮:薄薄的皮肤。

[28]尚兀自:犹自,尚且。

[29]腿脡(tǐng):腿。脡,言其直而修长。

[30]儿曹:儿辈。

[31]敢:莫非。

[32]平人:无罪之人,良民。

[33]有上梢无下梢:有头无尾,没来由,没道理。

[34]颠倒:究竟,底细。

[35]遮莫:即使,任凭。

[36]演神獒:指出屠岸贾利用神獒谋害赵家的阴谋。

[37]走死荒郊:指赵盾被神獒追出大殿,逃亡郊外。

[38]刎死钢刀:指赵朔之死。赵朔为赵盾之子,晋国的驸马,被屠岸贾假传圣旨赐死,用短刀自刎。

[39]缢死裙腰:指公主之死。公主把赵氏孤儿托付给程婴,为表托孤之诚,自缢身亡。

[40]厌:满足。

[41]火不腾:突然。

[42]狮蛮:为"狮蛮带"的简称,因为带钩上装饰有狮子蛮的形象,故云"狮蛮带"。宋代高级武官用此,元明因之,后来一般用作武带子的代称。

[43]拽札:收起,提起。

[44]龙泉:泛指宝剑。

[45]鲨鱼鞘:鲨鱼皮做的剑鞘。

[46]那一个、这一个:虚指在现场目睹这场惨剧的人。

［47］直恁般：竟这样。

［48］歹做作：做出歹毒的事。做作：行为，举动。

［49］离褥草：犹言刚出生。旧时妇女分娩时身上铺草，故称临产为“坐蓐”。蓐，草席，泛指所垫之物。

［50］耽饶：宽恕、饶恕。

［51］空生长：指孩子白白地长大。

［52］枉劬（qú）劳：指父母白白地受累。劬劳：劳累，劳苦。

［53］打甚么不紧：有什么要紧。

［54］后：语气词，与“呵”意近，下句同。

［55］别：疑为“背“字之讹，辜负、背叛的意思。

［56］畅道是：真是，正是。

［57］素放：白白放过，随便放过。

［58］应袭：承袭，沿袭。

［59］衅：祸患，祸乱。

【阅读提示】

大家听说过春秋时代晋国的忠臣赵盾与奸臣屠岸贾两个家族之间冤冤相报的故事吗？你知道有一个“赵氏孤儿”曾经被推到权力斗争的风口浪尖上吗？你追慕过轻生死、重然诺的古代义士吗？元代戏剧家纪君祥把他的追慕之情写到了戏剧里，这就是著名的悲剧《赵氏孤儿》。“赵氏孤儿”的故事在《史记·赵世家》、刘向的《新序》和《说苑》、《左传》等历史著作中均有记载。元杂剧《赵氏孤儿》与《史记》所载大体相同，但为了强化戏剧效果，塑造人物形象，《赵氏孤儿》进行了艺术加工。

剧本一开端，即展示了一场血腥的杀戮，赵家三百多口被满门抄斩。赵盾之子赵朔为驸马，屠岸贾为斩草除根，逼赵朔自刎，囚禁了公主。公主在禁中生下“赵氏孤儿”。赵朔的门客程婴冒死盗出婴儿，投奔隐居的贤臣公孙杵臼。为救孤儿，二人商定，老公孙冒充盗孤之人赴死，程婴充当告发者，并献出亲生儿子替孤儿送命，日后抚养真孤儿长大成人，为赵家报仇雪恨。屠岸贾老奸巨猾，对程婴仔细勘问，对公孙杵臼严刑拷打，还让程婴行杖，并当场砍死“赵氏孤儿”。最后老公孙也撞阶而死。赵氏孤儿活下来了，他成为程婴的儿子程勃、屠岸贾的义子屠成。二十年后，程婴将真相告诉赵氏孤儿，赵氏孤儿终于拥有了自己的名字——赵武。

在《赵氏孤儿》中，赵氏孤儿命运的每一次转折，都伴随着死亡和牺牲。赵氏孤儿处于矛盾斗争的漩涡中心，一方面是屠岸贾千方百计要害死他，另一方面是义士为保护他不惜性命。全剧的主线围绕赵氏孤儿展开，写了孤儿诞生、公主托孤、程婴盗孤、搜孤救孤、孤儿明身世、孤儿复仇等情节，紧凑集中，惊心动魄。

【思考与练习】

1.《赵氏孤儿》是一个悲剧。大家初读此剧，可以尝试从“悲剧”角度介入。公孙杵臼曾差点失口说出真相，在你心目中他还是悲剧英雄吗？为什么？

2.《赵氏孤儿》原剧结尾的题目正名是：“赵氏孤儿大报仇，公孙杵臼耻勘问”，你如何理解“耻”字？公孙杵臼、程婴、屠岸贾等人物，哪个人身上的悲剧性最为强烈？哪一种“悲”深深地震撼了你？

3.程婴“舍子救孤”是很多版本《赵氏孤儿》的核心情节，可以说是“戏魂”。但是对于这一情节，近年来却引起了不小的争议。有人认为“程婴精神”不值得颂扬，因为程婴的举动，实在是突破了人性的底线（张新秋：《“程婴精神”不值得颂扬吗？——从京剧〈搜孤救孤〉谈起》，载《中国京剧》，2006（12））。也有人认为“程婴精神”在今天依然值得颂扬，因为程婴的行为是那个时代的产物，体现了中华民族所提倡的舍生取义的生命价值观（姚民治：《“程婴精神”不值得颂扬吗？——也谈〈赵氏孤儿〉并与张新秋先生商榷》，载《中国京剧》，2006）。你如何看待这个问题？

【作者简介】

白仁甫，即白朴（1226—1306），原名恒，字仁甫，后改名朴，字太素，号兰谷。汉族，祖籍隩州（今山西河曲附近），后徙居真定（今河北正定县），晚岁寓居金陵（今南京市），终身未仕。他是元代著名的文学家、曲作家、杂剧家，与关汉卿、马致远、郑光祖合称为元曲四大家。代表作主要有《唐明皇秋夜梧桐雨》、《裴少俊墙头马上》、《董秀英花月东墙记》等。

墙头马上·李千金不认亲[1]

白仁甫

（正旦[2]引梅香上，云）自从裴少俊将我休弃了，回到洛阳，父母双亡，遗下几个使数[3]和那宅合庄田，依旧的享用富贵不尽。则是撇下一双儿女，又未知少俊应举去得官也不曾，好伤感人也！（唱）

【中吕·粉蝶儿】[4]帘卷虾须[5]，冷清清绿窗朱户，闷杀我独自离居。落可便[6]想金枷,思玉锁,风流的牢狱。(内做鸟鸣科)(唱)谁叫你飞出巴蜀,叫离人"不如归去"。

【醉春风】家万里梦蝴蝶,月三更闻杜宇。则兀那墙头马上引起欢娱,怎想有这场苦、苦!都则道百媚千娇,送的人四分五落[7],两头三绪。

(裴舍上,诗云)亲捧丹书下九重,路人争识五花骢。想来全是文章力,未必家门积善功。小官裴少俊,自从上朝取应,一举状元及第,就除洛阳县尹之职。来到这洛阳城,我且换了衣服,跟寻[8]我那李千金小姐去。问人来,则这里便是李总管家府门首。兀的不是梅香?小姐在家么?(梅香见科,云)我只做不知。我这里有甚么小姐!这个汉子不达时务,你这里立地[9],我家去也!(见旦科,云)你欢喜也!姐夫在门首。(正旦云)这妮子又胡说!果然是他,你看他穿着甚么衣服哩?(梅香云)他穿着秀才的衣服。小姐,真个我不说谎。(正旦云)可怎生穿着秀才衣服!(唱)

【满庭芳】长安应举,羞归故里,懒睹乡闾。他那里谈天口,喷珠玉,一划[10]的者也之乎。他那三昧手[11]能修手模[12],读五车书会写休书。教斋长[13]休题柱[14],想他人有怨语[15],兀的不笑杀汉相如!

(裴舍云)梅香进去了,就不出来。我自过去。(做见旦科,云)小姐,间别无恙?今日还来寻你,依旧和你相好,重做夫妻。(正旦云)裴少俊,你是说甚么话!(唱)

【普天乐】你待结绸缪[16],我怕遭刑狱。我人心似铁,他官法如炉。你娘并无那子母情,你爷怎肯相怜顾?问的个下惠先生[17]无言语。他道我更不贤达,败坏风俗;怎做家无二长,男游九郡,女嫁三夫[18]。

(斐舍云)小姐,我如今得了官也。我父亲致仕[19]闲居。我特来认你,我就在此处为县尹。(正旦唱)

【迎仙客】你封为三品官,列着八椒图[20]。你父亲告致仕,却离了京兆府。吏部里注定迁移,户部里革罢了俸禄。枉教他遥授着尚书,则好教管着那普天下姻缘簿。

(裴舍云)我则今日就搬将行李来。(正旦云)我这里住不的!(唱)

【石榴花】常言道"好客不如无"。抢出去又何如,我心中意气怎消除!你是窨付[21]:负与何辜,既为官怎脸上无羞辱?(裴舍云)我与你是儿女夫妻[22],怎么不认我?(正旦唱)你道我不识亲疏,我道你眼中没的珍珠处,全不知略辨个贤愚。

(裴舍云)这是我父亲之命,不干我事。(正旦唱)

【斗鹌鹑】一个是八烈周公[23],一个是三移孟母。我本是好人家孩儿,不是娼人家妇女,也是行下春风望夏雨[24]。待要[25]做眷属,枉坏了少俊前程,辱没了你裴家上祖!

(裴舍云)小姐,你是个读书聪明的人,岂不闻:子甚宜其妻,父母不说,出。子

不宜其妻，父母曰：是善事我，则行夫妇之礼焉，终身不衰。（正旦云）裴少俊，你是不知，听我说与你咱。（唱）

【上小楼】您母亲从来狠毒，您父亲偏生嫉妒。治国忠直，操守廉能，可怎生做事糊涂？幸得个鸾凤交，琴瑟谐，夫妻和睦，不似你裴尚书替儿嫌妇。

（尚书引夫人、端端、重阳上，云）老夫裴尚书，我问人来，这便是李总管家府里。听的少俊孩儿得了官，授本处县尹，媳妇儿不肯认他。我引着两个孩儿，同老夫人可早来到也。左右，报复去，道裴尚书在于门首。（祗候报科）（裴舍云）呀！父亲在门首，我接去。父亲，你孩儿得了官也，授本处县尹。媳妇不肯相认，道我当初休了他来。（尚书云）孩儿在那里？（见旦科，云）儿也，谁知道你是李世杰的女儿：我当初也曾议亲来，谁知道你暗合姻缘。你可怎生不说你是李世杰的女儿？我则道你是优人娼女。我如今和夫人、两个孩儿，牵羊担酒，一径的来替你赔话，可是我不是了！左右，将酒来，你满饮此一杯。（正旦唱）

【幺篇】他把酒盏儿擎，我便把"认"字儿许？（夫人云）你看我的面皮，我替你抬举的两个孩儿偌大也，你认了俺者！（端端、重阳云）奶奶，你认了俺者。（正旦唱）赤紧的陶母熬煎[26]，曾参错见[27]，太公[28]跛扈。一个儿，一个女，都一时啼哭，（带云）哎！儿，则被你想杀我也！（唱）须是俺断不了子母肠肚。

（尚书云）哎！你认了我罢！（正旦云）你休了我，我断然不认！（尚书云）你既不认，引着孩儿回去！（端端、重阳悲云）奶奶，你好狠也！则被你痛杀我也！你若不认，要我两个性命怎的？我两个死了罢！（正旦云）我待不认来呵，不干你两个事。罢，罢，罢！我认了罢！公公，婆婆，你受媳妇儿拜。（尚书云）既是孩儿认了，将酒来！我与你庆喜，你满饮一杯者。（正旦拜受科，唱）

【十二月】这是你自来的媳妇，今日参拜公姑。索甚擎壶执盏，又怕是定计铺谋。猛见了玉簪银瓶[29]，不由我不想起当初。

【尧民歌】呀！只怕簪折瓶坠写休书。（尚书云）孩儿。旧话休题。（正旦唱）他那里做小伏低劝芳醑[30]，将一杯满饮醉模糊。（裴舍云）小姐，须索欢喜咱。（正旦唱）有甚心情笑欢娱，踌也波躇，贼儿胆底虚，又怕似赶我归家去。

（尚书云）孩儿也，您当初等我来问亲[31]，可不好？你可瞒着我私奔来宅内，你又不说是李世杰的女儿。（正旦云）父亲，自古及今，则您孩儿私奔哩？（唱）

【耍孩儿】告爹爹奶奶听分诉，不是我家丑事将今喻古。只一个卓王孙气量卷江湖，卓文君美貌无如。她一时窃听求凰曲，异日同乘驷马车，也是她前生福。怎将我墙头马上，偏输却沽酒当垆。

【煞尾】今日个五花诰准应言，七香车谈笑取。愿普天下姻眷皆完聚，荷着万万岁当今圣明主。

（尚书云）今日夫妻团圆。杀羊造酒，做庆喜的筵席。（诗云）从来女大不中留，马上墙头亦好逑。只要姻缘天配合，何必区区结彩楼。

(题目)李千金月下花前

(正名)裴少俊墙头马上

【注释】

[1]白仁甫《裴少俊墙头马上》第四折,见王季思《全元戏曲》第一卷,人民文学出版社,1999年版。

[2]正旦:元杂剧角色名,在剧中主唱,扮演女主角李千金。

[3]使数:仆役。

[4]【中吕·粉蝶儿】:李千金在孤独不堪的情况下,非常怀念当初在裴家"牢狱"一样的地下生活,甚至怨恨起高唱着"不如归去"的鸟儿来。

[5]虾须:帘子的泛称。

[6]落可便:元代口语,又作"落可的"、"落可也"。戏曲中多用于句中或句首,为衬字或发语词,无义。

[7]四分五落:分散零乱。

[8]跟寻:追踪寻找。

[9]立地:站着。

[10]一划:一概,全都。

[11]三昧手:巧手。

[12]修手模:按手印。

[13]斋长:元代国子学中会舍的舍长称为斋长,这里泛指塾师。

[14]休题柱:不要将裴少俊的名字题到桥柱上。汉司马相如初离蜀赴长安,曾于成都城北升仙桥题句于桥柱,自述致身通显之志,曰:"不乘赤车驷马,不过汝下也!"事见晋常璩《华阳国志·蜀志》。《太平御览》卷七三、《艺文类聚》卷六三引此,桥名作"升迁"。后以"题桥柱"比喻对功名有所抱负。

[15]怨语:不满,批评。

[16]结绸缪:结成亲密缠绵的恋情。

[17]下惠先生:以柳下惠比裴少俊。柳下惠坐怀不乱,是儒家的典范。这里用来讽刺裴少俊拘于虚礼,不肯为维护两人的爱情而斗争。

[18]"他道我"句:李千金回应剧本第三折裴尚书斥责她的话。裴尚书说:"我便似八烈周公,俺夫人似三移孟母。都是因为你个淫妇,枉坏了我少俊前程,辱没了我裴家上祖。兀那妇人,你听者:你既为官宦人家,如何与人私奔?昔日无盐采桑于村野,齐王车过见了,欲纳为后同车。而无盐曰:'不可,禀知父母,方可成婚,不见父母,即是私奔。'呸!你比无盐败坏风俗,做的个男游九郡,女嫁三夫。"

[19]致仕:旧时指交还官职,即辞官。

[20]八椒图:封建时代官署和显贵府第大门上的螺形装饰物,俗名"鼓丁"。

[21]窨付:思忖,揣度。

[22]儿女夫妻:元配夫妻。

[23]八烈周公:指裴少俊的父亲。周公,西周初期政治家,制礼作乐,为圣贤典范。

[24]行下春风望夏雨:有长久打算。

[25]待要:打算,想要。

[26]陶母熬煎:李千金自比,诉说自己面对孩子想认又不能认的煎熬。陶母,指晋陶侃之母湛氏,非常贤德,曾为了儿子剪发待宾。《晋书·陶侃传》:"侃早孤贫,为县吏。鄱阳孝廉范逵尝过侃,时仓促无以待宾,其母乃截发得双髲,以易酒肴,乐饮极欢,虽仆从亦过所望。"

[27]曾参错见:李千金自比,像曾参一样被误会。《战国策·秦策二》:"费人有与曾子同名族者而杀人。人告曾子曰:'曾参杀人。'曾子之母曰:'吾子不杀人。'织自若。有顷焉,人又曰:'曾参杀人。'其母尚织自若也。顷之,一人又告之:'曾参杀人。'其母惧,投杼逾墙而走。夫以曾参之贤与母之信也,而三人疑之,则慈母不能信也。"后以"曾参杀人"比喻流言可畏或诬枉之祸,这里李千金如曾参,被公婆诬枉。

[28]太公:指裴少俊的父亲。

[29]玉簪银瓶:见剧本第三折。李千金说自己和裴少俊的姻缘是天赐的,裴尚书让李千金把玉簪磨做针儿一般细,不折便是天赐,不幸簪折。裴尚书又取来一个银壶瓶,让李千金用游丝系住,到金井内汲水,不断便是夫妻,不幸瓶坠。李千金无奈归家。

[30]芳醑:美酒。

[31]问亲:求亲,提亲。

【阅读提示】

《墙头马上》为元代戏剧家白仁甫的代表作,是一部热烈歌颂追求爱情自由的喜剧。女主人公李千金大胆泼辣、有骨气、敢爱敢恨,千古无双。

作品共四折。第一折主要描述了主人公裴少俊代父去洛阳搜奇花异卉,一天途经洛阳总管李世杰的花园,在马上看见其女李千金倚墙而立,便写了一首诗给她送去,李千金回了诗并约其当夜后园相见。第二折主要讲述了李千金与裴少俊在闺房相会,被老嬷嬷发现,最终老嬷嬷放走了两人,二人私奔。第三折也是故事的高潮所在,两人回到长安后,裴少俊将李千金安置在后花园,他们一起生活了七年,得了一儿一女。清明节这天,裴少俊的父亲因为身体欠佳便留在家中,他来到后花园,发现了藏在这里的秘密,他认为李千金行为失检,便百般刁难。最终,裴少俊写了休书,李千金被赶回了洛阳。最后一折可谓是个大团圆的结局,裴少俊中了状元欲与李千金复合,李千金恨他当初休了自己,执意不肯。这时候裴父裴母出面,将事情说明了一番并请求千金的原谅。千金念及两个孩子,便原谅了他们,夫妻二人破镜重圆。

课文节选的是剧本的第四折。

【思考与练习】

1.《墙头马上》中李千金的爽朗倔直令人过目不忘。不过,剧本里也塑造了李千金心软多情的一面。李千金敢爱敢恨,爱恨交融,有刚有柔,刚柔相并,剧本中是如何塑造李千金的这一面的?

2.《墙头马上》的创作受到白居易《新乐府·井底引银瓶》的启发。白居易诗的主题是“止淫奔”:“为君一日恩,误妾百年身。寄言痴小人家女,慎勿将身轻许人!”白朴此剧则为私奔正名。对比阅读《墙头马上》和《新乐府·井底引银瓶》,谈谈二者的主题孰优孰劣。

3. 人们一般把《墙头马上》看作一部爱情喜剧。王季思先生主编的《中国十大古典喜剧集》把它列入其中,袁行霈先生主编的《中国文学史》说它是一部“具有浓厚喜剧色彩的爱情戏”。但刘大杰先生在《中国文学发展史》中则说它“是一个最富于社会性的婚姻问题的剧本”,“只把它看作一个不重要的桃色喜剧,是错误的”。你如何看待《墙头马上》的悲和喜?

【作者简介】

夏衍(1900—1995),作家、文艺评论家。原名沈乃熙,字端先,浙江杭州人。著作有:《心防》、《法西斯细菌》。话剧剧本有:《秋瑾传》、《上海屋檐下》。出版的选集有:《夏衍剧作选》、《夏衍选集》。报告文学:《包身工》。创作改编的电影剧本有:《狂流》、《春蚕》、《祝福》、《林家铺子》等。

上海屋檐下(节选)[①]

夏衍

第二幕

〔同日下午。

① 夏衍:《上海屋檐下》,华夏出版社,2008 年版。

〔客堂间,——杨彩玉伏在桌上啜泣,匡复反背着手,垂着头,无目的地踱着,二人沉默。

〔客堂楼上,——小天津躺在施小宝的床上,脸上浮着不怀好意的微笑,抽着烟。施小宝哭丧着脸,在梳妆台前打扮,沉默。

〔亭子间,——夹着小孩哭声里面,黄家楣大声地在和他父亲谈话,言语不很清楚。不一刻,桂芬带着紧张的表情,拿了热水瓶慢慢地下楼来,她耸着耳朵在听他们父子间的谈话,开后门出去。

〔灶披间,——赵妻在缝衣服,无言。

〔一分钟之后。

〔太阳一闪,灿然的阳光斜斜地射进了这浸透了水气的屋子,赵妻很快地站起身来,把湿透了的洋伞拿出来撑开,再将一竹竿的衣服拿出来晒。

黄　父　(声)瞧,不是出太阳了吗?(一手推开窗)

黄家楣　(声)爸,再住几天,晚上天晴了去看《火烧红莲寺》……(咳嗽)

黄　父　(声)下了半个月的雨,低的几亩田,怕已经氽掉啦,不回去补种,今年吃什么?

〔赵妻好容易将衣服晒好,回到室内坐定,拿起针线,太阳一暗,又是一阵大点子的骤雨,连忙站起来,收进。

赵　妻　(怨恨之声)唧!

匡　复　(踱到杨彩玉面前站定)那么你说……你跟志成的同居……

〔杨彩玉无语。

匡　复　(独白似的)你跟他的同居,单是为着生活,而并不是感情上的……

〔杨彩玉无言,不抬起头来,右手习惯地摸索了一下手帕。

〔匡复从地上拾起手帕,无言地交给她,沉默。门外卖物声,阿香悄悄地从后门推门进来,好像担心着踏湿了的鞋子似的,不敢进来。

匡　复　唔,生活,为了生活!(点头,颓然地坐下。一刻,又像讥讽,又像在透漏他蕴积了许久的感慨)短短的十年,使我们全变啦。十年之前,为着恋爱而抛弃了家庭,十年之前,为着恋爱而不怕危险地嫁了我这样一个穷光蛋;可是,十年之后……大胆的恋爱至上主义者,变成了小心的家庭主妇了!

〔杨彩玉无言,揩了一下眼泪,望着他。

匡　复　彩玉!怕谁也想不到吧,你能这样的……(不讲下去)

杨彩玉　(低声)你,还在恨我吗?

匡　复　不,我谁也不恨!

杨彩玉　那么,你一定在冷笑……一定在看不起我吧。当自己爱着的丈夫在监牢里受罪的时候,将结婚当做职业,将同情当做爱情,小心谨慎地替人管着家。……

匡　复　彩玉！

杨彩玉　（提高一些声调）但是，在责备我之前，你得想象一下，这十年来的生活！我跟你结婚之后，就不曾过过一日平安的生活，贫穷，逃避，隔绝了一切朋友和亲戚。那时候，可以说，为着你的理想，为着大多数人的将来，我只是忍耐，忍耐……可是你进去之后，你的朋友，谁也找不到，即使找到了，尽管嘴里不说，态度上一看就知道，只怕我连累他们。好啦，我是匡复的妻子，我得自个儿活下去，我打定了主意，找职业吧，可是葆珍缠在身边。那时候她才五岁，什么门路都走遍，什么方法都想尽啦，你想，有人肯花钱用一个带小孩的女人吗？在柏油路粘脚底的热天，葆珍跟着我在街上走，起初，走了不多的路就喊脚痛，可是，日子久了，当我问她"珍，还能走吗"的时候，她会笑着跟我说："妈！我走惯啦，一点也不累。"……（禁不住哭了）这是——生活！

匡　复　（痛苦地走过去抚着她的肩膀）彩玉，我一点也没有责备你的意思，我只是说……

杨彩玉　你说，这世界上有我们女人做事的机会吗？冷笑，轻视，排挤，轻薄，用一切的方法逼着，逼着你嫁人！逼着你乖乖的做一个家庭里的主妇……

匡　复　彩玉！过去的事，不用讲啦，反正讲了也是没有法子可以挽回来。你得冷静一下，我们倒不妨谈谈别的问题。

杨彩玉　……（一刻）别的问题？（回转身来）

匡　复　唔……（沉默，踱着）

〔桂芬泡了开水回来，手里托着几个烧饼。阿香艳美地跟着进来，桂芬上楼去。一刻，黄家楣与桂芬出来，站在楼梯上。

黄家楣　（带怒地）方才我出去的时候，你跟爸爸说了些什么？

〔桂芬摇头。

黄家楣　没有说？那为什么上半天还是高高兴兴的，一会儿就会要回去呢？他说今晚上要回去了！

桂　芬　今晚上？（吃惊）不是讲过了去看戏吗？

黄家楣　（恨恨地）已经自个儿在收拾行李啦，还装不知道！

桂　芬　装不知道？你说什么？

黄家楣　我说你赶他走的！

桂　芬　我……赶……他……走！家楣！你讲话不能太任性，我为什么要赶走他？我用什么赶走他？

黄家楣　（冷冷地）为什么，为着我当了你的衣服；用什么，用你的眼泪，用你那副整天皱着眉头的神气。他聋了耳朵，但是他的眼睛没有瞎，你故意地愁穷叹苦，使他……使他不能住下去！……

桂　芬　我故意地？……

黄家楣　我爸爸老啦，你，你，你……

桂　芬　（被激起了的反驳）你不能这样不讲理！你别看了别人的样，将我当作你的出气筒。你希望你爸爸多住几天，我懂得，这是人情。可是我问你，这样多住了几天，对他，对你，有什么好处？你这样只是逼死大家，大家死在一起……我，（带哭声）我为什么要赶走……他！

〔黄家楣无言，以手猛抓自己的头发。

桂　芬　（委婉地）家楣！你自己的身体……

〔亭子间小儿哭声。

黄　父　噢，别哭别哭，我来抱，好，好……

〔桂芬用衣袖揩了一下眼泪，黄家楣很快地拿自己的手帕替她揩干，让桂芬回房间去。黄家楣垂着头，跟在后面。

匡　复　（听完了他们的话）那么——你们现在的生活……

杨彩玉　（苦笑）你看！

匡　复　我看，志成也很苍老了。也许，我今天来得太意外，方才看见他的时候，觉得在他从小就有的忧郁症之外，现在又加了焦躁病啦……

〔杨彩玉无语。

匡　复　他在厂里的境遇？

〔杨彩玉摇头。

匡　复　依旧是不结人缘？

杨彩玉　（点头，一刻）你看，我呢？我老了吧！

匡　复　（有点难以置答）唔……

杨彩玉　老啦？

〔匡复望着她。

杨彩玉　你说啊，我——

〔匡复沉默不语。

杨彩玉　（佯笑）不说，唔，已经不是十年前的彩玉啦！

匡　复　（仓皇）不，不，我在想……

〔沉默。

杨彩玉　想？唔，那么你看，我幸福吗？

匡　复　我希望！

杨彩玉　你讲真话！你看，他能使我幸福吗？

匡　复　我希望，他能够。

杨彩玉　（冷笑，避开他的视线）你说我变了，我看，你也变啦。你已经没有以前的天真，没有以前的爽快啦。

匡　复　什么？你说……

杨彩玉 （很快地接上去）假使我现在告诉你，志成不能使我幸福，我现在很苦痛，葆珍跟我一样地也是受着别人的欺负，那你打算……（凝视着他）

〔匡复不语。

杨彩玉 他在厂里不结人缘，受人欺负，被人当作开玩笑的对象。他的后辈一个个地做了他的上司。整天地担忧着饭碗会被打破，回到家里来，把外面受来的气加倍地发泄在我的身上，一点儿不对，嘟着嘴不讲话，三天五天地做哑巴……复生！你以为这样的生活，——可以算幸福吗？

匡 复 （痛苦地）彩玉，我对不住你……

〔后门推开，葆珍很性急地回来，赵妻看见她，很快地对她招手，好像要报告她一些什么消息；可是葆珍好像全不注意，大踏步地闯进客堂间里。二人的谈话中断，匡复反射地站起身来。

杨彩玉 葆珍，过来，这是……（碍口）

匡 复 （抢着）是葆珍吗？（以充满了情爱的眼光望着）

葆 珍 （吃惊）认识我？先生尊姓？

杨彩玉 葆珍……（语阻）

匡 复 （笑着）我姓匡……

葆 珍 （很快）Kuan？怎么写？（天真烂漫）

匡 复 （用手指在桌上写着）这样一个匚里面，一个王字。

葆 珍 匡？（做着夸大的吃惊的表情）有这样奇怪的姓吗？这个字作什么解释？

匡 复 （给她一问便问住了）那倒——

葆 珍 （很快地跑到桌子边去找出一本小小的字典，翻着）匚部，一，二，三，四……有啦，喔，kuang，匡正，改正的意思，可是匡先生，这样的字，现在还有人用吗？

匡 复 （始终以惊奇而爱惜的眼光望着她）唔，用是用，可是已经很少啦。

葆 珍 没有用的字，先生说，就要废掉，对吗？

杨彩玉 葆珍！

匡 复 唔！你很对！（笑着）我今后就废掉它。

葆 珍 那好极啦，妈，为什么老望着我？快，给我一点儿点心，我要去上课啦。

匡 复 为什么，不是才下课吗？

葆 珍 不，（骄傲地）方才先生教我，此刻我去教人，我是“小先生”，教人唱歌，识字。

匡 复 “小先生”？

〔杨彩玉拿了几块饼干给她，她接着边吃边说。

葆 珍 “小先生”，不懂吗？小先生的精神，就是“即知即传人”，自己知道了，就讲给别人听……啊，时候不早啦，再会！（跳跑而去，至门口，嘴里唱着）“走私货，真便宜！”

赵 妻 （低声而有力地）葆珍！……

〔葆珍不理而去。

匡 复 （不自觉地，跟了一两步，望她出去之后才回头来）唔，日子真快！

杨彩玉 （怀旧之感）你看，她的脾气，不是跟你年青的时候完全一样吗？你做学生的时候，不是为了一门代数，几晚上不睡觉，后来弄出了一场病吗？她也是一样，什么事，都要寻根究底的！

匡 复 可是现在我已经没有这种精神了。……（沉吟了一下，想起似的）彩玉！我此刻倒觉得安心了。当我在里面脚气病厉害的时候，我已经绝望，在这一世，怕总不能再和你们见面啦，可是现在，我亲眼看见了葆珍，居然跟我年青的时候一样……

杨彩玉 你安心啦？你以为葆珍很幸福吗？

匡 复 不，我不是这意思……

杨彩玉 （忧郁地）在她洁白的记忆里面，也已经留下了一点洗刷不掉的黑点了，别的小孩们叫她……（望着匡复）

匡 复 什么？连她也有——

〔这时候后门口小孩子争吵之声，赵妻望着门外。

阿 牛 （声）拿出来！拿出来！

阿 香 （声）这是我的！姆妈！（大声地叫）

赵振宇 （从学校里回来的模样，两手拦着两个孩子进来）到里面去！到里面去！（见阿牛和阿香扭在一起）哈哈……

阿 牛 拿出来！（回头对他爸爸）这是我的“劳作”，她把我弄掉了，拿出来！

阿 香 妈给我玩的！是我的！

〔二人扭打，赵振宇始终不加干涉，带笑地望着。赵妻连忙放下了针线出来。

赵 妻 阿牛！（看见赵振宇的那副神气，虎虎地）尽看！打死了人也不管！（去扯阿牛）

赵振宇 （神色自若）不会不会，黄梅天，让他们运动运动也好！

赵 妻 不许打，阿牛！你这死东西！

〔阿牛一拳将阿香打哭了。

赵振宇 哈哈哈……

赵 妻 （死命地将阿牛扯开）你还笑！

〔赵振宇机械地，有点儿做作，忍住了笑。这时候阿牛猛扑过去，从阿香手里夺回了一张纸板细工。

赵　妻　什么,你抢,抢……(扯着阿牛进房去)

赵振宇　(蹲下来,拿出手帕来替阿香揩眼泪,一边用教员特有的口吻)别哭啦,我跟你讲过的,打胜了不要笑,打败了不许哭,哭的就是脓包!(顾虑着他妻子听见,低声地)明天再来过!(带着阿香进房间去)我跟你哥哥讲的故事你也听过的,拿破仑充军到爱尔伐岛去的时候,他怎么说?唔,唔……啊,你瞧!阿牛已经在笑啦。(大声地)哈哈哈……

〔前楼,——施小宝已经打扮好了,听见赵振宇的笑声,想起了什么似的往楼下走。

小天津　(狠狠地)哪儿去?

施小宝　(举起她穿着拖鞋的脚)我又不会逃,急什么?(下楼,走到灶披间门口,对赵振宇悄悄地招手)赵先生!

赵振宇　喔,你在家?(走过去)

〔赵妻怒目而视,望着。

施小宝　(低声地)请你替我查一查这几天报……

赵振宇　什么事?

〔赵妻起身站在灶披间门口。

施小宝　请你替我查一查,Johnie——那死胚的船什么时候回到上海来?

赵振宇　喔喔,(回身去拿报,又想起了似的)那船叫什么名字啊?

施小宝　那倒……唔,有个丸字的。

赵振宇　哈哈……有个丸字的船可多得很呐,譬如说……

施小宝　那么——

赵　妻　(故意使她听见)不要脸的!

赵振宇　你们先生快回来啦?

施小宝　(回身,忧郁地)能回来倒好啦!(上楼去,一想,又回下来,走向客堂间,看见有客,踌躇)喔,对不住,林先生不在家?

杨彩玉　嗳,有什么事吗?

施小宝　(难以启口)林师母!我跟你讲一句话。

杨彩玉　(走到门边)什么?

施小宝　林先生就回来吗?

杨彩玉　有什么事吗?……可以跟我说。

施小宝　(迟疑了一下,决然,但是低声地)您可以替我把我房间里的那流氓赶走吗?

杨彩玉　什么?流氓?

〔匡复站起来。

施小宝　他,他要我……我不高兴去,过一天我那死胚回来了会麻烦……

杨彩玉　我不懂啊，那一位是你的……

小天津　（有点怀疑，站起来，走到楼梯口）小宝！

施小宝　（吃惊，很快地）他是白相人，他逼着我到——

小天津　（大声）小宝！

施小宝　（回身，上楼去，哀求似的）假使林先生回来啦，请他……（上去）

匡　复　（看她走了之后）什么事？

杨彩玉　我也不知道啊！

〔二人仰望着楼上。

施小宝　急什么，又不去报死！

小天津　人家等着，走啦！

施小宝　（勉强地坐下，穿高跟鞋）烟卷儿。

〔小天津摸出烟盒，已经空了，随手将自己吸着的一支递给她。

施小宝　（接过来深深地吸了一口，就将它丢了，故示悠闲地）你可知道，Johnie 明天要回来啦。

〔小天津若无其事。

施小宝　你不怕他找麻烦？

小天津　（不理会，突的站起来）走！

施小宝　（做个媚眼）可是，这也要把话讲明白了再走啊！（接近他，做个媚态）

小天津　你要我动手吗？（虎虎地将她拉开）

施小宝　（掩饰内心的狼狈）那么我明天会一五一十地告诉他，反正你是有种的。（起身，被小天津威胁着下楼）

小天津　（在楼梯上）告诉你，Johnie 此刻在花旗，懂吗？

〔施小宝不语，二人出去。赵妻怒目送之，回头来要发话，但是没有对手，只能罢了。

〔门外卖物声，天骤然阴暗。

桂　芬　（走到平台上，叫）林师母！请您把电灯的总门开一开！

〔杨彩玉无言地开了电灯总门，亭子间骤然明亮。远远的雷声。以下在匡复与杨彩玉讲话间，亭子间与灶披间的住户们开始作晚餐的准备。

杨彩玉　你还没有回答我方才的话啊，你看，我们现在的生活，过得很幸福吗？

〔匡复沉默。

杨彩玉　假使，你真心说，假使你以为我跟葆珍的生活都很不幸，那么……

〔匡复不语。

杨彩玉　你能安心吗？

〔匡复痛苦，无言。

杨彩玉 (走近一步)你为什么不讲话呀?你当初不是跟我说,你要用你一切的力量使我幸福吗?

匡 复 (痛苦地)彩玉,你别催逼我!我的头脑混乱了,我不知应该怎么办,我,我……(站起来无目的地踱着)

杨彩玉 (沉默了片刻之后)唔,复生!你记得黛莎的事吗?

匡 复 (站住)黛莎?

杨彩玉 唔,我们在小沙渡路的时候,我害了伤寒,你坐在我床边跟我讲的一个故事,小说里的那女人不是叫黛莎吗?

匡 复 啊啊……

杨彩玉 那时候你嫌我软弱,讲到黛莎的时候,你总说,彩玉,要学黛莎,黛莎多勇敢啊!那叫什么书?我记不起啦!

匡 复 唔,那是……那书的名字是叫做《水门汀》吧。

杨彩玉 对啦,《水门汀》,你现在觉得黛莎那样的女人怎么样?

〔匡复不语。

杨彩玉 你跟我讲的许多故事里面,不知怎么的,我老也忘不了黛莎。也许——

匡 复 (拦住她)彩玉,你别说啦,我懂得你的意思,可是……

杨彩玉 我当然不能比黛莎,可是你不是说,永远永远地要使我幸福吗?只要你活着。

〔匡复无言。

杨彩玉 (进一步地)你说,我不能学黛莎吗?像那小说里面一样,当她丈夫回来的时候……

匡 复 (惨然)可是,你可以做黛莎,而我早已经不是格莱普啦。黛莎再遇见她丈夫的时候,她丈夫是一个战胜归来的勇士,可是我(很低地)已经只是一个人生战场的残兵败卒啦。

杨彩玉 复生!

匡 复 方才你说,我也变啦,对,这连我自己也知道,我也变啦,当初我将世上的事情件件看得很简单,什么人都跟我一样,只要有决心,什么事情都可以成就,可是,这几年我看到太多,人事并不这样简单,卑鄙,奸诈,损人利己,像受伤了的野兽一样的无目的地伤害他人,这全是人做的事!……(突然想起似的)喔,可是你别误会,这,我绝不是说志成,他跟我一样,他也是弱者里面的一个!

杨彩玉 (感到异样)复生,这是你讲的话吗?弱者,你现在已经承认是一个弱者了吗?你当初不是几次几次地说……

匡 复 所以,我坦白地承认我已经变啦,你瞧我的身体,这几年的生活,毁坏了我的健康,沮丧了我的勇气,对于生活,我已经失掉了自信。……你看,像我这样的一个残兵败卒,还有使人幸福的资格吗?

杨彩玉 那么你说……我们之间的……

匡 复 (绝望地)我方才跟志成说,我反悔不该来看你们,我简直是多此一举啦。

杨彩玉 复生!这是你的真心话吗?以前,你是从来也不说谎话的!

〔匡复无言。

杨彩玉 (含着怒意)那么,你太自私,你欺骗我!从你和我结婚的那时候起。

匡 复 什么?(走近一步)

杨彩玉 问你自己!

匡 复 彩玉!我没有这意思,我只是说对于生活,我已经失掉了自信,我没有把握,可以使你和葆珍比现在更……

杨彩玉 那么我问你,很简单,假定,这八年半里面,你没有志成这么一个朋友,我跟他也没有现在一样的关系,那么很自然,假定我跟葆珍现在已经沦落在街头,也许,两个里面已经死了一个,假定,在那样的情形之下,你找到了我,我要求你帮助,那时候,你也能跟方才一样地说"我已经没有使你们幸福的自信,我只能让你们饿死在街上"吗?

匡 复 (一句话被问住了,混乱)那……那……

杨彩玉 那么我只能说,要不是你太残酷,那就是你在嫉妒!

匡 复 (茫然自失)彩玉!

杨彩玉 要是在别的情形之下,你一定会对我说,彩玉我回来啦,别怕,我们重新再来过,可是现在,——你,你已经厌弃我了!——为着我要生活……

匡 复 彩玉,别这么说,我,我应该怎么办呢?我简直不能再想啦!(焦躁苦痛)

〔弄内性急地叫喊着的《大晚夜报》的呼声,赵振宇急忙忙地买报。

杨彩玉 (央求地)复生!你不能再离开我,不能再离开那被人看作没有父亲的葆珍,为着葆珍,为着我们唯一的……

匡 复 (沉吟了一下)这,这不使志成……不使志成更苦痛吗?

杨彩玉 (沉默了一下)可是,我早就跟你说,这只是为着生活……

匡 复 (垂头,无力地)彩玉!……

杨彩玉 (捏着他的手)打起勇气来……从前你跟我讲的话,现在轮着我对你讲啦。(笑,扶起他的头)你还年青呐,(摸着他的下巴)好啦,把胡子剃一剃!……(一边说,一边从抽斗里找出林志成的安全剃刀等等)复生!别多想啦,今天是应该快活的,对吗?

匡 复 (充满了蕴积着的爱情,爆发般地)彩玉!(将头埋在她的胸口)

杨彩玉 (抚着他的头发)复生!你,你……(感极而泣,与匡复二人依偎着)

〔天色渐暗，沙嗓子的老枪没气力地喊着《大晚夜报》、《新闻夜报》、“无线电节目”……从前门外经过，尖喉咙的女人喊着《夜报》，等等。

〔灶披间点了电灯。

〔突然，前门猛烈的敲门声，匡复和彩玉反射地分开。

杨彩玉　谁？（一边去开门）

〔厂里的一个青年职员，带着一个工头模样的人进来，满头大汗。

青　年　快，叫林先生快去！

杨彩玉　他没有回来啊。

青　年　（差不多要闯进来搜寻似的姿势）林师母，您帮帮忙，工务课长已经在发脾气啦，这不干我的事啊。（大声地）林先生！

杨彩玉　（惊奇）真的他没有回来啊，上半天出去了，就没有回来过！有什么事吗？

青　年　（焦躁地）事可多呐……林师母，当真……那么您知道他到哪儿去吗？

杨彩玉　（着急）我怎么知道……他什么时候走的？有什么事吗？……

青　年　（不回答她，回头对工头）那您赶快到二厂去看一看。

〔工头将匡复上下地望了一下，下场。

青　年　林师母，事情很要紧，要是他不去……（揩一揩额上的汗）好啦，他回来，立刻请他就来，大老板也在等他。（匆匆而下）

杨彩玉　喂喂……（看见他走了，关了门，担忧地望着匡复）

匡　复　（紧张地）什么事？

杨彩玉　近来厂里常常不安静，可是……

匡　复　他到哪儿去啦？……（不安地）他不会做出……

杨彩玉　（低头）不会吧，可是……（也感到不安）

〔后门外一阵笑声，骂声，门推开，李陵碑喝醉了酒，带跌带撞地进来，嘴里哼着。后门好像跟了一大群看热闹的小孩和妇女，阿香夹在里面，匡复耸耳听；但是杨彩玉却早知道这是李陵碑的日常功课了，看了一看方才拿出了的安全剃刀，去替他倒水。

李陵碑　（醉了的声音）要我唱，我就唱，这有什么……（唱）“金乌坠，玉兔升，黄昏时候……盼娇儿，不由人，珠泪双流……”

门外人声一　好！马连良老板差不多！

门外人声二　再来一个！

门外人声三　李陵碑你的娇儿死啦！死啦！

李陵碑　（突然旋转身来）妈的，谁说，谁说，咱们阿清在当司令，也许是师长，督办，也许……也许……

门外人声一 也许已经是炮灰！

门外人声二 别打岔，让他唱下去！

李陵碑 （用拳头威胁门边的小孩）妈的，你们也敢欺负我！

〔小孩们一哄而走，笑声，但是一下又重新集合起来。

李陵碑 阿清当了司令回来，我就是……（舌头不大灵便）老太爷啦，妈的……（走近赵振宇身边，不客气地将他在看的报纸夺来，指着）赵……赵……赵先生，报上有李司令，李阿清司令到上海来的消息吗？

〔赵振宇带笑地望着他。

李陵碑 登出来的时候，你……你告诉我，我，我请你喝酒！（将报纸还给他）妈的，有朝一日，阿清回来……（跌跌撞撞地上楼去，苍凉地唱）"含悲泪，进大营，双眉愁皱，腹内饥，身又冷，遍体飕飕……"

赵振宇 （起身来将闲人遣走）没有什么好看！……（回头来见阿香，一把抓住）你也看，我跟你说过，李陵碑来的时候，不准笑，你……你，（不管阿香懂不懂地）你简直是幸灾乐祸啦，这，这……

〔天色愈暗，杨彩玉开电灯，给匡复倒了洗脸水，望着他。

匡 复 怎么回事？

杨彩玉 阁楼上的房客，怪人，他有一个单生子，在"一·二八"打仗的时候去投军，打死啦，找不到尸首，可是他一定说，儿子还活着，在当司令，有点儿神经病啦。

匡 复 唔……（感慨系之，剃须）

李陵碑 （声）（苍凉的歌声）"……不由人，珠泪双流……"

〔黄父抱了小孩下来。远雷。

桂 芬 （从亭子间门口）爸爸，晚啦，别抱他出去！

〔黄父根本不曾听见，看见赵振宇殷勤地和他招呼。

赵振宇 老先生！天要下雨啦！

黄 父 （依旧是答非所问）今晚上要回去啦，多抱一抱，哈哈……（多少的在态度上已经有一点忧郁了）

赵振宇 什么，回乡下去？不是说，（回头问他妻子）今晚上去看戏吗？

〔黄家楣从窗口探出头来。

黄 父 今年雨水太多，低的田春苗要补种了……

赵振宇 多玩几天呐，上海好玩的地方还多呐。

黄 父 （哄着小孩，自言自语地）好，好，外面去买东西给你吃。……（正要出门的时候，电光一闪，一个响雷，他只能回转，望了望天，对赵振宇）所以说，这个世界是变啦。咱们年纪轻的时候，天上打闪，总有雷的声音的，可是变了民国，打闪也没有声音啦，对吗？有人说：雷公敲的鼓破啦。

赵振宇　什么，方才不是……（一想就明白了）哈哈！……（大声地）老先生！雷公的鼓没有破，还是很响的，你老先生的耳朵不便啦，所以听不见啊，哈哈哈……

黄　父　什么，我说，不打雷，地上的春花就要……

赵振宇　（好容易制止了笑，对他妻子）你听见吗？他说变了民国，天就不打雷啦，哈哈哈——（又诚恳地对黄父）天上的雷，是电气，换了朝代也要响的……（又听见远雷声）诺诺，又响啦。

黄　父　（摸不着头脑）什么？天上……

赵振宇　（大声）天上的雷，不是菩萨，是电气，（对他耳朵）电气……

黄　父　（还是不懂）生气？我……我不生气。

赵振宇　（大声）电气，电灯的……

赵　妻　酱油没有了，去买！

赵振宇　（大声地）天上的云里面，有一种电气，电……

赵　妻　（将酱油瓶拿到他的鼻子前面）去买酱油！

赵振宇　（忘其所以，用更大的声音对他妻子）叫阿牛去买！

赵　妻　（一惊，狠狠地）我又不聋！

〔始终忧郁着的黄家楣，这时候也不禁破颜一笑。

赵振宇　（省悟）啊，对啦，（低声）叫阿牛去买吧！（又回头对黄父，同样低声地）天上有一种电气……

赵　妻　（狠狠地）阿牛在念书。（把酱油瓶塞在他手里）

赵振宇　（无法可想，对黄父大声地）等一等，我就来。（出去）

黄　父　（莫名其妙，对赵妻）他说什么？唔，耳朵不方便……（回身上楼去）

桂　芬　（正拿了铅桶下来，在楼梯上）爸爸，当心。（开了楼梯上的电灯）

黄　父　（一怔）唔……（望着电灯，上楼去）

赵　妻　（看见桂芬下来）喂，为什么老先生今晚上要回去了？

〔桂芬点头无言。

赵　妻　有了什么要紧的事？家里……

桂　芬　老年人都有点儿怪！说起要走，今晚上就要走啦。

赵　妻　（鬼鬼祟祟）你知道，（指着客堂间低声）林师母从前的男人……

赵振宇　（回来，看见那种神气）改不好的脾气，我跟你说，人家的事，不要管，人家的丈夫也好……

赵　妻　（狠狠地制止了他）嘘，（低声地）那你为什么要来管我呐？

赵振宇　（搔着头进去，忽然想起）啊，楼上的老先生呢？方才的话没有讲完呐。

赵　妻　（依旧鬼鬼祟祟地对桂芬）方才我听见姓林的跟他说，葆珍怎么怎么样……（见阿香走过来听，狠狠地）听什么？小鬼！（继续对桂芬）姓林的跑走啦，方才我听见女的在哭，啊哟，这事情真糟糕吗！那男的你看见过没有？

桂　芬　（摇头）还在吗？

赵　妻　（点头）唔，穿得破破烂烂的，像戏里做出来的薛平贵……

〔正要讲下去的时候，林志成带着兴奋的表情，从后门进来。她很快地将要讲的话咽下，若无其事。

〔林志成手里拿了一瓶酒和一些熟食之类的东西，照旧谁也不理会地往里面走。

赵振宇　（看见他）噢，林先生！（站起来，用手指着晚报上的记事）你们厂里今天——

〔林志成好像不听见似的走过，赵振宇只能重新坐下，赵妻兴奋地望着林志成的背影。

杨彩玉　（望着修好了面的匡复）瞧，不是年青了很多吗？

〔林志成无言地进去，杨彩玉和匡复离开了一步。匡复多少的觉得有点狼狈。

杨彩玉　方才厂里的小陈来过啦，说要你——

林志成　（沉重地）我知道。（将酒瓶和熟食交给杨彩玉）

杨彩玉　厂里有什么事吗？说要你立刻就去……

林志成　我知道，家里没有什么菜，到弄口的小馆子里去叫几样。（对匡复）今晚上喝一点儿酒吧。

匡　复　志成，您——

林志成　（强自振作，态度很不自然）复生！咱们已经很久不在一块儿吃饭啦，你不喝酒，可是今晚上也得喝一杯，我也很久不喝啦，我今天很愉快，你要替我欢喜，我解放啦。

匡　复　（苦痛）志成，你别这么说……

林志成　不，不，今天真痛快，我从一方面受人欺负，一方面又得欺负人的那种生活里面解放出来啦。（大声）我打破了饭碗。可是从今以后，我可以不必对不住自己良心地去欺负别人啦。

匡　复　（差不多同时地）什么，你……

林志成　笑话，要我去收买流氓，打人，哼，我为什么要这样下流，我可以不干！哼，真痛快，什么工务课长，平常那么威风，（渐渐兴奋）今天又给我看到了！（对杨彩玉）你去预备饭吧。

匡　复　（关心地）志成，你休息一下，我看你很倦了！

林志成　不，不，我很高兴，压在心上的一块大石头，今天才拿掉啦！复生！这不是很奇怪吗？以前，我尽是害怕着丢饭碗，厂里闹着裁人的时候，每天进厂，都要看一看厂务主任的脸色；主任差人来叫的时候，全身的血，会奔到脸上来。可是今天，当他气青了脸，拍着桌子说“你给我滚蛋”的时候，我一点也不怕，我很镇静，这差不多连我自己也不相信。……

杨彩玉　(端了一盆水给他)你……

林志成　(兴奋未退)工场管理本来不是人做的,上面的将你看成一条牛,下面的将你看做一条狗。从朝到晚,上上下下没有一个肯给你看一点好脸色,可是现在,我可以不必代人受过,可以不必被人看做狗啦,(歇斯底里地)哈哈哈!

匡　复　志成,你别太兴奋!……

林志成　可是,第一,你得先替我高兴啊,我从这样的生活里面逃出来……

杨彩玉　(不自禁地)那么你今后……

林志成　今后,唔。(不语,洗脸)

〔这时候赵妻偷一个空,又来窥探,一方面阿香看见母亲不在,便一溜烟地往门外跑出。

赵振宇　阿香,阿香!

〔赵妻回头看了一眼。

〔送包饭的拿了饭篮从后门进来,一径往楼上走,到前楼门外叩门,不应,偷偷地从门缝里张了一下,将饭篮放在门口,下。

〔林志成洗了脸。杨彩玉去预备夜饭。

林志成　(走到匡复面前,欲言又止)唔,复生!

匡　复　什么?

林志成　我们还能跟从前一样的……做朋友吗?

匡　复　那当然……可是,这事情,我还得跟你……不,嗳,我不知怎么说才好!……

〔林志成颓然地坐下。赵妻回来,看见阿香不在,跑到门口。

赵　妻　阿香,阿香!(出门去,一会儿就扯着阿香进来)死东西!整天的野在外面,你不要吃饭吗?

〔桂芬在平台上用打气炉烧饭。杨彩玉拿了钱出去买菜。

林志成　(习惯地)什么,葆珍还没有回来吗?彩玉,去找一找葆珍!

〔门外卖物声,静静地。

——幕下

【阅读提示】

《上海屋檐下》是夏衍的第一个现实主义剧本,也是中国话剧在现实主义道路上探索的一个突破。这部话剧是典型的小人物和大背景的展现,以此构成鲜明强烈的对比,营造出真实的环境、真实的人物,以及真实的故事,让人信服。作者力图用一部分生活在底层的不同类型的人物,以及他们各自的生活和命运,反映在一个悲苦的时代下,老百姓民不聊生的惨状,借小人物之言行来表达自身的愿望,唤起读者的共鸣，传达民心所向的时代步伐。

整个剧本特定的时间是1937年，民国时期，正如剧本中所传达的那样民不聊生、动荡不定，每个家庭都应该得到幸福，可是贫贱夫妻百事哀，生活带来的诸多不如意直接给家庭造成反面影响。例如为柴米油盐之类的小事儿就会争执不休，女人啰唆，男人不争气，造成家庭气氛也如同黄梅时节的天气一样沉闷压抑，同时更真实地映射那年代下层人民的生活状态。正如题目一样，整个大情境规定在上海屋檐下，这幢老房子里有五户人家，全部都是生活在底层的人，不是小职员就是失业者，生活得很艰辛，作者把每个人物延伸到各个领域，透过每一个细节感受一群惶惶不可终日的人。这里的人也没有什么追求，妇女交头接耳，只会抱怨，男人胸无大志，盲目地奔波最后毫无结果，甚至连这里的小孩也只知道吃，毫无人生价值观。

这里有一段剪不断理还乱的感情，这也是整部剧本的功力之所在。匡复、彩玉和林志成之间的微妙关系已足以看透当下社会带来的无可奈何。匡复被打入牢狱十年没有消息，其妻彩玉嫁给丈夫的好友林志成。匡复的重新出现给整剧增添了戏剧色彩。林志成见到匡复先是惊讶、恐惧、慌张不知所措的样子，一再地声称自己是“犯了罪”，无颜面对好友，像是一个等待定罪的犯人，经受着生命最后一刻的拷问，并且甘愿去地狱为自己玷污过的灵魂赎罪。匡复不知所措，还没有完全反应过来的时候，林志成又开始变为埋怨，埋怨匡复十年里为什么不写封信，甚至大家以为他死了。匡复是个先进分子，因为思想极端被打入牢狱，因而全家遭受牵连，妻子和孩子一无所有，在林志成发现他们母女时，的确如想象的一样，在一所老房子里饥寒交迫，毫无生机。匡复也明白，若不是林志成带走她们，恐怕再难活着见到她们，或者她们现在沿街乞讨，同现在的自己一样狼狈不堪。林志成只是想给彩玉母女幸福。刚结婚时，他整个人既矛盾又痛苦，他怕有一天匡复回来，刚得到的幸福会稍纵即逝。他又经受着灵魂的折磨和考验，因为这是他朋友的爱妻，他却在朋友落难不知下落时夺人所爱。他也害怕遭人耻笑。现实如他所担心的一样，这段阴影好不容易走出来，刚刚得到一丝的安稳，感叹世事难料，匡复几经周折又找到这里，打破了他们平静的生活。噩耗如晴天霹雳一般滚滚而来。匡复虽然悲痛，表面上却显露出大度宽容，称自己不该来这。无论他怎么说，都掩饰不住内心的愤恨。刚从牢狱出来的匡复一脸愁容，显得十分颓废。此时的林志成自知惭愧，在两人漫长的谈话之后，感叹现在好像有一块压在他心里很久的石头终于落地了，十年的心事儿已了，自己解放了。林志成态度的转变也是这一人物性格的体现，带动整个故事开始改变，促进矛盾的升华，为接下来发生的事情埋下伏笔。妻子彩玉见到匡复的时候，没有过于急切地掀起一阵暴风雨，而是静静地讲这十年自己生活的不如意，也是迫不得已，为了生活必须改嫁，看似是些借口，其实字字句句是对当下政治关系和统治的不满。匡复并没有太多的怨言，把痛苦都积压在心底，更没有想破坏他们的生活。在规定情境下，一个普通得不能再普通的屋檐下，昔日相濡以沫的夫妻变成失散多年的路人，也许退一步是最好的选择，相信观众也是这样想的。谁料一场没有硝烟的战争正在孕育，彩玉一反常态地追究起匡复曾经对她的诺言：只要他活着，就会给她们幸福。这话在经历了悲欢离合的匡复看来早已是无稽之谈。在他眼里，母女二人现在是幸福的，而他现在自身难保，只会拖累彩玉。这一微妙的举动无疑暴露出昔日这三人之间的特殊关系和心理活动。整个剧情并没有交代他们三个人的过去，也没有特别明确地指出他们之间特殊的关系，没有向读者解释彩玉和林志成到底是怎样一种感情，作者只能告诉大家一切都是为了生活，剧中所有的人的每一个变化都是为了生活。也许这也是剧本追求的真实所在，正如现实生活一样，面对这样的特殊关系和不得已的变化，每个人都很难用语言交代清楚，最真实的一面只能用心去体会，从人物的每个细节和举动去感受。

【思考与练习】

组织学生分角色表演这幕剧，并认真体会剧中人物的思想感情。

【作者简介】

曹禺，原名万家宝，字小石，汉族，祖籍湖北潜江，生于天津一个没落的封建官僚家庭，是中国现代杰出的戏剧家，著有《雷雨》、《日出》、《原野》、《北京人》等著名作品，他一生共写过 8 部剧本，被誉为“中国的莎士比亚”。

雷雨（节选）[1]

曹禺

第四幕

［萍还想说话，大海挥手，叫他不必再说，萍沉郁地到桌前把枪放好。］

大　（命令地）那么请你把我的妹妹叫出来吧。

萍　（奇怪）什么？

大　四凤啊——她自然在你这儿。

萍　没有，没有。我以为她在你们家里呢。

① 曹禺：《雷雨》，人民文学出版社，1986 年版。

大 (疑惑地)那奇怪,我同我妈在雨里找了她两个多钟头,不见她。我想自然在这儿。

萍 (担心)她在雨里走了两个钟头,她——没有到旁的地方去么?

大 (肯定地)半夜里她会到哪儿去?

萍 (突然恐惧)啊,她不会——(坐下呆望)

大 (明白)你以为——不,她不会,(轻蔑地)我想她没有这个胆量。

萍 (颤抖地)不,她会的,你不知道她。她爱脸,她性子强,她——不过她应当先见我,她(仿佛已经看见她溺在河里)不该这样冒失。

[半晌。]

大 (忽然)哼,你装得好,你想骗过我,你?——她在你这儿!她在你这儿!

[外面远处口哨声。]

萍 (以手止之)不,你不要嚷。(哨声近,喜色)她,她来了,我听见她!

大 什么?

萍 这是她的声音,我们每次见面,是这样的。

大 她在这儿。

萍 大概就在花园里?

[萍开窗吹哨,应声更近。]

萍 (回头,眼含着眼泪,笑)她来了!

[中门敲门声。]

萍 (向大海)你先暂时在旁边屋子躲一躲,她没想到你在这儿。我想她再受不得惊了。

[忙引大海至饭厅门,大海下。]

外面的声音(低)萍!

萍 (忙跑至中门)凤儿!(开门)进来!

[四凤由中门进,头发散乱,衣服湿透,眼泪同雨水流在脸上,眼角黏着淋漓的鬓发,衣裳贴着皮肤,雨后的寒冷逼着她发抖,她的牙齿上下地震战着。她见萍如同失路的孩子再见着母亲呆呆地望着他。]

四 萍!

萍 (感动地)凤!

四 (胆怯地)没有人儿?

萍 (难过,怜悯地)没有。(拉着她的手)

四 (放胆地)哦!萍!(抱着萍抽咽)

萍 (如许久未见她)你怎样,你怎么会这样?你怎样会找着我?(止不住地)你怎样进来的?

四 我从小门偷进来的。

萍　凤，你的手冰凉，你先换一换衣服。

四　不，萍，（抽咽）让我先看看你。

萍　（引她到沙发。坐在自己一旁，热烈地）你，你上哪儿去了，凤？

四　（看着他，含着眼泪微笑）萍，你还在这儿，我好像隔了多年一样。

萍　（顺手拿起沙发上的一条紫线毯给她围上）我可怜的凤儿，你怎么这样傻，你上哪儿去了？我的傻孩子！

四　（擦着眼泪，拉着萍的手，萍蹲在旁边）我一个人在雨里跑，不知道自己在哪儿。天上打着雷，前面我只看见模模糊糊的一片；我什么都忘了，我像是听见妈在喊我，可是我怕，我拼命地跑，我想找着我们门口那一条河跳。

萍　（紧握着四凤的手）凤！

四　——可是不知怎么绕来绕去我总找不着。

萍　哦，凤，我对不起你，原谅我，是我叫你这样，你原谅我，你不要怨我。

四　萍，我怎样也不会怨你的，我糊糊涂涂又碰到这儿，走到花园那电线杆底下，我忽然想死了。我知道一碰那根电线，我就可以什么都忘了。我爱我的母亲，我怕我刚才对她起誓，我怕她说我这么一声坏女儿，我情愿不活着。可是，我刚要碰那根电线，我忽然看见你窗户的灯，我想到你在屋子里。哦，萍，我突然觉得，我不能就这样就死，我不能一个人死，我丢不了你。我想起来，世界大得很，我们可以走，我们只要一块儿离开这儿。萍啊，你——

萍　（沉重地）我们一块儿离开这儿？

四　（急切地）就是这一条路，萍，我现在已经没有家，（辛酸地）哥哥恨死我，母亲我是没有脸见的。我现在什么都没有，我没有亲戚，没有朋友，我只有你，萍，（哀告地）你明天带我去吧。

[半晌。]

萍　（沉重地摇着头）不，不——

四　（失望地）萍！

萍　（望着她，沉重地）不，不——我们现在就走。

四　（不相信地）现在就走？

萍　（怜惜地）嗯，我原来打算一个人现在走，以后再来接你，不过现在不必了。

四　（不信地）真的，一块儿走么？

萍　嗯，真的。

四　（狂喜地，扔下线毯，立起，亲萍的手，一面擦着眼泪）真的，真的，真的，萍，你是我的救星，你是天底下顶好的人，你是我——哦，我爱你！（在他身上流泪）

萍　（感动地，用手绢擦着眼泪）凤，以后我们永远在一块儿了，不分开了。

四　（自慰地，在萍的怀里）嗯，我们离开这儿了，不分开了。

萍　（约束自己）好，凤，走以前我们先见一个人。见完他我们就走。

四　一个人？

萍　你哥哥。

四　哥哥？

萍　他找你，他就在饭厅里头。

四　（恐惧地）不，不，你不要见他，他恨你，他会害你的。走吧，我们就走吧。

萍　（安慰地）我已经见过他。——我们现在一定要见他一面，（不可挽回地）不然，我们也走不了的。

四　（胆怯）可是，萍，你——

［萍走到饭厅门口，开门。

萍　（叫）鲁大海！鲁大海！——咦，他不在这儿，奇怪，也许从饭厅的门出去了。（望四凤）

四　（走到萍面前，哀告地）萍，不要管他，我们走吧。（拉他向中门走）我们就这样走吧。

［四凤拉萍至中门，中门开，鲁妈与大海进。］

［两点钟内鲁妈的样子另变了一个人。声音因为在雨里叫喊哭号已经喑哑，眼皮失望地向下垂，前额的皱纹很深地刻在面上，过度的刺激使她变成了呆滞，整个激成刻板的痛苦的模型。她的衣服是像已经烘干了一部分，头发还有些湿，鬓角凌乱地贴着湿的头发。她的手在颤，很小心走进来。］

四　（惊慌）妈！（畏缩）

［略顿，鲁妈哀怜地望着四凤。］

鲁　（伸出手向四凤，哀痛地）凤儿，来！

［四凤跑至母亲面前，跪下。］

四　妈！（抱着母亲的膝）

鲁　（抚摸四凤的头顶，痛惜地）孩子，我的可怜的孩子。

四　（泣不成声地）妈，饶了我吧，饶了我吧，我忘了你的话了。

鲁　（扶起四凤）你为什么早不告诉我？

四　（低头）我疼您，妈，我怕，我不愿意有一点叫您不喜欢我，看不起我，我不敢告诉您。

鲁　（沉痛地）这还是你的妈太糊涂了，我早该想到的。（酸苦地，忽而）天，这谁又料得到，天底下会有这种事，偏偏又叫我的孩子们遇着呢？哦，你们妈的命太苦，你们的命也太苦了。

大　（冷淡地）妈，我们走吧，四凤先跟我们回去。——我已经跟他（指萍）商量好了，他先走，以后他再接四凤。

鲁 （迷惑地）谁说的？谁说的？

大 （冷冷地望着鲁妈）妈，我知道您的意思，自然只有这么办。所以，周家的事我以后也不提了，让他们去吧。

鲁 （迷惑，坐下）什么？让他们去？

萍 （嗫嚅）鲁奶奶，请您相信我，我一定好好地待她，我们现在决定就走。

鲁 （拉着四凤的手，颤抖地）凤，你，你要跟他走！

四 （低头，不得已紧握着鲁妈的手）妈，我只好先离开您了。

鲁 （忍不住）你们不能够在一块儿！

大 （奇怪地）妈您怎么？

鲁 （站起）不，不成！

四 （着急）妈！

鲁 （不顾她，拉着她的手）我们走吧。（向大海）你出去叫一辆洋车，四凤大概走不动了。我们走，赶快走。

四 （死命地退缩）妈，您不能这样做。

鲁 不，不成！（呆滞地，单调地）走，走。

四 （哀求）妈，您愿意您的女儿急得要死在您的眼前么？

萍 （走向鲁妈前）鲁奶奶，我知道我对不起你。不过我能尽我的力量补我的错，现在事情已经做到这一步，你——

大 妈！（不懂地）您这一次，我可不明白了！

鲁 （不得已，严厉地）你先去雇车去！（向四凤）凤儿，你听着，我情愿你没有，我不能叫你跟他在一块儿。——走吧！

［大海刚至门口，四凤喊一声。］

四 （喊）啊，妈，妈！（晕倒在母亲怀里）

鲁 （抱着四凤）我的孩子，你——

萍 （急）她晕过去了。

［鲁妈急按着她的前额，低声唤"四凤"，忍不住地泣下。］

［萍向饭厅跑。］

大 不用去——不要紧，一点凉水就好。她小时就这样。

［萍拿凉水淋在她面上，四凤渐醒，面呈死白色。］

鲁 （拿凉水灌四凤）凤儿，好孩子。你回来，你回来。——我的苦命的孩子。

四 （口渐张，眼睁开，喘出一口气）啊，妈！

鲁 （安慰地）孩子，你不要怪妈心狠，妈的苦说不出。

四 （叹出一口气）妈！

鲁 什么？凤儿？

四 我，我不能告诉你，萍！

萍 凤,你好点了没有?

四 萍,我,总是瞒着你;也不肯告诉您,(乞怜地望着鲁妈)妈,您——

鲁 什么,孩子,快说。

四 (抽咽)我,我——(放胆)我跟他现在已经有……(大哭)

鲁 (切迫地)怎么,你说你有——(受到打击,不动。)

萍 (拉起四凤的手)四凤!怎么,真的,你——

四 (哭)嗯。

萍 (悲喜交集)什么时候?什么时候?

四 (低头)大概已经三个月。

萍 (快慰地)哦,四凤,你为什么不告诉我,我,我的——

鲁 (低声)天哪!

萍 (走向鲁)鲁奶奶,你无论如何不要再固执哪,都是我错:我求你!(跪下)我求你放了她吧。我敢保我以后对得起她,对得起你。

四 (立起,走到鲁妈面前跪下)妈,您可怜可怜我们,答应我们,让我们走吧。

鲁 (不做声,坐着,发痴)我是做梦。我的女儿,我自己生的女儿,三十年的功夫——哦,天哪,(掩面哭,挥手)你们走吧,我不认得你们。(转过头去)

萍 谢谢你!(立起)我们走吧。凤!(四凤起)

鲁 (回头,不自主地)不,不能够!

[四凤又跪下。]

四 (哀求)妈,您,您是怎么?我的心定了。不管他是富,是穷,不管他是谁,我是他的了。我心里第一个许了他,我看见的只有他,妈,我现在到了这一步:他到哪儿我也到哪儿;他是什么,我也跟他是什么。妈,您难道不明白,我——

鲁 (指手令她不要向下说,苦痛地)孩子。

大 妈,妹妹既是闹到这样,让她去了也好。

萍 (阴沉地)鲁奶奶,您心里要是一定不放她,我们只好不顺从您的话,自己走了。凤!

四 (摇头)萍!(还望着鲁妈)妈!

鲁 (沉重的悲伤,低声)啊,天知道谁犯了罪,谁造这种孽!——他们都是可怜的孩子,不知道自己做的是什么。天哪!如果要罚,也罚在我一个人身上;我一个人有罪,我先走错了一步。(伤心地)如今我明白了,我明白了,事情已经做了的,不必再怨这不公平的天,人犯了一次罪过,第二次也就自然地跟着来。——(摸着四凤的头)他们是我的干净孩子,他们应当好好地活着,享着福。冤孽是在我心里头,苦也应当我一个人尝。他们快活,谁晓得就是罪过?他们年青,他们自己并没有成心做了什么错。(立起,望着天)今天晚上,是我让他们一块儿走,这罪过我知道,可是罪过我现在替他们犯了;所有的罪孽都是我一个人惹的,我的儿女都是好孩子,心地干净的,那么,天,真有了什么,也就让我一个人担待吧。(回过头)凤儿,——

四 (不安地)妈,您心里难过,——我不明白您说的什么。

鲁 (回转头。和蔼地)没有什么。(微笑)你起来,凤儿,你们一块儿走吧。

四 (立起,感动地,抱着她的母亲)妈!

萍 去!(看表)不早了,还只有二十五分钟,叫他们把汽车开出,来,走吧。

鲁 (沉静地)不,你们这次走,是在暗地里走,不要惊动旁人。(向大海)大海,你出去叫车去,我要回去,你送他们到车站。

大 嗯。

[大海由中门下。]

鲁 (向四凤哀婉地)过来,我的孩子,让我好好地亲一亲。(四凤过来抱母;鲁妈向萍)你也来,让我也看你一下。(萍至前,低头,鲁望他擦眼泪)好!你们走吧——我要你们两个在未走以前答应我一件事。

萍 您说吧。

鲁 你们不答应,我还是不要四凤走的。

四 妈,您说吧,我答应。

鲁 (看他们两人)你们这次走,最好越走越远,不要回头,今天离开,你们无论生死,永远也不许见我。

四 (难过)妈,那不——

萍 (眼色,低声)她现在很难过,才说这样的话,过后,她就会好了的。

四 嗯,也好,——妈,那我们走吧。

[四凤跪下,向鲁妈叩头,四凤落泪,鲁妈竭力忍着。]

鲁 (挥手)走吧!

萍 我们从饭厅出去吧,饭厅里还放着我几件东西。

[三人——萍,四凤,鲁妈——走到饭厅门口,饭厅门开。蘩漪走出,三人俱惊视。]

四 (失声)太太!

蘩 (沉稳地)咦,你们到哪儿去?外面还打着雷呢!

萍 (向蘩漪)怎么你一个人在外面偷听!

蘩 嗯,不只我,还有人呢。(向饭厅上)出来呀,你!

[冲由饭厅上,畏缩地。]

四 (惊愕地)二少爷!

冲 (不安地)四凤!

萍 (不高兴,向弟)弟弟,你怎么这样不懂事?

冲 (莫明其妙地)妈叫我来的,我不知道你们这是干什么。

蘩　(冷冷地)现在你就明白了。

萍　(焦燥,向蘩漪)你这是干什么?

蘩　(嘲弄地)我叫你弟弟来跟你们送行。

萍　(气愤)你真卑——

冲　哥哥!

萍　弟弟,我对不起你!——(突向蘩漪)不过世界上没有像你这样的母亲!

冲　(迷惑地)妈,这是怎么回事?

蘩　你看哪!(向四凤)四凤,你预备上哪儿去?

四　(嗫嚅)我……我……

萍　不要说一句瞎话。告诉他们,挺起胸来告诉他们,说我们预备一块儿走。

冲　(明白)什么,四凤,你预备跟他一块儿走?

四　嗯,二少爷,我,我是——

冲　(半质问地)你为什么早不告诉我?

四　我不是不告诉你;我跟你说过,叫你不要找我,因为我——我已经不是个好女人。

萍　(向四凤)不,你为什么说自己不好?你告诉他们!(指蘩漪)告诉他们,说你就要嫁我!

冲　(略惊)四凤,你——

蘩　(向冲)现在你明白了。(冲低头)

萍　(突向蘩漪,刻毒地)你真没有一点心肝!你以为你的儿子会替——会破坏么?弟弟,你说,你现在有什么意思,你说,你预备对我怎么样?说,哥哥都会原谅你。

[蘩漪跑到书房门口,喊。]

蘩　冲儿,说呀!(半晌,急促)冲儿,你为什么不说话?你为什么不抓着四凤问?你为什么不抓着你哥哥说话呀?(又顿,众人俱看冲,冲不语。)冲儿你说呀,你怎么,你难道是个死人?哑巴?是个糊涂孩子?你难道见着自己心上喜欢的人叫人抢去,一点儿都不动气么?

冲　(抬头,羊羔似的)不,不,妈!(又望四凤,低头)只要四凤愿意,我没有一句话可说。

萍　(走到冲面前,拉着他的手)哦,我的好弟弟,我的明白弟弟!

冲　(疑惑地,思考地)不,不,我忽然发现……我觉得……我好像并不是真爱四凤;(渺渺茫茫地)以前——我,我,我——大概是胡闹!

萍　(感激地)不过,弟弟——

冲　(望着萍热烈的神色,退缩地)不,你把她带走吧,只要你好好地待她!

蘩　(整个幻灭,失望)哦,你呀!(忽然,气愤)你不是我的儿子;你不是我的儿子；你不像我，你——你简直是条死猪！

冲　(受侮地)妈！

萍　(惊)你是怎么回事！

蘩　(昏乱地)你真没有点男子气，我要是你，我就打了她，烧了她，杀了她。你真是糊涂虫，没有一点生气的。你还是父亲养的，你父亲的小绵羊。我看错了你——你不是我的，你不是我的儿子。

萍　(不平地)你是冲弟弟的母亲么？你这样说话。

蘩　(痛苦地)萍，你说，你说出来；我不怕，我早已忘了我自己。(向冲，半疯狂地)你不要以为我是你的母亲，(高声)你的母亲早死了，早叫你父亲压死了，闷死了。现在我不是你的母亲。她是见着周萍又活了的女人，(不顾一切地)她也是要一个男人真爱她，要真真活着的女人！

冲　(心痛地)哦，妈。

萍　(眼色向冲)她病了。(向蘩漪)你跟我上楼去吧！你大概是该歇一歇。

蘩　胡说！我没有病，我没有病，我神经上没有一点病。你们不要以为我说胡话。(揩眼泪，哀痛地)我忍了多少年了，我在这个死地方，监狱似的周公馆，陪着一个阎王十八年了，我的心并没有死；你的父亲只叫我生了冲儿，然而我的心，我这个人还是我的。(指萍)就只有他才要了我整个的人，可是他现在不要我，又不要我了。

冲　(痛极)妈，我最爱的妈，您这是怎么回事？

萍　你先不要管她，她在发疯！

蘩　(激烈地)不要学你的父亲。没有疯——我这是没有疯！我要你说，我要你告诉他们——这是我最后的一口气！

萍　(狠狠地)你叫我说甚么？我看你上楼睡去吧。

蘩　(冷笑)你不要装！你告诉他们，我并不是你的后母。

[大家俱惊，略顿。]

冲　(无可奈何地)妈！

蘩　(不顾地)告诉他们，告诉四凤，告诉她！

四　(忍不住)妈呀！(投入鲁妈怀)

萍　(望着弟弟，转向蘩漪)你这是何苦！过去的事你何必说呢？叫弟弟一生不快活。

蘩　(失了母性，喊着)我没有孩子，我没有丈夫，我没有家，我什么都没有，我只要你说：我——我是你的。

萍　(苦恼)哦，弟弟！你看弟弟可怜的样子，你要是有一点母亲的心——

蘩　(报复地)你现在也学会你的父亲了，你这虚伪的东西，你记着，是你才欺骗了你的弟弟，是你欺骗我，是你才欺骗了你的父亲！

萍 (愤怒)你胡说,我没有,我没有欺骗他!父亲是个好人,父亲一生是有道德的,(蘩漪冷笑)——(向四凤)不要理她,她疯了,我们走吧。

蘩 不用走,大门锁了。你父亲就下来,我派人叫他来的。

鲁 哦,太太!

萍 你这是干什么?

蘩 (冷冷地)我要你父亲见见他将来的好媳妇再走。(喊)朴园,朴园……

冲 妈,您不要!

萍 (走到蘩漪面前)疯子,你敢再喊!

[蘩漪跑到书房门口,喊。]

鲁 (慌)四凤,我们出去。

蘩 不,他来了!

[朴园由书房进,大家俱不动,静寂若死。]

朴 (在门口)你叫什么?你还不上楼去睡?

蘩 (倨傲地)我请你见见你的好亲戚。

朴 (见鲁妈,四凤在一起,惊)啊,你,你,——你们这是做什么?

蘩 (拉四凤向朴园)这是你的媳妇,你见见。(指着朴园向四凤)叫他爸爸!(指着鲁妈向朴园)你也认识认识这位老太太。

鲁 太太!

蘩 萍,过来!当着你父亲,过来,跟这个妈叩头。

萍 (难堪)爸爸,我,我——

朴 (明白地)怎么——(向鲁妈)侍萍,你到底还是回来了。

蘩 (惊)什么?

鲁 (慌)不,不,您弄错了。

朴 (悔恨地)侍萍,我想你也会回来的。

鲁 不,不!(低头)啊!天!

蘩 (惊愕地)侍萍?什么,她是侍萍?

朴 嗯。(烦厌地)蘩,你不必再故意地问我,她就是萍儿的母亲,三十年前死了的。

蘩 天哪!

[半晌。四凤苦闷地叫了一声,看着她的母亲,鲁妈苦痛地低着头。萍脑筋昏乱,迷惑地望着父亲同鲁妈。这时蘩漪渐渐移到周冲身边,现在她突然发现一个更悲惨的命运,逐渐地使她同情萍,她觉出自己方才的疯狂,这使她很快地恢复原来平常母亲的情感。她不自主地望着自己的冲儿。]

朴 (沉痛地)萍儿,你过来。你的生母并没有死,她还在世上。

萍 (半狂地)不是她!爸,您告诉我,不是她!

朴　(严厉地)混账！萍儿,不许胡说。她没有什么好身世,也是你的母亲。

萍　(痛苦万分)哦,爸！

朴　(尊严地)不要以为你跟四凤同母,觉得脸上不好看,你就忘了人伦天性。

四　(向母)哦,妈！(痛苦地)

朴　(沉重地)萍儿,你原谅我。我一生就做错了这一件事。我万没有想到她今天还在,今天找到这儿。我想这只能说是天命。(向鲁妈叹口气)我老了,刚才我叫你走,我很后悔,我预备寄给你两万块钱。现在你既然来了,我想萍儿是个孝顺孩子,他会好好地侍奉你。我对不起你的地方,他会补上的。

萍　(向鲁妈)您——您是我的——

鲁　(不自主地)萍——(回头抽咽)

朴　跪下,萍儿！不要以为自己是在做梦,这是你的生母。

四　(昏乱地)妈,这不会是真的。

鲁　(不语,抽咽)

蘩　(转向萍,悔恨地)萍,我,我万想不到是——是这样,萍——

萍　(怪笑,向朴)父亲！(怪笑,向鲁妈)母亲！(看四凤,指她)你——

四　(与萍相视怪笑,忽然忍不住)啊,天！(由中门跑下,萍扑在沙发上,鲁妈死气沉沉地立着。)

蘩　(急喊)四凤！四凤！(转向冲)冲儿,她的样子不大对,你赶快出去看她。

[冲由中门下,喊四凤。]

朴　(至萍前)萍儿,这是怎么回事?

萍　(突然)爸,你不该生我！(跑,由饭厅下)。

[远处听见四凤的惨叫声,冲狂呼四凤,过后冲也发出惨叫。]

鲁　四凤,你怎么啦！

(同时叫)

蘩　我的孩子,我的冲儿！

[二人同由中门跑出。]

朴　(急走至窗前拉开窗幕,颤声)怎么?怎么?

[仆由中门跑上。]

仆　(喘)老爷！

朴　快说,怎么啦?

仆　(急不成声)四凤……死了……

朴　(急)二少爷呢?

仆　也……也死了。

朴　(颤声)不,不,怎……么?

仆　四凤碰着那条走电的电线。二少爷不知道,赶紧拉了一把,两个人一块儿中电死了。

朴 （几晕）这不会。这，这，——这不能够，这不能够！

[朴园与仆人跑下。]

[萍由饭厅出，颜色惨白，但是神气沉静的。他走到那张放着鲁大海的手枪的桌前，抽开抽屉，取出手枪，手微颤，慢慢走进右边书房。]

[外面人声嘈乱，哭声，吵声，混成一片。鲁妈由中门上，脸更呆滞，如石膏人像。老仆人跟在后面，拿着电筒。]

[鲁妈一声不响地立在台中。]

老仆 （安慰地）老太太，您别发呆！这不成，您得哭，您得好好哭一场。

鲁 （无神地）我哭不出来！

老仆 这是天意，没有法子。——可是您自己得哭。

鲁 不，我想静一静。（呆立）

[中门大开，许多仆人围着蘩漪，蘩漪不知是在哭在笑。]

仆 （在外面）进去吧，太太，别看哪。

蘩 （为人拥至中门，倚门怪笑）冲儿，你这么张着嘴？你的样子怎么直对我笑？——冲儿，你这个糊涂孩子。

朴 （走在中门中，眼泪在面上）蘩漪，进来！我的手发木，你也别看了。

老仆 太太，进来吧。人已经叫电火烧焦了，没有法子办了。

蘩 （进来，干哭）冲儿，我的好孩子。刚才还是好好的，你怎么会死，你怎么会死得这样惨？（呆立）

朴 （已进来）你要静一静。（擦眼泪）

蘩 （狂笑）冲儿，你该死，该死！你有了这样的母亲，你该死。

[外面仆人与鲁大海打架声。]

朴 这是谁？谁在这时候打架。

[老仆下问，立时令一仆人上。]

朴 外面是怎么回事？

仆 今天早上那个鲁大海，他这时又来了，跟我们打架。

朴 叫他进来！

仆 老爷，他连踢带打地伤了我们好几个，他已经从小门跑了。

朴 跑了？

仆 是，老爷。

朴 （略顿，忽然）追他去，跟我追他去。

仆 是，老爷。

[仆人一齐下。屋中只有朴园，鲁妈，蘩漪三人。]

朴 （哀伤地）我丢了一个儿子，不能再丢第二个了。（三人都坐下来）

鲁　都去吧！让她去了也好，我知道这孩子。她恨你，我知道她不会回来见你的。

朴　（寂静，自己觉得奇怪）年青的反而走到我们前头了，现在就剩下我们这些老——（忽然）萍儿呢？大少爷呢？萍儿，萍儿！（无人应）来人呀！来人！（无人应）你们跟我找呀，我的大儿子呢。

［书房枪声，屋内死一般的静默。］

蘩　（忽然）啊！（跑下书房，朴园呆立不动，立时蘩漪狂喊跑出）他……他……

朴　他……他……

［朴园与蘩漪一同跑下，进书房。］

［鲁妈立起，向书房颤踬了两步，至台中，渐向下倒，跪在地上，如序幕结尾老妇人倒下的样子。］

［舞台渐暗，奏序幕之音乐（High Mass - Bach）。若在远处奏起，至完全黑暗时最响，与序幕末尾音乐声同。幕落，即开，接尾声。］

【阅读提示】

《雷雨》以1925年前后的中国社会现实为背景，通过一个带有浓厚封建色彩的反动资本家家庭内部的尖锐冲突，以及周、鲁两家前后30年复杂的矛盾纠葛，暴露了具有强烈封建性的资产阶级家庭的丑恶和黑暗，揭示了其腐朽崩溃的必然性。

剧本中交织着许多条爱情线索：周朴园与侍萍之间的，周朴园与蘩漪之间的，周萍与蘩漪之间的，周萍与四凤之间的，周冲与四凤之间的。这些爱情线索俱以悲剧而结束，悲剧中的罪魁祸首是周朴园，而推动悲剧剧情向前发展的关键人物是蘩漪：竭力拖住周萍不让他离开的是她；把侍萍招到周公馆来的是她；关住四凤的窗户，使四凤和周萍的关系被鲁大海和侍萍发现的也是她；最后在周萍与四凤就要结为夫妻一同出走时，又是她叫来了周朴园，挑明了周萍与四凤的兄妹关系，完成了这出悲剧。蘩漪与周朴园是剧中相互对立的主要人物形象。

周朴园是一个带有浓厚封建性的反动资本家，作者赋予这个形象的突出特征是冷酷——以其鲜明的阶级自觉意识为内容的、几乎成了本能的、用文质彬彬的形态表现出来的冷酷，作为这种冷酷的补充的另一特征是他心理平衡的欠缺和寻求。例如在他抛弃侍萍后，由于欠缺心理平衡，他有时也似乎受良心责备，为寻求心理平衡，他也采用了一些似乎有人性的做法，如听说侍萍投河而死后，仍然保留着她的照片，等等，但侍萍一旦危及他的名誉地位，他又恢复了冷酷的本性。

蘩漪是一个有着个性解放要求的上等社会女子。作者充分地写出了她与周朴园结婚后所受的禁锢及其内心痛苦。正因此她与周萍的乱伦关系以及她的一些夹杂着自私心理的报复行为都可以得到观众的谅解。她把周萍当做唯一可以交流感情的男人,她明知周萍不可靠,还是愿意跟他私奔,并且说跟四凤一块走也行。她离不开周萍,不是基于生理需要,而是基于心理欲求,这反衬了周朴园对她的禁锢是多么难以忍受。

侍萍是一个备受磨难的底层妇女形象。作者也是把描写重点放在她心灵所受的磨难上。这种心灵磨难有两方面,一是她年轻时在爱情上受到周朴园的玩弄,这给她留下了终生的创痛;二是她现在作为母亲面对儿女之间已成事实的乱伦恋情时,感到无可解脱又无可诉说的巨大震惊。前一方面是虚写、略写,后一方面是实写、细写。侍萍的悲剧形象也是对周朴园及其所代表的恶势力的有力控诉。

《雷雨》的结构艺术有很高成就。它把前后30年的旧中国家庭和社会的错综复杂的矛盾关系,集中在一天的时间内,基本上压缩在周公馆的客厅这狭小的空间内来展示。为了做到这一点,作者运用了三种具体手法:一是用“现在”的剧情来附带介绍“过去”的情况。例如30年前周朴园对侍萍的玩弄和抛弃,是在第二幕中借侍萍重见周朴园这个场面附带介绍出来的,侍萍的话是她现在处境和心情的表露,绝不是单纯为了向观众介绍旧事。二是运用偶然性把多种头绪集中在一起。作者为了在一天之内表现30年的生活矛盾,就使许多人物都在一天相聚,使许多事情都凑在这一天发生,这种偶然性是以必然性为基础的。三是几个头绪、线索间能适当地穿插交织,既避免单调,又避免过分杂乱,在剧情发展中留下一个又一个悬念,吸引着观众去探究。

【思考与练习】

试分析周朴园的性格。

【作者简介】

詹姆斯·马修·巴利(1860—1937),英国小说家,剧作家。出生于苏格兰。1882年于爱丁堡大学毕业之后,移居伦敦,从事小说和剧本创作。后来做过大学校长,1922年被授予勋章,1928年当选为英国作家协会主席。他的小说属于“菜园派”,擅长以幽默和温情的笔调,从理想化的视角,描述苏格兰乡村简朴的风土人情。他的戏剧多为社会喜剧,以曲折的剧情、讽刺的笔法嘲笑贵族的等级观念和追名逐利的社会风气。重要作品有《小牧师》、《感伤的汤美》、《十二镑钱的神情》、《可钦佩的克莱登》、《亲爱的布鲁特斯》,并创作了大量童话故事和童话剧,《彼得潘》已成为世界儿童文学的经典。

十二镑钱的神情

詹姆斯·马修·巴利

[如果方便的话(像人们请你开支票时所常说的),你须设想这出戏的场面是布置在你的府上,哈利·西摩斯就是阁下。房间里的装饰可能浮华了一点,你如果在这样那样的粉饰的细节上挑剔,那么,我们宁可把房间重新装饰,也不能让你借口摆脱你不是哈利·西摩斯。我们有意把他说成是一个企业家,但是(为了不让你摆脱)我们只要提起笔来一涂,就可以把他换成一个皇家法律顾问、名医、国务大臣,或者任何你所愿意的那种人。我们想象他是一个粗红脖子圆滚滚有趣的胖子,万一你知道他是一个瘦子,我们也可以放弃这一点。这是在你事业中那样的一天:正当每件事似乎都极端顺利的时候,每件事都搞糟了。

[哈利的事情是一个女人搞糟了的。她在他最得意的时候,来到他的面前,告诉他她并不钦佩他。当然,他把她赶走了,不久也就依然如故,但是他的一个上午可被她毁了。这就是本剧的情节,也就足够了。

[哈利在几天之后就要接受爵士勋位。我们一见到他的时候,正是他在他的温柔乡中,他的坎新敦(或者是威斯特明斯托吧?)家中和他的妻子演习授勋的仪式。他们已在这上面花了整个早晨,一项赏心惬意的从事。西摩斯太太(我们只能最后一次这样谑而不虐地称呼她了)身着朝见礼服,扮作就要封她丈夫爵位的皇上,坐在王位上。她肩膀上的珠宝煌煌地宣告她丈夫对她的慷慨。她必然是一个非常自豪而幸福的女人,然而她竟愁眉不展,畏畏缩缩,好像有一个她所怕的人就在她的身旁。她拍手作为对他的一个信号。他漂亮地一甩腿鞠躬走进。他的服装还不齐全,佩挂的宝剑和正式用的长袜都尚未送来。他先用一只脚向前跨出,然后慢慢地把另一只脚并上去,这样一步步地向前滑行,走到他妻子的面前,屈一膝跪下,庄严地把她的一只手举到他的嘴唇。她用一把裁纸刀拍了一下他的肩,严峻地说:"起来,哈利爵士。"他起立,鞠躬,在房间里滑行到这里那里,在各项家具的前面下跪,从每项家具的前面站起来一个爵士。这是一场辉煌的家庭排演,而哈利觉得他是如此庄严,好像他知道对方皇家也在作同样的演习。

爵士　(沾沾自喜地)这就差不多了吧,怎么样?

夫人　(松了一口气)我看好极了。

爵士　可是够不够庄严?

夫人　喔,非常庄严。等佩上宝剑,还要更庄严些。

爵士　宝剑会增加气氛。其实也就只有短短的五个动作(边说边演)——滑行——下跪——吻手——拍肩——退下去一个爵士。时间虽然短促,但确实是一个很美的仪式。(和善地)有什么建议吧?

夫人 没有……喔!没有。(看见他停下来吻一个靠垫的穗子,神经质地)你是不是认为要练习到差不多超过十全十美,你才练习够了?

[他本兴高采烈,但像这样无聊的批评,任何人也会受不了的。

爵士 我不是这样,不要胡说八道,等向你请教的时候,再发表你的意见。

夫人 (羞辱煞)我很抱歉,哈利。(一个典型的近身男仆汤摩斯走进,递上一张名片)"弗罗诺打字经理处"。

爵士 啊,对了。我打了电话给他们,要他们派个人来。我想是个女的吧,汤摩斯?

汤摩斯 是的,哈利爵士。

爵士 把她带到这里来。(他最近才变成一个拘守礼节者)唉,汤摩斯,严格地说,你知道,在星期四之前,我还不是哈利爵士呢!

汤摩斯 请您原谅,老爷,可是对我们下边的人来说,这是多么称心的一件事。

爵士 (好脾气地)啊,下边他们很喜欢,是吗?

汤摩斯 (不拘束地)尤其是那些娘儿们,哈利爵士。

爵士 你说得很对,你可以把她带进来,汤摩斯。(汤摩斯走出,去执行他的重大任务)你可以告诉那个女人要她做什么。艾美,我去换衣服。(他谦虚得很,不愿替自己夸耀,宁可在家中安顿一个妻子替他来做这样的事)你可以告诉她有关我的那些事,这类事由你嘴里说出来好得多。(快乐地微笑)你听见刚才汤摩斯所说的了:"尤其是那些娘儿们。"他说对了。荣华富贵!女人比男人更喜欢。也应该这样。因为夫荣妻贵。你就是夫荣妻贵,西摩斯夫人。没有一个女人会看见你这件礼服而不羡慕出病来,我了解她们。让我们所有的女朋友来看看,一定会使她们一个星期不舒服。

[这些快乐的情绪把他轻松愉快地送下场。一会,那位捣乱分子被带领上场。她仅仅是一个打字员,穿得非常雅致,但在这上面只花费了少得可怜的钱。她手里提了一架打字机,竟像是她的一个朋友那样而不是她靠此谋生的招牌,实际当然是。她的眼睛明亮;在和西摩斯夫人奇特的对照下,她的态度从容而有自信心。

凯蒂 (有礼貌地,但照规矩应该让对方先开口)早安,太太。

夫人 (一味神经质,竟未注意到这个打字员先开口的冒昧)早安。(初次印象,她倒还喜欢这个女人;而这个女人——尽管这是不值得一提的——也还喜欢她。西摩斯夫人有一个替她扣纽扣、解纽扣的侍女,可能还有一个伺候这个侍女的侍女,然而她竟带着微微的羡慕,看着这个自己的事由自己做的女人)这是一架打字机么?

凯蒂 (安排打字机,准备工作)是的。(没有说:"是的,太太",照说应该这

样)我想如果我是在这里工作,我可以把这脱了;脱了我可以工作得方便些。(她说的是她的帽子)

夫人　当然可以。(可是帽子早就脱了)请原谅我穿着这身礼服。在这星期之内我就要朝见,我是穿起来试试。(她的口吻不像真是道歉,她还在想念她那身礼服的荣耀,流露出那样的神情,好像还不能绝对地肯定这是荣耀)

凯蒂　这件礼服美得很,如果我可以冒昧地这样说。(她坦率地称赞这件礼服。大概她自己也有她的最好的、次好的:她的这一类东西)

夫人　(流露出因礼服而骄傲的兴奋)是啊,非常美丽。(礼服的美丽鼓起了她的勇气)请坐。

凯蒂　(她是你不请也会自己坐下来的那种女人)我猜想是有些文件要我抄打吧?我不知道详细情形,他们只给了我这里的地址,派了我到这里来,其他什么也没有告诉我。

夫人　(竟像一个仆人那样的自卑)喔,不是我有什么事要麻烦你,是我丈夫的事,他要麻烦你的并不是抄打什么。(得意起来,因为哈利值得使她骄傲)他有些信件需要答复——上百封的信——贺信和贺电。

凯蒂　(看作这不过是日常工作罢了)是么?

夫人　(记得哈利要每一个做妻子的能尽她的义务)我的丈夫是一个很出色的人。他就要封为爵士。(停顿,但凯蒂并没有被吓倒)他的封爵是因为他有贡献于——(考虑该怎么说)——因为他有贡献。(她觉得她这样说对哈利称赞得不够)在这方面他会解释得比我好得多。

凯蒂　(一本正经地谈工作)而我是来替他答复这些贺信的,是么?

夫人　(担心这是一项艰巨的任务)是的。

凯蒂　(爽快地)这类工作我倒略微有点经验。(开始打字)

夫人　不过你要先知道他要说些什么,你才能开始。

凯蒂　只打出一个稿样。不是一件照例的事么?

夫人　(对她来说,这是一个新鲜的观点)有这种照例的事么?

凯蒂　喔,有。

[她继续打字,西摩斯夫人注视着她那灵巧的手指,呆住了。这个无用的女人眼看着这个有用的女人的手,叹了一口气,而说不出为什么。

夫人　你工作得多快!一个人能做一点事而能做得好,一定是很愉快的。

凯蒂　(感谢地)是啊,是很愉快的。

夫人　(又记起使她高贵的来由)不过,对不起,我想这稿样不会有什么用的。我的丈夫要我对你说明,这是和平常不同的事。他丝毫没有去追求这个光彩。对于他,这件事完全是个意外……

凯蒂　(她是一个讲实际而不是卖弄讽刺的人)这正是我所写的。

夫人 (对于讽刺她是一堵死墙)你怎么知道是这样?

凯蒂 我不过是猜想。

夫人 这是照例的事?

凯蒂 喔,是的。

夫人 他们都不追求?

凯蒂 这我可不知道。他们总是教我们在信上这样写。

[目前对于她,就信来说,最重要的只是每一百封信十个先令。

夫人 (转到更有把握的理由)我应该向你说明,我的丈夫不是一个计较爵位的人。只要他能做他分内应做的事,他……

凯蒂 对,这我已经在信上这样说了。

夫人 你已经在信上说了吗?不过他还要大家知道,他原想不接受这个爵位,如果不是为了……

凯蒂 这我也已经写上了。

夫人 什么,你已经写上了?

凯蒂 (读信稿)"我实在曾想请求容许我不接受这个爵位,如果不是为了我要讨我妻子的欢喜。"

夫人 (重重地)不过你怎么会知道是这样的?

凯蒂 是不是这样呢?

夫人 (有权提出问题的到底应该是她)他们都是为了这个缘故才接受爵位的吗?

凯蒂 这是他们要我们在信上写的。

夫人 (不经心地)你好像很了解我丈夫似的。

凯蒂 老实说,我连他的名字都不知道。

夫人 (无意之间显示了她了解她的丈夫)喔,这他可不会喜欢的。

[正当这一当口,哈利,换了便服,那样满面笑容,兴高采烈地第二次出现,以至于我们为他捏一把汗。不过这位讨厌的凯沙琳也将大吃一惊。

夫人 她就是那位女士,哈利。

爵士 (抖出衬衫硬袖)好,好,早安,亲爱的。

[接着是他们彼此相视,而目瞪口呆。凯蒂吃惊之余,好像感觉到这个局面带来幽默的一面,可是哈利却即刻沉下脸来。

夫人 (她什么也没看见)刚才我正在想要向她说明……

爵士 唉,——什么?(自制)用不着你管了,艾美。有什么事我会对她讲。

[西摩斯夫人怀着极端恐惧的心走出,不知道她怎样已经触怒了她的老爷。哈利接着对付这不速之客。

爵士 (含着十足的鄙视)是你!

凯蒂　(竟像是和他同样)是我,真有趣。

爵士　你竟这样地无耻,敢走到这里来!

凯蒂　请相信我,这对你固然是意外,对我也同样是意外。我是通过正常的职业手续,被派到这里来的。他们只给了这里的门牌号数,没有告诉我姓名。

爵士　(摧毁她)通过职业手续!堕落到做一个——打字员!

凯蒂　(未被摧毁)简直不堪设想!

爵士　毫无疑问,经过比这更糟的痛苦。

凯蒂　(含着酸苦的回忆)糟得多的痛苦。

爵士　(天啊,粗暴地笑)恭喜你!

凯蒂　谢谢你,哈利。

爵士　(看她没有沮丧,他恼了,谁也会恼的)唉,你称呼我什么,女士?

凯蒂　不是哈利么?天啊,我几乎忘了。

爵士　哈利不是你叫的。对不起,我姓西摩斯。

凯蒂　对,我还没有忘记,过去也还是我的姓呢,你看。

爵士　(最好的态度)过去是,可是以后你把使用这个姓的权利丧失了。

凯蒂　一点也不错。

爵士　(幸灾乐祸地冷眼察看)一看到你来到这里的时候,我非常气愤,但仔细一想,很高兴。(从他道德本性的深处出发)这中间存在着残酷的报应。

凯蒂　(同情地)肯指教指教么?

爵士　你知道你是被派到这里来做什么的么?

凯蒂　我正在领教。你已经被封爵士,我是被叫来替你答复贺信的。

爵士　不错,不错。今天你来到这里是来伺候我的!

凯蒂　我,本来可以当西摩斯夫人的。

爵士　不是当西摩斯夫人,而是当她的打字员。她有四个听差。啊,我很高兴,你看见她的时候,她正穿着朝见礼服。

凯蒂　我妄想她会不会让我替她洗洗衣服,哈利爵士?

[她这样的无赖,使他作呕。

爵士　(庄严地)你可以走了。一想到像你这样的人和我天真的儿女只隔着几步楼梯……(他永远不会知道为什么她脸上出现了新的神情)

凯蒂　(慢吞吞地)你有儿女?

爵士　(得意地)两个。

[他不解为什么她回答得这么慢。

凯蒂　(竟报之以无礼)这样好的数目。

爵士　(更逼紧一步)都是男的。

凯蒂　事事如意。他们都很像你么,哈利爵士?

爵士 （益发夸耀）他们都非常像我。

凯蒂 这太好了。

[就连在这样的问题上她都这样地撒野。

爵士 请走吧！

凯蒂 唉咳！我怎样向我的老板交代呀？

爵士 这与我无关。

凯蒂 对西摩斯夫人你怎么说？

爵士 我可以自负地说，不管我说什么，西摩斯夫人不会有什么话说的。

[她微笑了，天知道为什么，除非从她的下一句话得到解释。

凯蒂 仍然是一个原封未动的哈利。

爵士 你这是什么意思？

凯蒂 只是说，你仍然自信你对于两性的关系有深刻的了解。

爵士 （他原来轻视她的品行，现在同样地轻视她的智慧）我相信我了解我的妻子。

凯蒂 （没有希望搞得通）也许是这样吧。不过我记得当我是这位女人的时候，你也以为你很了解她的。

[他以为他是在她身上浪费时间，于是指着门下了逐客令。她可不是就这么容易败下阵去的一个女人。

凯蒂 好吧，再见，哈利爵士。你不按一下铃，教你的那四个听差的领我出去么？

[可是他犹豫了。

爵士 （情不自禁地）既然你已经来到这里，不妨把我想知道的对我说说。（很想不要问得如此急切）告诉我，那个男的是谁？

[这个陌生的女人——现在很清楚了，对于他，她一直是陌生的——宽容地微笑了。

凯蒂 你始终不知道他是谁？

爵士 我始终不能肯定。

凯蒂 （回忆地）我料想这会使你烦恼的。

爵士 （讥诮地）显然很快他就把你丢了。

凯蒂 非常快。

爵士 我早就可以告诉你会是这样。（可是她依然坦然微笑地观察他，这个受窘的男人不得不恳求了）他是谁？已经14年了，现在对你我都没有什么了。凯蒂，告诉我，他是谁？

[这时他第一次流露天真，也许因为如此，她不愿意伤害他。

凯蒂 （慈爱地摇头）最好不要问。

爵士　我一定要问,告诉我。

凯蒂　不告诉你比告诉你对你更厚道些。

爵士　(强烈地)是这样,啊,一定是我亲密朋友中的一个。是不是班纳德·罗杰?(她摇头)可能是一个现在还常到我家里来的人。

凯蒂　我想不会。(回忆)14年!那天夜晚你一回家就看到我留下的那封信?

爵士　(不耐烦地)是的。

凯蒂　我把它靠在酒瓶上,我想你一定会看见。那是和现在这一间差不多的屋子,家具布置得同样考究。这一切如何地重新涌现在我的眼前。你看见我吧,哈利,戴着帽子,穿着大衣,把信放在那里,最后一次向屋子里的各处看看,然后偷偷地走出,深更半夜,去会见……

爵士　谁?

凯蒂　他。时间一小时一小时过去,屋子里一点声音也没有,除了那"滴答滴答"的钟声,到了将近半夜,你一个人回到家,拿起……

爵士　(粗声粗气地)不是一个人。

凯蒂　(她想象的情景破灭了)不是么?喔,(悲叹地)你看,这么多年来我一直想错了。(她琢磨他的脸色)我相信发生了有趣的事吧?

爵士　(咆哮地)讨厌得要命的事。

凯蒂　(诱劝地)请告诉我。

爵士　我们不谈这个。那男的是谁?当然,做丈夫的有权知道他的妻子和谁私奔的。

凯蒂　(这个嘴上可恶地毫不让人的)当然,做妻子的有权知道她的丈夫是怎样经受的。(从女人爱讨价还价的脾气得到启发)来一个公平交易吧,你告诉我所发生的事,我告诉你他是谁。

爵士　你愿意?那很好。

[这是第一次他们有了一个共同之点,他不自觉地坐到火炉前她的身旁。他的心思全在要告诉她什么,但是她,由于女性的敏感,觉得两个人坐得靠近了。

凯蒂　(不识趣地)竟如同从前那样了。(他即刻悻悻地离开)说下去吧,哈利。

爵士　(怕说出对于一个男子汉不利的事)好吧,你知道,那天晚上我是在俱乐部吃晚饭。

凯蒂　嗯。

爵士　贾克·兰姆开车送我回家。车上还有莫比特·格林,我要他们同到我家里聊几分钟。

凯蒂　贾克·兰姆和莫比特·格林么?我想我记得他们。贾克是议会议员。

爵士　不对,那是莫比特。他们一同来到我家里……(忽然惊骇起来)是他吧?

凯蒂 (被弄糊涂了)谁?

爵士 莫比特。

凯蒂 什么?

爵士 那个人。

凯蒂 哪个人?(懂了)喔,不对,刚才你不是说他是和你一起回家的么?

爵士 可能是故弄玄虚。

凯蒂 喔,不是,说下去吧。

爵士 他们进来是继续我们在俱乐部的谈话。

凯蒂 显然是极有趣的谈话。

爵士 那天晚报上登的全是一个伯爵夫人和一个小提琴家私奔的新闻。她的名字叫什么啦?

凯蒂 这有关系么?

爵士 没有关系。(伯爵夫人就此结束)我们是在讨论这件事,而……(做起苦脸)而我未免过分热烈地……

凯蒂 (越听越有滋味)我开始懂了,你曾这样说了,假如一个丈夫不能管束他的妻子,而让她跟人家逃了,那是活该。这是你一向爱谈的得意题目之一。啊,哈利,承认是这样。

爵士 (酸楚地)可能差不多是这样。

凯蒂 而家里那封信一直在那里等着你,除了屋子里那只钟,你们谁也不知道。哈利,你肯这样地告诉我,太可爱了。(他的脸色一点也不可爱,这个没文化的女人用错了形容词)我忘记了我在信上到底说了些什么。

爵士 (粉碎她)我也忘了。不过信我还保存着。

凯蒂 (未被粉碎)让我再看看。(她看到他的视线转向书桌)

爵士 我愿意把它当一件礼品送给你。(这封有关命运的信,已被埋葬了的东西,重新从一个锁着的抽屉里拿了出来)

凯蒂 (接信)是的,就是这封信。哈利,你是怎样地把它捏在手里揉了又揉的呀!(读信,不是没有带着好奇心)"亲爱的丈夫——这是我最后一次这样称呼你——我走了。我是人们所说的私奔了。我不想替自己辩护,也不想解释;因为我的辩护,你不会接受的,我的解释,你不会了解的。这对你是一个小小的打击,仅仅是对于你自己自尊心的打击;使你惊奇的是任何一个女人能愚蠢到这样程度而情愿离开像你这样一个男人。属于你的东西我一件也没有带走。祝你幸福!你的忘恩负义的凯蒂。再者:你不必费心去找出他是谁。你会这样做,但你不会成功的。"(她把这件令人作呕的东西折起)真的可以送给我么?

爵士 真的可以。

凯蒂　(厚脸地)想不想留下一个打字副本?

爵士　(用他一向吓唬他祖母的声音)不要胡说!(难过)我最后不得不拿出来让他们看。

凯蒂　我可以想象贾克·兰姆欣赏它的滋味。

爵士　一个穷光蛋牧师的女儿。

凯蒂　我不过是如此而已。

爵士　我们把你们两个到处找遍了。

凯蒂　雇用了私家侦探?

爵士　他们没有能找到你们丝毫踪迹。

凯蒂　(微笑)没有么?

爵士　但是法庭上批准我采用登广告的方式对一个无名氏起诉,我获得我再结婚的自由。

凯蒂　我看到了。这是最后一次我听到关于你的事。

爵士　(字字打击她)我毫不耽搁地再结了婚。

凯蒂　人们说,做丈夫的总是这样恭维他的前妻的。

爵士　(暴躁地)我就是这样做给他们看的。

凯蒂　你很快就让他们看到,假如有一个女人是傻瓜,你还可以从篮子里挑选到一个最好的。

爵士　咳,我就是这样做的。

凯蒂　(使他言归正传)可是你还是不知道他是谁。

爵士　我怀疑每个人——甚至我最亲密的朋友。我像是要掐住他的喉咙,叫喊:"原来是你!"

凯蒂　你的本能告诉你,你对我那样地好,我看中的一定是另一个和你一样的人。

爵士　我曾经想过,不可能是为了金钱,因为必然是相貌—— 一个小白脸。(他注视着她,迷惑了)他一定有某些吸引人的地方能使你情愿放弃你在我这里享受的一切。

凯蒂　(把他看成傻子一个)可怜的哈利。

爵士　这件事情经过的时间不会太长,否则我会看出你的变化。

凯蒂　你会?

爵士　像我这样深刻地了解你。

凯蒂　你这个令人吃惊的人。

爵士　到底是谁?快说。

凯蒂　你一定要知道?

爵士　你答应了的。说话要算数。

凯蒂 如果非说不可——(他虽然是做出这件事的一个罪人,但我们得承认,在这一点上她实在不愿意使他难受)我后悔我答应了你。(注视着他)没有谁,哈利,实在没有。

爵士 (站起来)如果你以为你可以这样欺骗我……

凯蒂 我对你说过,你不会喜欢的。

爵士 (急躁地)这是叫人难以相信的。

凯蒂 这我承认,但这是真的。

爵士 你的信证明你是在说谎。

凯蒂 这是我故意那样写的,我懂得,如果我说实话,你要想得到再结婚的自由,会有困难;我既然得到了我的自由,也应该让你得到你的自由,那才算公平。因此我在向你告别的信上,我用了那样的词句,它的意思可以照你所想的那样解释。我知道法律会支持你的意见,因为法律,和你一样,哈利,对于女人有深刻的了解。

爵士 (自己想弄通)我还不能就这样相信你。

凯蒂 (体贴到他的内心)这样看法也许对于你最好,没有像承认事实那样丢脸。不过我就只有你一个。(总结她的一生)有你已经够了。

爵士 那到底是什么疯癫的冲动……

凯蒂 不是冲动,哈利,是经过一年的考虑。

爵士 (迷乱了)一年? 照你这样说,人们会以为我对你不是一个好丈夫。

凯蒂 (悲悯地微笑)依照你的看法,你是一个好丈夫。

爵士 (坚决地)我相信是这样。

凯蒂 一个正人君子,有说有笑,居然还是一个慈善家。

爵士 (有可靠的根据)所有的女人都羡慕你。

凯蒂 你是多么喜欢人家羡慕我!

爵士 我是把你沉浸在穷奢极欲的享乐之中。

凯蒂 (做出她惊人的启示)正因为如此。

爵士 (茫然)什么?

凯蒂 (她现在可以心平气和了,因为一切已成过去)你是怎么满面笑容地看着我坐在丰富筵席的主位上,带着珍贵的珠宝,置身于胖得臃肿的客人之间。

爵士 (打抱不平地)他们没有那样胖。

凯蒂 (题外的枝节)除了那些很瘦的,都是。太多的珠宝不是使女人奇胖,就是使她们奇瘦,哈利,你注意到没有?

爵士 (高声地嚷)我没有。(还值得再和她争论么?)那时候所有社交场中的名流全是我们的客人,不仅是商业家,还有政治家,画家,作家……

凯蒂 尽是些飞黄腾达的人。喔,一面大吃大喝,一面高谈阔论着谁是一帆风顺,谁在走下坡路,新住宅的造价,新式汽车,金边汤盘,谁就要封爵位。

爵士　(不妨指出,他的话从头到尾令人无从回答)谁能比得上我,因而你?

凯蒂　因而我!是啊,哈利,你,以及你的宗教。

爵士　(当真地)我的宗教?我从来不是一个爱谈宗教的人,不过……

凯蒂　呸,哈利,你的宗教,一向是什么,现在是什么,以至于你举行了盛大的葬礼之后是什么,你自己还不知道。(这是她从生活得到的体会)一个人一生所最感兴趣的事就是他的宗教,而你的呢,就是成功得法。

爵士　(引用从晨报上读到的文章)野心——是高尚的人所难免的弱点。

凯蒂　高尚的人!

爵士　(最后领会了她在说什么)你不是说你的离开我是由于我的成功得法吧?

凯蒂　是的,就是由于这个。(她现在使他看出了她是怎样的一个人)我不能忍受。如果你也偶然有一两次失败——可是你的成功逼得我透不过气来。(坚定而感情地)我的强烈的愿望是把它结束,而能和倒霉的人在一起。

爵士　(以牙还牙)这样的人很多。

凯蒂　可是我们中间没有。等到他们走下坡路的时候,我们就看不到他们了。

爵士　(不放松地)我告诉你,我的身价是二十五万镑。

凯蒂　(没有失色)这是你对你自己的估价。我可以告诉你,你对我的价钱:不多不少十二镑。我拿定了主意,如果我能先证明我有凭自己的劳力赚十二镑钱的骨气,我就能投到这个世界里独立谋生;后来等到我一有了十二镑钱,我就离开你了。

爵士　(在天秤的等盘中衡量)十二镑!

凯蒂　这就是你对于一个女人的价值。如果她没有本领赚到,她就得依赖你。

爵士　(回忆到大概是一个牧师家的花园)在你和我结婚的时候,你对于我的估价不止这些。

凯蒂　(她也看到这个花园)啊,那时候我还没有很深地了解你。只要你真像一个男人,哈利。

爵士　一个男人?你所谓一个男人是什么意思?

凯蒂　(离开花园)你没有听说过吗?他们是好样的。每个女人都不甘心向自己承认她的丈夫不是这样的。当她结婚的时候,尽管她是一个十分平凡的人,她总模糊地向往一种有意义的生活,同时担心有堕落的可能。她知道她的前途是她的丈夫。如果丈夫有某些优点,她就从她身上的优点把它发现出来,他们就共同努力去克服那些缺点。所以,我并不是那样甘心地放弃你的。我设想出种种理论来解释你。你的冷酷无情——我说你没有温情。你的粗暴——我说这是和坚强意志分不开的。你对弱者的鄙视——我叫它英雄气概。你的缺少理想是你能看透一切。你对女人的轻鄙看法——我只当作可笑而已。喔,我曾紧紧地抓住你,企图挽救我自己。但我终于不得不把你放弃。你只有一个性格,哈利,成功第一。这个性格在你身上是如此地强烈,以至于把你其他的性格一起淹没了。

爵士　(不愿离开正题)你是怎样赚到你的十二镑的?

凯蒂　这差不多费了我六个月的时间,但我是规规矩矩地赚到手了。(她把手指放到打字机上,爱护得如同不少女人爱护一朵玫瑰花那样)我学会了这个。我先是租了一架,自己练习。通过朋友,我得到一点工作。用我最初得到的十二镑钱,买了我的打字机。这时候,我觉得没有什么要顾虑了,我就走了。

爵士　这一切发生在我的家里,在你生活得极其奢华的时候!(她点头)天啊,你真坚决。

凯蒂　(干脆地)天啊,我是这样坚决。

爵士　(瞪视)这说明你是怎样地恨我。

凯蒂　(他用了这个幼稚的字,她微笑了)一点也不——在我看到我有逃脱办法之后。从那时起,我只觉得你可笑,哈利;我甚至于替你可惜,因为我看出你无法摆脱你自己。成功竟是你致命的天赋才能。

爵士　喔,谢谢你。

凯蒂　(亲爱的台前朋友们,她也许在想到你我)是的,在你最成功的那些朋友中有些是看到这一点的。其中有一两个有时看上去很悲伤,似乎他们想到如果不那样得法,可能有所成就。

爵士　(亵渎神圣是他所最痛恨的)现在和你在一起的那一群倒霉的伙伴——他们是什么?不过是些想成功而失败了的家伙。

凯蒂　对啊,他们努力,但他们失败。

爵士　他们将永远失败。

凯蒂　永远。可怜虫——我这样说他们。可怜虫——他们也这样说我。这样我们就有了人对人的同情心。这是我为什么永远不讨厌他们。

爵士　(直截了当地)哼!凯蒂,告诉你,我还会赚到五十万镑呢!

凯蒂　我肯定你会。你在慢慢地发胖了,哈利。

爵士　不,我没有。

凯蒂　那个胖老头子在我们宴会上常打瞌睡的,他叫什么啦?

爵士　如果你说的是威廉·克纳克里爵士……

凯蒂　就是他。威廉爵士,在我的心目中,是一个赫赫成功者的典型。他是如此的成功,使他非常非常的发胖;他在椅子上是这样地坐着(她把两手向前合拢),好像抱住他一切的成功。这就是你努力的目标,哈利。这个目标你会达到,同时得到你的五十万镑。

爵士　(他无疑地已经太有耐性了)请你走了吧。

凯蒂　(戴手套)但不要让我们不欢而散。你看我现在的样子,和以前在你的舒服的马车里滚来滚去、毫无生气的那个人比起来怎样?

爵士 (傲岸地)我忘记你是怎样,我只知道你永远不配替现在的西摩斯夫人掌灯。

凯蒂 这是她的画像吧,不是么?

爵士 (又抓住一个机会)身上穿的是结婚礼服,是一个宫廷画家画的。

凯蒂 (缺德地)一个爵士?

爵士 (受了愚弄)是的。

凯蒂 (她喜欢西摩斯夫人:她的冒昧之处)这是一个很美的脸。

爵士 (带着所有权的骄傲)到处公认的一个美人。

凯蒂 她的眼睛含有愉快的神情,有一个有个性的下巴。

爵士 (像拍卖似的)人人知道她有智慧。

凯蒂 画这幅画的时候,她是有前途的。并且是一个秀外慧中的脸。(忽然对他恼怒起来,这是她在全剧中第一次这样,也是最后的一次)喂,哈利,你这个全无心肝的人!

爵士 (大吃一惊)唉,什么?

凯蒂 这个可爱的人,很可能成为一个高贵的妻子和母亲,可是几分钟之前,我看到的竟是一个萎靡不振、算不了什么的女人。对于我,我可以宽恕你,因为我逃脱了,但对于这个可怜的、绝望的人…… 喂,哈利,哈利。

爵士 (指示她向门走)我要谢谢你——假定世界上有一个女人,对她的丈夫感到骄傲,对她婚后的生活感到幸福,这个女人就是西摩斯夫人。

凯蒂 我怀疑。

爵士 那么,你大可不必。

凯蒂 (缓慢地)如果我是一个丈夫——这是我对所有做丈夫的忠告——我要时常冷眼观察我的妻子,看她眼睛里是不是出现了十二镑钱的神情。两个儿子,你是说,都很像你?

爵士 这与你有什么关系?

凯蒂 (眼光闪闪)我不过想到有这样两个女孩子,长大了——可爱的漂亮的好姑娘,她们生来是配给那些不得意的人的呀!好了,再见吧,哈利爵士。

爵士 (恐怕是暴露了一点点人性的弱点了)说,你很后悔吗?

凯蒂 为了什么?

爵士 你离开了我。说,你痛心地后悔。你知道,你是这样。(她微笑摇头。他是一个沉不住气的人,他宣布她的罪状)你把我的一天都毁了。

凯蒂 (鼓励他)真对不起,不过这是一根针轻轻地刺了你一下,哈利,我料想在你正得意的时刻,你发现有一个老朋友——不认为你有出息,会对你是一个小小的打击,但是你一会儿就会忘记的,谁在乎一个打字员的意见?

爵士　（被鼓励了）没有人。一个打字员，每星期十八个先令。

凯蒂　（自负地）我一点也不在乎，哈利，我赚到一倍呢。

爵士　（干脆地）了不起！

［一个胆怯的敲门声。

夫人　我可以进来么？

爵士　（竟请求似的）这是西摩斯夫人。

凯蒂　我不会说出来的。她要先敲门才敢走进她丈夫的屋子！

爵士　她不是这样。（证明他是溺爱妻子的）请进，最亲爱的。

［最亲爱的走进，带来了宝剑。她应该有脑筋，当这个讨厌的人还在场的时候，不应该把它拿来。

夫人　（以为她这样的前来会受到欢迎的）哈利，宝剑送来了。

爵士　（现在还无暇赏玩）喔，好了。

夫人　可是我以为你急于想用它练习练习的。

［那个讨厌的女人微笑了。他宁愿他没有去观察她笑了没有。

爵士　（严厉地）放下。

［西摩斯夫人红着脸把宝剑放在一旁。

凯蒂　（带着她那令人难堪的礼貌）这是一把非常美丽的宝剑，如果我可以这样说。

夫人　（得到了帮助）是的。

［这个人以为她能使他做错事，她这样想的么？他将向她表明。

爵士　（一只眼看凯蒂）艾美，你脖子上唯一的需要是更多的珠宝。

夫人　（发抖）更多的！

爵士　几串珍珠。我会去办的。对于我，这点东西是微不足道的。（凯蒂隐藏了她的愤慨而不再多说了，因此，最好请她走。他按铃）我不再耽搁你了，小姐。

凯蒂　谢谢你。

夫人　就走么？你工作得很快。

爵士　这个人不合适，艾美。

夫人　我很抱歉。

凯蒂　我同样抱歉，夫人，这是没有办法的。再见，夫人……再见，哈利爵士。（她像是行了一个轻率的礼，然后由汤摩斯领出。她走了之后，屋子里的空气新鲜了。哈利即刻感觉到这一点）

夫人　（她有专说错话的倾向）她看上去像是一个很能干的女人。

爵士　（家主的架子）我一点也不喜欢像她这样的人。

夫人　（温顺地）当然你最了解。（这才是正当的女人）

爵士　（很想从她得到旁证）天啊，当她听到我说要给你成串珍珠的时候，她显得那样的不自在。

夫人　她这样了么？我没有注意到。我料想是这样吧。

爵士　料想。我把女人看透了，不会弄错的。

夫人　是的，喔，是的。

爵士　（奇怪，这样自信的人会问这个）艾美，我很了解你，是不是？你心里在想什么，我看得清清楚楚，像看一本书那样，唉？

夫人　（有点紧张）是这样，哈利。

爵士　（高兴地，但带着试探的眼光）你的境遇和这个倒霉的可怜虫比起来，多大的差别！

夫人　是啊，不过看上去好像她很心满意足的样子。

爵士　（顿足）假装出来的呀。你说什么？

夫人　（胆怯地）我没有说什么。

爵士　（发脾气，冲口而出）人们会以为你在羡慕她。

夫人　羡慕她？喔，不……不过我觉得她那样有生气。那是当我看她在她打字机上工作的时候。

爵士　有生气！那不是生活。有生气的是你。（不客气地）我很忙，艾美。（他在他的书桌前坐下）

夫人　（循规蹈矩地）很抱歉，我这就走，哈利。（没头没脑地）它们的价钱很贵么？

爵士　什么？

夫人　那些打字机。

［她走了之后，她那句话中可能有的含义使他吃惊。幕把他从我们面前隐蔽了，但我们相信不久他又会坦然无事的。我们有足以自慰的感觉，你和我，在我们的身上闻不到一点西摩斯气。

【阅读提示】

独幕剧《十二镑钱的神情》发表于1902年，是一部讽刺喜剧。冲突不复杂，剧情却一波三折。大幕拉开，哈利·西摩斯先生即将荣升“爵士”，一方面，他和夫人在家紧锣密鼓模拟演练“授勋”仪式；一方面，请专职的打字员来家代为回复亲朋好友的贺电贺信。巧的是，打字员竟然是14年前抛弃了他和他所提供的奢华生活毅然离家出走的前妻——凯蒂，看到凯蒂“堕落”到靠打字为生的境地，他很是“高兴”。西摩斯逮住这难得的报仇机会尽情奚落挖苦凯蒂，并急切逼问凯蒂当年离开的原因，对当年情景的追溯构成了剧情的主体。这时学会了独立谋生的凯蒂更加自信，既机智地反击了西摩斯对自己的贬损，又从容地揭开了自诩“成功”，“对于两性的关系有深刻的了解”的西摩斯的真实面目——自负傲慢、冷酷无情、虚伪粗暴、鄙视弱者、轻视女性，也解开了自己离家出走这个令他无法理解无法接受的事实的原因——“如果我能先证明我有凭自己的劳力赚十二镑钱的骨气，我就能投到这个世界里独立谋生；后来等到我一有了十二镑钱，我就离开你了。”最后，气急败坏的西摩斯赶走了凯蒂。有意思的是，看似温顺、满足于生活的现任西摩斯夫人却羡慕起自愿放弃奢华生活的前任西摩斯夫人凯蒂的“生气”，情不自禁地问起了打字机的价钱。戏就这样意味深长地落了幕，但观众难免不操心，在管束妻子方面自信满满的西摩斯先生会不会重蹈14年前的覆辙？

该剧思想内涵丰富。既有对盛行于资本主义世界的所谓“成功得法”即不择手段不惜代价追名逐利的价值观的嘲讽；也有对男女不平等的现实、男权主义思想的否定；更有对人怎样才能有尊严地生活，尊严是否一定与金钱、地位、成功有关这一困扰人的问题的思考。这使在时空上相距遥远的作品格外撩拨市场经济时代的我们的心弦，就如同打字机拨动了现任西摩斯夫人的心弦一样。总之，戏剧的主题不仅有认识价值，更有当下意义。艺术上，特点鲜明，技法圆熟。首先是设计了打字机这一道具。14年前，因为它，凯蒂敢于离家出走，西摩斯遭受第一次打击，好丈夫的颜面丢尽；如今，因为它，他们才能意外重逢，才能再次交锋，独立的凯蒂一层层揭下西摩斯“正人君子”、“慈善家”、“成功者”的面具。对西摩斯而言，如果说前一次的打击只是失去妻子，伤及皮毛，那么这一次的打击则触及灵魂，伤筋动骨。今后，因为它，现任妻子很有可能给西摩斯又一次打击。小小道具既如串珠之线，贯穿始终，使全剧线索清晰，层次井然；也是点睛之笔，突出和强化了作品的主题。其次，设置了复杂的人物关系，而且将造成复杂人物关系的剧情安排得与众不同。凯蒂和西摩斯曾有夫妻关系，现为雇佣关系，地位上男强女弱，精神上女尊男卑，这样既造成了人物的多重对比，又强化了戏剧冲突。剧情不用常见的男人始乱终弃模式，而用妻子抛弃丈夫还以与人私奔来承担责任的新颖模式，产生了多重的戏剧效应：一是有利于表现凯蒂智慧善良独立自主的思想性格，二是制造悬念吸引观众，三是决定了全剧的以当下引发前史，以前史的发现再推动当下的闭锁式结构。至于对比讽刺的手法、机智幽默的语言，都增添了全剧的艺术魅力。难怪它成为百多年来戏剧尤其是独幕剧的经典之作，对戏剧欣赏和戏剧创作来说都堪称典范。

【思考与练习】

1. 分析剧中的凯蒂和西摩斯夫人两个女性形象。
2. 分析凯蒂和西摩斯正面冲突的场面，理解剧情的特点。
3. 选择剧中几处精彩对白，分析人物语言的潜台词。

第二编　应用文写作

第一章　校园应用文

校园应用文，指的是在校园这个比较固定的区域里使用频率比较高的应用文体。它使用的区域是校园；使用的主体是教师和学生。主要用来教育教学、交流情感、传输信息、沟通管理。其种类主要包括：学生常用应用文——申请书、启事、海报、感谢信、会议记录、策划书、典型材料、竞聘演讲词、计划、总结；教学应用文——教案、作文评语、操行评语；实践应用文——实验报告、实习报告、毕业论文；传播应用文——消息、通讯、新闻评论、广播稿、网络消息；交际应用文——短信、微博、对联、标语。

第一节　学生常用应用文

包括学生在校园学习、工作、生活中经常用到的申请书、启事、海报、感谢信、会议记录、策划书、典型材料、竞聘演讲词、计划、总结等文种。

一、申请书

（一）申请书概述

1. 申请书的概念

申请书是个人或单位向组织表述某种愿望、提出某种请求时使用的文书，属于请求上级和领导同意、批准的专用书信，使用范围很广。

2. 申请书的特点

（1）目的性

申请书为解决具体的问题而写，希望解决什么问题，希望如何解决，都必须表达清楚。

（2）单一性

申请书一般只提出单一的申请事项，不宜将多种事项混在一起。如果有多项请求，可以分别写多份申请书。

(3)礼仪性

申请书向有关部门提出请求,希望得到批准或帮助,用语要诚恳、礼貌,不能太随意,更不能无礼。

3. 申请书的种类

常见的如入团入党申请书、转正申请书、调换工作申请书、辞职申请书、困难补助申请书、贷款申请书等。它要求一事一议,内容单纯,力求充分说明申请理由。

(二)申请书写作

1. 申请书的结构与写法

它同一般书信一样,内容包括五个部分:标题、称呼、正文、结尾、落款。

标题:可以只写"申请书",但最好明确写清"××申请书",让接受者一看便知道属于什么内容,而且字体应比正文稍大,写在上端正中。

称呼:即申请书的接受者,写明接受申请书的单位、组织或有关领导,宜在标题下空一两行顶格写出,并可加上"尊敬的"、"敬爱的"一类礼貌用语,后面加冒号。

正文:这是申请书的主要部分。首先可在题目的基础上用一句话写清申请的具体内容,并且最好单独成段,如"我自愿申请加入中国共产党"。然后可另起一段写相关内容,如介绍自己的情况、简历、家庭成员、社会关系、申请动机和理由、自己的态度决心等。申请理由应力求写得客观而充分,有关事项应力求写得清楚而简洁。如果内容较多、较复杂,应注意分段陈述,每段说清一个相对完整的内容。切忌多个内容杂糅在一大段内,让人难以理清头绪。

结尾:一般写上"特此申请"、"恳请领导考虑(批准)我的申请"、"恳请领导帮助解决"、"希望领导研究批准"等惯用语,也可写"此致——敬礼"一类礼貌语。

落款:即署上申请人姓名和成文日期。如果属于单位申请,除写明单位全称外,还须加盖相应公章。

2. 申请书写作的注意事项

(1)申请事项力求交代清楚具体,涉及数据须准确无误。

(2)理由须实事求是,切忌虚夸杜撰,且应充分合理。

(3)语言力求准确简洁,态度应诚恳朴实。

(三)申请书例文

支教申请书

校团委:

学校现在正在征求到云南山区开展支教活动的志愿者,我真诚地要求参加这项活动,特此提出申请。

我来自农村，对农村学生艰苦的学习生活，对农村学校教育的落后状况十分了解。当年，我正是在老师的不断鼓励以至经济资助下才考上大学的。现在我应该帮助那些和我过去一样渴望读书的农村孩子，这是我义不容辞的责任。我将尽我所能，教他们读书识字，了解外面的世界，掌握更多的本领，将来成为国家的栋梁。这是我一直以来的理想。

特此申请，请组织批准。

申请人：中文系2010级文秘1班王××

2012年3月8日

二、启事

（一）启事概述

1. 启事的概念

"启"即叙述、表述、陈述之意，"启事"就是向人陈述某种事情。这种公开向人陈述某种事情并声明自己的愿望和态度的文字就叫启事，属于日常应用文体。该文体机关、团体、企事业单位和个人都可以使用，通常张贴在公共场所或者刊登在报纸、刊物上。

2. 启事的特点

（1）告启性

即在公共场合向相关人群广泛告知其中事项，希望相关人员参与或协助。但不具有强制性和约束力。

（2）目的性

即每一个启事都具有其明确具体的目的，而且大都在题目上即明确体现出来，诸如寻物、寻人、招领、招生、招工、招聘、征稿、征婚等。

（3）简明性

即写作必须简单明了，一文一事，主要运用叙述与说明，少用和不用描写、议论和抒情。

3. 启事的种类

按内容分，启事种类主要有：寻物启事、寻人启事、招领启事、招生启事、招工启事、招聘启事、挂失启事、征集启事、征婚启事、庆典启事等。如丢失了东西需写"寻物启事"；拾到东西需写"招领启事"；需要征集稿件需写"征文启事"；想寻找志同道合的朋友共同做什么事情，可写"征友启事"等。

(二)启事的写作

1. 启事的结构与写法

启事格式简明,分为标题、正文、署名、日期等项。

(1)标题:应力求明确,如"寻人启事"、"寻物启事"(还可进一步明确为寻手机、钥匙等)或"关于××的启事"等,题目字体应大于正文字体,位置应居中。

(2)正文部分语言应力求简明,但内容、事由等又必须清楚明白。如"寻物启事",应写清丢失物件的时间、地点、名称、数量、规格、品牌、颜色、形状特征等。"招领启事",则写明拣到物品的时间地点即可,不必具体写出数量和有关特征,而且应对这些做好保密工作,让失主前来认领时自己说出,以防有人冒领。如果内容较多较复杂,最好分条写出。此外,必要时还需写上表示感谢的话以及感谢的方式,如"当面酬谢"、"登门致谢"等。有的还应写清自己的联系地点和方式。

(3)落款:要写明发启事者的姓名和启事日期。

2. 启事写作的注意事项

(1)启事人一定要明确,不能含糊。

(2)内容具体。把启事的事项写得具体清楚。

(3)语言平实。只要将事项写清楚即可,无须描写、抒情。

(三)启事例文

寻包启事

2月3日晚8:00左右,本人在致远楼415教室遗失棕色公文皮包一只,内有本人身份证、驾驶证、学生证等重要证件,另有银行卡和信用卡各一张。如有拾到者或知情者请尽快与本人联系,当面酬谢。

联系电话:138＊＊＊＊＊288

经管系　李××

2014年4月20日

三、海报

(一)海报概述

1. 海报的概念

海报也叫招贴,通常指单张纸、可张贴的广告印刷品。它是一种古老的商业大众传播形式，后来非商业组织机构也采用这种宣传方式，多用于电影、戏剧、比赛、文艺演出、报告会等活动。由于它起着向大众推荐介绍某一物体、事件的作用，因而实际上又具有广告的特性。在学校，海报常用于文艺演出、运动会、故事会、展览会、节庆日、竞赛游戏等。

2. 海报的特点

(1)宣传性

海报所表达的内容，往往都需要社会各界人士参与，因而它具有广告属性。虽然大多张贴于人们易于见到的公共场所，但必要时也可以在有关媒体上刊登和播放。

(2)商业性

海报往往都是为某项活动作前期广告和宣传，其目的就是让人们参与其中。除了学术报告类等少数海报一般不具有明显的商业性之外，多数海报往往都着眼于商业性目的，演出类海报就是如此。

3. 海报的种类

根据海报的形式，可分为文字海报和美术海报两种，我们这里主要讲的就是前者。

根据海报内容，可以分为下列几类：

(1)电影海报。这是影剧院公布放映电影的名称、时间、地点及内容介绍的海报，它往往还会配上简单宣传画，将电影中的主要人物或精彩画面形象地反映出来，以增强宣传力度和效果。

(2)表演比赛类海报。这类海报的写法与表现形式同电影海报类似，不同的是内容为观众可身临其境进行娱乐和观赏的一种演出活动。这类活动往往参与性强，因而往往需要将海报设计得更加新颖别致、引人入胜。

(3)学术报告类海报。这是一种为学术性活动而发布的海报，一般张贴在学校、医院、科研院所等场所，它往往具有较明确的针对性。

(4)公益海报。这类海报以社会公益性问题为题材，总带有一定的思想性，具有特定的对公众的教育意义，其主题如尊老爱幼、环境保护、卫生宣传、节约水电、戒烟、反战、竞选等。

4. 海报和广告、启事的区别

广告、启事、海报三者有同有异。同者：三者都具有鲜明的目的性，都注重宣传效果，文字都力求准确、简明。异者：1. 广告多用于商业场合，启事用于庄重场合，海报则用于热烈场合；2. 广告、海报可采用文图配合的形式以增强宣传效果，启事则一般只要语言表达清楚明白即可，而无需别的装饰。

(二)海报的写作

1. 海报的结构与写法

海报一般由标题、正文和落款三部分组成。

标题。海报的标题写法较多,大体可以有以下一些形式:

(1)直接写上文种名称,即在第一行正中写上“海报”字样。

(2)直接用内容作标题,如“文艺晚会”、“大型画展”、“学术讲座(学术报告会)”、“球讯”等。

(3)运用形象生动的描述性文字,如“×××旧事重提　×××再现风采”。

正文。海报正文并无固定写法,总的要求是力求用简明文字写清需要告知公众的有关内容即可,诸如活动内容、时间、地点、参加办法等。根据不同情况,可以采用以下不同写法:

(1)一段式。对于内容简单的海报,通常只需寥寥数语组成一小段文字即可。例如“×月×日下午×时,我校和××学院篮球队在本校一号球场进行友谊比赛,欢迎广大球友届时前往观赛”。

(2)分条排列式。对于内容较多较复杂的海报,常常需要采用分项、分条排列的形式,往往要求写清以下一些内容:活动目的与意义;主要活动项目、时间、地点;具体参加方法及注意事项等。

(3)附加标语式。即在海报正文开头或末尾加上几句排列整齐的相应标语,以便起画龙点睛和强化宣传的作用。比如有的海报结尾加上“售完即止,勿失良机”之类就是如此。采用这类形式必须确有必要,并且应当真实得体,切忌浮夸虚假、哗众取宠。

落款。海报最后应写明发布单位、制作时间等。

2. 海报写作注意事项

(1)文字必须简练,篇幅力求短小。

(2)内容必须真实准确。海报应当具体真实地写明诸如活动地点、时间及主要内容等,切忌遗漏或弄错一些重要和关键内容。

(3)语言力求生动形象。海报语言要求生动形象,富于鼓动性和感染力。

(三)海报例文

学术报告会海报

为纪念“五四”运动九十五周年,我会特邀知名校友×××博士前来我校作学术报告。

题目:知识经济时代的大学生活。

时间:2014 年 5 月 4 日 19:00—20:30。

地点:学校××报告厅。

欢迎全体师生踊跃参加。

湖南人文科技学院学生会

2014 年 5 月 2 日

四、感谢信

(一)感谢信概述

1. 感谢信的概念

感谢信是一种礼仪文书,是单位或个人对关心、帮助、支持自己的单位或个人表示衷心感谢的书信。它广泛应用于个人与个人之间,个人与组织之间,组织与组织之间。所谓“滴水之恩当涌泉相报”,在各种社会活动中,当一方受惠于另一方之后,受惠方事后应力求尽快表达自己的谢忱之意,让对方在付出之后获得一定的精神上和心理上的肯定,这也是一种不可或缺的社交礼仪手段。

2. 感谢信的特点

(1)友善性

感谢信的主要功能是表达感谢之意,因此态度要友善,感谢要发自内心,才能起到加深感情、增进友谊的作用。

(2)简练性

把感谢的事项写清楚即可,叙事要精炼,文字要简洁。

3. 感谢信的种类

按感谢对象分:

(1)写给集体的感谢信。这类感谢信,一般是个人得到了集体的帮助,或在集体的关心支持下,自己最终克服了困难,渡过了难关,摆脱了困境,因而用感谢信表达自己的感激之情。

(2)写给个人的感谢信。这类感谢信,写作者可以是个人,也可以是单位为了感谢某个人曾经给予的帮助或照顾而写。

按感谢信的存在形式分:

(1)公开张贴的感谢信。这种感谢信又包括公开张贴、报纸登载、电台广播、电视台播报等几种情况。

(2)寄给单位、集体或个人的感谢信。这种感谢信直接寄给单位、集体或个人。

（二）感谢信的写作

1. 感谢信的结构与写法

感谢信的结构一般由标题、称谓、正文、结语、署名与日期五部分构成。

标题：可只写“感谢信”三字；也可加上感谢对象，如“致×××的感谢信”；还可再加上感谢者的名字，如“××全家致××社区居委会的感谢信”；

称谓：写感谢对象的单位名称或个人姓名。如“尊敬的××交警大队”、“敬爱的×××同志”。

正文：主要写两层意思，一是写感谢对方的事由，即“为什么感谢？”二是直接表达感谢之意。

（1）感谢事由。首先准确、具体、生动地叙述对方的帮助，交代清楚人物、时间、地点、事迹、过程、结果等基本情况；然后在叙事基础上对对方的帮助作恰切、诚恳的评价，以揭示其精神实质，肯定对方的行为。在叙述和评价的字里行间要自然渗透感激之情。

（2）表达谢意。在叙事和评论的基础上直接对对方表达感谢之意，根据情况也可在表达谢意之后表示以实际行动向对方学习的态度。

结语：一般用“此致敬礼”或“再次表示诚挚的感谢”之类的话，也可自然结束正文，不写结语。

署名与日期：写感谢者的单位名称或个人姓名和写信的时间。

2. 感谢信写作的注意事项

（1）写清感谢事由。感谢的事由，必须明确具体地交代清楚，如对方为自己付出的和给自己带来的益处、帮助等必须写清楚。篇幅不宜过长。

（2）揭示意义。在叙述事实的基础上，指出对方的支持、帮助对整个事情成功的重要性或体现出的可贵精神，并真心表达自己将努力向对方学习的态度和决心。

（3）语言须真挚得体。表达感谢的话语应当恰当得体，既热情诚恳，又不能过于卑屈。既要符合被感谢者的身份，也要符合感谢者的身份，还要让所有看到信的人都从中受到教育感染。不能过于拔高，以免给人渲染失真之感。

（三）感谢信例文

大学生给资助人的感谢信

尊敬的×××公司领导：

我是××大学的一名大二学生，去年的这个时候，因为家庭贫困，进入大学所需的高额学费及生活费成了我心口的一堵高墙。当时，由于团市委开展的XX共同关注“希望工程”圆梦行动，我有幸受到贵公司雪中送炭般的资助，才使我的大学梦想得以顺利实现。

进入大学后，我一方面努力学习，唯恐辜负贵公司的厚爱；另一方面我又暗暗告诫自己：决不能有依赖思想，唯有自强才能自立。因而进入大学一年来，为了减轻家庭负担，也为丰富自己的社会阅历与工作经验，在保证正常学习的前提下，我先后尝试过多种勤工俭学活动，这样既在一定程度上减轻了家庭负担，也有效激发了自己努力拼搏、自强自立的意识。

在此我向贵公司保证：在未来的日子里，我将更加勤奋努力学习，力争用优异的成绩来回报你们对我的关爱，我也衷心祝愿贵公司事业蒸蒸日上，兴旺发达！

此致，

敬礼！

湖南人文科技学院中文系汉语言文学专业2012级学生叶××

2013年9月18日

五、策划书

（一）策划书概述

1. 策划书的概念

策划书就是事前对某个活动或事件进行周到细致的谋划而写成的文书。良好的策划，对活动或事件的顺利开展以及圆满完成起着至关重要的作用，它可以为整个活动或事件提供强有力的指导，是成功实现目标的主要依据，重大和复杂的活动或事件尤其如此。而一个全面详尽的策划，又只有写成清晰明确而可操作性很强的策划书，才有利于方案的完善和实施。一个大的策划书，还可以有若干子策划书。

2. 策划书的特点

（1）前瞻性

策划书的写作，总是在事前进行，而且有时提前的时间比较长，因而其中的内容都属于事先设想，都需要充分考虑可能出现的情况，诸如一些不确定因素甚至某些风险。古人说："凡事预则立，不预则废。"这里的"预"，就是一种预见、预测和应对措施。在策划的过程中，既应充分考虑和挖掘有利因素，同时也必须充分考虑可能出现的困难、问题和突发情况等，并且必须力求考虑好应对方案。

（2）可操作性

策划书的主要内容，都应该是具体实在可操作而必不可少的，而非空洞玄虚、可有可无、可多可少的。例如活动策划书：活动主题、开展方式、人员组成、经费开支、设备设施、时间地点、先后程序等，都必须逐一写清楚，内容力求详尽。必要时，一些具体细节都需要做出明确安排，以免到时拖延时间甚至影响大局。

(3)条理性

同其他许多应用文书的写作一样，策划书的内容也应当分条列项陈述，必要时，大条下边再分小条，并且精心考虑好排列顺序，让人一看便感觉条理清晰、主次分明。同时，在表述清楚明白的前提下，语言尽可能精炼，篇幅尽可能简短，切忌冗长繁琐，让人看后不得要领。

3. 策划书的种类

策划书常见的种类有：活动策划书、创业策划书、广告策划书、营销策划书、项目策划书、公关策划书、商业策划书等。因不同种类策划书的写法差别较大，故我们这里只谈一般活动策划书的写作。

(二)策划书的写作

1. 策划书的结构与写法

每个活动策划书的具体内容与写法，写作者需根据每次活动的实际情况灵活应变，以下只是就通常的一般情况而言。

标题：应尽可能具体写出策划书的名称，如"××大学学生联谊舞会策划书"，"××大学校园 DV 作品大赛策划书"。也可将这种具体内容作为副标题，而另拟一个能够体现活动主题的正标题，并置于页面上端正中央，让人一看便知是什么主题和内容的策划书。

开头：主要写明活动目的、意义和目标等内容，必须简明扼要。其中活动的核心要素或该策划的独到之处以及由此产生的经济效益、社会利益、媒体效应等，都应该明确写出。活动目标应力求具体。

举办机构：包括主办单位、承办单位、赞助单位等。不止一家时，应当分别写清，并考虑好合适的排列顺序。这样明确写清，既有利于明确各方责任和权限，也便于人们分辨举办单位是否有权举办该类活动。

活动地点：必须力求写得明确、具体，如 xx 礼堂、xx 广场、xx 报告厅等。不止一处地点的，应当分别写清，如某活动或某阶段在什么地点。必要时，还需写明到达路线或画出示意图。

活动时间：同样必须写得明确、具体，包括年月日时分等，不同活动或不同阶段的时间，都必须分别写清。

活动组织者及主要参与者：写明活动的组织负责人或主持人，以及其他相关工作人员，并写清主要职责，让相关人员都能十分明确自己的责任。诸如现场工作组、宣传媒体组、礼仪接待组、外联赞助组、安全应急组等。如有特邀嘉宾等，也应明确写清。

活动流程：即整个活动期间各个环节需要做的事情。对策划的各工作项目，将能预想到的从活动开始到结束，都应按照时间先后顺序，力求十分清晰地排列好，让相关人员一目了然。诸如会场布置、嘉宾座次、赞助方式、比赛安排、合同协议的签订、媒体支持、广告制作、主持（领导）讲话、会场服务、电子背景、灯光音响、摄像及信息联络、技术支持、秩序维持、接送车辆、后期清理、合影及餐饮招待、后续联络等。

预计费用及经费来源：预计整个活动需要花费多少钱，最好能分项写清，以便相关人员心中有数以及有关部门或领导审查批示。经费来源包括自筹、活动收取、有关部门批拨以及寻找赞助等。

2. 策划书写作注意事项

（1）要始终围绕活动来进行写作。尤其是开展活动的缘由、目的、过程、方法，要写清楚。

（2）预想要有前瞻性，根据活动内容和流程，各方面设想要周到，尽量周密细致，没有疏漏。

（三）活动策划书例文：

大学生联谊舞会策划书（参考提纲）

当今时代，已越来越看重大学生的综合素质，从国家教育到企业商界等都是如此，而我们大学生最苦恼和最缺乏的，也正是社会实践和社会经验。正是基于这样的因素，我们系学生分会特组织这次大学生联谊舞会，以丰富大家的课余活动和锻炼提升大家的交际活动能力。

一、活动主题：××××××××

二、报名及参与要求：×××××××××

三、活动时间：2014 年 5 月 4 日（星期五）晚 19:00—21:00

四、人员安排：包括诸如 1. 场景布置；2. 现场主持；3. 现场音乐制作；4. 现场灯光；5. 秩序与安全；6. 后期清理等。

五、器材与设备：诸如彩纸、银光棒、装饰彩带、气球、糖果（奖品）、笔记本电脑、音响、耳麦等。

六、主要活动流程：1. 歌舞串烧；2. 益智趣味问答；3. 全场互动，集体舞蹈……

湖南人文科技学院中文系学生分会

2014 年 4 月 20 日

六、演讲稿

(一)演讲稿概述

1. 演讲稿的概念

演讲稿也叫演说辞,大多为演讲者事先写好或考虑好(打腹稿)的讲话底稿(极少数为事后记录,如闻一多的《最后一次的讲演》)。它是进行演讲的依据,体现着演讲的目的、手段、内容和形式等,是对演讲内容和形式的规范和提示。

2. 演讲稿的特点

(1)针对性

首先是演讲内容应是听众所关心、兴趣较浓的,能让听众怦然心动,甚至对他们的心灵形成有一定力度的撞击,这便是演讲的最佳状态。其次,论述应体现出一种较强的逻辑力量。再次,还应注意兼顾不同对象和不同层次的听众。总之,尽量根据特定时间、特定场合、特定听众,“量身定做”写好稿子,紧紧抓住听众心理,震撼听众心灵,引起听众共鸣。

(2)可讲性

演讲的本质在于“讲”,而不在于“演”,它以“讲”为主(而非读或背)、以“演”为辅。因此,拟稿时,必须以易说能讲为前提,力求做到“上口入耳”。

(3)鼓动性

好的演讲,自能激发听众情绪,甚至让人热血沸腾、跃跃欲试!比如一些成功的赛前动员、考前动员、战前动员就是如此。演讲稿的鼓动性,除了语言的形象生动外,更重要的,则是讲稿思想内容的丰富深刻,见解的精辟独到等。

3. 演讲的种类

不同场合、不同情况,具有不同的演讲,主要演讲种类有:

(1)政治演讲:包括竞选演说、就职演说、述职演说、政治动员、开(闭)幕词、祝酒词、追悼辞以及会议发言等。

(2) 学术演讲:包括科研报告、学术讲座等。

(3)社会生活问题演讲:包括演讲赛、巡回报告等。

(4)教学演讲:教师运用的,包括开场白、收束语、介绍作家作品,以及进行思想教育的讲话;学生用的,有读书报告、问题辩论、专题演讲、论文答辩等。

(5)法律演讲:律师常用,此外,公诉人、原告、被告等也用。

由于演讲稿种类繁多,下面我们仅介绍校园竞聘演讲稿的写法。

(二)竞聘演讲稿的写作

1. 竞聘演讲稿的结构与写法

竞聘演讲,也称竞职演讲,是演讲的一种。由于它是明确针对某一竞争目标而进行的,因而它的写作具有一些与一般演讲不同的独特之处,主要体现在以下几点:

(1)目标的针对性:这是竞聘演讲区别于其他演讲的主要特征。这里一方面,表现在演讲者一上台就需要鲜明地亮出自己所要竞聘的目标,比如班长、学生会主席、教师、秘书、科长等;另一方面,演讲中所选用的材料和运用的手法,也都是为了一个明确目标——力争脱颖而出、竞聘成功(或赢得评委、听众的选票)。

(2)内容的竞争性:竞聘演讲的过程,可以说就是听众或评委在候选人之间进行比较、"筛选"的过程,因而演讲者必须"八仙过海,各显其能",充分展示自己的优势与长处,甚至必须亮出自己的"绝活"、"杀手锏"。也即演讲者无论摆出自身所具备的条件,还是讲述自己的施政构想,都必须努力显示出"人无我有"、"人有我优"、"人优我新"等胜人一筹的"优势"来。

(3)结构的程序性:竞聘演讲的结构,比之其他一般演讲程序性更强,它除题目和称呼之外,一般分为以下五步:

第一步,简明扼要地介绍自己的基本情况:年龄、政治面貌、学历、主要经历、现任职务等。

第二步,表明自己所竞聘的职务及竞聘缘由,包括自己对竞聘岗位的认识等。

第三步,摆出自己的优势与长处,如政治素质、业务水平、工作业绩等。

第四步,提出自己竞聘成功后的施政措施。这是重点,必须力求讲得具体翔实,切实可行。

第五步,用最简洁的话语,表明自己的态度、决心与请求。

这五步中,重点是第三、四步,是写作者需要重点下工夫的地方。当然,实际演讲时,演讲者可根据具体情况,对顺序和内容做出一些必要调整。

(4)措施的条理性:竞聘成功后的施政措施或计划打算,是竞聘演讲稿写作的重点和亮点。因此,这部分内容务必写得条理清晰,主次分明,言之有序。这里通常采用列条的方法,如"第一"、"第二",或"首先"、"其次"、"再次"等。当然,内容也必须注意紧扣听众关心的热点、难点、焦点问题,提出自己明确的工作目标和切实可行的措施。

要想真正写好这部分内容,写作者事前必须通过调查摸底、群众访谈等方式,力求将有关情况了解清楚,包括历史、现状、焦点、难点等,从而力争找到解决问题的最佳途径,以便演讲时能够击中要害、打动听众、战胜对手。

2. 竞聘演讲稿写作注意事项

(1)要突出自身竞聘的优势。只有把自己相比于其他竞聘者的优势充分展示出来,才有望实现竞聘的目的。

(2)要重点写好竞聘成功后自己将如何卓有成效地开展工作的设想,这也是竞聘能否成功的关键。

(三)竞聘演讲稿例文

某大学生竞选学生会主席演讲稿

尊敬的各位老师,亲爱的同学们:

晚上好!

我叫XX,理学院2012级信息与计算科学专业学生,现任校学生会社会实践部部长,今天特来竞选我校学生会主席一职。

回顾过去一年,从理学院学生分会转入校学生会,是我大学生活以及在学生会工作的一大转折。这里特别要感谢已经毕业的XXX学长和XXX学姐对我的帮助和鼓励。我任社会实践部部长期间,在团委各位老师的悉心指导和各位学生会同仁的帮助下,社会实践部完成了对2013年暑期三下乡的各项辅助工作,协助党委宣传部进行了大学生思想动态的调查,开展了社会实践及科研学分的校园问卷调查,加强了院学生分会的联系,搜集整理了各学生分会一年来的各项活动及校园赞助信息等。这一学期则主要承担了协助四体会志愿者训练的各项工作以及正在进行的大运会志愿者工作。

这一年里,我对学生会工作始终充满热情,不懈努力,积极进取。今天站在这里竞选学生会主席,一方面是对自己的工作能力、思想水平具有足够自信;另一方面希望能够将自己的大学生涯更好地奉献给学生会,希望能够通过自己的不懈努力,让我校学生会发展得更好。

如果我有幸担任学生会主席一职,对学生会今后的工作,我主要有以下几点想法:

首先是加强学生会成员的理论知识学习,改进学生会内部纪律机制。作为校党委和省学联领导,校团委指导下的学生组织之一,学生会成员理应在各方面起到先锋模范作用,这就要求我们要用丰富的理论知识来武装自己,同时也要严守各项组织纪律。学生会作为学生的群众组织,在纪律上应该有着足够的灵活性和机动性,以教育引导为目的,才能够更好地维持整个学生会内部的良好运转。

其次要在现有各项品牌活动的基础上,推陈出新,打造精品校园文化。一方面,我们要在校学生会自己举办的活动上下工夫,动脑筋,把活动规模做大,质量做好,扩大其号召力和影响力。另一方面,要加强对各院学生分会开展活动的引导,避免同类别活动的过多重复,鼓励各学生分会联合举行活动,把有限的资源集中到少数优秀活动上,打造属于我们自己的品牌校园活动和精英校园人物。

最后,也是最重要的一点,要在各方面努力改善广大普通同学对学生会工作的整体印象。这就要求我们在日常工作中增强服务意识,改善工作态度,时刻牢记学生会的宗旨——全心全意为广大同学服务。同时建立广大同学对学生会工作的反馈监督体制,对同学们的问题予以帮助,对同学们的疑问予以解答,在一言一行、一点一滴的过程中维护学生会的良好形象,促进学生会和广大同学之间的良性互动发展。

除此之外,如何维持学生会的长远发展、保障内部环境和谐、更好地协助学校各部门的各项工作等,也是今后学生会工作中需要不断努力和完善的内容,在此不一一赘述。

不知不觉中,我在学生会系统已经工作了将近三年的时间,从学生分会到学生会,从一名大一的办公室干事到现在大胆竞选校学生会主席,我经历了不少,也成长了很多,而这一切都离不开老师们的悉心指导和学长学姐们的热心帮助。因为时间有限,我无法在这里感谢每一个教育指导过我的老师和帮助过我的学长学姐,请允许我在此深情地道一声最诚挚的谢谢!

七、计划

(一)计划概述

1. 计划的概念

计划,是个人或单位为完成一定时期的任务,而事前拟订目标、措施和要求的事务文书。古人说:“凡事预则立,不预则废”,这里的“预”即是计划。除通称计划之外,其称呼还有:规划、打算、设想、安排、部署、要点、纲要、意见等。当然,名称不同,时间长短、内容详略等也有所不同。

纲要:既具有远景发展设想,又具有较强政策性、思想性、指导性的提纲挈领式的计划性文种。

规划:一种具有全局性、方向性、远见性、概括性和指导性的计划,如我国每五年一个的发展规划。

设想:对长远工作初步的、非正式的、不很成熟的、需要补充完善的草案性计划。

安排:对短期内所做工作内容进行具体布置的计划。

打算:对近期要做工作的考虑,但对其中指标或方法措施考虑得不很周全,只是一种初步的、原则性的考虑。

方案:指从目的、要求、工作方式方法到工作步骤等,逐一做出全面部署与安排的计划。

大体说，规划、纲要适用时间较长，范围较广。计划则比较适中，不长不短。安排、方案、打算适用的时间较短，范围较小，内容较具体，如“本周工作安排”、“本周工作要点”、某项工作任务的实施方案、开展某项活动的打算等。设想，则是一种初步的、尚未成熟的、提供参考的非正式计划。

2. 计划的主要特点

(1)预想性

时代不断发展，事物错综复杂。计划是对未来工作的设想，因此，对可能遇到的新情况，计划采取的方案、步骤、完成时间等，都必须认真周密考虑，而不能简单套用原来的或他人的。

(2)可操作性

计划是一种很务实的文体，内容必须力求定得具体明确，切实可行，符合实际。其中的步骤、措施、要求、时限等，都必须写得具体明确实在，必要时，还应分阶段、分步骤详细列出。

(3)指导性

计划一旦形成，就将对实践起着一种控制和约束作用。一些重要的和涉及很广的，往往还要时常对照进行检查和验收。而不能写好后便束之高阁，做的又是另外一套。

3. 计划的种类

(1)按内容分，有综合计划、专项(题)计划等。比如，我校某个年度的计划，就是综合性的，需要涉及学校工作的各个方面：教学、科研、管理、后勤、安全、党务、团工作、女工工作、离退休工作、财产管理等。就其中某个方面写的，就是专项(题)性的，甚至这些方面还可进一步细分，如教学方面，可就某个较重要的教学活动、某个检查、评估、验收等专门写；后勤方面，同样可就某个项目单独写，如图书馆新馆的建设、体育馆的建设、教工宿舍的建设等。

(2)按性质分，有生产计划、学习计划、教学计划、工作计划、科研计划等。

(3)按范围分，有国家计划、部门计划、单位计划、科室计划、班组计划、个人计划等。

(4)按时间分，有年度计划、学期计划、季度计划、月度计划、周计划等。长的可五年、十年甚至几十年，以五年、十年为多，如我国从新中国成立不久开始，每五年有一个发展规划，现在已是“十二五规划”，即国家的第12个五年规划。个人的叫做人生规划、自我规划、职业生涯规划等。现在的大学教育和人事管理，都特别提倡和注重这方面的内容，要求人们尤其是年轻人，应当有着自己比较明确的人生规划和奋斗目标，而非盲目随意，得过且过，这是很有必要，也很有道理的，应当引起大家的重视。

(5)按形式分，有文件式、条文式、表格式以及综合式计划等。生产、经营方面的计划，多为表格式，其余多数为文件式或条文式。

（二）计划的写作

1. 计划的结构与写法

计划一般由标题、正文和结尾等部分组成。

标题：一般包含单位名称、时限、内容和文种，如“××公司××年工作计划”，这就是一个“完整式”标题。也有省略时限的标题，一般为时限不明显或临时性单项工作。所定计划内容如果还没有最后确定，需要研究、讨论或需要经上级批准等，就必须在标题后面或下面用括号加注“草案”、“初稿”、“讨论稿”、“送审稿”等字样。

正文：分前言、事项两大部分。

（1）前言。又叫导语，内容包括指导思想和对基本情况的说明分析等。

（2）事项。这是计划的主体，包括目标、措施、要求三项内容，称为计划的“三要素”。

目标，回答“做什么”的问题，即在一定时间内要达到的目标或要完成的任务。可以是总体目标，也可以是具体任务或指标，应力求写得具体明确，具有比较强的可操作性，切忌笼统含糊。必要时，还应对一些指标进行定质、定量分解。

措施，回答“如何做”的问题，包括诸如领导机构、组织分工、进程安排、物质保证、方式方法等，一般采用分条列项的方式。

要求，回答“做得怎样”的问题，希望达到什么档次、水平等，主要是质量、数量、时间、奖惩等方面的要求。

结尾：一般提出要求、希望或发出号召，讲究针对性和鼓动性。也可以自然结束而不要结语。

2. 计划写作的注意事项

（1）应以党和国家的有关方针政策以及上级的有关精神为指导，能够体现本人或单位领导的意图，确保计划指导思想的正确性。

（2）应充分考虑计划的可行性。认真考虑，反复论证，实事求是确定计划的目标和任务，力戒套话、空话。表达目标的语言应准确、简明，不能使用“可能”、“左右”之类不确切的模糊语言。

（3）具体计划须服从长远规划，既要服从大局，处理好各方面关系，又应力求体现本人或本单位工作的独特之处。

（4）走群众路线，集思广益。这主要指单位的计划。因为计划的完成必须靠大家，它的制定自然也得调动大家的积极性，以保证计划的认同和可行性。

(三)计划例文

班主任工作计划(提纲)

前言

一、指导思想

二、基本情况分析

三、主要任务与目标

1. 做好开学思想工作,引导学生进入正轨。

2. 做好会考准备,积极应对本学期会考。

3. 制定班规。

4. 开展比学、互助活动,形成浓厚学习氛围。

5. 培养学生良好的卫生习惯。

6. 配合学校开展有关活动。

四、本期主要活动

八、总结

(一)总结概述

1. 总结的概念

总结是个人以及国家机关、社会团体、企事业单位等,通过对过去一阶段工作的回顾和分析评价,判明得失利弊,提高理性认识,从中找出经验教训和规律性认识,用以指导今后工作的一种常用文书。通过总结,可以使本人、本系统、本地区、本单位、本部门某一项工作的实践活动,由感性认识上升到理性认识,以便总结经验,吸取教训,使今后工作少走弯路,多出成果。

其作用,在于回顾过去、总结经验、吸取教训、推动工作。有些总结,既可以上报,又可以下发,也可以在一定场合宣讲,这就成了汇报工作、交流经验、彼此促进的重要工具。

"总结"与"计划"是一前一后、相辅相成的一对文种。年终的"总结",就是对年初"计划"的检验。因此,写"总结"时,必须以与它相对应的"计划"做前提。同时,今年的"总结",势必又成为制订明年"计划"的基础。

2. 总结的种类

总结的类别,可以从不同角度划分。根据内容,可以分为工作总结、生产总结、学习总结、教学总结、会议总结等；根据范围，可以分为全国性总结、地区性总结、部门性总结、单位总结、班组总结、个人总结等；根据时间，可以分为月度总结、季度总结、年度总结、阶段性总结等；综合内容和性质，可以分为全面总结和专题总结两类。

3. 总结的特点

(1)内容的自我性

无论个人还是单位，总结都是自身活动实践的产物。它以客观评价自身工作活动的经验教训为目的，以回顾自身工作情况为基本内容，以自身工作实践的事实为材料，其所总结出来的理性认识，也应该反映自身工作实践的规律。因此，内容的自我性，便成为总结的本质特点。

(2)回顾的理论性

总结应当忠实于自身工作实践活动，但它又不是工作实践活动简单而原始的记录，不能完全照搬工作实践活动的简单过程。它应是对工作实践活动的本质概括，应在回顾工作实践活动全过程的基础上，进行理性分析研究，归纳出能够反映事物本质的规律，将感性认识上升到理性认识，这才是总结的价值所在。

(二)总结的写作

1. 总结的结构与写法

总结不是一般情况的简单综合，而是在情况综合的基础上，通过分析、概括、提炼，归纳出几个专门问题，也就是通常所说的经验和体会。与一般工作报告相比，总结中的理性成分浓了，规律性东西多了。它对事实、情况的直接叙述只占少部分，而且应是概括性的，较多使用的是议论和说明性文字。

总结一般由标题、正文和结尾三部分组成。

标题。总结的标题大体上有两类构成形式：公文式标题；非公文式标题。

公文式标题，由单位名称、时间、事由、文种组成，如《××集团公司 2008 年度思想政治工作总结》、《××县 2008 年普法工作总结》，也有的只写《工作总结》。

非公文式标题则比较灵活，有双行标题，如《抓改革 促管理 增效益——××厂 2008 年工作总结》、《认识——情感——行为——“培养学生责任感"教育实践模式探索》；有的为单行标题，如《增强领导干部公仆意识》、《推动人才交流，培植人才资源》等。

正文。总结的正文前可以有引言，一般简要提示或交代主要内容，要求开门见山，简明扼要地概括基本情况，即说明什么单位在什么时间做了哪些工作，取得了哪些成绩。篇幅短的也可以不要。

正文是总结的重点，主要写取得的成绩或存在的问题与经验教训。写法上，要求观点鲜明、材料典型、叙议结合。它一般分为三到四个部分；内容包括：所做工作、主要成绩经验(重点)、存在问题、今后打算等。也可分为基本做法、主要经验、存在问题、心得体会等几部分,每一部分又可分为若干小点。

结尾。简要收束全文,主要说明今后打算或努力方向等,也可以自然结束而不专设结尾。

总结常见结构形式有以下五种:

(1)"三大块"式

这是综合性工作总结很普遍常见的一种基本形态。它通常由三大部分即"三大块"内容组成:情况——做法——打算,也即:"基本情况概述"——"主要做法"(或称"主要经验"、"主要做法和经验"、"经验与体会"、"经验与教训"等)——"问题及今后打算"(或称"今后打算")。在文字详略上,表现为"两头小,中间大",即"风头—猪肚—豹尾"。

(2)"因果倒置"式

这是专题性工作总结很普遍的一种形态。它将经验、体会置于重心部位。通常开头先讲这一专门工作所取得的成绩,即"果";随后再分条列项表述这一成果取得的原因,也就是经验、体会,即"因"。这样先"果"后"因",形成"因果倒置"。对于工作中存在的某些问题,通常放在结尾,往往三言两语、一带而过,属于表态性的。

(3)"条款并列"式

将情况、做法、效果、经验、体会、问题、今后意见等融合在一起,归纳成若干条,逐一加以叙述和议论,每个问题都具有一定相对独立性。

(4)"正反对比"式

将情况特别是经验与教训揉在一起,归纳成几大问题,从事实与道理、正面与反面、经验与教训的对比结合上,逐一进行叙述和论说。

(5)"层层推进"式

这也是专题总结常用的一种布局形态。通常先写一个简明开头,说明开展某一工作或活动的原委、背景,然后在主体部分,按照这一工作进行的过程,从初期到后期、从远处到近处、从低级到高级等逻辑顺序,分作几个层次逐一加以说明,步步深入、层层推进、顺理成章。

2.总结写作的注意事项

(1)实事求是。工作总结最容易出现两种倾向:一种是好大喜功,搞浮夸,只讲成绩,不谈问题;或虽然谈到一些问题,却是轻描淡写、避重就轻。另一种则是将总结写成了"检讨书",把工作说得一无是处。这两种都不是实事求是的态度。总结写作应如实客观、一分为二,对成绩不夸大,对问题不轻描淡写。

(2)突出重点,找出规律。总结的目的,在于找出工作中带有规律性的东西。因此,切忌"记流水账"、不分主次。突出"重点",就是把自己工作中最有特色、最有分量的东西挖掘出来。

(3)充分占有材料。写作者必须认真了解掌握:诸如活动全过程、各环节、典型人物及事件、有关数据、必要的背景等材料。

(4)避免不良倾向。一是避免写成“流水账”,不得要领;二是避免陈词滥调,没有新意;三是避免随意拔高,为了追求新意,不顾实际情况,牵强附会随意拔高;四是避免报喜不报忧,或多报喜少报忧。

(三)总结例文1

教育实习总结(提纲)

一、概况:时间、地点、授课数量、其他工作等。

二、初尝教师之乐:谈思想方面的收获与体会。

三、上好一堂课真不容易:谈教学方面的情况与体会。

四、未来——任重而道远:谈努力方面,诸如知识缺陷,技能技巧的不足,教学艺术的提高等。

结尾。

(四)总结例文2

班主任工作总结(提纲)

认识——情感——行为

——“培养学生责任感”教育实践模式探索

一、引言

二、思路

1. 提高认识——培养责任感的目标意识。

2. 诱发情感——解决责任感的内化问题。

3. 指导行为——形成责任感的关键问题。

三、做法

1. 血的事实,让学生警醒

2. 书海漫步,进行责任感熏陶

3. 社会调查,明确责任感的意义

四、效果

【思考与练习】

1. 启事与海报有何相同点和不同点?

2. 请简述竞聘演讲稿的主要特点。
3. 写作感谢信、计划、总结等需要注意什么?
4. 计划写作具有什么特点?
5. 总结写作需要注意些什么问题?
6. 写一份教育实习计划。

第二节 教学应用文

教学应用文主要包括教案、作文评语、操行评语等,将来从事教学工作的大学生,会经常用到此类文书。

一、教案

(一)教案概述

1. 教案的概念

教案是教师为顺利而有效地开展教学活动,根据教学大纲和教科书要求及学生的实际情况,以课时或课题为单位,对教学内容、教学步骤、教学方法等进行的具体设计和安排的一种实用性教学文书。教案通常又叫教学设计,包括教材简析和学生分析、教学目的、重难点、教学准备、教学过程及练习设计等。

2. 教案的特点

(1)科学性

所谓符合科学性,就是教师要认真贯彻课标精神,按教材内在规律,结合学生实际来确定教学目标、重点、难点。设计教学过程,避免出现知识性错误。那种远离课标,脱离教材完整性、系统性,随心所欲另搞一套的写教案的做法是绝对不允许的。一个好教案首先要依标合本,具有科学性。

(2)创新性

教材是死的,不能随意更改。但教法是活的,课怎么上全凭教师的智慧和才干。尽管备课时要去学习大量的参考材料,充分利用教学资源,听取名家的指点,吸取同行经验,但课总还要自己亲自去上,这就决定了教案要自己来写。教师备课也应该经历一个相似的过程。从课本内容变成胸中有案,再落到纸上,形成书面教案,继而到课堂实际讲授,关键在于教师要能“学百家,树一宗”。在自己钻研教材的基础上,广泛地涉猎多种教学参考资料,向有经验的老师请教,而不要照搬照抄,要汲取精华,去其糟粕,对别人的经验要经过一番思考、消化、吸收,独立思考,然后结合个人的教学体会,巧妙构思,精心安排,从而写出自己的教案。

(3)差异性

由于每位教师的知识、经验、特长、个性是千差万别的,而教学工作又是一项创造性的工作。因此写教案也就不能千篇一律,要发挥每一个老师的聪明才智和创造力,所以老师的教案要结合本地区的特点,因材施教。

(4)艺术性

所谓教案的艺术性就是构思巧妙,让学生在课堂上不仅能学到知识,而且得到艺术的欣赏和快乐的体验。教案要成为一篇独具特色的"课堂教学散文"或者是课本剧。所以,开头、经过、结尾要层层递进,扣人心弦,达到立体教学效果。教师的说、谈、问、讲等课堂语言要字斟句酌,该说的一个字不少说,不该说的一个字也不能说,要做到恰当地安排。

(5)可操作性

教师在写教案时,一定要从实际出发。要充分考虑从实际需要出发,要考虑教案的可行性和可操作性。该简就简,该繁就繁,要简繁得当。

3. 教案的种类

它分为纸质教案、电子教案和 PPT 课件。

(二)教案的写作

1. 教案结构与写法

教案的结构框架如下:

课题:说明本课名称。

教学目的:或称教学要求,或称教学目标,说明本课所要完成的教学任务。

课型:说明属新授课,还是复习课。

课时:说明属第几课时。

教学重点:说明本课所必须解决的关键性问题。

教学难点:说明本课学习时易产生困难和障碍的知识传授点与能力培养点。

教学方法:要根据学生实际,注重引导自学,注重启发思维。

教学过程:或称课堂结构,说明教学进行的内容、方法步骤。

作业处理:说明如何布置书面或口头作业。

板书设计:说明上课时准备写在黑板上的内容。

教具:或称教具准备,说明辅助教学手段使用的工具。

教学反思:教者对该堂课教后的感受及学生的收获、改进方法。

2. 教案写作注意事项

(1)注意遵循教案编写的程式性。依据教案编写的规定程式,编写教案。

(2)重点写好教学过程。在程式性中,突现教师个体的个性和创造性。

(三)教案例文

电流和电路

【教学目标】认知目标:1.初步认识电流、电路及电路图;知道电源和使用电器;从能量转化的角度认识电源和用电器的作用。2.能力目标:培养学生逻辑思维能力及设计探索性实验的能力。3.情感目标:通过对废电池的介绍,增强学生保护环境的意识;通过连接电路的活动,激发学生的学习兴趣,使学生乐于动脑筋找出新的连接电路的方法。

【教学重点】学生对电流及电路等有关概念的认识。

【教学难点】从能量转化角度认识电源和用电器的作用。

【教学方法】启发、讨论、探索、创造。

【教学器材】小灯泡、灯泡座、导线、开关、发光二极管、小电动机、电池(带电池盒)。

【教学过程】

一、导入

师:在讲新课之前,请同学们思考:

(1)为什么电灯能发光?

(2)为什么收音机通上电就能放出音乐?

(3)为什么电视机通电就能看到影像,而且还会发出声音?

(4)为什么电饭锅通上电就能煮熟米饭?

(5)为什么洗衣机通上电就能转动?

(请同学们看投影)这是计算机里的一块网卡,通过它就可以把多台计算机进行连接,组成小型的计算机网络,一块小小的卡为什么会那么的神奇呢?

其实这些看上去复杂的东西都是由一些简单的电路组成的,今天让我们一起走进这个神奇的电流和电路的世界。

二、新课教学

(一)实验探索:小灯泡发光

师:下面将让同学们做一个探索性的实验,做实验之前同学们务必注意:不能把电池的两端直接连在一起。

同学们桌面上有小灯泡、开关、电池和一些导线,请通过小组合作,探索使小灯泡发亮的方法?(给同学们两分钟的时间)(图片展示)

师:哪一个小组到前面汇报实验方案并展示接线方式。(并让学生讨论哪种方式可取)

生:我们是将电池的正极与开关的一端相连,开关的另一端与小灯泡的一端相连，小灯泡的另一端与电池的负极相连，然后闭合开关，小灯泡就亮了。

师：还有哪一个小组到前面汇报并展示。

生：我们是将电池的正极与小灯泡的一端相连，小灯泡的另一端与开关的一端相连，开关的另一端与电池的负极相连，然后闭合开关，小灯泡就亮了。

师：哪个组的方法比较好呢？

生：都可以。（通过课件连接）

师：小组讨论，为什么小灯泡会亮呢？

生：因为有电流流过了灯泡。

师：什么是电流呢？（录像配音说明）导线、灯泡的灯丝，都是金属做的。金属里面有大量电子，其中有的可以自由移动。平时它们的方向杂乱无章，可是接上电池之后，它们就受到了推动力，出现了定向移动，于是形成了电流。

（二）电源和用电器

师：请大家回忆两个概念：(1)什么是声源？请举手回答。

生：能够发声的物体叫声源。

师：(2)什么是光源？

生：能够发光的物体叫光源。

师：什么是电源呢？（学生对比回答）

生：能够发电的物体。

师：还有不同的意见吗？

生：能够产生电力的物体。

师：还有其他的答案吗？

生：能够提供电能的装置。

师：非常正确，我们把能够提供电能的装置叫电源。

请同学们举例，说出一些常见的电源。（学生列举，教师点评）

生：电池、手机电池、蓄电池、发电机。

教师投影一些常见的电源：大号电池、五号电池、七号电池、手机电池、蓄电池、发电机等。（图片）

师：而灯泡、电饭锅等都要消耗电能，所以我们把它们叫用电器。小组讨论并列举一些日常生活中的用电器，看哪个小组列举得又多又准。

生：电视、电冰箱、空调、电脑、音箱、电动机、门铃。（图片）

师：电源、用电器，再加上导线，还有开关，就组成了电路。

播放录像：教育学生不要乱扔废电池，以加强环保意识。

（三）电路图

师：请学生猜想：如果你是一名电器设计师，你设计了一个电路，你通过什么方式让别人实现你的设计呢？

生：画一个电路图。

师：请同学们用自己的方法把屏幕上的电路画出来。（两分钟）

请同学们观察画的几组电路图，看看有什么不妥的地方？

生：既麻烦又不统一。

师：历史课我们学习了秦始皇，请同学们说说他有哪些贡献？（展示秦始皇的图片）

生：统一了中国。统一了货币。

师：还有呢？

生：修筑万里长城。（图片展示）

师：还有吗？

生：统一了我国的度、量、衡。（图片展示）

师：秦始皇的方法给予我们画电路图有什么启示呢？

生：用统一的符号代替各电路元件。

师：回答得非常好，用统一的符号代替各电路元件，这样画出的图就是电路图。（分别投影电池的符号、灯泡的符号、电阻的符号、电动机的符号、电压表的符号、相连的导线的符号、电流表的符号、开关的符号）

师：下面请大家用统一的符号，把刚才的电路图再画一遍。然后投影正确的答案，并说明，画电路图时要横平竖直。

想想议议：

师：请同学们连接桌面上的电路，使小电动机转动。（两分钟）

师：同学们做得很好，大部分小组的电动机都转动了。再请同学们想想，也可小组讨论，为什么图中的电动机不转动呢？

师：哪一个小组回答。

生：没有电流流过电动机。

师：为什么没有电流流过电动机呢？

生：因为只有电路闭合时，电路中才有电流。

师：屏幕上的图错在什么地方？

生：电池没有接在闭合的电路中，被“甩”在了外面。

（四）电流的方向

提出问题：

师：我们知道自来水的流动有方向，放学时学校门口的人流也有方向。电流也是有方向的吗？介绍二极管的单向导电性。

师：请看屏幕，这是一种叫做半导体二极管的电子元件，电流只能从它的一端流向另一端，不能反向流动。有一种二极管，电流流过时能够发光，叫做发光二极管。电视机、收录机等，许多家用电器的指示灯都是发光二极管，有些城市道路上的红绿灯用的也是发光二极管。

探索：利用二极管的单向导电性探索电流的方向。(3 分钟)

师：请同学们连接电路，使二极管发光，然后小组汇报。

老师提出问题：

师：二极管在什么情况下发光？在什么情况下不发光？

生：当电池的正极与二极管的长脚相连时发光，正极与二极管的短脚相连时不发光。

师：回答得很对，电流是有方向的，其方向就是沿着“正极——用电器——负极”的方向流动。

（五）小结：（学生小结，老师点评）

师：通过这节课的学习，我们学到了哪些知识？

生：电流，电源和用电器，画电路图，电流的方向等知识。

师：这节课我们主要学习了四点知识：(1) 电路闭合时，电路中就有电流。(2) 提供电能的装置叫电源，消耗电能的装置叫用电器。(3) 连接简单的电路和画简单的电路图。(4) 电流沿着“正极——用电器——负极”的方向流动。下面我们来做两道练习。

动手动脑学物理（课件展示，学生动手并回答，老师点评）

1. 图中甲是玩具电风扇的电路图，请在图中连接它的电路。

师：同学们连接得都很好，谁来说一下正确的连接方法。

生：按照电路图，从电池的正极出发，与开关的一个接线柱连接好，另一接线柱与电风扇的一个接线柱连接好，电风扇的另一个接线柱与电池的负极相连。

师：回答得很好，请看第二题。

2. 在图中连接电子门铃的电路，并画出它的电路图。

师：哪一位同学来说出连接方法，并在黑板上画出电路图。

生：电池的正极与开关的一个接线柱连接，另一接线柱与门铃的一个接线头连接，门铃的另一个接线头与电池的负极相连。

师：电路图画得很好，请同学们课后完成两道练习。

（六）课后练习

师：请看第一题，找一支手电筒并把其拆开观察其结构，并画出电路图。第二题，回家找一些小家电看其电路图，并仿画一遍。

师：下课，同学们再见！

布置作业（略）

（此文来源于山东省阳信县实验中学　吴卉芳，有改动）

二、操行评语

(一)操行评语概述

1. 操行评语的概念

操行,即品行,包括思想品德和行为两个方面。学生的操行评语,是指对学生的思想品德、学习、劳动、文体活动以及社会工作等方面的表现进行综合考察评定,以此达到育人、反馈、参考等目的的一种书面文字或口头文字。

2. 操行评语的特点

(1)评价性:操行评语就是对学生一定时期的表现,包括思想品德、学习、劳动、文体等各方面表现进行全面的评定和考核,因而具有评价性。

(2)前瞻性:学生在不断进步和发展之中,评价学生必须以发展的眼光,对学生的潜质进行评价,而不能停留在学生的"陈年皇历"上,跟学生"翻老账"。评价学生的视点要高远、超前,视野要开阔,目光要长远。

(3)档案性:操行评语是学生在校期间德智体美劳全面发展情况的真实记录,为以后的升学、就业、升职晋级等提供重要的依据,是学生档案的重要组成部分,因此具有档案性。

3. 操行评语写作标准

俗话说:"没有规矩,不成方圆。"操行评语写作要想"成方圆",也有一定的"规矩"。而这"规矩",就是操行评语的写作的标准。

(1)客观评价与主观评价相结合

客观评价:操行评语的应用性决定了其客观性,操行评价是客观的纯理性的评价、不偏不倚的评价。

主观评价:是感性的评价,是对评价对象融注主观情感的评价。

(2)教师评价与学生评价相结合

教师评价,是指教育实施者对受教育者进行评价,包括班主任(辅导员)的评价、各科任教师的评价以及教育管理者的评价。

学生评价:是由学生自己对自己进行评价,既包括自评,也包括互评,但不管哪种形式,均体现了学生教育主体的意识,体现了操行评价对学生的尊重。

(3)表扬评价与批评评价相结合

表扬评价:是对学生的优点、成绩加以肯定、表扬,让学生得到精神、心理上的满足,激发出更大的热情,健康而稳步发展。

批评评价:对学生所表现出来的坏习惯、毛病或错误等,或加以善意的提醒,或正言警告,或批评责备,帮助学生改正错误,弥补不足,健健康康地成长发展。

（4）共性评价与个性评价相结合

共性评价，指的是对学生进行统一的教育目标、人才规格、基本素质等状况、程度、结果的评价。

个性评价，是指对学生个体的个性特征、特长做出的价值判断。它是对学生独有的属性包括年龄、外貌、心理、个性、品德、成绩、缺点等特征进行评价。

（5）纵向对比评价与横向对比评价相结合

纵向对比评价：指的是对具体的某个学生或某个班级在不同时期的表现进行纵向的综合对比的评价。

横向对比评价：指的是与其他学生进行横向的比较，从中比出差距，比出压力，比出今后努力的方向，形成一种你追我赶、相互竞争的良性互动。

（6）概括评价与具体评价相结合

概括评价：指的是用概括叙述的语言将学生的操行述说出来，给人一种总的印象。

具体评价：指的是采用具体事实的细节来再现被评者的操行，让评语具体、生动、形象而感人。

（7）定性评价与定量评价相结合

定性评价：指的是对学生日常学习、生活中所表现出来的根本特征、本质属性的评价。这是一种面向未来的评价，而不是面向学生过去的评价。

定量评价：不好操作，因为操行评价的"量"的标准难以确定，难以科学化。如果一定要采用定量评价，往往会把复杂的教育现象简单化，或只评价简单的教育现象，像学生的情感、体验、信心、意志等等，通常就成了被遗忘的角落。

（8）现实评价与潜能评价相结合

现实评价：指的是对学生目前的操行状况进行评价。现实评价着眼于现阶段，既注重学生校内的表现，又要看到学生校外的表现；既要看到学生的优点、特长，又要看到学生的不足和存在的问题。

潜能评价：指的是用发展的眼光评价学生。即着眼于未来，对学生的发展走向、潜能进行评价。常以希望、憧憬的形式来写。

4. 操行评语类型

（1）从写作的受体来分，可分为学生阅读的操行评语、家长阅读的评语和招生学校、聘用单位参考的操行评语。

（2）从写作表达方式来分，可分为叙述式、描写式、抒情式和议论式操行评语。

（3）从构成要素来看，可分为"优点 + 缺点 + 希望"式操行评语和"个性 + 希望"式操行评语两种。

（4）从写作思维来分，可分为模式类操行评语和创新类操行评语。

（5）从操行评语的目的、作用来分，可分为：激励型操行评语；诱导型操行评语;启发型操行评语;期望型操行评语;劝诫型操行评语;要求型操行评语;指正型操行评语。

(6)从评语的时间来分,可分为:即时性操行评语、期末操行评语、毕业操行评语。

(7)从评语的作用来分,可分为:公开型操行评语和档案型操行评语。

(8)从评语的传播途径分,可分为:口头评价和书面评价。

(二)操行评语写作

1. 操行评语的结构与写法

操行评语没有固定的格式与写法,比较灵活多样。结构可以由三部分所组成:

(1)成绩或优点。操行评语的开头部分一般先写学生的成绩或优点,也就是人们通常说的“先表扬鼓励”,为整个评语奠定一个情感基调。

(2)缺点或不足。有了前一部分“表扬鼓励”的铺垫,这一部分的“善意提醒”也就顺理成章了。缺点或不足,也不要写得太多了,主要的问题写那么一两点就可以了,没必要开清单似的一大串。

(3)期望或嘱托。这一部分在写作的时候,不要写得太笼统了,应该具体,有针对性,也就是说为学生指明前进的方向。

2. 操行评语写作的注意事项

(1)写作操行评语,尤其要注意处理好表扬与批评的关系,要体现出鼓励为主的原则,但又不可充斥溢美之词,对学生的缺点,要诚恳地指出。

(2)操行评语的写作,个性尤其重要,要根据学生的具体情况来写个性化的评语,忌讳千篇一律。

(3)注意人称的运用。如果是写给学生本人的操行评语,一般来说宜采用第二人称“你”;如果是写给学生家长的评语,人称可采用第三人称“贵子弟”;如果是作为档案保存的评语,则宜采用第三人称“该生”。总之,必须根据不同的评语来确定不同的人称。

(三)操行评语例文

1. 每当看到你拿着扫帚在教室里忙碌的身影,我总是看在眼里,喜在心里,多好的学生!你的学习基础是差了一些,但你不要灰心,“世上无难事,只怕有心人”。只要你学习专心、勤奋、细心,不懂就问,你的成绩会赶上来的。自信吧,老师、家长、同学都在背后支持你,等你的好消息!老师期待着你的进步。

2. 瞧,在众多手臂中,老师惊喜地发现了你举起的手臂,虽然有些微弱,但已拨动了老师的心弦。看到你第一次主动举起手来要求回答问题,老师高兴极了。因为你终于战胜了过去的你,老师真希望你能像你的同桌一样,手臂再举高一点、直一点，声音再响亮一点！

【思考与练习】：

1. 假如毕业以后，你从事的职业是教师，请以现在所学专业课程的某一章节撰写两个课时的教案。

2. 请你以班主任的身份，给你所在寝室的每一同学写一则操行评语。

（“操行评语部分”参考文献：黄立平《操行评语写作研究》，远方出版社，2005年版）

第三节　实践应用文

实践应用文包括大学生实践（验）教学环节经常用到的实验报告、实习报告、毕业论文等文体。

一、实验报告

（一）实验报告概述

1. 实验报告的概念

把实验的目的、方法、过程、结果等记录下来，经过整理，写成的书面汇报，就叫实验报告。

2. 实验报告的特点

（1）程式性

实验报告要按照实验开展的实际步骤来写，因此结构上具有较强的程式性。往往要填写专门的实验报告单。

（2）综合性

实验报告的写作是学生一项重要的基本技能训练。它不仅是对每次实验的总结，更重要的是它可以培养和训练学生的逻辑归纳能力、综合分析能力和文字表达能力，是科学论文写作的基础。

（3）确证性

实验报告是对实验过程和结果的准确、客观的归纳，要根据实验本身的情况来写，尊重科学，尊重规律。它所记录的实验结果，能经得住任何人的重复和验证。

3. 实验报告的种类

实验报告的种类因科学实验的对象而异。如化学实验的报告叫化学实验报告,物理实验的报告就叫物理实验报告。随着科学事业的日益发展,实验的种类、项目等日渐繁多,但其格式大同小异,比较固定。实验报告必须在科学实验的基础上进行。它主要的用途在于帮助实验者不断地积累研究资料,总结研究成果。

(二)实验报告写作

1. 实验报告的结构与写法

实验名称:要用最简练的语言反映实验的内容。如验证某程序、定律、算法等,可写成"验证×××"、"分析×××"。

所属课程名称。

学生姓名、学号及合作者。

实验日期和地点(年、月、日)。

实验目的:目的要明确。在理论上,验证定理、公式、算法等,并使实验者获得深刻和系统的理解;在实践上,掌握使用实验设备的技能技巧和程序的调试方法。一般需说明是验证型实验还是设计型实验,是创新型实验还是综合型实验。

实验内容:这是实验报告极其重要的内容。要抓住重点,可以从理论和实践两个方面考虑。这部分要写明依据何种原理、定律算法或操作方法进行实验,写明详细理论计算过程。

实验环境和器材:实验用的软硬件环境(配置和器材)。

实验步骤:主要写操作步骤,简明扼要。应该画出实验流程图(实验装置的结构示意图),再配以相应的文字说明,这样既可以节省许多文字说明,又能使实验报告简明扼要,清楚明白。

实验结果:实验现象的描述,实验数据的处理等。原始资料应附在本次实验主要操作者的实验报告上,同组的合作者要复制原始资料。

对于实验结果的表述,一般有三种方法:

(1)文字叙述:根据实验目的将原始资料系统化、条理化,用准确的专业术语客观地描述实验现象和结果,要有时间顺序以及各项指标在时间上的关系。

(2)图表:用表格或坐标图的方式使实验结果突出、清晰,便于相互比较,尤其适合于分组较多,且各组观察指标一致的实验,使组间异同一目了然。每一图表应有表目和计量单位,应说明一定的中心问题。

(3)曲线图:应用记录仪器描记出的曲线图,这些指标的变化趋势形象生动、直观明了。

在实验报告中,可任选其中一种或几种方法并用,以获得最佳效果。

讨论:根据相关的理论知识对所得到的实验结果进行解释和分析。如果所得到的实验结果和预期的结果一致,那么它可以验证什么理论,实验结果有什么意义,说明了什么问题,这些都是实验报告应该讨论的。如果本次实验失败了,应找出失败的原因及以后实验应注意的事项。

另外,也可以写一些本次实验的心得以及提出一些问题或建议等。

结论:针对这一实验所能验证的概念、原则或理论的简明总结,是从实验结果中归纳出的一般性、概括性的判断,要简练、准确、严谨、客观。

鸣谢(可略):在实验中受到他人的帮助,在报告中以简单语言感谢。

参考资料:详细列举在实验中所用到的参考资料。

2. 实验报告写作注意事项

(1)实验报告的写作,必须建立在实验过程的记录和实验数据的采集的基础上。因此,过程记录和数据的采集分析环节尤其重要。

(2)实验报告的写作,既要有规范程式意识,又要忠实于实验本身的情况,严格按照实验的实际情形来撰写报告,不可先入为主,把实验报告变成事先设定观念的验证文本。

(三)实验报告例文

摩擦力的大小与接触面光滑程度的关系程度的实验报告

一、研究人员:张某某、李某某、王某某

二、研究日期:2014 年 4 月 25 日

三、研究问题:摩擦力的大小与接触面的光滑程度有关系吗?

四、我的推测:摩擦力的大小与接触面的光滑程度有关系(接触面越光滑,物体受到的摩擦力就越小;接触面越粗糙,物体受到的摩擦力就越大)。

五、实验方法:对比试验

六、要改变的条件:接触面的光滑程度(一组接触面光滑,叫实验组;另一组接触面粗糙,叫对照组)。

七、保持不变的条件:文具盒的重量、文具盒的体积、文具盒的形状、弹簧秤、绳子、拉文具盒的速度。

八、实验过程:

(1)将绳子的一端固定在弹簧秤的挂钩上,另一端固定在文具盒上。

(2)在光滑的桌面上,轻轻拉动文具盒,找到刚好能使文具盒动起来的力,记录下弹簧秤上的读数,重复 3 次。

(3)在桌面上铺上一条干燥的毛巾后,在粗糙的毛巾上轻轻拉动文具盒,找到刚好能使文具盒动起来的力,做好记录,并重复 3 次。

九、记录表:

接触面光滑程度	次数	摩擦力的大小	不改变的条件
接触面光滑	1	125克力	文具盒的重量、文具盒的体积、文具盒的大小、文具盒的形状、测力计弹簧秤、绳子、拉文具盒的速度
	2	125克力	
	3	125克力	
接触面粗糙	1	200克力	
	2	200克力	
	3	175克力	

十、我的结论:接触面越光滑,物体受到的摩擦力就越小;接触面越粗糙,物体受到的摩擦力就越大。

二、实习报告

(一)实习报告概述

1. 实习报告的概念

实习报告是指各种人员实习期间需要撰写的对实习期间的工作、学习经历进行描述的文稿。它是应用文体的重要文体之一。实习报告的内容主要包含实习目的、实习时间、实习地点、实习内容、实习总结这些基本要素,一般建议从开始实习的那天起就要注意广泛收集资料,并以各种形式记录下来(如写工作日记等),丰富的资料是写好实习报告的基础。

2. 实习报告的特点

(1)纪实性

对实习的过程和结果,必须如实记录;实习报告,就是在记录的基础上综合写成的。

(2)程式性

实习报告要按照实习开展的实际情况来写,因此结构上也具有较强的程式性。

3. 实习报告的种类

根据范围来分,有文科实习报告、理科实习报告;根据实习内容来分,有专业实习报告、专项实习报告等。

(二)实习报告的写作

1. 实习报告的结构与写法

实习报告通常可分为三部分来写:

第一部分:以实习时间、地点、任务作为引子,或把几个月的实践感受、结果,用高度概括的语言概括出来以引出报告的内容。

第二部分:实习过程(实习内容、环节、做法等)。

(1)将学校里学到的理论、方式方法变成实践的行为。

(2)观察体验在学校没有接触的知识:以什么样的方式方法,或以怎样的形态、面貌出现的。比如,对于某一部门职能,你原先不了解,后通过实习有了亲身的接触,引发了你对职能部门的了解。再比如协调人际关系,工作中的人际协调和你学的公关理论与实务有什么样的差异,你怎样体会公关理论等。

第三部分:实习体会、经验教训、今后努力的方向等。

文章也可以以实习体会、经验为条目来结构全文。如,在实践中发现自己的优势:团队协作意识强;善于根据自己的知识、能力挑战新工作;事后善于总结等等。从实践中看到的缺陷:政治触觉不够敏感;专业知识欠扎实;动手能力差等等。用这些,把自己实践的过程内容串起来。不过,这样的报告相对来说需要较高的写作能力。

2. 实习报告写作注意事项

(1)报告必须写自己的实习经历,因此要在实习的过程中,做好日常记录工作。否则,实习报告的写作就成为无源之水无本之木。

(2)实习报告除了要反映实习的过程,还需要对实习工作有所提炼和归纳,能够得出规律性的认识。

(三)实习报告例文

实习报告

1. 实习目的:接触实际,了解社会,增强劳动观点和社会主义事业心、责任感;学习业务知识和管理知识,巩固所学理论,获取本专业的实际知识,培养初步的实际工作能力和专业技能。

2. 实习时间:2014 年 2 月 1 日到 3 月 1 日,为期 4 周实习。

3. 实习单位:山东省 xx 县农村信用合作社联合社。

4. 单位地址与规模

山东省 xx 县农村信用合作社联合社位于沂水镇南环路,法人高传发,电话 0539 - 2231240。xx 县农村信用社拥有 258 名信合员工,辖 12 个信用社、1 个营业部、73 名客户经理、345 个协贷站。

5. 实习单位主要业务

办理存款、贷款、票据贴现、国内结算业务;办理个人储蓄业务;代理其他行的金融业务;代理收付款项及受托办保险业务;买卖政府债券;代理发行、代理兑付、承销政府债券。

6. 实习单位的历史与发展

7. 实习过程:2月1日,我开始了我的农村信用社实习的过程。早上8点半,伴随着信用社大门的打开,大厅不一会就人来人往。大家都忙碌着,我无所事事。主任说这样吧,这个月的第一期黑板报就你负责。总算有事做了,说干就干。高中的时候担任过出黑板报的工作,还好基础不至于太差。其实也没写几个字,关于“信用社预防职务犯罪教育”的普法知识,却忙碌了大半天。不过效果还是不错的,有顾客谈起来,心中也是很高兴的。

下午,我在实习指导老师的指导下首先学习信用社工作必需的基本技能,包括点钞、捆钞、珠算、五笔字型输入法、数字小键盘使用等。这似乎给了我一个难题,本来自以为信用社业务相当的简单,却没发现我原来有这么多基本的技能不会操作。看着同事熟练地点钞,真是很羡慕,而我只能一张一张地慢慢地数,还时不时地出错。对于珠算,刚开始我一直无法理解为什么不用计算器,这不是更方便吗?后来慢慢才了解,原来信用社柜员经常需要查点现金,看是否能账实相符,而人民币有多种卷别,在点钞时需要累加,这时使用算盘就要比计算器方便,因为计算器显示的结果超过一定时间便会消失。

这次实习,除了让我对农村信用社的基本业务有了一定了解,并且能进行基本操作外,我觉得自己在其他方面的收获也是挺大的。作为一名一直生活在单纯的大学校园的我,这次的毕业实习无疑成为我踏入社会前的一个平台,为我今后踏入社会奠定了基础。

首先感谢信用社给我这个机会让我来到这个集体,在联合社为期一个多月的实习是我走出校门、踏入社会的第一步,这个阶段是我从学生步入职场的重要的过渡,对我来说有很大帮助,为我将来走上工作岗位打下了坚实的基础。通过这次的实习,我对自己的专业有了更为详尽而深刻的了解,也是对这几年大学里所学知识的巩固与运用。从这次实习中,我体会到了实际的工作与书本上的知识是有一定距离的,并且需要进一步再学习。

其次,我觉得工作后任何人都必须要坚守自己的职业道德并努力提高自己的职业素养,做一行就要懂这一行的行规。在这一点上我从实习单位同事那里深有体会,比如,有的业务办理需要身份证,虽然客户可能是自己认识的人,他们也会要求对方出示证件,而当对方有所微词时,他们也总是耐心地解释为什么必须得这么做。

最后,在信用社里每一位员工都是我的老师。我虚心学习经验,将所学的知识与实践结合起来,多思考,多总结,多请教,充分发挥自己的工作积极性。我觉得到了实际工作中以后,学历并不显得是最重要的,主要看的是个人的业务能力和交际能力。我深刻地体会了这一点。学历只是一张证书,只是代表你接受的文化教育的程度,但并不能完全地展现个人的能力。以实际说话,也许你能说出很多新兴词汇,可是顾客不懂,那你就算不上是个优秀的员工。实习的时间虽然只有短短的一个多月,但是我感觉我的收获还是很大的。我要感谢我的信用社的老师们,当我在业务上遇到什么不懂的问题请教他们时,他们都会悉心帮我解答,使我大大提高了对信用社业务的熟悉程度,这对我的实习经历来说是十分重要的。

因此,我体会到,将我们在大学里所学的知识与更多的实践结合在一起,使一个本科生具备较强的处理实务的能力与比较系统的专业知识,这才是我们实习的真正目的。

(此文来源于百度文库, 实习报告范文,作者不详,内容有改动。)

三、毕业论文

(一)毕业论文概述

1. 毕业论文的概念

要弄清毕业论文,首先必须弄清什么是论文。论文是对科学领域的问题进行探讨、研究而发表科学研究成果的文章,又叫学术论文,简称论文。它可分为:社会科学论文、自然科学论文。和一般的议论文相比,学术论文更讲究科学性、创造性、学术性、理论性。

毕业论文:是高等院校应届毕业生毕业前夕提交的一份有一定的学术价值的文章,是大学生在教师指导下从事科学研究所取得的成果的文字记录,也是检验学生掌握知识的程度、分析问题和解决问题的基本能力的综合性总结和检测。

2. 毕业论文的特点

毕业论文虽属学术论文中的一种,但与学术论文相比,又有自己的特点:

(1)指导性

毕业论文是在导师指导下独立完成的科学研究成果。毕业论文作为大学毕业前的最后一次作业,离不开教师的帮助和指导。对于如何进行科学研究,如何撰写论文等等,教师都要给予具体的方法论指导。在学生写作毕业论文的过程中,教师要启发引导学生独立进行工作,注意发挥学生的主动创造精神,帮助学生最后确定题目,指定参考文献和调查线索,审定论文提纲,解答疑难问题,指导学生修改论文初稿,等等。

(2)习作性

根据教学计划的规定,在大学阶段的前期,学生要集中精力学好本学科的基础理论、专门知识和基本技能。在大学的最后一个学期,学生要集中精力写好毕业论文。学好专业知识和写好毕业论文是统一的,专业基础知识的学习为写作毕业论文打下坚实的基础。毕业论文的写作是对所学专业基础知识的运用和深化。大学生撰写毕业论文就是运用已有的专业基础知识,独立进行科学研究活动,把知识转化为能力的实际训练。写作的主要目的是为了培养学生具有综合运用所学知识解决实际问题的能力。它实际上是一种习作性的学术论文。

(3)层次性

毕业论文与学术论文相比要求比较低。专业人员的学术论文,是指专业人员进行科学研究和表述科研成果而撰写的论文,一般反映某专业领域的最新学术成果,具有较高的学术价值,对科学事业的发展起一定的推动作用。大学生的毕业论文由于受各种条件的限制,在文章的质量方面要求相对低一些。

(二)毕业论文的写作

1. 毕业论文的选题

选择有科学研究价值的课题,包括:(1)急待解决的课题;(2)前人没做过的课题;(3)虽有人研究过,但说法不一,有待深入研究的课题。

选择适合作者实际情况的课题:(1)首先有浓厚兴趣的课题;(2)能发挥业务专长的课题;(3)选择难易适中的课题;(4)选择具备占有资料和实验手段的条件的课题。

2. 毕业论文资料的收集与研究

掌握与研究课题相关的原始资料,这是写作的基础。只有全面准确掌握第一手原始资料,才可能使研究建立在可靠的、坚实的基础上。那么,如何收集掌握原始资料呢?途径主要有:

(1)利用图书馆收集资料;

(2)调查访问获取资料;

(3)观察和实验获得资料。

掌握、了解前人对所研究课题已有的研究成果。

掌握所研究课题的最新研究进展,了解别人未解决的问题、疑难的焦点等。

掌握相关学科的发展为所研究的问题提供参考。

3. 毕业论文的结构与写法

毕业论文的结构,大致包括绪论、本论和结论三部分。

绪论:学术论文的绪论又称引论、导论,是学术论文的开头。导论主要提出问题,用以统领全文,引出正论。导论可以直接说明研究的动机、目的和意义,也可以用设问、疑问的方式提出问题,揭示论点,对全文作概括性的论述。也可以从一种有代表性的说法、通论谈起,引出问题。导论的任务是导入本论,引人入胜,所以要求简洁明了,富有新意。

本论：是学术论文的主体部分，是展开论题、表述作者个人研究成果的部分。

从内容上看，学术论文的主体部分应该涉及这几个方面的内容：自己的观点及其论据；别人在这方面已做过的研究情况；研究这个论题应把握的重点、难点。

从形式来看，学术论文的表述要有严密的逻辑性和明晰的条理性。首先，要准确把握文章内容大小层次间的各种内在联系，中心论点与分论点之间的关系是总分、主次、并列、因果、递进等关系，再用适当的小标题或序数词加以区分。前者是把握文章内在的逻辑结构，后者是寻找具有结构作用的形式标志，两者必须协调一致。本论的展开形式一般有：并列式和掘进式。并列式是将主要论题的几个横向性的分题逐一加以论证；掘进式是各部分内容有逐层深入的关系。

结论：是论文的归结，文字宜干净利落。除了总结全文、强调要点外，还可以对自己或他人在这一领域的研究上如何进一步深入提出展望。

4. 毕业论文写作注意事项

(1)毕业论文的写作，要选自己确实有研究、有心得、有体会、有基础的选题，这样才能有自己的观点。

(2)毕业论文的写作，要搜集阅读大量参考文献，吸收别人的相关观点，但绝不能简单抄袭。

(3)毕业论文要大致按照绪论、本论、结论的模块来写，思路要清晰，层次要分明。

(三)毕业论文例文

我国上市公司财务预警研究

我国已加入世界贸易组织，市场经济在迅速发展，企业的市场主体地位已经确立，竞争日益激烈，国际化经营的程度不断提高，从而导致企业外部环境复杂多变，企业生存发展的风险越来越多，越来越大。企业要想保持长期稳定的发展，就必须加强风险管理，重点是财务风险的预防与控制。企业财务预警是企业风险管理的重要组成部分，建立适合我国上市公司的财务预警系统，对其财务状况进行预测和评价，在现代经济环境下是十分必要的。

一、财务预警的基本理论

(一)财务预警的概述

在上市公司的经营活动中，往往会出现这样的现象，即有的公司年终损益表上显示盈利，可没过多久却宣布濒临破产，究其原因，是因为在报表所显示的利润背后可能潜藏着未被预知的致命危机。通过研究诸多企业破产的原因，不难发现绝大部分是因为偿债能力不足，资金周转不灵所致，这一切的关键就在于没有处理好眼前利益与长远利益的关系，没有从蛛丝马迹中预见到即将来临的风暴，没有及时采取相应的措施。进行财务预警，是对付这种问题的有力的武器。

1. 财务预警的定义

所谓预警，也就是提前报警的意思。上市公司财务预警，即上市公司财务危机预警，就是上市公司管理当局，为了与上市公司有关各方的决策需要，以公司的财务报表、经营计划和其他相关会计资料为依据，利用财会、统计、金融、企业管理、市场营销理论，综合多种分析方法，对公司的经营活动、财务活动等进行分析预测，以发现公司在经营管理活动中潜在的经营风险和财务风险，并在危机发生之前向公司经营者发出警告，督促公司管理当局采取有效措施，避免潜在的风险演变成损失，起到未雨绸缪的作用。

2. 财务预警的性质

（略）

（二）财务预警的功能

1. 财务预警系统的构成要素

一个有效的财务预警系统应该包括组织机制、运行机制、指标体系和分析方法。

（1）组织机制。（略）

（2）运行机制。（略）

（3）指标体系。（略）

（4）分析方法。（略）

2. 财务预警的基本程序

财务预警的程序可分为下列五个步骤：

（1）明确警义。即明确预警的对象。警义指预“警”的含义，它由若干个警素和警度所构成，警素指构成警情的指标要素，而警度是指警情的程度。影响警素和警度的指标不仅包括流动比率、速动比率、资产负债率等传统的财务指标，还包括应收账款周转率、存货周转率等补充指标，还要包括经营活动的现金流量、投资活动的现金流量、筹资活动的现金流量等现金流量指标。

（2）寻找警源。（略）

（3）分析警兆。（略）

（4）建立预警模型。（略）

（5）监测并预报警度。（略）

3. 财务预警系统的功能

上市公司财务预警系统作为一种成本低廉的诊断工具，能及时对公司的生产经营过程和财务状况进行跟踪监控，及时地进行财务预警分析，发现财务状况异常的征兆，并迅速报警，及时采取应变措施，避免或减少损失。具体而言，一个有效的财务预警系统具有以下功能：

(1)信息收集功能。(略)

(2)监测功能。(略)

(3)预报功能。(略)

(4)诊断功能。(略)

(5)治疗功能。(略)

(6)健身功能。(略)

(三)我国上市公司建立财务预警系统的必要性

1.上市公司有关利益方决策的需要

(略)

2.市场竞争机制的客观要求

(略)

3.加强财务监督的需要

(略)

4.财务预测局限性的迫切要求

(略)

二、我国上市公司财务预警系统应用现状及原因分析

(一)我国上市公司财务预警系统应用现状

我国在财务预警研究方面起步较晚,20个世纪80年代才刚刚起步,我国证券市场在许多方面发展还不很成熟,到现阶段我国证券市场还处于弱势阶段,投资者还不能充分利用有关的公开信息,所以一些财务预警方法虽然在国外能够得到较好的运用,但在国内由于条件尚不具备,暂时还不能运用,我国财务预警方面的研究尚处于吸收和借鉴国外研究经验的阶段,还没有完全形成一套适用于我国的独立的财务预警体系。

我国上市公司财务状况普遍不佳,目前有的股票被特别处理。根据我国的实际情况,这些公司被认为是财务危机上市公司,还有部分上市公司股票虽未被特别处理,但已显露出财务危机的征兆,这些公司出现财务危机的原因是多方面的,外部原因如市场竞争激烈,内部原因如公司治理结构不完善、不规范,经营决策失误、管理不善等。除了上述直接原因外,我国上市公司大多数未建立财务预警系统,有些上市公司虽然建立了财务预警系统但运行效果欠佳。

我国许多学者正在从事财务预警系统研究的相关工作,已经对一些问题进行了较深刻的研究,并设计出了相应的一些财务预警模型。但由于我国从事财务预警相关研究的时间较短,而且受到一些客观环境的限制和约束,我国上市公司财务预警系统还存在较多问题:

1.证券市场不完善,破产机制不健全

(略)

2. 许多研究人员对非财务指标和定性因素不够重视

（略）

3. 理论的发展缺乏实践应用的推动

（略）

（二）我国上市公司财务预警系统运行欠佳的原因

财务预警系统在我国是一个比较年轻的研究领域，目前我国上市公司监管部门尚未就上市公司运用财务预警系统作出相关规定，造成我国上市公司未建立财务预警系统，或者虽然建立了财务预警系统但运行状况欠佳，其原因是：

1. 上市公司经营管理者缺乏主动性

（略）

2. 监管部门未作规定

（略）

3. 理论研究和实际运用相脱节

（略）

4. 会计信息的质量影响财务预警系统的有效性

（略）

三、改善我国上市公司财务预警的几点建议

（一）树立上市公司利益相关者风险防范意识

树立风险防范意识是完善上市公司财务预警信息系统、最大限度地防止财务危机的发生，并保证其得以有效运行的前提。无论是席卷全球大部分地区的金融危机，还是个别上市公司的财务危机，其发生和蔓延都直接与危机防范意识的薄弱相关。因此，经营者必须树立较强的危机意识，即在危机发生前，对危机的普遍性有足够的认识，并做好充分准备，即使危机侵袭，也能积极主动地应变。这就要求全体员工，特别是管理层在思想上对潜在的危机要有清醒的认识和高度警惕，对员工发现的问题及提出的合理建议应给予重视和采纳。

（二）提供通畅、开放、可靠的信息平台

财务预警系统在企业财务管理中扮演着多种角色，它作为一种风险控制形式，是与整个企业的命运息息相关的；它作为一种内部控制形式，几乎与企业各方面管理密不可分；它作为一种激励方式，可以促使各部门提高工作效率，创造最佳的财务成绩，以避免成为被监控的重点。财务预警系统要成功扮演这些角色，必须参与企业数据、资源信息共享，以正确的、及时的管理信息系统为支持，为其提供及时而完整的企业经营数据，这其中包括会计管理信息系统和相关经营信息收集与分析系统，这两个系统是财务预警信息系统的辅助系统。会计管理信息系统主要是由月结制的会计制度形成的，要能提供及时、真实、完整、可比的企业财务会计信息，在仔细研读分析这一信息的基础上，寻找企业潜在的财务危机；而企业相关经营信息系统则是从新的角度观察、理解企业财务运行状态,提供同行业、国家宏观甚至全球的相关外部信息。显然,上市公司财务会计信息及相关外部信息的真实性、准确性、完整性,是上市公司财务预警信息系统有效运行的前提。只有不断提高财务信息的真实性,准确判断财务信息的真实性,切实加强对财务预警信息的管理,才能保障财务预警信息系统顺利运行,真正起到预警的作用,保证预警结果的准确性和客观性。

1. 准确判断财务信息的真实性

(略)

2. 有效治理财务信息失真

财务信息的真实性是建立财务预警信息系统的基础,是其正常运行的根本保证。为此,有必要采取各种可行的办法,坚决治理财务会计信息失真。

(略)

(三)完善相关环境,以促进财务预警系统发挥作用

完善公司相关环境,主要包括公司治理结构的完善、相关法律制度的完善和内部控制制度的完善。

1. 公司治理结构的完善

上市公司管理制度的关键在于处理好各方面相互关系和权利制衡的体系。由于各方在权利制衡中获得的信息出现不对称,为保护投资者的利益,就必须建立一整套良性的监督机制。按照我国《公司法》的规定,"股东大会—董事会—监事会"是公司内部的管理制度。十多年来,我国上市公司治理结构经历了不断完善、不断规范的发展过程。特别是近几年随着法制建设的加强和规范化程度的提高,各种规章制度的建立大大地促进了中国上市公司治理结构的改进和完善,但由于我国上市公司大部分是由原国有企业改制而来,治理结构中还存在不少需要改进的地方。因此,上市公司要不断完善治理结构,以达到权衡的状态。

2. 相关法律制度的完善

加大宣传贯彻《会计法》和制订会计准则的力度。在上市公司贯彻《公司法》的同时,还要积极宣传《会计法》,促使上市公司严格按照法律法规办理各项会计业务。加快制定会计准则的步伐,按照统一的会计规则规范上市公司的会计处理,加强监管力度,确保上市公司会计信息的真实性。

3. 内部控制制度的完善

内部控制的有效性在一定程度上保证了管理的有序性、财务数据的安全性和可靠性。倘若内部控制都已失效,指标分析也就毫无意义,预警系统也就形同虚设。此外,良好的内部控制制度,可以让高层管理层及时掌握真实的财务活动信息,并对收到的预警信号反馈相应的对策,真正将财务预警落到实处。从保证财务预警系统高效运行的角度看,应从以下方面完善内部控制制度:在确定和完善组织

结构的过程中,应遵循不相容职务分离的原则,包括授权进行某项经济业务和执行该项业务的职务要分工,执行某项经济业务和记录、审查该项业务的职务要分工,保管某项财务和记录该财物的职务要分工,记录总账和记录明细账的职务要分工。每项经济业务都有一系列内部相互联系的程序。将每项经济业务划分为授权、主办、标准、执行、记录和复核六个步骤,并把这些步骤分别交给不同部门或人员来处理。对实物的采购、保管、发货及销售等各个环节进行控制,防止资产流失。在招聘、使用、培养、奖惩等方面对职工素质进行控制,以确保受聘人员能够适应工作的要求。在筹资、融资、采购、生产、销售等经营活动的多个方面,各单位通过预算的编制和实施,在检查预算的执行情况基础上进行分析,并提出相应的改进措施。以消除隐患、堵塞漏洞、防范风险、审慎经营为宗旨,建立全方位的内部控制制度,实施有效的内部控制。

综上所述,上市公司财务预警系统的建设关系到上市公司各相关方的利益,为了我国上市公司的健康发展,以及进一步降低经营风险与投资风险,我们要不断地完善预警系统的建设。本文仅就财务预警系统作了初步的探讨。在我国证券市场尚不成熟的今天,更加需要结合我国上市公司情况对财务预警系统进行深入研究和完善,我们期待着看到这一领域研究的累累硕果,并希望借此来推动我国上市公司的逐步完善和健康发展。

(此文来自大学生论文网,作者不详)

【思考与练习】

1. 请写一份实验报告。
2. 下面是一份实习报告,存在很多问题,请加以修改。

商场促销实习报告

当今社会,招聘会上总是写着"有经验者优先",而我们这些"一心只读圣贤书,两耳不闻窗外事"的学生都拥有了多少经验呢?我们只是把头埋在题海中。假期,也就成了我们唯一可以去接触社会的时间了。为了拓展自身的知识面,扩大与社会的接触面,增加个人在社会竞争中的经验,锻炼和提高自己的能力,所以这个暑假,我今年7月23日至8月24日去到长沙浏阳永安比一比超市店做促销员。

现在社会待在家中只读圣贤书的"才子"已经不被这个时代认可了。21世纪的大学生想在快节奏的社会中站稳脚,就必须要经得起社会的考验。

怀着锻炼自己,早点融入这个高速发展的社会的想法,我早早地就为我大学第一个暑假做了一个完美的计划——暑假兼职。在妈妈的建议下,我找到了婶婶工作的单位——长沙浏阳比一比超市永安店。在婶婶的推荐下,我成为了他们超市日化专柜一名临时促销员。

其实做促销已经不是我第一次了，在这之前我还做过“恒安”集团国庆临时促销员。为什么我会选择促销，而没向大多数同学一样选择家教这份容易挣钱的工作呢。因为我觉得促销很锻炼一个人的交际能力，每天都要接待不同的顾客，处理不同的问题，在这些过程中我可以收获很多在书本或者其他工作中得不到的东西。

有了国庆的那次经验，这次的工作我感觉很熟悉。在婶婶的指导下我也很快融入了这份工作中。开始的第一天我还是有点放不开，在我身边的同事都是大我十多岁的阿姨派。开始觉得有代沟，可慢慢的我也可以跟他们大成一徧，“小成，小成……”的叫也让我觉得很亲切。也许是因为周遍阿姨们的照顾，我的工作做得很好，一直受到主管的表扬。

我做的是日化的整个专柜，可我也有自己专门负责的品牌，像“大眼睛”、“丹姿”、“采乐”。不做不知道，原来一个小小的超市它却有着严格的管理模式。像我们这中临时促销员也要经常参加专业培训，从礼仪到品牌各方面的都要学。我开始还小瞧了这家超市，待我了解到这家超市的历史我才感觉到：其实做什么事都是一点一滴积累起来的。“比一比”的老板也是从一个小商店老板做起家的，超市现在虽然不大，可也是一个十多家连锁店的小企业。规模随小，可五脏六腑俱全，它还常常引进沃尔玛超市管理模式。现在什么都讲究信息与资源，“比一比”进步的一点就是知道借鉴人家先进的管理系统。我现在学的是医学，人对医学的研究是日新月异，如果我自限于课堂和书本，那么我想我还没出社会就已经落后了。今后就业的压力使我们当代的大学生不得不早点接触社会，感受社会的多元化，学会利用社会的资源与信息。单一的人才已经不在适应社会，只有身怀各方面的绝技才不害怕社会残酷的竞争。

经济社会是非常现实和残酷的。我们的工资情况就反映了着一点。每一个职员只有每个月份的销售额超过XX元才能有提成拿，要不然就只能拿保底薪水600元。我不甘心一个月仅600的待遇，所以我一直都做得很认真。我热心的接待着每一位顾客，也不嫌其烦的为每一位顾客讲解各产品的功效。很多时候我也会遇到“冷板凳”，开始我还觉得有点尴尬，可周遍同事阿姨鼓励的微笑消除我心理的很多障碍。我那不褪色的微笑也得到了销售主管的肯定。在想顾客推销商品的时候，我把自己学到的一些医学知识也用上了，比如说：洁面与皮肤健康、药膏与牙齿的保护。最后我的销售还是取得了可喜的成绩。我领到900元的工资，虽然相比婶婶的业绩我差了一点，也我已经感到很满足了。一分耕耘一分收获，拿着那叠钱，我感觉好重，因为里面有好多的精练浓缩。

一个月的实习让我收获良多。我明白了很多销售道理：服务态度至关重要，创新注入新活力，诚信是成功的根本，付出才有收获。我会带着这宝贵的经验回到学校更加认真的学习专业知识。这一次的超市实习成了我社会人生的第一笔财富。

以后我会争取更多这样实习的机会,努力的充实自己,提高自己。(来源于2012年3月20日实习报告网,作者不详)

3. 假如你的毕业论文选题是"'小沈阳现象'的后现代文化研究",请草拟一份论文写作提纲。

第四节 传播应用文

传播应用文主要包括消息、通讯、新闻评论、广播稿、网络消息等文体。我们着重介绍前面三种。

一、新闻概述

(一)新闻的概念

新闻有广义和狭义之分,广义的新闻包括消息、通讯、报告文学、调查报告、新闻评论等,狭义的新闻指的就是消息。

关于新闻的定义,国内外新闻界的学者们争论不休,莫衷一是。由于新闻跟政治的密切关系,新闻的定义也因意识形态的分歧而有着显著的差异。西方新闻界给新闻下定义强调的是新奇性、反常性、刺激性与人情味。如美国杂志作家威尔·艾尔温宣称:"反常的事物就是新闻。"美国新闻编辑华尔克说得更干脆:"新闻乃是女人、金钱和罪恶的记录。"威斯康星新闻学院教授布莱尔则强调:"新闻是新近发生的,能引起兴趣的事实。能引起最大多数读者的最大兴趣的新闻就是最好的新闻。"而堪萨斯州《阿契生市环球报》主编爱德华说得更有趣:"凡是能让女人喊一声,啊呀,我的天哪的东西,就是新闻。"《纽约太阳报》采访主任博加特说得更妙:"狗咬人不是新闻,人咬狗才是新闻。"

我国新闻界对新闻的含义也有着不同的理解。曾任中宣部部长的陆定一给新闻下过一个定义:"新闻的本源乃是物质的东西,乃是事实,就是人类在与自然斗争中和社会斗争中所发生的事实。因此,新闻的定义,就是新近发生的事实的报道。"这一定义强调了新闻的新鲜性和真实性。

陆定一的这一定义有较大的影响,我国新闻界基本上以这一定义作为标准。近年来一些学者对这一定义中的"事实"作了一些限制,如何金开在《新闻别解》中说:"新闻是现实生活中发生的对大多数人有耳目一新的启发作用的事实的报道。"甘惜芬认为"新闻是报道或评述最近的重要事实以影响舆论的特殊手段"。胡乔木说:"新闻是一种新的重要的事实。"范长江说:"新闻,就是广大群众欲知应知而未知的重要事实。"这些说法于新鲜与真实外,又加上了新闻的功用。

综合中外新闻界的各种观点，可以这样认为，新闻就是新近发生的有社会意义的事实的报道。它有四个要点：它是新近发生的，有时效性和新颖性；它是事实；它是有意义的事实，这事实不一定典型，但一定有意义，即人们感兴趣；它是事实的报道。

这一定义除了坚持了事实第一性、新闻第二性这一原则外，还说明了三个问题：

1. 新闻的本源是事实，并非虚构的。新闻要严格按照事实的本来面目加以报道。这一点使新闻与哲学和文学区别开来。哲学以思想观点、理论的形式表达研究成果，文学以形象思维的方式，在现实生活的基础上允许虚构，塑造出典型形象。

2. 新闻所反映的事实是新近出现的，具有及时性。这使新闻与历史区别开来。历史也反映事实而且不准虚构，但历史反映并总结的是过去发生的事实，两者有明显的时间差。这新近发生的事实当然也包括过去发生但不为人所知、今天才发现的。

3. 新闻有一个相互传递的过程，事实本身并不等于新闻，必须报道出来才是新闻。

（二）新闻的特点

1. 真实性

新闻的本源是事实。新闻报道，是新近发生的客观事实通过新闻媒介的反映。事实第一性，新闻第二性；事实在先，新闻在后。因此，新闻的真实性可以理解为根据事实来描写事实，忠实于事实的本来面貌。新闻必须完全真实地反映客观事实，现实发生的事实才可报道，不能凭空捏造和虚构，也不能移花接木、添枝加叶。对构成新闻要素的时间、地点、人物、事件要绝对真实，新闻所涉及的有关背景材料、数字、史实，也都必须准确无误。

新闻的真实性不同于文学的真实性。文学要求生活的真实，但允许根据社会生活塑造典型，编织情节，不受真人真事的局限。新闻则要求完全真实。以真人真事为基本写作内容的报告文学，属于新闻范畴，也应该完全真实。

真实性关系到新闻是否有价值的问题，是新闻的“生命”。真实性也是检验新闻工作者有无良好职业道德和社会责任感的试金石。真实性还会牵涉到法律问题。

2. 时效性

时效性是新闻的“第二生命”，也是新闻媒体赢得更高的发行量和收视率的关键。时效性的基本理解就是报道的迅速及时，报道的时间距离事件发生的时间越近，这条新闻就越具有新闻价值。

新闻必须是刚刚发生的事，而且报道得越快越好。例如在火灾发生的现场，新闻报道者有时候比消防队员到得还早，就是为了抢时间，要在第一时间采访到第一手的材料，尽快报道给受众。一条有时效的新闻，价值连城。一条过了时的新闻，就成了旧闻。

美国《纽约时报》前副主编罗伯特·赖斯特说："如果第二次世界大战之前，新闻界普遍认为，最没有生命力的东西莫过于昨天的报纸的话，那么今天的看法是：最没有生命力的东西莫过于几个小时以前发生的新闻。"这已是上个世纪的事了。到了今天，最有价值的新闻再难与"几个小时之前"这样的字眼有关。错过了那几秒，新闻就会成为"旧闻"，再没有价值可言了。

自有新闻传播之日起，时效性就是衡量新闻的一个决定性标尺，这就使得时效性对于新闻采访的意义非常重大，它不是金牌与银牌的差别，而是金牌与粪土的差别。也就是说，有时效的是新闻，过时了，就一钱不值。失去时效，新闻就成了废品。

有些新闻不讲究时效，常常闪烁其词，时间含混。几十天以前的事也叫"最近"，甚至一年前的事也写成"不久前"，这是不讲时效性的表现。

3. 接近性

新闻的接近性是新闻的价值评价标准之一，是指新闻事实令人关切的特质。这种接近主要指地理、心理、利益、年龄及利害关系等方面的接近。一般情况下，离读者越近、关系越密切的事，就越为他所关注，新闻价值也就越大。这是因为，受众在接受新闻信息强度、对比差异、时新、趣味等因素刺激外，求近心理也是一种重要的心理定势。

接近性是指从地理上说，某一事件对报纸的发行区域是邻近还是遥远；或者是某个问题与读者的关联程度如何。越是"本地新闻"，人们就越感兴趣，在你的城市里一个行人被杀，比起千里之外六个人死于撞车，更能引起本市居民的关注。包含读者名字在内的新闻，对他来说是最接近的。

4. 显著性

新闻的显著性是指新闻事实关联的人物、地点的知名度高，关注度高。有一个公式：名人＋寻常事＝新闻；普通人＋不寻常事＝新闻；名人＋不寻常事＝大新闻；普通人＋寻常事≠新闻。故宫、长城、埃菲尔铁塔这样的名胜，杨振宁、姚明、章子怡这样的科学家、体育明星、著名演员经常成为报道的对象。

越是著名的人物，作为新闻来源就越有价值。普通人结婚就不是新闻，姚明结婚就是新闻，因为他是名人。在美国最著名的是总统。他一感冒，证券市场跟着颤抖；他去钓鱼，他用的鱼饵也被细加描写；他玩高尔夫球，整个过程和最后的比分被仔细地记录；他因病卧床，他的膳食、体温、睡眠和治疗过程成为头版新闻。大名鼎鼎的人，声名狼藉的人，古怪的人，都会引起公众特殊的兴趣。

5. 人情味

中央电视台《新闻调查》著名记者柴静说:“好的新闻是有人情味的。”所谓人情味,源自人性中最温情的一面,是人与人之间情感的自然流露。新闻报道的人情味,就是新闻作品能给人以爱与关怀的奇妙感觉,能从情感上感染大众,能生发出温暖人心的精神力量。新闻报道讲究人情味十分必要。富有人情味的报道,能够让受众喜闻乐见,能够激发受众的情感,引起受众发自肺腑的共鸣。报道要有人情味,就要以某种方式有意地影响受众的情感。让受众感到惊讶、戏剧性、冲突、不安、新奇、趣味……记者在组织报道时,这些要素都要考虑进去。

由于种种原因,眼下有的新闻报道出现了人情味缺失的现象:反映工作情况的报道,板着面孔,平铺直叙;反映典型人物的报道,千人一面,贪图“高大全”。其实,少一点宣传腔,多一些人情味,可以使新闻报道更加有血有肉,且可读、可亲、可信,让新闻报道真正“跃然纸上”。

6. 客观性

新闻的客观性,也是新闻学永久的命题之一。可以简单概括为新闻报道中的每一个具体事实必须符合客观实际,也可以理解为态度上的不偏不倚公正无私。维护新闻的客观性原则,要做到表现在新闻报道中的时间、地点、人物形象、言论、行动、事件的原因、经过、结果等新闻内容真实准确。对于新闻从业人员来说,客观性并不是指类似科学实验班的精确,而是说记者要努力写出或做出不带个人感情并将事实和观点分开的新闻或报道。

要做到客观性,一要全面报道,不要有所隐瞒,否则尽管报道的全是事实,但仍是不客观的;二是要尊重事实,少发主观议论。美联社1900年就曾提出“报道事实而不报道意见”的客观性原则。

7. 倾向性

新闻的倾向性是指新闻者在报道或评述新闻事实时所表现出的特定的立场和思想倾向。即在政治上拥护什么,反对什么;思想上赞成什么,排斥什么。这种倾向有时表现得直接而明显,有时则表现得含蓄而隐晦,但在新闻传播过程中,新闻的倾向性总是客观存在的。新闻的倾向性是通过选择事实和编写新闻表现出来的,它往往表达一种无形的意见。新闻的倾向性要受新闻客观性的制约。客观事实是新闻工作者表现其倾向性的基础,人们只能在事实的基础上恰如其分地表现倾向性,而不能在新闻中脱离事实的属性和涵义,随心所欲地表明自己的倾向性。

新闻的倾向性客观地存在于整个新闻报道之中。新闻的倾向性产生于新闻传播的过程。新闻是新近发生的事实的报道,新近发生的事实很多,新闻机构既无必要也无可能都作报道,于是要进行选择。在选择事实、制作稿件、传播新闻的过程中,持有不同阶级立场、政治态度、学术观点、价值观念、经济利益、文化素养、兴趣爱好的新闻工作者和新闻机构,会表现出是非、褒贬、爱憎等不同的倾向。

8. 可读性

新闻的可读性是指新闻报道要写得生动鲜活，通俗易懂，并有特别的情味、趣味，让受众喜闻乐见。在西方，有的新闻业老板把发布恐怖、色情、怪异的新闻作为其“可读性”以吸引公众，而较严肃的新闻学专家则着重从篇幅长短、句子通俗等方面来研究可读性，如美国新闻可读性专家卢道夫·弗莱克认为，最可读的新闻，每篇不超过500字，每句平均19个词。美国还流行着“艮宁公式”，其可读性的标准就是多用实体动词，多用新鲜词汇，用词通俗，句子单纯，多用主动语态，叙述精炼立体化，让人产生视觉感等。

（三）新闻六要素

新闻作为一种以叙事为主的文体，它的基本要素和记叙文的六要素是一致的。几乎所有的新闻学教材都把它们概括为“5W”和一个“H”，即：谁（Who）、何时（When）、何地（Where）、何事（What）、为何（Why）、如何（How）。换一种说法就是人物、时间、地点、经过、原因、结果。如果把这六要素串起来，概括成一句话，就是一句通俗易懂的句子：某人某时在某地做了某事出现了某种结果。

一篇新闻报道，无论是消息，还是通讯、特写，一般都包含这些因素。比如下面这条新闻，可以说是“麻雀虽小，五脏俱全”，新闻的六要素交代得非常清楚：

美国总统里根和苏联领导人戈尔巴乔夫今天下午2：02分在白宫东厅正式签署了全部销毁两国中程和短程导弹条约。

通过对这六要素的把握，我们面对一篇新闻，可以很迅速地把握其主要内容。这对于写作新闻报道的人来说，一起新闻事件要把它写清楚，就要尽量简洁明了地交代清楚“六要素”；而对于每天接触大量信息的现代人来说，循着一篇报道的“六要素”，快速筛选有用信息，对提高阅读效率，无疑也是有帮助的。

（四）新闻报道的功能

新闻的根本特性决定了新闻对社会所能发挥的作用。

1. 沟通情况，提供信息

人们接触新闻，第一个目的是为获得有用的信息，了解客观世界的变动。任何一则新闻，如果不提供人们需要的信息，或者没有足够的信息量，充塞着老话、套话、空话、大话，那就不可能受到人们的欢迎。从这一点上来说，新闻是依赖“沟通情况，提供信息”而生存的。不给社会提供有用的信息，新闻就没有存在的理由。

2. 进行宣传，整合社会

新闻的宣传功能是多方面的，而且在现代社会能产生巨大的影响力。它要阐明国家发展的目标和社会理想,从而力图把整个民族的力量凝聚在一起,实现共同目标和理想。它要不断分析政治、经济形势,解释国家的重大方针政策,实行舆论导向,保证政令畅通,把人民群众的注意力集中到国家的发展上。它要惩恶扬善、扶正祛邪,维护主流的价值系统,保证正常的社会秩序。它要沟通、协调不同民族、不同种族、不同地区、不同职业以及不同群体之间的联系,缓解社会冲突,消除矛盾,在社会规范的原则基础上齐心协力。

3. 实施舆论监督

没有监督的权力必然是腐败的权力,这是政治学上的规律。监督当然是多种多样的,包括行政监督、司法监督、党的纪律监督,但新闻的舆论监督同样必不可少。在一些西方国家,新闻媒介自称是除立法、司法、行政之外的第四势力,它对立法、司法,尤其对行政当局实行舆论监督。但这种监督有其政治、经济背景。它们以公众代言人自居,却往往代表一个大集团的利益向政府叫板。中国的新闻舆论既然是党和人民的耳目喉舌,那么,它们理应代表国家和人民的利益来实施舆论监督。

4. 传播知识,提供娱乐

新闻不是教科书,它们所传播的知识,主要是和人们的生活、生产、工作有密切关系的,以及科学技术上的新发现、新创造,社会科学的新探索、新观点、新材料,从而使人们不断了解人类社会文化的发展。新闻媒体还传播许多奇闻趣事、各地风土人情、文娱节目等趣味性内容,让人们在紧张工作之余得到高尚情趣的享受,培养、提高人们的兴趣和欣赏水平,满足人们正当的好奇心理,开发人们发明创造的才能。

(五)新闻的分类

以新闻报道的内容来分类:可以分为政法新闻、国际新闻、经济新闻(有些称工交新闻、财贸新闻)、军事新闻、文教卫生新闻(包括文艺)、体育新闻、社会新闻。综合性日报往往以此把报社分为政法部、经济部、教卫部、国际部、体育部等等。

以新闻发生地来分类:一般的地方报纸、电台、电视台,把新闻分为三大块:国际新闻、全国新闻、地方新闻。

以新闻的时间性来分类:这种分类把新闻划分为两大类,突发性新闻、延缓性新闻。突发性新闻是对出乎人们预料而突然爆发的事件的报道。例如,突然发生的灾难(空难、火灾、车祸等等),突然爆发的战争,突然生变的政局,不期而至的天灾(地震、海啸、暴风),等等。延缓性新闻是对逐步发生变化的事情的报道。例如,天气渐渐热起来了,物价在慢慢降低,青少年的平均体重逐步增加,等等。突发性新闻有明确的发生时间,有时会精确到几点几分几秒;而延缓性新闻却很难有明确时间,往往只能以“近来”、“最近”、“近日”之类模糊词汇来写出时间的概数。

以新闻与读者的关系来划分：这种分类把新闻分为硬新闻与软新闻。硬新闻是指关系到国计民生以及人们切身利益的新闻。包括党和国家重大方针、政策的制定和改变，政局变化，市场行情，股市涨落，银根松紧，疾病流行，天气变化，重大灾难事故等等。这类新闻为人们的政治、经济、工作、日常生活的决策提供依据。硬新闻有极严格的时间要求，报道必须迅速，越快越好，在有些场合，可以说失之分秒，差之千万。硬新闻的另一个要求是报道尽可能地准确，叙述尽可能地量化。软新闻是指富有人情味、纯知识、纯趣味的新闻。它和人们的切身利益并无直接关系；向受众提供娱乐，开阔眼界，增长见识，陶冶情操，或作人们茶余饭后的谈资。软新闻的发生往往没有明确的时间界限，多数延缓性新闻；软新闻的公开发表也没有时间的紧迫性，耐"压"，早一天迟一天往往无碍大局。然而，软新闻很讲究写作技巧，须用生动活泼的文笔来写，写出情趣来，即人们常说的"散文笔法"，使人感到兴味盎然。一般说来，严肃的高级报纸（在中国以党报为代表）以刊登硬新闻为主；大众化通俗报纸（在中国以晚报为代表）有更多的软新闻。

二、消息

（一）消息概述

1. 消息的概念

消息，就是消息报道，即狭义的新闻。它在媒体中使用得最广泛，最经常。它是以最直接的方式、最简洁的文字迅速传播新近发生或变动的事实的一种新闻文体。消息能迅速而及时地反映丰富多彩的时代风貌。

2. 消息的特点

用事实说话，是消息的基本特征。消息要求如实地陈述某一客观事实或客观存在，而不要求直接表明作者自身的观点结论或思想倾向（评述性消息除外）。如何看待所报道的内容，读者、听众自己会作出判断，无需作者进行"灌输"。

例如：《共产党员刘胡兰慷慨就义》一文，就朴素地叙述了刘胡兰慷慨就义的经过：

文水县云周西村 17 岁的女共产党员刘胡兰，在上月 12 日被阎（指阎锡山）军逮捕，当众审讯。阎军问她是不是共产党员，她答"是"。又问"为什么参加共产党？""共产党为老百姓做事。""今后是否还给共产党办事？""只要有一口气活着，就要为人民干到底。"至此，阎军便抬出铡刀，在她面前铡死了 70 多岁的老人杨柱子等人，又对她说："只要今后不给八路军办事，就不杀你。"这位女英雄坚决回答："那是办不到的事！"阎军又说："你真的愿意死？""死有什么可怕。"刚毅的刘胡兰,从容地躺在切草刀下大声说:“要杀由你吧,我再活 17 岁也是这个样子。”她慷慨就义了。全村父老怀着血海般的深恨,为痛悼这位女英雄,决定立碑永远纪念。

全文概述事实,没有一句作者的议论。

具体来说,消息的特点有以下几点:

(1)真

真实性是消息的生命,消息报道的内容必须是真实的。消息必须根据事实来描写,忠实于事实的本来面貌。要完全真实地反映客观事实,现实发生的事实才可报道,不能凭空捏造和虚构,也不能移花接木、添枝加叶。消息的六要素时间、地点、人物、事件,经过、怎样要绝对真实。

(2)新

从时间上说,消息报道的是新近发生的事情;从内容上说,它反映的是新鲜、新奇的事情。所以,消息贵在一个“新”字,内容要出新,主题要出新,角度也要出新。

(3)快

消息要迅速快捷地反映现实。在所有的新闻文体中,消息是时效性最强的文体。“当天的新闻是金子,隔日的新闻是银子”这个说法,主要指的就是消息报道的及时性。求快,是消息时效性的基本保证,也是消息报道出新的基本保证。越快越具有新闻价值,越快越具有轰动效应。

(4)短

消息报道要集中笔墨,在新闻文体中,它的篇幅最为短小精悍,所以有“电报文体”之称。早在延安时期,胡乔木就在《解放日报》上发表文章,提出消息写作要“短些,再短些”的号召;新中国成立后我国新闻界多次发起消息写作要“短些,再短些”的运动。消息篇幅短小,是用事实说话的要求,也是最迅速最快捷地反映现实的需要。

3. 消息的种类

消息的种类常见分法有四种:

(1)动态消息

迅速反映国内外的最新事件或情况。一事一报,篇幅不长。要善于抓住事件的新动态,发现事件的新闻价值。动态消息包括简讯、快讯,如“要闻简报”、“国际短波”、“祖国各地”、“读者今日来电”等。

(2)综合消息

综合反映国际国内重大事件或举措的消息。往往围绕一个主题,对某一领域、系统、地区带有全局性的情况、动向、成就或问题作报道。涵盖面广,综合性强。

(3)人物消息

迅速、及时、集中、突出地反映新闻人物的举动、事迹、思想等。这里的新闻人物主要指国家政要、社会名流、各行各业的先进模范代表或体育、影视明星等公众人物。因为这些人物是人们普遍感兴趣的对象,易于吸引受众的注意力。

(4)述评消息

是一种以夹叙夹议的手法报道新闻事实的新闻文体。这种消息有述有评,其中述是基础,评是深化。评往往不展开,而是一阵见血的议论。

(5)经验消息

也叫典型报道,是对单位或部门成功经验的集中报道。

此外,根据报道的内容,消息还可以分为政治消息、经济消息、军事消息、工业消息、农业消息、文教消息、体育消息等。

(二)消息的写作

1.消息的结构与写法

一条消息的结构通常由标题、消息头、导语、主体、背景、结尾六个部分组成。

在实际写作中,消息多采用"倒金字塔"式结构,其特点是将最为重要、最为精彩、最吸引人的消息事实放在前面,最次者放在末尾。这种"倒金字塔"式消息,优势在于能吸引读者的阅读兴趣,并以最快的速度让读者掌握消息的主体事实。

标题:标题是消息的眼睛,是消息的内容或主题的集中表现。常由排在主标题上面的引题,排在中间位置字号最大的正题,以及排在主标题下面位置,用作补充说明的副标题等构成。但不是每则消息都非有这三种标题不可。标题应精当、新颖、生动、醒目,具有强烈的吸引力。

消息的标题有三种形式:

(1)单行标题

单行标题就是只有正(主)题的标题。这是消息最为常见的标题形式。如:

今日当铺,"当"之无亏

这个标题巧妙化用成语,运用双关,贴切生动地揭示了所报道的主要内容——新时代的当铺以诚待客,为人排忧解难。

营养午餐:花好还须月圆

这个标题同样以形象的笔墨概括地指出了中小学生营养午餐在让学生都吃得上的基础上,还需要进一步提高质量的问题。

此外,像《学生上课叽叽喳　老师胶布封嘴巴》、《十年行乞楼两栋　老汉敬业不回头》、《念大寨经走投无路　搞责任制绝处逢生》这样的标题,用的是对偶形式，上下两句话，但仍然是单行标题。

(2)双行标题

双行标题分两行排列，又有两种形式：

引题＋正题，如：

坦然相对 泰然处之（引题）
北京不相信眼泪（正题）

这是1993年9月23日《北京日报》在我国申办2000年奥运会主办权未成后发表的一则述评性消息的标题，两题并用，相辅相成，既旗帜鲜明又含蓄生动地表明了对申奥未成我们应持的正确态度。

正题＋副题，如：

我国互联网用户达到1.23亿(正题)
上网学生已达3000万(副题)

这则消息的主要新闻事实是报道我国互联网用户数量情况，“我国互联网用户达到1.23亿”是概括了消息的主体事实，是正题；“上网学生已达3000万”，补充说明互联网用户的一种构成状况，是副题。

(3)三行标题

是引题、主题、副题俱全的一种标题形式，一般用来报道重大的新闻事实。如：

第一颗原子弹投在日本(引题)
飞弹当量为二万吨梯恩梯(正题)
杜鲁门警告敌军将下“毁灭之雨”(副题)

这是1945年8月7日《纽约时报》头版登载的有关原子弹报道的消息，属重大新闻，引题、主题、副题相辅相成，基本揭示了消息的主题事实。

消息标题中的引题(又叫肩题、眉题、上副题)是正题的基础和先导，为引出正题服务，可以是实题目也可以是虚题，位置位于正题之上，字号比正题小。

正题(又叫主标、主题)是消息标题的本体，揭示消息中最重要、最核心、读者最关心的内容。正题可实可虚，字号最大，字体笔道最粗，在整个标题中最为显著。

副题(又叫辅题、子题)多是消息主要内容的提要，对正题起一种补充的作用，通常是实题，字号小于正题，位于正题之下。

标题书写应居中，排列要整齐匀称，两端空大致相等的位置。

消息头：消息头是消息的标志，是消息发出媒体、地点和时间的交代说明。例如：“新华社（媒体）纽约（地点）8月18日（时间）电”。

对消息头，媒介的叫法不一，通讯社称“电头”，报社称“本报讯”，电台电视台称“本台消息”。

消息头左空两格书写，字体一般较粗。

人物消息和述评消息一般没有消息头。

导语：导语是消息的开头部分，通常是第一、二句话或首段。它用极为简洁的文字概括介绍消息中最主要、最新鲜、最精粹的事实或揭示主题，促使读者或听众产生强烈的“了解下文”的视听欲望。好的导语是“吸铁石”，是吸引人往下看的诱饵。

导语的作用在于：告诉读者这条消息的内容是什么；使读者愿意读下去；如果需要，制造适当气氛。

消息吸引读者阅读有两种方法：一是标出引人注目的标题（这主要是编辑的责任），二是写出一条使读者非读下去不可的导语（这是记者的责任）。因此，新闻写作者在导语的写作上都非常用心。优秀导语的九个特点：提供消息、简短、明晰、准确、简单、直截了当、生动、客观和富于色彩。

导语常见的写法有以下几种类型：

（1）概述式

即直接对消息中最主要最新鲜的内容进行简要的介绍交代，让人首先对所报道的基本事实有一个总体了解。如消息《我30万大军胜利南渡长江》的导语：

英勇的人民解放军21日已有30万人渡过长江。

这个导语直截了当，简洁凝练，高度概括了主要事实，又有一种排山倒海般的气势。

（2）描写式

是对消息中的有关人物、场景等先作一番简洁的描摹刻画，使之形象地展现于读者眼前，从而具有身临其境之感。如消息《活捉王耀武》的导语：

9月28日上午8时，在胶济路北侧寿光县境内弥河上的张剑桥桥头，我寿光公安局盘查哨扣留了一个穿着黑色旧棉袍，用毛巾蒙着脸，躺在一辆大车上呻吟的“商人”。这就是从济南逃出来的国民党山东省主席王耀武。

这则导语刻画了王耀武被捉时的狼狈相，生动形象，如在眼前。

（3）提问式

开篇即以提问的形式明确提出有关新闻事实的主要矛盾或问题，以引起人们的关注和思考，然后再用事实加以简要回答。如：

你见过皮和肉都是乌黑色的桃子吗？记者近日在地处浙西常山县的高山林区新桥乡采访，亲眼目睹了这种奇异的“黑桃皇后”。

这种导语，能有效制造悬念，引起读者探究的欲望。

(4)结论式

在消息的开头即摆出人们最关注的新闻事实的结果或结论。它多用于对重大事件或科研生产等方面的报道。如：

实践证明，航天和经济彼此相互促进，“航天经济”已成为现代经济的崭新形式。“神舟”5号的首次成功载人航天，从某种意义上引发了一种全新的经济现象——“神五经济”。

这种导语凸显主旨，有助于受众理解消息的意义。

(5)对比式

对比式导语指将此地与彼地、现在与过去等进行对比，通过对比，突出所要报道的新闻的成果和事实。如：

与十年前相比，电影界那种春风得意的勃勃生机似乎没有了，制片厂的经济状况陷入困境，人们在思考：中国电影的出路在哪里？

(6)评论式

在消息的开头首先对所报道的事实进行简短精当的评价，明确揭示其实质、影响或意义。如：

彩礼，作为封建时代的流毒，至今仍贻害无穷，以致造成了许多婚姻悲剧。

(7)引语式

起笔就引用新闻人物的原话或有关材料，从而给读者以鲜明生动的印象。如：

“要做好市民，规矩不可少；遵纪又守法，千万莫忘了；邻里是缘分，关系要处好……”几个月来，这首朗朗上口的《文明市民歌谣》在济南市广为流传，带来阵阵文明新风。

主体：主体是消息的核心，属于消息的主干部分。它承接在导语之后，是对导语的铺延和展开，全面具体地叙写消息的内容，回答或者具体说明导语提出的问题，以充实印证导语中的内容。行文时应注意：

（1）内容充实

主体是对导语的具体化，为的是有助于人们充分完整地了解所报道的事实，因而要求材料翔实，言之有物。如果只蜻蜓点水式地泛泛而写，就给人内容空泛、印象模糊的感觉，也就失去了主体的作用。

（2）层次清楚

由于正文部分所用材料较繁，尤其是一些复杂事件往往人物众多、头绪纷杂，所以应注意言之有序，条理分明。

这部分的结构层次，可以根据事件发生的时间顺序安排或者倒叙安排，也可以根据事物的内在联系、问题的逻辑关系安排，还可以结合两者进行安排。总之，要根据内容的需要，采用最易于表达内容的结构方式。

（3）语言精练

消息的主体虽然陈述的是具体的事实材料，但要求叙述的笔墨简洁凝练，平实概括，而不要拖泥带水，一概详述，尤其应避免与导语中的文字一味重复。只有这样，才能给读者以新鲜的感觉和阅读的兴趣。

消息主体展开的结构一般采用前文提到的“倒金字塔结构”。这种结构在19世纪到20世纪20年代西方新闻界风靡一时。它是按照新闻事实内容和重要性进行布局的。它一般将最新最重要的新闻事实放在前面来写。1861—1865年美国南北战争时期，许多记者到战地采访，将迅速发展着的、变化着的战争情况用电报发给编辑部。由于电报刚发明十多年，经常出故障。记者运用这种结构形式可以一边写稿一边播发，即使是临时出现的复杂的新闻事实，在截稿之前也可以迅速组织成篇。接稿的编辑只要看了开头的内容就可以决定取舍，要是有的稿件在留出的版面上刊载不下，编辑可以采用从尾到头删节的方法，删掉倒数第一段、第二段直到篇幅适合为止，新闻的主要内容和主题不受到任何损伤。采用这种结构，也可以为受众节省阅读时间，因为他们可以在消息的前面部分就基本掌握这则消息最主要最精粹的事实。

此外，消息写作，也可以根据内容需要安排延缓式结构、悬念式结构、反差式结构、影视式结构、散文式结构等。

背景：背景是消息中帮助读者或听众了解所报道事件产生的环境、原因等方面的材料，用来说明消息发生的具体条件，消息的性质和意义，目的是更好地突出主题，从而增加新闻报道的深度和分量。

任何消息都是在一定的环境和历史条件下产生的，这就是它的背景。背景是事实自身的历史状况、它存在的环境条件、它与周围相关事实的联系,以及它在整体中的地位等。一个新闻事件的发生总有它的来龙去脉、客观条件的,所以新闻写作往往需要交代背景。交代背景的目的是为了更鲜明地揭示事物的意义,帮助读者充分理解新闻的内容和价值,起到表现和深化主题的作用。具体说来,作用有:说明原因,显示意义;对比映衬,深化主题;拓宽视野,丰富知识;创造意境,增添情趣。

从作用上来看,消息的背景材料可以分为说明性材料、注释性材料和对比性材料三类。

(1)说明性材料

即介绍有关政治背景、历史演变、思想状况、地理环境、物质条件等的材料。

(2)对比性材料

即对事物进行前后、左右、上下、正反等对比衬托的材料。

(3)注释性材料

即对消息中有关内容进行简要解释的材料。

背景材料是为表现消息的主题服务的,它的运用必须紧扣主题,得体、恰当、精炼。背景材料并不是消息结构的一个独立部分,它穿插运用在主体之中,也不是每篇消息都有的。在一篇消息中,究竟要不要背景材料或背景材料究竟安排在哪个地方应视具体情况而定。

结尾:结尾是整篇消息的收笔之处,是消息的最后一句话或最后一个自然段。其作用不仅在于使结构更趋完整,还能有助于明确主旨,加深印象,增强回味。在表现形式上,或阐明结论,或指出趋势,或照应开头,或托物寓意等等,应该不拘一格,力戒公式化。如果上述意思在主体部分中已经表达清楚,就不必在最后画蛇添足了,在主体部分写完时即可自然收笔。

消息的结尾类型主要有以下几种:

(1)小结归纳式

对消息的主体部分中的事实进行简要概括,突出主题,强化受众印象。

(2)评论感想式

对所报道的事实进行评论,起到画龙点睛的作用。

(3)希望启发式

根据报道的事实或问题提出希望,进行启发,发出号召等。

2. 消息写作的注意事项

(1)内容要新鲜。写作消息要在题材的选择上多下工夫,从比较中发现新的事实、新的成就、新的经验、新的见解、新的问题。这就要求作者要有敏锐的眼光,要做有心人,要了解全局性的情况,要充分占有资料。还要学会选择新的角度,从一般事件中发现新的意义。

(2)事实要准确。采写消息,一定要把事实弄清楚,并且核对无误。消息失真,就等于失去了存在价值。把不准确的事实报道出去,轻则失去受众的信任,重则会给媒体或作者招来官司,更严重的会误导受众,给国家、集体、人民的利益造成损失。

(3)报道要迅速。消息的采写和报道要迅速及时,讲究时效。当今新闻事业的实践证明,同一重要事件,迟发一天半天,甚至几个小时、几分钟,也会丧失意义,使媒体在竞争中居于劣势。而讲究时效,就能在竞争中赢得主动权。

(4)篇幅要短小。消息写作提倡短小精悍,篇幅简短但含量丰富。消息忌讳长篇大论,但也不能短到空洞无物,而应力求短而实,短而丰满的内容。

(三)消息例文

西班牙群众游行反对美国封锁古巴

据新华社马德里3月24日电(记者胡泰然)西班牙全国声援古巴协调委员会、西班牙—古巴协会等群众团体24日在马德里市中心组织游行,反对美强化对古巴的封锁。

这些团体在游行结束时宣读文告,要求西班牙政府"明确而紧急地要求美国停止一切侵犯古巴国家主权的行动",并希望政府建设欧洲联盟谴责美国的这种行动。

庐山将走向世界已被确定为我国申报世界自然与文化遗产单位

本报讯(记者李承才)不久前,经国务院批准,庐山风景名胜区已被正式确定为1995年至1996年度我国申报世界自然与文化遗产单位。今年5月,联合国教科文组织世界遗产委员会将派遣专家赴庐山进行实地考察,待专家提出评估报告后,今年6月再由该委员会主席团审议并交全委会投票决定。

为了使庐山申报世界自然与文化遗产单位成功,江西省委、省政府分别成立了庐山申报工作领导小组,庐山也成立了申报工作指挥部。目前,山上山下正在按照"决心一次下足,措施一步到位,申报一次成功"的总体要求,在国务院确定的302平方公里的整个庐山风景名胜区范围内,全面开展环境卫生、社会治安、旅游市场三项重点整治,同时进行自然和文化遗产资源的保护工作,为庐山申遗工作成功创造良好的环境和氛围。

三、通讯

(一)通讯概述

1. 通讯的概念

通讯是以叙述、描写为主要表达方式,具体、生动、形象地反映新闻事件、典型人物或典型经验的新闻体裁。

通讯是新闻报道中较为普遍、大量采用的体裁。它报道事件的发生、经过与结果,报道新闻人物的事迹与成长过程,报道工作经验及其取得过程,报道自然风貌的发现与社会风貌的变化等。通讯一般要选政治上重要的、为大众所注意的、涉及最迫切问题的题材进行报道。

通讯是一种运用多种表现方法比较详细深入地报道真实的客观事物的新闻文体,较之消息,它更具体、生动,更形象。

2. 通讯的特点

通讯的特点主要体现在以下四点:

(1)新闻性

通讯是一种基本的新闻体裁,新闻性是其基本属性。首先它反映的新闻事实是新近发生的、典型的、新颖的,具有时代精神的;其次,要求内容完全真实,不允许虚构或想象;再次,通讯报道也讲求时效性。

(2)文学性

通讯具有纪实文学的性质,文学性比较突出。通讯的语言形象生动;描写、抒情、议论、说明等表达方式无所不用;比喻、借代、排比、拟人等修辞手法时时可见;结构灵活,情节生动;形象鲜明,感情强烈。凡此种种,都是通讯文学性的体现。

(3)具体性

通讯无论是写人或者叙事,都要求叙述具体。写人要写出人物的姓名、身份、性格、面貌,更要写出人物的事迹;写事要写出事情的起因、发展、高潮、结果;介绍经验要写出具体的做法等。为了表现人物的精神或者反映事情的本质,有时还要运用细节描写,以此增加可感性。

(4)倾向性

通讯在具体写人状物的同时,常紧扣对象进行议论、抒情,直接或间接表明作者的倾向,以此感染受众。

3. 通讯与消息的区别

通讯与消息都是新闻的主要文体,它们的共同点是都要求具有严格的真实性与时效性。但也有不同之处:

(1)结构不同

通讯的结构与一般记叙性文章相同,基本上按时间、逻辑及二者结合的顺序安排结构;消息则有较固定的结构形式,多采用“倒金字塔”式结构,按照导语、主体、结尾的顺序来写。

(2)表述详略不同

通讯不但要告诉读者生活中发生了什么事,而且还要将事情的来龙去脉交代清楚,它的内容表述比较复杂详尽,讲究场面和细节描写,因此篇幅较长;消息的内容表述简单概括,因此篇幅较短。从语言说,消息要求简洁、明了;通讯则要求生动、形象。

(3)表达方式不同

在表达方式上,通讯多在叙述的基础上,综合运用描写、议论、抒情等方式;而消息大多仅使用叙述方式,较少运用描写、议论、抒情。

(4)采写、发稿的时间不同

通讯截稿时间相对长一些;而消息的采写、发稿时间比较严格,有时甚至要求争分夺秒。

4. 通讯的类型

通讯大致可以分为人物通讯、事件通讯、工作通讯、风貌通讯。

(1)人物通讯

人物通讯是以人为报道对象,反映新闻人物的思想、言行、事迹,着重以人物的精神面貌来感染、教育读者的一种通讯。这种通讯的篇幅一般较长,着重描述人物的言行和事迹,反映人物的个性特点和精神面貌。

(2)事件通讯

事件通讯是报道具有典型新闻意义的事件的通讯体裁。这种通讯注重报道有强烈新闻性的典型事件,较为详细完整地介绍事件的来龙去脉与发展过程及作用、影响。

(3)工作通讯

工作通讯也叫经验通讯,主要通过报道分析当前实际工作的经验(问题、教训),以指导、推动工作进展。这类通讯面对广大受众,有现实针对性,容量较大,多以第三人称作客观报道。

(4)风貌通讯

风貌通讯又称概貌通讯,主要是从整体上扼要地报道一方一地的社会风貌、今昔变化、自然风光、风俗习惯的通讯体裁。这种通讯的题材广泛多样,时空跨度较大,并有多种表现形式。

此外还有集纳通讯(主题通讯)、新闻故事等。

（二）通讯的写作

1. 通讯的结构与写法

通讯的基本结构是：标题＋作者＋前言＋主体＋结尾

标题：通讯的标题分为单一型和复合型两种。

（1）单一型，即只有正题，用简明准确的文字概括全文内容。如《开国大典》（《人民日报》2006年10月2日）。

（2）复合型，即正题＋副题。正题概括全文内容，副题交代报道对象。

与消息不同的是，通讯一般没有引题。

标题要求醒目、概括地揭示通讯的内容或主题，并要求别具一格，生动活泼。

作者：作者位于标题正下方，居中书写。

前言：前言是正文的开头，通常要概述事件的基本情况，简要介绍人物，交代中心思想或者提出问题等。

前言形式很多，既可开门见山，下笔点题，又可以描写场景，渲染气氛；既可以设置悬念，又可以提出问题等等。

主体：通讯的主要部分，所占篇幅最长。在这一部分中，要具体记人、叙事、描景、状物、抒情、议理，以此表现人物的品质面貌，事件的深远影响，经验的典型独特，风貌的千奇百态等。因此，不仅在选材上要精挑细选，而且还要在语言上认真锤炼，结构上布局恰当。

由于通讯的内容较多、篇幅较长，主体部分常常划分为若干层次，有时用序码形式标出，有时冠以小标题形式。

通讯的主体主要有以下三种结构：

（1）纵式

即按时间顺序、事物发展的顺序或作者对报道对象的认识顺序安排材料。

（2）横式

即以空间转换或事物性质层次安排材料。

（3）纵横结合式

即上述两种结构同时使用，既注意时间顺序，又注意空间顺序或事物的性质层次。

结尾：结尾即通讯的结束部分。通讯的结尾比较灵活，可对事件或人物作小结，或进行简单评论，或展望前程、描绘远景、发出号召等。

不管采用哪种形式，都要求收束自然，文字简练，起到“点睛”作用，而不要虎头蛇尾或画蛇添足。

当然，不同类型的通讯，写作方法不一样。下面简单介绍人物通讯、事件通讯、风貌通讯等几种常见通讯的写作方法。

人物通讯：人物要有时代感，要用先进人物的事迹，具体生动地反映时代的面貌，反映党的方针、政策的贯彻落实。表现人物时代精神的材料，不仅要典型，合乎逻辑，而且要生动、形象、具体。人物的行动过程和新闻六要素要有机融为一体。要表现出人物的思想境界与思想基础，真实地显现人物的思想发展过程和个性特点。要正确处理英雄人物、先进人物、新闻人物与周围人物的关系，切忌用贬低群众的方式来拔高新闻人物。人物通讯不仅要使读者受到教育、感染，也要给被报道人物以有益的启示。人物通讯的常用手法是：用人物行动表现人物；用人物语言表现人物；用环境描写表现人物；用细节表现人物。

事件通讯：事件通讯反映的事件一定是现实生活中有意义的新闻事件，真实准确、迅速及时，有典型意义。所报道的事件一般说来要完整，要让读者有一个完整的印象。虽然写事为主，并非见事不见人，要写好有关的人物。要有明确的目的性、针对性。事件通讯常用的写作手法是：抓住一个或几个关键性的场面或情节来写；努力写好事件的高潮；在写好事件的同时，努力写好几个关键人物；在记事的基础上，恰到好处地点明事件的现实意义。

风貌通讯：风貌通讯要在“新”和“变”字上做文章。要抓住事物的特点。写风貌通讯要点面结合，既有整体的概观，又有局部的特写，才能给人完整具体的印象。风貌通讯的常用手法是：用勾勒的方法，写出事物的概貌；用点面结合的方法，写出事物的全貌；用对比衬托的方法，表现事物的新貌；用缘物寄情的方法，抒发作者的情怀，突出事物的意义。

2. 通讯的写作要求

通讯的容量大，篇幅长，宣传教育作用非常明显，因此在写作时要注意正确立意，恰当选材，合理安排结构。

（1）主题正确，善选典型。主题是通讯的灵魂，是决定文章价值的重要因素，评价一篇通讯是否成功，主要看主题是不是正确深刻，能不能为读者提供科学的见解、有益的知识、健康的情感，是不是有利于物质文明和精神文明建设。通讯的主题要正确、集中、鲜明、新颖、深刻，而要做到这些，必须有一个多次反复提炼的过程。

主题是通过报道对象（典型人物和事件）表现出来的。选好典型，对通讯来说十分重要。要选择那些具有代表性、具有普遍意义、具有宣传价值和教育意义的人和事，选择那些在一定时期内人们所关注的问题。这样的典型一方面具有新闻价值，一方面也能引起人们的兴趣，宣传教育作用自然不言而喻。

（2）材料充分，情节生动。通讯的备用材料必须充分。因为不论是人物的精神还是工作的经验，都是通过材料表现出来的。写通讯时，如果感到材料不够用，就不要动笔；只有感到材料很多，在取舍方面出现问题时，方才便于落笔。一篇成功的通讯，必须建立在对相关材料的充分掌握之上。

丰富生动的情节,也是通讯产生魅力、吸引读者阅读的重要因素。情节就是一系列事件具有逻辑性的组合。通讯的情节安排要注意完整、丰富、曲折、生动。

(3)写活人物,展现精神。在通讯中,大都是把新闻人物作为报道中心;即使是事件通讯,也离不开人。因此,写通讯报道要用心刻画人物形象,努力把人物写好。刻画人物形象,主要可从两方面入手:通过人物行为的具体描写,显示人物的精神面貌;通过具体、生动的细节描写,反映人物的性格和心理活动。

(4)叙议结合,手法多样。通讯具有纪实文学的性质,内容是记述真人真事,记述手段则为形象化地描述典型人物、典型事件,因此表达方式多样。通讯的主要表达方式是叙述和描写,但一篇好的通讯,不仅要叙述得法,描写具体,还应有恰到好处的评议和恰如其分的抒情,这样写出来的通讯才会更加生动形象,更能打动人心,更富有宣传教育意义。

(三)通讯例文

潘志艳用瘦弱的身体坚持不懈为村民背水,乡亲们亲切地称她——最美女大学生村官

身高不到1米6的会泽县马路乡大学生村官潘志艳,每天用她瘦弱的身体背水25公斤,徒步10多公里,往返于下大箐村崎岖山路4个多小时,汗水流淌在山路,为的只是让村里的老、弱、病、残、困难群众有水吃。她被当地干部群众誉为最美女大学生村官。

"要是没得这个女娃儿,我连水都喝不上了。"71岁的村民赵德刚老人满怀感激地说。已是古稀老人的赵德刚与老伴抚育着失去父母的孙子,祖孙3人日子过得十分艰难。"看着她一个女娃娃大老远地背水,浑身汗淋淋的,真是不忍心。"赵德刚说着流下了眼泪,她像我的亲生女儿一样,不但背水给我们吃,每次来还帮我们做家务、种地,嘘寒问暖。

生于1984年的"80后"女孩潘志艳,2007年4月入党,当年毕业于文山师范高等专科学校,毕业后打了两年工,当过外聘教师等。2009年考村官,9月选聘到马路乡旁地村任党总支书记助理。

连续3年的干旱,马路乡旱情一年比一年加剧。潘志艳主动请缨到缺水最严重的大坪子村和下大箐村驻村开展抗旱救灾工作。在得知挂钩联系户赵德刚老人用水紧缺后,潘志艳决定每天为老人背水。第一次背水,潘志艳从村民家里借了小背篓和水桶,加入到村民下山背水的队伍中。

背着25公斤水往山上爬不是轻松的事,1分钟、5分钟、10分钟,潘志艳的脚

开始发抖,肩膀也疼起来,4个小时才爬到村里。

之后的3天,潘志艳咬着牙每天背一趟水,但村里的老人很多,到了第5天,瘦弱的她决定每天背着25公斤水往返江边两次,帮助村里其他老、弱、病、残、困难群众有水吃。仅凭自己的力量远远不够,她就把其他几个村的大学生村官动员起来,组建了大学生村官背水小分队,由她担任队长。他们在背水的背篓上插上小红旗,让村民看到小红旗就知道他们来了。说起潘志艳,下大箐村的村民无不竖起大拇指:"别看这女娃儿,干起事来绝不逊色男娃子!"

知道这群大学生村官背水后,会泽县联系了消防送水车送水。潘志艳便带领村民投工投劳清理出5.1公里的山路方便送水车送水。后来又建了临时抽水泵站,从牛栏江抽水上山,3月9日水引到了村里。自此,村官背水队才停止了艰难的背水之路。但村官们不闲着,潘志艳又带领着大学生村官在村里挖了一个公用水窖,用来蓄从牛栏江引上来的水。

浙江一公司知道潘志艳的背水事迹后,打电话给她,承诺以月薪4000元(她生活工作补贴的3倍)的条件聘她,但她婉言拒绝。她说:"这是我的家乡,读书就是为了建设自己的家乡,在农村实践锻炼对我来讲更宝贵,我要做完我该做的事。"

今年9月份,村官合同期将满的潘志艳准备报考公务员,找到一个适合自己的岗位。她说:"村官的实践告诉我,只要用心去做,总会有我们的一片天地。"(记者张 雯 张明磊)

四、新闻评论

(一)新闻评论概述

1. 新闻评论的概念

新闻评论是一种政论性的新闻体裁。它是针对新近发生的、具有普遍意义的新闻事件和迫切需要解决的问题,发议论,讲道理,直接发表意见的议论性文章。

2. 新闻评论与新闻报道的关系

新闻报道和新闻评论是新闻宣传工作中两种基本的体裁。如果说新闻报道是新闻宣传的主体和基础,那么新闻评论就是旗帜和灵魂。

(1)新闻报道和新闻评论在表现方法和写作特点上有明显的区别。新闻以报道客观事实为主,而评论则是在客观事实的基础上发议论讲道理。新闻报道主要是传播信息,提供事实,作者的倾向、情感、意见是包含在事实的叙述之中的。它的主要特点是用事实说话。新闻评论则是在客观事实的基础上,通过分析说理,直接表明作者的思想观点。它的特点是议论说理,直抒己见。

(2)新闻宣传要以正确的舆论引导人,就要发表意见。新闻报道是无形的意见,新闻评论是有形的意见。所以,新闻宣传既要有报道,又要有评论。它们在统一的思想指导下,互相配合,相得益彰,从而更好地发挥作用。

3. 新闻评论的特点

与一般议论文相比,新闻评论具有鲜明的特点。新闻评论不同于一般的议论文,它的基本任务是以马克思列宁主义、毛泽东思想和邓小平理论为指导,从理论和实践的结合上,宣传党的纲领路线和方针政策,从而团结人民、引导舆论,推进改革开放和现代化建设的发展。

(1)新闻性

新闻评论有很强的现实针对性。立论有的放矢,针对当前值得评论的新闻事件和问题发表意见。

新闻评论有强烈的时效性,对现实作出及时的反应。从社会效益出发,掌握时机,切合时宜。

(2)政治性

新闻评论注重选题的政治意义,有鲜明的政治立场和态度;着重从思想、政治、理论的高度分析和论述问题。

(3)群众性

新闻评论面向广大受众,关心广大群众的切身利益,反映群众的要求和呼声。说理论述符合群众的特点和需要。同时,它还吸引和鼓励广大群众关心和参与评论工作。

4. 新闻评论的作用

(1)引导的作用。旗帜鲜明地分清正确和错误、先进和落后的界限。明确赞成什么,反对什么,进行舆论引导。

(2)监督的作用。弘扬先进的思想和精神,揭露和抨击腐败现象和不正之风。对各种不良现象形成强大的舆论压力,实现有效监督。

(3)表态的作用。代表新闻媒介表明对重要事件和问题的态度。对国内外重大事件,全国性的新闻媒介可以通过新闻评论表明党和政府的态度。

(4)深化的作用。新闻评论和新闻报道配合发表,可以深化报道的主题。通过对新闻事实的分析,从思想、政治高度说明问题,启发和帮助群众掌握科学分析的方法。

5. 新闻评论的种类

目前,我国对新闻评论的分类,有这样几种情况:

(1)按评论对象的内容分类,有政治评论、军事评论、经济评论、社会评论、文教评论、国际评论。

(2)按评论的性质功用分类,有解说型评论、鼓舞型评论、批评型评论、论战型评论等。

(3)按评论写作论述的角度分类,有立论性评论、驳论性评论、阐述性评论、解释性评论、提示性评论。

(4)按评论的形式分类,有社论、编辑部文章、评论、本报评论员文章、短评、编后、编者按、思想评论、专栏评论、新闻述评、论文、漫谈、专论、杂感等。

(二)新闻评论的写作

1.新闻评论的选题和立论

(1)选题

选题就是解决写什么的问题。对新闻评论来说,就是选择所要评价的事物或所要论述的问题,也就是确定一篇评论所要评论的对象和论述的范围。

新闻评论的选题要求在于,它所评论的对象和范围应当是当前具有迫切意义的、有着普遍引导作用又能配合整体的新闻宣传部署的问题。为此,在选题时务必首先明确选题的根据,拓宽论题的来源。

从当前的客观形势、舆论动向和宣传任务,以及最近中央发布的重要决定、工作部署和最新的政策精神方面选题。

从实际生活中层出不穷的新情况、新变革、新矛盾、新风险,以及来自广大群众和社会基层的呼声和要求中选题。

从重要的新闻事件和新闻典型中选题。

(2)立论

新闻评论的立论,就是指一篇评论的主要诊断或结论。它是作者对所提出的论题的主要见解,是贯穿全文的中心思想,起统率全文所有观点和材料的作用。

一篇成功的新闻评论作品,立论应具备这样的基本要求:针对性、新颖性、准确性和前瞻性。

针对性,指的是立论能够针砭时弊,针对不良社会风气和倾向性矛盾,针对偏颇乃至错误的思想,运用正面引导或批评论辩的方式对症下药,以促使矛盾转化,帮助人们提高思想认识,产生积极的社会效应。为此,新闻评论要针砭时弊,对症下药;要正视迫切需要解决的实际矛盾;要善于触及社会性的思想问题及其实质。

新颖性,包括论题的新颖;见解的独到;输入新鲜的事实材料作为由头或论据;选取新的立论角度;在交锋中闪现亮点。

准确性,立论的新颖是以准确为前提,立论违背了准确性,就失去使人信赖的基础,甚至产生错误的导向,引起人们思想上和行动上的混乱。立论准确,舆论导向方能正确,方能为党和人民造福;否则,就会给党和人民带来祸害。准确性的具体要求表现在:论点的准确,包括概念、论断、提法和分寸把握的准确;论据和引语的准确;完整、准确地阐明党和政府的方针政策和法规;坚持从实际出发,实事求是,力戒浮夸和武断。

前瞻性指的是能够及时洞察矛盾和预测将会出现的矛盾，尽早去探寻事物的内在规律及其发展趋势，进而设想出解决矛盾的办法和途径，以便站在时代潮流的前头引导舆论，推动事物的发展。立论的前瞻性表现在：重视提示作用，有非凡的洞察力和预见性。

2. 新闻评论的标题拟写

(1)新闻报道与新闻评论标题的区别

以传播事实性信息为主的新闻报道与以传播意见性信息为主的新闻评论，由于自身特点和体裁样式的差异，二者的标题在内容、形式、结构及制作要求上存在着一些较为明显的区别。具体表现为：

制作的目的不同。新闻标题以提示主要的新闻事实和相关的重要信息为目的，以此吸引受众的兴趣；评论标题以提示论题或作者的见解、意向为目的，以此引起受众的关注或思考。

表现手法不同。新闻标题多采用客观叙述或描写的手法，作者的态度和倾向性往往蕴含于事实的概括与表述之中，即使做出评价，一般也较为含蓄；评论标题往往直接表达作者的立场、观点、态度和倾向，具有较为强烈的感情色彩。

结构方式不同。新闻标题的结构较为复杂，常为复合型结构，主题与辅题的组合方式较为灵活多样；评论标题的结构较为简单，多为单一型结构，只有一行主题，个别情况下有辅题，大都以副题形式出现。

写作要求不同。新闻标题在简练的同时一般较为具体，重在对新闻事实的恰当概括，实题较多，句式较为完整；评论标题相对较为抽象，重在对论题、论点的准确提炼，虚题较多，句式上较为灵活，在"炼字炼意"上要求更为严格。

(2)新闻评论标题的功能与拟制要求

评论标题的功能有四个方面：概括论题范围；昭示中心论点；表明作者的态度；吸引受众注意。

为了更好地发挥新闻评论标题的各种功能，在标题制作过程中一般应遵循以下几个基本要求：

题文一致。评论标题所概括的论题、所提炼的观点、所涉及的事实等应与评论的内容相一致。

意向鲜明。对评论所分析的事物或议论的问题，标题中应有较为鲜明的是非判断或价值判断。

言简意赅。评论标题的句式要简洁，文字要精炼，题义要深刻耐读。

生动吸引人。运用多种拟题手法和修辞手段，使评论标题生动形象、引人入胜。新闻评论的标题追求生动的方法有转换句式、语气，活用成语、俗语，巧用比喻、借代、比拟、双关、对照、回环等修辞手法。

3. 新闻评论的说理论述

(1)新闻评论说理论述的基本要求

论据和论点的结合。这是新闻评论说理论述一条基本的也是最重要的原则和方法。实践表明,新闻评论的说理和论述唯有体现论据和论点的统一,才具有说服人的力量。

虚和实的结合。在评论写作中,虚和实是矛盾的统一。虚是指理论、观点、政策、思想;实是指事实、实践、业务、材料。人们常说的新闻评论要善于务虚,指的就是运用马克思主义的理论结合事实和矛盾进行分析和说理。

破和立的结合。在新闻评论的写作中,破与立是辩证的统一。立,就是正面提出和论证自己的观点;破,就是反驳和批判错误的观点。破立统一的方式有两种:一是以正面立论的评论,需立中寓破;二是以批驳错误观点为主的评论,则需破中有立。

严肃和生动的结合。严肃和生动结合是一条不容忽视的说理论述的原则和要求。作为严肃的文体,文字很容易导致枯燥乏味,让读者提不起兴趣。所以在论述时特别要讲究生动形象,务求体现严肃的论题与生动风趣的表述的结合,体现逻辑思维与形象思维的结合,体现抽象的论述与具体形象的文字表现的结合。

(2)新闻评论的论点和论据

论点就是指作者对所论述的论题的见解、主张和所持的立场和态度。

论据就是用来阐明论点的材料,就是说明论点的证据,就是判断和推理的基础,包括事实性论据和理论性论据两大类。

在运用论据时,有两点要注意:一是论据务必正确、真实、恰当,具有典型性和科学性;二是选择论据要考虑写作的背景和读者的特点。

新闻评论说理论述过程中,要做到论据和论点统一,就要坚持实事求是的原则,全面掌握材料,从占有的大量材料中研究事物的内部联系,掌握其规律。构思阶段,对待材料和论点的正确态度是材料在先,论点在后,从充分的材料中引申出论点。到了表述阶段后,论点则应处在统率地位,论点要统率论据,论据要为论点服务,力求置论据于论点的统率之下,寓论点于论据的分析之中,使论据和论点恰当地融合起来。

此外,还要掌握论证的具体方法,增强说服力。常用的论证方法有:例证法、引证法和反证法。在说理论述过程中还要做到由事入理,事理相融,平易近人,理情并茂,逻辑思维和形象思维相互渗透,使思维的缜密性和形象性结合起来。

(3)新闻评论说理论述的方法

据事议理的方法。道理、结论总是从客观事实当中,从实践经验当中引申和概括出来的。因此,要把道理说明白,容易让人接受,就得依靠具体的事实材料。具体可以采取依托式配合法,配合新闻报道依托新闻事实;输入式融合法,直输作者见闻为由头和论据;夹叙夹议式糅合法,即多层次地在提出问题、分析和解决问题的全过程中都体现出事理融合的要求。

比较分析的方法。通过两种或两种以上的事物的比较和具体分析来论证或说明论点。可以用纵横比较法,从时间和空间上历史地全面地认识现实,发现事物内部联系的科学的分析方法;也可以用对比法,将相反、相对的两种事物或同一事物的相反、相对的两个方面放在一起进行论述,以形成是非得失的对照和高低优劣的反衬,进而在相互联系和比较中展开由表及里、有破有立的分析说理;还可以用类比法,将有相似特点的事物放在一起比较,从而将它们的共同实质形象而又机智地显示出来。

论辩交锋的方法。通过思想交锋、辩论和批驳,在辨明是非的基础上讲述道理。论辩交锋的具体方法有:思想交锋;辩证的方法;批驳的方法。

4. 新闻评论的结构安排

新闻评论要从评论的具体内容出发,从受众的实际需要出发,从不同的体裁要求和作者的特点出发来安排结构。好的新闻评论作品,其结构应符合布局合理、层次清晰、逻辑顺畅的基本要求。

新闻评论的结构方式有以下几种:

(1)归纳式结构。从材料到观点,先分论后总论。

(2)演绎式结构。从观点到材料,先总论后分论。

(3)并列式结构。将总论点分为两个以上的分论点,分别进行论证。

(4)递进式结构。对论题由表及里、由浅入深、逐层分析。

新闻评论的开头。新闻评论以传播意见性信息为主要目的,也应该在文章或节目的开始部分就抓住受众,吸引他们的注意,引发他们的兴趣。因此评论的开头要求开门见山、引人入胜,切忌“下笔千言,离题万里”。新闻评论的开头的形式有:摆出结论;提出问题;亮出靶子;交代意图;由事入题。

新闻评论的结尾。新闻评论的结尾的基本要求是简短有力,不落俗套,即不要拖泥带水,避免空话、套话。结尾的形式有:呼应开头;作出结论;提出呼吁;引发思考;举一反三。

5. 新闻评论写作注意事项

(1)深入浅出。深入是浅出的前提。要把深刻的思想内容和明白晓畅的论述相结合;要对所评论的事物和所阐述的道理有充分的研究和深刻的理解;要了解群众的特点和要求,掌握群众的认识规律和理解能力,联系群众的切身经验讲道理,要学会运用群众反映实际生活通俗而生动的语言,反对艰深晦涩,故作斯文;避免空话、套话和各种八股腔。

(2)形象说理。善于运用比喻,把说理的逻辑性和形象性相结合;讲究论据和由头的形象性;学会由近及远、由实及虚、由具体到抽象的说理方法;学会用形象化的笔法和语言描绘客观事物，突出其特点。

(3)以情动人。新闻评论的写作应该有感而发，说理论述的过程中要饱含感情，或爱或憎的态度、或褒或贬的立场要鲜明，字里行间要流露出作者的真情实感，做到以理服人和以情动人相结合。

(4)要言不烦。道理实在，言之有物。说真话，讲真理，实实在在地讲道理。摒弃空话、套话，反对虚张声势、哗众取宠。思想要明确，论题要集中，篇幅长短要适度。字斟句酌，语言规范。

(三)新闻评论例文

扫除"四风"，为群众路线保驾护航

党的群众路线教育实践活动工作会议6月18日在北京召开，中共中央总书记、国家主席、中央军委主席习近平出席会议并发表重要讲话，对全党开展教育实践活动进行部署。习近平强调，这次教育实践活动的主要任务聚焦到作风建设上，集中解决形式主义、官僚主义、享乐主义和奢靡之风这"四风"问题。(6月19日新民网)

沧海横流，时代变迁，历经半个多世纪的洗礼，党的群众路线历久弥新、深入人心。"民为邦本，本固邦宁"，群众路线是我们党的生命线和根本工作路线。实现党的十八大确定的奋斗目标，实现中华民族伟大复兴的中国梦，离不开党的果断决策和英明领导；更离不开"万众一心、众志成城"的无边民智、无穷民力。

然而，我们不无遗憾地看到，不是所有党员干部都有这种高度历史自觉，群众路线也没有在所有党员干部主观世界中确立不可动摇的地位。一些地方形式主义、官僚主义作风依然盛行，少数地方群体性事件频发造成社会震动，更有少数党员干部个人私欲膨胀坠入了犯罪的深渊。纵观种种消极腐败现象，具体原因或有不同，但根子都只有一个，那就是背离群众路线，漠视群众的疾苦，无视群众的利益，违背群众的意愿，甚至把个人利益凌驾于群众利益之上。

不必讳言，在个别党组织和少数党员干部身上，精神懈怠危险、能力不足危险、脱离群众危险、消极腐败危险的确存在。在中央提出"简政放权"、力促改革的时代背景下，由这"四风"滋生的脱离群众的危险就是最大的危险，这种危险不但会间离党群、干群关系，更会窃取改革红利、压缩改革空间、动摇执政之基。

随着经济的发展、社会的进步，人民群众的利益诉求也呈现出丰富多样性和变动性。这在客观上增加了群众工作的复杂性和难度，但也反衬出坚持群众路线的必要性，以及更高水平地执行群众路线的迫切性。这就要求党员干部真实了解群众诉求和意愿，坚决摒弃"四风"，有的放矢地想问题、做决策、做工作，用智慧和实干去协调错综复杂的利益关系，只有这样，改革才能公平，社会才能公正。反之，如

果任由“四风”为非作歹，无视、压制群众的诉求，不但不能取消矛盾，更会使矛盾累积，使不平之气郁结，为社会的和谐进程制造反方向力。

以民之所望为施政所向，这不但是由党的性质和根本宗旨所决定的，更是对人民的最大尊重、对政府的最大负责，在全面实现小康社会的今天，各级领导干部能不能摒弃“四风”，真正认识到“立党为公、执政为民”的时代意义，考验的是发展决心，拷问的是执政良心。只有这样，党的事业才能够经久不衰，人民才能安居乐业，也只有这样，我们的“中国梦”，才能是中华儿女的“中国梦”，才能是和谐发展的“中国梦”。（长江网 祝宇轩）

【思考与练习】

1. 请判断下列一段话正确与否，并举列说明。

消息要用事实说话，但并不完全排斥议论，有时为了进一步阐明或拓深事件意义，或为了引起读者的充分重视，也可作些精当议论，但切忌过多的抽象论述，造成“事实一点点，道理一大片”的结果。

2. 下面这几则导语属于哪一类型导语？

（1）湖南省石门乡有件稀奇事，园艺场的“瞎老倌”吴立盛连续5年坚持订报，竟然从一个五保户变成了小康户。

（2）××这个几百万人口的大城市，每天要产生2700多吨垃圾，但街道却保持着常年整洁。这样大量的垃圾是怎样处理的？

（3）春运期间，某地出现借代购火车票之机行骗事件。

（4）印度陆军探险队不久前在喜马拉雅山和不丹国境之间的契达拉山峰附近发现了居住在洞穴里过着石器时代生活的裸体人。

（5）一个四岁女孩玩着玩着突然摔倒了，几个孩子马上过去扶她起来。这几个孩子每人得到了一朵红花，以资鼓励。

（6）前些天，北京的街头巷尾都在议论：酱油为啥脱销？（《市场报》1979年12月15日报道）

（7）危害我国数千年的东亚飞蝗之灾，如今已被我国人民和科学工作者控制住了。我国已经连续十多年没有发生过蝗灾。

（8）中国在体育方面已不再是“东亚病夫”，相反，她正打算在新德里举行的亚运会上取代日本，成为亚洲首屈一指的体育强国。

（9）最近，中央一位负责同志看了报纸上发表的《王崇伦抓豆腐》的报道后说：要教育我们的干部向自己的弱点挑战，要多做实事。

（10）当丹尼尔·莫伊尼汉向联合国道别的时候，他很显然是在走进另一扇敞开的大门——美国参议院。

（11）空军一号欢快地飞越中西部，午餐在途中进行。总统刚刚在他的座位坐稳,麻烦事来了。“总统先生,有个不好的消息报告您,”白宫办公室主任理查德·查理报告说,“帕特·莫伊尼汉辞职了。”福特抬起头来吃惊地问:“为什么?”

(12)昨天行政当局有关人士说,引起争议的驻联合国大使丹尼尔·莫伊尼汉已向福特总统递交了辞呈,他可能寻求在纽约担当民主党参议员的候选人。

(13)丹尼尔·莫伊尼汉今天辞去了美国常驻联合国代表的职务。

3. 分析下面这则消息的结构特点。

全国高校合力打造思想教育示范网站
“中国大学生在线”开通

本报北京5月17日讯(记者 范绪锋)服务全国大学生的公益性大型综合门户网站、全国高校思想教育示范网站——“中国大学生在线”(www. univchina. org)今天正式开通。国务委员陈至立出席开通仪式并点击开通了网站。

全国高校思想教育示范网站——“中国大学生在线”是由教育部主办,委托上海交通大学牵头承办,全国80所高校深度共建,全国大学生广泛参与,东方网、新浪网全面支持的公益性大型综合服务类门户网站。网站的建设目标是:展示中国大学生时代风采的窗口,服务中国大学生成长成才的平台,提升中国大学生综合素质的园区,引领中国大学生舆论方向的坐标。

据了解,近年来,各地、各高校积极探索和推进思想教育进网络,积累了宝贵的经验。“中国大学生在线”就是举全国高校之力共同建设的。网站的建设体现了党和政府的关怀,得到了社会各有关方面的支持,凝聚着各地教育工作部门和学校师生的心血,凝聚着众多大学生的智慧和创造。

教育部部长周济在仪式上介绍了网站建设的基本情况。教育部副部长袁贵仁主持了开通仪式。(《中国教育报》2004年5月18日)

4. 自行采访学校一位受到表彰的同学,写一篇人物通讯。

5. 以教材中通讯例文为素材,写一篇新闻评论。

第五节 社交应用文

校园社交应用文,指的是用于校园人际沟通交往方面的应用文章,包括短信、微博、对联、标语等文体。本章我们介绍短信和微博。

一、手机短信

(一)手机短信概述

1. 手机短信的概念

手机短信,也叫短消息,指由移动运营商提供的一种用手机发出的简短信息,主要是文字信息,还可以是抽象符号的组合,或者是图片、音乐。

随着经济的发展,手机在人们生活中越来越普及,手机短信比电子邮箱等其他通讯手段更经济更方便,是一个比较方便的交流平台,是人们进行沟通交流和传情达意的重要手段,又由于短信自身幽默优美的语言、新颖独特的创意,使短信写作或多或少地表现出文学色彩,被戏称为"拇指文学"。

2. 手机短信的特点

手机短信是一种相对独立的交互模式,融合了纸质媒介的书写、互联网的交互、无线通讯的即时移动便捷和电子邮件的可保存可重发可群发的特征,具有比语言文字更丰富的多媒体功能。另外,手机短信篇幅的短小,内容的平面,传播的快捷,即"短"、"平"、"快",构成了手机短信写作最显著的特征。

(1)篇幅短小

短信结构不需要完整,一般的短信没有标题,主题单一明确,一事一条。少用标点符号,语言简洁,惜墨如金。

(2)语言简洁明确

短信写作遵循轻松快乐的原则,语言平实,通俗易懂,具有容易复制、模式化和无深度的特点,被认为是"文学的零食"。表达语意明确,内容浅显,不喜欢一语双关,以避免误会和不解,尽量采用接收方能够明白的方式进行。也可以使用网络上流行的简称或图形符号,如"GG"、"88"等。另外短信的内容必须要符合场合、双方的身份,一般要注意适量使用礼貌用语,如"谢谢"、"请"等。

(3)方便快捷

与普通信件相比,手机短信更方便快捷,费用低廉。和电子邮件相比,手机短信的最大优点是不受时间地点的限制,只要有手机和网络,可以随时随地地接收和发送信息。

(4)修辞手法多样,富有文采

手机短信可以使用谐音、比喻、拟人、对偶、讽刺、顶针等多种修辞手法,语言形象生动。特别是在编辑幽默搞笑类、祝福问候等短信时,人们喜欢运用各种修辞手法,创作出耳目一新的短信。如"送你一篮水果。愿你苹(平)安富贵,梨(理)想成真,杏(幸)福快乐,柿(事)事顺利,核(合)家欢乐,莓(没)有烦恼,甜蜜如甘蔗,幸福如葡萄。”这条就运用了谐音的修辞手法。

3. 手机短信的种类

手机短信常见的是文字信息,以下主要介绍文字信息的大致分类情况。

(1)日常交际类短信

这类短信是日常生活中最常见的一类短信,有比较强的信息和交际功能,主要是起通知和告知的作用,如:“我已经到站,你在出站口等我。等会见。”“明天下午三点在中文系214教室开会,请准时参加。”这类短信学生用得较多。

(2)商业服务类短信

手机短信是一种新兴的广告媒介,被称为“第五媒体”,商家可以通过手机短信推销产品、商品或者服务。如三大移动运营商通过手机短信向其用户推广话费等优惠活动,“预期年收益高达2.9%和2.5%,招商银行推出人民币理财产品,限量发售,先到先得,售完即止,即日起全面预约!招商银行贺岁,理财好礼!”

(3)祝福问候类短信

这类短信比较受欢迎,尤其是节假日。这类短信是人们沟通感情,维系亲情、友情的纽带,如:“踩着风的翅膀,迎着漫天的雪花,祝你百事可乐,万事芬达!天天娃哈哈,日日喜之郎,月月乐百事,年年高乐高!新年快乐!”

人们还可以通过手机短信表白、致谢、致歉或表达各种感情。如“今天真不好意思,以后我不会这样了”。

(4)其他骚扰类短信

这类短信主要有:虚假诈骗短信、淫秽色情短信、危害国家安全的反动政治短信,以及威胁、暴力、凶杀、恐怖或者教唆犯罪的短信和破坏性病毒短信。对于此类短信,我们应该提高警惕,以免上当受骗。

(二)手机短信的写作

1. 手机短信的结构与写作原则

手机短信的结构,因种类繁复,没有一定之规,不一一介绍。下面主要介绍手机短信的基本写作原则。

(1)突出主题,言简意赅

短信内容较单一、突出,不能长篇大论,侃侃而谈,必须用简明的语言,尽可能完整准确地表达出需要传达的意思,为了尽量节省字数,在手机短信写作中可以像电报文那样采用省略语来压缩字数,力求简明。如需要对方回复电话或立即回来,只要打上“回电”、“速归”等字即可。同时在手机短信写作中可以采用网络上的一些简便代称,如用“MM”代表妹妹或女孩子,用“GG”代表哥哥或男孩子,用“88”代表再见等等。

(2)围绕目的,措辞得体

一般情况下手机短信具有一定的礼节性(如问候、祝愿、庆贺等)和交流性(一般意义上的交流和联络等),因此,拟写短信一定要目的明确。问候祝福要真挚,交代事情要简明,还必须充分、完整、准确地表达出作者的创作意图和思想感情,文字简短但决不能产生歧义或者表意不清,应该让收信人一目了然;在表达上也必须采用对方能够明白的方式写作。例如:“马上要考试了,祝你考试胜利!”这则短信写得简明扼要、言简意赅,仅一句话就表达出了写作者的祝福。

短信的语言、内容必须注意场合、双方的身份,一般要注意礼貌,语言文明。发给父母或老师,与发给同学就大有区别。

(3)手法多样,讲究文采

传统的写作在表达手段上往往只需要用文字来表达,而文字在表达时往往不能很确切地表达出作者的创作目的和意图。手机短信的写作是一个综合性的创作活动,除了使用最常用的文字之外,还包括图形、图片、声音、动画、符号等多种表达手段。作者在进行手机短信的写作时,除了文字表达外,还可以用图形、声音、图片、动画、符号等为主,文字为辅的表达方式,以便更清晰、准确地传达出自己的写作意图和传神地表达出自己的感受。手机短信写作借助多种手段表达,有时可以在某些方面甚至在很大程度上弥补创作者在文字、语言上的缺陷及不足,有时甚至可以起到锦上添花的作用。例如:“送你九朵玫瑰花,让我牵你的手相约到永久@@@@@@@@@!”“人每天要做三件事:第一件是笑(^_^);第二件是微笑(^o^);第三件是大笑(^O^);相信你有愉快的一天*^o^*。”

短信也可以使用多种修辞手法进行写作,富有文采和创意,或幽默诙谐,或优美抒情,或构思精巧,让人过目不忘,赏心悦目。如“新年到,愿君百事可乐,万事芬达,天天娃哈哈,月月乐百事,年年高乐高,心情似雪碧,永远都醒目!”这则短信想象丰富,巧妙地利用各种饮料名称,串联成了对人们的美好祝福。

(4)利用语境,巧妙省略

手机短信在创作时具有很强的交互性,在写作时,无须每一篇都有一个完整的体系,在进行手机短信的写作时,我们可以在特定的情境中,依据之前的短信上文来确定自己的思路,调整自己的表达方式和叙述策略;也可以用承前省略等方式,即在上文中已经提到的一些事物,写作双方都心知肚明,便可以在后面短信的写作中一带而过,不必再刻意交代,从而使作品重点突出,详略得当。例如:“小凡:刚才和你说的事,你能办吗?”这则短信是发给小凡的,省略了前面的短信内容,节省了时间也突出了主题。

另外,短信往往是要感动别人的,是对某一特定对象的情感表达,因此无论表述什么样的主题,都要求内容健康、情感真实,忌格调低俗、粗俗和恶俗。如“一农户明天杀鸡,晚上喂鸡时说:快吃吧,这是你最后一餐! 第二日见鸡已躺倒并留遗书:爷已吃老鼠药,你们也别想吃爷,爷他妈也不是好惹的!”这则短信语言粗俗,以虚拟的口吻表现了一种流氓心态。

总之，写作手机短信时，大可不必像写其他应用文体那样畏首畏尾、手脚尽缚，可以大展拳脚，不拘泥于形式。

（三）手机短信例文

今天是5.25，意思是我爱我，告诉大家要善待自己。人在江湖身不由己，人在婚姻爱不由己，人在官场话不由己，人在单位事不由己，人在股市股不由己，人在世上命不由己，人生无奈，有何归己？享受生活，善待自己！不要活得太累，不要忙得太疲惫，想吃了不要嫌贵，想穿了不要嫌浪费，瞌睡了倒头便睡，心烦了找个知己约会。心态平和永远最美，天天快乐才是大富大贵！

祝各位超龄儿童们节日快乐：六一到了，祝我们这些表面风光，内心彷徨；容颜未老，心已沧桑；似乎有才，实为江郎；成就难有，经常挨骂；比骡子累，比蚂蚁忙；比鸡起得早，比狗睡得晚；比驴干得多，比猪吃得差；比岳飞忠良，比赖昌星紧张的中青年六一节快乐！无论时光离去十年还是二十年，无论曾经佩戴小红花还是满脸泥巴，无论你是岁数大，还是心眼小，超龄儿童们，放纵一下自己吧！别憋着了，平常装大人挺辛苦的，过节了，想哭就哭，想吃手就吃手，想尿床就尿床吧。六一儿童节人人都快乐！

二、微博

（一）微博概述

1. 微博的概念

微博，简称微博客（Microblog），是一种基于用户关系，并通过关注机制分享简短实时信息的广播式的社交网络平台。用户可以通过 web、wap 手机以及各种客户端组建个人社区，以140字符左右的文字公开发布信息，并实现即时分享。

2007年5月，王兴创建了国内第一家微博网站。2009年8月，中国门户网站新浪推出“新浪微博”内测版，成为门户网站中第一家提供微博服务的网站，从此微博正式进入中文上网主流人群视野。截至2012年12月底，中国微博用户规模达到3.09亿，成世界第一大国。

2. 微博的特点

(1) 自主性

微博信息获取具有很强的自主性、选择性。用户可以根据自己的兴趣偏好，依据对方发布内容的类别与质量,来选择是否“关注”某用户,并可以对所有“关注”的用户群进行分类。

(2)互动性

微博宣传的影响力具有很大弹性,与内容质量高度相关,其影响力基于用户现有的被“关注”的数量。用户发布信息的吸引力、新闻性越强,对该用户感兴趣、关注该用户的人数也越多,影响力越大。此外,微博平台本身的认证及推荐亦有助于增加被“关注”的数量。微博的转发是一种“病毒”式传播,影响广,速度快。

(3)快捷性

微博信息共享便捷迅速。微博即时通讯功能非常强大,可以通过各种连接网络的平台,在随时随地发表、查看微博,即时浏览和发布信息,甚至发起讨论、参与话题,实时性、现场感、快捷性都超过传统媒体及网络媒体。

(4)精短性

微博内容短小精悍。微博的内容限定为140字左右,内容简短,主题突出,不必过于讲究语言、篇幅、结构等,表达随意,对使用者的文字功底的要求比较低。

(5)随意性

微博表现手段多样,且比较随意。一篇微博中可以同时使用文字、符号、表情、图片、音频、视频等多种表现手法,或者只用一张图片、一段音频或视频,比较随意。也不讲究写作形式,没有排版要求,微博没有段落,不讲究层次,也没有标题,对语言、语法规则以及标点的运用没有很严格的要求。过于书面的表达都不太适宜微博,微博是一种“口头文化”,是随性的、随意的,甚至是随便的。总之,微博写作的特点就是“零编辑、零语法、零文采、零形式”。

3. 微博的种类

根据微博的内容和用途的不同,可分为文艺微博、营销微博、购物微博等三类。

文艺微博,也叫微博体、“段子体”、“语录体”,是网络时代流行的一种文体,是用简短又有意思的词句吸引读者,有一定文学性,体裁和风格多样。有新闻体微博、小说体微博、散文诗体微博、剧本体微博、评论体微博等类型。

营销微博是指商家、个人等利用微博平台来营销的行为。微博营销涉及的范围包括认证、有效粉丝、话题、名博、开放平台、整体运营等。自2012年12月后,新浪微博推出企业服务商平台,为企业在微博上进行营销提供一定帮助。

购物微博是商家采用微博主要介绍流行趋势、进行品牌推介、提供促销信息。与海报等传统促销方式相比,这种方式图文并茂,最主要的是粉丝可以通过跟帖现身说法,大大提升了可信度。

根据微博使用者身份的不同可以分为个人微博、政府微博、企业微博等。

个人微博是用户以与朋友交流为目的,以个人本身的知名度来得到关注和了解。主要是用于平时抒发感情,或者及时发布一些亲历的事件以引起关注,功利性并不明显。

政府微博主要是以政府机构和官员名义开通的，并受到身份认证的微博，代表政府形象，是政府与民众沟通、发布信息、了解民情的一个平台。

企业微博主要是以企业的名义开通的，一般以宣传企业为目的，树立企业形象和推销产品，增加企业知名度。

（二）微博的写作

1. 微博的结构与写作原则

微博的写作比较随意，不必遵循固定的格式，一般也没有标题，其核心在于“微”，在于信手拈来、随心所欲和不落窠臼，这里不一一介绍其结构。下面介绍微博写作的基本原则：

（1）文字要简练，语言要通俗

微博只有 140 个字左右的容量，要简洁明了，少用长句、转意词或生僻的字词，内容也不应该有歧义。

微博的语言风格跟草根文化血脉相通，如屌丝、吐槽、高富帅等微博热词，一般不用传统媒体那种“新华体”的方式写微博，在微博上尽量少说官话、套话，要说接地气的“人话”，才能赢得粉丝的关注和转发。

（2）情感要真挚，有自嘲精神

微博是一个几乎透明的平台，写微博时要真诚。只有感动了自己，说自己内心最真实的感受，才能够打动人。如网友@小格格 nichole 发的留学感悟的微博，因为情感真挚，引发众多海外留学生的共鸣，最终引起“为什么留学”的话题讨论。

在微博上，遭遇质疑和攻击是司空见惯的事情，这时候一定不要去攻击和谩骂，要有宽阔的胸怀和娱乐精神，化解别人对自己的质疑。潘石屹遭遇“潘币危机”时，正是采取了自嘲的方式，顺水推舟地推出“潘币”，不仅度过危机，还顺势做了一把营销。

（3）要善于讲故事

写微博，跟说相声一样，要善于抖包袱，用 140 个字左右写出跌宕起伏来，把悬念和笑料留在最后，甚至在读完微博以后，还留下想象和讨论的空间。

（4）适度结合热点

微博上，几乎每天都会有很多的热点话题、各种微博体。个人微博和官微都需要适时地与热点相结合，借助热点的“热度”，来提高自己的曝光率和关注度。但是，切忌用微博做一些低俗的炒作。

（5）灵活运用多种表现手法

微博不是展示文采的地方，而是一个发起话题讨论的地方。多用用疑问句，把空间留给粉丝，激发粉丝的转发和讨论。在有限的文字里，用一些疑问句比长篇大论更容易引发网友的讨论。一些大V都善于在微博中使用疑问句，特别是在写一些敏感话题时，通过使用疑问句，既发起了网友的讨论，又让自己置身话题之外，远离舆论漩涡。

微博可以图文并茂，或者以文字为主，配图为辅；或者以图片（包括视频）为主，文字为辅。以图片为主的微博，只需要配上适当的文字，就可以很吸引人。

微博140字左右的容量，是表达不了有深度的内容的，要善于运用长微博、图片微博、视频微博等工具。此外，还可以在微博中加入文章链接，如有需要，也可以加上网址链接，链接到其他网站、其他微博等外部资源。

（三）微博例文

致周一见

时至今日都是我咎由自取，错就是错，与任何人无关。演艺事业的平顺，造就了我狂妄自大、骄傲蛮横的脾气，导致今日岌岌可危的地步，我今天愿意承担一切后果。其实，我很感谢你们让我跌倒在今天，而不是在我不可一世的将来，我必须重新梳理自己，坦然面对并诚恳道歉！我文章，在生活中写就了一篇大错的文章。我辜负了马伊琍和孩子，辜负了家庭，辜负了丈夫和父亲的称呼，辜负了所有对我寄予期望的人。对不起，请能接受我发自深心的歉意和愧悔。伊琍和孩子本来可以有一个温暖和美的生活，可这一切被我打破了，我的错误行为不配得到原谅，我造成的伤害也难以弥补，但我想弥补，必须去弥补，这是我今日之后的生活。至于我自己，已咎由自取，愿日后再不负人。

文章

【思考与练习】

1. 请就下面几个角度拟一条短信。

母亲节　　中秋节　　教师节　　国庆节

2. 发送手机短信是人们喜爱的一种交流方式。手机短信的特点是简明、清晰、得体，好的短信还要富有文采。请以“风、帆、船”三物为喻体，给你的朋友或亲人或师长发一条生日快乐的短信(80字以内)。

第二章　财经诉讼应用文

财经应用文应用于财经领域，主要文种包括经济合同、商业广告、市场调查报告、经济活动分析报告；诉讼应用文应用于司法领域，主要文种包括辩护词、起诉状、上诉状、申诉状。

第一节　财经应用文

一、经济合同

(一)经济合同概述

1. 经济合同的概念

经济合同主要是指平等主体的自然人、法人、其他组织为实现一定的经济目的，明确相互民事权利义务关系的协议。明确权利义务关系包括设立、变更和终止。

这里的"自然人"，即公民，是依法享有民事权利承担民事义务的人；这里的"法人"，是具有民事权利能力和行为能力，依法独自享受民事权利和承担民事义务的组织。

对经济合同概念的理解包括四个方面：1. 经济合同是为实现一定的经济目的而订立的协议。2. 经济合同是为明确相互民事权利义务关系而订立的协议。3. 签订经济合同是一种法律行为。4. 经济合同的订立者应是平等民事主体的自然人、法人或其他组织，应当具有相应的民事权力能力和民事行为能力。

2. 经济合同的作用

(1)经济合同是实现国民经济计划的工具。它既是编制国民经济计划的重要依据，又是落实和检验计划的重要形式和必要补充。各行、各业、各部门之间经济合同的如期履行，就意味着国家计划的完成。

(2)经济合同是加强企业经济核算的措施。通过签订经济合同，能促使双方切实地按照合同规定的任务，有效地组织生产活动，合理地使用人力、物力、财力，尽可能减少劳动、原材料的消耗，加速资金周转，克服不讲经济效益、不计成本的思想，提高经营管理水平。

(3)经济合同是实现专业化协作的纽带，是具体组织专业协作的有效方式。通过合同，可以把互相依赖的生产单位之间以及生产与科研、销售单位之间联系起来，巩固协作关系，推动专业化生产的发展。

3. 经济合同的特点

(1)经济性

经济合同是为实现一定的经济目的，明确相互民事权利义务关系而订立的协议，经济性不言而喻。

(2)平等有偿性

签订经济合同的当事人法律地位平等，有权自愿表达自己的意见，也不能把自己的意志强加给对方。签订经济合同应贯彻平等互利、协商一致、等价有偿、诚实信用的原则。

(3)合法性

当事人订立、履行经济合同，应当遵守国家法律、行政法规，尊重社会公德，不得扰乱社会经济秩序，损害社会公共利益；国家不允许生产销售的物品不能作为一般合同标的，否则，合同内容即使是当事人做出的意思表达，在法律上也是无效的。

(4)制约性

经济合同一旦签订，就具有法律的效力，对各方当事人都具有制约作用。各方当事人必须严格履行经济合同的内容，否则就会受到经济制裁，甚至追究法律责任。

4. 经济合同的种类

从不同的角度，用不同的标准，可以将合同分为多种类型。

(1)按形式分，有条款式合同和表格式合同。

(2)按期限分，有长期合同、中期合同和短期合同。

(3)按是否立即交付标的分，有诺成合同和实践合同。

诺成合同：订立合同后不马上交付标的的合同，如建设工程合同、承揽合同等。

实践合同：订立合同后立即交付标的的合同，如租赁合同、借款合同。

(4)按性质分，有转移财产合同、完成工作合同、提供劳务合同。

(5)按内容分，有购销合同、供用合同、赠与合同、承包合同、补偿贸易合同、借贷合同、租赁合同、加工承揽合同、委托代办合同、建设工程合同、运输合同、技术合同、保管合同、仓储合同、行纪合同、居间合同等。

5. 经济合同的条款

每份合同的条款多少不等，但大致可以分为两大类：一类是法定条款，即《合同法》第二章第十二条规定的条款，这是合同的主要内容；另一类是约定条款，即合同当事人各方经协商达成一致的条款，如货物运输的包装要求、保险费、报关费由谁支出，货物超欠幅度，自然损耗率等方面的规定。经济合同的基本条款有八种，又称合同八大要素：

(1)当事人信息：主要包括姓名(名称)，住所，联系方法等等。

(2)标的：合同为何而立，标的就是关键。标的指的是合同当事人各方权利和义务共同指向的对象。合同种类不同，标的也不相同，如买卖合同的标的是工农业产品，建设工程合同标的是工程项目，借款合同标的是货币。标的的名称要使用公认的名称，并且表述要具体明确。

(3)数量：数量是标的的多少、轻重、大小的表示。数量要采用国家法定的度量衡单位来计算；表述要详细具体，如以包、箱、袋计算数量时，要说明里面装了多少斤或多少件等。对尾差、自然损耗率等的许可范围也要加以说明。

(4)质量：指标的的物理、化学、生物、机械性能素质和外观状态标准。国家有规定的，要说明按照国家哪一年颁布的标准执行；国家没有规定的，合同当事人各方要协商确定标准。

(5)价款或报酬：为实现标的交易而以货币形式支付的代价。标的为货物的，称为价款；标的为提供劳务的，称为报酬。价款或报酬包括付款方式、条件、定金等等。

(6)履行因素：包括履行期限、地点和方式。

履行期限是指交付标的和支付价款和报酬的时间界限。履行期限要明确年、月、日，不能用“明年”、“秋季”、“以后”、“尽可能”等模糊词语。

履行地点是指交货、服务、付款等地点。履行地点要具体明确，如货物运到某市，要明确到某市的具体地点；若遇到地点重名，要在地点前冠以省、市、县名称，以免引起纠纷。

履行方式是指合同当事人以什么方式履行合同义务。要根据标的的不同情况加以规定，例如货物验收采用什么方法，对隐蔽性问题是否允许使用后提出；货物是自行提取还是代办托运；货物采用什么运输工具；何方支付运输费用；价款或报酬是支付现金还是用支票，或银行转账；是一次性付款还是分期付款等，都要具体明确。

(7)违约责任：是指除不可抗力原因外，由于合同当事人有过错而造成合同不能履行或者不能完全履行要承担的经济责任或法律责任。

《合同法》对违约行为作了全面的规定。例如标的数量或质量不符合合同规定的；不按时交付标的或价款、报酬的；造成货物变质、损坏、短缺、灭失的；供方中途停止供货或需方中途退货的；发包方中途停建、缓建或造成停工、窝工或者承包方工程质量不符合合同规定而返工、改建的；科技协作委托方不及时拨付经费或者受托方拖延进度等等,都属于违约行为。

合同当事人一方如有违约行为给对方造成较小损失的,违约方要支付对方违约金,如违约金不足以补偿损失的,则要支付赔偿金。违约方支付违约金或赔偿金以后,另一方要求继续履行合同的,违约方要继续担负履约责任,若其拒不履行,可由合同管理机关或人民法院强制履行。

(8)解决争议的方法:执行合同过程中如果发生争议,可由合同当事人各方协商解决;或者由仲裁机构调解;或者由人民法院调解或判决,以上解决争议的办法在合同中要明确。

(二)经济合同的写作

1.经济合同的结构与写法

经济合同的结构,由标题、约首、正文、约尾构成。

标题:经济合同的标题有两种类型。

(1)由合同性质加文种构成,如《借款合同》、《仓储合同》。

(2)由合同标的加合同性质加文种构成,如《松下电视机买卖合同》、《汽车租赁合同》。

约首:约首包括订立合同各方当事人名称或姓名。为了使正文行文简便,当事人名称或者姓名简称“甲方”、“乙方”;或“供方”、“需方”;或“发包方”、“承包方”;或“出租方”、“承租方”。写法有以下三种形式:

(1)开头空两格写“订立合同双方(或各方)”,然后分上下行排列写各方单位名称,其后分别写“以下简称甲方”、“以下简称乙方”。例如:

供货单位:三星手机厂,以下简称甲方。

购货单位:鑫源通讯用品公司,以下简称乙方。

(2)开头空两格分上下行排列写“甲方”、“乙方”,其后分别写各方单位名称。例如:

甲方:湖南人文科技学院

乙方:鲁班工程建筑公司

(3)开头空两格分上下行排列写“供方”、“需方”或“发包方”、“承包方”或“出租方”、“承租方”,然后分别写其单位。例如:

发包方:娄底市人民政府

承包方:朝阳建筑工程公司

在经济合同中不能用“我方”、“你方”、“他方”这样的简称来表述当事人姓名或者名称,以免引起混乱。

正文:正文是合同的最主要部分。它用条款或者表格写出双方的合同内容。条款式合同必须写明双方所议定的事项,写明甲乙双方所承担的义务和应享受的权利,互相替对方做什么事情,共同做什么事情,做到什么程度,何时完成,等等。表格式的要按照表中所列项目,协商填写。

正文的开头很简要地写明订立合同的根据或目的,说明经双方协商一致,签订该合同;然后另起一行分条写合同的法定条款(即前述标的、数量、质量、价款或报酬、履行期限、地点和方式、违约责任、解决争议的方法等要素)和其他约定条款。

根据法律规定的或按经济合同性质必须具备的条款,以及当事人一方要求必须规定的条款,即约定条款,和法定条款一样,都是经济合同正文中要表述的主要条款。

这些条款要根据合同的性质、目的的不同而有区别。如:

在建筑、安装工程合同中,应明确规定工程范围、建设工期、中间交工时间、工程开竣工时间、工程质量、工程造价、技术资料交付时间、材料和设备供应责任、拨款和结算、交工验收、双方互相协作等条款。

在仓储保管合同中,应明确规定储存货物的品名、规格、数量、保管方法、验收项目和验收方法、入库和出库手续、损耗标准和损耗的处理、费用负担和结算方法、违约责任等条款。

在财产租赁合同中,应明确规定租赁财产的名称、数量、用途、租赁期限,租金和租金交纳期限,租赁期间财产维修保养的责任、违约责任等条款。

在借款合同中,应明确规定贷款的数额、用途、期限、利率、结算办法和违约责任等。

在保险合同中,应明确规定保险标的、坐落地点(或运输工具及航程)、保险金额、保险责任、除外责任、赔偿办法、保险费交付办法以及保险起讫期限等条款。

在科技协作合同中,应明确规定科技协作的项目、技术经济要求、进度、协作方式、经费和物资概算、报酬、违约责任等条款。

正文的最后部分一般用一两条来写订立合同的有关事项说明,如本合同份数说明、保管说明、未尽事宜说明、生效说明、附件说明、有效期限说明等。

约尾:约尾一般包括签订合同各方的公章,法定地址,法定代表人的签名,电话号码,传真号,开户银行及账号,邮政编码,签订合同的地点日期(有的把日期写在约首)等。如有工商行政管理部门或双方主管部门作监订的,也应签署单位名称、代表人姓名等。

2. 经济合同写作注意事项

(1)态度要严谨,准备要充分。在签订合同之前,双方应充分了解对方的设备、资金、技术力量和经营管理能力等,以免因对方无力履行合同而受到损失。经济合同签订后即具有法律的约束力,签订合同的当事人必须严格履行合同规定的义务,任何一方都不得擅自中止或废除。因此签订经济合同时,应该慎重对待,切不可粗枝大叶,使经济利益受到损失。合同中条款、品名、规格、质量、数量、金额、交货地点和办法等,均应逐一写清。文字不可模棱两可产生歧义。金额数字要大写,标点要正确。要用钢笔和毛笔等书写(不能用铅笔),以便长久保存。

(2)合理合法,格式规范。订立合同必须贯彻平等协商、等价有偿、诚实信用的原则,平等协商,在取得一致意见的基础上订立各项条款,任何一方不能把自己的意志强加给对方;订立合同必须要熟悉有关的法律法规和方针政策,并严格遵守,不合法的合同是无效合同;合同具有严格的格式要求,从外在形式来说,标题、约首、正文、约尾缺一不可,从内容来说,必须具备的法定条款和约定条款要表述清楚,否则会在执行过程中引起纠纷。

(三)经济合同例文

租房合同

出租方:(以下简称甲方)
承租方:(以下简称乙方)

甲、乙双方就房屋租赁事宜,达成如下协议:

一、甲方将位于XX市XX街道XX小区X号楼XXXX号的房屋出租给乙方居住使用,租赁期限自XX年XX月XX日至XX年XX月XX日,计X个月。

二、本房屋月租金为人民币XX元,按月/季度/年结算。每月月初/每季季初/每年年初X日内,乙方向甲方支付全月/季/年租金。

三、乙方租赁期间,水费、电费、取暖费、燃气费、电话费、物业费以及其他由乙方居住而产生的费用由乙方负担。租赁结束时,乙方须交清欠费。

四、乙方同意预交 元作为保证金,合同终止时,当做房租冲抵。

五、房屋租赁期为 ,从 年 月 日至 年 月 日。在此期间,任何一方要求终止合同,须提前三个月通知对方,并偿付对方总租金 的违约金;如果甲方转让该房屋,乙方有优先购买权。

六、因租用该房屋所发生的除土地费、大修费以外的其他费用,由乙方承担。

七、在承租期间,未经甲方同意,乙方无权转租或转借该房屋;不得改变房屋结构及其用途,由于乙方人为原因造成该房屋及其配套设施损坏的,由乙方承担赔偿责任。

八、甲方保证该房屋无产权纠纷;乙方因经营需要,要求甲方提供房屋产权证明或其他有关证明材料的,甲方应予以协助。

九、就本合同发生纠纷,双方协商解决,协商不成,任何一方均有权向天津开发区人民法院提起诉讼,请求司法解决。

十、本合同一式X份,甲、乙双方各执X份,自双方签字之日起生效。

甲方:

乙方：

年 月 日

二、商业广告

（一）商业广告概述

1. 商业广告的概念

广义广告的含义是“广而告之”，是通过传播媒体向特定人群进行信息传播的活动，包括商业广告和非商业广告。前者指的是为了推销商品或提供劳务等而进行的营利性信息传播活动，而后者是出于某种非营利性宣传目的而发出的广告，如寻人启事、遗失声明、公益广告等。

因此，商业广告可以这样定义：通过传播媒体公开而广泛地向公众传播商业信息所使用的文书。本教材所阐述的广告，是以文字表述的广告词。

2. 商业广告的功能

“一则广告救活了一个工厂”、“一则广告使滞销的商品变成了热销商品”、“一则广告帮助消费者买到了自己最需要的东西”，这些说法，是对商业广告功能最直观的描述。美国总统罗斯福曾经说道：“如果重新生活任我挑选职业，我想我会进广告界。”随着市场经济的发展，广告在人们的经济活动中地位日益重要。商业广告所发挥的基本作用和效果，从微观角度来说，有传播功能和营销功能；从宏观角度来说，商业广告在其生存的广阔背景中发挥着更大的经济功能与社会功能。具体来说，商业广告的功能体现在以下几个方面：

（1）沟通产销渠道，促进商品销售

商业广告最显著的作用在于促销。一方面，生产者的产品信息传递给消费者，提升产品知名度和影响力，扩大产品需求；另一方面，它又把市场需求信息传递给生产者，促进生产。通过广告的沟通，产销双向流动，形成良性循环，达成产销两旺的局面。

（2）宣传产品，引导消费

广告宣传，把商品形象和商品信息送进千家万户。通过广告宣传，产品（服务）品牌、形象、作用、性能、使用常识被大众熟知。社会大众对产品（服务）有了较多的了解后，就会生发好感和信赖，进一步产生消费意向和消费行为。尤其是一种新产品问世后，广告宣传常常能使消费者改变生活习惯和生活方式，起着开创时尚的作用。广告帮助消费者选择产品（服务），引导人们寻求自己需要的产品（服务）。

（3）传播信息，服务社会

广告作为一种大众宣传活动，其基本作用是传播各种信息。它一方面传递商品信息、劳务信息，倡导正确的消费观念，方便社会大众生活，提高其生活质量；另一方面，它同时传递各种思想观念信息，对社会公众的行为产生影响，倡导大众文明，讲公德，遵纪守法，安定团结，传递正能量，对社会产生积极影响。

(4)鼓励竞争，促进生产

广告着力宣传产品的生产厂家、商标和优于同类产品的特点，才能说服消费者购买自己的产品，并持久消费。因此，广告成为生产同类产品企业间争夺市场的重要手段。广告的生命在于真实，企业要使自己的广告深入人心从而帮助自己的产品在市场上独占鳌头，就必须改进生产工艺，提高产品质量，改善使用功能，不断更新换代。因此，广告是促进企业提高生产能力，不断更新产品，强化竞争力的加速器和催化剂。

3. 商业广告的特点

(1)真实性

真实是广告的生命，广告应该真实。广告只有做到真实才能够获得信任。一篇好的文案不是装腔作势、哗众取宠，而是要向消费者"摆事实，讲道理"。广告文案是为产品而作并服务于产品的文字，要让消费者观文而知产品，故其内容一定要真实可信，不可有误导消费者之嫌。现今充斥于一些媒体的大小广告，含虚藏假者不止一二。糊弄人的虚假广告也许今天、明天都得逞，但消费者的眼睛是雪亮的，"狼来了"喊到第三遍就不会有人再相信。为了短期的战术利益，而让企业的产品和信誉淹没于消费者的唾沫之中，反而会丧失可能的战略发展机遇，损害企业的长远利益。

(2)独创性

比尔·盖茨说过："创意就如原子裂变一样，只需一盎司就会带来无以计数的商业利益。"精彩的广告亲切自然，它们扎根于人们的意识中，触及人们的灵魂，使人们久久不能忘怀。无论广告创意的求索、知觉信息的筛选、诱因条件的妙用，还是设计灵感的显现，都离不开挖掘创意潜能的实践。随手翻看时下的报纸杂志广告，诸如"国际领先全国一流"、"与您共度欢乐时光"、"风格独特，品位不凡"之类放之四海而皆准的说辞随处可见，给人的感觉是平淡无奇，"吊"不起消费者的胃口，更难以促成消费者的行动。

(3)针对性

好的广告语要切合品牌或企业所要传播的定位。因为广告语是品牌主张的一个载体，一个核心的载体，它在广告中起到非常关键的作用。事实上，无论做什么类型的广告，包括电视广告、平面广告等等，定位是在先的，在定位的基础上进行各项表现。而广告语也一样，必须符合品牌或企业的定位，在定位的基础上进行创作、提炼，形成一句有效的传播口号，即我们所说的广告语。

(4)合法性

商业广告固然要着眼于促销,着力于产品的形象、性能、特点的宣传,但广告的宣传无论是创意还是用语,都必须遵守国家的法律法规,特别不能违背《广告法》、《不正当竞争法》等法律法规的规定,不能违背国家的路线方针政策,不能损害社会的公序良俗。商业广告的宣传,必须充分重视广告的社会效应,兼顾广告的教育和美学功能。

(5)艺术性

一个好广告不应只是空洞、乏味的文字与数字的组合,而是要在完成广告的基本功能(介绍产品、引起兴趣、促使行动)之上,尽可能给人以美的感受,美的意境。意境是指一切艺术作品所表现出来的情趣和境界,是客观实体与主观情感彼此结合的产物。藉由想象力的推动而产生的美感,即为意境美。广告作为一种商业艺术,广告人在对其进行创作时,应当将意境美作为他所追求的最高境界。如白沙广告"鹤舞白沙,我心飞翔"在远天、青山、平湖、绿野之间,白鹤点水,振翅飞远,人手扮鹤,心随鹤翔,并伴之一句浑厚的男音:"这一刻,我已经飞了起来!"此番意境美,打动了众多的消费者,让消费者再一次体会到道家淡泊无欲、超然志远的平和宁静的境界。

4. 商业广告的种类

广告的分类比较复杂,根据不同的标准,可以分出不同的类别。

(1)按广告的内容分,可分为商品广告、劳务广告、企业形象广告。

商品广告,是以推销商品为目的的广告,主要是宣传介绍商品品种、用途、质量、特点、生产厂家、价格等,使消费者认识商品从而对其产生好感,促成购买。

劳务广告,是提供服务的广告。这类广告主要宣传其服务宗旨、内容、形式、质量、态度等,以激发顾客消费,如介绍旅游、娱乐、美容、照相、修理、装修、咨询和各种代客服务的广告。

企业形象广告,是企业为了提高自己的声誉,树立其良好形象而宣传自己的历史、宗旨、成就、信誉、贡献等所做的广告。通过广告宣传,在大众面前树立起企业的良好形象,最终达到推销商品或劳务的目的。

(2)按商品的经济生命周期分,可分为开拓期广告、竞争期广告、维持期广告。

开拓期广告,就是新产品刚上市期间的广告。主要是宣传新产品的用途、特点和使用方法,以唤起消费者的注意,促使他们购买。

竞争期广告,就是产品处于市场成长期和成熟期的广告。主要宣传优于同类产品的特色,如宣传产品原料上乘、制造技术先进、价格便宜、低碳环保等,用意在于扩大市场占有率。

维持期广告,就是产品处于市场衰退期的广告。主要宣传产品的厂牌、商标等,提醒消费者继续购买,延缓销售下降的速度。

(3)按广告效果快慢分,可分为速效广告和预示性广告。

速效广告,就是发布后能立即引起消费者购买的广告,如有奖销售广告、赠送纪念品销售广告、节日优惠广告、商品降价广告等。

预示性广告,就是发布后不要求立即引起消费者购买的广告。这种广告着眼长远,通过前期宣传,让消费者对某一商品或服务有所了解,产生良好的印象,待日后需要时再去购买或消费。如结婚礼服广告、家具广告、新开航线广告、电影戏剧预告广告等。

(4)按诉求方式分,可分为理性广告和感性广告。

理性广告,就是用事实推理论证商品优良的广告,如用获奖证书、统计数字、消费者现身说法的赞许来说明商品质量优异的广告。

感性广告,就是向消费者诉之以情,使其对商品产生好感而购买的广告。如某白酒广告的电视广告,广告片男主人公是一位常年在外漂泊打拼的白领,回家过年的时候,给老父亲带两瓶酒回去。这则广告,就在人间亲情上下工夫。

(5)按覆盖区域分,可分为全球性广告、全国性广告、地区性广告。地区性广告选某个特定区域的受众作为诉求对象,广告制作的地域针对性更强。

(6)按媒介分,可分为报纸广告、杂志广告、传单广告、招贴广告、邮寄广告、包装广告、电台广告、电视广告、霓虹广告、路牌广告、交通工具广告、门面广告、橱窗广告、柜台广告、模特广告、网络广告等。

这些广告各有优缺点。报纸、杂志发行量大,传播范围广泛,受众群体稳定,但广告费用高,由于有些报纸和杂志出版有周期,信息传递不够及时;传单、招贴广告自制方便,费用低,但传播面不宽;电台、电视台广告传播范围极广泛,电视广告语音、音乐、图像、表演兼具,能吸引人,注目率高,感受性效果好,但制作成本高,信息消失快;路牌、霓虹灯、交通工具等广告,容易触目,重复性强,能在消费者心中形成潜在意识,但信息传播面小;门面、橱窗、柜台、模特等广告,可以看到实物,真实感强,容易激发消费者的购买欲望,但广告区域受到局限。

(7)按广告的体式分,可分为自述式、议论式、说明式、对话式、成语式、标语式、通话式、寓言式、动画式、小品式、戏剧式、散文式、诗歌式、快板式、相声式、歌曲式等广告。

几种媒介广告介绍:

印刷广告是通过印刷媒介传播的广告文案。包括大众印刷媒介(报纸、杂志)文案和其他的印刷媒介(直邮、招贴、产品介绍手册、企业介绍样本、产品样本等)文案等。

电波广告是通过电波媒介传播的广告文案。包括广播、电视广告文案。广播广告文案写作以声音作为文案写作的研究对象,电视广告文案写作以声画合一、语言和文字作为双重的研究对象。

其他媒介广告指通过印刷和电波媒介以外的广告媒介传播的广告文案，主要包括户外广告文案、展示广告文案、销售现场广告文案、网络广告文案等。

（二）商业广告的写作

1. 商业广告的结构与写法

广告的结构，一般包括标题、正文、随文三部分。

标题：标题即广告的题目，它是广告给人的第一印象，必须是广告内容的凝聚和提炼，能突出广告的主题，新颖别致，有强大的吸引力和感染力。标题的写作贵在紧扣主题、突出重点、语言简洁、独辟蹊径、引人入胜。它有以下三种形式：

（1）直接标题

直截了当地用商品的名称、品牌等作为广告标题的核心内容，直接表明广告的主题和销售重点。它的特点是简洁明了、一目了然。比如“六神特效花露水”的标题“六神有主，一家无忧”。

（2）间接标题

不直接点明广告主题或介绍产品，而是采用暗示、诱导性曲径通幽的方式，引导消费者阅读正文的兴趣。它的特点是含蓄蕴藉、充满诱惑。比如巴伦牌香水的广告标题“为了每一个男子都风度翩翩”。

（3）复合标题

它是对直接标题和间接标题的综合运用，往往采用正标题和副标题两部分。它的特点结合了以上两种标题的长处，更具吸引力和感染力，运用起来更灵活，更全面。比如“独领风骚——泸州老窖”。

正文：正文是商业广告文案的核心，起着介绍商品、灌输知识、增进了解并最终实现广告促销的功能作用。要求更深入、更透彻地表现广告的主旨和内容。一般应写明商品的名称、用途、规格、特点、产地、性能、价格、出售方式、出售时间、出售地点等内容。

广告正文是广告文案的主导内容，因而其结构、内涵、技巧都多种多样，从形式结构上说，一般分为开端、中心段和结尾三部分；从内容上说，可以多方面实现消费者对商品的诉求，如表明主题、提供证明、鼓励行动等；因为广告的目的是引起消费者对商品的兴趣，使之产生购买的欲望，所以广告更要在技巧上下工夫，要求写作者要有扎实的语言功底和较高的文字修养。下面介绍几种广告正文的表述方式：

（1）直述式

直接介绍商品情况，这种方法自然朴实、清楚明白。

比如，广西永福制药厂的广告：“永福县是名贵特产罗汉果之乡，罗汉果味甜、性凉，具有清热润肺、止咳化痰、生津止渴、润肠通便、益肝健脾以及促进肠胃机能、降低血压等功效。”

(2)问答式

通过一问一答的形式,激发人们的好奇心,达到宣传商品的目的。这种方式形式活泼,有亲切感。

(3)证书式

借助商品或企业所荣获的各种证书、奖章或消费者对它的赞誉来证明其质量上乘、服务一流,这种方法有令人信服的力量。

如:山东兰陵美酒,曾荣获 1915 年巴拿马国际博览会金质奖章。1980 年获山东优质产品证书,1987 年获“中国第一届黄酒节”一等奖。

(4)描述式

对商品或企业的局部或全部进行描写,这种方法能够对商品的特点进行渲染,给人以鲜明印象。

如日立电视广告:只要是日立的彩电,您尽可放心地去欣赏那美丽鲜艳的图像,因为在它的背后,是一个一丝不苟严格检验的世界。在日立的生产工厂里,首先要对所有用于彩电生产的零件进行严格筛选,挑选出其中质量最好的加以使用。当电视的各个部分形成之后,再进行一次检验,合格之后方可用于组装,从零件的筛选算起,一共要经过 20 道检验程序,一台电视机才终于诞生。日立的目的就是向广大顾客提供最高质量的产品。

(5)幽默式

用幽默诙谐的笔调和语言,在轻松愉快的气氛中宣传商品和企业,这种方法引人入胜,使人经久不忘。

此外,还可采用布告式、目录式、论说式、对比式、象征式等手法。

随文:又称附文,指的是附于正文后面的那些较次要的、备查备用的广告信息,它是整个广告文稿的有机组成部分,是对广告文稿的进一步补充,并为广大消费者提供必要的线索、资料,起指导购买的作用。

随文的内容包括商标、厂标、企业名称、商品名称、通讯地址、电话号码、电报挂号、查询方式、银行账号、联系人,甚至法人代表、法律顾问等。

另外,有的商业广告除了以上三部分以外,还有口号。口号又叫标语,通常放在广告的结尾部分,是为了达到一定目的,实现某项任务而提出的有鼓动作用的简练明确的语句。它的作用是提醒人们记住企业或商品名称,敦促消费者采取购买行动。广告口号要求写作者精心创意,在遣词造句上应简洁精练,在功能上富有鼓动色彩,在表现形式上,灵活多样,富于变化。常见的形式有号召式、风趣式、标题式、颂扬式等。

2. 商业广告写作注意事项

(1)注重真实性。真实是广告的生命,虚假、浮夸的广告经不起消费者和市场的检验,长远来看会败坏企业和商品在消费者心目中的形象,因此广告的写作从态度到措辞,都要务求真实。

(2)追求科学性。这里的科学性,一是指广告宣传推广的商品其性能、特点、功用等务必要有科学的依据,不可主观臆测,信口雌黄;二是要有合乎科学的表述。不具备科学性的广告文案,同样经不起消费者和市场的检验。

(3)加强针对性。广告的诉求点即定位要有针对性,拟制广告词也要针对不同的对象,只有针对性强的广告,才能吸引受众的注意,从而实现广告的最终目的。

(4)讲究时效性。在现代商业社会活动中,消费者的消费需求变化很快,这使得广告时效周期也在缩短。广告制作者,只有根据变化的市场拟制广告用语,讲究时效,才能始终站在时尚的前沿,引领消费。

(三)商业广告例文

2013 六一儿童节促销广告词集锦

1. 商场六一促销词

六一快乐果,幸运来摘取

六一儿童大会,折扣真的实惠

玩具促销,进店送礼,10000 个气球免费大派发!

有学有玩 欢乐无限

2. 儿童家具六一促销词

缤纷六一,绿色爱心装,限时抢购

健康家园,快乐成长

环保儿童家具首选 xx

健康成长,有 xx 陪伴

3. 童装六一促销词

留住美好童年时代的亮彩

扮靓你的宝宝

花一样的六一,花一样的宝宝

人生之路,童装起步

艳丽毛衣,送给靓丽的女孩!

4. 其他六一促销词

欢乐童年精彩无限

开心六一奇瑞温馨相随

六一大放“价”

【知识链接】

20 世纪最经典广告语 100 条

1. 德国大众:“小即是好。”
2. 可口可乐:“享受清新一刻。”
3. 万宝路香烟:“万宝路的男人。”
4. 耐克:“说做就做。”
5. 麦当劳:“你理应休息一天。”
6. 迪比尔斯:“钻石恒久远,一颗永留传。”
7. 通用电气:“GE 带来美好生活。”
8. 米勒牌淡啤酒:“美妙口味不可言传。”
9. 克莱罗染发水:“她用了? 她没用?”
10. 艾维斯:“我们正在努力。”
11. 美国联邦快递公司:“快腿勤务员。”
12. 苹果电脑:“1984 年。”
13. 阿尔卡·舒尔茨公司:“多种广告。”
14. 百事可乐:“百事,正对口味。”
15. 麦氏咖啡:“滴滴香浓,意犹未尽。”
16. 象牙香皂:“99 和 44/100% 的纯粹。”
17. 美国捷运公司:“你知道我吗?”
18. 美国征兵署:“成为一个全才。”
19. Anacin 去痛片:“快、快、快速见效。”
20. 滚石乐队:“感觉是真实的。”
21. 百事可乐:“新一代的选择。”
22. 哈斯维衬衫:“穿哈斯维的男人。”
23. 博马剃须刀:“公路道边的招牌阵。”
24. 美国汉堡王:“带着它上路。”
25. 坎贝尔浓汤:“妈妈,好吃。”
26. 美国林业总署:“你可以防止森林火灾。”
27. 百威啤酒:“这百威是给你的。”
28. MAIDERFORM:“我梦想穿着自己的 MAIDERFORM 胸罩去逛街。”
29. 维克多语言机器公司:“大师级的声音。”
30. 丰田汽车:“车到山前必有路,有路必有丰田车。”
31. 木莓香皂:“光洁皮肤,不禁触摸。”
32. 本森·贺杰斯 100 周年:“我们的缺点。”
33. 打字机:“不打不相识。”
34. 劲量电池:“劲量兔子。”
35. 帽子公司:“以帽取人。”

36. 香奈尔香水:“分享这份梦幻。”
37. 福特汽车“土星”系列:“不一样的公司,不一样的汽车。”
38. 佳洁士牙膏:“看,妈妈,没有蛀牙。”
39. 玛氏巧克力:“只溶在口,不溶在手。”
40. TIMEX:“一口难忘。”
41. 雪佛兰汽车:“开着你的雪佛兰看美国。”
42. Calvin Klein:“在我和我的 Calvins 之间,一无所有。”
43. 里根争取连任美国总统:“这是美国的又一个春天。”
44. 云丝顿烟草:“云丝顿,好烟的好品味。”
45. 美国音乐学校:“当我坐到琴凳上时,他们都在笑我,直到我开始弹起来。”
46. 骆驼香烟:“为了买这包骆驼香烟,我走了一英里。”
47. 温迪汉堡包:“牛肉在哪儿?”
48. 防溶液:“永远是女傧相,永远不做新娘。”
49. 印刷公司:“除钞票外,承印一切。”
50. “美丽的美国”运动:“哭泣的印第安人。”
51. Charmin:“别挤着 Charmin!”
52. 小麦一族:“冠军的早餐。”
53. 可口可乐:“真正可口可乐。”
54. 灰狗长途汽车公司:“只有坐车之趣,没有驾车之累。”
55. 克勒格大米咖喱:“咬一口,干干脆。”
56. 宝丽莱即拍即得:“就是这么简单。”
57. 吉列剃刀:“看着光,感觉爽。”
58. 莱唯斯雷面包:“不用是犹太人一样喜欢莱唯斯雷面包。”
59. 派伯索丹牙膏:“你也许会奇怪,黄斑哪里去了。”
60. 好运香烟:“只为好运,不要甜蜜。”
61. 七喜汽水:“这不是可乐。”
62. 伟斯科清洁剂:“请涂在领子上。”
63. Sunsweet Prunes:“今天的一个小点,明天会成一条皱纹。”
64. 生活谷物:“你好,麦基。”
65. 赫特兹汽车租赁公司:“让赫特兹带你上路。”
66. 弗斯特格兰特食品公司:“在弗斯特格兰特的背后有什么?”
67. 颇度肉鸡:“让一个强硬的男人做一只松软的香鸡。”
68. 豪马克(英国伦敦金业工会):“至诚关怀,真金表达。”
69. 花季少女牌床单:“A buck well spent。”
70. 格林斯宝罗集团:“杰克森高地公寓。”

71. 斯特恩威钢琴:“不朽的乐器。”
72. 利维斯牛仔裤:“501 蓝。”
73. 布来克格拉马大湖皮草:“是什么活在传奇里?”
74. 柯尼卡相机:“美好的瞬间。”
75. 拉姆啤酒:“来自天蓝色的水乡。”
76. 贵格燕麦片:“shot from guns。”
77. ESPN 体育频道:“这里是体育中心。”
78. 莫森啤酒:“欢笑的夫妻。”
79. 加州牛奶促进委员会:“喝牛奶了吗?”
80. 美国电报电话公司:“尽情联络。”
81. 布莱尔克里姆护发乳:“每次只用一点点。”
82. 卡灵黑标啤酒:“嘿,梅宝来瓶黑标。”
83. 铃木汽车:“说谎的乔。”
84. 宝马汽车:“终极驾座。”
85. 德士古石油公司:“把你的车托给这颗星,你尽可放心。”
86. 可口可乐:“永远是可口可乐。”
87. 施乐复印机:“这是一个奇迹。”
88. 巴托斯与乔伊斯酒品冷却器:“弗兰克和艾迪民俗二重唱。”
89. 丹诺酸牛奶:“俄国的老人。”
90. 沃尔沃汽车:“在瑞典,一辆普通汽车的生涯。”
91. 汽车旅馆连锁店:“我们为你留着一盏灯。”
92. 吉尔餐厅甜点:“比尔考斯比与孩子们。”
93. 国际商用机器公司:“卓别林的小流浪形象。”
94. 美国旅游者协会:“大猩猩格利拉。”
95. 权力卫士:“药箱。”
96. 梅宝即食早餐:“今天我 40 岁了,我要我的梅宝。”
97. 巴福林药品:“狂跳的心。”
98. 箭牌衬衫:“我的朋友,乔 · 赫尔姆箕斯,现在是一匹马。”
99. 杨 · 罗比坎姆广告公司:“冲击。”
100. 林登 · 约翰逊竞选美国总统:“第一流的。”

三、市场调查报告

(一)市场调查报告概述

1. 市场调查报告的概念及作用

市场调查报告是经济调查报告的一个重要种类,它是以科学的方法对市场的供求关系、购销状况以及消费情况等进行深入细致地调查研究后所写成的书面报告,是市场调查人员以书面形式反映市场调查内容及工作过程,并提供调查结论和建议的报告,是市场调查研究成果的集中体现。

市场调查报告要进行深入细致的调查研究,透过市场现状,揭示市场运行的规律、本质。其作用在于帮助企业了解掌握市场的现状和趋势,增强企业在市场经济大潮中的应变能力和竞争能力,从而有效地促进经营管理水平的提高。一份好的市场调查报告,能给企业的市场经营活动提供有效的导向作用,能为企业的决策提供客观依据。

2. 市场调查报告的特点

与普通调查报告相比,市场调查报告无论在材料的形成还是结构布局方面都存在着明显的共性特征,但它比普通调查报告在内容上更为集中,也更具专门性。市场调查报告的特点有:

(1)针对性

市场调查报告是决策机关决策的重要依据之一,必须有的放矢。

(2)真实性

市场调查报告必须从实际出发,通过对真实材料的客观分析,才能得出正确的结论。

(3)典型性

主要表现为两点:一是对调查得来的材料进行科学分析,找出反映市场变化的内在规律。二是报告的结论要准确可靠。

(4)时效性

市场调查报告要及时、迅速、准确地反映、回答现实经济生活中出现的新情况、新问题,突出"快"、"新"二字。

3. 市场调查报告的种类

市场调查报告可以从不同角度进行分类。

(1)按其所涉及内容含量的多少,可以分为综合性市场调查报告和专题性市场调查报告。

(2)按调查对象的不同,有关于市场供求情况的市场调查报告、关于产品情况的市场调查报告、关于消费者情况的市场调查报告、关于销售情况的市场调查报告以及有关市场竞争情况的市场调查报告。

(3)按表述手法的不同,可分为陈述型市场调查报告和分析型市场调查报告。

4. 市场调查报告的调查方法

市场调查报告采用直接调查与间接调查两种研究方法:

(1)直接调查法

通过对主要区域的行业的国内外主要厂商、贸易商、下游需求厂商以及相关机构进行直接的电话交流与深度访谈,获取行业相关产品市场中的原始数据与资料。

(2)间接调查法

充分利用各种资源以及所掌握的历史数据与二手资料,及时获取关于行业的相关信息与动态数据。

(二)市场调查报告的结构与写法

1. 写作步骤

(1)确定调查目的

撰写市场调查报告,必须目的明确,有的放矢,任何市场调查都是为了解决某一问题,或者为了说明某一问题。因此,市场调查报告的写作,必须首先从确定调查目的入手。目的确定之后,再围绕调查目的,通过直接调查、间接调查,搜集大量的第一手资料和第二手资料。

(2)搜集分析资料

调查报告的写作是建立在资料的搜集和分析的基础上的。在写作调查报告之前,必须做好资料的搜集整理和分析研究工作。

首先要根据已确定的调查目的,进行深入细致的市场调查。通过调查,广泛搜集资料。这是做好市场调查研究的前期工作。

其次,要对掌握的材料和数据,通过运用科学的方法,进行分析研究判断,对有关资料进行解剖对比和综合归纳,发现问题,解释规律,为写作市场调查报告打下良好的基础。

(3)拟订报告提纲

在分析资料的基础上,围绕调查目的,形成调查报告的提纲。提纲包括调查的缘起、经过、资料分析、基本结论、措施意见等。提纲是调查报告的大致轮廓。

(4)撰写调查报告

在对市场进行了科学、周密、深入的调查分析研究,找出了规律性认识后,就可作出分析结论,提出具体的意见和措施,进行报告的撰写了。

2. 市场调查报告的格式与写法

市场调查报告的结构也应依材料的内容和分析的目的不同而不同,写作时作合理安排。其基本结构一般包括标题、正文、落款三个部分。

标题：市场调查报告的标题即市场调查的题目。标题必须准确揭示调查报告的主题思想。标题要简单明了、高度概括、题文相符。如《××市居民住宅消费需求调查报告》、《关于化妆品市场调查报告》、《××产品滞销的调查报告》等，这些标题都很简明，能吸引人。

标题是市场调查报告的题目，一般有两种构成形式：

公文式标题。由调查对象和内容、文种名称组成，例如《关于2002年全省农村服装销售情况的调查报告》。

文章式标题。用概括的语言形式直接交代调查的内容或主题，例如《全省城镇居民潜在购买力动向》。这种类型市场调查报告的标题多采用双题（正题加副题）的结构形式，更为引人注目，富有吸引力。例如《竞争在今天，希望在明天——全国洗衣机用户问卷调查分析报告》、《市场在哪里——天津地区三峰轻型客车用户调查》等。

正文：市场调查报告的正文一般采取引言（导语）、主体、结尾的结构形式，体现出提出问题、分析问题、解决问题的构思思路。

（1）引言部分

引言又称导语，是市场调查报告正文的前置部分，要写得简明扼要，精炼概括。一般应交代出调查的目的、时间、地点、对象与范围、方法等与调查者自身相关的情况，也可概括市场调查报告的基本观点或结论，以便使读者对全文内容、意义等获得初步了解，引起读者的阅读兴趣。然后用一过渡句承上启下，引出主体部分。

例如一篇题为《关于全市2002年电暖器市场的调查》的市场调查报告，其引言部分为："XX市北方调查策划事务所受XX委托，于2003年3月至4月在国内部分省市进行了一次电暖器市场调查。现将调查研究情况汇报如下。"用简要文字交代出了调查的主体，调查的时间、对象和范围等要素，并用一过渡句开启下文，写得合乎规范。这部分文字务求精要，切忌啰唆芜杂。

（2）主体部分

主体部分是市场调查报告的核心，也是写作的重点和难点所在。它要完整、准确、具体地说明调查的基本情况，进行科学合理的分析预测，在此基础上提出有针对性的对策和建议。具体包括以下三方面内容。

情况介绍：市场调查报告的情况介绍，即对调查所获得的基本情况进行介绍，是全文的基础和主要内容，要用叙述和说明相结合的手法，将调查对象的历史和现实情况包括市场占有情况，生产与消费的关系，产品、产量及价格情况等表述清楚。在具体写法上，既可按问题的性质将其归结为几类，采用设立小标题或者撮要显旨的形式；也可以时间为序，或者列示数字、图表或图像等加以说明。无论如何，都要力求做到准确和具体，富有条理性，以便为下文进行分析和提出建议提供坚实充分的依据。

分析预测:市场调查报告的分析预测,即在对调查所获基本情况进行分析的基础上对市场发展趋势作出预测,它直接影响到有关部门和企业领导的决策行为,因而必须着力写好。要采用议论的手法,对调查所获得的资料条分缕析,进行科学的研究和推断,并据以形成符合事物发展变化规律的结论性意见。用语要富于论断性和针对性,做到析理入微,言简意明,切忌脱离调查所获资料随意发挥,去唱"信天游"。

营销建议:这层内容是市场调查报告写作目的和宗旨的体现,要在上文调查情况和分析预测的基础上,提出具体的建议和措施,供决策者参考。要注意建议的针对性和可行性,能够切实解决问题。

(3)结尾部分

结尾是市场调查报告的重要组成部分,要写得简明扼要,短小有力。一般是对全文内容进行总括,以突出观点,强调意义;或是展望未来,以充满希望的笔调作结。视实际情况,有时也可省略这部分,以使行文更趋简练。

落款:一般要写明报告单位或报告人的名称或姓名,有的还要签字、盖章,最后注明报告日期、递交的主管部门等。也可以不落款。

3. 市场调查报告写作注意事项

(1)调查报告要突出市场调查的目的。撰写市场调查报告,必须目的明确,有的放矢,任何市场调查都是为了解决某一问题,或者为了说明某一问题。市场调查报告必须围绕市场调查的目的来进行论述。

(2)调查报告力求客观真实、实事求是。调查报告必须符合客观实际,引用的材料、数据必须是真实可靠的。要反对弄虚作假,或迎合上级的意图,挑他们喜欢的材料撰写。总之,要用事实来说话。

(3)调查报告要做到调查资料和观点相统一。市场调查报告是以调查资料为依据的,即调查报告中所有观点、结论都有大量的调查资料为根据。在撰写过程中,要善于用资料说明观点,用观点概括资料, 二者相互统一。切忌调查资料与观点相分离。

(4)调查报告的语言要简明、准确、易懂。调查报告是给人看的, 无论是厂长、经理, 还是其他一般的读者,他们大多不喜欢冗长、乏味、呆板的语言,也不精通调查的专业术语。因此,撰写调查报告语言要力求简单、准确、通俗易懂。

(三)调查报告例文

××市居民家庭饮食消费状况调查报告

为了深入了解本市居民家庭在酒类市场及餐饮类市场的消费情况,特进行此次调查。调查由本市某大学承担,调查时间是2005年7月至8月,调查方式为问卷时访问调查,本次调查选取的样本总数是2000户。各项调查工作结束后,该大学将调查内容予以总结,其调查报告如下:

一、调查对象的基本情况

(一)样品类属情况。在有效样本户口中,工人320户,占总数比例18.2%;农民130户,占总数比例7.4%;教师200户,占总数比例11.4%;机关干部190户,占总数比例10.8%;个体户220户,占总数比例12.5%;经理150户,占总数比例8.52%;科研人员50户,占总数比例2.84%;待业户90户,占总数比例5.1%;其他260户,占总数比例14.77%。

(二)家庭收入情况。本次调查结果显示,从本市总的消费水平来看,相当一部分居民还达不到小康水平,大部分的人均收入在1000元左右,样品中只有约2.3%的消费者收入在2000元以上。因此,可以初步得出结论,本市总的消费水平较低,商家在定价的时候要特别慎重。

二、专门调查部分

(一)酒类产品的消费情况

1.白酒比红酒消费量大。分析其原因,一是白酒除了顾客自己消费以外,用于送礼的较多,而红酒主要用于自己消费;二是商家做广告也多数是白酒广告,红酒的广告很少。这直接导致白酒的市场大于红酒的市场。

2.白酒消费多元化。

(1)购买因素比较鲜明,调查资料显示,消费者关注的因素依次为价格、品牌、质量、包装、广告、酒精度,这样就可以得出结论,生产厂商的合理定价是十分重要的,创名牌、求质量、巧包装、做好广告也很重要。

(2)顾客忠诚度调查表明,经常换品牌的消费者占样本总数的32.95%,偶尔换的占43.75%,对新品牌的酒持喜欢态度的占样本总数的32.39%,持无所谓态度的占52.27%,明确表示不喜欢的占3.4%。可以看出,一旦某个品牌在消费者心目中形成,是很难改变的,因此,厂商应在树立企业形象、争创名牌上狠下工夫,这对企业的发展十分重要。

(3)动因分析。主要在于消费者自己的选择,其次是广告宣传,然后是亲友介绍,最后才是营业员推荐。不难发现,怎样吸引消费者的注意力,对于企业来说是关键,怎样做好广告宣传,消费者的口碑如何建立,将直接影响酒类市场的规模。而对于商家来说,营业员的素质也应重视,因为其对酒类产品的销售有着一定的影响作用。

(二)饮食类产品的消费情况

本次调查主要针对一些饮食消费场所和消费者比较喜欢的饮食进行,调查表明,消费有以下几个重要特点:

1. 消费者认为最好的酒店不是最佳选择,而最常去的酒店往往又不是最好的酒店。消费者最常去的酒店大部分是中档的,这与本市居民的消费水平是相适应的,现将几个主要酒店比较如下(略)。

2. 消费者大多选择在自己工作或住所的周围,有一定的区域性。虽然在酒店的选择上有很大的随机性,但也并非绝对如此,例如,长城酒楼、淮扬酒楼也有一定的远距离消费者惠顾。

3. 消费者追求时尚消费,如对手抓龙虾、糖醋排骨、糖醋里脊、宫爆鸡丁的消费比较多,特别是手抓龙虾,在调查样本总数中约占26.14%,以绝对优势占领餐饮类市场。

4. 近年来,海鲜与火锅成为市民饮食市场的两个亮点,市场潜力很大,目前的消费量也很大。调查显示,表示喜欢海鲜的占样本总数的60.8%,喜欢火锅的约占51.14%;在对季节的调查中,喜欢在夏季吃火锅的约有81.83%,在冬天的约为36.93%,火锅不但在冬季有很大的市场,在夏季也有较大的市场潜力。目前,本市的火锅店和海鲜馆遍布街头,形成居民消费的一大景观和特色。

三、结论和建议

(一)结论

1. 本市的居民消费水平还不算太高,属于中等消费水平,平均收入在1000元左右,相当一部分居民还没有达到小康水平。

2. 居民在酒类产品消费上主要是用于自己消费,并且以白酒居多,红酒的消费比较少,用于个人消费的酒品,无论是白酒还是红酒,其品牌以家乡酒为主。

3. 消费者在买酒时多注重酒的价格、质量、包装和宣传,也有相当一部分消费者持无所谓的态度。对新牌子的酒认知度较高。

4. 对酒店的消费,主要集中在中档消费水平上,火锅和海鲜的消费潜力较大,并且已经有相当大的消费市场。

(二)建议

1. 商家在组织货品时要根据市场的变化制定相应的营销策略。

2. 对消费者较多选择本地酒的情况,政府和商家应采取积极措施引导消费者的消费,实现城市消费的良性循环。

3. 海鲜和火锅消费的增长,导致城市化管理的混乱,政府应加强管理力度,对市场进行科学引导,促进城市文明建设。

(选自百度文库教育专区高等教育管理学专栏,作者不详。网址:http://wenku.baidu.com/view/704f14fff705cc175527099b.html)

【技能训练】

1. 市场调查报告的构成要素有哪些?

2. 应怎样拟写市场调查报告的标题？

3. 市场调查报告的前言一般写出哪些内容？

4. 根据下述材料，撰写一篇市场调查报告。

中国饮料工业协会统计报告显示，国内果汁及果汁饮料实际产量超过百万吨，同比增长33.1%，市场渗透率达36.5%，居饮料行业第四位，但国内果汁人均年消费量仅为1公斤，为世界果汁平均消费水平的1/7，西欧国家平均消费量的1/4，市场需求潜力巨大。

近日，我公司对××市果汁饮料市场进行了一次市场调查，根据统计数据，我们对调查结果进行了简要的分析。

追求绿色、天然、营养成为消费者和果汁饮料的主要目的。品种多、口味多是果汁饮料行业的显著特点，据××市场调查显示，每家大型超市内，果汁饮料的品种都在120种左右，厂家达十几家，竞争十分激烈，果汁的品质及创新成为果汁企业获利的关键因素，品牌果汁饮料的淡旺季销量无明显区分。

饮料品牌认知渠道——广告：75.4%；自己喝过才知道：58.4%；卖饮料的地方：24.5%；亲友介绍：11.1%。

一次购买量——选择喝多少就买多少的有62.4%；选择一次性批发很多的有7.6%；会多买一点存着的有29.9%。

5. 选择你所熟悉的某种日用商品，对其在本地的市场销售状况做市场调查，写出一篇小型市场调查报告。

四、经济活动分析报告

（一）经济活动分析报告概述

1. 经济活动分析报告的概念

经济活动分析报告是经济管理部门或企业用以对本系统的业务活动或企业内部的生产经营活动进行分析研究并反映其结果的一种经济管理应用文。

经济活动分析报告撰写的优劣，与经济活动分析的优劣有着直接的关系。所谓经济活动分析就是经济管理部门或企业遵循国家的有关方针、政策和法规，以计划资料、核算数据和调查研究的情况为依据，对本部门或本企业生产经营活动的过程及其结果进行的研究分析。经济活动分析的任务是从分析研究各项经济指标（包括资产负债率、流动比率、速动比率、应收账款周转率、存货周转率、资本金利润率、销售利税率、成本费用利润率等八项指标）以及影响经济指标各因素之间的数量关系中，找出其规律性，给予正确评价，并从中发现研究问题，提出改进措施，不断提高管理水平和生产经营效益。

2. 经济活动分析报告的作用

经济活动分析是加强经济管理、进行科学决策、提高经济效益的重要环节和措施，作为反映经济活动分析结果的经济活动分析报告，在经济生活中具有重要的作用。

(1)可以帮助决策者了解客观经济活动的情况，为制订和调整经济决策提供可靠依据，从而及时、正确地指导经济活动，解决经济问题。

(2)可以帮助企业了解其生产、经营、管理活动情况，发现存在的问题，进而改善经营管理，想方设法地提高经营管理水平，取得好的经济效益。

(3)可以为财政、金融、工商、税务部门提供信息资料，使他们了解企业的生产、经营、管理情况，发现问题，及时采取相应措施，加强管理，有效地发挥其在经济活动中的职能作用。

(4)及时地帮助经济管理部门尤其是企业了解市场动态，预测市场未来的发展趋势，使其在生产、经营和管理活动中做到"未雨绸缪"。

3. 经济活动分析报告的特点

(1)针对性

经济活动分析报告针对特定经济活动进行具体分析，是企业掌握经营情况、进行经营决策的重要依据，针对性很强。

(2)科学性

经济活动分析报告必须从实际出发，通过对特定经济活动情况的客观具体细致的分析，得出正确的结论，形成客观科学的规律性认识，报告的结论必须准确可靠。

(3)指导性

经济活动分析报告通过对特定经济活动的分析，得出准确可靠的结论，对企业的经营行为产生指导意义。

(4)时效性

经济活动分析报告也必须及时、迅速、准确地反映、回答经济活动运行状况，同样要突出"快"、"新"二字。

4. 经济活动分析报告的种类

经济活动分析根据不同标准可划分为不同类别。不同的经济活动分析则形成了不同的经济活动分析报告。

(1)按不同经济部门划分可分为：工业经济活动分析、商业经济活动分析、交通运输经济活动分析、农业经济活动分析等等。

(2)按分析的内容范围划分可分为：全面分析、部门分析、专题分析等。

全面分析亦称综合分析或系统分析。它是指一个地区、部门或企业对其一定期限内的经济活动的各项经济指标的完成情况进行的全面系统的分析。它一般按年、季、月定期进行。

部门分析又称单项分析,它是指经济主管部门或企业职能部门结合本身的业务,对其所分管的经济指标进行的分析,如财务部门的财务分析,计划部门的生产分析等。

专题分析又称专项分析。它是指经济主管部门或企业对其业务活动或生产经营活动中发生的关键或突出问题及时进行的深入细致的分析,具有针对性、专业性强的特点。它要求分析的内容要集中,重点要突出,分析要深透。

(3)按经济活动分析进行的时间划分,可分为定期分析和不定期分析。

定期分析一般分年、季、月进行,多用于综合分析。

不定期分析因为大多是对及时发现又迫切需要解决的问题的分析,多用于专题分析。

(4)按照经济活动分析的对象,可以分为财务状况分析报告、质量分析报告、成本分析报告、设备情况分析报告、库存结构分析报告、市场动态情况分析报告、商品流转情况分析报告、税收执行情况分析报告、资金运用情况分析报告等。

(5)按照经济活动分析的目的,可以分为事前预测分析、事后检查分析。

(6)按照经济活动分析报告的形式,可以分为文章式分析报告和表格式分析报告。

(二)经济活动分析报告的写作

1. 写作步骤

(1)确定分析目的

企业的经济活动分析的目的的确定与经济活动分析的任务有密切关系。所以,经济活动分析的目的首先必须依据经营决策的需要来确定。根据企业存在的实际问题去研究,这就有了明确的目的。全面分析往往具有定期总结性分析的特点,分析时要求对各项经济指标的完成情况及其相互联系和影响作全面的综合反映;专题分析则要抓住企业在生产经营过程中出现的突出问题为分析对象,分析时要抓住矛盾的关键所在,透彻分析,以便引起决策者的重视。

(2)拟订分析提纲

经济活动分析的提纲是以经济活动分析的目的来拟订的。它应表明经济活动分析的对象、内容和要求,规定所需要的资料范围以及调查研究的内容和方法。分析提纲在具体分析活动中只是起着指导作用,不可过分拘泥于提纲,应在具体分析中根据实际情况加以修订和补充。

(3)搜集分析资料

进行经济活动分析,必须有依据。经济活动分析是建立在既有的资料基础上完成的，因而在经济活动分析前，必须做好资料的搜集整理和分析研究。

企业经济活动分析所依据的资料有：计划资料，它是企业进行经济活动分析时的重要尺度；核算资料，它是考核企业经济计划完成情况的主要依据；历史资料，它是考核企业经济效益比率，认识企业经济活动规律的依据；先进企业资料，它是横向考核企业的参考；调查研究资料，它是企业在经济活动定量分析后用以说明情况和原因的第一手资料。

搜集到资料后，进一步就要对资料进行加工整理和分析研究，即对有关资料进行解剖对比和综合归纳。解剖对比和综合归纳可采用筛选、求同、求异、逻辑推理等方法进行。筛选法就是对各种资料和现象进行分类排队，再经过筛选，以便分清主次，鉴别真假；求同法是通过分析，发现与其他研究对象不同的因素；逻辑推理法是运用逻辑推理中的演绎、归纳、类推方法从许多经济现象中观察、预测其发展的趋势和变化。在解剖对比和综合归纳的过程中，要防止满足于矛盾的一般揭示，而应力求抓住主要矛盾，找出决定性因素，使分析研究由此及彼、由表及里地深入进行。

(4)撰写分析报告

在对企业经济活动进行了科学、周密、深入的分析研究并且查明了影响计划完成的因素和程序，找出了具体原因之后，就可作出分析的结论，提出今后改进的意见和措施。至此，经济活动分析报告写作的准备工作已经完成，即可进行报告的撰写了。

2. 经济活动分析的方法

经济活动分析是一门科学，写经济活动分析报告时必须掌握并运用科学的分析方法，使写出的分析报告具有严密的科学性，准确揭示经济活动的规律，从而正确地指导经济活动。经济活动分析因其分析的事物和现象的不同，或者因分析的目的不同应选用不同的方法。一般常用的主要方法有以下几种：

(1)比较分析法

比较分析法简称比较法，又称对比法。它是运用相关经济指标进行对比分析来确定指标间的差异，从中发现问题、查明原因的一种方法。所谓指标对比，在实际分析中，是用企业本期各项经济指标实际完成数与计划指标、与上期或上年同期或以前历史同时期实际数比较。有时根据需要还可与同行业先进企业比较。通过上述几种比较，考察企业计划的完成情况以及企业经济活动的发展状况。

比较分析法简洁明了，是经济活动分析中应用极为广泛的一种方法。但运用此种方法，必须注意指标的可比性。也就是说相互对比的指标应在时间单位、计算口径、计算基础等方面保持一致性。如果对比指标在某方面不可比，则可通过调整换算使其一致后再进行对比。在实际分析中，对比指标可以用绝对数，也可以用增减数、增减率等进行对比。另外，若是企业之间进行经济指标对比，还应是技术条件和其他条件大体相近的才能进行比较。

(2)因素分析法

因素分析法又叫因果论证法。它是依据经济活动的结果,探寻经济活动某种结果产生的原因(即影响结果产生的各因素及其影响程度)的一种方法。运用此种方法,须先将对比法所确定的差异数值作为分析对象,然后再找出产生差异的各个因素及其影响程度。因素分析法又分连锁替代法和差额分析法。

连锁替代法,又称连环替代法。它是以组成综合性指标的各因素的实际数、顺序替换基数(计划数)来计算各因素对计划完成结果的影响程度的一种方法。

差额分析法。差额分析法是因素分析法的一种简化形式。它是利用各个因素的实际数与计划数之间的差额来计算各个因素对计划完成情况的影响程度的一种分析方法。

(3)调查研究分析法

比较分析法和因素分析法都是基本的数量分析,其基本目的是通过对企业的各种经济指标的数量分析,确定寻找问题的方向。发现了问题所在,并不等于找出了问题产生的原因。这时就必须进行调查研究,查明实际情况,追究原因,这样才能"对症下药",提出切实可行的改进措施来。

3. 经济活动分析报告的格式与写法

经济活动分析报告的结构因材料的内容和分析的目的不同而不同,写作时要合理安排。其基本结构一般包括标题、正文、落款三个部分。

标题:经济活动分析报告的标题一般由分析的时限、分析的对象(即被分析的单位)、分析的内容(即所分析的问题)和文种组成。如《2013 年娄底市龙胜房地产公司财务分析报告》,"2013 年"为分析时限,"娄底市龙胜房地产公司"为分析对象,"财务"为分析的内容范围,"分析报告"为文种名称。分析对象一般与分析单位是一致的,若不一致应在标题下方正中位置或分析报告落款处署名。如《2013 年度娄底市商业系统财务指标完成状况分析》是由该市财政局分析撰写的,报告落款处就要署上娄底市财政局的名。

分析报告的标题有时也可省去单位和时限,如《资金拆借购货币政策操作分析》。也可以采用直接标明分析报告的结论论点的论文式,如:《信贷资产质量下降的问题必须尽快解决》。

正文:经济活动分析报告的正文一般采取导语、主体、结尾的结构形式,体现提出问题、分析问题、解决问题的构思思路。

(1)导语部分

导语部分是经济活动分析报告的开头,通常是开门见山地概述主要经济指标的完成情况、存在的问题、分析的必要性和目的、分析的中心内容、经济活动的基本情况。如《2008 年乡镇企业增长分析》的导语,概括介绍了我国乡镇企业 2008 年的增长情况，并点出了总的评价："乡镇企业的增长重又走上了高速增长的轨道。"也有直入主题点明分析的范围和主要内容的。导语的撰写既要全面概括，又要重点突出，特别是应对主要成绩或主要问题作突出交代，以引起人们的注意，也便于决策机构发现问题。

（2）主体部分

这是经济活动分析报告全文的核心部分，是对导语中提出的问题或经济指标完成情况运用资料和数据所作的具体分析。如果把导语内容看作交代"是什么"的问题，那么主体内容要解决的则是"为什么"的问题了。解决"为什么"问题的过程，实质就是查找产生问题的原因的过程。原因查明了，才能制定相应措施，解决问题。要运用科学的经济活动分析方法，从不同的角度对有关数据进行运算推导，对影响经济指标的各种因素进行剖析研究，既分析经济活动的成效和经验，又揭露矛盾，找出存在的问题及其主客观原因，然后针对上述分析结果，作出客观、恰当的评价，得出结论。

写作主体时，一定要把本年各项经济指标完成数据与上年同期或本年计划相比或与两者同时相比，用以揭示其间的差异，然后依据调查所得资料，说明产生差异的原因。在具体表述时，可采用数据、文字交融式或数据、文字分列式两种方式进行。

数据、文字交融式是指在文字叙述过程中，根据分析需要，随时穿插一些数据，论述说理。这种方式使数字融于文字之中，叙述和分析紧密结合，说理自然顺畅。

数据、文字分列式是将数据集中罗列起来，然后集中分析。这种方式可使数据对比醒目，分析集中透彻，便于给人们以清晰的总体把握和了解。数据可采用叙述式或表格式集中罗列，然后分析说明，也可以先分析说明，然后再采用叙述或表格式集中罗列数据。

（3）结尾部分

结尾部分主要是在提出问题、分析问题的基础上提出对策，即提出解决问题的意见、建议或措施。

经济活动分析报告的结尾一般是对主体部分所分析查找出的问题提出改进意见和措施，有的还可指出目前仍存在的问题和不足。经济活动分析要提出问题、分析问题，但最终是为了解决"怎么办"的问题。如何解决问题至关重要，因而结尾所提出的改进意见或措施一定要注意实事求是，有的放矢，切实可行。也有的在结尾部分概括与总结全文，重申作者的观点，或者对未来的发展趋势作出预测。如果在主体部分有关问题已完全说明，则可不必写结尾。

（4）落款

一般要写明报告单位或报告人的名称或姓名，有的还要签字、盖章，最后注明报告日期，递交主管部门，也有一些用于研究的报告不需要落款。

4. 经济活动分析报告写作注意事项

(1)经济活动分析必须实事求是,注重实效。经济活动分析具有鲜明的针对性和实用性特点,也就是说分析必须从企业实际出发,进行实事求是的分析,为改善企业经营管理,提高企业的经济效益服务。如果把撰写经济活动分析报告视作例行公事,那就完全失去经济活动分析的意义了。

(2)写作经济活动分析报告要充分占有并恰当使用材料。真实、准确的材料是判断情况、分析原因、总结经验教训、提出对策的依据。因此,经济活动分析报告的写作,要充分占有材料,包括各种核算资料、统计资料、计划指标、调查收集到的实际情况等。

(3)分析影响企业各项指标完成的因素时,应特别注意对企业自身因素的分析。影响企业各项经济指标完成的因素,既有客观的也有主观的。客观因素如政策调整、市场形势、相关行业的变化等。对此应该实事求是加以分析,指出其对企业产生的有利和不利影响,以便决策机构从宏观上研究审查这些影响的利弊,并予以平衡。主观因素如企业内部的生产经营管理、财务管理、人事劳资管理、分配管理等等。对企业内部这些方面的问题更应深入分析,力求抓住症结所在,这样才有利于企业自身机制的健全。

(4)要注意分析问题,并在此基础上解决问题,提出具体可行的建议。写经济活动分析报告,不是单纯地提出问题、分析问题,还要在分析、评价的基础上提出切实可行的对策,以指导经济工作或为经济决策提供参考。提出对策不能空发议论,泛泛而谈,而要具体实在,有理有据,切实可行。

(5)经济活动分析既要着眼于短期效益,又应远瞩长远目标。企业经济效益对企业自身来说,有短期利弊和长远利弊的区分。短期效益应服从长期效益。分析时对有损于长远利益的短期效益,必须实事求是地指出弊害,并提出适当措施予以纠正或尽量减少对长期效益的损害。

(6)要做到结构严谨,重点突出,文字简明,数据准确。经济活动分析报告的篇幅一般较长,因此写作时一定要服从主题需要。例如,全面分析报告要在系统分析的基础上抓住关键问题来考核经济活动的结果;专题分析报告则针对工作中的薄弱环节、突出问题或根据中心工作的需要,一事一题,不散不乱;简要分析报告往往是抓住几个主要指标或一两个重点问题进行分析。不论是哪种类型的经济活动分析报告,在材料使用上,要用最适用、最典型、最有代表性的材料来说明问题;在结构安排上要严谨周密,层次分明,重点突出;在文字表述上要简洁明了,文约意丰;在数据运用上要准确无误,必要时可制成图表。

(三)经济活动分析报告例文

××电力公司2004年年中经济活动分析报告

今年以来,我公司按照集团公司对全年工作的安排部署,突出以安全生产为基础,以市场营销为龙头,进一步强化经营管理,围绕确保完成集团公司下达的各项工作任务,真抓实干,各项工作都取得了较好成绩。现将上半年主要生产经营指标完成情况及下半年需采取的主要措施具体分析如下。

一、地区经济发展情况简要分析

上半年,×市实现国内生产总值×亿元,同比增长×%,其中第一产业增加值×亿元,同比增长×%;第二产业增加值×亿元,同比增长×%;第三产业增加值×亿元,同比增长×%。全社会固定资产投资×亿元,同比增长×%;财政总收入×亿元,同比增长×%。从上半年经济运行情况看,全市经济取得平稳增长,三次产业比重由去年的×：×：×调整为×：×：×,工业经济稳步增长,第三产业发展迅速,产业结构得到进一步优化,经济运行质量明显提高。

今年全市国民经济和社会发展计划确定的经济发展主要预期目标是:国内生产总值增长×%以上,突破×亿元,工业增加值增长×%,力争达到×%,突破×亿元,固定资产投资增长×%以上,突破×亿元。并明确提出为实现上述目标,要着力扩张工业经济总量,推进新型工业化进程,大力加强城镇和交通、水利等基础设施建设,培育新的经济增长点,推动个体私营经济大发展,以开展"招商引资,优化投资环境年"为契机,重点抓好×××液态奶、××扩建改造、×××进口木材加工等一大批重点项目建设。在上述良好的经济环境下,我公司上半年生产、经营工作取得了较好的成效,预计下半年电、热负荷将有更大的增长,经营形势对完成全年工作十分有利。

二、上半年主要经营指标完成情况

……

三、主要生产技术指标完成情况及分析

(1)自年初以来,我公司不断加大增供扩销工作力度,调动一切可以调动的积极因素,千方百计扩大市场。根据呼盟地区的实际情况,把稳定现有高耗能和利用优惠电价吸引新建高耗能企业,进一步开发居民用电和商业用电作为重点,抓电量、电费、平均售电单价。一是鼓励本地和外地企业、客商到呼盟投资办厂,根据集团公司制定的优惠政策给予相应的优惠电价,努力搞好优质服务,取得了明显效果……

从用电结构来看,其中大工业电量上升8891.5万千瓦时,商业用电上升970万千瓦时,趸售电量上升447万千瓦时,非普工业用电上升352万千瓦时,居民用电量上升 278 万千瓦时，非居民照明比同期下降 124.5 万千瓦时。

(2)售热量实际完成×万百万千焦，比去年同期上升×%，多售热量×万百万千焦。近年来，各地区商品房开发势头良好，直接导致商业用热比例明显上升。各地政府纷纷出台相应政策，为改善环境，美化城市，市区集中供热覆盖区域内不再新建锅炉房，现有锅炉房也逐步取缔，为集中供热发展创造了良好的外部环境。公司不断进行热源点的建设及改造工作，仍跟不上社会供热需求增长的速度。目前供热能力已基本饱和。预计今年年末……

(3)堵漏增收，责任到人，不断深化线损管理。上半年线损率实际完成 8.51%，同比下降 0.6%。自我公司稽查局成立以来，加大了查窃电力度，有效地促进了各供电单位的用电管理，配电线损中的管理线损取得了实质性的降低……

四、安全生产情况及采取的措施

所属各厂局均保持了××天以上的长周期安全生产记录，保持了安全稳定的生产局面，为全年各项工作任务的完成奠定了坚实基础……

五、主要经营指标完成情况分析

(一)利润完成情况分析

目标利润、资产负债率完成情况分析……

上半年，为确保实现年初所确定的目标利润，主要采取了以下主要措施：

(1)牢固树立过紧日子意识。……(略)

(2)进一步强化预算管理，加强预算的分析考核工作……

(3)修订了《×电力有限责任公司“工效挂钩”考核办法》……

(4)深入扎实地开展“财务管理年”活动……

(5)狠抓欠费回收……

(二)产品销售收入分析

……

(三)成本分析

……

六、资产负债预算分析

资产总额、所有者权益呈良性增长，负债总额有所降低，抗拒风险的能力增强……

(一)资产分析：资产质量有所提高，资产结构趋于合理

总资产增加×万元，其中，流动资产增加×万元，增长 16.4%，而结构性资产减少×万元，主要是提取折旧使固定资产净值减少。

(二)负债分析：负债总额有所下降，负债结构有所调整

负债总额减少×万元，其中流动负债增加×万元，增长×%，而长期负债减少×万元，降低了×%……

七、电网运行情况分析

……

八、全年指标完成情况预测

……

九、当前存在的主要问题

（一）经营工作困难依然较多

售电量增长缓慢，且增长量中低电价的高耗能电量和居民生活用电比例越来越大，致使平均售电单价逐年降低，影响经济效益的提高，经测算，上半年因高耗能电量增加影响我公司平均售电单价下降4.09元/千千瓦时。随着原材料涨价、职工增资等成本增长因素的增多，以及亏损挂账等方面的原因，导致我公司资金极其紧张，成为困扰生产经营的一个严重问题。

（二）

……

（三）

……

十、下半年重点工作及应对措施

(1)深入落实安全生产责任制，健全安全管理和技术监督体系，强化职工的安全意识，树立以安全保稳定、促发展、增效益的安全观，居安思危，超前防范，扎扎实实地搞好主业、多经、农电的安全工作，巩固安全生产的稳定局面，为各项工作的有序进行奠定基础。

(2)要进一步强化经营管理，严格工效挂钩考核，进一步挖潜增效，严格控制成本费用支出，加强往来清理工作，调动各方面的积极因素，全面完成集团公司下达的各项生产经营任务。

(3)全力以赴增供扩销，把开拓电热力市场的工作放在突出重要的位置，保证发、售电量和供热面积的稳步增长，同时加强查窃电（热）和线损的分析和管理工作，保证全年各项生产经营指标的完成。

(4)抓好三项在建工程的施工进度和质量，确保在9月全部投产，实现电、热市场的大幅度拓展。

(5)按照投资多元化的原则，千方百计筹措资金和落实银行贷款，确保×××扩建工程下半年开工建设，明年投产发挥效益。

(6)加强电热费回收工作，完成全年电热费回收率，加快资金周转速度……

今年是电力体制改革的关键年，做好今年的各项工作，为我公司在新世纪和“十五”期间的改革与发展奠定一个良好基础具有十分重要的现实意义。为实现全年目标，要统一思想，提高认识，转变观念，理清思路，明确方向，坚定信心，加快工作步伐，进一步强化经营管理，大力增供扩销，组织和发动全体干部职工，克服困难,扎实工作,确保全面完成集团公司下达的全年各项工作任务,为集团公司的改革与发展再创新业绩,再做新贡献。

××电力公司

2004年9月10日

(此文选自百度文库应用文书工作范文专栏,作者不详。网址:http://wenku.baidu.com/view/52bba48984868762caaed5c1.html)

【思考与练习】:

1.请根据下面这则《土石方运输承包合同》的前三章内容,补足后面两章的内容。提示:第四章内容为计量、结算、单价、付款方式;第五章内容为合同的变更、停止条款。

土石方运输承包合同

甲方:

乙方:

根据《中华人民共和国合同法》和其他相关法律法规的规定结合施工现场实际情况,为明确双方权利、义务及职责,经双方协商达成以下协议。

第一章 承包工程概况

1.1 工程名称:露天煤矿煤土分离

1.2 工程位置:山西省晋中市灵石县段纯镇

1.3 工程内容:土石方运输(含:土、石、煤、渣等)

1.4 工程数量:2000万立方

1.5 承包期限:2011年　月　日至　年　月　日

第二章 施工设备、人员、材料

2.1 乙方参加的运输车辆型号要达到290型马力以上的载重的双桥自卸车。

2.2 甲方必须提供乙方施工运输中需要的修理场所、电、住宿及生活用水设施,并保障乙方人员及设备的安全。

2.3 乙方必须管理好、维护好甲方所提供的水电及设施。

第三章 双方责任

3.1 甲方负责协调矿区各单位之间的关系,为乙方顺利运输创造便利条件。甲方必须每天派专业人员负责道路整平,保证乙方装卸作业面不堵车,保持道路畅通。

3.2 乙方车辆进场每辆车后必须安排2—3名技术合格、3年以上驾龄的司机操作自卸车。确保安全正常不脱岗。

3.3 车辆进入工地作业,除严格遵守道路交通法规外,还必须遵守公司各项规章制度。要低速、安全、谨慎、文明驾驶，遵守安全规程，并严格按照现场管理人员的要求进行作业，服从现场管理人员的指挥和调度，严禁酒后驾驶，严禁穿拖鞋、赤脚、赤膊驾驶。严禁开赌汽车、英雄车。

3.4 车辆在工程作业时，要按照指定地点拉运、排倒土方，凡不按要求、不听指挥、不服从管理的，经调查属实的，严肃处理。但甲方必须明示标志，不得违法违规指挥。

3.5 自卸车在施工期间不得偷油、偷煤、贿赂管理人员，管理人员也不得向司机及工作人员索贿、吃、拿、卡、要。

3.6 如有在现场打架闹事，一经发现将交公安机关处理，后果自负。

3.7 因天气原因停工，待具备正常施工条件时，乙方在接到通知后必须尽快将车辆到达施工现场，不得以任何理由拖延时间。

3.8 乙方应按时参加甲方的安全生产例会。安全例会传达的相关安全操作规定应严格执行到各种岗位。若发生交通事故相互碰撞应保护好现场及时上报甲方处理，一切费用由双方自理。若乙方违反安全操作规定发生各种事故，由乙方承担全部法律责任和全部经济责任，若因甲方原因造成的过失过错由甲方负责。

3.9 车厢容积以甲方管理人员测量为准。如果加高车厢被砸掉应及时修复。如没上报且没有及时修复，则当月方量全部按照没有加高方量计算。要将原车厢加高必须提前 3 天到公司申请批准，加高的材料必须要达到安全标准，否则加高部分将不算。加高后方量从当日起以重测方量为准。离工期间，应及时主动清理车厢内黏附的余渣。

3.10 在合同期间若乙方无故中途停工、退场或只做土方不做石方，必须提前 15 天通知甲方，经双方协商再作决定。

3.11 夜间施工中途，乙方司机不得在半途停车睡觉，如需要休息必须要向现场管理人员请假后，到指定的位置才能休息。如私自休息将以旷工处理，处以罚款。如因甲方强迫司机疲劳驾驶引发后果甲方负责。

3.12 如因甲方原因造成的停运或挖掘机刻意慢装等现象，先告知甲方，如不解决该问题，每超过一小时甲方应赔偿乙方每车 100 元。

2. 运用你所学的广告理论知识，评析下面这两则电视广告：

电视广告一：

画面：一女士在路上款款而行，后面缓缓驶来一辆轿车。突然，路边滚出一只足球，并冲出两个踢球的男孩。轿车猛然刹住，从车上下来一位端庄潇洒穿西装的男士。他捡起足球递予男孩，然后上车而去。女士目睹一切，心中赞道（画外音）：“好一个穿杉杉西服的男子！”画面推出杉杉集团标记，并伴以旁白：“杉杉集团”。

电视广告二：

日本松下传真机电视广告。在日本一个普通的家庭环境中，操持家务的妻子不慎打破了一只茶杯。她要一只新茶杯，希望丈夫在下班途中顺便买一只，便用松下传真机与丈夫联络。临近下班，丈夫看到窗外下着瓢泼大雨，想到自己走出地铁站后距家还有相当一段距离，便用传真机告诉妻子，请她届时带着雨伞在车站等候。夫妻俩碰面时用手势询问交谈，这时观众才明白，原来妻子是哑人，无法用电话与丈夫联系，传真机帮助他们迅速快捷地传递了信息。丈夫带回了妻子需要的茶杯，妻子带着雨伞接到了下班回家的丈夫，两人愉快地撑起伞，相伴而行，消失在傍晚的雨幕中。结尾处一个男声道出了广告语："温暖人间的信息交流工具。"这个生活片断型广告曾获1990年日本电通优秀奖。

第二节 诉讼应用文

一、辩护词

（一）辩护词概述

1. 辩护词的概念

辩护词，指刑事案件被告人的辩护人在法庭辩论阶段，依照法律和事实，为维护被告人的合法权益，为被告人作无罪、罪轻或者减轻、免除刑事责任的辩护时的发言稿。

辩护词的写作者主要是律师，是刑事案件中的犯罪嫌疑人、被告人及其辩护人在诉讼过程中根据事实和法律所提出的有利于被告人的材料和意见，部分地或全部地对控诉的内容进行申述、辩解、反驳控诉，以证明被告人无罪、罪轻，或者提出应当减轻甚至免除刑事责任。

2. 辩护词的特点

(1)雄辩性

辩护词的主要使命和手段是辩驳，属于演说稿文体。辩护人在写作时要追求精彩雄辩、压倒一切的辩护效果。针对刑事自诉状、起诉书的指控，要充分组织证据，根据事实和法律，合法合理、合乎逻辑地进行反驳和辩解，化被动为主动，才能实现辩护的目的。

(2)趋轻性

趋轻性是辩护词写作的突出特征和意识。趋轻结果必须在合法与合乎事实的前提下才能实现，这就往往需要根据委托人的利益取向，合法地选择和突出真实材料，对证据事实及其意义进行有利于趋轻判决的倾向性开掘和强调。

在进行有罪辩护时，辩护词一般根据案件事实和法律规范，侧重进行罪轻或减轻、免除刑事责任方面的辩护。辩护人围绕着趋轻判决的目的在写作时要具有趋轻意识。辩护词作为维护当事人合法权益的书面工具，是以被辩护人的立场为自己的写作立场，而不是站在裁判者的立场来写作，因此，写作时辩护人没有必要、没有义务，也不应当注重于对自己的当事人作负面评价，他以被辩护人的利益最大化为出发点和最终目的。作趋轻辩护是辩护词的天职，是法律赋予辩护人的权利，也是辩护词的终极写作目的。

（3）机变性

辩护词写作要求随机应变、巧妙应对，辩护词必须根据法庭调查情况做出临时应变，即便是首轮辩护词的写作，往往也需根据变化着的实情进行随机调整。显然，辩护词写作具有非常突出的非线性、非稳态特征，其决定因素，既有外部环境因素也有内部因素。因为，一审刑事自诉状、起诉书的内容尽管具有一定性，但自诉人、起诉人的指控往往可以在开庭审理之前发生变化，被告人的意愿、情况陈述以及案件事实调查核实、取证的情况也有可能发生变化。根据变化的情况修改辩护词，涉及观点、材料、结构、表达的变化、调整或补充，需在有限时间内作出快捷的反应，完成修改。所以，辩护人只有具备了机变的意识和能力，才能在随时可能发生变化的法庭上下做到应对自如。

根据实情的变化，辩护人对首轮辩护词的修改可能不止一次，这就意味着辩护词可能不止一个文本，而是两个及以上的文本。

3. 辩护词的种类

分类标准不同，对辩护词可以分成不同的类型。

辩护词根据审判程序的不同，主要分为一、二审两个类型。一审辩护词是针对刑事自诉状、起诉书的指控进行反驳、辩解的辩护词。二审辩护词用以反驳一审判决。

根据写作时间和背景条件的不同，辩护词有开庭前写作的首轮辩护词与开庭后的随机辩护词之分。前者是写于开庭审理案件之前，用以在法庭上反驳和辩解的辩论文书，是后者的基础和依据，在不需做出必要补充和修改的情况下，它就是正式的法庭辩论文书。后者是开庭后针对双方法庭辩论的情况而写作的辩护词，往往要对前面写作的辩护词做必要补充或修改。它往往先表现为口头的写作，而后则可形成辩护文章。随机辩护词特别能够体现机智和应变的能力。

根据辩护内容的不同，辩护词又可分为全部辩护和部分辩护两种。全部辩护针对指控进行全部辩驳，部分辩护针对部分不合事实或法律的内容进行辩驳。

根据写作目的不同，辩护词还有罪轻辩护与无罪辩护之分。

（二）辩护词的写作

1. 辩护词的格式与写法

辩护词没有固定的格式。但一般情况下主体结构由三部分组成：序言、理由和结论。

序言：是辩护词的起首部分，包括标题、呼语和辩护说明。

（1）标题。可写“关于×××（人）××××案的辩护词”。

（2）呼语。顶格写“审判长、陪审员”或“审判长、审判员”，表明向法庭人员陈述。

（3）写明辩护人出庭辩护的法律依据和任务。根据刑事诉讼法第二十六条和第二十七条的规定，辩护人出庭为被告人辩护有两种方式，一是经人民法院指定、被告人同意，一是受被告人委托的。对自己出庭辩护的合法性，可分别做这样的表述：“根据《中华人民共和国刑事诉讼法》第××条第×款的规定，我经×××人民法院指定，并征得被告人×××（姓名）的同意，担任他的辩护人，出庭为他进行辩护。”“根据《中华人民共和国刑事诉讼法》第××条第×款的规定，我接受被告人×××（姓名）的委托，担任他的辩护人，出庭为他辩护。”这既说明了出庭的合法性，又说明了出庭的任务。

（4）简要说明辩护人在开庭前做的主要工作。如说明受理案件以后，查阅了案卷，调查了案情；同在押的被告会见或通信；走访受害人和证人等（多限于律师）。这是向法庭表明，辩护人的辩护意见是有根据的。

（5）概括说明辩护人对本案的基本观点。如认为公诉人指控被告的犯罪事实不能成立，或定罪不当，等等。

辩护理由：是“辩护词”的中心内容，针对人民检察院的起诉书或自诉人的刑事诉状内容，提出自己的基本看法。通常情况下可以从以下几方面来阐述辩护理由。

（1）从认定犯罪事实方面进行辩护。犯罪事实是定罪量刑的基础和依据，如果起诉书或自诉状中所写的事实不能成立，或不能完全成立，那就应当否定原有的证据，提出新的证据，证明被告人被指控的事实根本不成立，或部分不能成立。从而达到辩护的目的。还有一种情况，起诉书或自诉状认定被告人的犯罪事实虽然全部存在或部分存在，但有所夸大，甚至被歪曲。辩护词就要在事实上说明真相，建议法庭根据被告人的罪行实际来评判被告人的罪行轻重。

（2）从适用法律方面进行辩护。被告人的行为是否构成犯罪，构成什么罪，罪重还是罪轻，是一罪还是数罪，要以法律为准绳衡量，方可确定其性质。在起诉书和自诉状中，如果适用法律不当，对被告人的罪行性质指控有错误，把故意伤害致死控告为故意杀人，把盗窃指控为贪污等等，应该引证有关法律条款结合被告人的罪行行为进行分析论证，指出控诉一方适用法律不当，定性不准，进行辩护，维护被告人的合法权益。

此外，可就案件的管辖、诉讼主体、追诉时效的问题提出辩论观点。当然每个案件都有个性，应针对案件的特点，如果案件事实有问题，则主要从证据和事实方面入手，不宜面面俱到。

辩护词的理由要从实际出发，多方面考虑，制作辩护词时应注意的是，辩护人在刑事案件辩护中所追求的是公正判决，而不是单纯有利于被告人的判决，要把保证国家法律的正确实施和维护当事人的合法权益有机地结合起来，以充分发挥辩护词的作用。

结论：又称结束语，归结辩护理由，提出有关判处被告的建议。包括以下两点内容：

(1)辩护人对自己的发言进行归纳总结，提出结论性意见，让法庭成员明了辩护词的基本观点。

(2)对被告人如何定罪量刑，适用什么刑法条款，向法庭提出看法、要求和建议。

结束语要言简意赅，观点明确，给人以明晰的印象，要与辩护理由相一致。

最后写明辩护人姓名，并注明具体日期。

2. 辩护词写作注意事项

(1)立论要实事求是。辩护词的说服对象是法庭人员，不是给被告人或旁听人员听的。要处理好关系，避免被告人高兴而法庭人员反感。

(2)正确分析案情。要有理有据，尤其要用事实说话。

(3)抓住要点，切中要害，突出重点，切忌面面俱到。把重要的部分说到，说透，说清，说全。次要部分，说到即可。

(4)语言要简洁、精炼、平实。可以适当使用感情词汇，但不可使用挖苦、讽刺的语言，更不能对对方律师进行人身攻击。

(三)辩护词例文

李××被控聚众斗殴案第一审辩护词

尊敬的审判长、审判员、人民陪审员：

北京市汉卓律师事务所依法接受被告人李××及其法定监护人张金丽的委托，指派韩冰律师(以下简称“辩护人”或“本辩护人”)作为其被控聚众斗殴一案的第一审辩护人。

详尽发表辩护意见之前，本辩护人首先申明，昨天在庭审中犯了一个低级错误，即在庭审举证质证阶段的抗辩当中，在否定公诉人援引司法解释时，由于自己记忆的错误,将本应作为有效司法解释的表述为检察机关内部的规定,从而对法庭产生了误导。对此,本辩护人向合议庭、公诉人表示歉意,同时也向我的委托人李××表示歉意。

但本辩护人坚持认为,本案审理的确存在着程序与实体两方面的问题。针对起诉书指控的反驳,若做一个概括的话,那就是:本案有没有聚众?有。有没有持械?也有。但是否就是双方聚众持械斗殴呢?当然不是。本案的性质是,一方聚众持械实施不法侵害,另一方则是聚众持械的正当防卫。

下面,本辩护人将从程序与实体两方面展开辩护。

一、本案的程序问题

首先,起诉鉴于对被告人李××指控犯罪时未满18周岁,所以常熟法院对于本案的审理并没有与何强等其他五名被告人并案审理。虽然在本次庭审时被告人李××已经年满18周岁,但单独的庭审体现了常熟法院尊重法律,为未成年人的成长充分考虑的合法且人道的行为;但仍有一些不足。

1. 本辩护人认为,既然是少年法庭就应当充分从未成年人自身心理成长的角度考虑,依照最高法少年法庭设置的规则,被告人李××本可以享受与其监护人坐到一起而不是坐在像现在这样的被告席上;虽然这是一种庭审设置的形式,但之所以规定这样的形式,主要是基于对未成年人心理压力承受能力的考量。但正是由于案件被长时间拖延,使得被告人李××无法享受到其本应具有的权利。

2. 既然李××涉嫌犯罪时未满18周岁,属于未成年人,在符合取保候审条件的情况下,就应当在之前侦查、批捕及审查起诉各个阶段,根据其涉嫌的行为和情节充分考虑,从速改变强制措施。然而,直至羁押十个月之久才办理取保候审,不能不说是缺少对未成年人涉嫌犯罪应有的宽容。

3. 在今天法庭辩论阶段,公诉方在发表公诉意见过程中播放专门针对李××而剪辑制作的视频,以说明其公诉观点,而法庭未予制止,其结果造成被告人李××所参与实施的是有组织、有预谋、有计划犯罪的错觉。本辩护人认为,从法庭审理程序上讲,既然是法庭辩论而不是举证质证,辩论各方就只应当允许发表意见、观点,进行言辞辩论,再次播放经过剪辑的视频显然超越了程序法律的规定,对被告人李××是不公平的。

以上几方面程序上的问题,合议庭在对本案进行裁决时应给予高度的重视。

二、本案的实体问题

我国《刑法》第二十条规定:为了使国家、公共利益、本人或者他人的人身、财产和其他权利免受正在进行的不法侵害,而采取的制止不法侵害的行为,对不法侵害人造成损害的,属于正当防卫,不负刑事责任。

对正在进行行凶、杀人、抢劫、强奸、绑架以及其他严重危及人身安全的暴力犯罪,采取防卫行为,造成不法侵害人伤亡的,不属于防卫过当,不负刑事责任。这就是我国法律规定的无限防卫权。

根据《刑法》规定，实施正当防卫必须同时符合以下几个条件：第一，只有在国家公共利益、本人或他人的合法权利受到不法侵害时；第二，必须有不法侵害行为的发生；第三，必须是不法侵害正在进行；第四，必须是对不法侵害者本人实施，而不能对无关的第三者实施；第五，正当防卫不能超过必要的限度，造成不应有的损害。

纵观本案，到底是起诉所指控的"有组织、有预谋、有计划"的涉嫌聚众斗殴，还是辩护人所认为的从"起因、发生、发展"而形成的正当防卫？辩护人认为，本案之所以做出有罪指控，主要因为：

第一，公诉方对"准备"正当防卫的合法性形成了错误认识。

第二，对"讨债"的不法性前提没有正确认识并加以查清。

现辩护人通过以下几方面分别进行分析。

（一）聚众、持械的目的

1. 被告人李××参与的何强一方的聚众、持械，其目的完全是防备侵害而非主动加害（正当防卫的准备）。从庭审中公诉方举证，以及通过对另两案被告人曾勇、杨佳、何强、张胜及证人徐建中出庭质证，我们可以看出，作为一个少小离家到常熟短短十几日未成年的"打工仔"，在对方有可能上门寻衅行凶的情况下，除了准备防身的东西之外还能有什么其他更好的选择呢！？

2. 那么，既然同为聚众，又同为持械，也发生了后来的"互殴"，双方的行为性质是否就相同呢？辩护人可以从以下五个方面来加以分析说明。五个方面全部基于公诉方的证据，包括视频资料、证人证言、当事人陈述及公安机关的讯问笔录。

第一先说"聚众"。曾勇、杨佳一方的聚众与何强、李××一方的性质是完全不同的。何强因受徐建中之托，与曾勇、杨佳等人了结债务，徐建中既有明确的授权，亦有授权的内容。何强在杨佳等人谈判未果之后、曾勇继续追讨之时，通话当中有过激之词。此时何强所能做的就是叫来张胜、李××等同乡，以防有不测发生。其没有告知张胜等人什么事，也没有让携带什么东西。而曾勇、杨佳一方却能一声令下，在数分钟之内调集甚至还有不知名姓的 20 余人，分乘四辆车从常熟不同地方迅速汇集一起，且车内都装有管制性刀具。这两种"聚众"是一回事吗？

第二说"持械"。古语说：动铁为凶。那么，砍刀是凶，菜刀也是凶，但在本案中它们的性质该如何分辨呢？何强、李××一方准备的是市场可以购买、且在宿舍和忠发公司日常必备的自行使用的菜刀。而曾勇、杨佳等 20 余人一方所持的均为管制性砍刀、匕首等刀具。什么是砍刀？在公诉方播放的视频中我们看到了，就是那种一掌宽四五十公分长的东西。这些刀具以正常途径是根本无法获得的，其用途也是显而易见的。在辩护人对杨佳质证时，杨佳毫不隐讳地坦言，这些刀具在车里随时放着几十把，已经习惯了。当辩护人再问，这些刀具是公民能够合法持有的吗？杨佳说可以。辩护人再反问，你在警察面前持过这样的刀吗？杨佳无言以对。所以，如果说曾勇、杨佳一方所持刀具是有所准备的话，那也是一种经常性的。我们不禁要问，什么人会经常性持有这样的刀具呢？因此，若说同样准备了刀具，但刀具性质截然不同。很显然，何强、李××一方准备，除了防范、除了应对可能发生的不法侵害之外，没有任何其他目的，为此而准备与“持械”，与曾勇、杨佳等人的行为性质完全不同。

第三我们再来看看“地点”。事发的地点是忠发公司董事长办公室，而非其他公共场所，是忠发公司经营的场所。说到这个问题，我们有必要对公诉方的一个错误认识加以纠正，即公诉方在法庭调查中，将何强、李××等人是否为忠发公司员工，作为其行为是否具有正当性的前提；辩护人认为，公诉方形成了一个误区，即只有忠发公司的员工自卫才是正当的，反之就是不正当的。我们要说，刑法规定的正当防卫，既包括针对本人的，也包括针对他人的；否则任何第三方都不可能对正在实施的强奸行为实施正当防卫了。因此，在忠发公司、在忠发公司董事长徐建中办公的合法场所里面发生了不法侵害，无论徐建中本人，还是其他第三方都有权实施防卫。辩护人认为，在这个问题上，公诉方混淆了防卫的正当性与“准备”之间的关系，似乎只有公司员工在未准备的情况下采取的防卫才是正当的，否则就是不正当的，就是双方聚众的斗殴。这也正是本案错误起诉的症结之一。

第四个问题说说“时点”。所谓时点包括两方面，一是何强“纠集”张胜等人的时点，二是“斗殴”发生的时点。何强在与曾勇、杨佳等通话发生了争执之后，才叫张胜等人过来，此时不叫来其他人，若曾勇、杨佳等人真的来了（是不是一定会来何强无从判断），后果是不堪设想的。所以，这个时点只能说明何强担心对方可能来，而防备万一。另一个时点，就是曾勇、杨佳等人到了忠发公司之后动手的时点。在对曾勇质证时，辩护人问是否认识徐建中，曾勇给了肯定的回答，辩护人再问，既然徐建中不在办公室，你们去的目的是讨债，能不能不动手，曾勇回答可以。但从公诉方举示的视频也可以看到，在曾勇、杨佳等多人持砍刀闯入忠发公司董事长办公室之后，首先有一人直接把管制刀具架在了张胜的脖子上，同时另一人开始攻击何强。也就是说，如果曾勇发话，完全可以制止动手。所以本案发生的直接时点是曾勇一方首先实施不法侵害，这个时点也是何强、李××一方针对不法侵害已经发生而开始防卫。

第五个问题看看“致伤”的情况。起诉指控本案发生的结果除三人轻微伤及忠发公司董事长及物品损失之外并未造成更大的伤害。辩护人认为，之所以如此皆因环境及何强等人克制所致。从公诉方举示的视频可以看到，何强挥菜刀的动作很大，但其明显有一个瞬间迅速收手的动作，也就是说，向对方挥刀，并非真的要致害对方，只是阻挠对方不致伤害到自己。另一方面，当对方被从正门阻击出去之后，试图从后门继续进入加害何强等人，李××是全力用沙发抵住后面，曾勇等人才未能得逞。然而公诉方却认为,是曾勇一方的克制才没有造成更严重的后果。对此,我们要说,当地办公室的环境以及何强等人多使用办公室物品砸向对方,使对方躲闪无法发挥砍刀的作用才是实质。

最后我们再看本案是如何“结束”的。从公诉方举示的视频、曾勇的口供及当庭对曾勇质证可以看出,整个事件的发生、发展和结束,完全在曾勇的控制范围内。当辩护人质证曾勇是如何撤离的,曾勇理直气壮地反问“难道还是被打出来的”,曾勇自证是他让停止的。也就是说,何强等人只是阻却对方不法侵害,并不足以对不法侵害形成攻击,而曾勇、杨佳等人离开,是在没有条件继续实施不法侵害的情况下,在曾勇指挥下完成撤离。即使这样,在曾勇等人撤离之后,何强、李××还是“仓皇”地从二楼跳窗逃跑,为什么这样?唯一的解释,就是担心对方会再次实施攻击。而公诉方则通过视频,证明“斗殴”之前已经把车开到了公司后面的街巷里,就已经安排好了作案后逃跑。我们不禁要问,如果是蓄意的斗殴,为什么考虑逃跑?何强并不确知对方会来二十几个手持砍刀的,既然已经组织了六个人,又准备了菜刀,难道还需要逃跑?对此,我们要说,这些事先的行为不是为事后准备的,而是防备对方采取连打人带砸车。另外,安排逃跑的话,也应该安排在董事长办公室,而事实上是从董事长办公室对面的总经理办公室阳台跳下去逃跑的。何强事先怎么能确知一定会打、一定会打败对方呢?因此,逃跑恰恰说明何强等人仍然陷于对曾勇等人不法侵害的恐惧之中,此时,除了立刻逃跑没有别的选择。

通过上述几方面的辩护,可以充分说明,“聚众”也罢,“持械”也罢,对曾勇与何强而言完全不是相同性质。起诉指控双方斗殴是不能成立的。

(二)行为的正当性(私力救济的边界)

除了上述说明何强、李××等人行为的正当性之外,我们还可以从“债”的角度来分析说明本案完全属于正当防卫,进而说明其正当性。

1. 债的形成非法

第一个问题,什么债?辩护人完全同意公诉方对本案起因的概括,即本案起因于债,直截了当地说,是赌债;是什么样的赌债呢?从庭审调查看出,表面上事情起因于徐建忠到澳门赌博,在所谓债权人郭瑞新的带领下,徐建忠三次赴澳门赌博。赌金采用澳门赌博、常熟结算的方式。但这个赌债,不是徐建中与郭瑞新相互对赌欠下的。徐建忠的证词显示,是因为其在澳门赌场输了之后,郭瑞新提供赌码,徐建中再输之后,形成了对郭瑞新的欠债。也就是说,徐建中欠下了赌资。这是合法的债吗?

第二个问题,债是多少?按徐建中所述,债的数额并没有那么多,是在强行被加上了高额的利息之后对方单方确定的。对方是如何确定的呢?是派了杨佳等人多次到徐建中的办公室、住宅,按杨佳的说法并没有使用暴力;可是,在法庭上都看到了身高马大的杨佳,就不难想象会怎样向徐建中讨债,也不难想象徐建中为什么老老实实写下欠条,然后再办理抵押自己的财产。因此,徐建中完全有理由不认可,且拒绝支付75万元。但徐建中不知道欠了不该欠的债,欠了不该欠的人的债。

第三个问题,债权人是谁?既然形成了债,债权人是谁呢?真正的债权人既不是郭瑞新也不是曾勇,而是叶家益。但事情没有那么简单,这就牵涉到曾勇为什么出面讨债。在向徐建中追讨过程中,徐建中才得知给郭瑞新提供赌资的另有其人,叫叶家益。债权人不直接讨债而委托他人当然可以,但问题是自始至终除了口头告知,除了徐建中被迫写下的借据之外,没有得到片纸涉及真正债权人相关的文件。

第四个问题,债权转移了吗?从上述简单罗列的事实可知,即便是赌债,徐建中与曾勇之间也没有任何债权债务关系,难道债权转移给曾勇了吗?在法庭对曾勇质证时辩护人问曾勇,曾勇给出的答案是徐建中直接欠他的债。辩护人问借债之前与徐建中认识多久,曾勇答三天;辩护人问有没有了解过徐建中是否具有偿债能力,曾勇答看到徐建中的忠发公司了;辩护人再问出借有没有手续,曾勇答没有手续;辩护人继续问借款有没有提供担保,曾勇答没有;辩护人问认识几天就出借巨款且没有手续也无担保将来怎么主张权利,曾勇答通过法律;辩护人问你说的债能通过什么法律呢,你说的法律是指砍刀吗?曾勇无语。由此我们清楚地看出,公诉方虽然认为此案源于债,但并没有查清曾勇与该债之间是什么关系;若不查清这个问题,只能说对本案斗殴性质的指控就是证据不足。

2. 讨债的行为非法

以上通过对本案的债如何形成、债的性质、债的数额多少、谁对谁的债、债权有没有转移等问题的分析,充分说明此债为不可讨之债。那么,为什么曾勇等人会讨债呢?

通过法庭调查已经可以得出结论,曾勇、杨佳等人其实主要就是靠讨这种债为生的,其所谓通过法律手段讨债不过是一种自欺的说法。其所讨之债本身具有不合法性,其讨债行为如何能够合法呢?曾勇在接手讨债之后,为了掩盖债的非法性,采取派杨佳等人到徐建中公司和住宅的方式,形成人身威胁,强令迫使徐建中写下欠条,继而又以远高于债务的财产抵押,意图表面上使债合法化。殊不知这并不能改变债的性质,也并不能使其讨债行为合法化。

然而,对于该项直接严重影响本案定性的基本问题,侦查机关并未进行调查,公诉方也无法举证证明这些都是如何发生的。不对此定性,就无法解释为什么何强受托从中斡旋会引来如此巨大的后果。公诉方认为,徐建中单方面委托何强免除30%的债务是不合理的要求,我们要说,公诉方对债的保护出发点就错了,曾勇讨的本身就是非法之债。

3. 聚众持械讨债的非法

必须指出,在说明了债的形成非法之后,其无论采取什么手段讨债都是不合法的，因此，采取本案这种聚多人之众、持管制刀具、大打出手的讨债方法就是一种不法侵害。当何强面对可能到来的不法侵害进行预防性准备，继而在对方首先实施现实的对人身的不法侵害之时进行反击，何罪之有！

所以本案的发生不在于何强斗气的通话，而在于徐建中不甘于就范、希望借何强与对方谈判得到一个自己可以接受的数额和还款期限，而曾勇、杨佳对此是根本不可能接受的。只要徐建中不还欠下的恶债，曾勇等人就一定持续追讨，而且除了采取人身威胁或直接加害人身等方法之外，不可能有其他合法的手段可以采取。所以，在曾勇、杨佳直接致电徐建中追讨之时何强回话，一方面是对老板徐建中托付自己有所表现，另一方面则是对曾勇等人讨恶债的一个正告。而曾勇本能的反应就是打上门去，正如杨佳在接受辩护人质证时所言，那些所持的管制性刀具长期就存放于汽车当中。所以，本案不是何强能决定是否不发生，而是那些刀具本身已说明，不是不用，只是何时用、对谁来使用！

尊敬的审判长、审判员、人民陪审员，本案的发生绝不是起诉指控的相互聚众持械斗殴，起诉指控显然并未查明引发本案背后的真正原因，因而才得出“债是原因，何强的电话是诱因”的错误的结论。曾勇、杨佳等人就是以暴力为后盾追讨恶债、不法之债，当徐建中幻想通过谈判解决遭拒、而通过何强传达了不满之后，曾勇、杨佳纠集20余人上门实施暴力追讨，完全说明这是一种典型的不法侵害，何强等人奋起反击就是对不法侵害的正当防卫，不再能得出任何其他的结论了。

然而，起诉指控的错误恰恰在于，没有查清与债相关的事实，仅从何强等人准备的行为，即得出“不法对不法”的相互斗殴的结论，不能不说是对本案性质的极大混淆。上述辩护，清楚地得出结论，本案指控被告人李××聚众斗殴，显然属于事实不清、证据不足，李××的行为完全符合正当防卫的所有要件，应当以正当防卫作出判决。

据此，本辩护人恳请合议庭，本着对法律负责、对被告人合法权益负责、对历史负责的态度，全面审慎地考虑上述辩护意见，依法对被告人李××做出无罪判决。

谢谢！

北京市汉卓律师事务所律师：××

2012年3月31日

此文来源于 http://blog.sina.com.cn/s/blog_70d4881501011s6j.html

二、起诉状

(一)起诉状概述

1. 起诉状的概念

起诉状是司法公文中使用频率最大的一个文种。别人侵犯了自身的合法权益,依法提起诉讼,要“告状”,就必须写起诉状,包括民事起诉状、行政起诉状、刑事自诉状、刑事附带民事诉状等种类,其中民事起诉状最为常见。

起诉状是公民、法人或其他组织,为维护自己的权益(如民事、行政)而向法院陈述纠纷事实,阐明起诉理由,提出诉讼请求所制作的诉讼文书。

起诉状的法律依据是《民事诉讼法》第一百零八条:“原告是与本案有直接利害关系的公民、法人或其他组织;有明确的被告;有具体的诉讼请求和事实、理由;属于人民法院受理民事诉讼的范围和受诉人民法院管辖。”

2. 起诉状的作用

当事人向人民法院递交起诉状,人民法院经审查并决定受理后,将直接引起民事诉讼程序。民事起诉状的作用在于:

(1)当事人提交起诉状是其行使起诉权的表现,是其维护自身合法权益、请求国家司法救济的途径,有利于其实体权利依法得到应有保护。

(2)起诉状是人民法院受理民事案件,予以立案、受理的凭证。

(3)起诉状是人民法院对民事纠纷进行调解和审理的基础,通过起诉状可以使法院了解原告的诉讼请求、事实和理由,为公正、合理地解决纠纷打下基础。

(4)起诉状也是被告应诉答辩的依据。

3. 起诉状的特点

(1)主动性

起诉状是公民或法人因自身合法权益遭受侵害而主动向人民法院提起诉讼请求时使用的书状,是主动性很强的一种写作。

(2)特定性

起诉状的内容,除了当事人的基本情况,重点还要写诉讼请求和所根据的事实和理由、证据和证据来源等,这些内容都是特定的。

(3)必备性

起诉状上述内容,是必写内容,具有必备性,而且要按规范格式展开。

4. 起诉状的种类

包括民事起诉状、行政起诉状、刑事自诉状等种类。

(1)民事起诉状

民事起诉状是指公民、法人或其他组织，在认为自己的合法民事权益受到侵害或者与他人发生争议时为维护自己的合法权益，依据事实和法律，按照法定程序，向人民法院提起民事诉讼时制作并使用的法律文书。

(2)行政起诉状

行政起诉状是公民、法人或者其他组织认为自身的合法权益受到行政机关和行政机关工作人员具体行政行为的侵害，向人民法院提起诉讼，要求依法处理的法律文书。

(3)刑事自诉状

刑事自诉状是指刑事自诉案件的被害人或者其法定代理人，为追究被告人的刑事责任，直接向人民法院提起诉讼时所使用的法律文书。

(二)起诉状的写作

1.起诉状的结构与写法

我国《民事诉讼法》第一百一十条规定："起诉状应记明以下事项：(1)当事人的姓名、性别、年龄、民族、职业、工作单位和住址，法人或者其他组织的名称、住所和法定代表人或主要负责人的姓名、职务；(2)诉讼请求和所根据的事实和理由；(3)证据和证据来源，证人姓名和住所。"按照法律实务中的要求，最好写明"案由"，在上列第(1)后面列明。

根据这一法律规定，结合民事诉讼的实际，民事起诉状的一般结构和内容要素，大致如下：

起诉状主要分为首部、正文、尾部三部分，外加附项。

首部：首部包括标题、当事人(包括代理人、代表人)身份情况、案由等。

(1)标题要写明案件性质和文书种类名称，如写"刑事诉状"、"民事诉状"或"行政诉状"。单列一行在正中写"民事起诉状"或"民事诉状"。

(2)当事人包括原告、被告双方，当事人的基本情况包括当事人在诉讼中的单位和自然状况；地位顺序为先原告人后被告人的顺序，分段依次写明姓名、性别、年龄、民族、籍贯、职业、工作单位和住址等项。如果原告是不满18周岁的未成年人，则需写明法定代理人的姓名，以及与原告的关系。当事人如系机关、团体或企事业单位，在原告被告项内，先写明单位名称的全称、所在地和法定代表人的姓名与职务。如当事人有数人时，应依次列出，按享受权利和应尽义务的大小多少排列，即享受权利大的原告和应尽义务多的被告拍在前面。当今的诉讼活动一般有诉讼代理人(通常是律师)，因此一般在该当事人的进一步情况中，另起一行写明诉讼代理人的姓名和单位(不是必须填)。如果有第三人参加诉讼，应在列写当事人之后，写明第三人的姓名和其他情况，并根据诉讼需要，指明第三人与原告、被告之间的关系。

案由要写明案件名称，如离婚、继承、损害赔偿等。

正文：正文部分包括诉讼请求事项、事实和理由、证据三部分内容。

(1)诉讼请求事项

诉讼请求是纠纷当事人通过人民法院向对方当事人所主张的具体权利，在起诉状中则表现为原告请求法院审理的具体事项。诉讼请求的提出应当明确、合法、具体，应根据事实和法律，慎重、周密地提出请求，切忌含糊、笼统，更不可无视事实和法律提出无理或非法的要求。诉讼请求必须要写明请求法院解决原告一方有关民事、刑事或行政权益和争议的具体问题，如要求离婚、赔偿损失、履行合同、给付赡养费、继承遗产、清偿债务等事项。请求如有多项的，应分项写明。如果是离婚案件，应先写明请判决与被告离婚，然后明确提出对子女的抚养以及对财产分割的意见和要求。

(2)事实和理由

这一部分是起诉状的正文和核心部分，是请求人民法院裁决当事人之间权益纠纷和争议的重要依据。一般是先写事实，后写理由；也可用边写事实边讲道理的夹叙夹议法，视案由的具体情况而定。

首先，应针对诉讼请求，全面、客观、详细地阐明当事人双方争议的事实或被告侵权的事实。主要写清当事人之间的法律关系，双方纠纷的发生和发展情况，当事人之间争执的主要焦点和双方对民事权益争执的具体内容，与案件有直接关联的客观情况和实质性分歧意见。然后，依据事实，分析出双方纠纷的性质，被告所应承担的责任；根据有关法律规定阐明理由，分清是非责任，以论证其诉讼请求的合情、合理、合法。

阐明事实和理由时，应注意：第一，事实、理由的陈述要与诉讼要求一致，不能相互矛盾，也不可脱离诉讼请求无目的地讲事实；第二，事实的叙述应具体、清晰、层次分明、详略得当，交代清楚与争议有关的关键情节，以便使法院迅速了解双方争议焦点所在，明确调查、审理的重点；第三，阐明理由时，应以事实为依据，以法律为准绳。针对所述事实阐明理由，并以法律规定为依据，证明其诉讼请求的合理性和合法性，从事实和法律上有力地支持其诉讼请求，切不可胡编乱造，强词夺理；第四，案情简单的，事实和理由可以合写，边叙述事实边阐述理由。

(3)证据

写明向人民法院提供的能够证明案情或纠纷的证据的名称、件数或证据线索，并写明证据来源。有证人的，则应写明证人的姓名和住址等。

尾部：尾部即起诉状的结尾部分，包括法院名称、附项、签章等。

(1)致送人民法院名称。在正文下面，另起一行写明致送机关的名称，如："为此，特向你院起诉，请依法判决！此致××××人民法院"。

(2)附项，如果是法人或其他组织则应加盖公章。如果起诉状是委托律师代书，则在起诉日期下写明代书律师姓名及其所在律师事务所名称。

（3）原告签名或盖章：应附上本起诉状副本，副本份数应按被告（包括第三人）的人数提交。随起诉状一起提交证据的，列明证据名称、数量。

（4）起诉日期。

2. 起诉状写作的注意事项

（1）写作诉状必须符合法律规定的条件。如刑事诉状只适用于刑事自诉案件，公诉案件则要由人民检察院在提起公诉时制作起诉书。

（2）诉状内容要以事实为根据，以法律为准绳，体现有理有据的精神。

（3）诉讼请求要写得明确、具体、详尽、言简意赅。如民事起诉状不能附带刑事诉讼的请求。

（4）引用法律条款要规范、准确。

（三）起诉状例文

离婚起诉状

原告：韩××，女，1968年出生，汉族，蠡县××村人。

现住址：蠡县××村。

电话：00000000000

身份证号：1324421968××××××××

被告：齐××，男，1966年出生，汉族，蠡县××村人

现住址：蠡县××村

电话：00000000000

身份证号：1324421968××××××××

案由：离婚纠纷。

请求事项：

1. 原告与被告离婚。

2. 女孩齐××、男孩齐××随原告生活，被告每月支付抚养费。

3. 分割共同财产，责令被告赔偿原告医药费等费用。

4. 诉讼费由被告支付。

事实和理由：

我与被告齐××于1996年经人介绍结婚，婚后生育两个孩子，女孩齐××现年13岁；男孩齐××11岁。

婚后夫妻关系不好，主要是被告游手好闲，以赌博和购彩票为业，输了钱后向我要，我只要不给或者提出异议就会招来毒打，例如：1998年5月因口角被告将洗脸盆砸在我的头上，致头皮损伤缝合数十针，现仍留有疤痕。2008年12月，被告

买彩票向我要钱，我因无钱被被告一拳打在我的嘴上，致口腔破裂缝合二十多针。致今留有伤疤。

令人不可容忍的是：被告生性多疑，游手好闲的同时，胡乱猜疑我与他人有作风问题，四处诽谤我，使我在心灵上肉体上都受到了严重的屈辱和伤害。

2010 年 7 月 22 日，被告为监视我的电话抢了我的手机，我骑自行车追赶时，他突然将摩托车掉头向我撞来，我连人带自行车被撞倒，他用脚朝我的腰部狠踢，自行车被撞坏，还将我的腰椎踢成骨折，经法医鉴定为轻伤。为此，在高阳县医院住院 15 天花去 5000 多元（期间被告始终未去医院看望，我二人一直分居）。派出所对此有详细的记录在案，我已经向公安机关提出控告，要求追究被告故意伤害罪的刑事责任。

共同财产状况：我们结婚后的 1997 年共同出资盖北房五间，买空宅基地三块，摩托车两辆，电脑一台，电视机两台，冰箱一台。

鉴于上述，我与被告的婚姻无法再维持下去，感情已经彻底破裂，请求人民法院准予我与被告离婚，依法分割共同财产的同时，判令被告赔偿我的医药费等费用。

此致！

蠡县人民法院

具状人：韩××

2012 年 8 月 16 日

附项：

1. 起诉状二份。

2. 其他证据另行提交。

此文来源于 http://china.findlaw.cn/lawyers/article/d99757.html 作者：张荣安 来源：找法网 日期：2012 年 07 月 03 日

三、上诉状

（一）上诉状的概述

1. 上诉状的概念

上诉状，是指诉讼当事人或者他们的法定代理人，不服一审法院的一审判决或裁定，在法定的上诉期内向原审法院的上一级法院提出要求重新审理的法律文书。它既是诉讼当事人不服一审裁判的“声明”，也是二审法院开始第二审程序的依据。上诉状可分为刑事上诉状、民事上诉状、行政上诉状。

上诉状只能由具有法定身份的人提出才具有法律效力。如根据我国《民事诉讼法》规定，民事案件的原告和被告，包括民事诉讼中只有一个原告和一个被告的双方当事人，原告或被告有两个以上共同诉讼人和有独立请求权的第三人都可提出上诉，无行为能力的当事人，可由法定代理人提起上诉。

2. 上诉状的期限

上诉状必须在法定上诉期限内写出并提交上级人民法院才具有法律效力。民事上诉期限有两种，一是对判决提起上诉的期限为十五日；二是对裁定提起上诉的期限为十日。期限从判决书送达后的第二日起算。逾期写出和送达的上诉状，不具有法律效力。

3. 上诉状的特点

上诉状的写作特点主要有以下三点：

（1）针对性：是指上诉的理由要有针对性，针对原审裁判错误的结论及其"错因"进行分析，明确提出自己的观点和上诉请求。

（2）辩驳性：是指上诉的理由要充分，有驳辩性。通过列举相关的证据或相关的法律法规，叙议结合，明确指出原审裁判存在的问题或谬误之处。

（3）一致性：指上诉理由和上诉请求要紧密呼应。只有上诉理由的论述结果与上诉请求相联系才能达到上诉的目的。

4. 上诉状的种类

根据案件的性质，上诉状也相应地分为民事上诉状、刑事上诉状、行政上诉状三种。

（二）上诉状的写作

1. 上诉状的结构与写法

上诉状主要分为首部、正文、尾部三部分，外加附项。

首部：包括标题、上诉人被上诉人基本情况、事由。

（1）标题

居中写明"刑事上诉状"、"民事上诉状"、"行政上诉状"等。

（2）上诉人、被上诉人的个人基本情况

先写上诉人，后写被上诉人，书写项目与次序和起诉状一样。但需注意三点：一是应注明上诉人和被上诉人在原审中的诉讼地位（是原告、被告或是第三人），并用括号加以注明。如上诉人（原审原告人或原审被告人）：张××，男，××岁……被上诉人（原审被告人或原审原告人）：鲁××，男，××岁……二是民事案件和刑事自诉案件中的原告和被告、自诉人和被告人，谁提出上诉，另一方就是被上诉人。三是公诉案件无上诉人，不能把人民检察院说成是被上诉人。

(3)事由

事由是指上诉的原审案件的案由。如离婚案、继承案等;上诉人因何案,不服何处人民法院,于何时,以何字、号(×字第×号)的判决或裁定而提出上诉的。一般格式为:"上诉人因……一案,不服××人民法院 于× 年×月×日××字第××号的×事判决(或裁定),现提出上诉。上诉的请求和理由如下。"由此引出上诉的理由和请求。

正文:充分表述上诉的请求和理由。

(1)明确写出上诉的具体要求。

(2)上诉的请求与理由。

这是上诉状的重要组成部分,重点是讲清上诉的理由。上诉请求的内容应当概括地、准确地、有针对性地请求第二审人民法院撤销、变更原审的判决或裁定,或者请求重新审理。也就是说,要针对原审判决、裁定中的不当之处提出不服的理由。

这部分的写作要考虑三个方面:

第一方面,关于对事实的认定。如果原审判决或裁定对认定的事实不实或不清、不准、不当甚至全部错误时,包括某种行为事实根本不存在,或有重大出入,或缺乏证据等,上诉人都可以有针对性地反驳错误的认定,陈述正确的事实,举出有关证据,摆明其中道理,提出上诉理由。所摆事实应当是客观的、全面的、符合实际的;所讲的道理应当是透明的、明确的、情理交融的。即用确凿的证据说明事实真相,全部或部分地否定原审裁决认定的事实。

第二方面,关于定性、裁决和适用法律。如果原审裁决在认定事实方面没出入,而是在认定案件性质、确定罪名以及适用法律作出的处理有误,那就要运用法律武器,具体指出其不当之处,提出上诉理由,包括从法律理论上的论证和引用具体的法律依据,指明原审裁决在适用法律方面的错误。如:原判决离婚案中错误地引用了《婚姻法》的条款,债务案中错误地引用了《民法》的条款,经济案中错误地引用了《经济合同法》的条款等,应该在上诉状中明确指出其错误引用法律的具体条款,并说明应正确引用的法律依据,以备第二审人民法院作出全面的、正确的审查。

第三方面,关于诉讼程序问题。如果原审法院在审理案件和最后裁决中,存在违反诉讼程序的错误,包括是否应当回避,是否应指定辩护人,审判方式是否公开,审判组织是否合法等,也应根据有关法律规定,指出其错误;在阐明了上诉理由的基础上提出具体的诉讼请求。如请求二审撤销、变更原裁决,或请求重新审理等。理由的具体写法,有的先把原判决书(或裁定书)中不妥或错误的原话引出来,有的把原裁决不妥或错误之处概括成一段话,然后有针对性地陈述理由,予以反驳。有的以讲述理由为主,结合着指明原审裁决的不当之处。

(3)列举有关证据材料,以便二审法院查证核实。

尾部：包括送达法院名称、上诉人签章、具状时间和附项。

(1)上诉状所送人民法院的名称。

(2)上诉人签名并盖章。

(3)具状的时间(年、月、日)。

(4)附项。应列明上诉状副本×份；书证×份；证物×件；如有证人，还要写出证人的姓名和地址等。

2. 上诉状写作注意事项

(1)上诉状必须针对一审裁判提出上诉请求；

(2)事实列举要充分；

(3)阐明上诉请求的证据要可靠；

(4)阐述上诉理由要注意层次分明，反驳具有条理性；

(5)上诉人及上诉对象必须符合法律的规定。

(三)上诉状例文

民事上诉状

上诉人(原审原告1)：XXX，女，19XX年X月X日出生，X族，现住XXX号。

上诉人(原审原告2)：XXX，男，19XX年X月X日出生，X族，现住XXX号。

上诉人(原审原告3)：XXX，女，19XX年X月X日出生，X族，现住XXX号。

被上诉人1(原审被告1)：XXX，男，19XX年X月X日出生，X族，现住XXX号，身份证号码：4521XXX，联系电话：138XXX。

被上诉人2(原审被告2)：XXX有限公司，法定代表人：XXX，地址：XXX号，联系电话：13XXX　077X——XXX。

被上诉人3(原审被告3)：中国XXX有限责任公司XXX支公司，负责人：XXX，联系电话：077X——XXX。

因交通事故人身损害赔偿纠纷一案，上诉人不服XX市XXX人民法院(20XX)X民初字第XXX号民事判决，现依法提出上诉。

诉讼请求：

1. 撤销一审判决，改判三被告共同赔偿XXX的死亡赔偿金人民币XXX元整，丧葬费人民币XXX元整，共计人民币XXX元整，先由中国XXX有限责任公司在其第三者责任保险范围内赔偿原告，不足的部分由被告XXX共同赔偿；

2. 判令被告赔偿原告精神抚慰金人民币XXX元整；

3. 判令被告赔偿原告各项费用共计人民币XXX元整；

4. 判令被告承担本案一审和二审的全部诉讼费用。

事实和理由：

一、一审法院对交通事故认定书没有经过质证和审查就作为定案的依据，违反有关法律规定。

一审法院认为“XXX 市公安局交通管理大队经过现场勘查、调查取证，依据《中华人民共和国道路交通安全法》的相关规定做出的 XXX 号《道路交通事故认定书》具有事实和法律依据，本院予以采信……”2004 年 5 月 1 日《道路交通安全法》颁布之后，交通事故认定书就被界定为一种证据，从法律性质上来看，交通事故认定书只能是认定交通事故事实和责任的一种证据材料。这种证据材料只有经过法庭质证和法院的依法审查才能作为认定案件事实的依据，不是进行民事责任划分和损害赔偿的当然依据。人民法院应当根据当事人的抗辩，依法对交通事故责任认定书予以审查，并根据当事人在交通事故中的过错程度认定各自的损害赔偿责任。

二、一审判决书没有对事故责任划分作正确判断，而是盲目采信了 XX 市公安局交通管理大队（以下简称交警大队）的错误的责任认定书，从而导致了错误的判决。

《交通事故认定书》只对驾驶员 XXX 违反交通法规的行为进行了认定，但未对被告 XXX 是否违反交通法规的行为进行认定，就作出被上诉人 XXX 不负此次事故责任的认定书，显然是认定事实错误。交警大队在处理此次事故时，对 XXX 是否存在违反交通法规的行为竟然……进而分析出 XXX 对发生交通事故所应承担的责任。在缺乏充分证据的情况下，仅凭“XXX 饮酒驾驶车辆上道行驶”……主观性较强地认定 XXX 负事故全部责任。此事故责任认定书，显然缺乏客观性、科学性，对被上诉人、死者 XXX 而言缺乏公平、公正性。

三、本案事实不清楚。

1. 关于限速问题没有查清。道路交通事故认定书没有注明该路段的最高限速，而据《中华人民共和国道路交通安全法实施条例》第四十五条规定：机动车在没有限速标志、标线的道路上，机动车不得超过下列最高行驶速度：（一）没有道路中心线的道路，城市道路为每小时 30 公里，公路为每小时 40 公里。

2. 肇事车的事发车速问题没有查清。事故认定书认定的事实是：……没有查清双方的行车速度，而按现有科学技术条件，是完全可以通过车辆刹车痕迹、车辆受损的程度和车辆被撞出去的距离等情况推测出近似于真实车速的。

3. 从道路交通事故现场图并不能看出 XXX 驾驶车辆占道行驶，交警根据当时事故发生后的现场情况、车辆的摆放位置及与地面的撞击点来分析 XXX 占道行驶是显失公平的。

4. 肇事车并没有经过有正规资质的检测机构进行安全技术鉴定，无法确定被告的肇事车辆符合安全行驶条件。

交通事故认定书在事故形成原因分析及责任认定中认定：“XXX 饮酒后驾驶车辆上道路行驶……XXX 行为违反了《中华人民共和国道路交通安全法实施条

例》第四十八条第一款第一项在没有中心隔离设施或者没有中心线的道路上，机动车遇相对方向来车时应当遵守下列规定：（一）减速靠右行驶，并与其他车辆、行人保持必要的安全距离之规定，是造成事故的直接原因。"事实上XXX并没有事故认定书中所认定的会车时占道，没有减速靠右行驶并与其他车辆、行人保持必要的安全距离，相反……都戴了安全帽；从事故现场的照片并不能看出XXX会车时占道，而且从摩托车碰撞的程度来看当时摩托车的车速并不快，认定XXX负全责是不公平的。被告XXX驾驶的……没有鉴定资质的汽车修理厂……鉴定的结果也是错误的，因此被告应对此次事故承担相应的责任。根据《中华人民共和国道路交通安全法》第76条明确规定："机动车发生交通事故造成人身伤亡、财产损失的，由保险公司在机动车第三者责任强制保险责任限额范围内予以赔偿。"《机动车第三者强制保险条例》第21条规定："被保险机动车发生道路交通事故造成本车人员、被保险人以外的受害人人身伤亡、财产损失的，由保险公司依法在机动车交通事故责任强制保险责任限额范围内予以赔偿。"本案肇事车辆……从保证原告合法利益出发，应当先由中国XXX保险股份有限责任公司XXX支公司在其责任限额范围内先行赔付。

根据《2010年XXX道路交通事故损害赔偿项目计算标准》计算得出XXX的……总额：XXX元×XXX个月＝XXX元；根据《最高人民法院作出关于确定民事侵权精神损害赔偿责任若干问题的解释》第一条第一款、第八条的规定要求被告赔偿原告精神抚慰金人民币XXX元整。

事故发生后被告拒绝对原告进行赔偿，不管是经济方面还是精神上都给原告造成巨大的损害，为此，依据《民事诉讼法》第一百零八条之规定，特向贵院提起诉讼，请依法公正判决。

此致

XXX人民法院

具状人：XXX

2013年5月16日

作者：田玉明，来源于：http://www.fwsir.com/dangzheng/HTML/dangzheng_20120508131923_190749.html

四、申诉状

（一）申诉状概述

1. 申诉状的概念

申诉状是案件中的当事人及法定代理人、被害人及其家属或其他公民，认为已经发生法律效力的民事、刑事判决或裁定在认定事实或适用法律上确有错误,依照审判监督程序,向原审或上一级人民法院或者人民检察院提出申诉,请求复查或重新审理的法律文书。

2. 申诉状的特点

申诉状的写作特点主要有以下两点:

(1)针对性:指申诉的理由要针对原审裁判错误的结论及其“错因”进行分析,并明确提出自己的观点和申诉请求。

(2)辩驳性:是指申诉的理由要充分,有驳辩性。即对原审裁判存在的问题或谬误之处,通过相关的证据或相关的法律法规等依据,叙议结合,强力批驳,以证明自己观点的正确性和申诉请求的合法性。

3. 申诉状和上诉状的区别

申诉状与上诉状,既有相同点,又有区别点。它们都是认为原判决或者裁定有错误而要求依法予以纠正的诉讼文书,但两者又有明显的区别:

一是对象不同。提出申诉的是对已经发生法律效力的判决或者裁定,包括二审终结的甚至已经执行完毕的判决或者裁定;而上诉只限于尚未发生法律效力的一审判决或者裁定。

二是期限不同。申诉不受时间限制;而上诉应在法定期限内提出,如无正当理由耽误期限的,逾期不能上诉。

三是接受书状的机关不同。接受申诉的可以是原审法院,也可以是上级法院,还可以向人民检察院提出申诉;而接受上诉的只能是作出第一审判决、裁定的上一级人民法院。

四是处理程序不同。接受申诉的机关对申诉案件经过审查,认为原裁判正确的,通知驳回申诉,原裁判确有错误的,按照审判监督程序提起再审;而上诉案件必须由上诉人民法院按照第二审程序进行审理,依法作出终审判决或者裁定。

4. 申诉状的种类

申诉状可分为:刑事申诉状、民事申诉状、刑事附带民事申诉状、行政申诉状、行政附带民事申诉状。

(二)申诉状的写作

1. 申诉状的结构与写法

申诉状可分为首部、正文和尾部三部分,还有附项。

首部:包括标题、当事人基本情况和案由等。

标题写明案情性质和文种名称,如“民事申诉状”等。

当事人除自诉案件分申诉人和被申诉人外,公诉案件只写申诉人,其基本情况同上诉状,在其身份或有关基本事项之后,应注明其在原审或终审中的诉讼地位。

案由主要写明申诉的案件名称,作出生效判决、裁定的人民法院的名称、判决、裁定编号及制作日期,并表明对该裁判不服,提出申诉的态度。

正文:包括申诉请求和申诉事实理由两项内容。

申诉请求概括写出请求人民法院解决什么问题,从原则上说明要求达到的目的。也可以明确具体地提出撤销、变更原裁判或者重新审理的请求。

申诉事实理由首先明确而具体地写出生效判决、裁定的错误,然后针对指出的错误,全面、客观、准确地陈述案件的有关事实,具体列出有关人证、物证、书证以及要害的证据线索;也可以先简要阐述案情,然后依据事实指出原裁判的错误。根据有关法律条款的规定,在归结事实的基础上,简要剖析生效裁判在认定事实方面的不准确,在适用法律方面的不妥或在诉讼程序方面的不当,从而推出合理合法的请求事项。

尾部:在正文最后另起一行,写明致送机关名称,其右下方申诉人签名或盖章,注明申诉年月日。

附项:说明一、二审判决副本份数,申诉状副本份数;物证、书证的名称、件数、存放场所;证人姓名、住址等。

2. 申诉状写作的注意事项

(1)申诉的事实和理由要真实可靠,力求充分、具体,要有说服力。特别是对于新证据的提出,更加不容忽视。

(2)申诉请求要明确具体,与申诉理由相一致,要合法合理。

(3)应针对生效裁判的错误予以集中反驳,并引用适当、正确的法律来证明、分析申诉论点,不可无的放矢,论而无据。

(4)申诉状的写作没有时间的限制。只要是判决或裁定已经发生法律效力以后,什么时间都可以提起申诉。

(三)申诉状例文

民事申诉书

申诉人(一审被告、二审上诉人):合江县飞通广播电视网络有限责任公司

所在地:四川省合江县广电大楼

法定代表人:宋 xx,总经理

被申诉人:xxx 住所:xxx

法定代表人:xxx 住所:xxx 电话:xxx

申诉人因触电人身损害赔偿纠纷一案,不服四川省合江县人民法院于 xx 年 6 月 22 日作出的(2010)合江民初字第 xx 号民事判决和四川省泸州市中级人民法院

于xx年11月8日作出的(2010)泸民终字第xx号民事判决,特依法提起申诉。

申诉事项:按照审判监督程序对上述两级法院作出的一、二审判决提出抗诉。

申诉的事实和理由:

两级法院一、二审判决以"飞通广电网络公司有责任对闭路电视线和闭路承载线与电力线同杆架设的问题进行整改,而未及时整改,同时在闭路电视线和闭路承载线被他人移动后未及时维护管理,形成重大安全隐患,对事故的发生较之玉宇电力公司的责任更大些"为由,判令上诉人承担30%的赔偿责任,并承担连带责任,其认定事实的主要证据不足,适用法律确有错误。具体理由如下:

首先,一、二审判决以同杆架设形成重大安全隐患和未对同杆架设进行限期或及时整改为由要飞通公司担责,其认定事实的主要证据不足,适用法律确有错误。

1. 就法律适用来说,对同杆架设问题,是否构成违章形成重大安全隐患,应具体情况具体分析。本案田坝村是1983年自建的低压电力线路的产权人,其于1999年自行将闭路电视线及承载线同杆架设在自己的低压电力线路上,属该电力设施所有者的自主行为,不违反《四川省电力设施保护实施办法》第二十三条关于"未经电力企业或电力设施所有者、管理者同意,不得同杆架设电力线、通信线、广播线、电视接收线、安装广播喇叭或悬挂广告牌"的规定,依法不属违章,不构成重大安全隐患。而一、二审判决依据哪部法律的哪条哪款认定本案中的同杆架设是违章而形成重大安全隐患并需进行限期或及时整改?事实上,一、二审判决对此既没有也无法引用相应的法律依据。显然,一、二审判决认定本案中的"同杆架设形成重大安全隐患需进行限期或及时整改"属适用法律确有错误。

2. 就事实认定来说,对同杆架设问题,一、二审判决仅凭部分当事人的口说,并无上级有关部门勒令飞通公司限期或及时整改的文件或通知作为判决的依据,就牵强附会地认定同杆架设需要限期或及时整改,显然其认定的"对同杆架设需要限期或及时整改"这一事实的主要证据不足。

而从二审中飞通公司主动举出的新证据的来源看,该证据是一审庭审期间,合江县安监局应县政府要求,对电力公司请求撤除同杆架设问题的答复。从该证据的内容可知,即使排除了电力设施所有者同意的同杆架设的情形,原有的同杆架设即电力设施所有者等所不同意的同杆架设也系历史遗留问题,需逐步改造,但在未经相关部门联合普查并认定为严重威胁生命财产安全的情况下,此类同杆架设也同样不属"限期整改"的对象。何况,本案的同杆架设还不属于此类需要逐步改造的同杆架设。

其次,一、二审判决以闭路电视线和闭路承载线被他人移动后未及时维护管理形成重大安全隐患为由要飞通公司担责,其适用法律确有错误。

根据《广播电视设施保护条例》第七条第二款关于"禁止危及广播电视信号专用传输设施的安全和损害其使用效能的下列行为:……(二)移动、损坏传输线路、终端杆、塔桅(杆)及其附属设备、标志物”的规定,本案中,他人在未告知飞通公司更未经其同意的情况下,私自移动广电传输线路即闭路电视线和承载线,依法属危及广播电视信号专用传输设施的行为,飞通公司本身作为被侵权方,其有权诉诸法律以维护自身的合法权益。至于飞通公司何时发现被侵权以及该线路被他人擅自非法移动后是否又造成第三人损害,与飞通公司何干?

显然,飞通公司对此不应承担任何责任。而一、二审判决以“你的权利被侵犯了,未及时发现进行检查处理,你就有责任”的不合理逻辑,让被侵权的飞通公司担责,是不能成立的,因为权利被侵犯这一事实决不能反过来成为被侵权者担责的理由。退一步说,闭路电视线本身并不带电,不属高危作业,除非用户投诉闭路电视信号中断,否则飞通公司就不应负有及时发现进行检查处理的职责和义务。

再次,对本案的主要责任人之一泸州玉宇电力公司,一、二审判决均回避了其存在的另两项违章行为及其一连串违章行为在本案中所起的关键作用,反而认定“飞通公司对事故的发生较之玉宇电力公司的责任更大些”,其认定事实的主要证据不足;一、二审判决要飞通公司承担30%的赔偿责任,仅判令玉宇电力公司承担20%的赔偿责任,其适用法律确有错误,且明显有袒护玉宇电力公司之嫌。

根据合江县安办签发的《批复》所查明的事故原因:“电力公司要求村、社组织危改,且施工中,使用无证人员上岗作业违反技术操作规范,将电杆固定线与闭路承重线(注:实际为铁丝线)重合并接,且将电杆固定线选址于大路中间,又无绝缘设施,致王世清路过时触电身亡。这是电击死亡的第一间接原因。”从上可知,玉宇电力有限责任公司的违章行为至少有三:其一是电杆固定线与铁丝线重合并接,并未错开;其二是将电杆固定线选址于道路中间,而非路侧。由于现场路窄,造成过往行人与该电杆固定线必然进行接触;其三是未设置绝缘设施,即未按照规定加装隔电子。上述三项违章行为共同作用,严重危及他人人身安全,使人性命攸关。也就是说,上述三项违章行为若能避免一项,则本案悲剧即可避免。而一、二审判决仅认定了其第一项违章行为,回避了第二项和第三项违章行为,更回避了上述违章行为在致死王世清过程中所起的关键作用,反而认定“飞通公司对事故的发生较之玉宇电力公司的责任更大些”,其认定事实的主要证据不足。

鉴于本案被害人王世清是被电击致死的,又鉴于玉宇电力公司存在多项违章行为(侵害行为)以及上述违章行为在致死王世清过程中所起的关键作用,一、二审判决却仅仅判令玉宇电力公司承担20%的赔偿责任;而一、二审判决认定飞通公司有两项“不作为”(注:尚不成立),就要承担30%的赔偿责任;二者对比,一、二审判决显失公正。显然,一、二审判决适用法律确有错误,且明显有袒护玉宇电力公司之嫌。

综上所述,一、二审判决认定事实的主要证据不足,适用法律确有错误,对飞通公司作出了错误的裁决。为此,特根据《民事诉讼法》第14条和第185条之规定提起申诉，请求贵院依法提出抗诉，实施法律监督。

此致

泸州市人民检察院

申诉人：合江县飞通广播电视网络有限责任公司

2013 年 9 月 15 日

附件：

(2010)合江民初字第 92 号民事判决书和(2010)泸民终字第 456 号民事判决各一份。

此文来源于：http://www.66law.cn/topics/shengsushu

【思考与练习】

请根据下列材料拟写一份辩护词：

2013 年 9 月 6 日早上 8 时许，韩某(男，40 岁，XX 省 XX 县 XX 乡人，住 XX 市 XX 区 XX 村)和刘女士均在村里的“河西馒头店”内批发馒头，准备外出销售。在装运馒头时，两人因发生碰撞而产生纠葛。刘女士动手打了韩某一巴掌，韩某当即回手向刘的胸部打了一拳，结果刘女士当即倒地昏迷。在场群众将刘女士送往医院，经抢救无效死亡。

经法医检验鉴定认为：

1. 死者是因胸前受外力打击引起反射性心脏抑制而死亡；

2. 根据案情，死者生前在胸前被打一拳后，后退两步倒地，送医院证明已死亡，死亡较急速。检查虽见右心室表面有点状出血，部分心肌细胞有断裂，但胸前皮肤、皮下及胸骨、肋骨均未见明显损伤，属于“抑制死”的情况(即：身体某些部位受到轻微的、对正常人不足以造成死亡的刺激或外伤，通过反射作用在短时间内使心跳停止而死亡，而尸检找不到明确原因)。

XX 市人民检察院审查认为，刘女士的死是由于韩某的殴打行为造成的，韩某的行为与刘女士的死亡之间存在着因果关系。韩某应当预见到殴打他人可能造成他人伤亡的后果，由于没有预见而致使刘女士死亡，属于疏忽大意的过失，应当以过失致人死亡罪追究其刑事责任，因而向 XX 市人民法院提起公诉。

辩护人认为，刘女士的死纯属意外事件，韩某的行为不构成犯罪。

理由是：要追究韩某过失致人死亡罪的前提和依据是韩某应当预见到自己的行为可能发生危害结果，但由于疏忽大意而没有预见或者已经预见而轻信能够避免，以致发生这种结果。所谓“应当预见”是指在正常情况下，按照正常理智的一般人基于日常生活、工作经验所能够预见到的情形。刘女士在外表上与一般人毫无异常，韩某不可能预见到刘女士是“特异体质人”，也不可能预见到自己的一拳就能致刘女士受伤甚至于死亡。韩某不具有过失犯罪中所要求的“预见义务”，因而其行为属于《刑法》第十六条所规定的由于不能预见的原因所引起的“意外事件”，不构成犯罪。

第三章　求职应用文

求职应用文，既涵盖了求职广告、简历、求职信等大学毕业生求职应用文，也包括申论常考应用文，如书信、倡议书、宣传材料、建议、意见、方案、报告、大事记、调查问卷、申论等文种，掌握这些文体的写作，对申论应考很有帮助。

第一节　求职应用文

一、求职广告

（一）求职广告概述

1. 求职广告的概念

求职广告，即求职者为了介绍推销自己、寻找工作而刊登在报刊等媒体的文字材料，或借助广播、电视、网络等谋职的音像和文字的综合材料。

2. 求职广告的特点

它包括了求职信和简历的主要内容，但大多文字简练，篇幅短小。特点主要有：

（1）简短明了

求职广告通常很简短，篇幅不长，但与求职目标有关的情况要交代清楚。

（2）亮点突出

求职者要想在众多的求职者中脱颖而出，富有魅力，充分引起用人单位的注意，就必须向用人单位充分展示所具备的优势、强项等亮点，从而获得面试的机会。

（3）准确无误

虽然是广告，但在广告中透露的相关信息应准确无误，客观真实，让用人单位感到求职者是很认真的。

（4）真诚坦率

求职广告要贯彻一个原则，即诚实地描绘自己：与求职无关的，暂时可以不写；

能表现自己的、与求职目标相关的优势要写上。假如太谦虚，用人单位感到求职者根本就不具备求职条件，那么还谈何面试。真诚坦率地推荐自己会使你得到意料不到的好结果。

（二）求职广告的写作

求职广告的一般格式，和商业广告类似，这里不重复介绍。求职广告的写作，着重要注意以下几点：

1. 个人情况应交代清楚

主要包括姓名、年龄、性别、地址、学历等个人基本情况。比如，一位希望从事服装公司模特儿工作的人，在求职广告中仅介绍自己道："21 岁，高中学历，形象好。"连性别也没说，"形象好"，怎么好？至少身高、体重应该明确表达，如果再进一步，还应说清三围的尺寸等。

2. 专长技能力求具体而富有特色

比如求职中学语文老师，仅说自己普通话好、表达能力较强、文字功底好、书写水平不错等，就显得笼统抽象而缺乏特色。"普通话好"，应具体说获得了什么等级证书，或曾是什么组织的播音员、主持人等；"表达能力较强"，广义的表达能力，应包括口头和书面两个方面，这里并没说清楚。同时，"表达能力较强"，以及"文字功底好"，具体应说参加过什么比赛，获得过什么名次或奖励，或发表过多少文章，发在什么报刊等；"书写水平"也是，要么说明获得过什么荣誉，要么附上一幅自己写的字等。

同时，所写内容必须真实可信，有的必须经得起调查访问或实际测验、当场演示等。文字表达力求简洁流畅，总体要求实在朴实，可以适当讲究点文采，但切忌卖弄之嫌。总之，只有具体明确地将自己的优势与特长展示出来，才能显示自己竞争的实力，别人也才有足够理由看好你、选上你。

3. 求职意向须具体明确

求职广告中的求职意向，应力求具体明确，切忌宽泛笼统、含糊不清，比如"中学语文教师（最好还进一步标明高中或初中）"、"文秘工作"、"文字编辑"、"文字记者"等。虽然这几项工作具有很密切的关联性，但也不宜写在同一则求职广告中，因为那样让人感觉不专一，而且也不利于集中反映自己某一方面的优势。当然，根据自己材料的情况，写上两种密切相关的工作也未尝不可，但也宜以一种为主。一般最好就明确写一种，如果需要，别的求职目标可以另外再单独写。

（三）求职广告例文评析

求职广告一

××，女，29 岁，财会专业，大学本科，中级会计师职称，精通电脑，具有国营股票上市大型公司相关工作4年经验。欲寻大公司财务主管或主办会计工作,期望月薪5000元。联系电话:……

简评:这则广告文字简洁,内容实在,没有多余话,尤其较好地突出了自己的技能特色和工作经历优势,求职意向和期望月薪都十分明确。当然,如果对"精通电脑"、"具有国营股票上市大型公司相关工作4年经验"这类内容再具体一些,拿出点更能打动招聘方的"硬货",效果自然会更好。同时,对于缺少足够职业积淀与相关经历的应届大学毕业生,工资待遇这类敏感话题,在求职广告中最好先避开不涉及,待时机适宜时再说。

求职广告二

如果给我一个机会

我叫陈力,不是美丽的丽,而是力量的力。我的爸妈当初希望我是个男孩,所以看到我是一个女孩后,还执意给我起了一个这样男子汉气十足的名字。令我庆幸的是,我并没有让他们失望,因为我这22年来,一直在证明着我并不比一个男孩差。

我从小就好动,喜欢户外活动,所以特健康,估计您一见我就看出了这一点。我也能吃苦,我家里姐妹多,我又是老大,所以从小就帮我爸妈做家务。

我是学中文的,从小就幻想能成为一位名记者。大学四年,我一直是我们校报的记者兼编辑。北约轰炸我驻南大使馆那会儿,我连续5天在网上每天都发一篇文章,还组织参加了示威游行,拍了一些照片。喔,对了,《记者手册》我已烂熟于心。我想如果您给我一个机会,我一定能成为您报社里一名出色的记者,我相信我能胜任这份工作,不信您试试看。

简评:这则求职广告,显示出了一定特色、文采和个性,却也表现出一些明显不足:

1. 内容抽象空洞,缺乏具体实在的东西。篇幅虽然写了300多字,却不见多少能够让招聘人员看好的、具体有力的材料。这对于应聘新闻记者这种竞争激烈而极富挑战性的工作职位,显然是极为不利的。

2. 语言不够精练。如开头名字的介绍就是如此,另如"估计您一见我就看出了这一点"、"喔,对了"等,也都与求职广告的语言有所不符。这种求职广告,应力求语言洗练,力避无关紧要的话,否则,既直接反映出自己的表达水平和影响求职效果,还会白白让自己多付广告费。

3. 语言存在浮夸煽情成分。如其中的"《记者手册》我已烂熟于心","我一定能成为您报社里一名出色的记者","我相信我能胜任这份工作,不信您试试看"等就是如此。尤其“一定能”这种主观性与绝对化的用词,以及“不信您试试看”这种打赌式的语言,显然是用得很不妥当的,很容易引起招聘人员的反感。

4. 没有强调突出主要内容。求职意向和专业特点等显然属于这里需要强调突出的主要内容,写作者却将这些放到了第三段,而且属于比较随意的叙述,而并没放在前面显要位置,这样便很难引起忙碌的招聘人员注意和重视,甚至很可能瞥一眼便被淘汰了。

二、求职简历

(一)求职简历概述

1. 求职简历的概念

求职简历,即个人用来求职的简要经历,包括个人的基本信息、学习经历、工作经历等。它是一种实用说明文,目的在于让招聘单位对自己的既往有一个比较全面的了解,进而对自己产生兴趣,乐意准予面试,并最终愿意聘用。因此可以说,简历是求职者给招聘单位的一份“见面礼”,是求职者努力展示自我的“名片”和“敲门砖”。

2. 求职简历的特点

(1)条理清晰。简历中的内容——基本信息、求职意向、教育背景、工作(实践)经历、兴趣爱好等,必须逐条列出,让人一目了然,且排列顺序也应认真斟酌,将自己认为最重要、最值得强调突出的内容排在最前面,然后按照主次轻重依次排下来。

(2)简明扼要。求职简历既要语言表述简洁明了,又要重点内容突出,以此吸引招聘人员的注意力。

3. 求职简历的种类

个人简历主要分两大类:

(1)编年体

即按时间顺序,将自己的有关内容分别依时间顺序排列,我国一般是“先远后近”,国外则大多“先近后远”。这种比较适合具有一定工作经历的人,如跳槽者。

(2)功能体

即按照简历内容分成几个方面,大学毕业生简历大多采用这种。网上和一些打印店里,往往又演化出许多不同版本的模板。我们当然可以参照别人的,但更重要的是必须力求写出自己独有的特色。

(二)求职简历的写作

1. 求职简历的内容构成

求职简历包括的主要内容为:

(1)个人信息,包括姓名、性别、年龄、家庭住址、户籍所在地、联系方法等。

(2)求职意向(目标),即自己准备寻找的工作种类和职位,应尽量写明确具体,如"高中(或初中)语文老师",而非"中学语文老师",甚至"语文老师"、"语言文字工作者"等。而且必须与后边所写内容相吻合,能够获得材料强有力的支持。

(3)教育背景,一般只写大学阶段,也包括大学期间的业余培训以及自学的有关情况。应将自己最近获得的学位或最高学历写在最前面。大学所学课程,一般也只反映主要的、富有特色的、与应聘职位关系密切的。除专业课之外,一些具有特色的选修课、公共课也可适当反映。专业基础课则一般不必开列,因为根据专业,一般人便不难明白我们主要所学内容。如汉语言文学专业的现代汉语、古代汉语、古代文学、现当代文学等课程,即无需开列。倒是应特别注意反映自己所掌握和了解的与应聘职位有关的新知识、新信息等情况,这些往往是招聘单位特别感兴趣的。如果确有必要,中学阶段的相关内容也可纳入,但必须注意与求职目标相对应。比如与汉语言文学专业密切相关的:中学时即获得过作文大奖,或发表过文章,或获得演讲名次等,就可以写。当然,最好都应是档次较高的,而且应当与大学阶段的成绩、成果等衔接起来,即大学也有这些,否则,中学的最好不写。

(4)经历,这是个人简历最重要的核心内容,也是多数招聘单位特别看重的。相对于技能等级证书之类,他们往往更看重实践经历,因而这是求职者不可不重视的内容。作为大学应届毕业生,大都经历简单,尤其缺少与所学专业相关的工作经历,因而这里往往是同学们写作简历时最感恼火的事。为了加重这部分分量,我们除了将自己确实具有的工作实践经历如实反映出来之外,还可将实习经历、课余与假期的社会实践、大学期间的相关社团活动等尽量纳入。当然,必须注意突出与应聘职位相关、自己也最得意的内容。比如,如果我们应聘教师,除教育实习经历必写之外,代课的、做家教的(尤其成效显著、得到家长和学生好评的)、担任相关培训工作的经历,自然都可适当反映,只是须防止与专业学习构成轻重倒置。至于利用课余时间做销售等与当老师没有直接关系的经历,一般都不宜写。

(5)兴趣爱好,写上三两项即可,主要便于别人更好更全面地了解自己的性格以及生活态度等。但不宜写得太多,而且必须是健康高雅的。如果属于招聘单位公布的优先招聘条件中列出的,如打球、跳舞、绘画、乐器、唱歌等,自然更应该写,而且应适当强调和写具体一些。一般情况下,这里不宜过于渲染、过于浓墨重彩,切忌喧宾夺主。

2. 求职简历写作注意事项

(1)独具特色。用人单位既需要寻找"优秀的人",也需要寻找"最有特点的人”。只有那些特色鲜明、内容充实的材料，才可能引起用人单位的兴趣和重视。因此，写作者应努力将简历制作得生动些、丰富些、感人些、立体感更强些。

(2)真实具体。作为求职简历，固然需要适度讲究语言技巧，但简历内容的客观真实和明确具体显得更加重要。作为个人求职的“名片”，简历一旦让人感觉“失真”，感觉掺了“水分”，求职者便无异于自设障碍、自砸招牌。

(3)简洁朴实。这里主要指简历写作的语言。作为实用性说明文体，“简”可说是简历最大最显著的特征：语言简洁，篇幅简短。

(4)“包装”得体。求职简历讲究“包装”，但应适度。简历的适度“包装”，一应力求体现个人特色，二是必须以内容为主。

(三)求职简历模板示例

个人概况：

求职意向：________________________________

姓　　名：____________________性别：____________

出生年月：________年________月________日 健康状况：________

毕业院校：______________________________专业：________

电子邮件：______________________________

联系电话：______________________________

通信地址：______________________________邮编：________

教育背景(依个人情况酌情增减)：

主修课程：

论文情况(发表的应注明)：

英语水平：

计算机水平：

获奖情况：

实践与实习(依个人情况酌情增减)：

工作经历(依个人情况酌情增减)：

个性特点(描述自己的个性、工作态度、自我评价等)：

三、求职信

(一)求职信概述

1. 求职信的概念

求职信，也叫自荐信、求职自荐信，是求职者向有关单位申请某种职位的礼仪性信函。

它的主要目的和作用，是向对方介绍推荐自己，以便对方了解、信任自己，乐意给予面试机会，并最终录用自己。它可以单独用，这时内容需要稍微详细一些；也可与个人简历配合使用，这时便应当写得简明些，需要注意与简历内容相联系，而避免与简历过多重复，它可说是简历的补充与延伸。

2. 求职信的特点

（1）言辞热情恳切。求职者需要在信中尽可能充分地体现出自己的综合素质。因此，求职者应根据自身情况，热情洋溢、充满自信、谦逊礼貌且实事求是地反映自己的情况，展示自己的才华，以此打动和感染对方，从而给对方留下尽可能好而深的印象。

（2）内容简洁突出。求职信的主要作用是引起招聘方的注意和重视，对方才会进一步查看简历、附件材料以及约请面谈等。因此，求职者必须精心选择那些最具特色、最有分量的内容，以引起招聘方的注意和好感。

3. 求职信的种类

（1）从求职者的身份不同分，可分为：毕业生求职信；待业、下岗人员的求职信；在岗者求职信。

（2）从求职对象的情况分，可分为：有明确单位的求职信（指求职者有确定的求职单位，求职信只是写给该单位，意欲在此单位谋职）；广泛性的求职信（指求职者无确定的求职单位，求职信是写给所有同类性质的单位）。

（二）求职信的写作

1. 求职信的结构与写法

求职信的写法明显不同于简历。它往往是针对特定单位或职位而写，针对性明显比简历强。它的主要目的是说明自己为什么适合前来应聘的这一工作，甚至为什么是这一职位的最佳人选。个人简历中的学历、工作经历、技能、个人目标等具体内容，求职信中都不宜过多涉及。

求职信的基本内容与格式，与普通书信类似，主要包括：

标题：即“求职信”或“自荐信”，写在正中。

称呼：顶格写，比一般书信要求更正规，一般采用通用的正式职务称呼，而且应注意准确无误，如“××主任”、“××校长”，并应加上“尊敬的”等礼貌用语。如果对方是高职称、高学历者，也可以称“××教授”、“××博士”之类，对方容易产生受敬重和亲切之感。总之，这种称呼须规范得体，一般不宜采用笼统空泛的“招聘负责人”或“先生（女士）”之类，更须避免“老前辈”、“老兄”、“大爷”、“大叔”、“大姨”之类不规范的称呼。

正文：首先一般应交代求职缘起，即自己获得这一求职信息的来源，包括广告宣传、新闻媒体、听人介绍、自己考察了解等。而且应尽量表现出一种欣喜之情:或欣然获知,或早有准备,或久已仰慕等,还可给应聘单位以适度肯定和赞扬。总之,力求一开头就体现出自己独有的特色,以吸引对方注意,并能留下较深印象。接下来一般应包括:自我简介、自荐目的、主要条件(优势)展示、自己的愿望与决心等。必须注意的是,这些基本情况,都只能择其要者,因为详细的情况都反映在简历中,这里应尽量避免过多重复,只能针对应聘单位和应聘职位具体甚至特别的情况去考虑,必须侧重展示自己胜任该职位的能力与条件,努力让对方感到并确信:眼前的你是值得重视并且是能够胜任这一职位的!如果觉得你是他需要的最佳人选,似乎"非你莫属",那你的求职自然就成功大半了!若能针对应聘职位提出一些自己独特的工作设想和实施方案,并能展示一下预期效果,情况更会非同一般了。如果再用自己以往在这方面的成果和业绩加以印证,那更是无异于给对方吃了"定心丸"。总之,这里应重点谈自己将为对方带来什么利益、创造什么效益以及自己对所聘职位具有什么独特优势等。而且内容必须真实可信,切忌随意"夸海口"、开"空头支票",或漫无边际地乱说一通。

结尾:主要可表达这么几层意思:1. 希望招聘方尽快给予答复并能给予自己面试机会,语气力求热情、诚恳、礼貌;2. 表达敬意和祝福之意;3. 告知自己的联系方法,并且务必明确具体,如果属于亲朋代转,则还须告知亲朋的姓名及与自己的关系等。

署名日期:直接署上自己正式的全名,写上日期。有附件时,末了还需注明附件名称与数量等。

总之,信的开头力求尽快抓住招聘者目光,引起他对自己的兴趣;结尾力求给人留下美好而较深的印象,但又切忌节外生枝、罗嗦繁琐。

2. 求职信写作注意事项

(1)突出中心。主要突出自己希望应聘什么职位;突出应聘这一职位自己具有哪些特长和优势,也就是说,突出自己的"卖点"——自己最大的价值、最大的能力、最有说服力的成就等。

(2)显示特色。求职信必须针对应聘单位和职位,努力挖掘自身独具特色的内容,力求"一分钟抓住对方"。

(3)用语得体。求职信在遣词造句方面必须得体,注意以请求和征询的口气,努力做到"自信而不狂妄,自谦而不自卑"。

(4)清晰美观。求职信的段落和语言应清晰简明,最好一段表达一个相对完整的意思,且段落不能太长;句式力求多用短句,少用长句;卷面和书写力求美观。

(5)追踪结果。求职信寄出去以后,可主动通过电话、电子邮件、书信、中间人或自己上门联系等,以追踪应聘结果。

（三）求职信例文

求职信

尊敬的领导：

您好！

我叫××，××大学××系××专业一名即将毕业的学生。从媒体以及与他人的接触中，我较详细地了解了贵单位的有关情况，从而十分仰慕贵单位，并对贵单位产生了浓厚的兴趣。如果有幸加入您的行列，我感到十分荣幸，定将竭尽全力为单位贡献自己的力量。

××大学具有悠久的历史和优良的传统，素以治学严谨、育人有方而著称，并且是我国××人才的重点培养基地，我所就读的××系还是全国××学科基地之一。在这样环境下的几年学习中，无论是在知识技能还是在个人品德修养方面，我都受益匪浅。

四年来，在师长的严格教育及自己的刻苦努力下，我具备了较扎实的专业基础知识，比较系统地掌握了××、××等有关理论；熟悉了涉外工作常用礼仪；具备了较好的英语听、说、读、写、译等能力；能熟练操作计算机办公软件。同时，我还利用课余时间广泛涉猎了不少××专业方面的书籍，通过考试，获得了××专业证书。

大学期间，我担任过班长、团支书等职务，具有较强的组织协调能力，工作多次受到领导和老师的表扬和好评。我多次获得奖学金，被评为学校“三好学生”和“优秀干部”各一次，还发表过几篇专业论文。

大学期间，我还积极参加多种有益的社会活动，抓住每一个机会锻炼提高自己，特别是获得过××专业的实际锻炼。大学四年，与优秀同学相处，我深深感到获益匪浅；生活、学习中的各种困难与挑战，让我不断成长和成熟。我深爱贵单位所从事的事业，特别希望应聘××职位。

尊敬的领导，我殷切地期望得到您的指教。无论您是否选择我，我都衷心感谢您对我的关注，并衷心祝愿您生活愉快、事业兴旺！

此致

敬礼！

求职人：贺××

2014年5月6日

【思考与练习】

1. 写作求职信、求职简历、求职广告有哪些要求？

2. 请根据你自己确定的求职目标和发布方式，为自己写作一份求职广告。

3. 请与同学评价、讨论几则大学生求职材料的优点和不足。

第二节　申论常考应用文体

一、书信

（一）书信概述

1. 书信的概念

书信，是一种应用文体，是用书面的形式和对方谈话交流，或用以向上级组织和领导反映情况、汇报思想、表达意愿，以及亲朋好友、同事之间等沟通感情、商讨事情、研究问题、传达信息等。书信是人们普遍使用的一种交际工具，它具有明确而特定的用途和接受对象，并有固定的或惯用的格式。

2. 书信的特点

书信在写作上主要有三大特点：

（1）沟通性

在所有的应用文体中，书信是最方便书写真情实感的文体，最能传达意愿表达沟通意图的文体。

（2）针对性

书信不但有明确的目的，而且还有特定的对象，因此无论是内容安排还是行文口吻，都表现出很强的针对性。

3. 书信的种类

书信可分为一般书信和专用书信两大类。

（1）一般书信，是与专用书信相对而言的，是指人们在日常生活中和亲友、同事之间的来往的书信。

（2）专用书信，是指在某个特定的场合中使用的具有专门用途的书信，如介绍信、慰问信、表扬信等。

我们这里介绍的是一般书信。

（二）书信写作

1. 书信的结构与写法

书信往往是由标题、称呼、问候语、正文、祝颂语、落款和日期所组成。

标题：日常交往中的书信，一般不用标题，但考试时必须注意标题。

称呼：根据写信人与收信人之间的关系来确定，平时怎么称呼就怎么称呼。其位置,于第一行顶格写,后面加冒号,单独作一行。

问候语:另起一行,前空两格,单独为一行。

正文:作者想写什么就写什么,可叙述,可抒情,可议论,也可说明等,内容因表达的需要而定。

祝颂语:写法多种多样,应因收信者的实际情况而定。当然比较通用的则是“此致、敬礼”。其位置有两种:一种是“此致”接着正文后面写,“敬礼”则另起一行顶格写;另一种是“此致”位于正文的另起一行,前空两格;“敬礼”则另起一行,顶格写,单独为一行。

落款与日期:落款位于敬礼的另起一行的右下方,后面空两格左右;日期则另起一行,与落款成上下对称。

2. 书信写作注意事项

(1)目的明确。书信适宜传情达意,但绝不能因此滥情。书信的写作,总是围绕具体的事情,体现实际的功用,因此,要紧紧围绕行文目的来做文章。

(2)注意礼仪。书信写作的主要功能是沟通,因此要根据受文对象恰当地表情达意,注意措辞的礼貌得体,以期加深理解,增进感情。

(三)书信例文

2011 年国家公务员考试《申论》第二题就是一封书信,题目的要求是:L 县政府拟进一步宣传寄宿制学校的办学模式,以期更好地提高办学效益和质量。请根据给定材料 3,以县教育局的名义草拟《给各村中小学生家长的一封信》。(20 分)要求:(1)内容具体,符合实际;(2)用语得体,通俗易懂;(3)不超过 400 字。

例文如下:

给各村中小学生家长的一封信

各位家长:

你好!

我县人口自然分布十分分散,这给学校建设带来很大的困难。以前我们采取的是全面开花的办学模式,这不仅分散了教学资源,还造成了浪费。

为了让孩子们有更好的学习环境和条件,我们决定撤并一些学校。这样一来孩子可能需要去更远的地方上学。为了解决这个问题,我们决定推行寄宿制。有的家长可能不愿意孩子离自己太远。大家的心情都可以理解。但是我们是否有想过,孩子迟早需要自己独立。寄宿能够从小培养他们的独立意识和能力,帮助他们成长壮大。有的家长可能会担心孩子的饮食和安全。这一点请大家放心,寄宿制的学校将采取严格的封闭式管理,使孩子有安定的环境。寄宿的费用问题大家也不用担心,我们努力地通过财政补贴,积极申请社会援助,将寄宿的费用降到最低。

家长们，知识就是力量，教育关系到孩子的未来，关系到家庭的幸福。希望大家积极配合我们的工作，让孩子有力量去托起明天的希望。

此致

敬礼

L县教育局

××年××月××日

二、倡议书

（一）倡议书概述

1. 倡议书的概念

倡议书是由个人或集体公开提出某种建议，希望公众响应，以期能共同完成某项任务或开展某项公益活动的专用文书。

倡议书一般采用公开张贴的形式，也可以给相关的单位或个人，还可以利用广播、报纸电视等媒体来刊播倡议书。

2. 倡议书的特点

（1）广泛性

倡议书面向的对象是广大群众，目的是鼓动更多的人响应倡议。从倡议的范围来看，是在一定的范围内公开提出倡议，是对一个单位、部门、行业、地区甚至全国发出倡议；从倡议的发起者来看，倡议者可以是个人，可以是群体，也可以是单位等。因而倡议书的使用具有广泛性。

（2）鼓动性

倡议书的目的是希望把倡议者的意见变为群众的自觉行为，因此，倡议书在内容上除了应选择大家所共同关注并有意义的事之外，应该具有号召性和鼓动性。

（二）倡议书的写作

1. 倡议书的结构和写法

书写格式和一般书信大致相同，由标题、称呼、正文、结尾、落款五部分组成。

标题：标题一般直接写“倡议书”三个字，也可以由倡议内容和文种共同组成，如《关于XX的倡议书》。

称呼：写称呼是为了明确倡议的对象，一般要依据倡议的对象而选用适当的称呼，如：“亲爱的同学们”、“广大的青少年朋友们”等。有的倡议书也可以省略称呼。

正文:这是倡议书的主体,可以分成两部分。第一部分要写明在什么情况下,为了什么目的而倡议,或倡议有哪些作用、意义。第二部分写明倡议的具体内容或要求做到的具体事项。此外,倡议的具体内容最好分成条块写出,这样清晰明确,一目了然。

结尾:结尾要表示倡议者的决心、希望或建议。

落款:在右下方署名发出倡议的集体或倡议者的姓名,另起一行署上发出倡议的时间。

2. 倡议书写作注意事项

(1)内容应当符合时代精神,切实可行,与国家的路线方针政策相一致;

(2)交代清楚背景、目的,有充分的理由;

(3)措辞贴切,情感真挚,富有鼓动性;

(4)篇幅不宜过长。

(三)倡议书例文

某市以市政府的名义要求市办公室起草一份"致全市公务员倡议书",意在号召全市公务员上下班步行、骑车或乘公交车,以推动公车改革。

例文如下:

致全市公务员倡议书

全市公务员同志们:

按照市委、市政府有关公车使用改革的精神,减少车辆使用费用,同时,为了缓解我市交通压力,结合我市实际情况,市政府决定开展全市公务员上、下班不坐公车活动。

步行、骑车或乘坐公共交通工具上、下班的好处有:

第一,增加了与群众的接触面,更好地了解民情,改善干群关系。

第二,减少公车使用,降低行政成本,利于破除奢侈浪费之风,从而能用更多的公共财政落实民生保障。

第三,上、下班时间正值交通高峰期,限制公车使用有利于缓解我市巨大的交通压力。

第四,减少机动车尾气排放,有利于我市达到节能减排要求。

同志们,公车改革利国利民,让我们在市委、市政府的坚强领导下,以此次活动为契机,从我做起,积极热心参与,努力实现公车改革的伟大目标,为构建我市和谐发展环境而努力奋斗。

全体公务员同志们,让我们立即行动起来吧!

××市政府办公室

××年××月××日

三、宣传稿

（一）宣传稿概述

1. 宣传稿的概念

公务员考试申论试题里出现需要考生撰写的宣传稿，一般情况是要求以什么身份或以什么名义为宣传栏目撰写关于什么的宣传稿。像这种宣传材料实际上也就是一篇完整的文章。它是为了宣传某种观念、思想，动员人们积极响应参与的宣传稿，可以出现在宣传栏目里，也可通过媒体进行宣传。

2. 宣传稿的特点

（1）宣传性

所谓宣传性，就是结合写作对象的特点，尽量挖掘出其中的亮点和特色，在受众面前树立起良好的形象。

（2）具体性

宣传材料要做好宣传的文章，就要结合对象的具体特性来写，不可抽象空洞地贴标签。

3. 宣传稿的种类

宣传稿根据划分的标准、内容、表现形式的不同，有很多不同的分类。不过，根据其表现形式来分，大致可分为：传统的印刷宣传材料，包括：文字宣传材料、宣传画册材料、宣传小册子、宣传专集、宣传单、宣传品等；现代高科技宣传材料，包括：幻灯、音像、视频、光盘等。

（二）宣传稿的写作

1. 宣传稿的结构与写法

宣传稿的结构包括：标题、正文、落款和日期。

标题：一般来说要求简短、精炼，有鼓动性。如关于保护环境卫生方面的宣传材料的标题，可用“城市是我家　保护靠大家”、“保护环境　从你我做起”等。

正文：包括两个部分：一是宣传的目的、缘由、依据等，即为什么要宣传，如：为什么要保护环境？二是宣传的事项，即宣传什么，如：如何保护环境？

落款和日期。根据要求，署上单位或个人名称、成文时间。

2. 宣传稿写作注意事项

（1）要实事求是地进行宣传。宣传亮点不等于拔高，更不能无中生有。添油加醋、添枝加叶甚至纯属虚构的宣传，最后的结果只能是适得其反。

（2）措辞要得体，褒贬要适度。过度的吹嘘，只会招致受众的反感。

（三）宣传稿例文

假定你是某街道办事处工作人员，请参考给定资料，为当地居民社区的宣传栏拟一份节水宣传材料。要求：1. 体现国家节约水资源的有关精神，说明为什么要节水；2. 简明、通俗，利于老百姓理解；3. 不超过400字。

例文如下：

节约用水　人人有责

我国的水资源紧缺，且分配严重不均，人均占有水资源量很小。当前，我国城市居民的水资源忧患意识和节约用水意识不强，长期养成的不良用水习惯严重；随着生活水平的提高，用水量增加，浪费现象严重；水价偏低，大量用水也不心疼，大部分居民没有实现一水多用，用水效率不高，城市非节水型用水器具大量存在。

因此，我们应该大力倡导节约用水和高效用水的理念，一方面，积极推广和使用节水器具，另一方面，广泛开展雨水收存、污水再生和中水利用。

××市××街道办事处

××年××月××日

四、建议

（一）建议概述

1. 建议的概念

建议，是个人或团体为开展某项工作、进行某项活动向有关部门或领导提出意见和建议的一种专用文书，也叫建议书。

2. 建议的特点

（1）具有可操作性

建议或建议书具有建议性的特点。主要呈报领导者或上级机关，起的是建议作用，它必须经过决策者的认同之后，把建议的有关内容变为文件，才能贯彻执行。因此，提出具有建设性的意见是建议的主要任务，并且要切实可行，具有可操作性。

（2）言辞中肯得体

建议是呈报给领导或上级机关的，行文时用语应注意分寸感，言辞要中肯得体，不能用过激的言辞，更不能情绪化地提出无理要求。

3. 建议的种类

按范围分，有工作事务、公益活动、国内事务、国际事务的建议；按用途分，有用于工作事务、政策法规、组织结构、工作程序、方式方法等各方面的建议。

(二)建议的写作

1. 建议的结构与写法

建议的写法,一般来说,包括标题、称呼、正文、落款和日期等。

标题:建议的标题有两种:一种是只写"建议"或"建议书";另一种是"建议的内容"加"建议"或"建议书",如:关于加强大学生校外租房管理的建议。

称呼:接受建议或建议书的机关、单位或领导的名称,其格式、写法与普通书信相同。

正文:通常包括为什么要建议(原因)、建议什么(事项或措施)、希望和要求三部分。

落款和日期:写法和普通书信相同。

2. 建议写作注意事项

(1)论说要充分。建议不具备约束性,不能强制执行,因而必须具备较强的说服力,才能使他人自愿接受认同自己的观点或要求。

(2)注意可行性。建议书提出的建议和要求,应是具体可行的,能够一条一条去做到,要力避空洞虚浮的建议。

(三)建议例文

假如你是某地区旅游局的工作人员,请你根据给定资料,指出现阶段我国红色旅游发展中存在的具体问题,并提出解决这些问题的建议,供上级有关部门参考。

例文如下:

关于发展我市红色旅游的建议

省旅游局:

近几年来,我市红色旅游取得了可喜的成绩,但也存在不少问题,主要表现在:许多革命老区地方经济薄弱,基础设施差,交通不便,电力供应不足,档次低;红色旅游地展示的内容雷同,形式单调,形成了大同小异的局面;红色旅游从业人员素质不高,解说不到位;红色旅游景区政出多门,管理秩序混乱。

针对这些问题,特提出如下建议:

一、投入资金来完善革命老区的基础设施建设。包括修建道路,保证电力供应,跟新通讯配套设备,修建旅游宾馆饭店等。

二、要充分凸显各旅游地的特点特色。通过创新,景点可以采取鲜活的历史演绎、生动的故事解说、现代的表现手段、游客的参与互动等,来增强红色旅游的文化内涵,实现可持续发展。

以上建议,敬请考虑。

××市旅游局

××年××月××日

五、意见

(一)意见概述

1. 意见的概念

意见适用于对重要问题提出见解和处理办法,下级机关对上级的某项决定提出见解可用意见,属于上行公文;上级部门关于某项工作对下级部门提出处理办法,要求其按办法开展工作,属于下行公文。

2. 意见的特点

(1)灵活性

意见可以是上级机关对下级机关提出指导性、规定性意见,为上行文;可以是下级机关对上级机关提出建设性的意见,为上行文;也可以用于平级机关互相行文,为平行文。由此可以看出,意见的行文方式、用途非常灵活。此外,意见的灵活性还体现在:对发文机关和主送机关的数量没有限制;意见可以和其他文体搭配行文,比如可以批转和转发意见。

(2)针对性

工作中如果存在亟须解决的问题或者必须克服的倾向,一般就会制发意见。意见提出的问题应该非常及时,分析问题也应该结合实际,提出的见解、办法应该符合实际情况,具有可操作性。

3. 意见的种类

(1)建议性意见,即针对某一具体工作或问题,向上级机关或相关部门提出自己的看法或建设性意见,给上级机关或相关部门改进工作提供参考。

(2)规定性意见,指上级机关印发的意见。对所属机关、组织和人员提出规范性的要求和措施,具有很强的规定性和强制性。

(3)指导性意见,指上级机关依据职权向下级机关传达指示、布置工作,阐明其指导思想、基本原则,提出工作思路和措施办法时使用的意见。具有指导性,但不具有强制性。

(二)意见的写作

1. 意见的结构与写法

标题:有两种写法,一是发文机关、事由、文种构成;二是事由、文种构成。

主送机关:一般情况下,意见应写明主送机关,但如果是涉及面较广的意见,则不需要写主送机关。

正文:主要有开头、主体部分和结尾三部分。

(1)开头。简要说明提出意见的目的、根据及背景。

(2)主体部分。主要阐明见解和处理办法等。由于主体部分事项较多,通常采用条款式的写法。

(3)结尾。通常用“以上意见供领导决策参考”、“以上意见仅供参考”、“以上意见如无不妥,请批转各地执行”、“以上意见,请结合实际情况贯彻执行”等语句,作为意见的结尾。有时也可以省略。

(4)发文机关、日期

必须写上发文机关名称以及发文日期,位置在文尾右下方,并且需要加盖公章。

2. 意见写作注意事项

(1)目标要明确。意见具有多属的性质,制发意见前,应确立目标,搞清楚针对什么问题,达到什么目的,以正确使用意见。

(2)语气要准确。由于意见是可上行、下行、平行的文种,因此,运用意见时,要根据行文对象准确把握语气。上行时,语气要温和谦恭;平行时,语气要平和委婉;下行时,语气要果断诚恳。

(三)意见例文

2011年湖南省公务员考试《申论》模拟试题三“假如你是某市环保局的一名工作人员,请以市政府的名义起草一份加强治理农村环境污染的工作意见”。

例文如下:

关于加强治理农村环境污染的工作意见

各县、市(县级市)、区人民政府:

“室内现代化,室外脏乱差”现已成为一些农村地区的真实写照。随着经济的发展,农民的生活是越来越好了,但农村的环境却是越来越差了。以前是“小桥、流水、人家”的农村,如今已变成倾倒垃圾的场所。我国农村日益严重的环境污染问题应引起全社会的共同关注。为了进一步加强治理农村环境污染,特提出如下工作意见:

一、加强对广大农民的宣传教育,提高环保意识,避免随处乱扔、随处乱倒现象的发生,从源头上控制污染。

二、完善健全在农村环境保护方面的法律法规。对农村生活污水污染防治、土壤污染防治、农用塑料薄膜污染防治等问题作出明确的规定。

三、政府加大资金投入来进行农村环境基础设施建设。环保部门要加大对农村的生活垃圾、污水、牲畜粪便、农业废物进行统一处理的力度,加快对工业污染源的治理力度,减少建在农村的工厂对环境的污染。

××市政府

××年××月××日

六、方案

(一)方案概述

1. 方案的概念

方案或工作方案,是指依照上级有关文件及精神对工作进行具体部署、安排或细化,以期指导实际工作、完成上级部署的任务。

2. 方案的特点

(1)广泛性

方案的应用很广泛,适用范围广。从适用的主体来看,既可以是各级的党政机关,也可以是企事业单位和各种社会团体。从方案的内容来说,涉及政治、经济、文化及人们的生活等各方面的内容。

(2)具体性

方案要把某项工作的内容、目标要求、实施的方法步骤以及领导保证、督促检查等各个环节都做出具体明确的安排。要落实到工作分几个阶段、什么时间开展、什么人来负责、领导及监督如何保障等,都要做出具体明确的安排。

(3)规定性

方案的制订有很强的规定性。方案的规定性表现在两个方面:一方面,实施方案要根据上级的有关文件及精神来制定,要根据所要实施的工作的目的、要求、工作的内容及单位的实际情况来制定,而不能是随意制定的。另一方面,方案一旦制定出来,制定机关及相关部门单位就要按照方案认真组织实施,具有强制性。

3. 方案的种类

根据内容不同可以分为综合性方案和专项性方案;根据时间长短可以分为长期方案、中期方案、年度方案、月度方案等;根据写作形式不同,可以分为条文式方案、表格式方案和条文表格结合式方案。

(二)方案的写作

1. 方案的结构与写法

标题:方案的标题可分为全称式和简明式两种,以全称式居多。全称式:单位、事由、文种三要素构成;简明式:事由、文种二要素构成。

署名、时间:大多列在标题之下、正文之上的特定位置。

正文部分:大都由两部分构成。

第一部分是导言或引语,简明扼要地交代方案制订的目的、意义和依据,一般是以“为了……根据……特制定本方案”的惯常形式来表述。

第二部分是方案的基本内容,主要包括三个方面:

(1)基本情况的交代。诸如重大活动的时间、地点、内容、方式、主题以及主办、协办单位等。其中,时间、地点、方式等应具体明确。

(2)对相关活动、相关工作按阶段或进程做具体的部署安排。

(3)对相关问题的处理与解决办法。

2. 方案写作注意事项

(1)注意可行性。方案的制作,要克服盲目性,事先要进行必要的调查研究,掌握情况,确定切实可行的目标,找出可能出现的困难、问题并想好解决办法。切忌空想和盲目自信。

(2)选择恰当的写作形式。如涉及数量时效性多的工作采用表格式;长期计划采用概要的、条文的方式。注意方案的合理、明晰,便于实施和检查。

(三)方案例文

某市正在研究全面贯彻落实《践行廉政准则、优化政治生态》的精神,请依据给定材料为其撰写一份《关于开展“践行廉政准则、优化政治生态”主题学习教育活动实施方案》的内容提纲。要求:措施建议合理可行、条理清楚,语言简练,字数不超过300字。(2010上半年·北京·《申论》第二题)

例文如下:

××市委宣传部关于开展
“践行廉政准则、优化政治生态”主题学习教育活动实施方案

(××年××月××日)

为扎实抓好我部“践行廉政准则、优化政治生态”主题学习教育活动,根据市委《关于开展“践行廉政准则、优化政治生态”主题学习教育活动实施方案》,特制定如下实施方案:

一、总体目标

认真开展“践行廉政准则、优化政治生态”主题学习教育活动,进一步巩固学习实践活动成果,促进我部机关党员领导干部加强党性修养和从政道德修养,坚定理想信念,打牢廉洁从政的思想政治基础,着力解决政治生态建设方面存在的突出问题,使党员领导干部廉洁从政意识进一步增强,工作作风进一步转变;使领导班子推动科学发展、促进社会和谐的能力进一步提升;使干部监督管理进一步严格,干事创业环境进一步改善,为打造承接产业转移示范区、实现我区科学发展新跨越提供坚强保证。

二、对象范围

本部科级以上党员领导干部。

三、方法步骤

主题学习教育活动从2010年4月底开始至2010年6月底结束,分动员学习、分析检查、整改提高三个阶段。

第一阶段:动员学习(2010年4月25日~5月9日)(正文略)

第二阶段:分析检查(5月10日~5月31日)(正文略)

第三阶段:整改提高(6月1日~6月30日)(正文略)

四、几点要求(正文略)

七、报告

(一)报告概述

1. 报告的概念

报告是下级机关向上级机关汇报工作、反映情况或答复上级机关询问时所使用的一种公文文种。它是一种上行文,也是一种陈述性公文,属于备案性质,不需要批复。

2. 报告的特点

(1)汇报性

报告是用来向上级机关汇报工作或情况的,行文采用的是"汇报性"语气。

(2)陈述性

报告要将本机关的工作或情况一一表述清楚。在表达方式上,一般只用叙述和说明来汇报事项。

3. 报告的种类

(1)工作报告

下级机关向上级机关汇报一定时期内工作进展情况的文种。它分为综合工作报告和专项工作报告,综合工作报告是对某一时期、某一阶段工作的总回顾,如《某某文学院2014年上学期工作情况报告》。专项工作报告是向上级机关汇报某一项工作、某一方面的情况、某一活动的报告,如《某某文学院2014年上学期学生管理工作情况报告》。这种报告内容比较单一,重点在"专"上,是一事一文的专门性报告。

(2)情况报告

主要用于反映情况。下级单位出现的新情况、新倾向、新苗头向上级报告,以便上级机关及时掌握,作出处理决策。与工作报告的区别在于:工作报告重在汇报做了哪些工作,是怎么做的,取得了哪些成绩,存在哪些问题,今后的打算;情况报告重在汇报新情况、新问题。

(3)答复报告

用来答复上级机关询问有关事项的报告,是一种被动行文的报告,须针对询问内容行文。

(二)报告的写作

1. 报告的结构与写法

报告的结构包括:标题、主送机关、正文、落款日期四个部分。

标题:报告的标题有两种。

(1)发文机关、事由和文种构成,如《某某市审计局关于审计工作的报告》。

(2)事由和文种构成,如《关于某某市场发生重大火灾事故的报告》。

主送机关:报告的主送机关常常是上级机关或者是有关的业务主管部门。报告的主送机关只能够写一个。

正文:报告的正文是由导语、主体、结尾三部分组成。

(1)导语。必须提纲挈领地交代报告的目的、写作背景、主要成绩、存在的主要问题等情况,然后用"现将有关情况报告如下"进行过渡,以引领下文。

(2)主体。报告的核心部分。重点是汇报工作的进展情况,总结工作经验,反映工作中存在的问题,以及今后的工作打算。按照报告的不同性质、不同内容,撰写时应有所侧重,不能面面俱到。

(3)结尾。是表示正文结束并提出请求的一句话。如果是呈报性的,就用"特此报告"结语。如果是呈转性的,一般用"以上报告如无不当(妥),请批转有关单位执行"结语。

落款日期:必须写上发文机关名称以及发文日期,位置在文尾右下方,并且需要加盖公章。

2. 报告写作注意事项

(1)注重真实性。报告事项务必真实,有喜报喜,有忧报忧。

(2)注重时效性。报告要及时向上级机关反映工作与情况。过了时,报告也就失去了意义。

(3)报告不得夹带请示事项。报告是报告,请示是请示,报告中不得夹带请示事项。

（三）报告例文

为贯彻落实2010年中央一号文件，某市近期将着重解决新生代农民工问题，请你以该市政府办公室人员身份将资料所反映的新生代农民工的情况整理出来，供领导审阅。

例文如下：

关于解决新生代农民工问题的报告

某市人民政府：

为了贯彻落实2010年中央一号文件，着重解决我市新生代农民工问题，我市将着重解决新生代农民工存在的问题，现将有关情况报告如下：

我市“新生代农民工”主要是指“80后”、“90后”。他们较老一代农民工有了很大的差别：受教育程度明显提高，眼界开阔，知识丰富，对新技术、新思想的接受能力很强；同时，他们善于运用法律武器来维护自身的合法权益；在寻找工作方面，也不再仅仅局限于工资的高低，而更看重个人的长远发展。

但新生代农民工还存在一定的问题：一是新生代农民工的犯罪比重逐步增加；二是新生代农民工群体仍是城市里的一座孤岛。

产生这些问题的原因是多方面的，但主要原因有：一是新生代农民工大多文化程度不高，家庭经济不富裕，父母忙于工作而疏于管理，以致他们染上社会许多不良风气，导致犯罪率增高；二是高昂的房价和生活成本，使得新生代农民工难以承受生活重担；三是他们无法获得城市户籍，因此无法享受城市人的权利和福利。

特此报告。

××市政府办公室

××年××月××日

八、大事记

（一）大事记概述

1. 大事记的概念

大事记是各级党政机关、人民团体、企事业单位用来记载一定历史时期内发生的重要事件的历史资料性的应用文体。

大事记是按时间顺序简要、系统地记录本机关、本单位主要活动的文字资料，它有利于日后总结经验教训，了解本单位的发展历史。

2. 大事记的特点

（1）以时系事

所谓"以时系事",就是指大事记严格按照事件发生的时间先后记事,同时又不是呆板地按照时间顺序记录组织的"流水账",而是将组织在一定时间内发生的各类事件,有选择、有主次地加以整理,然后予以记录。

(2)述而不评

大事记重在记,述而不评是其特点。大事记只是忠实地记录事实,客观地反映历史,通常不做评论。

(3)行文简约

大事记文辞平实,不用描写,力求文字朴实,言简意明,只求真实、客观、全面记录事件。

3. 大事记的种类

根据使用范围,可以分为单位大事记和专项工作大事记两个大类。

(二)大事记的写作

1. 大事记的结构与写法

大事记的结构分为标题、正文两部分。

标题:大事记的标题通常有如下四种:制文单位、事由、文种,如《某某计算机学院软件开发大事记》;制文单位、文种,如《某某研究所大事记》;事由、文种,如《工程建设大事记》;制文单位、时间、文种,如某某文学院2014年大事记。

正文:正文一般分条记叙,每条独立一段,先标明具体月、日,然后记下当日发生的大事。

大事记与其他文件的写作不同,它一般不是一次起草而成,而是一个积累的过程。各单位的大事记可以作为某系统或上级单位编辑整理大事记参考之用。

大事记一般主要记本机关的组织变动情况、重要会议、上级机关的领导活动、本机关组织的主要活动等,要求提纲挈领、文字简洁、真实准确。

2. 大事记写作注意事项

(1)实事求是,准确无误。

写作大事记,必须客观真实,实事求是,不能歪曲、隐瞒历史真相;同时要有一丝不苟的严谨作风,认认真真写好大事记,做到时间准确、事件准确。

(2)精心筛选,疏而不漏

写大事记,一定要认真筛选记事的内容,做到有大事则记,无大事就不记,使大事记"名副其实"。

(3)专人负责,随时记载

大事记的写作应该由专人负责,把发生的各类事件随时记录下来,按时加以整理。

(三)大事记例文

中共××市委2013年12月大事记

12月1日,×××、×××及市政府有关部门负责同志,与部分市属大中型企业的领导人就改革中的问题进行座谈。

12月2日至8日,市委、市政府领导×××、×××、×××、×××、×××等带领市直有关部门负责同志,就贯彻十三大精神、今年经济形势、明年工作安排,分南北两组到13个县区现场办公,调查研究,听取工作中亟待解决的问题。

12月9日,(1)上午书记办公会,研究召开市委四届五次全会有关事宜。(2)军分区、团市委联合召开"青年民兵之家"建设表彰大会,×××、×××、×××出席会议,×××同志讲了话。

12月10日至12日,常委扩大会,(1)听取房改办去京汇报情况,研究房改试行方案。(2)汇报下乡现场办公情况,研究县区所提问题的解决意见,特别是对资金短缺问题,会议责成人行牵头组织专业银行拿出具体解决办法。

12月9日至24日,省委派工作组来考评市级领导干部,其间先后同市、县、区和部分大中企业等单位70余人座谈,征求意见。

12月12日,市委书记×××同志主持市级领导干部测评投票会议。

12月25日至26日,民盟举行第五次代表大会,市委副书记×××同志到会祝贺。

12月28日,书记办公会,研究明年1月份工作。

12月30日,市委宣传部发出通知,要求全市人民移风易俗,过文明健康的新年、春节。

九、调查问卷

(一)调查问卷概述

1. 调查问卷的概念

调查问卷又称调查表或询问表,是以问题的形式系统地记载调查内容的一种文体。问卷可以是表格式、卡片式或簿记式。设计问卷,是询问调查的关键。完美的问卷必须具备两个功能,即能将问题传达给被问的人和使被问者乐于回答。要完成这两个功能,问卷设计时应当遵循一定的原则和程序,运用一定的技巧。

2. 调查问卷的特点

(1)目的性

调查问卷要有明确的主题。根据主题,从实际出发拟题,问题目的明确,重点突出,没有可有可无的问题。

(2)逻辑性

调查问卷问题的排列应有一定的逻辑顺序,符合应答者的思维程序。一般是先易后难、先简后繁、先具体后抽象。

(3)简明性

调查问卷应使应答者一目了然,并愿意如实回答。问卷中问题符合应答者的理解能力和认识能力,避免使用专业术语。对敏感性问题采取一定的技巧调查,使问卷具有合理性和可答性,避免主观性和暗示性,以免答案失真。

3. 调查问卷的类型

可以从不同角度进行划分。如按问题答案划分,可以分为结构式、半结构式、开放式三种;如按调查方式划分,可以分为访问问卷和自填问卷;如按问卷用途分,则分为甄别问卷、调查问卷和回访问卷等。

(1)按问题答案划分

问卷可分为结构式、开放式、半结构式三种基本类型。

结构式:通常也称为封闭式或闭口式。这种问卷的答案是研究者在问卷上早已确定的,由回卷者认真选择一个回答划上圈或打上钩就可以了。

开放式:也称之为开口式。这种问卷不设置固定的答案,让回卷者自由发挥。

半结构式:这种问卷介乎于结构式和开放式两者之间,问题的答案既有固定的、标准的,也有让回卷者自由发挥的,吸取了两者的长处。这类问卷在实际调查中运用得还是比较广泛的。

(2)按调查方式分

可分为自填问卷和访问问卷。自填问卷是由被访者自己填答的问卷。访问问卷是访问员通过采访被采访者由访问员填答的问卷。自填式问卷由于发送的方式不同而又分为发送问卷和邮寄问卷两类。发送问卷是由调查员直接将问卷送到被访问者手中,并由调查员直接回收的调查形式。而邮寄问卷是由调查单位直接邮寄给被访者,被访者自己填答后,再邮寄回调查单位的调查形式。

(3)按问卷用途分

包括三种类型的问卷,即甄别问卷、调查问卷和回访问卷(复核问卷)。

甄别问卷:甄别问卷是为了保证调查的被访者确实是调查产品的目标消费者而设计的一组问题。它一般包括对个体自然状态变量的排除、对产品适用性的排除、对产品使用频率的排除、对产品评价有特殊影响状态的排除和对调查拒绝的排除五个方面。

调查问卷:调查问卷是问卷调查最基本的方面,也是研究的主体形式。任何调查,可以没有甄别问卷,也可以没有复核问卷,但是必须有调查问卷,它是分析的基础。

回访问卷:回访问卷,又称复核问卷,是指为了检查调查员是否按照访问要求进行调查而设计的一种监督形式问卷。它是由卷首语、甄别问卷的所有问题和调查问卷中的一些关键性问题所组成。具体实例见甄别问卷。

(二)调查问卷的写作

1. 调查问卷的结构和写法

问卷表的一般结构有标题、说明、主体、编码号、致谢语和实验记录等6项。

标题:每份问卷都有一个研究主题。研究者应开宗明义定个题目,反映这个研究主题,使人一目了然,增强填答者的兴趣和责任感,例如,“厂级干部推荐表”,这个问卷的标题,把该厂人事部门的调查内容和范围反映出来了。又如,“中国互联网发展状况及趋势调查”这个标题,把调查对象和调查中心内容和盘托出,十分鲜明。我们在这里提这个常识性问题并不是多此一举,在实际工作中,有的同志不注意问卷的标题,要么没有标题,要么列一个放之四海而通用的标题。

说明:问卷前面应有一个说明。这个说明可以是一封致调查对象的信,也可以是指导语,说明这个调查的目的和意义,填答问卷的要求和注意事项,下面同时填上调查单位名称和年月日。

问卷开头主要包括引言和注释,是对问卷的情况说明。

引言应包括调查的目的、意义、主要内容,调查的组织单位,调查结果的使用者、保密措施等。其目的在于引起受访者对填答问卷的重视和兴趣,使其对调查给予积极支持和合作。

引言一般放在问卷的开头,篇幅宜小不宜大。访问式问卷的开头一般非常简短;自填式问卷的开头可以长一些,但一般以不超过两三百字为佳。

主体:这是研究主题的具体化,是问卷的核心部分。问题和答案是问卷的主体。从形式上看,问题可分为开放式和封闭式两种。从内容上看,可以分为事实性问题、意见性问题、断定性问题、假设性问题和敏感性问题等。

编码号:并不是所有问卷都需要的项目。规模较大又需要运用电子计算机统计分析的调查,要求所有的资料数量化,与此相适应的问卷就要增加一项编码号内容。也就是在问卷主体内容的右边留一统一的空白,按顺序编上1,2,3……的号码(中间用一条竖线分开),用以填写答案的代码。整个问卷有多少种答案,就要有多少个编码号。如果一个问题有一个答案,就占用一个编码号,如果一个问题有3种答案,则需要占用3个编码号。答案的代码由研究考核后填写在编码号右边的横线上。

致谢语:为了表示对调查对象真诚合作的谢意,研究者应当在问卷的末端写上感谢的话,如果前面的说明已经有表示感谢的话语,那末端可不用。

实验记录:其作用是用以记录调查完成的情况和需要复查、校订的问题,格式和要求都比较灵活,调查访问员和校查者均在上面签写姓名和日期。

以上问卷的基本项目,是要求比较完整的问卷所应有的结构内容,但通常使用的如征询意见及一般调查问卷可以简单些,有一个标题、主题内容和致谢语及调查研究单位就行了。

2. 调查问卷写作注意事项

(1)多用普通用语、语法,对专门术语必须加以解释。

(2)要避免一句话中使用两个以上的同类概念或双重否定语。

(3)要防止诱导性、暗示性的问题,以免影响回卷者的思考。

(4)问及敏感性的问题时要讲究技巧。

(5)行文要浅显易读,要考虑到回卷者的知识水准及文化程度,不要超过回卷者的领悟能力。

(6)可运用方言,访问时更是如此。

(三)调查问卷例文

满意度调查问卷

尊敬的业主:

春去秋来,四季流转,××物业为您服务已经×年多了。在这些日子里,我们一直致力于为您提供高档优质的服务,随着服务的不断细化和升级,我们也积累了丰富的管理实践经验,逐渐形成了适合于本小区的服务标准,本次调查中我们将针对这些标准征询您的意见,请在您认为的选项上打"√"。希望您在百忙之中完成调查,并于××××年××月××日前将问卷交到门卫处。谢谢!

姓名:×× 住址:××楼××单元××号 电话:××××××

1. 综合管理服务类

(1)××物业要求所有管理服务人员统一着装、佩戴标志、行为规范、服务热情,您是否满意?

A. 满意 B. 不满意

(2)您知道我们设有24小时服务投诉电话吗?(××××××××)

A. 知道 B. 不知道 C. 知道电话,但不知道是24小时服务

(3)在进行日常的维修后,××物业要求填写一份《维修单》,您是否填过?

A. 填过 B. 没填过 C. 没有请物业进行过维修

(4)××物业还为每位业主建立了一套较为完整的档案,包括装修、住户资料等,您认为这有必要吗?

A. 有必要 B. 没必要 C. 无所谓

(5)我们将对本次调查中提出的意见、问题进行入户走访,您是否愿意接受我们的走访?

A.愿意 B.不愿意 C.最好用其他方式

2.楼道保洁服务类

(1)您对××物业的室内保洁工作是否满意?

A.满意 B.较满意 C.较不满意 D.不满意

(2)物业保洁服务目前执行国家一级标准,您认为按照此标准进行的保洁服务清洁程度如何?

A. 非常好 B. 较好 C. 一般 D. 不好

3.秩序维护服务类

(1)××物业目前严格控制外来人员、小商小贩、闲杂人员入内,您认为这样做是否影响了您的正常生活?

A.影响,应该随意放行 B.不影响,这样更安全 C.有点麻烦,但能接受

(2)为了保证小区内机动车辆停放安全,目前不允许外来无证车辆长期停放,您认为这样做合理吗?

A.合理 B.不合理 C.其他

(3)××物业每月都派专人对消防栓进行一次检查,您认为这样做有必要吗?

A.有必要 B.没必要

(4)××物业每周都要对小区内的安全防范警示标志进行巡视,您认为这有必要吗?

A.有必要 B.没必要

4.室外卫生及绿化的服务类

(1)小区的室外道路每天清扫一次,巡视两次,您认为清洁程度如何?

A.很干净 B.干净 C.不干净 D.很不干净

(2)××物业每年对二次水箱进行两次清洗消毒,您认为合适吗?

A.合适 B.不合适 C.符合国家要求就行

(3)您对××小区的整体绿化是否满意?

A.满意 B.较满意 C.较不满意 D.不满意

(4)您认为小区内的乔木、灌木是否修剪及时?

A.及时 B.不及时 C.其他

(5)您认为小区绿地内卫生保持得如何?

A.很好 B.一般 C.不好

5.水电维修类

(1)小区内的设备都建立有设备台账,对设备的维修保养更新都进行记录,您认为有必要吗?

A. 有必要　B. 没必要　C. 无所谓

(2)每位物业服务人员都有义务对小区周边环境,如便道、门窗等的情况巡视、察看,您认为这样巡视是否到位?

A. 到位　B. 不到位　C. 无所谓

(3)在供热期间,换热站内物业安排有专人24小时值班,每两个小时都要对设备运行情况检查记录一次,您对这样的安排是否满意?

A. 满意　B. 不满意　C. 符合国家规定就行

(4)××物业每半年要对小区的房屋结构检查一次,并记录,您认为合理吗?

A. 合理　B. 不合理　C. 其他

(5)您对××小区的水电维修工作是否感到满意?

A. 满意　B. 较满意　C. 较不满意　D. 不满意

6. 其他

(1)与本市的其他住宅小区物业公司相比,您认为我们的整体服务水平属于哪个层次?

A. 高档　B. 中档　C. 低档

(2)您对目前小区活动室提供的娱乐项目是否满意?

A. 很不满意　B. 较不满意　C. 一般　D. 较满意　E. 很满意

【思考与练习】

1. 2011年湖南省公务员考试《申论》真题第三题:假定你是某街道办事处的一名工作人员,请根据"给定资料6—8"拟写一份《某街道办事处关于改进老年人服务工作的指导意见》。要求:文字简明、分条撰写、有指导性与可行性,不超过400字。

2. 2012年湖南省公务员考试《申论》真题第三题:为了维护M县的声誉,挽回"虐猫事件"造成的负面影响,请以M县政府的名义就"虐猫事件"的处理情况写一份宣传稿,在县人民政府网站上公布。要求:态度诚恳,对象明确;内容全面,条理清楚;不超过500字。

3. 2013年湖南省公务员考试《申论》真题第三题:假如你是某企业的一名工会干部,在学习了"给定资料7"后,请你写一个倡议书,号召爱岗敬业、积极创新。要求:定位准确,语言生动,具有号召力,不超过400字。

4. 2012年国家公务员考试《申论》真题第二题:A市F区在全区范围内开展"居民安全文化教育"活动。请根据给定资料,从"安全文化理念"、"增强安全意识"、"日常安全须知"三个方面为社区的宣传栏写一份宣传稿。要求:(1)内容具体,针对性强;(2)用语恰当,通俗易懂;(3)不超过500字。

5. 2012 年国家公务员考试《申论》真题第三题：给定资料 4 反映了 T 市市民出行中存在的许多问题，假定你是市交管局聘请的观察员，请就这些问题提出解决建议，呈送市政府有关部门参考。要求：(1)对存在的问题概括准确、扼要；(2)所提建议具体简明、有针对性、切实可行；(3)不超过 400 字。

6. 2013 年国家公务员考试《申论》真题第四题：假如你是 H 县文化局的干部，要在有村官和社区工作人员参加的培训班上做一次关于繁荣和发展社会主义文化的讲座，综合“给定资料 8”中提供的信息，你认为应该重点讲几方面的内容？要求：紧扣“给定资料”，分条作答，观点明确，有针对性，不得摘抄原文。不超过 300 字。

第三节 申 论

一、申论概述

(一) 申论的概念

申论作为国家公务人员选拔的一种能力测试，是有其历史渊源的。它是对封建社会科举制度的一次扬弃。“申”即“申述”、“引申”；“论”就是阐述观点。“申论”就是对某一事物提出自己的看法并为此进行论述和表明观点、意图。作为一种对人才的选拔方式，最早来源于汉代“对策”。“对策者，应诏而陈政也”，应试者通常把自己的见解和策略以密封的形式向帝王呈送，根据帝王的要求陈述各种政见，以提出治理国家的策略和见解。对于这种文体特点，刘勰在《文心雕龙 · 议对》中，作出了精辟的概括：“对策揄扬，大明治道。使事深于政术，理密于时务，酌三五以熔世，而非迂缓之高谈；驭权变以拯俗，而非刻薄之伪论；风恢恢而能远，流洋洋而不溢，王庭之美对也。”这说明，对策要宣扬治国之道，精深于政治变化，符合时代要求，不能高谈阔论或浅薄虚假。

(二) 申论的特点

1.《申论》考试的背景资料具有普遍性

作为一名合格的公务员，必须对社会的各个方面都有所了解，有所认识，有所思考。公务员录用考试，比较注重应试者实际能力的考查，考试内容并不局限于某一方面，对政治、经济、法律、文化等均有涉及，一般都是社会热点或者大众媒体关注的焦点，即背景资料不生僻，具有普遍性；另一方面，《申论》试题表述明确，涉及的内容、观点和问题对每个考生都很公平，每个考生都能根据自己的实际情况和对背景资料的认识有感而发，即《申论》考试对不同专业的考生都是公平的，具有普遍性。

2.《申论》的题目具有很强的针对性

针对性和可行性是《申论》考试的精髓，找准了答题的突破口，就能较好地构建答题的思路和完成论证。因此，考生应仔细地阅读给定背景资料，不要匆忙作答和写作。只有在把握背景资料本质内容的基础上，抓住重点，条分缕析，才能使回答和论证更富有表现力和说服力。否则，只能是四处出击，尽管洋洋洒洒，长篇论道，但却不得要领，事倍功半。

3.《申论》考试的作答方式具有灵活性

《申论》考试要求考生根据不同的背景资料、不同的提问内容和方式，具体问题具体分析，不循规蹈矩并巧妙地解决所问问题，提出应对措施和解决方案。同是《申论》考试，不同的结构和内容要求考生灵活处理，而不能墨守成规，千篇一律。

二、申论写作

(一)申论的结构与写法

申论的结构包括三个部分：提出问题、分析问题、解决问题。

1. 提出论点

这是文章的开头，根据给定资料提出论点。如2010年国家公务员考试的申论作文题是《海洋的健康》。那么，这篇文章的论点就是“要保护海洋的健康”。论点应开门见山，篇幅在100—200字左右。

2. 分析原因

这是文章的第二部分，分析、阐述论点的意义、重要性或必要性等。如论点是“要保护海洋的健康”，那么，这一部分就必须分析为什么要保护海洋的健康。原因分析应深透，篇幅又不宜太长，200—300字左右。

3. 解决问题

这是文章的重点、主体部分，也是解决问题的具体措施(对策)。如论点是“要保护海洋的健康”，那么，这一部分就是如何保护海洋的健康。篇幅在500—700字之间，措施不宜太多，三四点即可。

(二)申论应考需注意的事项

1. 字迹要工整，美观，给评阅者留下好印象

我们大家知道，参加考试的人那么多，试卷那么多，而参加阅读的老师专家就那么几个，他们要在规定的时间里阅完卷，不可能对每一篇文章一字一句地仔细审

阅。如果碰到字迹工整、美观大方的试卷,阅卷老师自然会多看上几眼,给分的时候无形之中就高打那么3—5分;如果碰上字迹潦草的试卷,难免会胡乱给个分数,其分值绝对要低于试卷实际分值。此外,字号不要太大,应为方格的三分之二,抵方格的下线书写。

2. 审题准

审题准,指的是要精确无误了解题意、把握试题要求。如:2011年湖南省公务员考试申论第二大题"'给定材料5'提到了某市在人口普查工作中遇到的主要问题,假设你是一名普查员,请你提出解决这些问题的具体措施"。如果光看题目,似乎只有一答,只要回答"解决这些问题的具体措施"。很多考生在考试的时候,也是这样,只回答了"具体措施"。然而,再看看题目的要求"问题明确、措施得当、具有针对性,分条作答,不超过300字",就会明白,这是两答,既要求考生回答"问题",而且要求考生回答"解决问题的具体措施"。这类题目,可以说是出题者故意设置了陷阱,意在测试考生是否细心。碰到这类题目,一定要细,因为粗心大意往往搞错,丢分也就势在必然。

3. 紧扣材料得高分

申论开考后,考生最好花半个小时(试卷上有规定40分钟)先把材料和题目读懂看透,必要时可用笔在试卷上画出重点、写上提示语,对材料进行分析概括。尤其是最后一道作文题,最好列一个大致的提纲再动笔。答题时用语要简洁准确,段落层次分明(把答题重点写在每一段的头句),字数不要超限制,确保给阅卷考官留下一个好印象。

特别应该注意的是:答题要紧扣材料。很多考生答申论都会事先准备好一套答题模式,尤其碰上猜中的题目,会立马按自己的思路照搬上去。但申论要求的是紧扣材料,有时可以直接把材料中的原句抄到答案中,因为材料中本身有很多与答案相关的文字,甚至就是答案。如果想当然,瞎编材料(不紧扣材料),就很容易走题。

4. 行文应朴实、准确、严谨,切忌过分追求文采

申论写作是一种务实的写作,其风格是朴实、严谨的。申论标题(题目)拟制应求准、求稳,不要过分追求标新立异,因为风险极大,如果稍有不慎,就将前功尽弃,因此,拟制标题,应该老老实实,拟制比较实在的标题。当然,标题应该干脆明了、精炼,同时,又能体现全文的主题。正文写作,只要求"观点鲜明、材料充分、逻辑性强、语言流畅"就可以了。

总之,在拟题、布局谋篇、语言表达等方面,千万不要过分追求新颖或语言的华丽,也就是说,千万不要把申论写作当成文学作品来写。如果这样,那就是申论写作的最大失误。

三、申论例题

2014 年湖南省公务员考试《申论》试卷

满分:100 分　　时限:150 分

注意事项

1. 本题本由给定资料与申论要求两部分构成。总分 100 分,考试时限为 150 分钟。其中,阅读给定资料参考时限为 40 分钟,作答参考时限为 110 分钟。

2. 请在题本、答题卡指定位置上用黑色字迹的钢笔或签字笔填写自己的姓名和准考证号,并用 2B 铅笔在准考证号对应的数字上填涂。

3. 请用黑色字迹的钢笔或签字笔在答题卡上指定的区域内作答,超出答题区域的作答无效!

4. 待监考人员宣布考试开始后,你才可以开始答题。

5. 所有题目一律使用现代汉语作答。未按要求作答的,不得分。

6. 监考人员宣布考试结束时,考生应立即停止作答,将题本、答题卡和草稿纸都翻过来留在桌上,待监考人员确认数量无误,允许离开后,方可离开。

7. 严禁折叠答题卡。

材料 1:

"真的太美了！能把它送给我吗?"

"天哪,这是用剪刀剪出来的吗？太神奇了!"

这样的赞美,每一个看到高清红剪纸的人,都会不由自主地发出惊叹!

人群中的高清红与普通的中年妇女并无二致,但只要给她一张纸,一把剪刀,她仿佛顷刻间就拥有了化腐朽为神奇的魔力。

"我是为剪纸而生的。"因为有了剪纸,高清红的人生道路从此不同。

广灵剪纸作为中国民间剪纸三大流派之一,以彩色剪纸为特色,每件作品经 20 余道工序成形,是集绘画、色彩、镂雕于一体的手工艺术品,被誉为"中华民间艺术一绝"。2009 年广灵剪纸作为中国剪纸的部分申报项目,被联合国教科文组织列入人类非物质文化遗产代表作名录。

广灵剪纸传到高清红这里,已经是第六代了,和身边很多同龄人一样,高中毕业后高清红走上了工作岗位。然后 1996 年她所在的县水泥厂因企业效益滑坡,她只得被迫下岗。一次偶然的机会,她听说 20 世纪 80 年代广灵剪纸的主要创作生产基地广灵工艺美术厂倒闭了,她心底埋藏多年的那个儿时的"剪纸梦"突然萌动了,于是,追随梦想的召唤,青红剪纸艺术有限公司应运而生。作为广灵民间剪纸艺术的带头人，高清红开始带领广灵剪纸走上民间文化产业化的道路。

从“一年一枯荣、岁岁上窗棂”的窗花做起，青红公司规模越做越大，层次越做越高，单色的变成了多彩的，民间的变成了民族的，由高清红创新的“剪纸加减法”让构图跃然纸上，出图力透纸背，把传统的广灵剪纸艺术推到了创作新阶段，在众多形式的剪纸中独成一家。据了解，广灵剪纸中难度最大的多层剪纸，高清红目前已经可以剪到八层，这在全世界也是绝无仅有的。而在民间，她的多幅作品的市场价已达数万元。

不再是传统福寿禄禧和飞禽走兽，高清红的剪纸瞄准了更广的文化经典：历时半年完工的长达数米的《清河上河图》以精湛的刀工艺术将北宋时期的繁荣市井刻画得惟妙惟肖；色彩明艳的《醉迷红楼十二金钗》让曹雪芹笔下的12位古典美人生动传神。2013年，当联合国秘书长潘基文收到高清红为其创作的剪纸肖像礼品时赞不绝口，连连说：“太神奇了，比我本人还漂亮。”

青红剪纸愈剪愈美，作品也愈传愈远。如今的广灵青红剪纸公司被山西省大同市指定为“民间手工艺术专业公司”和旅游产品定点生产公司，在全国各地开设了10余个展厅和办事处，而青红剪纸不仅走进了北京奥运会、上海世博会，也随着中国的文化开放走向了国际舞台，每年实现产能1500万元，出口创汇100万美元。

产品走出了国门，高清红的心却在广灵。“中国剪纸是中国民间文化的一部分，但发展道路却很艰难，多年来难登大雅之堂。为了保护传统文化，让传统文化焕发出新的活力，我们采用‘公司+基地+农户’的形式，带领全县上万农民从事剪纸产业，还专门建立了广灵县剪纸产业文化园，用市场的力量唤醒传统文化。”高清红告诉记者，前不久，他们与国际生态安全合作组织和联合国青年技术培训组织共同创办了“国际青年就业技能培训基地”，组织培训剪纸人才1万多人；同时还成立了剪纸民间艺术协会，与多个国际组织合作，力图将中国民间艺术推向国际市场。2013年7月，高清红带着剪纸作品《清明上河图》全卷走入联合国，受到联合国秘书长潘基文和联合国教科文组织总干事伊莉娜博科娃的高度赞赏。

“事实证明，中国传统文化是能在市场上占据一席之地的，但是这条路并不好走，规模也比较小，市场认可度仍有待提升。”高清红呼吁社会更多地关注民间文化，为传统文化与现代城市创造更多的对接平台，只有这样，传统文化才能真正走向市场、发扬光大。

材料2：

中国曾一度被称为“世界加工厂”，为“洋品牌”贴牌生产，即为大品牌做代工，几乎成了国内众多鞋、服企业的必经之路。而N市BL集团却在时尚产业相当发达的韩国、法国找到甘心为自己做贴牌的大牌制造商。“洋品牌”能为中国企业贴牌生产，这是中国企业品牌发展之路的一个重要里程碑，标志着中国企业拉开了品牌输出的序幕。

S公司是韩国名列前三甲的皮鞋生产企业，也是一家只为韩国顶级皮鞋品牌代工的制造商。然而就是这样一家颇具实力的大牌企业，如今却为BL集团做起了贴牌加工。S公司按照BL的设计要求，为后者设计生产“XX”品牌的高档女鞋。

BL集团用行动说明，目前，中国鞋业已经由注重使用价值，过渡到追求文化审美价值的不断提高。品牌除了使用价值，更多地包含文化审美等附加值，文化审美价值越集中，越能讨消费群喜欢；针对定位群表达的文化审美内容越多，品牌越成功。我国正处于经济发展的上升期，国内消费者对时尚的追求以及购买力都在逐年提高，这正是国内企业打响原创品牌的好机会。一旦在国内市场获得成功，离国际品牌的距离也就不远了。

专家指出，在产品同质化的今天，品牌竞争力包含了企业在资源、能力、技术、管理、营销、人力资源等方面的综合优势，是形成并实现企业可持续增长的动力源泉，是企业核心竞争力最持久的外在表现。未来，中国商品价格的增值点将主要依靠品牌建设。从中国制造到中国创造再到中国品牌，中国品牌必须摈弃长期奉行的以产量取胜的低赢利扩张模式，转而进行全方位品牌经营和世界顶级品牌营销战略的努力。从品牌输入到品牌的输出，使中国品牌无形资产扩大，国际市场地位大幅提升。

中国H集团董事长F目前坦言：世界各国都在探寻支撑中国经济增长背后那只看不见的手——中国文化，这意味着中国进行文化输出并借机升级中国品牌的时代已经来临。

F认为，目前，中国制造在世界上很多领域都没有话语权。中国是世界上羊毛使用量最多的国家，但中国羊毛产业在国际羊毛领域没有话语权；中国是制造大国，产品遍布世界各个角落，但相当多中国制造产品却没有定价权。同时，国产品牌走出国门不是受阻就是消化不良，究其原因，关键在于中国品牌的文化元素没有得到国际上的认可。F强调，文化在品牌的国际化中扮演着重要的角色。因此，主动和系统地输出文化，能够消除经济全球化所带来的不利影响，而且能为企业国际化进程加速、助力。对于中国企业来讲，在用功能满足国际市场的需求之前，先要满足对其文化的认同。

材料3：

大批赴美志愿者汉语教师在美国校园和社区内担任着文化使者的角色。来自四川的高中教师小琼就是其中之一。为期一年的赴美教学经验给她、她的美国学生乃至美国“街坊邻居”都留下珍贵记忆。

小琼在俄克拉荷马州一座小城执教，借住在一对老夫妇家中。小城只有一家沃尔玛超市。用男主人加里的话说，“全镇人几乎相互都认识”。这个四川姑娘每次出门都会被当地人认出来，很多人都会友善地同她打招呼。

文化交流归根结底是人的交流、感情的交融。小琼说，和其他汉语教师一样，小琼也配备了介绍中国文化的“资源包”，内容从神话故事、历史名人到古典名著不一而足。不过，在和孩子们的接触中，她本身就是当地人了解中国的一个“资源包”。“你们也有手机吗?”“家里有电视吗?”一个个问题背后是美国孩子对中国的不了解。当然，在打开“资源包”的同时也不可避免引发价值观碰撞。“美国老师不加班、中国老师爱加班”，“中国人爱储蓄”，甚至小琼想起万里之外家人时充盈的泪水，都让孩子们乃至大人们真切地感知着“中国人”的家庭观念，碰撞后带来的是了解和欣赏。

“我们觉得她是最好的‘中国制造’。”加里对记者幽默道，“如果你们国家要派出中国文化大使，选我们的琼准没错。”

在内罗毕 CBD 地区一家大排档餐厅，28 岁的顾客贝利对记者说：“我通过在内罗毕工作的中国人了解中国文化。我觉得要想让肯尼亚人了解中国文化，最重要的是生活在本地的中国人的态度，希望中国人能同当地人多交流。中国政府也应在非洲多办一些展览，比如饮食展览、传统服饰展览，这样我们才能了解更多中国文化。”

记者采访过程中最深刻的体悟是：在融合流动的地球村里，每个人都是一国最生动的“文化名片”，你传达什么，对方就能感受什么。提高中国文化软实力，扩大中国文化的国际影响力，看似工程浩大，却始于足下。建设社会主义文化强国，政府需要做的还很多，而民间交流、业界合作也亟待进化升级。

材料 4：

随着网络和电视制造业的发展，全球电视剧市场已经进入了“大航海时代”，随意按动鼠标就能看到世界另一端同样在看的剧集。观众可以坐在家中尽享顶级剧集的极致体验，“追剧”俨然成为都市白领的一种生活方式。

而作为 2014 最为火爆的美剧代表，《纸牌屋》一经推出便极度受宠，引起全民热议，连美国总统奥巴马也是《纸牌屋》的忠实粉丝。有观众看完《纸牌屋》后表示对美国政治产生了浓厚的兴趣，对权利与爱情更有了新的认识，甚至翻出以往讲述美国政治历史的书籍、影片观看，参与这部剧的讨论中。

美国电影和电视节目的总出口额是 143 亿美元（2011 年），畅销 100 个国家。“美剧《纸牌屋》这类全球剧的热播趋势有目共睹，它们真正开创了电视剧‘24 小时全球联播’的奇迹。”英国某传媒的中华区首席执行官梁先生如此评价。专家认为，电视文化产品的价值日益凸显，中国应从中借鉴经验，提升电视剧制作水平，同时加强文化产品对外输出能力。

《纸牌屋》的热播并不影响《来自星星的你》赚取过亿眼球。由于两部电视剧对受众有明显的划分，出现了同期上映却“平分天下”的局面。《来自星星的你》在韩国播出时，网络最高收视率达68.9%。

美剧、韩剧在全球热播并非偶然。S大学新闻传播学院唐教授认为，与中国电视剧传统意义上的播出模式不同，美剧大都按“季”播出，通常一星期只播一集，边拍边播。由于美国电视剧播放平台不多，每年能在季播期黄金时间段播出的不到2000集，因此竞争异常激烈。近年来韩剧也采取边拍边播的模式。《来自星星的你》每周播出两集，每次网上更新剧集都会引发下载热。

这种开放的模式可以使制作方感受到观众对剧集的关注程度，根据每周更新的收视率和观众的反映，及时调整创作方向。美剧《越狱》第一季播放时，收视率高达1800万人次；而《生活大爆炸》主人公谢尔顿的性格是根据观众的反馈，几经改变才定型的。

更值得关注的是，这些热播剧大都高水准、大投入，保证质量精良。季播和周播的模式本身就拉高了电视剧制作成本。而对制作团队、剧本、导演、演员、道具等精益求精的追求，使得热播剧拍摄成本很高。

对比艾美奖得主《广告狂人》、《斯巴达克斯》等美剧每集200万美元左右的制作费用，《纸牌屋》近400万美元的单集平均成本大大超过了一般制作标准。2011年美剧《史前新纪元》，重金打造的首集拍摄费用就接近2000万美元，甚至超过众多电影的投资成本。

这些热播剧还有一个特点，就是不同于中国的“武侠剧”、“清宫剧”、“名著剧”，以现实为主题，用写实手法描述生活中的酸甜苦辣，不单调，与观众不疏远。除科幻剧外，美剧大都务求内容真实、不虚构，有时涉及技术层面还要请顾问或相关专家亲自操刀。《生活大爆炸》剧组甚至拥有一个真正的“科学顾问”，专门负责剧本中关于科学部分的内容创作。

现实题材的电视剧制播能最充分地反映电视剧生产流程的市场化属性。《来自星星的你》尽管有科幻成分，但人物感情进展、尊老爱幼优良传统贯穿其中。

唐锡光说，美剧和韩剧都通过简单的日常生活与谈话交流传递价值趋向，剧中对生活中可能遇到的情感问题、生活细节问题的揭示，让人觉得真实可信，贴近生活的文化输出才容易被外国观众认同。

在国产电视剧产量猛增的背景下，专家建议应加强对产品质量把关，积极探索并生产出既承载中国文化价值观，又符合国际主流“文化经验”和“感觉结构”的电视产品。

材料5：

针对近日在中国内地掀起的追韩狂潮，政协委员G在2014年3月2日接受记者采访时称：“韩剧热潮，已经不仅是韩剧的问题了，这让我们的文化自尊受到伤害，文化自尊的伤害是由于文化自信的缺失。”

韩潮来袭，韩迷们自然是喜不胜收，来者不拒，多多益善。而如同G这样的文化人士则不免有些心存疑虑，担心韩流损害我们的文化自尊。一方是欢迎，一方是反对。究竟谁说的更有道理？有网站发起“我们该如何面对韩剧热潮”的讨论，引发大量跟帖，有网友把帖中的核心观点摘录如下：

观众喜欢韩剧，当然有其理由，比如情感细腻，演员养眼，制作精良等。相比于国内电视剧而言，这些都是韩剧的优势所在，在这个文化多元开放的时代，其实不管是韩剧还是好莱坞的电影，我们都有选择的自由。原因很简单，观众自然是什么好就看什么。从某种程度上说，观众所看中的更多的是韩剧的娱乐功能而非文化入侵。有人认为，韩剧逻辑性较差，观看时无需动脑子，可以单纯地“感情发泄”。换而言之，观众在看韩剧时绝不会去想韩国文化怎么就伤害了中国文化这样的宏大命题。在他们看来，只要故事精彩就够了。

任何一种文化的体现都需要一定的载体。韩国的电视剧，美国好莱坞的电影，这些都是外来文化的表现形式，同时也是外来的“文化鲶鱼”。从某种意义上讲，我们的文化自尊受到伤害并非是从韩剧或者好莱坞电影开始。因为自西方人用船坚炮利打开清政府的大门开始，无论是洋务运动还是新文化运动，我们的传统文化可以说一直在与西方文化的斗争中不断延续和发展。不可否认，现在中国传统文化式微，有些好的传统，好的习惯，好的做法，都被抛弃了，但中华文化或者说华夏文明依然一脉相承。

不可否认，韩剧是韩国文化的一种体现。韩剧热无形中会带来韩国文化的影响，对中国文化带来一定伤害。但是这种影响究竟有多大，伤害程度究竟有多深？根本没有准确的实证数据。韩剧在大陆风行已不是一天两天了，我们可以看到人们穿韩版衣服，说一两句“欧巴”、“思密达”，吃几次韩餐，可并没有见到谁因为喜欢看韩剧就改一个韩国名字或者移民韩国。韩剧的影响当然是客观存在的，但说伤害了我们的文化自尊则未免太高估了韩国文化的影响。

看看韩剧，天不会塌下来。文化自尊也不一定会受到伤害。换个角度说，我们正视韩流的影响，可更该思考如何让中华文化走向世界。

材料6：

2011年10月审议通过的《中共中央关于深化文化体制改革、推动社会主义文化大发展大繁荣若干重大问题的决定》提出，文化在综合国力竞争中的地位和作用更加凸显，维护国家文化安全任务更加艰巨，增强国家文化软实力、中华文化国际影响力要求更加紧迫。

文化输出已被提升至前所未有的高度，并具备了明晰的政策导向。

回顾2011年，我国文化产业在海外市场“遍地开花”。一大批优秀作品在海外上演，图书贸易方面，不仅出口企业数量在增加，输出产品的种类也日渐繁多，我国文化市场的开拓氛围在不断增强。

当前，在中国企业迅速增加海外投资的过程中，一个不容回避的问题是：面对思维方式、价值取向迥异，文化背景天壤之别的海外合作者，我们如何实现无障碍交流？

“文化产业有义务承担起建立沟通、化解误会的责任。”某大学文化创意产业研究所所长J说，“文化输出不仅具备了经济基础，也成为经贸深度合作的必然需要。”

“在没来到中国之前，我对中国的印象主要是：美食、长城、秀水街等等，但基本都是片面的概念。”英国女孩娜姆说，“但在北京生活了3年后，我反而不知该怎么概括这里的印象了，因为了解越深，越觉得有很多文化是我不知道的。”

J认为，这种现象“是对中国文化理解片面化的个例，如果本土文化产品没有大力投入海外市场，当地消费者只能面对极有限的选择，而这部分产品由于不具备生产规模，难免存在内容片面等问题，传递给国外消费者的‘中国印象’也不可能完美”。

于是，真正的中国文化精髓没有畅通的输出渠道，反而一些细枝末节的文化枝丫被广泛认知。比如，伴随着海外华人数量的急剧增长，养生、菜谱等种类书籍因与生活密切相关而广泛传播，但这些枝节根本无法还原中国文化的全貌。久而久之，就导致了一些外国人对中国印象的片面化、表面化。更严重的是，文化领域的误解会伴随着人与人的交往，辐射至各个领域。

“当别人不了解，甚至选择性误解你时，你更需要澄清自己，但为何我们屡次遭遇误解却难以澄清？因为长期以来，我国在文化传播领域仍处于弱势地位。”J说，“目前，国际舆论导向仍牢牢把握在欧美媒体手中，我们难以呈现一个全面而真实的形象。”

文化输出的本质，是传递真实、全面的中国文化，获得公平的话语权、化解误会，从这个角度看，我们仍有很多需要改善之处。

中国知识产权律师网的许律师认为，我国文化产业处于起步阶段，因此市场经验缺乏、优质品牌不足、版权意识不成熟仍是普遍存在的问题，这些都属于软件上的缺失。

“种种政策导向都在释放信号：文化输出必须接受市场规则，顺应海外市场特点，以此提高本土企业的软实力。”J说，“有一些地区因为发展心态浮躁，出现了‘揠苗助长’的现象。比如，一些地区盲目设立发展目标，导致政策制定和发展现状脱节。”

某新闻学院院长Y认为，“要真正实现文化输出的目标，文化企业不仅得学会运用资本手段，武装企业硬件，更应创造出多元化、理念先进的文化产品”。

材料7：

当前，中国在中外文化交流中存在着逆差，中国优秀文化走向世界和国外文化涌入中国，在数量质量上都难成比例。为了扭转这种逆差，有学者提出了中国文化输出问题。

这个问题的提出不是偶然的，而是中国对外开放发展到一定程度后的必然产物。

随着中国对外开放的水平进一步地提高，人们认识到中国当代文化建设不仅要"引进"，而且要"输出"。有学者认为："在最初的挪用套用之后，必须有自己的创造性输出，否则这个民族就会丧失真正的精神生命力。""中国当代文化需要进一步奠定自己的文化精神生长点，借此从中西文化交流的逆差中走出来，真正开始自己的文化创生性，走向中西文化平等对话和文化输出。"

从1934年鲁迅提出拿来主义到当前我们提出文化输出，已经整整过去80年了。科学发展观要求我们对外开放要坚持"引进"和"输出"相结合，拓展发展空间，增强发展后劲，不仅是对外经济建设提出的要求，而且也适合文化建设，这就是说，我们的文化建设要坚持"拿来主义"与"文化输出"相结合。

学者指出，中国当代文化建设从拿来主义到文化输出虽然是一个巨大的转变，但是，我们的文化输出不能为输出而输出，而是应在人类文化发展史上占有一席之地。正如我们拿来的是人类所创造的一切优秀文化成果，我们的文化输出也必须输出的是中国当代文化中对人类健康向上发展有价值的东西。我们的文化输出应以我们的原创作品为主，即能够代表中国的国家形象，代表中国人民的形象，代表中华民族文化的形象。过去，我们也有一些文化产品输出，我们也输出了不少优秀的文化产品。但是，不可否认，我们输出的有些文化产品却是迎合一些西方人的狭隘需要，贩卖的是一些中国文化的落后的、丑陋的东西。这种文化输出损害了中国的国家形象，损害了中国人民的形象，损害了中国民族文化的形象。这是我们必须坚决反对的。

因此，中国若想解决中外文化交流中存在的"逆差"现象，就必须在努力解决现存冲突的过程中大力创造有价值的文化产品。这样，中华民族才能在人类的健康向上的发展中做出自己应有的独特贡献。这种"有价值的文化产品"，首先就内含着中国人自己的价值观。因此，有学者套用法国前总统德斯坦的话说："中国在能够输出价值观之前，是不会成为一个真正的大国的。"

鉴于有人提出从文化拿来主义走向文化输出主义的理念，有学者也发表了自己的意见：一、少提"主义"，一提主义往往会走向极端；二、在文化上还是要"拿来"与"输出"并举。"拿来"也不是全盘西化，囫囵吞枣，而是咀嚼消化，为我所用。"输出"也不是不分好歹的"倾销"，文化上的优劣产品应该杜绝出口，以次充好必然败坏名声，后患无穷。即使是中国优秀的传统文化，尽管资源十分丰富，也需要经过现代的阐释，方能切合现时代世界的需要。最能体现中国当今文化软实力的，应该是经过中西会通又从现实需要出发、体现时代特点的原创性的文化观念、文化思想和文化产品。所以在输出什么、创造什么文化产品和怎样输出等方面，还需要做通盘的规划，并付之行动。

作答要求：

一、“给定材料4”介绍了美剧、韩剧的成功事例，请根据“给定材料4”，概括我们从中能借鉴到的经验。（15分）要求：全面、准确、简明，不超过200字。

【解题思路】

本题作答资料范围为“4”，作答任务为概括经验，作答条件包括全面、准确、简明，字数不超过200字。因此作答时考生须注意，答案要点应只在资料4中寻找，不要囊括其他材料要点；作答不仅要保证要点齐全和准确，更需要注意作答字数的限制，语言必须简明、扼要。

【参考答案】

积极探索既承载中国文化价值观，又符合国际主流的电视产品。一、提升电视剧制作水平且加强文化产品对外输出能力。二是以受众为导向，以现实题材为主，创新电视制作、播出模式，直接对接市场，接受评判。

二、某次辩论赛的辩题是“韩剧在中国风靡，无损于我们的文化自尊”。假设你是参赛的正方辩手，请紧扣“给定材料4”和“给定材料5”，列举一下你方应当阐述的主要论据。（20分）要求：（1）准确全面；（2）有针对性；（3）分条罗列；（4）不超过500字。

【解题思路】

本题比较新颖，要求考生以辩论赛辩手的身份阐述观点和理由。考生作答时要仔细阅读材料并注意以下几点：第一，观点明确，题目要求是正方，所以观点就是“韩剧在中国的风靡，无损于我们的文化自尊”。第二，理由充分，因为是辩论赛，阐述观点要有足够的说服力和思辨力。第三，思路清晰严密，注意结构完整。

【参考答案】

近期，对于韩剧风靡中国有些人表现出担忧，认为韩剧在中国的风靡，会损害我们的文化自尊。我方认为这是危言耸听，夸大了韩剧的影响力。具体理由如下：

首先，韩剧有其自身的优势。韩剧的流行是观众自由选择的结果，与国内电视剧相比，韩剧具有感情细腻、演员养眼、贴近实际、制作精良的特点，这些特点也符合了观众对于电视剧的要求。从某种程度上说，观众所看中的更多是韩剧的娱乐功能而非文化入侵。

其次,中华文化在斗争中依然一脉相承。中华文化发展史也是一部斗争史,正是在与外来文化的不断斗争中得到延续和发展的。尽管在发展中有些传统、习惯被逐渐抛弃,但中国文化或者说华夏文明并未消亡,依然在一脉相承。

最后,韩剧对于中国文化的影响无科学依据。不可否认,韩剧是韩国文化的一种体现,韩剧的热播也会给中国文化带来一定的影响,但是影响到底有多大,尚无准确、权威数据可供参考。

综合以上理由,我们认为韩剧在中国的风靡,无损于我们的文化自尊。别人的成功经验,应该是我们学习的榜样,对待韩剧也应如此。所以,韩剧热潮不是文化自尊被伤害,相反,面对韩流不应该胆怯和恐慌,而应思考如何制作出承载中国文化价值观和符合国际主流的电视作品,也让中国文化走向世界。

三、假如你是某单位派驻广灵的观察员,请根据"给定材料1",以《高清红的成功给我们的启示》为题写一份材料,供领导参考。(25分) 要求:(1)内容具体,符合实际;(2)目的明确,切合主题;(3)条理清楚,有概括性;(4)不超过500字。

【解题思路】

本题要求以《高清红的成功给我们的启示》为题写一份材料,供有关部门参考。通过阅读题干我们需要注意三个问题:

一是作答范围,本题要求根据给定材料1,故此我们要回到材料1去寻找答题的要点。

二是题目类型,本题出现了"启示"字样,但是实际上并不是启示性综合分析,而是贯彻执行题目。题目给定,且组织意图也给定,即"供有关部门参考"。

三是关键词分析法,本题的关键词集中在题目中,一个是"高清红的成功",另一个是"给我们的启示"。所以在作答的时候应该按照"高清红成功案例概述"+"启示"的模式。

【参考答案】

高清红的成功给我们的启示

被誉为"中华民间艺术一绝"的广灵剪纸在20世纪90年代中期一度面临衰落。这样的背景下,广灵民间剪纸艺术带头人"高清红",带领广灵剪纸走上民间文化产业化的道路。尽管困难重重,高清红和她的团队依然将"广灵剪纸"打出了一片天地,有效地传播了中国传统文化,其成功的案例对于我国保护民间文化有如下启示:

第一,创新民间文化。在继承传统文化的基础上将传统民间艺术推到创作新阶段。

第二,开拓民间文化。合理利用文化经典,如古典名著、名家书画作为民间艺术的素材。

第三，推广民间文化。充分发挥政府在保护民间文化方面的作用，以旅游业带动民间文化的传播；同时，利用国际化的大型活动将中国民间文化向世界推广。

第四，保护民间文化。采取“公司 + 基地 + 农户”的运作模式，带领农民从事民间文化产业，建立文化园，设立培训基地，成立协会及其他组织合作保护文化。

为了让中国传统文化真正走向市场，发扬光大，我呼吁政府相关部门以及全社会更多地关注民间文化，为传统文化与现代市场创造更多的对接平台。

四、“给定材料 7”画线部分写到“中国在能够输出价值观之前，是不可能成为一个真正的大国的”。请结合你对这句话的思考。自拟题目，写一篇文章。(40分）要求：(1)自选角度，立意明确；(2)联系实际，不拘泥于“给定材料”；(3)思路清晰，语言流畅；(4)总字数 1000—1200 字。

【写作思路点拨】

要写好这篇文章，首先必须真正理解这句话的核心实质，领悟出题者的真正用意，这样才不至于跑题、走题。那么，这句话的意思是什么呢？“中国在能够输出价值观之前，是不可能成为一个真正的大国的。”说明价值观对一个国家的重要性，尤其对一个想要成为大国的国家之重要性。成为一个经济大国固然重要，但经济大国不一定是一个真正的大国，而只有能输出文化观、价值观等意识形态去影响世界、统领世界，这样的国家才是真正意义上的大国。因此，文章在拟制标题、提炼观点的时候，就要充分考虑并紧紧围绕增强文化、价值、观念等意识形态的软实力。

【参考答案】

做一个价值自足的文化大国

澳大利亚报纸曾提出三个问题，击中了中国经济的软肋：“1. 你们什么时候才能使全球大多数国家的精英愿把孩子送到中国留学，而不是送美欧；2. 什么时候才能使全球大多数人特别是年轻人更多看中国电影、听中国音乐、读中国书籍；3. 什么时候全球消费者选购产品更多选择中国品牌。”只有软实力真正与硬实力匹配，中国才会在世界上具有真正的影响力。换句话说，中国需要输出自己的价值观。

纵观世界，美国有牛仔的冒险、创新的精神内核。英国有贵族绅士风度和严谨的思维模式。德国有日耳曼式的强悍探索！一流国家输出文化和价值，二流国家输出技术和规则，三流国家输出产品和劳力。如果自身的文化价值观不能产生世界范围内的影响和认同，中国就永远不能成为一个大国。唯有价值观才是文化的核心和灵魂，通过赋予文化产品有力的价值取向以及有力的输出渠道，才能顺利完成输出文化价值观的重责，才能给自己的国家发展和文明模式带来合法性和认同感。

文化产品应注重制作的技术投入。文化产业从本质上说是现代经济的产物。而现代经济的一个显著特点，就是文化与经济的互相渗透、日益融合，文化产业不同于一般的传统产业，具有文化含量大、能耗少、产品附加值高、生产工艺先进、效益明显的特征。特别是由于高科技的投入，使文化领域发生了巨大变化，呈现出集约化、高科技化以及通过大众传媒广泛扩散的态势。高新技术的渗透是文化产业崛起的驱动器。

提升国民文化自信，正确看待文化入侵。社会学家费孝通先生认为："生活在一定文化历史圈子的人对其文化有自知之明，并对其发展历程和未来有充分的认识"，就是自信。只要对自身文化的价值有充分的肯定，并对这种文化价值的生命力存有坚定的必胜信念，这就叫自信。中华民族文化自信的气度，是民族自信心和自豪感的力量源泉，这也在漫漫历史长河中永远保持了自己的文化本色，同时兼纳外来的文化为己用，坚持拿来主义与自主创新相结合，才形成了对自己独具特色的民族文化的自信，从而创造了辉煌灿烂的中华文明。

发展和弘扬民族传统文化，树立中国国家亲和力形象。经济全球化的趋势促使各国文化在世界舞台上广泛交流、传播和渗透融合，各国迫切地需要了解中国，已经形成世界性趋势。因此，要以中国优秀传统文化输出为外在形式，树立中国世界性的国家亲和力形象，达到输出现有国家价值观的内在目标。当前年轻一代对于外国文化的盲目崇拜和对自己民族优秀的传统文化的淡漠让我们深感责任重大，应该充分重视和加大媒体对于优秀传统文化的传播和发扬的责任，真正将弘扬和发展传统文化落到实处。

记得20年前，英国首相撒切尔夫人颇为自信地安慰西方人说："中国不可能成为一个大国，因为中国没有可以输出的普世价值观。"有人说今天的中国就像是一个暴发户，富豪可能有能力买一所豪宅，但在世界的第一张圆桌边上，钱却不易买到一个有"话筒"的位置。正因为如此，我们可以不输出自己的价值观，除非我们不想成为大国，尤其是成为一个强国！

附录

2014年国家公务员录用考试《申论》试卷
适用于市（地）以下综合管理类和行政执法类职位

满分：100分　　时限：180分

注意事项

1. 本题本由给定资料与申论要求两部分构成。总分100分，考试时限为180分钟。其中，阅读给定资料参考时限为40分钟，作答参考时限为140分钟。

2. 请在题本、答题卡指定位置上用黑色字迹的钢笔或签字笔填写自己的姓名和准考证号，并用2B铅笔在准考证号对应的数字上填涂。

3. 请用黑色字迹的钢笔或签字笔在答题卡上指定的区域内作答，超出答题区域的作答无效。

4. 待监考人员宣布考试开始后，你才可以开始答题。

5. 所有题目一律使用现代汉语作答。未按要求作答的，不得分。

6. 监考人员宣布考试结束时，考生应立即停止作答，将题本、答题卡和草稿纸都翻过来留在桌上，待监考人员确认数量无误，允许离开后，方可离开。

7. 严禁折叠答题卡。

给定资料

1. 27岁的小邹认真地考虑了几次之后，还是决定不去参加周日约定好的教友福音会。他确实需要倾诉，但肯定不是向神父。到目前为止，至少他并不认为自己已经到了需要求助于某种宗教的地步。

身高1.74米，体重150斤，在北方城市的机关大院内，这几乎是一个标准身材。当小邹回顾自己进入"体制"的四年，注视着自己不论从体型还是心理都逐渐被"体制化"，甚至连血压、血脂也与周围的同事趋同时，面对着在外人看来"很顺"的处境，他有了一种莫名的躁动。

对于这份职业，小邹的理解来自于四年间循环往复的工作节奏，作为一个普通工作人员，他只不过是需要在每个波音段内完成"规定动作"，虽不能消极怠工，但也不需要超额完成任务，四年来的工作天天如是，没有什么波澜。

最近一段时间，感觉有些困惑的小邹，周末经常到一家心理诊所就青年社会心理问题进行咨询。

事实上，小邹并不认为自己心理有问题，他只是想印证一下自己的某些想法是否合乎常理。结果很意外，当需要向心理医生介绍自己的情况时，小邹这位当年大学校园里的校报写手竟然发现自己无从谈起，他心里"或许是事情太多，没办法很完整地表述清楚"。

"说真的，目前这个工作节奏是50岁以上人的节奏，对我来说，这个节奏感觉上有点压抑。"小邹思考着，一字一顿地说，"有时我在想，我会不会真的习惯于这种节奏，换句话说，是不是已经被这种节奏所禁锢，永远失去某些竞争力了呢?"

有一段时间，小邹曾经尝试着改变自己的节奏，对于自己分内应为的工作一丝不苟，提高工作效率，而对于非分内的工作，熟悉事务流程的他也尽量帮着跑，他希望这样能够时刻让自己处于一种高效率的工作状态中，"不会有被社会主流节奏抛弃的感觉"。

然而，小邹很快放弃了这种做法。因为他这样的工作态度，让周围的同事极不适应，经常有人认为他是多管闲事；领导也找他谈话，希望他能够“稳重一些”。到了发薪日，小邹的薪水也仍然是那个很少变化的数字。

面对心理医生的时候，小邹把自己这种情况总结为和体制节奏有些不搭调，他梦想能有所改变。

小邹对于自己的收入也是不满的。以小邹的收入，如果仅仅是正常生活并不存在任何问题，当然，这一切都必须建立在不买房的情况下。

但，小邹必须买房，而且已经买了房。他说：“这既是对女友的承诺也是对自己的要求，更是在心理上认同自己的一个标尺。”

购买了期房的小邹到今年年底就能拿到自己那个两居室的钥匙了，和大多数同事一样，小邹也把房子买在了房价较低的郊区，而这意味着小邹不但要考虑买一辆汽车代步，还要考虑如何忍受上下班时段恼人的交通和攀升的油价。

小邹对于买车抱持着一种幻想，但他心里非常清楚，以他目前的收入和储蓄，能偿还每个月1800的购房贷款已经很不容易，买车基本上是一个短期不可能完成的任务。

已经还了两年贷款的小邹随口就能够报出自己资金的大致去向：2800多元的月收入在还完1800多元的贷款之后，1000元的生活费用几乎让他每月都捉襟见肘。“如果赶上亲戚朋友结婚，生小孩需要随礼，我可能还要向父母借钱。”

其实，对于现实不安且不满的小邹并不是没有想过跳槽，然而，他的顾虑几乎同他的渴望一样多。

非常稳定的“吃皇粮”生活对于小邹的诱惑仍然非常大，至少能够还贷款，至少可以有一定的社会地位，而一旦投身于滚滚洪流的社会，这一切都可能不复拥有。这几乎是小邹不能够承受的。“我不能拿自己和女朋友的将来当儿戏，我需要稳定。”

然而，小邹的女朋友却并不这样看，她经常问小邹，每月就这点死工资，自己觉得值吗？这时的小邹经常是撇撇嘴，不再言语。

其实，看着自己女友研究生毕业后七八千元的月收入，小邹感到欣慰的同时也面临极大压力，“那是一种无形的压力，有时候确实心里很别扭”。

小邹非常清楚自己的位置，他认为以自己的能力，在没有特别机遇的情况下，最好能够在35岁之前就获得职务晋升，如果达不到，今后就不太可能再进一步，但总的来说工资也在涨，只要不犯错误，至少是安全的。

是否应该用永久的安全换取仅仅是可能的发展机会？这是小邹头痛的一件事，毕竟，鱼和熊掌不可兼得，对于接近而立之年的小邹来说，马上就要面临结婚、生子等一系列问题，而一旦跳槽，这一切就肯定要推迟，这是他并不愿意看到的。

跳不跳槽这个问题，已经困扰了小邹一年多，时至今日，他仍然没有下定决心。“像我这样的人多了去了，既然大多数都选择了继续，肯定是有一定道理的，虽然我的心在躁动，但我真的不知道该如何抉择。"

2. 近年来频发的地震不仅使震区经济发展受挫，人民生命财产受损，而且还严重影响了灾区民众的精神健康。相关调查发现，灾区许多人有与焦虑有关的不良情绪和身体、行为反应。在被调查者中，有恐惧感者接近总数的60%，有分离焦虑感者接近65%；超过60%的人为自己及家人的未来担忧。不仅如此，大约25%的被调查者还感到无法面对未来，近70%的人希望获得社会各界的心理援助。

帮助遭受自然灾害的人民从巨大的内心伤痛中走出来，以积极良好而坚强的心态面对灾后的生活，需要行之有效的心理援助。但是心理专家数量是有限的，如何以有限的心理专家力量帮助更多的人迅速调整心态呢？

由一个健康公益网站组织的心理援助专家团，结合心理救援的实际经验，提议开展一项温馨的灾区心理安抚活动，即通过代表"心理援助在进行"含义的火红绸带在灾区的广泛传递，将心理关怀迅速传播到灾区的每一个角落。专家团把这一活动命名为"火红绸带心理援助行动"。

飞扬的火红绸带，能够给人以温暖、安全、激情、希望的感受。心理学家经常以火红色对经受灾难重创需要安抚的对象进行心理激励暗示。

当人们回到废墟看望自己坍塌的家园时，一条废墟上飘扬的火红绸带能给他们悲伤的心灵带来充满希望的激情；当人们在各大医院公告栏前寻找自己失散或失踪的亲人时，公告栏上飞扬的火红绸带能给焦急的人们带来温馨的慰藉和安抚；当救援人员从废墟中抬出生还者时，为其系上一条火红的绸带，能从心理意义上给他们一份坚定而积极的暗示；从事心理援助的专家和志愿者手臂上轻系的火红绸带，能够给每一位接受心理安抚的百姓安全和乐观的喻示；幸免受创的人们主动系上意味着心理援助的火红绸带，能够向不幸的同胞传达自己衷心的祝福。

火红的"心理援助"绸带飘扬在坍塌的废墟上，轻系在实施心理救援的专家手臂上和受灾地区老百姓的手腕上，悬挂在每一辆过往车辆的车镜上，可以向整个灾区的人民传递爱的温暖。心理援助到哪里，代表"心理援助在进行"的火红绸带就系到哪里，可以让灾区人民在跳动的国旗红中感受到党和国家的温暖关怀无处不在，从火红的绸带上感受到未来生活的召唤和重建家园的信心。

当火红的绸带遍布灾区，成为心理援助的某种象征符号时，心理援助会达到更好的效果。美好的心理安抚无处不在，人们的恐惧和焦虑就会渐渐衰减。

3. F市自2012年2月份实施心理健康促进项目以来，着力构建相关机制，努力创新模式，持续推进心理健康工作。以下是F市心理健康促进项目大事记。

2月20日，成立由分管副市长为组长的项目领导小组，下设办公室和联络员，制定试点工作方案和重点项目实施方案。

2—3月，项目领导小组确立相关会议机制，及时策划、部署各项心理健康干预活动，及时协调解决有关问题。启动项目以来，共部署了3次大型会议的筹备工作。

5月初召开了试点工作协调、启动会议,会议通过了项目实施草案,布置了工作进度的三个阶段,强化配合与落实。

5月底召开了项目成员单位联络员会议,部署了重点项目的实施方案,启动了心理卫生协会成立的筹备工作,提出了国际心理咨询师三年培养计划,同时建立了项目工作进展情况每月一报制。

7月,组建成立心理卫生协会,有团体会员39家,市卫生局投入20万元建立了市心理健康辅导中心,全市初高中均成立了学生个体心理辅导室,四所高中配备了8名专职心理辅导教师。投入40万元改建了F中学的心理咨询中心,中心面积约为280平方米,内设接待室、个别辅导室、团体辅导室、音乐放松室、情绪宣泄室、心理沙龙室、心理沙盘室。

8月,在某服饰有限公司以现场会的形式,组织几个社区的负责人参加了会议,部署了社区心理咨询站点建设工作的进度安排,和心理干预网络全覆盖,各级网络间相互协作,资源整合,紧密配合。

9月,市总工会的职工心理咨询室、妇联的女性职工心情舒缓中心和残联的心理咨询所,开始为企业职工、广大妇女和残疾人服务。该市12个文明社区都成立了心理咨询室,11个社区完成了心理干预室的筹建工作。

10月,市妇联开通了首条"女性心情舒缓热线",市残联开设心理疏导室,专职开展残疾人及其家属心理健康服务。全市初高中除设立个体心理辅导室外,还加强了学生心理课程建设,初中二年级每班每两周开设一节心理健康活动课,高中一年级每班每月至少开设一节心理辅导活动课。

10月10日为第21个世界精神卫生日,市心理卫生协会在X社区开展市抑郁症筛查日大型活动,活动以"艺术·心灵·生活"为主题,宣传活动呈现出内容丰富、形式多样、群众参与性高的特点,进一步扩大了心理健康教育覆盖面和知识普及面。

10月中旬,聘请7位精神科专家,为全市心理健康促进工作提供技术支持,定期到F市心理健康辅导中心坐诊和开展教学、学术活动。

10月下旬,卫生局招聘了1名心理专业的大学生,充实市卫生系统医学心理专业人才队伍。制定并实施了国家心理咨询师三年培训发展计划,争取到2014年,培养200名国家级心理咨询师。

12月,开展心理社团、心理活动周、校园心理剧汇演等一系列创新性活动。Y社区组织了22名"知心姐姐",和社区干部一道接受了心理健康知识系列培训。

12月21日,《F市日报》推出了"F市先行试水社会心理健康促进机制建设"的卫生专版,刊登了市心理咨询师培训及市心理卫生协会成立等信息,公布了各心理健康辅导中心咨询时间和热线咨询电话。

2013 年 1 月，市心理卫生协会结合健康生活方式日大型广场活动，共展出宣传版面 28 块，发放宣传资料 3 种 10000 份。

4. 某网站发表了题为《谈谈转型期青年社会心理问题》的署名文章：

随着市场化进程的日益深入，经济收入成为社会地位的重要指标之一，而青年阶段则迎来生命周期中“需要与拥有之间的倒错规律”，即在由不同阶段所构成的人生发展过程中，在最急需各种资源的青年阶段，个人能拥有的东西还非常有限；而到了对各种资源需求较少的“成功阶段”，个人则又拥有了很多东西。因此，青年阶段正处在一个百需待补的特殊时期，金钱“焦虑”成为一种很现实的心态。

在传媒发达、信息爆炸的今天，青年接受信息的速度和数量在一定程度上都超过了中老年人，但是，这种“现在感”的过于强大，则造成了青年关于国家历史，甚至是近现代史上一些重要事件和人物的知识量很少；在我们当今的各类教育中，缺少一些有效的历史知识传播方法，则是导致青年难以形成相关历史意识的重要原因之一。因此，有效地加强和丰富具有历史感的各类教育，以及进一步创新爱国主义、英雄主义教育，在当今这个时代，不仅是必不可少的，而且是非常迫切的。

近年来，诚信问题成为社会关注的焦点和学术研讨的热点，青年中的“失信”现象也时有“曝光”，如个人贷款中的违约现象等。尽管我们逐渐增加了更多的法律法规来调整社会行为，但是，作为现代社会中有效交往最重要的心理机制，诚信仍然在人们生活中扮演不可替代的角色。较高的诚信度，不仅是人们减少交往代价、提高活动效率的基础，而且也成为向更高级文明进步的重要表现。

经济社会的快速发展，给社会成员造成了各种压力，从而较易引发心理问题。当今青年由于出生和成长在较优越的生活环境当中，所以，心理承受力便显得相对较弱，而这一点则又会成为导致心理疾患的重要原因。有关调查表明，目前全国约有 3000 万青少年存在不同的心理问题，其中，中小学生中的心理障碍者占 21%—32%；大学生中的心理障碍者占 16%—25%，而且还呈现上升趋势。心理问题不仅会影响人格发展，严重时还会导致自杀等极端行为的出现。因此，增强青年的心理承受力，减少心理问题的发生，无疑成为需要各个方面给予关注的重要课题。

作为人生历程中的一个关键时期，青年期的一个重要任务就是个体要进行自我心理调整，形成稳定的人格系统。在著名心理学家埃里克森眼中，这种心理任务的完成在传统社会里通常能够比较顺利，因为传统社会表现出较高的同质性、稳定性，而在现代社会则不可能顺利，因为现代社会表现出较高的异质性、变迁性。因此，现代社会中青年想要迅速而明确地确立自我并非易事。

在社会转型日益加剧的情况下，有些青年人的价值观念和社会心态中出现了某些困惑现象，其原因主要有两个，一是社会转型期的规范缺失。由于旧的标准或规范有些已经失效，新的标准或规范一时还不完备，而使一些青年心无所依。二是标准多元化导致的多重困境。由于社会的日益开放所带来的多样化，往往造成一种相对化情境，于是，便会产生某种不确定性，从而导致青年出现困惑感。所以，尽快减少和消除青年的这种困惑感，增加确定性，是当今社会的文化建设和价值体系建设所面临的主要任务。

5. 10 月 10 日的世界精神卫生日，旨在提高公众对精神卫生问题的认识，促进对精神疾病进行更公开的讨论，鼓励人们在预防和治疗精神疾病方面进行投资。

世界卫生组织公布的最新数据显示，全球约有 4.5 亿精神健康障碍患者，其中 3/4 生活在发展中国家。而大多数国家中，只有不到 2% 的卫生保健资金用于精神卫生，且每年有 1/3 的精神分裂者、半数以上的抑郁症患者和 3/4 的滥用酒精导致精神障碍者无法获得简单、可负担起的治疗或护理。因此，精神健康障碍已成为严重而又耗资巨大的全球性卫生问题，影响着不同年龄、不同文化、不同社会经济地位的人群。

精神卫生专家 W 告诉记者，他曾做过一个调查，结果显示我国成年人中有心理问题的占 29%。不过，他认为更严重的问题，是目前很多人对待心理问题的态度。

“主观认识上存在误区是主要原因。受我国传统思想的影响，很多人遇到心理问题不敢去就诊，怕被人看不起。”W 说，“不去诊治是一方面原因，另一方面原因在于社会上帮助不够，我国心理医生整体水平不高。”

“应该建立心理疏导机制。国家应该建立免费的心理急救热线，这种心理急救非常重要，同时应该让心理健康讲座进社区。”W 说，“关键是建立健全快速有效的应对机制，把心理疾病当成生理疾病来对待，同时严格心理咨询机构的准入标准。”

“建立一个全方位的、立体型的、由家庭学校医院包括幼儿园和社会团体齐抓共管的心理调适体制和机制，使其发挥积极作用，从法律上规定由各级政府和民间组织给予支持，把精神人格有缺陷的人群纳入到依法治疗治理的轨道上来。”法学院教授 H 说，“作为构建和谐社会的战略部署，从法律上保障社会心理调适系统的建立非常重要。”

2013 年 5 月 1 日，我国新颁布的《精神卫生法》正式实施。H 指出，这一法律对精神障碍的预防、诊断、治疗和康复，精神卫生工作的方针原则、管理机制和保障措施以及维护精神障碍患者合法权益等，都做了详细规定。

6. 提高心理健康水平，不仅要完善相关立法和建立专门疏导机制，还要不断提高教育水平，从价值观方面解决问题。

“尊重他人也尊重自己的生命，是生命进程中的伴随物，也是心理健康的一个条件。”“夫君子之行，静以修身，俭以养德。非淡泊无以明志，非宁静无以致远。”“想不付出任何代价而得到幸福，那是神话。”“你想成为幸福的人吗？但愿你首先学会吃得起苦。”

这些关于心理健康、人生观和幸福观的名人格言，被有效地运用在教学实践中。不少教师都能通过树立榜样，在教学中自觉渗透心理健康教育。苏轼仕途坎坷而壮心不已，蒲松龄面对落第却发愤创作，曹雪芹处境艰难仍不辍笔耕，安徒生屡遭失业而自强不息，奥斯特洛夫斯基身残志坚却潜心著作……这些都构成对学生进行挫折教育、引导学生正确对待挫折的生动教材。司马迁忍辱十八载撰写《史记》，司马光苦熬十九春秋编纂《资治通鉴》，曹雪芹十年寒窗写就《红楼梦》……前人感人的经历和给后人留下的精神财富，更是对学生进行意志品质教育和培养学生优良品格的绝佳素材。

B是一家心理诊所的心理医师。在她的成长过程中，作家张承志的小说《北方的河》就曾经对她如何认知和面对生活中的缺陷起过不可磨灭的作用。“小说中的男女主人公在湟水的河床发现一个没有了下半截的彩陶罐子。他俩在河沟里的陶片堆里一块块翻找，试着把陶片对上罐子的断口。彩陶罐渐渐地复原了，但是最后还缺腹部的一块始终没有找到。”B沉浸在对小说情境的回忆中，“我记得女主人公一再感叹：‘多美啊，可惜碎了。世上的事情多么拗人心意啊，生活也常常是这样残缺。’从此这部小说就教会我一个道理：生活原本可能正是美好与残缺的统一。”

B对记者说：“我特别高兴加拿大女作家门罗获得了2013年的诺贝尔文学奖，当年我就欣赏她的一句名言：‘幸福始终充满着缺陷。’我也总是想把这种幸福观传达给我的每一个病人。”

B称自己也同样是在经历过心理躁动、人生观迷茫之后，才慢慢形成了对人生和幸福的理解，“治疗病人的过程对我来说，其实也是一个自我诊治的过程。每个人的生命中都会在某个时段面临心理的问题和价值观的困惑”。

在采访临近结束时，B告诉记者：“我们现在一提起价值观，似乎总被人嗤笑，但是心理问题的最终解决，其实与正确的社会价值观和人生观都有密切的关联性，也往往决定于对生活的理解以及对幸福的体认。”

作答要求：

一、“给定资料3”是F市实施心理健康促进项目的工作大事记，请据此对F市所做工作进行分类总结。(15分)要求：分类合理，内容全面。不超过200字。

【解题思路】

“给定资料3”，内容很庞杂，是F市心理健康促进项目的大事记。通读材料，要找到分类的钥匙。这把钥匙就是机关单位的工作流程：一是事前策划部署，明确目标，建立运作机制；二是事中的控制、协调、推进；三是事后的宣传、总结。有了这个宏观架构，再处理材料，看看分类标准。

给定资料3第一段，总体宏观上来谈，关键点在于明确目标“持续推进心理健康工作”。第二、三段，在讲策划部署，符合上面讲的第一阶段的建立机制。第四、五段，在讲启动各种会议，布置进度，强化落实，符合上面讲的第二阶段，事中的控制、协调、推进，核心在促进。第六、七、八段，讲的是建立心理健康的三级网络，在讲具体的推进过程中的组织过程。第九段，讲的是咨询、治疗的具体实施。第十段，讲的是心理健康的宣传和教育。第十一、十二、十三段，从精神科专家、大学生，到知心姐姐，讲的是各层次心理健康专业队伍建设。第十四、十五段，和第九段一样，讲宣传教育。

根据以上提取出的内容，可以总结出这些事情的分类。即心理健康支持机制、心理健康促进会议机制、心理健康三级网络机制、心理健康咨询与治疗机制、心理健康专业队伍建设机制、心理健康教育宣传机制。

有了这些标准，在组织答案时，还要注意描述部分，尽量用简洁的语言，尽量概括全面。如：在心理健康支持机制方面，要注意从由领导小组制订方案，策划部署来谈；在心理健康促进会议机制方面，由相关会议布置进度，配合和落实来谈。同时注意作答字数。

【参考答案】

F 市着力构建心理健康“六大机制”，持续推进心理健康促进项目。

一、心理健康支持机制。由领导小组制订方案，策划部署。

二、心理健康促进会议机制。由相关会议布置进度，配合和落实。

三、心理健康三级网络机制。由各层次网络整合资源，协作和推进。

四、心理健康咨询与治疗机制。由咨询治疗专业化实施。

五、心理健康专业队伍建设机制。由专业化人才技术支持，保障效果。

六、心理健康教育宣传机制。由教育宣传进行教育和普及，扩大影响。

二、“给定资料 4”反映了转型期青年人在心理方面存在的问题，请指出这些问题具体表现在哪些方面。（10 分）要求：全面、准确。不超过 150 字。

【解题思路】

“给定资料”一共有 7 个自然段，包含要点部分为第 2—7 段。

第 2 段首先从青年社会心理矛盾特征入手，指出社会转型期青年阶段“需要与拥有之间的倒错规律”，金钱“焦虑”成为青年一种现实心态。

第 3 段通过分析青年“现在感”过于强大，造成历史知识少，难以形成历史意识，并提出加强创新爱国主义教育的办法。

第 4 段明确提出青年“失信”现象时有“曝光”，诚信素质低，需要提高诚信度。

第 5 段指出了青年人的生活环境优越，直接导致青年人的心理承受力较弱，引发一系列心理问题。

第 6—7 段指出青年人要形成稳定的人格系统，通过著名心理学家的观点，指出青年想要迅速而明确地确立自我并非易事,而在社会转型日益加剧的情况下,青年人的价值观念和社会心态中出现了困惑现象。

作答要点提炼出来以后,要形成最终的答案还需要我们对要点进行加工整合。针对上面提炼出来的要点,我们可以根据其类别加以归类,因为各个要点是并列的关系,所以,本题的答案也可以按照并列的形式将答案一一列出即可。

【参考答案】

转型期青年人心理问题的具体表现有以下五点:一是社会心理内含矛盾,金钱“焦虑”成为青年阶段的现实心态;二是传媒发达和信息爆炸的当下历史意识普遍较弱;三是诚信素质低,失信现象频发;四是生活环境优越,心理承受力相对较弱,自我心理调整能力弱;五是缺乏稳定的人格系统,价值观念和社会心态方面出现困惑。

三、某单位为了解工作人员的生活、工作情况和心理、思想状态,打算以“给定资料1”中小邹的情况为案例,设计一份调查问卷。假如由你具体负责这项工作,请设计出该问卷内容所应列出的主要问题。(20分)要求:(1)写出明确具体的设问;(2)设问应当分类并对每类中的每个设问标注序号;(3)内容全面,用语得体;(4)不超过500字。

【解题思路】

本题属于贯彻执行题型,要求设计一份调查问卷中的主要问题。从题干中,我们可以得出以下作答信息:首先,推导作答范围——以“给定资料1”中小邹的情况为案例,因此,作答范围仅限于给定资料1;其次,明确作答身份——某单位负责调查问卷工作的人员;再次,明确调查对象——某单位的工作人员;最后,明确调查目的——该单位工作人员的生活、工作情况和心理、思想状态。

第1—2段介绍了小邹的基本情况,包括年龄、体型健康、心理状况(倾诉方式)、职业性质(公务员或事业单位人员)等,主要涉及生活和心理方面。

第3、6、7、9段介绍了小邹的工作节奏和竞争力、任务、工作年限等情况,主要为工作方面。

第4—5段介绍了小邹的心理倾诉方式。主要属于心理层面。

第8段介绍了小邹因尝试努力工作,提升效率,积极帮助同事做职务范围外的事情,结果被同事疏离、领导谈话,而且提升效率、多做事的工作风格也未得到认可和薪水上的变化,主要属于工作方面。

第10—14段介绍了小邹对目前收入薪酬的看法,以及因住房问题、婚姻问题、生活问题等带来的生活压力,主要包括工作和生活两方面。

第15—21段介绍了小邹想跳槽,以及犹豫纠结的理由、职务提升等方面,主要属于工作层面。

本题的调查问卷中问题涵盖方面比较全面、具体，注意仔细阅读材料内容。

将以上要点进行整理加工，从“生活—工作—心理和思想”三方面组织答案，注意设问的语气。

【参考答案】

调查问卷

该调查问卷包括生活、工作、心理和思想三部分。

一、生活基本情况调查

1. 您的年龄是：

2. 您的性别是：

3. 您的教育程度是：

4. 您的婚姻状况是：

5. 您的住房情况是：

6. 您未来的生活重心是：

二、工作基本情况调查

7. 您在本单位的工作年限是：

8. 您在当前职位的工作年限是：

9. 您所在的部门(岗位)是：

10. 您的职级是：

11. 您对目前职级符合职业生涯预定目标的满意程度是：

12. 您认为在本岗位是否可能承担更多的责任?

13. 您认为在本单位继续晋升的可能程度是：

14. 您对目前单位工作的节奏和效率是否满意?

15. 您能保质保量完成单位交给您的所有任务吗?

16. 您的岗位工作内容挑战性程度是：

17. 您在工作时与同事沟通的程度是：

18. 您对自己工作风格的评价是?

19. 同事对您工作风格的评价是：

20. 上级领导对您工作风格的评价是：

21. 您对自己目前的收入薪酬是否满意?

22. 您最近或未来是否有想换工作? 请说明理由。

23. 您觉得本单位管理中还有哪些方面需要提升?

三、心理和思想状态调查

24. 您感觉目前工作压力程度是：

25. 下列哪些情况会让您感到有压力：

26. 当您工作中遇到麻烦，心情不佳时，您的交流方式为：

四、“给定资料 2”中心理援助专家团提议开展“火红绸带心理援助行动”。假定在某次救灾工作中，救灾指挥部决定采纳这个提议，请你结合“给定资料 2”，以专家团的名义给参与救灾的各界人士写一份倡议书。（15 分）要求：（1）内容具体，指向明确；（2）语言生动，有感染力；（3）不超过 400 字。

【解题思路】

“给定资料 2”第一段介绍了地震灾害严重影响了灾区居民的精神健康，第二、三段引出“火红绸带心理援助行动”，紧接着在第四段资料介绍了火红绸带的作用和意义象征，可以作为活动的必要性说明。第五段和第六段展示了飘扬着火红绸带的场景，废墟上、公告栏、救援人员手臂、救灾车辆的车镜等，可以作为活动的具体内容。第七段重申火红绸带的作用，点明倡议书的感情基调。

通过以上分析，可以看到给定资料提供的活动内容没有很多，而倡议书与活动通知的一大不同点就是感情充沛、感染力强，题目也要求“语言生动，有感染力”，我们可以将资料中展现的场景与火红绸带的意义、作用相结合，用文学性的语句来组织答案。要注意改变表述形式，切忌大篇幅摘抄资料原文。

【参考答案】

“火红绸带心理援助行动”倡议书

各界热心人士：

救灾援助，不仅应在物质上给灾区人民以资助，更要在心灵层面给灾民带来慰藉，带来活下去的勇气和动力。飞扬的火红绸带，能够给人以温暖、安全、激情、希望的感受。让我们行动起来，为自己系上一条“心灵援助”红绸带，传递彼此心对心的安抚，传递我们心对心的牵挂。

废墟上飘扬的火红绸带，是我们对坍塌家园无限的眷恋，是我们对灰色灾害最轻蔑地笑傲；寻人栏里跳动的火红绸带，是我们寻觅亲人焦灼的呼唤，是我们对重逢相见无比殷切的盼望；手臂上轻绕的火红绸带，是我们未见亲人时铭心的思念，是我们对受灾同胞深切的牵挂；车镜上环系的火红绸带，是我们对救援行动众志成城的决心，是我们对心灵救援共同参与的无疆界邀约。

无处不在的火红绸带，是对受伤的城市最深情的安抚；是对在天灾面前誓不低头的同胞们最美好的礼赞；是全体中国人对祖国美好未来最虔诚的祝福！

心理援助专家团

××年××月××日

五、加拿大女作家门罗曾经说过：“幸福始终充满着缺陷。”请结合你对给定资料的思考和对这句话的领悟，自拟题目，写一篇文章。(40分)要求：(1)自选角度，立意明确；(2)联系实际，不拘泥于“给定资料”；(3)思路清晰，语言流畅；(4)总字数1000—1200字。

【写作思路点拨】

本题仍是“隽永哲理语句引出作文立意”的设问形式，以获诺贝尔文学奖的加拿大女作家门罗的话语“幸福始终充满着缺陷”来提示作文立意。文章写作首先应从题目本体入手，阐释自己对于门罗话语的理解，联系社会实际和自身生活体验，揭示话语之中的寓意。结合材料内容来理解门罗的话，应认识到题目关键并不在于如何面对生活中幸福存在的种种缺陷，而在于要树立正确的人生观、价值观来调整心理认知，破解人生迷茫，尤其是人生青年阶段的迷茫。破解人生迷茫需要弘扬正能量，应联系当前党和政府提倡的理念、思想，尤其是中国梦的奋斗目标，来提出青年如何增强、弘扬、践行正能量，摆正对人生和幸福的认识，直面人生中可能的缺憾、挫折、失意，培养积极健康的心态，最终提升自我的幸福感和生活质量，为社会进步做出积极贡献。

只有国家提倡的主流价值观适当阐释并运用到文章中，把题意提示句的精神实质与国家政策精神紧密合理地融合，论述才能正确而有高度，达到作文的应有标准。

【参考例文】

正确面对缺陷，提升幸福指数

倾听街头巷尾百姓攀谈，内心充满着对幸福的渴盼；打开政府的新闻网站和政府文件，幸福指数一次次出现。可是百姓真的幸福吗？日益增多的社会焦虑、迷茫、困惑等心理问题，给出了否定答案。很多人总在感叹：为什么幸福始终充满着缺陷?！要想提升幸福指数，就必须正确面对缺陷。

幸福和缺陷总是伴随着出现，犹如孪生兄弟，我们没有必要为此感叹。生活的缺憾、挫折和痛苦本身也是一种考验。诚如孟子所言：“天将降大任与斯人也，必先苦其心志，劳其筋骨，饿其体肤，空乏其身，行拂乱其所为。”试想，三国时期诸葛亮如果未经历过生活的举步维艰，捉襟见肘，又岂能发出“静以修身、俭以养德”的感叹；倘若越王勾践不经历兵败吴国、卧薪尝胆的痛苦，又怎会立下“不铲平吴国，誓不生还”的誓言，成就励精图治、战败吴国的佳话。如果我们不经历心态躁动、物欲横流，又怎会体悟到“非淡泊无以明志，非宁静无以致远”的意境，转而归于平静。缺憾犹如夜空中的星光，照亮我们思考人生的道路，引导我们思考人生，重新规划人生。缺憾是幸福的一部分，我们不能是忿忿地抱怨，而是要重新思考，自我调适，正确面对。

能够自我调适，正确面对缺憾是提高幸福指数的重要手段，但是影响幸福指数的还在于严重的心理疾患，还来自于不完善的社会保障带给未来的不确定感，因此政府必须担当责任、有所作为。

建立心理疏导机制，正确引导，转变社会观念是解决心理问题的关键。当前心理健康障碍成为严重而耗资巨大的卫生问题，严重的心理疾患会影响人格发展，甚至导致自杀等极端行为，但是不少心理疾患病人不去就医：一方面受传统观念影响，怕受到歧视和排斥，不敢就医；另一方面心理医生队伍整体水平不高，心理咨询站点较少。因此，政府必须加大投入，全方位地建设心理咨询中心、心理辅导室、情绪宣泄室等心理辅导场所，定期不定期地举办心理健康讲座，扩大心理健康知识的普及面和覆盖面，并让心理咨询走进社区、走进学校、走进基层；还要重视心理咨询的人才队伍建设，如启动心理咨询师培养计划，提高心理咨询队伍的素质和水平；更重要的是，政府有必要加强宣传，引导社会转变对心理患者的歧视、排斥观念，给予他们包容和关怀，让他们感受到社会大家庭的温暖。

完善社会保障制度，加强顶层设计，做好宏观调控，发挥政府有形手的作用是保障。幸福指数的降低、社会的不安和焦虑还来自于高房价、高物价、高就业门槛、养老困难等一系列问题。如果政府不能花大气力建设完善的社会保障制度，就不能从根本上打消老百姓的顾虑，就不能改变他们对未来生活的恐惧与不安；如果政府不能加强宏观调控，解决日益提高的房价、物价，就不能改变百姓沦为车奴、房奴的命运，甚至成为他们婚姻不幸、生活悲剧的根源；这样幸福只不过是遥不可及的梦想。因此，政府必须解决好老百姓最直接、最关心、最迫切的利益问题，让他们不为物质所扰，不为未来忧心。

佛经里说：心无挂碍，无挂碍故，无有恐怖，远离颠倒梦想。正是百姓内心挂碍太多、物欲太多，才有了太多的恐怖与不安。而要提高百姓的幸福程度，既需要他们自我调适，学会放下，学会舍得，更需要政府用完善的制度设计和心理疏导机制，消除百姓内心对于当下和未来的恐怖。若如此，幸福之花将"遍地开放"！

【应用文写作部分参考文献】

[1]徐中玉：《应用文写作》，高等教育出版社，2000 年版。

[2]江少川：《实用写作教程》，华中师范大学出版社，2006 年版。

[3]谢珊珊：《大学应用写作》，暨南大学出版社，2009 年版。

[4]王华杰：《应用文写作》，湘潭大学出版社，2009 年版。

[5]霍唤民：《应用写作》，中央广播电视大学出版社，2002 年版。

[6]方蔚林：《现代广告写作》，中国人民大学出版社，1998 年版。

[7]任鹰主编：《实用文体写作教程》，中央广播电视大学出版社，2007 年版。

[8]夏敏、黎兰、杨彬主编：《实用写作教程》，华东师范大学出版社，2009 年版。

[9]高坡、赵丽光主编:《应用写作教程》,清华大学出版社、北京交通大学出版社,2010 年版。

[10]徐顽强主编:《应用文写作》,华中科技大学出版社,2006 年版。

[11]黄小京、赵李葳编著:《财经应用文写作》,清华大学出版社,2010 年版。

[12]郭冬主编:《秘书写作》,高等教育出版社,2007 年版。

[13]孙荣利主编:《大学生常用应用文写作教程》,世界知识出版社,2010 年版。

[14]张元忠主编:《最新应用文体写作(第二版)》,华中科技大学出版社,2001 年版。

[15]董小玉主编:《现代应用写作训练教程》,西南师范大学出版社,1999 年版。

[16]佟瑞坤主编:《应用文写作》,北京邮电大学出版社,2010 年版。

[17]杨文丰主编:《高职应用写作》,高等教育出版社,2006 年版。

[18]王春主编:《应用写作教程》,清华大学出版社、北京交通大学出版社,2007 年版。

[19]孙宝权主编:《新编应用文写作》,清华大学出版社、北京交通大学出版社,2009 年版。